U0597542

作者简介

李学军，女。中国人民大学法学院教授、博士生导师，中国人民大学刑事法律科学研究中心研究员，中国人民大学法学院证据学教研室主任，中国人民大学证据学研究所副所长，中国人民大学物证技术鉴定中心主任；北京物证技术研究会副会长，北京市司法鉴定业协会文检专业委员会副主任，中国法学会刑诉法研究会理事，北京地石律师事务所律师。

学历及国外访学、工作经历：

在中国刑事警察学院获理学学士学位，在中国人民大学法学院获诉讼法学硕士学位、博士学位。

2005 年 8 月-2006 年 8 月，美国哥伦比亚大学法学院、美国密歇根大学法学院访问学者。

2012 年 3-4 月，芬兰拉普兰大学法学院交换教授。

研究领域：

物证技术学、证据法学、司法鉴定学、刑事诉讼法学。

主要著作：

《物证技术学》（第 4 版）、《美国刑事诉讼规则》、《漂移的证据法》（合译）、《物证论：从物证技术学层面及诉讼法学的视角》、《证据学论坛》（第 13-18 卷）等。

主要论文：

《中国鉴定制度的问题与出路》《物质可分性原理的评介》《物证收集的合法性问题》《美国传闻证据规则的里程碑式变革》《程序和实质：鉴定结论发挥证明作用的双重保障——以物证鉴定为例》《鉴定结论的专家论证及其他证据问题研究》《侦查机关强制采取物证比对样本的必要性及合法化路径研究》《〈司法鉴定程序通则〉评析》《醉驾入刑的程序考量及证据法思考》《鉴定人出庭作证难的症结分析》《意见证据规则要义》《新诉讼法规制下的鉴定新制度》《电子数据认证问题实证研究》《专家辅助人制度研析》等。

"十二五"高等院校精品规划教材

新编物证技术学

主　编　李学军
副主编　罗亚平　蒋占卿

北京交通大学出版社
·北京·

内 容 简 介

本教材共分为八编，各编之下进一步分为若干章节。编与编之间相对独立，便于使用本教材的教师及学生以"版块"的方式掌握全书的内容。同时，各编之间又有隐性的联系，即第一编为物证技术学的基本知识部分，在介绍了物证、物证技术、物证技术学的基本概念，物证的特点、种类及一般处理规则的基础上，较为系统地介绍了物证技术学的基本原理和基本理论，为其他各编的学习和掌握奠定了基础。第二编为物证摄影技术，讲述了物证摄影技术的概念、原理、作用及常规物证摄影技术和特种物证摄影技术。基于物证摄影技术往往同时具有记录、提取及检验鉴定的功用，故后续其他编章若涉及物证摄影，则可以第二编介绍的物证摄影技术为起点。自第三编至第八编，则根据实务中物证技术所针对的主要对象，分别介绍了痕迹物证技术、文书物证技术、化学物证技术、生物物证技术、音像物证技术和电子物证技术。物证的具体种类不同（如痕迹物证、文书物证等），因而在显现、提取、检验鉴定时所用的物证技术手段可能有所不同，但它们不仅要受物证技术学的基本原理、基本理论的指导，且其自身之间，有时也会相互关联。例如，现场发现、提取的血指印，不仅可以借痕迹物证技术确定其来源，也可以借生物物证技术探究其个体特点。因此，对物证技术学所涉内容的学习，可从"编"这种版块入手，最后以点带面，全面理解并掌握相关知识。

本书适用于普通高等院校法学院（系）本科学生的教学，也可用作公安院校、政法院校相关专业的重要课外读本。对公安系统、检察院系统、法院系统、律师界、鉴定界的实务工作人员而言，这也是一本极好的专业参考书。

图书在版编目（CIP）数据

新编物证技术学 / 李学军主编. — 北京：北京交通大学出版社，2014.10
（"十二五"高等院校精品规划教材）
ISBN 978-7-5121-2122-5

Ⅰ. ① 新…　Ⅱ. ① 李…　Ⅲ. ① 物证-司法鉴定-高等学校-教材　Ⅳ. ① D919.2

中国版本图书馆 CIP 数据核字（2014）第 235262 号

责任编辑：熊　壮
出版发行：北京交通大学出版社　　　　　　电话：010-51686414
　　　　　北京市海淀区高粱桥斜街 44 号　　邮编：100044
印　刷　者：北京时代华都印刷有限公司
经　　销：全国新华书店
开　　本：185×260　印张：26.25　字数：649 千字　彩插：1
版　　次：2015 年 1 月第 1 版　　2015 年 1 月第 1 次印刷
书　　号：ISBN 978-7-5121-2122-5/D·170
印　　数：1 ～ 3 000 册　定价：52.00 元

本书如有质量问题，请向北京交通大学出版社质监组反映。对您的意见和批评，我们表示欢迎和感谢。
投诉电话：010-51686043，51686008；传真：010-62225406；E-mail：press@bjtu.edu.cn。

前　言

生产力的发展及科学技术的进步，使得物证在诉讼中出现的概率愈来愈高、在诉讼中的证明价值愈来愈大。与人证不同的是，物证"哑口无言"，难以自我言说进而证明案件中的相关事实：物证往往需要具有专门知识的人的"解读"才能发挥其证明作用，例如，某指印是否张三所留、某签名是否李四所写、王五是否是某孩子的生物学父亲等，都需要由具有专门知识的人来解决。而此时所涉的专门知识，便是物证技术。诚然，为解决诉讼中前述与物证有关的各种专门性问题，有必要培养专门的人才——物证技术专家。事实上，我国一直没有忽视这方面人才的培养工作。但同时，因为物证以及对物证加以"解读"的物证鉴定意见最终要在法律的语境下发挥证明作用，要接受包括法官、检察官、律师等法务人员的审视和评判，因此，了解并知悉物证的发现、收集、提取、检验鉴定等技术知识，以便更好地以诉讼的方式公正解决各类纷争，便成为未来法务工作者的必备素质。正是基于培养这种综合素养的法务人才，近十多年来，我国普通高等院校法学院（系）纷纷开设了物证技术学这门课程，相关的教材也为越来越多的学校所需要。

相对于其他同类教材而言，《新编物证技术学》一书有如下主要特点。第一，本教材是针对普通高等院校法学院（系）的本科学生编写的，旨在培养具有法学专门知识及物证技术专门知识的综合素养人才，因此，强调了物证及相关技术的基础性、相对全面性及连贯性，同时尽可能反映了相关技术的先进性；全书语言简朴、通俗而又不失规范。第二，本教材注重内在的逻辑关联性，以"编"的形式将全书分为八个版块：以物证技术的基本原理、基本理论等基础知识为起点，以物证摄影这一通用技术为过渡，将实务中最为常见的六类物证的相关技术做了较为全面的介绍。这种以"编"带面的编写方式，将便于学生们理解并掌握相关的知识。第三，本教材及时跟进现行《刑事诉讼法》及《民事诉讼法》就电子数据之法定证据地位的确立，厘清了电子数据与电子物证的关联，更新了相关的电子物证技术。第四，参与本教材编写的作者，既有高校的教师，也有实务部门的专家，他们的理论造诣及实践经验使得本教材还可成为法官、检察官、律师等法务工作者理解并掌握诉讼中与物证有关的技术术语或专门知识的读本，更可成为我国警察院校或政法院校培养物证技术专门人才的重要参考资料。

依章节顺序，《新编物证技术学》由以下人员撰写：李学军（中国人民大学法学院教授、博士生导师）负责撰写第一编、第四编、第七编第一章；蒋占卿（中国人民公安大学教授、硕士生导师）负责撰写第二编、第七编第三章；罗亚平（中国人民公安大学教授、博士生导师）负责撰写第三编；王元凤（中国政法大学证据科学研究院副教授、硕士生导师）负责撰写第五编；刘力（北京市公安局法医检验鉴定中心主任法医师）负责撰写第六编；李敬阳（公安部物证鉴定中心研究员）负责撰写第七编第一章、第二章；王丽（公安部物证鉴定中心副研究员）负责撰写第七编第二章；刘品新（中国人民大学法学院副教授、硕士生导师）负责撰写第八编；谢君泽（中国人民大学法学院教师）负责撰写第八编。全书由李学军统审定稿。

基于学识的有限及时间的紧迫，书中难免存在一些错误，诚恳地希望各位读者批评指正！

本教材的诞生，要格外感谢北京交通大学出版社的大力支持。还要感谢我的同仁许明先生及毛自荐女士，他们为本书的出版做了许多幕后工作！要感谢我的博士研究生朱梦妮，她作为本教材的学术秘书，任劳任怨、尽心尽力！

本教材在编写时，参考了已有的一些文献资料，就此，我们对这些文献资料的作者及出版社致以诚挚的谢意！

李学军

2014 年 7 月 3 日

目　　录

第一编　物证技术学基本知识 ……………………………………………… （1）

　第一章　物证技术学概述 …………………………………………………… （2）

　　第一节　物证的概念、特点、种类及一般处理规则 …………………… （2）

　　第二节　物证技术和物证技术学 ………………………………………… （7）

　第二章　物证技术学的基本原理 ………………………………………… （11）

　　第一节　物质可分性原理 ………………………………………………… （11）

　　第二节　物质交换原理 …………………………………………………… （14）

　第三章　物证技术学中的同一认定和种属认定理论 …………………… （21）

　　第一节　同一认定和种属认定概述 ……………………………………… （21）

　　第二节　同一认定、种属认定的基本形式和类型 ……………………… （25）

　　第三节　同一认定与种属认定的相互关系 ……………………………… （27）

　　第四节　同一认定和种属认定的科学基础 ……………………………… （29）

　　第五节　同一认定、种属认定的方法和步骤 …………………………… （31）

第二编　物证摄影技术 …………………………………………………… （39）

　第一章　物证摄影技术概述 ……………………………………………… （40）

　　第一节　物证摄影技术的概念、原理及主要配光技术 ………………… （40）

　　第二节　物证摄影技术的作用、发展历程及现状 ……………………… （46）

　第二章　物证摄影技术类型 ……………………………………………… （49）

　　第一节　常规物证摄影技术 ……………………………………………… （49）

　　第二节　特种物证摄影技术 ……………………………………………… （55）

第三编　痕迹物证技术 …………………………………………………… （65）

　第一章　痕迹物证技术概述 ……………………………………………… （66）

　　第一节　痕迹与痕迹物证技术 …………………………………………… （66）

　　第二节　痕迹鉴定的程序 ………………………………………………… （70）

　第二章　手印物证技术 …………………………………………………… （74）

　　第一节　手印的特性、分类及作用 ……………………………………… （74）

　　第二节　手掌面皮肤花纹 ………………………………………………… （76）

　　第三节　现场手印的寻找、发现 ………………………………………… （82）

　　第四节　现场手印的记录、提取 ………………………………………… （85）

　　第五节　手印的显现 ……………………………………………………… （86）

　　第六节　现场手印的分析判断 …………………………………………… （88）

　　第七节　样本手印及手印鉴定 …………………………………………… （89）

　第三章　足迹物证技术 …………………………………………………… （92）

　　第一节　足迹的概念、形成、分类和作用 ……………………………… （92）

第二节　足迹的特征 ……………………………………………………… (93)

第三节　现场足迹的寻找、发现和提取 ………………………………… (102)

第四节　足迹鉴定 ………………………………………………………… (105)

第四章　工具痕迹物证技术 ………………………………………………… (107)

第一节　工具痕迹的特点及作用 ………………………………………… (107)

第二节　工具痕迹的形成与种类 ………………………………………… (108)

第三节　工具痕迹的现场勘验 …………………………………………… (111)

第四节　现场工具痕迹的分析 …………………………………………… (113)

第五节　工具痕迹的鉴定 ………………………………………………… (114)

第五章　枪弹痕迹物证技术 ………………………………………………… (117)

第一节　枪弹痕迹物证技术概述 ………………………………………… (117)

第二节　枪弹及枪支的基本知识 ………………………………………… (117)

第三节　射击弹头、弹壳上的痕迹 ……………………………………… (121)

第四节　现场枪弹痕迹物证的勘验与分析 ……………………………… (124)

第五节　枪弹痕迹的鉴定 ………………………………………………… (129)

第六章　其他痕迹物证技术 ………………………………………………… (132)

第一节　车辆痕迹物证技术 ……………………………………………… (132)

第二节　整体分离痕迹物证技术 ………………………………………… (136)

第三节　牙齿痕迹物证技术 ……………………………………………… (138)

第四编　文书物证技术 ……………………………………………………… (143)

第一章　文书物证技术概述 ………………………………………………… (144)

第一节　文书物证和文书物证技术 ……………………………………… (144)

第二节　文书物证技术的类型和作用 …………………………………… (145)

第三节　可疑文书的勘验、提取和送检 ………………………………… (146)

第二章　笔迹物证技术 ……………………………………………………… (149)

第一节　笔迹及其鉴定的基本问题 ……………………………………… (149)

第二节　笔迹特征 ………………………………………………………… (151)

第三节　伪装笔迹及其特征 ……………………………………………… (155)

第四节　笔迹鉴定及笔迹鉴定中的笔迹样本 …………………………… (158)

第五节　笔迹鉴定的基本步骤及其主要内容 …………………………… (159)

第三章　伪造、变造文书物证技术 ………………………………………… (163)

第一节　伪造文书和变造文书的概念及区别 …………………………… (163)

第二节　伪造文书的常用方法及伪造文书的主要特点 ………………… (163)

第三节　伪造文书的检验 ………………………………………………… (165)

第四节　变造文书的常用方法及变造文书的主要特点 ………………… (166)

第五节　变造文书的检验 ………………………………………………… (169)

第四章　印章印文物证技术 ………………………………………………… (173)

第一节　印章印文及其常见伪造手法、特点 …………………………… (173)

第二节　印章印文的鉴定 ………………………………………………… (177)

第五章　文书物质材料及书写工具鉴定技术 ················ (180)

　　第一节　文书物质材料及书写工具鉴定概述 ··········· (180)

　　第二节　文书物质材料的检验 ····················· (181)

　　第三节　文书字迹的书写工具鉴定 ················· (188)

第六章　文书制作时间鉴定技术 ······················· (192)

　　第一节　文书制作时间鉴定概述 ··················· (192)

　　第二节　文书制作时间的鉴定 ····················· (194)

第七章　其他文书物证技术 ··························· (200)

　　第一节　打印文书的检验 ························· (200)

　　第二节　静电复印文书的检验 ····················· (204)

　　第三节　被损坏文书的检验 ······················· (207)

　　第四节　被涂抹文字的显现 ······················· (210)

　　第五节　抑压文字的显现 ························· (212)

第五编　化学物证技术 ······························· (215)

第一章　化学物证技术概述 ··························· (216)

　　第一节　化学与物证 ····························· (216)

　　第二节　化学物证技术指向的对象及现代分析手段 ····· (219)

　　第三节　通过化学手段提供证据的基本思路 ··········· (224)

　　第四节　化学物证检验的主要流程 ················· (225)

第二章　毒物及毒品物证技术 ························· (230)

　　第一节　毒物与毒物鉴定 ························· (230)

　　第二节　气体毒物检验 ··························· (234)

　　第三节　挥发性毒物检验 ························· (235)

　　第四节　水溶性毒物检验 ························· (239)

　　第五节　安眠镇静类药物检验 ····················· (240)

　　第六节　有机农药检验 ··························· (242)

　　第七节　毒品检验 ······························· (246)

第三章　纵火剂及爆炸物证技术 ······················· (252)

　　第一节　火灾中的化学问题 ······················· (252)

　　第二节　纵火剂物证技术 ························· (254)

　　第三节　爆炸中的化学问题 ······················· (257)

　　第四节　爆炸物证技术 ··························· (261)

第四章　聚合物物证技术 ····························· (266)

　　第一节　聚合物概述 ····························· (266)

　　第二节　纤维物证技术 ··························· (268)

　　第三节　油漆物证技术 ··························· (275)

　　第四节　塑料物证技术 ··························· (279)

　　第五节　橡胶物证技术 ··························· (282)

第五章　色料物证技术 ······························· (288)

　　第一节　色料概述 ……………………………………………………（288）

　　第二节　片剂安非他明类毒品中的食品染料鉴定 …………………（291）

　　第三节　各种书写油墨中的着色剂鉴定 ……………………………（293）

　　第四节　纤维上的染料鉴定 …………………………………………（295）

第六章　玻璃及土壤物证技术 …………………………………………（299）

　　第一节　无机化学物证概述 …………………………………………（299）

　　第二节　玻璃物证技术 ………………………………………………（300）

　　第三节　土壤物证技术 ………………………………………………（303）

第六编　生物物证技术 …………………………………………………（307）

第一章　生物物证技术概述 ……………………………………………（308）

　　第一节　生物物证技术的定义 ………………………………………（308）

　　第二节　生物物证的检验方法 ………………………………………（310）

第二章　DNA 技术 ………………………………………………………（313）

　　第一节　DNA 概述 …………………………………………………（313）

　　第二节　DNA 的多态性 ……………………………………………（314）

　　第三节　DNA 检验的基本方法 ……………………………………（315）

　　第四节　DNA 技术的应用 …………………………………………（316）

第三章　血痕物证技术 …………………………………………………（320）

　　第一节　血痕的勘验和可疑血痕的定性 ……………………………（320）

　　第二节　人血与动物血的鉴别 ………………………………………（322）

　　第三节　人血的 DNA 检验 …………………………………………（322）

第四章　毛发、精斑、唾液斑物证技术 ………………………………（324）

　　第一节　毛发的检验 …………………………………………………（324）

　　第二节　精斑的检验 …………………………………………………（326）

　　第三节　唾液斑的检验 ………………………………………………（328）

第五章　植物物证技术 …………………………………………………（330）

　　第一节　植物物证检验的任务 ………………………………………（330）

　　第二节　植物物证的检验 ……………………………………………（331）

第七编　音像物证技术 …………………………………………………（333）

第一章　音像物证技术概述 ……………………………………………（334）

　　第一节　音像物证的概念和特点 ……………………………………（334）

　　第二节　音像物证的种类及音像物证鉴定的任务 …………………（336）

第二章　声音物证技术 …………………………………………………（339）

　　第一节　声音、语音、声（语）音辨识及声纹鉴定 ………………（339）

　　第二节　声纹鉴定的主要内容及说话人鉴定的理论依据 …………（342）

　　第三节　说话人鉴定的主要仪器设备、方法和声纹谱 ……………（349）

　　第四节　声纹鉴定的样本提取及说话人鉴定的鉴定意见种类 ……（357）

第三章　图像物证技术 …………………………………………………（361）

　　第一节　图像物证技术的基础知识 …………………………………（361）

第二节　常见的数字图像篡改手段 ·· (366)

第三节　图像检验技术 ··· (368)

第八编　电子物证技术 ·· (381)

第一章　电子物证技术概述 ··· (382)

第一节　电子物证的概念、分类与特征 ·· (382)

第二节　电子物证技术的概念与分类 ··· (389)

第二章　电子物证鉴定概述 ··· (392)

第一节　电子物证鉴定的概念与特征 ··· (392)

第二节　电子物证鉴定的基本原理 ·· (393)

第三节　电子物证鉴定的基本流程 ·· (396)

第三章　电子物证鉴定的常用技术 ·· (400)

第一节　电子物证鉴定的基础技术 ·· (400)

第二节　电子物证鉴定的高级技术 ·· (403)

第一编

物证技术学基本知识

第一章　物证技术学概述

第一节　物证的概念、特点、种类及一般处理规则

一、物证的概念

物证是我国《刑事诉讼法》《民事诉讼法》《行政诉讼法》明文规定的法定证据之一。从学理上看，物证、书证、视听资料以及现行刑诉法、民诉法新增添的电子数据可归属于同一类证据，即它们可共同构成相对于人证或言词证据的另一大类证据——实物证据。但是，物证与书证、视听资料、电子数据有何异同，本书研究、讨论的物证是否便是我国现行法律法规所言的物证，是否便等同于学理上的实物证据？该问题显然是本书应首先解决的。为此，有必要在本书之首，为本书研习的物证给出一个准确的界定，也即给出物证的概念。

所谓物证，是指以其外部形象特征、所载字迹特征、符号图像特征、声纹特征、物质属性等客观存在，来证明案件事实的各种物质性客体。显然，该概念能同时准确反映物证的本质内涵及必要的外部表现形式，便于人们整体把握并严格区别于其他形式的证据。具体地说，把握物证这一概念要从以下两方面入手。

（1）物证乃各种物质性客体。据此，可区分于以言词作证的证人证言、犯罪嫌疑人及被告人供述、当事人或被害人陈述等。

曾有学者将物证的表现形式定位于物质、物品及痕迹。当然，这种界定能使大家直观地认识物证归根结底是什么，但这种逐一列举的方式难免挂一漏万，而将物证的表现形式概括为物质性客体则能避免这种遗漏——物质性客体既包括肉眼可见的种种物品、形象痕迹，也能涵盖需借助外部工具才能认识了解的物质的内在属性以及看不见、摸不着却可闻及的气味痕迹特征。

（2）物证以其外部形象特征、所载字迹特征、符号图像特征、声纹特征、物质属性等客观存在发挥证明作用。

物证对案件事实的这种证明方式，使得其能区分于书证、视听资料、勘验检查或现场笔录等其他或依文字表述的内容、或依图像声音等表述的内容发挥证明作用的实物证据。

二、物证的特点

作为证据具体体现形式之一的物证，显然应具有证据共有的各个特性，即关联性、合法性等，但作为一种特殊的证据形式，物证更应具有其独一无二的特点，如此，才有将物证与其他

各种证据相区分的必要性，才能更加充分地发挥物证的证明效力。就物证而言，其有如下特点。

1. 物证具有双联性

所谓双联性，即一方面，物证与案件的人、事、物、时、空存在联系；另一方面，物证又与受审查的人、事、物、时、空存在联系。双联性是物证固有的最本质特点。正是这种双联性，物证才得以将案件的人、事、物、时、空与受审查的人、事、物、时、空关联在一起，进而发挥物证独有的证明作用。

2. 物证以其外形特征、所载字迹特征、声纹特征、物质属性等客观存在证明案件事实

作为证据，无疑均具有证明性，即某材料之所以能成为证据，是因其具有证明性，能够证明某一待证事项是否存在。然而，虽然均被称作证明性，但不同类别的证据其发挥证明作用、呈现证明性的方式显然各不相同。例如，录像带，以其摄制的图像、声音信号等构成的内容证明某人是否到过某处并说过某句话；证人证言，则以案件亲历者的口头陈述证明其所看见的事实发生经过；等等。事实上，正是基于证明性发挥方式上的差异，才得以将证据进一步细分为物证、书证、视听资料、当事人陈述、证人证言等。

掌握了物证的这一特点，能够便捷地将物证与证人证言等人证区分开来，更能准确地将物证与同属实物证据的其他证据如书证、视听资料、勘验检查或现场笔录等相区别。① 书证、视听资料、勘验检查或现场笔录等虽然也是客观存在的，但它们或以文字记载的内容（如书证）、或以连续播放的图像声音（如视听资料）、或以笔录制作者制作的图文笔录（如勘验笔录）证明案件中的相关事实；而物证则是以其特殊的外部形态特征、或者承载的独特字迹特征、或者所拥有的内在化学属性、或者所表现出的声纹特征等，来证明某一事实的存在与否。② 书证、视听资料、勘验检查或现场笔录在发挥其证明作用时，通常只需朗读或阅读、播放、出示即可；而物证以其各类特征发挥证明作用时，通常需要借助一定的技术手段来解释、说明、"翻译"——物证发挥证明作用的各类特征要么过于专业、不为常人所认识，要么过于细微或内在、不为常人直接观察并理解，所以需要借助技术手段的揭示、解释、说明、"翻译"。

物证以其独特的方式发挥证明作用进而证明案件相关事实的特点，决定了当实物证据中的文书、视听资料、勘验检查或现场笔录等证据之真伪引起人们的质疑时，这些文书、视听资料等首先要被当作物证处理，要接受物证鉴定，唯有此，它们才有可能进一步发挥书证、视听资料之证明作用。

3. 物证对科学技术具有依赖性

证人、当事人，无疑可以自我言说、自我表述，因此证人、当事人等人证发挥证明作用通常只需以言语的方式便能完成。但是，除少数物证可经辨认而发挥证明作用外，绝大多数物证的证明作用要依仗科学技术的介入才能得以发挥，因为物证是"哑巴"，不会言说。就一些简单、明显突出的特征，如人的高矮、肤色、头发长短、特定物体的外形等，人们能直观地认识进而加以区分，但多数物证的细微形象特征、理化或生物属性、字迹特征、声音特质等，却不是人们能轻易认知、轻易作出区分的。当需要这些物证以其细微形象特征、物理属性、化学或生物属性、字迹特征等对案件中某一事实加以说明、解释或固定时，如果不根据相关的科学原理、借助相应的技术手段或仪器设备进行检验或鉴定，则根本无法完成。事实上，人类对物证的利用史已清楚地表明，离开了科学技术，物证难以发挥其拥有的独特证明作用；而科学技术领域的许多进步，更是使得物证在诉讼中的证明作用得以极大地发挥。

4. 物证具有较强的客观可靠性

证人证言、当事人陈述等人证，是以人的言词证明案件中的相关事实。受主观或客观因素的影响，这些人证往往与真实情况有出入或者前后自相矛盾，进而表现出客观真实性较差、容易改变的特点。但是，物证乃以其外形特征、所载字迹特征、物质属性等客观存在证明案件中的待证事实，且这些客观存在并不以人的意志为转移，其本身便能够如实地再现或反映案件中的某一行为或某一结果，因此较人证而言，物证的真实性强、可靠性高、说服力大。但是，由于物证本身并不能"言说"，需要人"去发现和提取，然后再接受内行人的检验与评断"，也就是说，物证对科学技术的依赖性决定了物证只具有较强的可靠性，因为，发现、提取者及对之进行检验评断的内行人或专门人员的技能、学识、其拥有的技术设备甚至是否恪奉职业操守等，均将在一定程度上影响物证之本质特征的展现和揭示。

5. 物证较为脆弱

因物证以其客观存在证明案件事实，所以许多人均认为物证是"稳定不变的"。但这种观点并不得当，因为物证的这种"稳定不变"并非真正存在，相反，恰恰因为物证要以其客观存在证明案件的相关事实，才决定了物证较为脆弱、较不稳定——一旦物证的这种客观存在因为主、客观原因遭到破坏或自然消失，那么该物证就不再能发挥其应有的证明作用。因此，从物证较为脆弱这一特点来看，无论何种性质的案件，在处置相关物证时，如发现、提取、保存等环节，均要格外小心，均要严格以不破坏或防止其客观存在发生变化为前提。

6. 物证通常为间接证据

根据证据法学理论，如果某证据能够单独证明案件的主要事实，那么该证据就是直接证据，否则，便是间接证据。

就物证而言，其并不具有单独证明案件主要事实的能力，也就是说，物证通常能单独证明的，只是案件中的一些次要事实，或者说物证只能与案件中的其他证据一道，经过一定的推论或推理，共同证明案件的主要事实，因此物证通常是间接证据。

三、物证的种类

根据不同的分类标准，物证可分为不同的种类。

（一）根据物证的表现形式特点分

根据物证的表现形式特点，可将物证分为物体、物品类物证以及痕迹物证。所谓物体、物品类物证，即由占有一定空间的物质性实体及日常生活中的各种物品本身构成的物证。所谓痕迹物证，即以物体、物品上承载或空间中拥有的痕迹来证明案件事实的一类物证。

有关物体、物品类物证和痕迹物证的各自内容，如表 1-1-1 所示。

表 1-1-1　物体、物品类物证和痕迹物证的内容

物 证									
物体、物品类物证					痕迹物证				
文书物证	音像物证	物质物证	电子物证	其他	手印	足迹	工具痕迹	枪弹痕迹	车辆痕迹	其他

1. 物体、物品类物证

由于占有空间的物质性实体及日常生活中的各种物品种类繁多，因此，案件中的这类物证颇为多见。为便于学习和研究，更因为此类物证中某些物证通常拥有共同的表现形式，并在发现、记录、提取方面，在接受专家的检验鉴定方面，往往需要动用相同或类似的技术手段，因此物体、物品类物证还可被进一步细分为以下几类。

（1）文书物证。文书物证是以文书这一特殊物品形式而存在或表现的物证。如果对遗书、合同、各类证件、投保单等的书写者、印章真伪、制作方式、签名者等有疑问，那么这些书面的材料在案件中均可能成为文书物证。

（2）音像物证。也可称作音像证据或视听资料，乃以音像材料，如录音带、录像带、CD、VCD、DVD 等，这一特殊物品形式为其具体表现或存在方式的一类证据，其之所以可能成为物证，往往是因为就其录制的声音、图像的真伪等引发了争议。

（3）物质物证。所谓物质物证，即需以其本身具有的物质属性而不是其外观表现状态证明案件中相关事实的一类物证。例如，毒物毒品、玻璃、炸药、泥土、纤维、橡胶等，通常以其化学物质属性证明案件事实；而血液、精斑、骨骼、毛发等，则通常以其生物物质属性证明案件中的相关事实。这类物证的最大特点在于，它们是以各自具体的物质属性证明案件中的相关问题，而不在乎这些化学或生物物质是以何种物体物品形式存在，是微量还是大量。

（4）电子物证。随着《刑事诉讼法》和《民事诉讼法》在 2012 年相继修订并同时自 2013 年 1 月 1 日起施行，电子数据已经成为我国法定的证据形式之一，相应地，如若诉讼中的电子数据是以其内在属性、存在状况等客观存在的特征证明案件中的相关事实，则这些电子数据便成为电子物证。

（5）其他物体、物品类物证。相当多的物体、物品类物证没有文书或音像材料、电子物证这样的外在表现形式，也不以其拥有的化学或生物物质属性证明案件中的有关问题，而是以其外在的独有特点证明相应的案件事实，因而被归为"其他物体、物品类物证"。例如，砍伤人的长刀，被撞毁的汽车，被盗的手表、电视，受贿的古玩、字画，遭受冰雹袭击的农作物，等等。这类物证独特的存在形式或外在特征是其发挥证明作用的基础，通常不需要借助专门人员的检验鉴定技术便能发挥证明作用，在运用此类物证时只需依常规出示、辨认并质疑即可。

2. 痕迹物证

痕迹有广义和狭义之分。所谓广义痕迹，"泛指由于人（有时也可能是动物）的活动而在客观环境中物质性客体上形成的各种物质性变化，包括客体形态结构的变化、物体的移动、物质的增减，等等。"[1] 所谓狭义痕迹，即仅指形象痕迹，是一个客体在力的作用下，与另一个客体相接触后在另一客体表面留下的印痕；或者客体在外力作用下断裂分离后在各个断离部位留下的彼此能吻合的断离痕迹。

本书所研讨的痕迹物证是指狭义的痕迹物证，即形象痕迹物证，主要包括手印、足迹、工具痕迹、枪弹痕迹、车辆痕迹、牙痕、唇印、耳郭印等。

形象痕迹的形成必须有造型（客）体、承受（客）体、作用力这三大要素的共同作用。所谓造型体，又称留痕体或造痕体，即留下形象痕迹或印痕的客体。所谓承受体，又称承痕

---

[1]　徐立根．物证技术学．2 版．北京：中国人民大学出版社，1999，第 160 页．

体，是指承载形象痕迹或印痕的客体。所谓作用力，即能使造型体与承受体相接触、或相互作用并形成形象痕迹的力量。

（二）根据物证发挥证明作用所依赖的属性分

根据物证发挥证明作用所依赖的属性，或者说，根据物证对各种检验鉴定手段的依赖程度，可将物证分为物理物证、化学物证和生物物证。

1. 物理物证

所谓物理物证，即主要依赖物理检测手段揭示出其独特特性，进而发挥其证明作用的一类物证。此类物证，通常包括各种痕迹物证，如掌印、鞋印、枪痕、工痕等，也包括文书物证中不需借助化学手段揭示其物质属性的部分如笔迹、印文等，还包括音像物证、电子物证，等等。

严格地说，"其他物体、物品类物证"并不依赖任何检测手段，仅需人们的观察、辨认便可发挥证明作用，但因人们的观察、辨认可以视为一种物理检测手段，所以这类物证也属于物理物证。

2. 化学物证

所谓化学物证，也称"微量物证"，系指主要依赖化学、特别是现代分析化学检测手段来揭示或比较其化学属性，进而发挥其证明作用的一类物证。

"主要以化学检测手段揭示其化学属性"是强调，在对化学物证的检验鉴定过程中，可能在前期及初步检验时，也会使用一些物理检测手段，如对颜色、荧光现象、比重、光率等的观察或测定，从而为随后进行的化学检测提供有用的信息或指明大致的方向，但最终，化学物证是借化学手段揭示出其化学属性、或者将其化学属性与样本相比较，才能发挥证明作用。正是基于此，也有学者以另一方式对化学物证加以界定，即"通常是指案件中提取的量少体微、能以其自身的化学属性证明其与受审查的人、事、物、时、空存在联系，从而能证明案件真实情况的各种有机物质和无机物质。"[1]

3. 生物物证

所谓生物物证，即主要依赖生物学检测手段来揭示其生物属性，进而发挥其证明作用的物证。各种来源于人体、动物体或植物体的生物物质，均可能因其具有某种生物属性而能证明案件中的相关问题。

对生物物证的检验鉴定离不开各种生物学检测手段，如血型、酶型的判断，DNA 多态性的测定，人血与动物血的区分，人的毛发与动物毛发的鉴别，植物细胞形态的确定等，均要利用多种生物学检测技术。同样，对生物物证的检验鉴定有时也会使用一些物理及化学方法，但这种使用同样是辅助性的——如果没有生物学检测手段揭示出的生物属性，仅凭一些物理或化学方法揭示出的些许特性，生物物证是无法解释案件中诸如亲子关系、血液或脏器组织等的来源、花粉孢子的生长地之类的相关问题的。

四、物证的作用

物证的作用最早是在刑事诉讼中得以显露并得到高度重视的，但因民事争议行为或行政

---

① 徐立根. 物证技术学. 2 版. 北京：中国人民大学出版社，1999，第 409 页.

违法行为在发生、发展等衍变过程中同样会对周围事物产生相应影响进而留下各种变化，更因与言词证据相比，物证及其他实物证据的客观性较强、真实可靠性较高，进而证明力较强，所以随着社会的发展、科学技术的进步，物证的作用已由刑事诉讼扩展并延伸到民事诉讼、行政诉讼，并得到广泛的认可。

尽管因诉讼的性质不同，物证的具体作用相应会有一定的区别，但综观国内外司法实践可以发现，物证的作用主要表现如下：

（1）物证能为查明案件事实提供线索和依据；

（2）物证能成为验证案件中其他证据真实可靠与否的有效手段；

（3）物证通常是认定案件有关事实并对案件做出公正处理的可靠凭证。

五、处理物证的一般规则

正确处理物证或者是可能成为物证的各种物质性客体，是有效、充分发挥物证之证明作用的前提。处理物证时，应遵循一些基本规则以避免破坏物证证明作用的正常发挥。

（1）对案件中发现的可能成为物证的客体，应先仔细识别，判明其是否与案件有联系；一时难以判定的，应先按与案件有联系处理。

（2）对可能有物证意义的客体，应先拍照，将其原始状态和所在位置记录下来，然后仔细勘验，观察其自身的特征及与周围的关系；还应检查其上是否附有异物。

（3）提取可能有物证意义的客体时，应当防止损坏，防止留下自己的指纹或形成其他痕迹，防止将附着的微量物质抖落在地。有些客体还要防止污染，防止变质，防止混杂。

（4）提取可能有物证意义的客体时，应当选用合适的包装材料或容器，妥善地分别包装，并加贴标签、编号和封条，妥善保存。

（5）必要时，应当同时提取空白样本和/或已知样本。

第二节　物证技术和物证技术学

一、物证技术的概念

所谓物证技术，即为了解决案件中的同一认定、种属认定或其他技术问题，进而证明与案件有关的事实，而对案件中的物证或可能成为物证的物质性客体予以发现、记录、提取及检验、鉴定时所利用的各种技术、方法的总称。

从本质上说，物证技术是一门应用技术，它将物理、化学、医学、生物学、统计学等学科的原理、方法及成果应用于案件中的物证之上，通过解决与该物证有关的同一认定、种属认定或其他技术问题，进而发挥该物证的证明作用，即证明与案件有关的事实。无疑，各种物证是物证技术作用的具体对象，但接受物证技术作用的并不仅限于物证。事实上，相当多的物质性客体往往只是因为其可能与案件有关联而成为物证技术作用的对象。换言之，物证技术往往要针对一些潜在的物证，也就是可能成为物证的各种物质性客体而开展工作。

无论是揭示、甄别、确定物质性客体与案件的关联性，还是具体发挥物证对案件的证明作用，物证技术都要通过解决同一认定、种属认定或其他技术问题来完成。也就是说，解决同一认定、种属认定或其他技术问题是物证技术的核心或终极目标。

二、物证技术与相关术语的比较

1. 物证技术与刑事技术

"物证技术"是20世纪80年代始出现于我国高等院校法学教材中的一个术语,而"刑事技术"则是一个在此之前就已存在且至今仍与物证技术一词一道被广泛使用的专门词汇。从词汇本身看,"物证技术"与"刑事技术"共有的是"技术"两个字眼,不同的则是"技术"之前的定语:"物证技术"中的"物证"表明该技术是针对物证这种证据的专门技术,并不涉及诉讼的性质;"刑事技术"中的"刑事"则表明该技术明确服务于刑事诉讼或刑事案件,其针对的对象并非仅仅指向物证,还有可能涉及其他证据,甚至还包括其他与刑事案件的查处密切相关的技术。

"物证技术"与"刑事技术"在内涵上有所重叠、在外延上有一定交叉,是一对既有关联而又相互区别的词汇:它们均服务于诉讼,均是为诉讼活动的顺利进行提供有力证据,但物证技术可服务于各类诉讼,如刑事诉讼、民事诉讼和行政诉讼,而刑事技术理论上而言则只应为刑事诉讼服务;物证技术针对各类诉讼中的物证发挥其作用,而刑事技术虽主要针对刑事诉讼中的物证但却也有可能针对非物证发挥作用;物证技术不包括法医承担的伤情检验、死因判断等法医学技术,也不包括警犬识别、技术防范等非针对物证而为的技术工作,其涉及的具体工作要较刑事技术少。

"物证技术"一词在我国的出现有着积极的意义:物证技术不仅涵盖了刑事技术最为重要也最为主要的内容,而且不带任何专属性色彩,能够便利地为各类诉讼提供必要的帮助,并与我国三大诉讼法均有明文规定的具体证据种类,即物证,紧密地联系在一起。

2. 物证技术与法庭科学

"法庭科学",译自英文 Forensic Science,是英美法系国家的专业期刊、专著以及实务中经常出现的字眼。近十几年来,我国业内也时有使用该词汇者。广义上说,法庭科学是指科学在法律中的运用。而通常所言的,是狭义的法庭科学,即仅用以指警方在调查犯罪时使用的科学,以及法庭在随后就此犯罪进行审理时因证据问题而使用的科学。法庭科学与物证技术的关联及区别如下。① 法庭科学是较物证技术宽泛的一个概念,只要是用以解决在法律的制定、实施中出现的问题,那么任何科学知识和技术均可称为法庭科学。因此,物证技术无疑隶属于法庭科学。② 尽管法庭科学一词本身并不暗示着其服务的对象是刑事法律还是民事法律,但却有学者认为,法庭科学更多是为刑事法律、特别是为刑事司法体系中的警察机构服务。从这个意义看,法庭科学可视同于我国的刑事技术。③ 尽管法庭科学除包括物证技术以外还包括法医学、法庭齿科学、法庭人类学、司法精神病学等亚学科技术,但因物证技术是法庭科学最为主要的分支,所以有学者认为法庭科学即物证技术并不为过。④ 尽管法庭科学更多用于刑事法律的贯彻实施,但它与物证技术一词一样,其词汇本身并不带有专为某类诉讼服务的色彩,因而更易于被用于民事案件、行政案件及相关事务的解决中。

3. 物证技术与鉴定

所谓鉴定,即具有专门知识的人,接受委托或聘请后,就诉讼中的专门性问题展开相应的检测、鉴别并给出相关意见的一种活动。由于诉讼中需要借鉴并加以解决的专门性问题种类繁多,因而鉴定所包含的种类也很多,如法医鉴定、司法精神病鉴定、司法会计鉴定等,而物证鉴定只是司法鉴定的一个具体门类。当然，从词汇本身来看，物证技术涉及的不仅仅是物证鉴定，还包括物证的发现、记录、提取，因此，单就物证而言，物证技术涵盖的内容较物证鉴定广泛。

三、物证技术的种类

依据处理物证的一般流程，或者依据物证技术所针对的具体对象的不同，可对物证技术作不同的分类。

（一）根据处理物证的一般流程分

根据处理物证的一般流程，也即从纵向分类，物证技术可以分为以下四类。

1. 发现物证的技术

案件中的物证是否容易发现，视物证的性质和特点而定。有些物证量少体微，甚至混杂于许多与案件无关的物质之中；有些物证是潜在痕迹；还有一些痕迹的外观颜色已发生变化，往往被人忽略。因此，有必要用专门的技术去发现案件中的各种物证。

2. 记录物证的技术

对已经发现的物证，应当用可靠的技术方法记录下来，使物证与案件的联系得以确定并获得法律效力。

3. 提取物证的技术

凡是案件中发现的可能有物证意义的物质性客体，都应当提取送交检验并附入案卷。无论是提取原物还是提取其模型或照片，均可能需要专门的技术。

4. 鉴定物证的技术

对物证进行鉴定，是物证发挥证明作用的重要路径。唯有通过鉴定，才能解决与物证有关的同一认定问题、种属认定问题或其他技术问题，才能把物证与受审查的人、事、物、时、空的联系确定下来，而这一切，均离不开鉴定物证的各种技术。

（二）根据物证技术针对的具体对象分

根据物证技术针对的具体对象，也即从横向分类，物证技术可分为形象痕迹技术、文书物证技术、化学物证技术、生物物证技术、音像物证技术、电子物证技术等。

横向分类所得的物证技术与纵向分类所得的物证技术相互交叉。横向所分的每一种物证技术，在发现、记录、提取、检验和鉴定方面，都有适应其本身特点的技术方法，它们构成了物证技术的整体内容。

四、物证技术学的概念及其学科属性

所谓物证技术学，即以物证技术为研究对象、以物证技术的基本理论和基本方法为研究路径的一门学科。其目的，是研究如何在物证技术基本理论的指导下，将现有的科学技术应用于解决诉讼中与物证有关的各种专门性问题，为公正处理案件提供可靠依据。

物证技术学的研究对象"物证技术"的两个核心词汇"物证"和"技术"，决定了物证技术学这门学科具有技术和法律双重属性：物证技术学是直接为实现法律任务服务的学科，具有法律的性质；物证技术学要研究发现、记录、提取、鉴定物证的技术方法，具有技术的性质。物证技术学是化学、物理学、生物学等多门自然科学学科与法学相交融的边缘学科、应用学科。

本章小结 >>>

物证是指以其外部形象特征、所载字迹特征、符号图像特征、声纹特征、物质属性等客观存在，来证明案件事实的各种物质性客体。物证具有双联性，依赖科学技术，客观可靠性较强，较为脆弱，通常为间接证据。根据表现形式特点，物证可分为物体、物品类物证和痕迹物证；根据发挥证明作用所依赖的属性，物证又可分为物理物证、化学物证和生物物证。物证能为查明案件事实提供线索和依据；能成为验证案件中其他证据真实可靠与否的有效手段；通常是认定案件有关事实并对案件做出公正处理的可靠凭证。为了保障物证能够有效充分地发挥证明作用，处理物证时应遵循一些基本规则。

物证技术是指为了解决案件中的同一认定、种属认定或其他技术问题，进而证明与案件有关的事实，而对案件中的物证或可能成为物证的物质性客体予以发现、记录、提取及检验、鉴定时所利用的各种技术、方法的总称。纵向上，根据处理物证的一般流程，物证技术可分为发现物证的技术、记录物证的技术、提取物证的技术和鉴定物证的技术四类；横向上看，根据物证技术针对的具体对象，其又可分为形象痕迹技术、文书物证技术、化学物证技术、生物物证技术、音像物证技术、电子物证技术等。

物证技术学是指以物证技术为研究对象、以物证技术的基本理论和基本方法为研究路径的一门学科。其目的在于研究如何在物证技术基本理论的指导下，将现有的科学技术应用于解决诉讼中与物证有关的各种专门性问题，为公正处理案件提供可靠依据。物证技术学是化学、物理学、生物学等多门自然科学学科与法学相交融的边缘学科和应用学科，具有技术和法律双重属性。

 问题与思考

1. 简述物证的概念。
2. 简述物证的特点和其在诉讼中的作用。
3. 处理物证时一般应遵循哪些规则？
4. 物证技术与刑事技术、法庭科学、鉴定有何区别和联系？
5. 简述物证技术学的概念和学科属性。

 本章的主要参考文献

1. 李学军. 物证论：从物证技术学层面及诉讼法学的视角. 北京：中国人民大学出版社，2010.
2. 徐立根. 物证技术学. 2版. 北京：中国人民大学出版社，1999.
3. 何家弘，刘品新. 证据法学. 5版. 北京：法律出版社，2013.
4. WHITE P. Crime Scene to Court：the Essentials of Forensic Science. London：The Royal Society of Chemistry，1998.
5. 徐立根. 论物证的双联性. 法学家，1997（2）：15-18.
6. 徐立根. 物证技术学. 4版. 北京：中国人民大学出版社，2011.

第二章 物证技术学的基本原理

关键术语

物质可分性原理 物质交换原理

第一节 物质可分性原理

在 2001 年出版的《物证技术学的原理和实务：法庭科学业》一书中，美国物证技术学家凯思·英曼（Keith Inman）和诺拉·路丁（Norah Rudin）首次提出了"物质可分性原理"（the Principle of Divisible Matter）。

一、物质可分性原理的基本内容

所谓"物质可分性原理"，即当施以足够的力量时，物体就会分裂为小的碎块。这些小碎块将会获得分裂过程中其自身形成的性质，同时还会保留其原有物体的物理化学特性。

二、物质可分性原理的逻辑推断

物质可分性原理蕴涵了对物证的分析、解释有着重要功用的 3 个逻辑推断。

推断 1：小碎块保留的某些性质，相对于原有物体或相对于分裂过程来说均是独特的。这些独特的性质在判断所有碎块是否源于原有物体时非常有用。

推断 2：小碎块保留的某些性质既与原有物体相同，也与生产、生长过程类似于原有物体的其他物体相同。依靠这些特点可以对物体分类。

推断 3：原有物体的某些性质在分裂和在随后的分散进程中，或在分裂、分散之后将会失去或改变。这使得有关共同来源的推定工作变得艰难。

三、物质可分性原理的意义

从确定物证来源的视角入手，英曼和路丁扩展了物质交换原理的适用范围，认为物质交换原理同样可适用于诸如指印、足迹、工具痕迹等印痕类证据。虽然他们认为，物质可分性原理并不能普遍适用于诉讼中的各种物证，如印痕类证据，但是，适用范围的有限性并不妨碍物质可分性原理对物证技术工作以及对物证技术学的理论研究产生影响，而这种影响至少体现于以下三个方面。

（1）物质可分性原理的诞生，不仅丰富了物证技术学的基本原理，而且从一个层面表明，物证技术学的理论研究并不仅限于对实验、检验方法和实验、检验技术的开发和简单编纂。

（2）物质可分性原理动态地、辩证地研究了物质断离的内在成因或机理、物质断离时可能形成的特点及物质断离后可能被改变的性质等，使得人们对断离碎块的来源分析和确定有了更为科学的认识——断离碎块之来源的确定有据可依，但断离碎块之来源的确定却并不是百分之百地能做到。

发现、记录、提取物证往往是为了对物证进行鉴定，而物证鉴定的最终目的通常是为了对物证本身或物证的来源做出分析、解释及判断：物证技术中的同一认定和种属认定归根结底就是解决物证的来源问题。

当然，完整体的同一认定或种属认定不是物质可分性原理涉及的问题，但断离体的同一认定或种属认定则毫无疑问地与物质可分性原理密切相关。尽管物证技术学的同一认定和种属认定理论也探讨了断离体的同一认定等问题，但这种探讨并不深入也不系统，更没有从物质本身的各种性质、物质断离的机理、物质断离时形成的特点及物质断离后被改变的性质等方面入手，动态地、辩证地研究物质的断离、断离碎块之来源确定的可能性等问题。而物质可分性原理及相关的三个逻辑推断，却使得我们就前述与断离体有关的种种问题有了如下思考。

① 足够的外力便能使物质或客体发生分裂或断离。

构成世界的物质或客体按照物理和化学原理被各自有序地整合在一起，这期间，它们承受着来自内部和外部的各种力的作用。当外界的作用力大于使物质或客体各个部分彼此聚集、联结在一起的内部作用力时，物质或客体便会分裂或断离，随之便会有某一碎块或若干碎块脱离其母体，而母体则可能不复存在而完全分裂或断离为若干碎块。无疑，物质可分性原理从本质上揭示了物质或客体分裂、断离的机理或成因，阐述了物质或客体分裂、断离的普遍可能性，使我们能够从认识上高度重视这一物理现象。当然，物质或客体不同，其内部的聚集作用力也各不相同。从物证技术的视角而言，我们不必探究、也不可能探究这一内部聚集作用力究竟是什么，但我们借助物质的可分性原理能得出的判断是，碎块的出现必然是其母体或其原有物体受到了大于其内部聚集作用力之外部力量作用的结果。而这股外部力量往往正是诉讼中某方当事人的行为施予的。

② 物质或客体本身的性质以及物质或客体在分裂、断离瞬间赋予碎块的性质，使得我们能够据以判断碎块之母体所属的种类，或者确定碎块是否来源于某一物质或某一客体。

就世界上的物质或客体而言，因其必须按照物理、化学规则允许的特定方式而存在，故其基本性质保持不变。当然，由于物质或客体的生成方式不同——有天然生成和人工制造之分，所以物质或客体的基本性质也各不相同。但无论如何，物质或客体的基本性质应包括界定该物质或客体的那些性质——这其中既有与别的物质共享的性质，也有其本身独有的性质。事实上，物证技术专家正是基于这些性质进行种属认定、同一认定，只是因为物质或客体的不同，所依据的性质不同罢了：进行种属认定，依据的是物质或客体的一般性质、通用性质；而进行同一认定，依据的则是物质或客体的个体性质、独特性质。哪些性质可用于种属认定，哪些性质可据以确定唯一来源，需要物证技术专家做出很好的分析判断。而物质的可分性原理及相关的三个推断，恰恰能够帮助物证技术专家做出科学的分析判断。

作为一个物理过程，受外力作用而脱离母体的所有碎块理应保留其母体或其原有客体的性质，如颜色、元素组成、微晶结构等。因此，可以从碎块保留下来的颜色、元素组成、微晶结构等性质入手，去认识、了解其母体或其原有客体，或者去认识、了解与其母体或其原有客体有着相同生成过程的其他客体——这就是一种种属认定。

此外，物质或客体的分裂、断离本身，使得碎块在受外力作用而分裂、断离的部位形成了于物质或客体本身、于分裂断离过程而言均非常独特的各种性质，这些独特的性质不仅存在于碎块的边缘，而且还与其相邻的碎块或母体之边缘有着很好的物理互补性。在颜色、元素组成、微晶结构等性质与母体（或可能的原有客体）有着一致性的前提下，正是基于这种独特的、有着物理互补性的性质，才能确定某碎块是否来自某一母体、或者某些碎块原来是否属于同一整体。可以说，离开了这种独特的有着物理互补性的性质，便无法就碎块的来源做出唯一的肯定回答。因此，在对物证及其比对样本进行发现、收集、提取、送检等处理的过程中，切不可人为地破坏物证及其比对样本的各个边缘，否则将陷断离体的同一认定于不能。

还需要提及的是，某些特征仅存于物质或客体的外层，而并非如同密度、颜色组成那般匀质地充斥于整个物质或客体，如陶器表面的特征性纹理、木器表面的雕刻花纹、墙壁上涂抹的装饰性彩绘等，但它们对碎片来源的确定也有着极为重要的作用。

③ 就碎块之来源进行分析判断的努力并非百分之百地会有结果。

如前所述，依据原有物质或客体自身的性质，以及受外力作用发生分裂断离时形成的性质，便可以分析并确定碎块的来源。但是，某些情况的出现却可能会使得就碎块之来源的分析和判断变得复杂、甚至无望——物质可分性原理的逻辑推断3便清楚地阐明了这一点："原有物体的某些性质在分裂和在随后的分散进程中，或在分裂、分散之后将会失去或改变；这使得有关共同来源的推定工作变得艰难。"事实上，这样的例子并不少见。因此，尽早发现物证、尽早进行鉴定才有可能避免这种情况出现。

（3）物质可分性原理的出现为更好地运用物质交换原理、更科学地解释物证的来源奠定了坚实的基础。

仔细研究物质的分离、转移（交换）及证据来源的分析判断，便能发现，物质可分性原理与物质交换原理承接紧密，并共同服务于物质之来源的分析判断。

已有90多年历史的物质交换原理对物证技术学有着深刻的影响。尽管它已越来越多地被援引、使用，尽管在物证技术学界乃至"在法庭科学界它已如公理；它被认为真实无疑而勿须证明"，但从严格意义上说，物质交换原理的核心应是，仅仅解释了证据之发现的机理——也即为什么能发现证据。当然，就所发现的证据，我们也是从证据（实际上也就是物质）的性质入手进行分析，并依据物质交换原理、结合前面的分析结果来推断其可能来源于何处。但是，借助物质交换原理，我们却无法就证据某些性质的形成给出合理的解释，例如，发生转移之前的碎玻璃片为什么会形成独特的边缘特点？同样，凭借物质交换原理我们还不能回答的问题是，花粉之类的物质为什么会脱离其母体（即花蕾）而转移到某人的裤脚上？此外，让物质交换原理"颇感力不从心的"问题是，已转移至某人裤脚上的花粉在被发现并接受分析检验之前其性质是否会有变化、此变化对判断花粉之来源有何影响？

显然，诸如此类的问题在实务工作中应该是不难遇到的，但却少有得到科学、合理的解决。而物质可分性原理却对上述种种问题做出了一定的回答。

① 物质的转移以物质的分离为基本前提，没有分离便不大可能有转移。

② 分离的发生仰仗于外力的作用；只要输入的外力强度大于物质内部的聚集作用力，物质便会发生分离；而分离的物质伺"时机成熟"，也就是物质交换原理所言的"接触"出现时，便会交换或转移。

③ 受外力作用而分离的碎块不仅会承继其母体或原有客体的某些基本性质，而且还会在分离的瞬间在其边缘处形成颇为独特但却与相邻碎块或母体之边缘互补的特点。前者是物质的基本性质受客观物理、化学规律所约束的结果，后者则是热力学原理使然。前者有助于我们划定被转移物质或碎块的母体或原有物体之所属范围，后者则可能使我们将该范围缩小得足够小，以至于其中只有一个母体或一个原有物体。

④ 同样是热力学原理作用的结果，被分离母体或原有物体的基本性质，以及分离而成的碎块性质均会经由时间的延续而发生持续的变化，这些变化有可能使得我们就碎块之来源的分析判断成为枉然。

无疑，有了物质可分性原理的铺垫，物质的转移或交换才有了可能，对物质之性质的分析、认识和利用也才有了更为坚实的基础，物质交换原理才可能最大限度地发挥效用——与物质可分性原理一道，共同服务于分析判断物质的来源。

第二节　物质交换原理

物质交换原理（the Principle of Material Exchange）又称物质转移原理（the Principle of Material Transfer）、洛卡德交换（或转移）原理或洛卡德原理，是法国学者爱德蒙·洛卡德（Edmund Locard，1877—1966）提出的。洛卡德是世界上第一个警察实验室的创设者，也是里昂大学物证技术学研究所的奠基人、主任。洛卡德对尘土等的研究受到了其前辈如阿瑟·柯南道尔（Arthur Conan Doyle）、汉斯·格罗斯（Hans Gross）以及其导师亚历山德·拉卡斯格恩（Alexander Lacassagne）的启发，但只有洛卡德推广、普及了对这类微量物证的使用，并提出了"转移"或"交换"的概念，使得物证技术学的研究步入了一个全新的时代，他也因此被后人视为物证技术发展史上最为重要的人物之一。

一、物质交换原理的基本内容

物质交换原理或物质转移原理的现代表述是："每一次接触均留下痕迹"（Every Contact Leaves a Trace，也可译为"接触即留痕"）。其原始表述则为："没有人能够在犯罪行为所需要的力度下实施某行为而没有留下大量迹象；或者是作恶者在犯罪现场留下痕迹；或者是，另一方面，作恶者将犯罪现场的东西经由其身体或衣物带走——这便能指明他去过哪或他干过什么事。"

洛卡德本人的原始表述要较现今被称作洛卡德原理的"接触即留痕""冗长"得多。但这种"冗长"却有助于我们清楚地明了该原理的具体内容并深刻领会其最为基本的功用——我们可以据之推断罪犯曾经去过什么地方、干过什么事。当然，这种表述也有其局限性，即该原理似乎只适合于指导刑事案件中的物证技术工作，可事实上，民事纠纷中某些物证的发现及其证明作用的发挥，也需要以该原理为基础。因此，现今在物证技术学界占主导地位、表述既简洁平实又高度概括的"接触即留痕"之物质交换原理，更易为人们所接受、更易服务于各类性质的诉讼。

二、物质交换原理的意义

（1）就详细、具体的刑事诉讼而言，物质交换原理的意义表现为以下几点。

① 能够使现场勘查人员明确在现场勘查中应当寻找哪些痕迹物证，在什么地点、什么客体上寻找这些痕迹物证，这些痕迹物证能够证明什么问题，如何证明这些问题。

② 能够使侦查人员明确在案件调查过程中，对嫌疑对象的调查应当注意发现哪些问题，应当如何对嫌疑人衣物、住所、工作地点进行检查，重点检查哪些微量痕迹物证，这些痕迹物证对证明案件事实能够起到多大的证明作用。

③ 能够使侦查人员在询问证人和讯问嫌疑对象时，分析、识别证言或供述的真实性，及时发现侦查线索，确定侦查方向。

④ 能够帮助技术人员、侦查人员对案件中出现的复杂现象做出合理的解释。

⑤ 能够使侦查人员意识到现场保护的重要性。

⑥ 能够使侦查人员意识到及时找到嫌疑对象的重要性。

（2）不考虑诉讼的具体性质，物质交换原理最为核心、最为基本的意义如下。

① 物质转移原理为发现物质类物证的活动奠定了坚实的理论基础。

现代诉讼的证明活动需要利用物证来完成，这就要求在诉讼前或诉讼中注意寻找、发现物证。事实上，无论是刑事诉讼还是民事诉讼、行政诉讼，诉讼双方均会积极寻找、发现包括物质类物证在内的各种物证，但却少有人知晓为什么能寻找、发现物质类物证，如何寻找、发现这类物证。而物质转移原理无疑回答了这个被视作"应该如此、却不知为什么会如此"的问题。换言之，物质转移原理为发现物质类物证的活动奠定了坚实的基础——在故意或非故意力的作用下，两个客体间的接触会导致这两个客体上的物质彼此向对方转移，转移是发现物质类物证的机理，而转移的物质便是人们要寻找、发现的物证。

② 物质转移原理的出现或存在，使得人们对物证的利用"由表及里"，使得人们对从事物证技术实务和理论研究工作的人员的素质有了基本的要求。

早在洛卡德于 1920 年发表有关物质转移原理的论述之前，自然科学技术的一些原理和方法已被尝试着用来解决诉讼中与物证有关的专门性问题，但各国刑事侦查实践对人体骨骼、指纹、相貌等外在形态学特征的重视，要远远超过对物质之内在属性的留心和关注。而洛卡德提出的"转移"或"交换"概念，却里程碑般地扭转了这种局面——看似细小而又不起眼的泥土、油漆、金属屑、纤维、花粉、毛发等物质类物证，往往能以其内在的物理、化学或生物属性解决指纹、足迹等物证无从解决，或者因缺失指纹、足迹等物证而无法解决的问题。洛卡德转移原理的诞生，使得人们在关注物证外部形态特征之证明作用的同时，细致、系统地考究物证的内在性质的证明价值，并积极、主动地在实务工作中印证、落实这一价值。换言之，洛卡德交换原理改变了人们的认识观，使得人们能够"由表及里""由外至内"，全方位、多维度地研究物质的性质并尽力发挥其相应的证明作用。

与此同时，物质交换原理对从事物证技术工作的实务人员及理论研究者的素质提出了最为基本的要求，那就是：从事物证技术之实务工作及理论研究的人，必须能够从专业的角度"由外及里"地去认识、分析、解释物质的性质，而这就要求其必须是接受过专门培养，有着扎实的物理、化学、生物、医学等自然学科知识的专门人员。当然，物证对科学技术的依赖性这一特点也决定了从事物证技术实务工作和理论研究工作的人员必须有良好的自然学科基础知识，而洛卡德原理则是从物证技术学基本原理的角度对相关从业人员提出了素质要求，虽然异曲同工，但高度不同、视角不一。

三、物质交换的复杂性

物质交换并非"接触即留痕"的表述那样简单，而是呈现出纷繁的复杂性。唯有充分认识其复杂性，才能更好地将该原理指导物证技术实践，否则，很难回答诸如这样的问题：为什么在某些现场发现不了有价值的物证？为什么根据某个人裤脚上的花粉只能推断该人可能去过某个地方，但却不能肯定地说该人一定去过某个地方？

（一）物质交换的必备条件

物质可分性原理告诉人们，在足够的外力作用下，物质的某一部分便会与其母体分离而出现被转移或被交换的可能，那么在怎样的情况下这种可能才会成为现实？换言之，具备了哪些条件，转移或交换才能发生？

从洛卡德就物质转移原理的原始表述来看，转移的必备条件如下：

（1）源物体；

（2）源物体上分裂下的碎片（即被人们称作"微量物证"的物质）；

（3）碎片转移所至的目标物；

（4）促使碎片从源物体转至目标物的能量。

外力的作用使得碎片物质从源物体上分裂下来，而源物体与目标物的接触则使得碎片物质自源物体转移或交换至目标物。一般而言，使源物体与目标物相接触的能量即是使碎片物质从源物体转移至目标物的能量，且它同时是使碎片物质自源物体上分离下来的外力。但有时候，使物质分离的外力并不是使源物体与目标物相接触并使碎片物质从源物体转移到目标物的能量；此外，使分裂碎片从源物体转移到目标物的力量有时也可能并不是使源物体与目标物相接触的力量。因此，尽管都可被统称为"能量"，但使物质分离的外力与使源物体与目标物相互接触的外力，以及使碎片物质从源物体转移到目标物的外力却有可能完全相同或者彼此相异。认识到这一点，在对微量物证的来源、形成原因、转移途径进行分析时，就可以给出多种推断，并依据其他证据而从中找出可能性最大的推断。

（二）影响物质交换的因素

当侦查人员、诉讼当事人等在目标物上发现了转移而来的碎片物质，碎片物质就有可能成为证据。而能否成为证据则取决于当事人对碎片物质的来源、成因的分析判断。如果经分析，能断定该碎片物质一定来源于某特定物，或者推断该碎片物质的源物体与目标物之间有接触，那么该碎片物质即是证据；但如果经分析，就碎片物质的来源等问题不能给出任何回答，那么该碎片物质就不可能成为证据。

由于某些因素可促使或阻碍物质的转移，并同时影响人们发现该物质的能力以及人们对该物质之分析结果的解释，因此，在就转移物质进行分析之后，就分析结果进行解释、并得出结论时，必须将下列影响因素考虑进去。

（1）物质分离、破碎成碎片的容易程度以及物质在分裂前的瞬间所承受的作用力的大小。这些因素将影响到能够发生转移的碎片数量和大小。

（2）两个客体相接触时，碎片物质是否容易转移，以及转移所需的力量。这些因素决定了某一碎片黏附在其母体（即源物体）上或转移至目标物的可能性有多大。

（3）能够转移的碎片数量。这与前两个因素一起，决定了最终会有多少碎片转移到目标物。显然，目标物上承载的被转移过来的碎片数越多，人们发现碎片的可能性就越大、就碎片物质进行分析检验的可能性就越大。

（4）碎片依附在目标物上的能力。如果从源物体转移至目标物的碎片易于依附或黏附在目标物上，那么人们就易于在目标物上发现该碎片物质。

（5）二次转移的存在。所谓二次转移，即某碎片从其源物体 A 转移到目标物 B，然后再从目标物 B 转移到目标物 C 的过程。如果出现了二次转移，那么在目标物 C 上发现了源自源物体 A 的碎片，就有可能得出 A 与 C 之间有过接触的推论，而事实上并没有这样的接触。

（6）无关转移的存在。即可能存在与案件无关联的碎片转移。

从以上因素便可以明了，为什么在某些案件中寻找不到物证，为什么根据某些碎片物质只能推断并不能肯定某人必定有过什么行为、某物必定与其他物体有过接触。特别是前述最后两个因素，更应使人充分认识到，当今世界物质极大丰富，人们的活动又极为广泛、多样，因而物质的转移或交换时刻都在发生，其中只有少数与诉讼有关联。我们的任务便是，充分考虑各种因素，如二次转移的可能性、无关转移的大量存在等，才能结合我们对碎片物质的分析结果给出最为合理的推断性结论。可以说，实务中某些冤案、错案的出现，与人们对物质转移或交换现象之认识的片面性、局限性不无关系。例如，杜培武一案中，杜培武衬衣袖口处的射击残留物便是与该案中遭枪击死亡的"二王"无关联的转移结果。将这种无关的转移视为有关，便有可能导致冤案。

此外，物质交换原理告诉我们，相互接触的两个客体应彼此留有源自对方的物质。但这只是应然层面的，实然往往是，受前述前五个因素的影响，很可能在这两个客体上根本找不到源自彼此的碎片物质，其结果是，这两个客体间的联系被弱化、甚至被否定。而这也是我们不希望的结果：曾经有过的相互接触变成了没接触——有关联变成了无关联。

因此，应该深刻认识到物质转移或交换的复杂性，充分考虑客观世界可能出现的各种情况，尽量做到让有关相互转移的思想对证据的收集所产生的影响、对已发现证据的解释所产生的影响是积极而非消极的。

最后，应该充分认识物质转移或交换具有复杂性的人员，不应仅仅限于物证技术人员，办案人员，如侦查人员、公诉人员、法官，以及诉讼代理人、辩护律师等，都应对之有深刻的了解。否则，在运用物证技术人员的分析结果、在对已发现证据予以解释或做出推理时，就必然会出现偏差，就难免再出现类似于杜培武这样的冤案。

四、物质交换原理适用范围的扩展

（一）物质交换由微量物质扩展至宏观物质

不可否认的是，洛卡德原理诞生之初，其关注的均是一些微小的物质，否则，这些物质也就不会"不经意"或"不易被人察觉"地转移或交换。

然而，物证技术实践本身的需要、物证本身的丰富性和多样性，却使得物质转移原理的适用范围已明显由微量物证扩展至宏观物证。① 不经意或不易被人察觉的微量物质的转移或交换时有发生，这是毋庸置疑的。但是，一些宏观物质，如破纸片、破玻璃片、衣服碎片、破陶器碎片等，也时常被转移或被交换，只是这些转移或交换有可能不完全是不经意或不被人察觉的。但是，寻找、发现被故意带走的这些宏观物质（如纸片、破床单等）的最终目的，与寻找、发现不经意间发生转移的微量物质的最终目的显然一致，即均是为了判断或解释这些已转移物质的来源。② 判断或解释这些已转移物质的来源，无论是针对宏观物质还是微量物质，所采用的方法均是对物质成分或物质本身性质的综合分析检验。③ 物质的宏观与微量只是一个相对概念，它们之间很难有一个泾渭分明的界限。因此，将洛卡德转移原理之适用范围扩展至宏观物质应是顺理成章的事，但这一扩展首先使得人们实践中经常遇见的断离体同一认定工作也能在相关的基本原理的指导下有条不紊地进行——断离体同一认定针对的对象通常是一些宏观物证；其次，更使得物证技术学中的两个基本原理，即物质可分性原理与物质转移原理能够有机地、逻辑地衔接起来。

（二）物质转移或交换由物质本身的转移扩展到物质之痕迹特点的转移

从现代意义的物证技术学角度来看，洛卡德最初就物质交换原理之思想所作的表述理应适用于包括形象痕迹和物质在内的种种物证，即"没有人能够在犯罪行为所需要的力度下实施某行为而没有留下大量迹象；或者是作恶者在犯罪现场留下痕迹；或者是，另一方面，作恶者将犯罪现场的东西经由其身体或衣物带走——这便能指明他去过哪或他干过什么事"。但洛卡德本人的研究及推广工作更多以泥土、灰尘等物质类物证为切入点，更因洛卡德的思想使得我们对物质类物证、特别是微量物质类物证的利用给予了极大的重视，故后人将洛卡德原理又称作物质交换或物质转移原理，这一普遍被接受的原理名称无形中便将该原理的适用范围局限于物质本身的转移了；而且事实上，洛卡德之后的学者们在论述物质交换原理时，无一不是将该原理与微量物证一块儿讨论的。

但是，洛卡德原理显然可以适用于印痕类物证，也即人们常说的"狭义痕迹物证""形象痕迹物证"或"痕迹物证"。

首先，除了转移的（实体）物质，也即微量物证之外，物证技术工作中涉及的许多物证均是痕迹，即造型体在承受体上留下的反映造型体之空间性状的变化，如车辆痕迹、咬痕、枪弹痕迹等。这些痕迹的形成有两个途径：当造型体作用于承受体时，一是通过极度的力量，使承受体发生一定变化而形成痕迹；二是借助中介物质，如灰尘、血液、油漆、手指头分泌出的汗液、油脂等，而在适度力量的作用下，在承受体表面留下一定变化。其次，造型体的空间性状无外乎长度、宽度、深度（或高度）、形状等形态学特征，造型体在力的作用下与承受体相接触形成痕迹时，往往会"丢失"某些形态学方面的特征，但这并不影响我们的检验，也就是说这并不影响我们从承受体上的变化来认识造型体的特点、进而判断该变化是否是某造型体造成的。第三，从形成机理来看，痕迹的形成也可视作"转移"——造型体在力的作用下使承受体发生变化，而这种变化便是造型体之空间性状从造型体向承受体的转移。最后，因为被转移的物质本身及被转移的物质之空间特性均能帮助我们确定物证的来源，所以从"功能等价"的角度考虑，可将物质转移原理的适用范围扩张、延伸到形象痕迹。而从信息论的角度来看待物质及物质性客体之空间特性的转移问题，也能视这种扩张为合理：转移了的空间性状同样富含有关其来源的信息；无论是物质本身的转移，还是物质性客体之空间性状的转移，所转移的均是有关证据之来源的信息。

此外，比较物质转移的必备条件与形象痕迹形成的基本要素，也能说明物质转移原理可适用于形象痕迹。如前所述，物质转移必须具备以下几个条件：源物体、源自源物体的待转移物质、目标物体、使物质发生转移的作用力；而形象痕迹形成的基本要素是：造型体、承受体和形成痕迹的作用力。对应地比较这几个条件和几个要素，可以发现似乎物质转移所需满足的条件多出了一个，即"源自源物体的待转移物质"。但是，从物质可分性原理可知道，"源自源物体的待转移物质"原本即是源物体的组成部分，只是在足够外力的作用下才发生分裂、断离而成为可能转移的物质，因此可将源物体与源自源物体的待转移物质视作一个整体，这样，物质转移需要满足的条件至少在数量上与形象痕迹形成的基本要素相同了。当然，我们也可从形象痕迹的形成要素入手，将其中一个要素加以分解，这样也可使物质转移的必备条件与形象痕迹的形成要素在数量上取得一致，即将"造型体的空间性状"从"造型体"中独立出来。诚然，物质的转移与形象痕迹的形成在必备条件与形成要素之数量上表现出的前述一致性并不能说明这二者遵从相同的基本原理，但数量上的一致性使得我们能够将物质转移之必备条件对应地与形象痕迹的形成要素进行比较，而比较的结果是，尽管它们使用着不同的术语，但所表达的本质内涵却是相同的："源物体"与"造型体"均是被转移之信息的来源体，"目标物体"与"承受体"则均是承载被转移之信息的受体，而作用力——不管是使物质转移的力量还是形成痕迹的力量——却无一例外地可被称作能量，正是该能量才使得有关"源物体"或"造型体"的信息转移至"目标物体"或"承受体"，相应地，也就可以从"目标物体"或"承受体"上"附着"的信息去分析、判断"源物体"或"造型体"的特点，或者去判断"目标物体"或"承受体"上之信息的来源。

（三）物质交换原理适用范围扩展的意义

作为一门学科的基本原理，如果其适用范围随着相关实践的丰富和需要而不断地扩展，那么该原理便有着旺盛的生命力。无疑，洛卡德原理就是一个这样的实例。而换言之，将洛卡德原理的适用范围扩充、延伸至形象痕迹，则巩固了该原理在物证技术学中的基本原理之地位。

可以预见，随着物证技术学基本原理、基本理论的研究的兴起及深入，随着物证技术实践的丰富和发展，洛卡德原理的适用范围有可能还会再一次扩张。但无论如何，仅仅是本次的扩张，就有了非凡的影响：对物证技术实践中大量遇见的各种形象痕迹，均可在洛卡德原理的指导下去寻找、发现、分析并利用。此外，这次扩张还使我们能够在对形象痕迹加以分析、利用时"双管齐下"地分析、利用形象痕迹的构成物质：构成形象痕迹的一些中介物质，如构成指印的汗液、构成鞋印的煤渣，与造型体的空间性状一并转移至承受体，在分析、利用承受体上承载的空间性状（也就是形象痕迹）的同时，我们可对这些中介物质加以利用。例如，我们不仅可从指印的一般特征、细节特征分析判断它是否来自某人的某一个手指头，而且还可利用 DNA 技术去分析构成该指印的汗液物质，以进一步确认该指印是否是某人留下的。无疑，这种双管齐下要求形象痕迹清晰、完整，构成形象痕迹的物质之性质已被我们认识、并能够被用某种手段去分析检验，否则也只能是"一条腿走路"。从目前的实践来看，已在尝试着通过分析构成形象痕迹的物质而获取有关信息的工作。而洛卡德原理适用范围的扩展，则使得这种尝试有了坚实的认识论之基础。

本章小结 >>>

物质可分性原理和物质交换原理是物证技术学的两大基本原理，为物证技术的实践提供了坚实的认识论基础。

物质可分性原理，是指当施以足够的力量时，物体就会分裂为小的碎块，这些小碎块将会获得分裂过程中其自身形成的性质，同时还会保留其原有物体的物理化学特性。物质可分性原理蕴涵了 3 个重要的逻辑推断。其一，小碎块保留的某些性质，相对于原有物体或相对于分裂过程来说均是独特的；这些独特的性质在判断所有碎块是否源于原有物体时非常有用。其二，小碎块保留的某些性质既与原有物体相同，也与生产、生长过程类似于原有物体的其他物体相同；依靠这些特点可以对物体分类。其三，原有物体的某些性质在分裂和在随后的分散进程中，或在分裂、分散之后将会失去或改变；这使得有关共同来源的推定工作变得艰难。物质可分性原理丰富了物证技术学的基本原理，使得对断离碎块的来源分析和确定有了更为科学的认识，为更好地运用物质交换原理、更科学地解释物证的来源奠定了坚实的基础。

　　物质交换原理又称物质转移原理、洛卡德交换（或转移）原理或洛卡德原理，其现代表述为"每一次接触均留下痕迹"。物质交换具有复杂性：一方面，物质交换必须具备源物体、源物体上的待转移物质、目标物体和使物质发生转移的作用力四个必备条件；另一方面，物质分离、破碎成碎片的容易程度以及物质在分裂前的瞬间所承受的作用力的大小，碎片物质是否容易转移以及转移所需的力量，能够转移的碎片数量，碎片依附在目标物上的能力，二次转移和无关转移的存在均会促使或阻碍物质的转移，并影响实践中发现该物质的能力以及对该物质之分析结果的解释。随着物证技术实践本身的需要和物证本身的丰富多样，物质交换原理的适用范围已由微量物证扩展至宏观物证、由物质本身的转移发展到物质之痕迹特点的转移。物质交换原理为我们发现物质类物证和印痕类物证的活动奠定了坚实的理论基础，使得我们对物证的利用"由表及里"，并对从事物证技术实务和理论研究工作的人员的素质有了基本的要求。

 问题与思考

1. 简述物质可分性原理的三个逻辑推断。
2. 如何理解物质可分性原理对物证技术实务和理论研究的意义？
3. 论述物质交换原理的基本内容和意义。
4. 如何理解物质交换的复杂性？
5. 物质交换原理的适用范围发生了怎样的延伸和扩展？应如何理解这种延伸和扩展？

 本章的主要参考文献

　　1. 李学军. 物证论：从物证技术学层面及诉讼法学的视角. 北京：中国人民大学出版社，2010.

　　2. 徐立根. 物证技术学. 4 版. 北京：中国人民大学出版社，2011.

　　3. INMAN K, RUDIN N, Principles and Practice of Criminalistic：the Profession of Forensic Science. Boca Raton：CRC Press，2001.

　　4. SAFERSTEIN R. Criminalistics：An Introduction to Forensic Science. 5th ed. Upper Saddle River：Prentice Hall，1995.

　　5. 罗亚平. 物证技术及物证鉴定制度. 北京：中国人民公安大学出版社，2003.

　　6. 证据动力学：洛卡德的物质交换原理和犯罪重建理论. 马静华，译. 四川警官高等专科学校学报，2002（1）：71-75.

第三章 物证技术学中的同一认定和种属认定理论

关键术语

同一认定 种属认定 特征反映体 被寻找客体 受审查客体 被认定同一客体
供认定同一客体 断离体同一认定 完整体同一认定 人身同一认定
物体同一认定 特征对照法 特征接合法 特征重叠法

第一节 同一认定和种属认定概述

作为一种认识活动，同一认定和种属认定在我们的日常工作、学习或生活中广泛存在着。例如，到剧场门口接人回家，从楼道传来的声音分辨出自己的同事，将打破的镜子拼复还原等，即是同一认定；而分辨颜色、识别植物种类等，则是种属认定。事实上，同一认定或者种属认定并非专属于犯罪侦查及物证技术的一种特殊活动，它为人们所普遍实践着，并在野生动物考察、文物碎片复原等领域被经常使用。但在诉讼领域，出于打击犯罪的需要，出于充分运用物证的目的，同一认定、种属认定这两种认识活动才得到格外重视，并逐渐形成了一个较为系统、完整的理论，进而指导物证技术工作。

一、同一认定的概念

就何为"同一认定"，学界大致有两种学说，一为"客体同一说"，另一为"来源唯一说"。

所谓"客体同一说"，即从进行同一认定活动时所指向的客体的角度，来界定同一认定活动的一类学说。按照该学说，物证技术中的同一认定，即依据客体特征来分析判断案件中两次或多次出现的客体是否为同一个客体的认识活动。此时，已两次或多次出现、且需要被判断是否同一个客体者，在同一认定理论中，称为"被认定同一客体"。

所谓"来源唯一说"，即从进行同一认定活动时所依赖的客体的角度，来界定同一认定活动的一类学说。按照该学说，物证技术中的同一认定，即对案件中多次出现的客体进行比较、分析，以判断它们是否来源于同一个客体的认识活动。此时，接受比较、分析，并需要解决其是否来源于同一个客体的这些客体，在同一认定理论中，被称为"供认定同一客体"。

事实上，"客体同一说"下的同一认定与"来源唯一说"下的同一认定，并没有本质上的差异，其只是在表述时，选取了不同的"参照物"而已。图1-3-1便能清楚地表明，界定同一认定时，所选择的参照物决定了同一认定的学说归属。

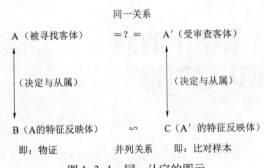

图 1-3-1 同一认定的图示

依据同一认定理论，A 是案件中第一次出现、随后便消失的客体，如刑事案件中在现场留下足迹的鞋子、留下指印的手等，这些客体，因某些特定的活动而在现场留下其特征反映体 B（即案件中的物证）之后，便没了踪迹，需我们找寻回来，以确定相关的案件事实，故客体 A 被称为"被寻找客体"。

A′ 则是案件中第二次出现的客体，是办案人员用心找到的一个客体，其在外观上与 A 高度相似，需要接受分析、判断，以便确定其是否即是 A 的一个客体，被称为"受审查客体"。受审查客体，同样也可形成自己的特征反映体，即 C。C 是同一认定活动中，用来与 B 进行比较，以便确定 A 与 A′ 之关系的客体，被称为"比对样本"。

当以被认定同一客体，也即被寻找客体和受审查客体为着眼点来界定同一认定时，便是客体同一说；当以供认定同一客体，也即物证和比对样本为着眼点来界定同一认定时，便是来源唯一说。通常而言，国内学者，惯采客体同一说；而来源唯一说，多是美国学者的惯常表达。基于两种学说不具有本质上的差异，也为了遵从我国的表达习惯，除非有特殊需要，本书以客体同一说来研习同一认定这种认识活动。

掌握同一认定的概念，需把握如下几点。

（1）同一认定的目的，通常是要解决案件中两次或多次出现的客体是否为同一个客体。

物证技术中经常遇到是否同一的问题。"同一"与"相同"或"相似"含义不同。同一，只能是客体自身的同一；而相同或相似，则是两个或若干客体之间的相像。前者，是一个客体的问题，即受审查客体是否就是留下物证的那个被寻找的客体，只是时间及空间的差异令人产生了其是两个或多个客体的错觉；而后者，则是若干个客体之间的问题，无论是相同还是不同的时间、空间，其均是确确实实的若干个客体。

之所以会出现"是否同一"这样的问题，取决于如下两点。① 需要解决"是否同一"问题的客体已先后出现过两次或两次以上，即某客体在某时间、某空间留下物证后随即消失，而办案人员之后则获取了某客体并让其接受审查，唯有此，才可能存在受审查客体是否就是被寻找客体这样一个"是否同一"的问题。② 这先后出现的客体应具有基本的相似性，也即这先后出现的客体在形态、外观或属性上基本相同，最后的认定结论既可能是同一，也可能不是同一。如果现场上留下的是布鞋印，那么被寻找客体一定是布鞋；而办案人员找到的鞋子若是旅游鞋，那么这两双鞋显然缺乏基本的相似性，不可能存在既可能同一、又可能不同一的疑惑性，于是也就不会有"是否同一"的问题出现了。

当然，有时同一认定的目的是要解决两个或两个以上客体是否原属于某一个整体。这是一类较为特殊的同一认定，称为断离体同一认定。

（2）解决是否同一问题必须检验客体留下的特征反映体。

所谓特征反映体，是指来源于客体，能如实反映客体特征并能被人感知和认识的实体。

对客体特征的认识，可以从客体本身入手，也可以从客体的特征反映体入手。就同一认定这种认识活动而言，只能从客体的特征反映体入手。

从"客体同一说"的同一认定观来看，被寻找客体不具有现实性，意欲了解、认识被寻找客体的特征，只能从其留下的特征反映体，如指印、足迹、工具痕迹、血液、笔迹等的特征，来知悉被寻找客体具有怎样的特征，并通过与受审查客体的特征反映体即比对样本的特征进行比较，有时也直接与受审查客体的特征进行比较，以判断受审查客体是否正是被寻找客体。

从"来源唯一说"的同一认定观来看，其着眼的，直接就是被寻找客体的特征反映体，即直接就案件中存在的指印、足迹、枪弹痕迹、血液、笔迹等物证，与来自受审查客体的指印、足迹、枪弹痕迹、血液、笔迹等比对样本进行比较，看其是否具有相似的特征，进而判断物证和比对样本是否有共同的来源，即同一手指头、同一鞋子、同一支枪、同一个人。

因此，特征反映体是同一认定活动中不可或缺的角色。但必须认识到的是：① 特征反映体因其来源不同，可以被称为物证，也可被称为比对样本；② 特征反映体往往有许多不同的表现形式，例如，它可能是客体的形象特征，也可能是气味特征、物质成分特征，还有可能是运动习惯特征等。

（3）一般来说，同一认定是具有专门知识的人进行的一种特殊的科学活动。

广义上看，了解客体特征的人，例如证人、受害人、某物体的所有者等，也可以进行同一认定，因为对人或物等客体的辨认就是一种同一认定活动。但从物证技术学的视角而言，同一认定通常是具有专门知识的人进行的：这些具有专门知识的人，是指专门从事物证鉴定的鉴定人员，以及虽非从事物证鉴定工作，但长期从事着技术工作的人员（如从事纸张制造的技术人员、生产枪支的工人、汽车修理厂的专职修理工等），其受过的专业培训或工作经验积累，足以支撑其就特定的同一认定给出专业性的判断。而这一理解，也符合我国现行《刑事诉讼法》《民事诉讼法》《行政诉讼法》等法律及司法解释的相关规定，如《刑事诉讼法》第 126 条、第 144 条、第 192 条，《民事诉讼法》第 79 条，以及《最高人民法院关于行政诉讼证据若干问题的规定》（以下简称《行政诉讼证据规定》）第 48 条。虽然这些条款有的表述为"（具）有专门知识的人"，有的则表述为"专业人员"，但在我国的诉讼语境下，无疑均是指这样一些特定人群——这类人群，拥有着虽非法律知识、但在诉讼中不可或缺的、经过专业培训或长期经验积累而形成的自然科学等等专业科学知识。

二、种属认定的概念

种属认定，与同一认定一样，也是人们认识客观事物的一种活动。当人们不认识某物或不知道某物质是何物或何种物质时，总是要设法确定它们的属性。而诉讼中，也经常需要查明某些物质的属性。例如，民事诉讼中，争议的家具是否是红木制成、是否由海南黄花梨制成；某事故现场油漆碎片与在嫌疑人家发现的工具上的油漆碎片是否相同；某文书可疑处的书写材料与文书其他部位的书写材料是否相同等，都是要解决物质种类或属性的问题，也即进行种属认定。

物证技术中的种属认定，是指具有专门知识的人，为了确定客体的类型、属性，或者比较两种物质的属性是否相同，而对客体留下的特征反映体或对物质本身进行检验的一种科学活动。换言之，通过检验未知物质本身或未知客体留下的特征反映，进而确定物质属性或客体类型的活动，便是种属认定。

把握种属认定这一概念，同样需要注意如下三点。

（1）物证技术中的种属认定，通常由具有专门知识的人进行。

尽管日常生活中，某些种属认定可由普通人来完成，如普通人士就可以说，"那人开着一辆越野车"，但在诉讼中，与物证之证明作用的充分发挥密切相关的种属认定，则往往要由具有专门知识的人来完成。

种属认定在其主体方面的这一要求，取决于种属认定的具体认定方式，即种属认定不仅仅要从物质或客体的外观、大小、形状等表象来进行，更要深入到物质或客体的内部或核心才能完成。

（2）种属认定的目的是为了解决客体的类型，或者是为了确定某种物质的成分属性或比较两种物质的成分属性是否相同。

诉讼中，具有专门知识的人对足迹、笔迹、血液等的研究，有时就是为了判断留下足迹的鞋子类型、留下笔迹者的受教育程度、留下血液的人是何血型，这便是种属认定时对客体类型的解决。而就白色粉末是否是海洛因，留在床单上的油斑与抹布上残留的油斑的成分是否一致，则是在进行种属认定时围绕物质的属性而展开的两种认定活动。

（3）种属认定既可能针对客体的特征反映体进行，也可以针对物质本身进行。

就足迹、笔迹、工具痕迹等进行的种属认定，无疑是针对客体的特征反映体来进行的；而就属性展开研究，无疑就需要针对物质本身了，否则，认定活动就无法开展。

还需注意的是，种属认定与同一认定是相对而言的。就某客体进行种属认定，实际上是依据该客体的某些特征将其限定在一定范围内。种属认定所依据的特征数量和质量，决定了其所限定的范围大小的不同。一般而言，种属认定依据的特征数量越多、质量越高，则其所限定的范围就越小。当种属认定依据的特征数量多到一定程度、质量高到一定程度，致使其所限定的范围内只有唯一一个客体时，种属认定便转化为同一认定。

三、同一认定、种属认定与物证鉴定

鉴定，是我国三大诉讼法均涉及的一种活动。但三大诉讼法及相关司法解释均没有就鉴定给出具体的界定。而2005年10月1日起施行的《全国人大常委会关于司法鉴定管理问题的决定》（以下简称《决定》）第1条规定，所谓"司法鉴定"，也即鉴定，"是指在诉讼活动中鉴定人运用科学技术或者专门知识对诉讼涉及的专门性问题进行鉴别和判断并提供鉴定意见的活动。"据此，所谓物证鉴定，即鉴定人运用科学技术或者专门知识对诉讼涉及的、与物证有关的专门性问题进行鉴别和判断并提供鉴定意见的活动。

那么，物证技术中的同一认定、种属认定与物证鉴定有何关联呢？事实上，物证鉴定，即对与物证有关的专门性问题进行的鉴别和判断，往往便是同一认定或种属认定。例如，就某足迹是否是某只鞋子留下的、某弹头是否是某支枪发射的、某签名是否是某人签写的等专门性问题进行鉴别、判断进而给出鉴定意见，便是同一认定；就死者胃内是否有氰化物、某合同上某处文字与其他部位文字是否由相同书写物质写成、火灾现场着火处的残留油迹是否是汽油等专门性问题的解决，便是种属认定。当然，物证鉴定并不仅限于同一认定或种属认定，它还包括用技术手段解决一些特殊的专门性问题——这些专门性问题，既不能归属于同一认定，也无法归属于种属认定，例如，恢复枪支或汽车发动机上的号码、显现被烧毁文书的原有文字内容、鉴定某文书的具体制作时间、恢复被擦除的电子数据，等等。

因此，同一认定、种属认定既与物证鉴定有着密切的联系，也有着本质的不同：物证鉴定往往借助同一认定和/或种属认定活动完成，但同一认定和种属认定并不等于物证鉴定。

第二节　同一认定、种属认定的基本形式和类型

一、同一认定的基本形式

剔除同一认定的具体内容而保留其主干，可将同一认定分为如下几种形式。

1. ABA′C 形式

该形式便是前文界定同一认定概念时所提及的形式，是同一认定中最为常见的一种形式。例如，指印足迹等痕迹鉴定、笔迹鉴定、印文鉴定、打印文书鉴定等，均属于这种同一认定形式。

2. ABA′形式

这是一种特殊形式的同一认定——是实务中断离体同一认定的核心内容：被寻找客体 A 留下的特征反映体即物证（B）往往是某整体物的一部分，它承载了原整体物的特征并具有断离瞬间形成的、能与其他断离体相吻合的边缘特征。该部分断离体能指引办案人员找到受审查客体，并往往直接与受审查客体（A′）相比较，以判断 B 和 A′是否构成一个整体。如果是，那么 A′便是被寻找客体 A。

图 1-3-2　断离体的同一认定

这种形式的同一认定可用图 1-3-2 表示。

3. $A_1BA_2CA_3\cdots\cdots A_nN$ 形式

此种同一认定形式从表面看似乎是第一种同一认定形式的简单扩展，但实际上，它与第一种同一认定形式有着本质上的区别，即再三出现了被寻找客体 A_1、A_2、A_3 等，以及它们各自的特征反映体 B、C、D 等物证，但受审查客体并没有出现。由于这些 B、C、D 等物证有着基本的相似性，有可能来自同一客体，故有时将 B、C、D 等物证进行分析、认定。如果经认定发现 B、C、D 等物证只能来源于同一个客体，那么，有关的若干案件便可集中力量合并办理，如刑事诉讼中的并案侦查。因此，此种形式的同一认定实际上为若干类似案件是否需要集中力量办理提供了技术上的支撑，具有重要意义。一旦发现受审查客体，那么相应地，其认定形式便转为第一种形式。

图 1-3-3　同一认定的延伸形式

这种形式的同一认定可用图 1-3-3 表示。

二、同一认定的类型

按照不同的分类标准，可将同一认定分为不同的类型。

1. 人身同一认定和物体同一认定

根据同一认定的客体，也即同一认定活动所指向的对象的不同，可将同一认定分为人身同一认定和物体同一认定。

所谓人身同一认定，即依据某些与人身密不可分的特征来判断人身是否同一的一种活动。人身作为被认定同一的客体，往往是借助人体的某一部位、某一组成部分、某些技能习

惯等来进行，因为这些部位等与人身的唯一联结关系或与人身的不可分割性，故当对它们中的之一认定了同一，也就认定了其所属人身的同一。人身同一认定的客体，可以是活人，但也可能是尸体。

所谓物体同一认定，即依据物体的多种特征来判断其是否同一的一种活动。作为被认定同一的客体，这些物体通常是案件中与相关活动密切相关的工具、运输车辆，甚至是杀人凶器等，也可能是案件中诉讼双方之诉争指向的标的。就物体进行同一认定，往往能将案件中物体的所有者或使用者、占有者关联在一起，进而证明案件中的相关事实。例如，鞋子是刑事案件中较为常见的一种物体，就鞋子进行的同一认定无疑属于物体同一认定，但不得不承认，这是一种较为特殊的物体同一认定，因为在利用鞋印而就其留印鞋子进行同一认定时，还可根据鞋印推断出穿鞋者的某些人身特点。而这些人身特点，往往是人身同一认定时需要格外关注的地方。

2. 完整体同一认定和断离体同一认定

根据被认定同一客体在进行同一认定时，其是否已断离为若干部分，可将同一认定分为完整体同一认定和断离体同一认定。

所谓完整体同一认定，即被认定同一的客体在进行同一认定时，未断离为若干部分，而是以完整体形象出现的一种认定类型。这是最为常见的一种同一认定类型，大多数同一认定均归属于此类。

所谓断离体同一认定，即被认定同一的客体在进行同一认定时，已经断裂或分离为若干部分。这是一类较为特殊的同一认定，其特殊之处在于：① 在进行同一认定之前，被认定同一的客体已经不再是一个完整的整体，而是已断裂、分离为若干部分，进行同一认定的目的，实质上是为了判断这些若干部分是否原属于同一整体；② 进行此类同一认定时，往往同时利用断离成若干部分的各个断离部位的形象特征、成分特征以及客体在生产、使用或修补等过程中形成的附加特征；③ 每一断离部分均是其他部分的特征反映体，且均载有原整体的特征，因此方可认识原整体的特征和其他断离部分的特征，进而完成同一认定活动。

就同一认定的以上两大分类而言，其彼此之间也有一定的关联：完整体同一认定既有人身同一认定，也有物体同一认定；而断离体同一认定，多是物体同一认定，但也不乏人身同一认定。

三、种属认定的类型

按照种属认定的目的，可将种属认定分为两大类。

1. 客体种类认定

即就案件中某未知客体的所属种类给出认定的一种活动。此类种属认定，同样可根据客体留下的特征反映体进行。当确定了未知客体的种类后，可为发现该客体提供线索、方向或范围。

2. 物质属性认定

即通过检测物质本身的物理性质、化学性质或生物性质，进而确定物质属性的一类认定活动。当明确了物质的属性后，往往该属性就能证明案件的相关问题。例如，当确定某白色粉末乃海洛因时，便可证明这是涉及毒品的案件；当确定某死者的胃内物质为氰化钾时，便可证明这是涉及中毒的案件；等等。因此，物质属性认定也是诉讼中经常遇到的问题。

而在实务工作中，物质属性的认定又有三种不同的表现：

（1）确定案件中提取的某物质是何种物质；

（2）确定客体上（物体上或人体内）是否存在某种微量附着物或含有某种物质；

（3）比较两种物质的属性是否相同。

第三节　同一认定与种属认定的相互关系

如前所述，同一认定与种属认定并非截然不同的两种认识活动，而是在一定时机下可以由种属认定向同一认定转化的两种有关联的活动。事实上，种属认定和同一认定，均可以从来源说的角度加以界定。

诉讼中，面对鞋印、指印、工具痕迹、笔迹、弹头或弹壳、血液等物证，以及来自受审查客体的鞋印、指印、工具痕迹、笔迹、弹头或弹壳、血液等比对样本，我们的问题往往是，这些物证和比对样本是否有共同的来源？显然该"共同的来源"可能是唯一的，也可能是某一范围的。如果根据物证以及比对样本的种种特征，发现物证与比对样本只可能来源于同一个客体，那么此时，便是同一认定；如果根据物证以及比对样本的种种特征，发现无法准确判断物证与比对样本是否只来源于同一个客体，但却能断定它们来源于某一类客体（如来自于皮鞋、来自于 54 式手枪、来自于书写水平较高者等），或具有某类物质共有的属性（如 A 型血、氰化物、黑火药等），那么此时的认定无疑便是种属认定。显然，在确定物证和比对样本这两大客体的来源时，客体特征的数量、质量有着关键的作用，而认识客体特征的手段更不可小觑！

基于种属认定、同一认定在概念上就有如此的关联性，更因实务中，相关的种属认定结论或同一认定结论往往有不一样的意义，所以，有必要探究一下同一认定、种属认定之间的主要区别及联系，以便更好地发挥种属认定及同一认定在诉讼中的作用。

一、种属认定与同一认定的异同

（1）种属认定和同一认定均可为诉讼服务，但二者所能解决的问题不同。

诉讼中与物证有关的专门性问题往往涉及种属认定或同一认定，唯就这些专门性问题给出种属认定或同一认定结论后，物证才能发挥相应的证明作用，因此说，种属认定和同一认定均可为诉讼服务。但是，种属认定解决的是某客体与其他客体相似与否的问题，而同一认定解决的是某客体是否是其自身的问题。前者是若干客体间的问题，而后者则是客体自身的问题，这是种属认定与同一认定之间的本质差异。

（2）种属认定和同一认定均要通过比较客体的特征来实现，但二者对客体特征的要求不同。

如前所述，无论是种属认定还是同一认定，都可以从来源说来界定。换言之，无论是种属认定还是同一认定，均是从研究物证以及比对样本的特征切入的。显然，研究物证以及比对样本的特征，本身并非目的，其实质目的在于，通过物证及比对样本的特征，认识、了解其各自的被反映体，也即被寻找客体及受审查客体有着怎样的特征，并最终判断被寻找客体与受审查客体是同一个客体、还是同种类或同属性的客体。无疑，无论是分析、研判物证及比对样本的特征，还是认识、了解被寻找客体及受审查客体的特征，其最终落脚点均是要找出物证与比对样本或者物证与比对样本所反映的被寻找客体与受审查客体之间的特征符合点及特征差异点，而特征符合点及特征差异点的发现或找出，无不建立在比较的基础上，因此种属认定和同一认定均要通过比较客体的特征来实现。当然，同一认定时对客体特征的比较是较为明显或明确的，但种属认定却似乎没有这样的比较，如参与现场勘验的具有专门知识的人根据单一一枚足迹或一颗弹头就能判断这枚足迹是由皮鞋留下的、这颗弹头是54式手枪发射的——此时，并没有其他足迹或弹头供比较使用，又何谈比较！此外，确定物质属性的种属认定，如确定某斑迹为精斑、某物质为砒霜等，也没有用其他精斑、砒霜供比较，故又如何说种属认定与同一认定一样，需要对客体的特征进行比较分析？事实上，不能仅从表象看待此问题，在前述种属认定的例子中，表面看确实没有与其他相关客体特征进行比较，但因从事具体种属认定工作的这些有专门知识的专家受过长期的专门训练并经长期实务工作的检验，已经储备了大量相关知识、经验，其不再需要将案件中某客体的特征与相关客体的实物特征进行比较，而代之以与大脑中储备的相关知识、经验进行比较，就足以完成比较工作。故同一认定和种属认定，均离不开对客体特征的比较。

但基于种属认定仅仅需要确定客体的种类，或者依据其属性而将其置于某一范围内，解决的是"相似"这一问题；而同一认定则是需要确定客体恰好正是该客体自身，解决的是"同一"这一问题。因此，种属认定对客体特征的数量和质量均没有特别高的要求——这些特征能足以将某客体置于一定范围内或确定某客体的属性就可；而同一认定对客体特征的数量和质量却有着苛刻的要求——这些特征，一定要足以最终确认该客体就是其自身方可。

（3）种属认定和同一认定都是物证鉴定的重要组成部分，但二者的结论价值有所不同。

物证鉴定，除了少数部分属于就相关专门性问题提供技术支持以外，如显现被涂抹的文字、恢复被锉掉的枪号等，主要还是就物证给出种属认定或同一认定结论，因此，种属认定和同一认定均是物证鉴定的重要组成部分，但二者的结论价值却不同。就诉讼而言，同一认定的结论价值有时要大于种属认定的价值。例如，在刑事诉讼中，需要确定是具体的某个人而不是某类人实施了某犯罪行为，因此"某个人留下了某枚指印"的结论，显然其意义大于"某类人留下了某枚指印"的结论。但需要注意的是，比较同一认定与种属认定的结论价值要至少注意以下三点。① 价值的比较只能就相同客体而言，就不同种类客体进行的同一认定和种属认定，如就指印进行的同一认定与就油漆进行的种属认定，不具有价值的可比性——这两者在诉讼中有可能具有同样的重要性。② 认为同一认定结论的价值高于种属认定的价值，是仅就肯定结论而言的，而就否定结论而言，种属认定结论的价值不一定低于同一认定结论的价值——某客体不属于某类客体，与某客体不是某客体，均将某客体排除在外，因而其结论价值有同样的意义。③ 认为同一认定结论的价值高于种属认定结论的价值，并不表明种属认定在物证鉴定时可以不受重视。事实上，同一认定对客体特征的数量和质量均有较为苛刻的要求，而种属认定对客体特征的数量和质量之要求却要宽松得多，因此，物证鉴定中，或者进一步说诉讼中，种属认定较同一认定适用得更为广泛、更为多见。

二、种属认定与同一认定的联系和转化

（1）种属认定与同一认定之间有着密切的天然联系。

从人类认识的发展历史来看，人类对客观事物的认识经历了由浅入深、由低级到高级的

发展过程，而这一过程，恰恰体现了从种属认定到同一认定的嬗变过程。

（2）从每一次具体的同一认定过程看，也存在着由种属认定发展到同一认定的过程。

从来源说可知，即使是进行同一认定，也是在种属认定的基础上完成的：同一认定之初，首先要解决的问题，便是物证与比对样本是否来源于同类客体，只有在此基础上，才可能借助足够多高质量的特征将物证及比对样本的来源客体限定在同一个客体之上。如果在同一认定之初，发现物证与比对样本的来源不具有同类性，如经检验发现，作为物证的血液是A型血，而作为比对样本的血液是B型血，那么便无法进一步借助DNA鉴定来确定这两份血液是否来源于同一个人！换言之，意欲借DNA来判断两份血液是否来源于同一人，首先应对这两份血液进行种属认定以确定其具有相同的血型。因此，每一次具体的同一认定，均是由种属认定发展而来的。

（3）同一认定与种属认定的联系和转化还表现为同一认定往往要借助种属认定才能完成。

同一认定中，被寻找客体并不具有现实性——其在现实中留下特征反映体后即消失了，受审查客体是否便是被寻找客体，显然仅仅围绕受审查客体来进行是无法完成的。事实上，同一认定通常是比较被寻找客体的特征反映体物证与受审查客体的特征反映体比对样本在众多特征上的相似性来完成的。而"相似"恰恰是种属认定的本质属性——正是因为"相似"，物证与比对样本才被归入某类客体之内。

第四节　同一认定和种属认定的科学基础

笔迹鉴定、指印鉴定、印文鉴定等，都是诉讼中最为常见的同一认定。为什么通常认为笔迹鉴定、指印鉴定等是科学可靠的？其原因在于，同一认定以及种属认定是有科学基础的，即同一认定和种属认定的根据及应满足的基本条件决定了同一认定和种属认定是一种可靠的认定客体的活动。

一、同一认定和种属认定的根据

之所以能进行同一认定和种属认定，其根本原因在于，客体具有特定性，即某客体区别于其他客体的特性。该特性通常取决于如下三种因素。

1. 客体质的规定性

质的规定性是客体最本质的特性，是某客体与其他客体相区别的最根本内因。例如，同样是书桌，决定某书桌与其他书桌相区别的最本质特性应是该书桌的材质。通常而言，客体的质是均匀的，因此，即使客体断裂、分离为若干部分，但其各个断离部分均保持着相同的质的规定性。

2. 客体在产生过程中形成的特性

即客体在生产（如鞋子的制作）或生长（树木的生长）过程中形成的特性。即使是同批生产的鞋子、同时种植的树木，也可能因某一特殊原因而在某一只鞋子、某一树木的某一部位形成较为特殊的特性，从而为种属认定、同一认定奠定了基础。

3. 客体在使用过程中形成的特性

即使是在质的规定性方面及产生过程方面均只有共性而无个性的客体，一旦投入使用，便会因为使用者使用的习惯、使用的频率等因素而形成独特的特性；而如若使用者还对客体的破损处进行过修补，那么，这些使用特征及修补特征均能为种属认定、特别是同一认定提供极好的依据。

二、同一认定和种属认定的条件

实务中，鉴定机构往往会对案件中的某些指印、笔迹或足迹等的同一认定或种属认定要求加以拒绝，其原因在于，尽管通常而言，针对指印、笔迹或足迹等的同一认定不是问题，但就个案来说，这些指印、笔迹或足迹等，并无法接受种属认定或同一认定。之所以会出现这样的情况，是因为意欲进行种属认定及同一认定的客体，必须满足如下四个基本条件。

1. 客体的特定性必须较为明显突出

"明显"即明确、显著，"突出"即超出一般地显露出来。就同一认定而言，客体的特定性必须较为明显突出，也即要求与其他客体的特定性相比，某客体的特定性能够较为清楚地显现出来并容易被人看到、觉察到，唯有如此，才能认识该客体的特定性，并从该客体与其他客体在性质方面的差异入手，对该客体做出准确的认定。就种属认定而言，客体的特定性必须较为明显突出，则是要求某类客体的共性相较于其他类别客体的共性能够较为清楚地显现出来并容易被人看到、觉察到，只有如此，才能认识该类客体的共性，进而将该类客体与其他类别客体加以区分。

2. 客体的特定性必须在一定时间内稳定不变

哲学原理及热力学理论告诉人们，世间万事万物均处于绝对运动中，但在这种绝对运动中，万事万物又会呈现相对的静止状态。换言之，从客体产生到消亡的全程看，客体无疑处于运动中，但如若在该全程中截取某一时间段，则发现客体又处于静止不动态，即相对静止状态。事实上，正是客体的相对静止状态，正是客体的特定性能够保持相对的稳定性，人们才能认识世界，才能认识世间的万事万物。

就同一认定、种属认定而言，其指向的客体显然要保持一定的稳定性，也就是说，这些客体的特定性要在一定时间内未发生什么变化，人们才能对之进行认定。当然，客体的特定性保持稳定的时间越长，越有可能对之进行同一认定或种属认定。但是，这并不是说案件中所有待认定的客体都必须在无限长的时间段内保持完全不变。事实上，客体的特征如若能够在同一认定或种属认定要求的特征稳定之必要时间内保持基本不变，那么便已满足同一认定或种属认定的需要。而所谓"特征稳定之必要时间"，实际上就是从被认定客体首次出现并留下物证这一特征反映体时起，到被认定客体被人们掌握并随即开始同一认定或种属认定活动时止的这段时间。只要客体的特征在此必要时间内保持大致不变，那么就能对客体进行相应的认定。

3. 客体的特定性必须得到良好的反映

通常，客体的特定性均能在其他客体上得到反映，均能以各种方式形成其特征反映体；但人们也发现，即使是同一个客体，其形成的多个特征反映体所反映的客体特定性却并不完全一样。这种有反映、但反映的好坏不尽相同的状况告诉人们，在探讨同一认定、种属认定的条件时，还应关注客体特定性被反映的好坏状况，即反映的容易程度、清晰程度和准确程度。唯有特定性容易反映、且得到了清晰及准确反映的客体，才可能进行同一认定或种属认定。而客体的特定性是否得到清晰的反映，则取决于客体特定性本身的清晰程度、反映客体特定性的那个物体的性质及形成反映时的其他外在条件。

4. 客体的特定性必须能为人们所认识

对客体进行同一认定、种属认定，无疑要以认识客体的特定性为前提。特别是同一认定，对认识客体特定性的能力要求更高。在还没有认识指纹特征时，人们不可能对指纹进行认定；当对指纹特征的认识仅限于花纹类型时，就只能对指纹进行种属认定；当对指纹特征的认识深入至细节特征时，人们就可以对指纹进行同一认定。但必须意识到的是，人们对客体特定性的认识能力与所处社会的科技发展水平密切相关。也就是说，某社会时期的科技发展水平决定了人们对客体特定性的认识能力；人们不可能超越社会的科技发展水平而遑论提高认识能力。

正是因为人类的科技水平不断提高，人们对客体特定性的认识才更为深入、更为多视角，曾经无法进行的一些种属认定、特别是同一认定，如今却能得以解决；而现今无法解决的种属认定或同一认定，今后有可能因科技的进一步发展和进步而得以解决。

第五节　同一认定、种属认定的方法和步骤

同一认定和种属认定，是物证技术中最为重要的两大类活动。基于同一认定与种属认定之间的密切联系，在讨论同一认定或种属认定的方法和步骤时，无疑以将二者结合起来一并考虑为妥。

一、同一认定、种属认定的方法以及比对样本

1. 同一认定、种属认定的方法

如前所述，同一认定和种属认定都可以用图1-3-1来表示。借助该图，我们可以清楚地明了，无论是同一认定还是种属认定，均是借比较物证与比对样本之间的特征异同而完成的，即只有比较物证的特征以及比对样本的特征，找出它们之间的符合点及差异点，才能最终就物证与比对样本是来源于一个客体、还是来源于一类客体，或者物证与比对样本是否有着共同的物质属性，给出判断。因此，同一认定或种属认定的方法，无疑便是比较法。

就同一认定中存在比较法，人们很好理解；可是就种属认定特别是在确定物质属性这种种属认定中也存在比较法，则不乏存有疑问者。表面看，种属认定有时并没有什么比对样本，例如，在确定某物质是否是氰化钾时，鉴定人没有将物证的特征与某个比对样本进行比较，但却得出该物证是氰化钾的结论。确实，在确定某物质的物质属性这类种属认定中，比对样本往往没有出现，但这并不意味着这类种属认定就没有使用比较法。事实上，由于物质的属性相对稳定，一旦生成，它就不会轻易变成其他物质，因此，基于之前人们对物质属性的了解和掌握，基于某些物质属性的"手册化""标准化""常数化"，实务中确定物质属性时，便不再需要比对样本，而是将针对物证本身进行检验、测试的结果、数据、图谱、现象等，直接与已经"手册化""标准化""常数化"，甚至已经成为鉴定人头脑中储备的基本知识内容的结果、数据、图谱、现象等进行比较，便能得出某物证是否是某类物质的可靠结论。所以，即使是确定物质属性的种属认定，也离不开比较法。至于确定客体所属种类的种属认定，同理也离不开比较法。

同一认定和种属认定中的比较法，通常包括特征对照法、特征接合法、特征重叠法等。

（1）特征对照法。即将物证与比对样本（或它们的同比例复制件），或者是将物证及比对样本的各自特征置于同一视野内，对照着进行比较，以发现符合点及差异点的一种比较检验方法。特征对照可利用投影仪、专用比对仪、计算机软件等进行，也可以借助线条图形板等，通过画线、测量等方式来进行；而就物质属性的比较，则是逐一比较检验测试中发现的物证的属性特征与比对样本的属性特征。特征对照法是一种应用较为广泛的比较法。

（2）特征接合法。即将物证和比对样本分别制成同倍率的照片，然后在特征最明显的部位将两张照片剪开，左右交相拼接，观察照片上被剪开的特征是否吻合。特征接合也可利用投影仪进行或者利用专用比较显微镜进行，而目前，则较为普遍地使用 Photoshop 等制图软件来进行。

（3）特征重叠法。即将物证及比对样本分别制成图片然后以重叠的方式检验。此时，也可借助现有的一些制图软件来进行。留在较薄纸张上的图章印文，则可直接在透光下重叠观察。

2. 同一认定和种属认定中的比对样本

基于比较法于同一认定和种属认定的重要性，而比较又是在物证与比对样本之间进行的，因此，比对样本的种类及其选取就至关重要。

比对样本，从物证技术学的视角而言，无疑是指物证比对样本，其来源于受审查客体，用于与案件中的物证进行比较。

如果是以物质的化学、生物属性证明案件中的相关事实，那么比对样本可能呈现出与物证不一样的表现形式，例如，在利用 DNA 进行人身同一认定时，物证可能是现场的精斑，而比对样本则可能是嫌疑人的毛发或血液。而其他以外形特征、字形特征等形态学内容证明案件中相关事实的，则比对样本通常与物证有着相同的表现形式，即同样为指印、赤足印、工具痕迹、笔迹、印文等。

根据比对样本的形成方式，物证技术学中通常将其分为自由比对样本和实验比对样本。

所谓自由比对样本，即这些来自于受审查客体的特征反映体，是伴随着人们日常生活、工作等活动而自然形成的，如拿水杯喝水时在杯子上形成的指印，学校颁发文凭时在学位证书、学历证书上盖的印文等。这类比对样本，因是平时自然而然形成的，因此能较为准确地反映受审查客体的特性，是同一认定或种属认定时最为常见、最为重要的比对样本。

所谓实验比对样本，即这些来自于受审查客体的特征反映体，是出于为进行同一认定或种属认定而专门"制作"出来的。之所以会专门制作比对样本，其原因主要有二：一是发现了受审查客体，但却无法获得其自由样本。例如，涉枪案件中，侦查人员找到了嫌疑枪支，却根本无法获得其以往的射击弹头、弹壳，因此专门用该枪支发射相应子弹从而获得实验弹头、弹壳。二是即使获得了自由比对样本，但该样本数量少，或者该样本不大符合与相应物证进行比较的需要。例如，进行笔迹鉴定时，针对的是"文""客""清"三个字，可获得的自由笔迹样本中，根本没有这三个字，或者虽有这三个字，但各自仅有一个，无法与物证笔迹的"文""客""清"三字进行比较或进行充分比较，因此需要疑是书写者专门按照相关的要求书写若干"文""客""清"。由于实验样本是"制作"出来的，有着刻意而为的意味，更因受审查客体自身意欲逃避追究的本能或执意伪装的故意，因此，实验样本有时并不能准确反映客体的特征，故在使用时应充分考虑案件的具体情况，慎重评价比较检验阶段在物证与比对样本之间发现的特征符合点和差异点。

无论是自由比对样本还是实验比对样本，均需特别注意的是，一定要确保其是来源于具体某一客体的，也就是说，这些比对样本与受审查客体之间的关系没有任何疑问。否则，就物证与比对样本是否有共同的来源或共同的唯一来源而展开的种属认定或同一认定，便有可能出错。

基于物证种类的繁多，相应的检验鉴定工作也各不相同，因此，就某些物证比对样本而给出的进一步分类，以及收集这些比对样本的具体要求，将在后文中出现。

二、同一认定、种属认定的步骤

同一认定和种属认定，不仅在方法上具有共同性，在认定步骤上也具有基本类似性，即通常包括分别检验、比较检验、综合评断、给出鉴定意见并制作鉴定书四大步骤。而为了最终的认定意见正确可靠，还应在正式步入前述四大步骤之前，做好相应的准备工作，即应当了解一些可能对检验工作有重要意义的情况并为正式的鉴定工作制订具体的方案、准备相应的仪器设备等。① 案件的基本情况。即要了解相关刑事案件的指控事实或民事案件的讼争事实及鉴定的具体要求。② 检材的基本情况。送交鉴定时提交的检验材料通常即是物证。了解检材的情况，即要了解该检材的发现、提取、提交、保管、保存等情况，并检查其外观状况，看其是否具备鉴定条件。③ 比对样本的基本情况。即要从质量和数量两方面审查其是否具备比对条件，还要特别注意确认其来源是否可靠。④ 根据具体鉴定要求、鉴定工作的需要，制订鉴定方案并准备必要的仪器等。

1. 分别检验

所谓分别检验，即分别对检材和比对样本进行一定的检验、测试等，其目的，是要发现它们各自的特征，为后续的比较检验奠定基础。分别检验通常先围绕检材展开，然后针对比对样本，了解检材中有哪些突出特征，有利于更快地在样本中发现相应的可比特征，甚至有针对性地为再次收集具有可比性的比对样本（如实验样本）提供线索。

分别检验所针对的是检材和比对样本所具有的各种客体特征，包括一般特征和细节特征。而这些一般特征和细节特征，因具体检材及比对样本的性质不同而不同：它们可能是形态学特征如指印、足迹、印文等印痕特征，也可能是物质成分等物理、化学或生物属性如血型、DNA、比重、折射率、沉淀、结晶、气体等属性特征，还可能是运动习惯特征如书写动作习惯、行走运步习惯等。

有时，送检单位不仅送来供鉴定或认定时使用的比对样本，如与检材印文同期捺印而成的印文，还同时送来受审查客体本身即印章。此时，不仅可以研析、检验已有的比对样本，而且还可以利用这个受审查客体制作一些满足鉴定需的实验样本，甚至还可直接将检材印文与受审查客体进行比较。

2. 比较检验

即在分别检验的基础上，在已经找寻出检材及比对样本的各自特征之后，利用比较法，对检材和比对样本的特征一一进行比较研究，以确定它们这些特征哪些相互符合、哪些互有差异。

3. 综合评断

作为接受鉴定以判断其是否来源于同一客体或同类客体的检材及相应的比对样本，其无疑有基本的类似性，否则便不可能被送至鉴定机构进行鉴定，因此，经比较检验，理应能发现检材与比对样本间存在一些特征符合点。同时，即使同一认定的最终结论是肯定的，即检材与比对样本来自同一个客体，但检材与比对样本终归是两个客体，因此它们之间一定还存在一些特征差异点。所以，无论同一认定或种属认定的最终结论是肯定的还是否定的，在比较检验时均会或多或少地发现特征符合点及特征差异点。而综合评断的目的便是对比较检验所发现的各类特征符合点及各类特征差异点进行分析研究，以判断这些特征符合点和差异点的形成原因——这些符合点是本质的符合还是偶然的符合，这些差异点是非本质的差异还是本质的差异——为最终的鉴定意见奠定基础。

（1）对符合点的评断。评断符合点，就是要评断已经发现的符合点，从总体看，是否可能在其他客体上重复出现，如果认为这些符合点总体上不可能在其他客体上重复出现，那么这些符合点即可作为认定同一的依据。首先，对符合点的评断要研究相符合特征的质量。决定特征质量的因素，主要是特征的出现率。无论是一般特征还是细节特征，都有出现率高低的问题。出现率高低与特征质量高低成反比。对特征出现率高低的判断，一要依靠经验，二要研究特征形成的原因。有些客体特征的出现率，还可以通过典型调查来确定。其次，对符合点的评断还要研究特征的数量。就两个特征反映体而言，符合的数量愈多，其在其他客体上出现的可能性愈小。至于多少个特征相符合，才能作为认定同一的依据，应当根据同一认定客体的类型，结合特征的质量综合决定。

（2）对差异点的评断。评断差异点就是要评断已发现的差异特征是如何形成的——差异点的形成原因往往决定了该差异是本质上差异还是非本质上差异，如若是前者，那么这种差异是两个客体间的本质差异，故同一认定的结论只能是否定的；而如若是后者，则这种差异不是两个客体间的本质差异，故同一认定的结论可以是肯定的。

差异点产生的原因通常有以下几种：其一，检材形成时的条件异于比对样本形成时的条件；其二，检材形成后因某种原因而发生变化；其三，检材形成后，留下该检材的客体本身发生变化，因而导致其后形成的比对样本特征不同；其四，检材在形成时由于人为因素，导致客体本身或检材的特征发生变化。

上述四种原因导致的差异点，均属非本质差异，不影响给出肯定的同一认定结论。但如果在检验时发现存在明显的差异点，而这些差异点的形成又不能用引起特征变化的上述四种客观原因加以解释，故这些差异点应该是本质上的差异，据此，可给出同一认定的否定结论。

4. 给出鉴定意见并制作鉴定书

在经过慎重、仔细认真的综合评断之后，通常便可以针对鉴定要求给出具体、明确的鉴定意见，即认定同一或同种属、否定同一或同种属的意见。鉴定意见是我国诉讼中的法定证据形式之一，但它的存在要以鉴定（意见）书为载体。因此，按照我国相关法律、法规及规定，应当制作相应的鉴定书。该鉴定书应具有检验鉴定的过程、检验鉴定所见、综合评断过程及最终的鉴定意见等主要内容。

三、同一认定、种属认定的具体手段之概说

对客体进行同一认定、种属认定离不开比较法。无论是采用特征对照法、特征接合法还是特征重叠法，首先应找出或发现客体的各种特征，否则，也就无从开展任何形式的特征之比较。事实上，在对客体进行同一认定、种属认定的"分别检验阶段"，便是针对物证及比对样本的具体特点，而采用相应的手段挖掘、发现、探究物证及比对样本所具有的种种外在

特征及内部特征的过程。由于物证及比对样本在诉讼中的表现形式多种多样，更因物证借以发挥证明作用的"证明品性"有所不同，例如，指印、足迹、工具痕迹、笔迹、印文等印痕类物证依据其外在形态学特征发挥证明作用，毒物、毒品、爆炸物、涂料、油脂等化学物证依据其内在的化学属性发挥证明作用，而血液、精斑、毛发、骨骼等生物物证依据其内在的生物属性发挥证明作用，因此，围绕不同物证而展开的同一认定或种属认定，便需要针对物证的具体种类而选用不同的具体手段以揭示其对应的特征。限于篇幅，并特别考虑到本教材的使用对象之特点，本书无法将揭示各类物证之特征的具体手段一一罗列，但却可对这些手段做一最为基本的介绍，即对物证进行同一认定或种属认定时，将针对物证自身的特点而采用物理手段、化学手段和/或生物手段以发现、挖掘或揭示出物证及其比对样本的相应特征，为后续的进一步检验鉴定奠定基础。

1. 物理手段

所谓物理手段，即在针对物证及其比对样本的特征之发现、挖掘或揭示的过程中，所用的检测、检验手段通常没有改变物证及其比对样本的本质属性。借用物理手段，一般能揭示物证及比对样本的一些外在的、直观的特征，如客体的大小、形状、颜色、状态、密度、折射率等。这些物理手段，是鉴定人员结合物证的具体种类及可能存在的特征而采取的直接观察法、直接寻找法或数据测试法等。例如，针对指印、印文、笔迹等，可采用直接观察法或直接寻找法去探究指印的花纹类型特征及细节特征、印文的一般特征及细节特征、笔迹的一般特征及细节特征等；针对纸张、油漆涂料、油脂、玻璃、橡胶等，可采用数据测试法或现象观察法测试相关的数据或观察相关的现象，如比重、密度、折射率、白度、定量、荧光、色泽等。

2. 化学手段

所谓化学手段，即在针对物证及其比对样本的特征之发现、挖掘或揭示的过程中，所用的检测、检验手段通常可能改变物证及其比对样本的本质属性。借用化学手段，一般能揭示物证及比对样本的一些内在的、深层次的特征，进而从本质上将物证与比对样本加以区分或联系在一起。物证鉴定人员常用的化学手段既包括常规的化学方法，也包括借助现代分析仪器的仪器分析法。特别是仪器分析法，已成为物证技术中不可或缺的检验鉴定手段。

3. 生物手段

所谓生物手段，即为了探明一些来自生物体的物证及其比对样本的生物属性而采用的一系列手段，如生物化学手段、免疫学手段、遗传学手段等。这些手段建立在生物技术之上，同样也是需要经过专门的培养、训练才得以为人们所掌握的。

必须明确的是，无论是采用物理手段、化学手段还是生物手段，都离不开对各种器材、设备、仪器的使用。这些器材、设备、仪器的使用，不仅扩展了人们认识客体特征的能力，而且大大提高了认识客体的效率及可靠性。因此，从事物证鉴定工作的鉴定人员，不仅要理解并掌握物证的基本原理和基本理论，还要熟谙各种物证的具体检测、检验鉴定手段，否则，将无法围绕物证展开相应的鉴定工作。

 本章小结 >>>

物证技术学中的同一认定，在界定时有"客体同一说"和"来源唯一说"之分，二者并没有本质差异。我国惯采前者，即认为同一认定是指具有专门知识的人，通过分析比较案件中两次或多次出现的客体的特征反映体之特征，来判断这些客体是否为同一个客体的认识活动。同一认定包括 ABA′C、ABA′ 和 $A_1BA_2CA_3\cdots\cdots A_nN$ 三种形式。就类型而言，根据同一认定的客体也即同一认定活动所指向的对象的不同，其可分为人身同一认定和物体同一认定；根据被认定同一客体在进行同一认定时是否已断离为若干部分，其又可分为完整体同一认定和断离体同一认定。

物证技术学中的种属认定，是指具有专门知识的人，为了确定客体的类型、属性，或者比较两种物质的属性是否相同，而对客体留下的特征反映体或对物质本身进行检验的一种科学活动。按照种属认定的目的，其可分为客体种类认定和物质属性认定两大类。

物证鉴定往往借助同一认定和/或种属认定活动完成，但并不仅限于同一认定和种属认定，它还包括需要用技术手段解决的其他特殊专门性问题。

同一认定和种属认定均通过比较客体的特征来为诉讼服务，但二者所能解决的问题、对客体特征的要求和结论的价值均有所区别。二者具有一定的联系和转化关系：其一，人类认识的发展历史体现了从种属认定到同一认定的嬗变过程；其二，每一次具体的同一认定中均存在由种属认定向同一认定发展的过程；最后，同一认定往往要借助种属认定才能完成。

同一认定和种属认定的根据在于客体具有特定性，该特性通常取决于客体质的规定性、客体在产生过程中形成的特性和在使用过程中形成的特性三方面。意欲进行同一认定及种属认定的客体，其特定性必须满足较为明显突出、在一定时间内稳定不变、能得到良好的反映和能为人们所认识四个基本条件。

同一认定和种属认定的基本方法为比较法，其中主要包括特征对照法、特征接合法、特征重叠法三种。比较离不开比对样本，从物证技术学的视角而言，比对样本是指来源于受审查客体，用于与案件中的物证进行比较的样本，通常分为自由比对样本和实验比对样本两大类。同一认定和种属认定在认定步骤上也具有基本类似性，通常包括检验前的准备、分别检验、比较检验、综合评断、给出鉴定意见并制作鉴定书等步骤。而从发现、挖掘和揭示物证及其比对样本之特征的具体手段来说，在同一认定和种属认定中主要包括物理手段、化学手段和生物手段三种。

❓ 问题 与 思考

1. 简述同一认定和种属认定的概念。
2. 简述同一认定的基本形式和类型。
3. 同一认定和种属认定有何异同？
4. 如何理解同一认定和种属认定间的联系、转化？
5. 从同一认定和种属认定赖以进行的根据及条件的角度，谈谈同一认定和种属认定的科学基础。
6. 如何理解自由比对样本和实验比对样本在物证鉴定中的价值区别？
7. 同一认定和种属认定中使用的主要方法和具体手段有哪些？
8. 简述同一认定和种属认定的基本步骤。

本章的主要参考文献

1. 徐立根．物证技术学．4 版．北京：中国人民大学出版社，2011.

2. 何家弘．同一认定：犯罪侦查方法的奥秘．北京：中国人民大学出版社，1989.

3. 何家弘．犯罪侦查研究：从相似到同一．北京：中国法制出版社，2008.

4. 李学军．物证论：从物证技术学层面及诉讼法学的视角．北京：中国人民大学出版社，2010.

5. 罗亚平．物证技术及物证鉴定制度．北京：中国人民公安大学出版社，2003.

6. 蔡杰．同一认定理论的几个问题．法学评论，1996（3）：68-72.

7. 刘昊阳．论同一认定的理论标准．山东公安专科学校学报，2004（1）：81-85.

第二编

物证摄影技术

第一章 物证摄影技术概述

关键术语

物证摄影技术 光的反射和折射 配光照相技术

第一节 物证摄影技术的概念、原理及主要配光技术

一、物证摄影技术的概念

物证摄影技术，广义上说，是集物证照相技术、物证录像技术、数字图像处理技术于一体的应用型技术，是发现、固定、提取、显现和检验痕迹、物证的一种无损的物证技术方法。物证摄影技术是在物证照相技术的基础上发展并不断完善起来的。物证摄影技术是世界各国案件侦查中均在使用的有效技术手段之一，为案件的侦查、诉讼起到了不可或缺的取证及证明作用。

物证照相技术是以二维图像来固定、记录、显示、检验案件现场及与案件有关的痕迹、物证等的一种实用性方法。物证照相是案件现场重建和刑事诉讼中必不可少的重要依据，也是显现和检验现场难以发现的潜在证据的重要手段。另外，物证照相技术还可以为辨认提供形象资源，如提供犯罪嫌疑人面貌辨认照片，确定犯罪嫌疑人等。

物证录像技术以连续、形象、动态、客观的图像集来实现固定、记录、显示犯罪现场状况、作案人行踪及作案行为等与案件有关的事实内容。物证录像在国内外的刑事案件侦破中已经发挥并将继续发挥不可替代的作用。

数字图像处理技术是通过计算机对所采集的图像进行去除噪声、增强反差、复原损失、分割、提取特征、图像重建等处理方法和技术，在已有信息的基础上捕获更多的相关证据信息。目前，数字图像处理有较大的发展空间，有待人们进一步的开拓与应用。

从信息学角度讲，物证照相技术、物证录像技术和数字图像处理技术这三者都属于图像信息的范畴，都具有客观性、记录性和再现性的特点。同时，这三者又具有各自的特性，它们密切联系、相辅相成，形成了一门系统、完整的专业学科——物证摄影技术学。但从狭义的角度而言，物证摄影技术仅指物证照相技术，而本篇，便是从狭义的角度介绍物证摄影技术的。

二、物证摄影技术的原理

物证摄影的目的是客观、形象地记录、显现被拍客体的形态特征，最大限度地加强痕迹物证与所在物体之间的亮度差别。而其摄制原理，则主要是基于光与物质的相互作用，并借助相应的摄影技术将物质对光的反射、折射等作用所形成的光谱亮度分布记录下来。

（一）光线的反射和折射

光线从一种介质入射到另一种不同的介质时，会在两种介质的交接面上发生光的反射和折射现象。例如，当光从空气入射到物体（透明或半透明介质）表面时，一部分入射光线在界面上被反射，形成反射光线；另一部分则被折射进入物体内部，形成折射光线。由于光线沿直线传播，故物体反射、折射光线后，会显现出不同的光学性质。如图 2-1-1 所示。

1. 表面反射光线及其特性

表面反射光线是指入射光线在物质表面被反射所形成的反射光线。根据物质的表面反射光的性质的不同，可以将物质大体分为三种类型：定向反射物质、漫反射物质和混合反射物质。

定向反射物质是其表面反射的光只出现在一个方向上——与入射角度相等的反射角方向，在其他方向则没有反射光的一类物质，如光滑的玻璃、陶瓷、油漆等光泽表面。当物质表面的局部不规则、其凹凸起伏

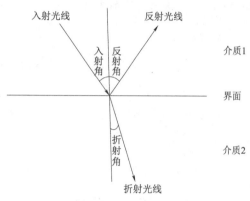

图 2-1-1 光线在介质界面上的反射和折射现象

区域的大小尺寸小于光线的波长时，反射光线只出现在同一个方向上，其表面呈现定向反射性质。

漫反射物质是其表面反射光均匀地出现在空间各个方向，并且各个方向上的反射光线强度几乎相等的一类物质，如灰尘、普通纸张和灰墙表面等。物体表面的局部凹凸起伏区域的尺寸大于光线波长，表面上各微观部位的反射光出现在不同方向上，故从宏观看，物质表面每一点的反射光均匀出现在所有方向上。这类物质表面呈现漫反射性质。

混合反射物质的反射性质包含了定向反射物质和漫反射物质两者性质之和，但其表面反射也只出现在一定空间范围内，最典型的混合反射物质是汗液和油脂成分的痕迹物质。混合反射物质所形成的反射光线中，在与入射角相等的反射角方向其强度最大，偏离这个方向也有反射光线，但反射光强度减弱；愈偏离反射角方向，反射光愈弱。当入射光线的入射角度改变时，定向反射物质和混合反射物质的反射光线的方向和空间分布都随之变化，而漫反射物质的反射光线空间分布形式与入射光线照射角度无明显关系。

图 2-1-2 为表面反射光的三种形式。

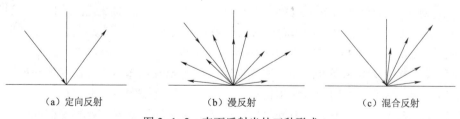

| （a）定向反射 | （b）漫反射 | （c）混合反射 |

图 2-1-2 表面反射光的三种形式

现实中，完全为定向反射物质和漫反射物质的比较少，大多数物质均属于混合反射物质。但有些表面光滑物质的反射光绝大部分集中在反射角方向上，故可以近似认为它们是定向反射物质，如一些光滑家具表面和漆面、玻璃、瓷器、镀铬金属面等。有些表面粗糙的物

质，如灰尘、泥土、粗糙木面、不光滑的纸张等，则可以近似视为漫反射物质。

2. 内反射光线及其特性

入射光线在物质表面被反射掉一部分，另一部分则被折射进入物质内部。折射光线在物质内部传播过程中可能会被吸收和散射；而散射光线在物质内部传播后可能重新到达物质表面发生反射和折射，折射光线又回到物质外表面。这种经过物质内部散射作用后重新回到物质外表面的光线称为内反射光线，如图 2-1-3 所示。

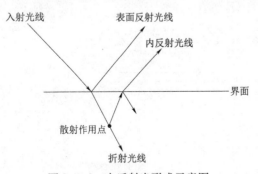

图 2-1-3 内反射光形成示意图

内反射光线来自物质内部，它与表面反射光线在形成机制和特性上完全不同，且内反射光的空间分布有一定规律。物质内部一个散射点的散射光线以不同角度入射在界面的不同位置并且在界面发生反射和折射作用，其中折射光线构成了内反射光。由于反射光线随入射角度增加而加大、折射光线（即内反射光线）则将随散射光线到达界面的入射角度增加而减小，因此，一个散射点形成的内反射光在垂直方向最大，偏离垂直方向的内反射光将逐渐减弱。物质表面上任意一点位置上的内反射光是物质内部众多散射点共同作用的结果，所以，表面上每一点位置上的内反射光在垂直方向上最强、在其他方向上较少——愈偏离垂直方向，内反射光愈少。因为内反射光是物质内部散射作用的结果，所以内反射光的空间分布形式与照明光线入射角度无关。

内反射光的强度和色调主要取决于物质内部的光散射和光吸收性质。在一定折射光线情况下，物质的光散射能力越强，内反射光就越强；物质光吸收效能越强，则散射光越弱，内反射光也就越弱。如果物质的光吸收具有光谱选择性，那么内反射光便可能呈现一定的颜色。在白色光照射下，物体的表面反射光一般还是白光，但内反射光可能呈现一定的颜色。如果物体由不同物质构成，那么物质各个部位的内反射光便可能呈现不同的色调。

（二）配光照相技术原理

在光线照射下，被拍摄物体上各种物质的反射光呈现各自的空间分布形式。配光照相技术通常是记录它们在垂直方向上的反射光亮度分布，进而实现对相关痕迹物证的记录、提取和检验的目的。当照明光线的入射角度变化时，各种物质在垂直方向上的反射光有不同的变化规律，它们在垂直方向上的相对亮度分布将随入射角度的改变而变化。所以，适当选择照明光线的入射角度和方向，可以使痕迹物证与所在物体之间呈现最大的反射光亮度反差。

同时，照明光线入射角度也可能影响客体的内反射光亮度，这样物体的内反射光和表面反射光就组成了背景反射光亮度。如果痕迹物质的反射光或物体表面的反射光亮度远远大于内反射光的亮度，内反射光的相对作用很小，于是背景干扰变弱。因此，配光技术可以有效增加物体表面反射光或痕迹物质反射光与物体内反射光之间的差异，达到减弱或完全消除背景图案的干扰的目的。总的来说，配光照相技术可以控制反差、调整背景反射亮度，达到最大限度地增加痕迹与物体背景之间亮度差别的目的。

配光照相技术是指通过选择照明光线入射的角度和方向，来调整、控制被拍摄物体在垂直方向反射光亮度分布的照相方法。其主要作用是加强痕迹物质与承痕载体之间的亮度差别，最大限度地消除或减弱背景图案的干扰。在物证照相领域，配光照相技术大致可以分为定向反射照相技术、暗视场照相技术、均匀照相技术、侧光照相技术、掠入射照相技术、无影照相技术和透射照相技术。图2-1-4展示了七类配光照相技术的光照角度特征。

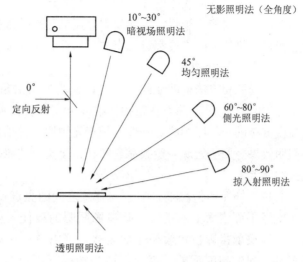

图2-1-4　配光照相技术法整体分析图

1. 定向反射照相技术

在与照明光线入射角度相等的反射角方向，接收、记录被拍摄物体反射光亮度分布的方法称为定向反射照相技术。定向反射照相技术中最主要的器件是定向反射镜，如图2-1-5所示。定向反射镜的原理是，将半透半反射镜片以45°角放置在照相机镜头前，从而让照明光线垂直入射在物体表面，并可以同时在垂直方向接收、记录物体的反射光亮度分布。

图2-1-5　同轴光定向反射仪

由于照相机镜头接收的是物体在反射角方向上，即垂直方向上的定向反射光，故这种方法被称为垂直定向反射照相技术。

小偏角定向反射照相技术是定向反射照明的另一种形式。小偏角定向反射照相技术不需要使用定向反射镜（半透半反射镜）装置。它是让照明光线以小角度（5°角左右）入射在物体上，在对应的反射角方向上观察或拍照记录物体的反射光亮度分布。这种定向反射照相技术虽然不是在垂直方向上接收记录物体反射光，但它是接收物体表面在定向反射方向上的反射光高度分布，与垂直定向反射照明的效果几乎相同。这种小偏角定向反射照相方法简便易行，但由于照相机镜头轴线与物体表面不完全垂直，有可能出现几何变形问题。

使用定向反射照相技术进行操作时要注意定向反射镜的使用，同时需要使用面光源。摄影时要求环境黑暗，没有杂光干扰。摄影方法：按测光表测量值增加1~2级曝光量并进行系列曝光。在客体物质对可见光有光谱选择性或强烈吸收紫外线的情况下，用分色摄影或紫外反射摄影配合定向反射照明也可以削弱内反射光的相对亮度，达到减少背景干扰的效果。图2-1-6所示即为利用定向反射照相技术拍摄到的照片。

定向反射照相技术主要用于显现和加强光滑平面物体表面遗留的潜在痕迹，其摄影

图2-1-6　定向反射照相法获得的照片

43

效果主要取决于物体表面的光泽程度，与物体的物质成分没有关系。物体表面光泽度越高，其表面定向反射能力越强，定向反射照明的显现效果就越好。光滑的陶瓷、照片、玻璃、油漆、塑料等物体上的痕迹都可用定向反射照相法来记录、提取并检验。

2. 暗视场照相技术

暗视场照相方法，即让照明光线以较小的入射角（光源发射光线与照相机镜头光轴的夹角为10°～30°时）照射在被拍摄物体上，然后在垂直方向上接收、记录物体反射光的相对亮度分布的一种照相法。一般选用点光源照射被拍摄物体，照明光源尺寸过大会损坏暗视场照明效果。照明光源一般紧靠着照相机镜头，使照明光线能够以较小的入射角度照射在被拍摄物体上。

在暗视场照明情况下，痕迹与背景之间的亮度反差随照明光线入射角度减小而增加。对于光滑平面表面上的指印，暗视场照明的最佳入射角度为10°～30°。暗视场照明若配合紫外线反射摄影技术效果非常显著，可以进一步减少客体的内反射光，增加痕迹与物体背景之间的亮度反差。因此，适当情况下可以与紫外线反射摄影相结合使用。如果物体本身显示一定色彩，可以在暗视场照明中配合使用分色摄影方法。彩色物体的内反射光有一定颜色，适当地选用与物体颜色互补的色光进行分色摄影，也可以有效减少客体的内反射光线，从而进一步改善暗视场照明的效果。从某种意义上说，暗视场照明与分色摄影方法配合，可以将暗视场照明的适用范围从深色光滑物体表面扩大到彩色光滑物体表面，如图2-1-7所示。

（a）暗视场照相照片　　　　　　　（b）暗视场+分色摄影照片

图2-1-7　暗视场及暗视场+分色摄影照片

暗视场照相法可以显现、加强痕迹，其很适用于拍摄深色光滑物体表面具有混合反射性质的物质形成的痕迹，最典型的是潜在油脂指印和潜在汗液指印。物体表面越光滑，色调越深，或形成痕迹的物质越多，显现或加强的效果越好。暗视场照明方法提取的结果是，深色背景上有浅色纹线，有些条件下还可以减弱或消除背景图案干扰。

3. 均匀照相技术

均匀照相技术，即用多个光源以45°角对称照射被拍摄物体，同时在垂直方向接收、记录物体反射光亮度分布的一种摄影技术。最常用的是用四个白炽灯或用两个日光灯对称照射物体。均匀照相法的特点，是物体的各个部位受到均匀照射，并且由于照射光线来自多个方向，不会产生明显的阴影，而被拍摄物体上各种物质垂直反射分量的差异主要取决于它们自身的色调。因此，均匀照明能再现物体原来的色调，同时也是翻拍技术等常用的光照方法。

4. 侧光照相技术

侧光照相技术，即让照明光线以较大的入射角度从一侧照射被拍摄物体，同时在垂直方向接收、记录物体反射光亮度分布的一种摄影技术。

侧光照相法实际上就是利用照明阴影来表现痕迹的立体细节，即在平面照片上产生立体感觉。用侧光照相法拍摄立体痕迹时，照明光线入射角一般为 60°～80°，且最好使用平行光束光源。但为了使照明阴影能显示出清晰、完整的痕迹细节特征，便需要根据立体痕迹凹凸深浅程度来确定具体的入射角度。一般情况下，深度差较大的立体痕迹应选用较小的入射角，深度差较小的立体痕迹则要选用较大的入射角。此外，还要求照明光线沿痕迹纹线之流向的垂直方向照射，因为只有这一方向才能在痕迹上产生较好的照明阴影。但如果痕迹花纹的流向复杂，则要考虑从多个方向照射。拍照立体痕迹及其样本时，所用的侧光照明其方向必须一致，这样才能保证在同时观察检材照片和样本照片时能具有相同的立体感觉，从而为立体细节的比对检验奠定基础。图 2-1-8 所示为侧光照相技术拍摄的照片。

图 2-1-8 侧光照相技术
拍摄的照片

侧光照相方法主要用于拍照各种可塑性物体上的立体痕迹。这种配光照相法因将立体痕迹的纹线再现为深色调、背景再现为浅色调，使这二者之间存在较大的亮度反差，故可以很好地显现物体上的立体痕迹。

5. 掠入射照相技术

掠入射照相技术，即将照明光线以接近平行于被拍摄物体表面的方式照明，通常是以 80°～90° 的入射角照射被拍摄物体表面，并同时在垂直方向上接收、记录物体的反射光亮度分布的一种摄影技术。掠入射照明一般使用平行光束光源，且这些光源是以同一角度照射在物体上。在掠入射照明条件下，由于客体的内反射光之空间分布在垂直方向时最大、而偏离垂直方向时逐渐减小，故许多在垂直方向看不见的指印均可以在倾斜方向得到很好的显现。若将掠入射照明用于偏振光摄影中，则可以有效消除背景上不规则的定向反射光，同时增加痕迹与背景之间的亮度反差。

掠入射照相主要用于拍摄平整物体表面由漫反射物质形成的痕迹。其对浅色物体的作用尤其明显，这是因为浅色物体本身内反射光强度很大，掠入射照明可以很大程度地减少内反射光。而深色物体，其内反射光原本就很少，故再用掠入射照明法以减少内反射光的强度其作用不大。

6. 无影照相技术

用均匀对称的散射光照射物体的周围，此时，被拍摄物体受到来自对称空间范围的多个方向光线的均匀照射，因而其表面细小凹凸变化产生的阴影可以被充分地消除。利用这种照明方式进行的摄影，被称为无影摄影。

无影照相法只具有消除物体阴影之干扰的作用，不具备增加痕迹物质与物体之间反差的能力，因此只适合拍照有纹路的物体表面上颜色差或亮度差很微弱的指印。通常而言，这类物体表面凹凸纹路造成的阴影反差会干扰其表面的指印纹线，因此无法显现出反差微弱的指印之纹线特征；而无影照相技术可消除这些阴影反差的干扰，充分显示物体表面上各种物质本身的亮度差和颜色差，使指印纹线与背景间的亮度反差能够在没有背景阴影干扰的条件下得以显现出来。

7. 透射照相技术

透射照相技术，即将照明光线从被拍摄物体的背后入射，然后在物体正面接收、记录该物体各个部位透射光亮度分布的一种摄影技术。

根据照明光线从物体背面入射的角度，可将透射照相法分为正透射照相法和侧透射照相法两种类型。前者，照明光线从被拍摄物体背面垂直方向入射，照相机则在物体正面垂直方向上接收、记录物体的透射光亮度分布。后者，则从被拍摄物体背面以一定角度入射，照相机同样在物体正面垂直方向接收、记录物体的透射光亮度分布。

可根据痕迹的物质类型，正确选用正透射照相法或侧透射照相法。对于吸收光线物质形成的痕迹而言，需选用前者；而对散射光线物质形成的痕迹，则应选用后者。正透射照相一般采用面光源；侧透射照相则可采用点光源或平行光束光源。照明时，要注意避免让照明光线透过物体后直接照射到照相机镜头上，否则会在胶片上产生光晕，从而影响痕迹线条的显示。

透射照相法需接收、记录物体的透射光线，因此只适合于拍摄或检验透明或半透明物体上的痕迹，例如，该法可以显示并加强透明或半透明物体如玻璃、塑料薄膜等上的指印。

第二节　物证摄影技术的作用、发展历程及现状

一、物证摄影技术的作用

物证摄影技术的作用主要体现在以下几方面。

（一）在以现场摄影法固定犯罪现场的同时，记录并提取痕迹物证

现场勘查时，通常以现场摄影法将案件现场状况完整、客观、全面、系统地记录固定下来。而此时，物证摄影技术则用来对现场勘查或案件侦查过程中发现的痕迹物证进行记录、提取。以物证摄影技术记录、提取痕迹物证时，要做到客观、全面、形象、逼真地反映物证所在位置及其真实面貌、特点。

（二）检验、鉴定与案件有关的痕迹物证

物证摄影技术不仅可以很好地记录、提取痕迹物证，还因其能借助特殊的照明手段及摄影设备，揭示人们肉眼无法见到的一些光现象，进而可实现检验、鉴定的目的。例如，可对一些痕迹物证进行分析、比对和鉴定，可鉴别真假货币、真假证件，揭露普通油画下掩盖的名画，堵截走私等。

（三）为刑事、民事、行政诉讼提供有力的证据

物证摄影技术获得的各种相片，不仅记录、提取并检验、鉴定多种物证，而且其形成的相片，往往正是记录、提取及检验、鉴定活动的准确反映，能真实、客观地为某些事实的认定提供依据。

（四）为建立各种档案提供材料

物证摄影技术获得的各种物证图片，不论是记录、提取方面的，还是检验、鉴定结果方面的，都为建立相应的数据库或档案提供了材料；而相关档案或数据库的存在，对更好地发

挥物证的证明作用，显然有着积极而重要的意义。

二、物证摄影技术的发展历程

（一）物证摄影技术的产生

摄影技术或照相技术是 19 世纪人类文明的重要成果之一。在摄影技术诞生的 1839 年，法国的贝雅在巴黎公布了他用氯化银负片印制的纸基照片及之后用这种方法拍摄的尸体检验照片。贝雅则因此成为世界上第一个将摄影技术用于鉴定的人，被公认为"法医摄影的先驱"。1862 年，法医学家约德斯（J. Joders）博士成功地在法医鉴定中应用了摄影方法，并发表文章肯定摄影在法医检验鉴定中的地位和作用，开辟了摄影技术在刑事破案中的新运用。

（二）物证摄影技术的应用

1. 人像辨认摄影

摄影技术出现后，人们很快便发现用照片来记录、识别和辨认罪犯是一种很不错的方法。1841 年，法国警察当局首次用达盖尔法给两名已知身份的人犯照相留影，以便日后鉴别之用。1864 年，英国伦敦警察厅开始在整个英格兰地区收集罪犯照片档案，编制罪犯名册。1867 年，莫斯科警察局也建立了罪犯照片册。1871 年，英国议会通过的《预防犯罪法案》规定："凡被警察局拘留逮捕的人犯都必须拍照登记。"1876 年，纽约警察局侦探托马斯·伯恩斯（Thomas Byrmes）根据历年来收集的人犯照片，出版了《美国的职业罪犯》一书，里面收录了美国各地主要的罪犯名单和照片。

2. 现场摄影

1854 年，瑞士洛桑警察局首次拍摄了犯罪案件的现场，并于 1861 年做出规定：所有犯罪现场都必须拍摄记录，以供日后法庭调查之用。这一规定开创了现场摄影的历史。1859 年英国也出现了要求对所有犯罪现场进行拍摄记录的议案。

3. 物证摄影

1859 年，美国发生著名的卢科案件。法庭通过警察出示的照片，证实了该案中的重要证据——一份土地契约是伪造的。这是历史上第一个照片被当作刑事审判的物证并且被采纳的案例。1964 年，旧金山警察局用摄影方法成功地记录并提取了一幅被盗油画上的涂改痕迹。1867 年，瑞士洛桑警方拍摄记录了一起杀人案件现场上凶手遗留的工具。

进入 20 世纪后，随着人类科学技术的进步，新的学科和新的技术不断涌现，给物证摄影技术不断注入新的因子。在此情况下，用于检验的摄影技术蓬勃兴起，使得物证摄影的工作内容不断增加，而这其中最重要的有四个方面。

第一，分色摄影与彩色摄影。1868 年，法国的路易斯·德·豪伦（Louis D. Hauron，1837—1920）拍摄了第一张彩色照片。1914 年，巴黎警察厅成功地采用分色摄影技术显现了支票上被涂改的数字，破获一起诈骗案。

第二，特种光线摄影。1904 年，沃德（R. W. Word）首次在实验室里进行了红外线拍摄实验。1905 年后，红外开始用于司法鉴定，主要是鉴别文书和文物的真伪及其是否有内在的损伤。1922 年，美国国家标准局的戴维斯（R. Davis）博士用红外线摄影法再现了一份被烧毁文书上的字迹。1927 年，特种摄影技术进入实用阶段。

第三，法医颅像检验技术。1913 年美国盐湖城犹他州州立大学的威尔德（C. A. Wild）

博士首次应用颅像检验的方法鉴定了一具白骨化尸体的身源。

第四，显微摄影。1929 年，文检学的创始人阿尔伯特·谢尔曼·奥斯伯恩（Albert Sherman Osborn，1858—1946）著书叙述了用文书显微镜和立体显微镜检验文书和拍摄记录的方法。1922 年，美国霍普金斯大学教授加尔文·古达德（Calvin Goddard，1891—1955）创立了武器弹道学。他把比较显微镜与照相机相结合，拍摄并检验了枪弹表面的摩擦痕迹。

此外，1934 年，布鲁斯（H. L. Broose）首次应用硫化锌处理潜在指纹，然后用紫外摄影拍摄到荧光指纹。1935 年，芝加哥警察局的卢克·梅（Luke S. May）使用显微镜比对木质物的断面，制成第一张比对重合照片。

三、物证摄影技术的现状

随着社会的发展和科学技术的进步，物证摄影技术也得到了长足的进步和发展，其主要体现在两个方面：一是摄影器材、设备的多功能化、便捷化、人性化，特别是数码摄影技术的诞生和数码摄影器材设备的出现、发展，极大地便利了物证摄影技术，使得物证摄影技术更加快捷、高效、方便；二是光学等物理学成果不断被应用于物证摄影技术，诸如不可见光摄影技术、偏振光摄影技术等都得以创立并在物证技术中发挥着日益重要的作用。

而数码化或数字化的物证摄影技术借力于双向交互技术、网络技术、多媒体技术等，有了更广泛的应用空间。

 本章小结 >>>

本章主要对物证摄影技术的基本概念、原理、任务、作用进行了概述，并对物证摄影技术当前的状况进行了分析，为物证摄影技术的进一步发展提供参考。本章重点是要掌握物证摄影技术的原理，尤其是光的反射折射原理以及配光摄影技术控制影像效果的原理。

? 问题与思考

1. 什么是物证摄影技术？
2. 物证摄影技术的主要原理有哪些？
3. 简述物证摄影技术的主要作用。

 本章的主要参考文献

1. 杨玉柱. 刑事图像技术. 北京：中国人民公安大学出版社，2007.
2. 高树辉. 刑事图像实用技术. 北京：中国人民公安大学出版社，2011.
3. 徐为霞. 刑事影像技术. 北京：中国民主法制出版社，2007.
4. 刘文. 刑事图像技术. 北京：中国人民公安大学出版社，2002.
5. 郭海涛. 刑事图像. 北京：中国人民公安大学出版社，2010.

第二章 物证摄影技术类型

关键术语

近距摄影 翻拍摄影 脱影摄影 分色摄影 偏振光摄影 紫外摄影 红外摄影

物证摄影，是以物证为拍摄对象的摄影技术，其涉及的物证复杂多样，有微观、宏观的，有可见、不可见的等等。因此，物证摄影的手段也相应最为复杂。在物证摄影中，根据所用的成像光波波段不同、技术难易不同、照相的作用不同可分为常规物证摄影技术和特种物证摄影技术。

第一节 常规物证摄影技术

常规物证摄影所用的技术一般相对简单、所用的成像光波波段在可见光范围之内，并主要是发挥记录、显现这两大功用。常规物证摄影主要有近距摄影、翻拍摄影、脱影摄影、分色摄影、偏振光摄影等。

一、近距摄影技术

（一）近距摄影技术的概念

近距摄影是指在拍摄时缩短物距，加长像距，增大被拍物影像的摄影。通常而言，近距摄影的放大倍率在 0.1 ～ 10 之间，有的则可达到 0.1 ～ 20。近距摄影的目的是，获得物体精确的细微纹理和结构特征之清晰影像。每个照相机镜头都有一个近距限度，即获得清晰影像的最近距离，再近于这个距离，影像将会不再清晰，也就达不到近距摄影的目的。

（二）近距摄影的形式

近距摄影在物证摄影中占有重要的地位，经常用以拍照痕迹和细小物体，为检验鉴定和侦查破案提供有利的条件和证据。近距摄影主要采用原物大摄影和直接扩大摄影两种方法。

1. 原物大摄影

摄影时，物距等于像距且等于 2 倍焦距，所成影像与被拍物等大，也即放大率为 1。这种摄影称为原物大摄影。一般标准镜头的焦距很小，因此为达到原物大摄影，往往要求镜头离被拍物很近。例如，135 相机标准镜头的焦距为 50 mm，摄影时物体只能放置在距离镜头 50 ～ 100 mm 之间。

2. 直接扩大摄影

摄影时，物距大于 1 倍焦距小于 2 倍焦距，所成影像大于被拍物，也即放大率大于 1 的一种摄影法。

图 2-2-1 和图 2-2-2 所示为指纹原物大摄影照片和指纹三倍大摄影照片。

图 2-2-1 指纹原物大摄影照片

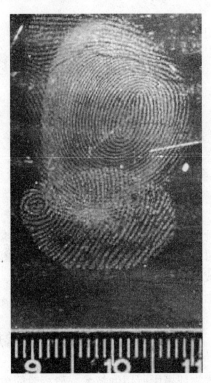

图 2-2-2 指纹的三倍大摄影照片

（1）利用近摄接圈增大影像。直接扩大摄影可通过加用近摄接圈的方式实现直接增大影像的目的。近摄接圈是用金属制成的圆形套圈，一般由 3 ～ 5 节组成一组，一组长度在 5 ～ 50 mm 之间。可根据放大倍率和拍照要求，选取一定的长度，加在机身与相机镜头之间，以达到伸长像距，增大影像的目的；此时，相机的焦点并没有改变。对于不同的摄影镜头，使用多长的接圈才能达到拍摄需要的放大倍率，可经计算得到：近距离摄影放大倍率＝所加接圈的长度/摄影镜头的焦距。

（2）用微距镜头增大影像。微距镜头是一种专门用作微距摄影的特殊镜头，是针对微小物体的拍摄而设计的，使用起来很方便，不需再加任何配件便可进行近距摄影，是目前进行近距摄影时最受欢迎的器具之一。微距镜头焦距一般从 20 mm 至 200 mm 不等；可拍摄 1/2 倍至原物大左右的影像，甚至可拍摄到更高的倍率。微距镜头也可用做普通摄影，还可以和近摄接圈一起使用，以获得更大的拍摄倍率。

除此之外，还可以通过加近摄皮腔、增焦距镜头、镜头反转接圈等方法达到直接扩大摄影效果。

总之，随着摄影技术的发展和近摄工具种类的增多，使用哪种近摄工具和方法要根据被提取物的大小和倍率要求来决定。

二、翻拍摄影技术

（一）翻拍摄影的概念

翻拍摄影，即利用摄影技术对图文类证据进行复制的一种摄影方法，是固定物证并保全物证的一种常规手段。

翻拍摄影的对象为平面材料，其大体可分为三类。① 单色原件。即没有中间色调的原件，如报纸、文件、捺印的手印等。② 有中间色调的原件。这种原件不仅具有黑白影调，而且还具有灰色调，如黑白风景照片、黑白人像照片等。③ 彩色原件。即原件有各种颜色，如彩色图案、图表、票证等。由于翻拍原件的多样性，在翻拍摄影时就要根据翻拍材料的不同特点，选择不同性能的滤光镜以得到好的翻拍效果。

按照对原件的反映程度，翻拍摄影分为原件翻拍摄影（要求保持同原件相同的色调）、突出性翻拍摄影（局部突出某一部分，要求点线分辨清晰）和校正性翻拍摄影（如看不清的和有污染的将其原来面目拍清晰）。

翻拍摄影的目的是：记录原件的形态、大小、质地等物质属性和外部特征，反映原件所记载的文字、符号、图画等书面内容。

（二）翻拍摄影的技术要求

配光技术是翻拍技术中的重要环节。照明是否均匀、光线的强弱、物面的反光程度以及光源的色温等都影响翻拍出的照片质量。翻拍一般用柔和的散射光源，如乳白灯泡、磨砂灯泡、散光式的强光灯人造光源，光照角度为 45°；晴天背阴处和阴天的自然光都比较适用。一般白色原件曝光时应适当减少曝光量，黑色原件则应适当增加曝光量；表面有光泽的被拍物适当减少曝光量，表面无光泽被拍物适当增加曝光量。图 2-2-3 所示为单色调原件翻拍照片，图 2-2-4 所示为中间色调原件翻拍照片。

图 2-2-3 单色调原件翻拍照片

图 2-2-4 中间色调原件翻拍照片

（三）翻拍摄影时的注意事项

（1）对有卷曲、揉皱、折痕的原件及撕碎的原件，在不损坏原件的前提下，应先整复再翻拍。拍摄时应放置比例尺，以准确反映原件的大小；比例尺的大小要与原件相称并在颜色上得当。

（2）衬底的选用。衬底应与原件在颜色上有所区别，以显示原件的特点；衬底要比原件略大一些，以反映原件的全貌特征。对于双面书写或印刷的原件，应选择与字迹颜色相似的衬底，以减少背面字迹的影响；对于单面书写的原件，要放置与纸张等颜色相同的衬底，以加强字迹的反差。另外，若意欲消除原件上水纹、格子、图案等颜色的影响，则要放置与需要减弱的或消除的颜色相似的衬底，这种衬底必须与滤光镜相配合，才能达到较好的效果。

（3）了解翻拍原件的大小、形态，以便确定原件应如何放置在相机镜头前。翻拍对象在照相机取景器中所占位置应不少于画面的 4/5。在符合翻拍摄影要求条件下，取景应根据需要尽可能地将画面充满，使翻拍出来的照片饱满。

（4）翻拍摄影时，整个翻拍系统的各个组成部分，如相机机身、相机机身与机架的连接部分或机架与底座的连接部分等，均要能保持平稳。摄影镜头光轴要垂直于原件平面中心，以保证画面准确不变形。翻拍摄影应该在暗室内进行，以防杂乱光线影响翻拍的质量；翻拍室的墙壁、翻拍架等最好不反光，以防杂乱光线的干扰使画面产生晕光和光线不均等弊端。

三、脱影摄影技术

（一）脱影摄影的概念

具有一定空间体积的物体在自然光线或灯光的照射下，会在其承受客体或拍摄背景上产生一个或多个投影。因此，当对一些立体物如手枪、子弹等物体进行拍照时，无论用自然光或灯光照射，物体背面或侧面都会产生阴影，而这种阴影往往会模糊物体的外围轮廓和特征，给辨认和鉴定带来一定困难。为了真实再现被拍立体物的形状、色泽、大小等外表特征，通过配光技术来消除或减弱被拍物体之阴影的干扰，以突出物体边缘信息的摄影方法称为脱影摄影。图 2-2-5 所示便是对一个立体物用脱影摄影法拍得的照片。

图 2-2-5　脱影摄影照片（以比例尺清晰为准）

（二）脱影摄影的种类

1. 亮背景脱影摄影

（1）环形灯脱影摄影。将环形灯或环形闪光灯套在相机镜头上，对物体进行拍摄。从镜头四周发出的强度相同的光线照到被拍物体上，相互抵消，使相机取景视野范围内的被拍物体不产生投影，从而达到了脱影的目的。拍摄时，应使用标准镜头或中焦镜头。

（2）多灯照明脱影摄影。采用三只灯或四只灯对称照明，以减淡或消除被拍物体阴影的摄影。它适用于拍摄中等大小的物体。多灯照明脱影时，被拍物体下面应放置白色或灰色的背景屏。

（3）散射柔和自然光脱影摄影。自然散射光，又称漫射光，即间接日光，是指阳光经云层或其他物体反射或透射后的光。其照度小，方向散漫，反差柔和，无阴影。例如，阴天或晴天背阴处的自然光便是这种光，适合于各种物体的脱影摄影。

（4）利用人造散射光进行脱影摄影。在室内将灯光照在反光幕或白墙等间接反射物上，使光线柔和化、虚化、漫射化。也可用透光的白纸制作一个锥形罩，顶端开一个孔，供相机镜头插入，拍摄放在罩内的物体。此时，灯在纸罩外照明，光线则透过锥形罩变成散射柔和光，从而达到脱影的目的。

（5）透射式脱影灯箱脱影摄影。脱影灯箱分为透射式和反射式两种。透射式脱影灯箱是将乳白、磨砂灯泡或日光灯管安装在箱内，箱底衬以白色或磨砂玻璃底，箱盖为一块乳白色可透明玻璃，被拍物体便放在其上接受拍摄。透射式脱影灯箱只能获得白底脱影照片。

2. 暗背景脱影摄影

（1）反射式脱影灯箱脱影摄影。反射式脱影灯箱是将四根管灯装在灯箱上盖的四周，箱盖为透明玻璃，其上放置被拍物体。当箱底衬以黑色衬底时，此拍摄法将得到暗背景即黑底脱影照片。当箱底衬以白色玻璃或磨砂玻璃时，此拍摄法将得到亮背景即白底脱影照片。

（2）深色背景脱影摄影。即将被拍摄物体放在黑色丝绒上进行拍摄。此时，物体的阴影湮灭于作为背景的黑丝绒中，从而得到黑底脱影照片。

3. 偏光镜脱影摄影

将较大的偏光镜放在脱影灯箱上，再将被拍物置于该偏光镜上，然后用镜头上带上了另一偏光镜的相机进行拍摄。拍照时，根据拍摄需要旋转镜头上的偏光镜，使得灯箱上的偏光镜与镜头上的偏光镜其晶丝或平行，或成45°角，或成90°角，从而可得到浅色、灰色或黑色底的相片。应用偏光镜脱影，可有效地控制底子的深浅，使物体的轮廓能得以清晰地表现。

4. 避开阴影脱影摄影

（1）悬空脱影摄影。即将较小或较轻的被拍物悬空吊挂起来，从物体两侧配光拍摄的脱影法。此时，物体的影子因落在取景画面范围之外而不会被拍下来。为防止吊挂物体的线绳反光影响拍摄效果，最好选用与被拍物体之背景颜色一致的丝线。

（2）脱影架脱影摄影。将一块透明玻璃从两端架起，使玻璃与地面有一定空间；将被拍物置于玻璃上，再根据被拍物体的颜色选择适当的衬底放在玻璃下进行拍摄。此时，两侧配光照明的被拍物体之阴影将因落于拍摄范围之外而达到脱影摄影的目的。

（三）脱影摄影的注意事项

（1）在对称布光的基础上，若被拍物体的局部具有不同的重要特征，布光时要分主光和辅助光，主光和辅助光的光比以3∶1～4∶1为宜，以充分反映物体特征。

（2）脱影摄影中衬底的运用要适当。一般来说，深色物体应衬以白色衬底，浅色物体应衬以深色乃至黑色衬底，以充分显示被拍物体的边缘、轮廓和特征。

（3）拍摄金属类物体时，要注意其表面反光对拍摄的影响。由于金属表面的反射光为椭圆偏振光，无法用偏光镜来消除，故可在金属表面涂上一层汽油石蜡溶液（汽油50 mL、石蜡5 g）后再拍摄。为了突出显示物体的影像特征，必要时可以根据具体情况再加用滤光镜或偏光镜。

四、分色摄影技术

（一）分色摄影的定义和装置

分色摄影是指在可见光范围内，利用分光装置有目的地选择成像光波段的专门摄影技术。任何一种物体的颜色都取决于投射到该物体表面光的反射、透射和吸收的能力。在绝大多数情况下，物体反射的是各种不同波长的光，但肉眼所看到的，却是各种波长光线反射的混合光。为了强化或减淡某种颜色，就必须采用分色摄影技术。分色摄影技术关键是选择能够产生最佳照明效果的色光。

分色摄影装置由普通光源、照相机、滤光镜和多波段光源等构成。其中，滤光镜既可以加在照相机镜头前，也可以加在光源前。滤光镜分色采用减色的机理，当光线通过有色体介质时，由于有色体介质具有选择性吸收和透过不同色光的特性，故能产生明显的反差，达到突出或削弱某种颜色的分色目的。

（二）分色摄影的作用

分色摄影与普通摄影记录的都是被拍物体反射的可见光，但不同的是，普通摄影是记录物体在整个可见光谱区的反射光，而分色摄影只记录物体反射的部分色光。普通摄影记录的物体反射白光的亮度分布结果与肉眼的观察结果相近；分色摄影记录物体反射某种颜色光的亮度分布结果与肉眼的观察结果则可能有较大的差异。在应用分色摄影技术时，由于任何滤光镜都吸收一定的光谱成分，因此，使用滤光镜后，通过镜头的光量相对减少。为了实现正确曝光，需要相应延长曝光时间以增加曝光量。

在物证技术中，分色摄影有两个作用。一是可以有效地增加有颜色的痕迹物质与物体背景之间的反射光亮度反差。只要痕迹物质或其所在物体存在一定的颜色，或者这其中有一个有不同颜色，分色摄影就可以显著加强它们之间的亮度反差。二是减弱甚至消除多色调物体的背景图案干扰，突出痕迹特征的显示。

（三）滤光镜的使用

在分色摄影中，滤光镜的使用应当倍加关注，可主要依据以下两个方面来选用。

1. 根据被拍物体表面的颜色和拍摄要求选用滤光镜

如果要消除或减淡被拍物体表面某种颜色，应当选用与该种颜色相同或相近的滤光镜；反之，则使用与该种颜色相异的滤光镜。对于被拍物体表面颜色比较复杂的，则需要根据拍摄要求、光源和物体颜色特点作全面考虑。为了加强痕迹、物证的反差，拍摄时通常是加用与所拍物体颜色互补的滤光镜。一般规律如下。① 两原色滤光镜叠用，各种色光都被减阻，呈现暗黑效果。② 红、绿、蓝（原色）滤光镜，允许与本滤光镜颜色相同的色光透过。例如，红色滤光镜只允许红光透过，也允许黄光中的红光和品红中的红光透过。③ 黄、品、青（间色）滤光镜，允许与本滤光镜颜色相同的色光和形成这种颜色光（黄、品、青）的两种原色光透过。例如，黄色滤光镜能让黄光和形成黄光的红光、绿光透过。④ 两种间色滤光镜叠用，能够允许两种间色滤光镜共同所具有的那一种原色光透过。例如，黄色滤光镜、青色滤光镜叠用可允许绿光透过，不允许青光、黄光透过。⑤ 黄、品、青三种滤光镜叠用，各种色光被减阻后，呈现暗黑效果；或者依各滤光镜本身的浓淡情况，各种色光呈现不同程度的中性灰效果。

为了加强痕迹、物证的反差，拍照时通常是加用与被拍物颜色互补的滤光镜：加强青色物体可用红（黄+品红）色滤光镜；加强黄色物体可用蓝（青+品红）色滤光镜；加强品红色物体可用绿（青+黄）色滤光镜；加强红色物体可用青（蓝+绿）色滤光镜；加强蓝色物体可用黄（红+绿）色滤光镜；加强绿色物体可用品红（红+蓝）色滤光镜。图 2-2-6 所示为不同颜色滤光镜。

2. 根据所用光源的类型选用滤光镜

不同的光源，含有光谱成分的比例不同。即使同一光源，在不同的条件下，含有光谱成分的比例也不同。光源的色温是衡量光源辐射光谱成分的物理量，不同的光源，色温不同，使用同一个滤光镜取得的效果也不一样。因此，照明条件也是选择滤光镜时应当考虑的重要因素。

图 2-2-6　常见的滤光镜

五、偏振光摄影技术

（一）偏振光摄影的概念

偏振光摄影，是指记录被拍物偏振光成像状况的专门摄影技术。偏振光摄影时，在镜头上或光源前加用偏光镜，或利用自然光的反射、散射的偏振性质，改变被拍物体的亮度分布，从而获得一些特殊的拍摄效果。偏振光摄影的装置由光源、照相机和两片偏振镜组成，如图 2-2-7 所示。

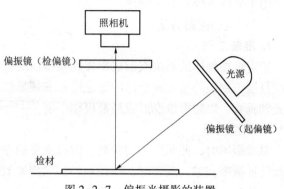

图 2-2-7　偏振光摄影的装置

（二）偏振光摄影的作用

偏振光摄影的最重要作用，是其能够有效抑制非金属物体表面的定向反射光，包括光滑非金属物体表面的反射光斑和不规则定向反射光，从而消除物体表面的定向反射光形成的背景干扰，突出痕迹特征。此外，因具有抑制物体表面定向反射光的能力，使得物体的背景亮度降低，所以有时也可以借偏振光摄影增加痕迹与背景之间的反差。

（三）偏振光摄影应注意的问题

（1）要适当地进行曝光补偿。

（2）不得让光线直接射到镜头上，否则会产生光晕而减少其效力。

（3）在灯光下拍照时，最好用两盏灯，且保证照射到物面的光全部是经过起偏镜变成的偏振光。

（4）为使反射光起平面偏振，应将起偏镜的偏振轴（晶丝）方向与物面平行。

（5）当检偏镜的偏振轴方向与平面偏振方向垂直时，物面反射来的未偏振光受到第二偏振镜的阻止便可获得完全的平面偏振光，这样才能使物面的反光全部被消除。

（6）由于起偏镜和检偏镜的形状大小、性质的不同，如固定用途，则不要随意调换。

（7）偏振镜不宜长时间在高温下工作，如光源前的温度超过 75 ℃，长时间在这一环境下使用，有可能损坏偏振镜。

第二节　特种物证摄影技术

一、显微摄影技术

显微摄影是利用显微装置提高拍摄中影像放大率的专门摄影技术，是各种显微镜摄影的总称。它利用显微镜和目镜的两次放大功能，将肉眼难以看见或看不见的微小物体或痕迹的高倍扩大影像拍摄下来。

（一）显微摄影器件

常用的显微镜结构可分为光学部分和机械部分。其中，光学部分包括聚光器（照明系统）、物镜和目镜；机械部分包括显微镜镜架、载物台、光学管以及粗动、微动对焦装置等。常用于显微摄影的显微镜是体视显微镜，使用的照相机一般为单镜头反光式照相机。目前，由于数字影像技术的发展，显微镜通常都配备相应的数字影像采集设备，直接和计算机连接用于显微影像采集和处理。

（二）显微摄影方法

1. 准备工作

确定被拍物体的部位或形成影像的初步情况；明确拍摄的要求；选择合适的底片，正确选配目镜、物镜的倍数和合适的滤光镜；安装显微照相机等。拍摄最好使底片的平面与显微镜光轴垂直，以防影像变形或局部模糊不清。

2. 调整光源

显微摄影时，照明应均匀明亮，没有大量的杂乱光和散射光，才能保证影像层次丰富，细微特征清晰完整。观察时，往往不易察觉到取景器（或显微镜视野）内的亮度是否均匀，但若不均匀，则会在照片中十分明显地反映出来。因此，光源的调整很重要。调整光源时，首先把光的轴心调整在显微镜的视野中心，然后依据被拍物体的特征和拍摄要求再调整光照角度、光强并选用合适的滤光镜。

3. 取景、对焦及拍摄

取景是为了确定拍摄范围及物体影像的大小，而对焦则是为了使物体的影像清晰。如果加用滤光镜拍摄，则应在加滤光镜之后进行精确的对焦。

显微摄影的曝光时间，取决于被拍物的反光强弱、照明强度、放大倍数等因素。一般可采用曝光实验获得，也可用下列公式计算获得：

显微摄影曝光时间＝基数×聚光灯光圈的指数×数值口径的指数×

摄影放大倍数的指数×滤光镜的指数×感光片速度的指数

使用数字照相时，可根据相机测光指示进行系统曝光，以取得最佳效果。

（三）显微摄影注意事项

（1）显微照相环境光线宜暗，避免不必要的散射。

（2）整个装置必须稳固。

（3）对焦必须准确。使用小底片时更要注意，最好借用放大镜来对焦。

（4）光源、聚光镜、检材、物镜、目镜、底片中心必须全部在一条光轴直线上。避免照明不均现象。

二、紫外摄影技术

以紫外线作光源的摄影十分广泛地应用于科研、考古、航空、农业等众多领域。物证技术中，紫外摄影技术也有着十分重要的价值。

（一）紫外摄影概述

1. 紫外线光源

紫外摄影的光源必须富含紫外线。适合直接进行紫外摄影的紫外光源有自然光和人工光源两大类。

（1）自然光。在太阳发射的光谱中，56%为红外线（波长780～5 000 nm），39%为可见光（波长400～780 nm），5%为紫外线（波长290～400 nm）。尽管太阳光包含全部波长的紫外线，其短波紫外线波长（200～280 nm）被大气最大量地散射和吸收，到达地球表面的主要是中、长波即波长为 280～320 nm、320～400 nm 的紫外线。因此，太阳光可作为中长波紫外线光源，具有光照面积大、均匀，照明强度高等优点。其缺点是：太阳光中紫外线的强度与天气、季节、地理位置、时间及其他因素等密切相关，不稳定。

（2）人工光源。紫外人造光源主要有电子闪光灯和紫外灯。普通的电子闪光灯可作为长波紫外光源而用于长波紫外摄影。用石英作灯管壳的电子闪光灯，会有一部分短波紫外输出。紫外灯多种多样，按其发光特性可分为长波紫外灯和短波紫外灯。其优点是：发光稳定、紫外线成分含量高、波段易选择等。常见的有 365 nm 和 254 nm 两种紫外光源，如图 2-2-8 和图 2-2-9 所示。

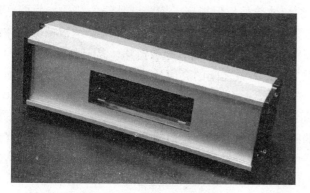

图 2-2-8　365 nm 紫外光源

图 2-2-9　254 nm 紫外光源

2. 照相机与镜头

紫外线是电磁波谱中介于可见光和紫光端与 X 射线之间的光辐射，其波长范围为 1～400 nm。国际照明委员会将该波长范围区分为：400～320 nm 的长波紫外区；320～280 nm 的中波紫外区；280～100 nm 的短波紫外区。普通玻璃对紫外线有较强的吸收能力，因此，直接紫外摄影所采用的镜头主要是石英玻璃镜头。这类镜头具有成像波段宽、物距范围大、超消色差、紫外线透过率高等优点，特别适合直接紫线摄影。图 2-2-10 所示为能够进行红外和紫外摄影的数字相机。

图 2-2-10　可进行红外、紫外摄影的数字相机

（二）紫外摄影的方法

紫外摄影时，需要在相机镜头前加上长波紫外线（365 nm）或短波紫外线（254 nm）的滤光镜，将所需成像的光线分离出来，进而得到所需的亮度分布，以显示出相关部位有价值的细节。

近年来，全波段数码影像系统得到广泛使用，因为该系统的感光范围可以记录到紫外短波反射光的亮度分布。当用该系统拍照提取各种痕迹、物证时，除了配光和调焦外，其他工作均可在计算机上完成。该系统的最大优势是，改变了过去紫外线摄影的"盲拍"现象，其获得的图像可以"实时"显现在监视器上。对于特种摄影中的紫外摄影、红外摄影来说，由于可以"实时"看见图像，因此可根据图像反差的强弱有针对性地调整配光角度和配光方向，从而达到最佳的提取效果。

紫外摄影技术所使用的光源一般为只可辐射紫外线；镜头必须是对紫外线透过率较高的专用紫外摄影镜头。若承痕客体对紫外线的吸收越强烈，则拍照效果会越好；并且留痕物证在紫外线的照射下，不易被激发可见或不可见荧光时其拍摄效果会更佳。对那些单纯要求消除背景图案干扰、而这种图案对蓝紫光的反射又很强时，则需加紫外线滤光镜。

紫外摄影包括紫外反射摄影和紫外发光摄影两大类。

1. 紫外反射摄影

即用紫外线照射被拍物体，同时用相机接收、记录物体反射的紫外线亮度分布的一种摄影法。基于光源方面的原因，目前在物证技术中主要开展两个波段的紫外反射摄影，即365 nm 的长波紫外反射摄影和 254 nm 的短波紫外反射摄影。因为紫外线的穿透能力弱，通常只作用于被拍物体的最表层，所以紫外反射摄影的一个重要特性是，能显示被拍摄物体最表层的物质分布差异，即表层细节，而物体内部深层的细节则被忽略。从其作用效果来看，紫外反射摄影可以显著地增加痕迹物质与客体背景之间的亮度反差，同时也可以擦除或减弱客体背景图案的干扰。

紫外反射摄影的基本原理是，不同物质或者同种物质对不同波长光线的反射是不一样的，物质所呈现的反射亮度随着波长的改变而变化。紫外反射摄影记录的是物体在紫外光谱区的反射光亮度分布，与普通摄影记录的物体在可见光区的反射光亮度分布可能存在较大的差别，且即使在紫外光谱区拍摄，也会因其具体波段的不同而呈现出不同的紫外反射摄影结果。图 2-2-11 所示为紫外反射摄影示意图。

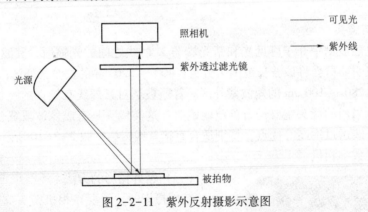

图 2-2-11　紫外反射摄影示意图

2. 紫外发光摄影

即用紫外线照射被拍摄物体，同时用相机接受、记录物体经紫外线激发后发射的荧光或磷光之亮度分布的一种摄影法。紫外发光摄影是光致发光摄影的一种。光致发光是物质在光辐射作用下产生的发光现象：物质中的分子吸收激发光的能量后，跃迁进入较高能级的激发状态。处于激发状态的分子寿命有限，在激发状态上停留一定时间后会向下跃迁回到低能级的稳定状态，同时释放出能量。以光的形式释放能量称为光致发光，它包括光致荧光或磷光。物证摄影中一般比较注重研究光致荧光现象。图 2-2-12 所示为紫外发光摄影示意图。

紫外反射摄影、紫外发光摄影都是用紫外线作为光源，但它们存在很大的差别。紫外反射摄影记录的是被拍物体反射紫外线时的亮度分布，而紫外发光摄影记录的是被拍物体在紫外线的激发照射下发射出的长波紫外线、可见光或红外线的亮度分布。它们分别属于吸收/

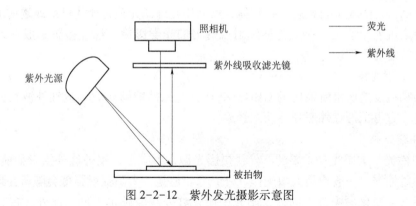

图 2-2-12　紫外发光摄影示意图

反射模式和吸收/发光模式，反映了在紫外线的照射下，被拍物体所呈现出的两个完全不同的现象。根据所发光谱的波长不同，紫外发光摄影又可分为长波紫外荧光摄影、可见荧光摄影和红外荧光摄影。

（三）紫外摄影的应用

紫外摄影在法庭科学中有广泛的应用，如显现消退字迹、密写字迹、伪造文书、褪色字迹、被涂抹字迹、模糊字迹及标记，检验伪造文书、票证，区别书写材料等。在痕迹检验方面，紫外反射摄影对于各种疑难指纹的显现具有独到之处，如各种物体上的汗液、油脂、灰尘痕迹、血迹、人体皮肤损伤等。尤其是针对玻璃、镜面、油漆表面和大部分塑料制品表面上无色汗液指纹、无色口唇纹，若采用短波紫外反射摄影法，可获得反差较高的痕迹图像。图 2-2-13 和图 2-2-14 所示分别为在日光灯下和紫外灯下拍摄的瓷砖上的指印。

图 2-2-13　日光灯下拍摄的瓷砖上的指印

图 2-2-14　紫外灯下拍摄的瓷砖上的指印

三、红外摄影技术

（一）红外摄影概述

红外线与紫外线一样，是一种人眼不可见的光线。通常认为其光谱区在 $700 \sim 10^6$ nm 之间。根据使用的具体情况，可将整个红外区域划分为三部分：$700 \sim 1\,500$ nm 的近红外区，$1\,500 \sim 8\,500$ nm 的中红外区和 $8\,500 \sim 10^6$ nm 的远红外区。

红外摄影技术，即以摄影的方式记录被拍物体反射/透射红外线亮度分布的一种技术。

其原理是，以特定的光辐射照射被拍物体，然后用红外滤光镜将物体反射或透射的红外线分离出来并使之进入光学镜头形成物体反射或透射的光学影像。红外摄影一般在近红外区进行；且也需特定的器件。

1. 红外线滤光镜

数码照相机及摄像机所采用的 CMOS/CCD 感光元件能够接收到近红外波长，但需配以红外滤光镜，方可拍摄红外照片及动态景象。

2. 红外线光源

（1）自然光。太阳光是重要的红外线摄影光源。事实上，室外红外摄影如航空、遥感、勘探、污染监控等，一般均用太阳光作红外光源。但是，太阳辐射强度会随所在地球表面位置的不同而发生变化。季节不同，太阳光中所含红外线波长也不同。此外，在阴雨和浓雾时，太阳光中红外线的含量会下降。太阳辐射的强度与大气层的条件如水蒸气的多少、灰尘粒子的大小、白天时辰的变化等均有关系。

（2）人造光源。用于红外摄影的人造光源种类较多，如各种白炽灯、碳弧灯、钨丝灯、电子闪光灯以及专用红外线灯等。其特点是，强度稳定，配光调节方便，可以满足各种配光要求。

（二）红外摄影的方法

根据所用光源的性质和摄影方法的不同，红外摄影主要有红外反（透）射摄影和红外荧光摄影两种。

1. 红外反（透）射摄影

即记录被拍物体在红外光波段反（透）射成像的一种摄影法。又可分为正面配光和背面配光两种。所谓正面配光，即在被拍物体的正面配以侧光，光源照射到物体后反射出可见光和红外线；因可见光被相机前的红外线滤光镜阻挡、而红外线得以通过，故相机的感光元件能记录被拍物体对红外线的吸收和反射情况，从而显示出与可见光不同的影像。所谓背面配光，即在被拍物体的背面配以光源，光源中的红外线能透过被拍物体，并经红外滤光镜分离并透过后进入相机镜头，最后被相机的感光元件记录下来，此时，显示的是红外线透过物体时产生的差异。图 2-2-15 所示为红外反（透）射摄影示意图。

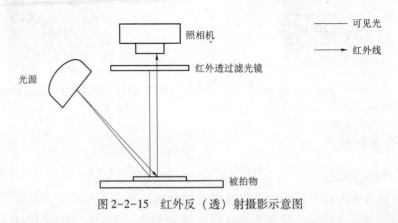

图 2-2-15 红外反（透）射摄影示意图

2. 红外荧光摄影

即记录在紫外或蓝绿光的激发下，被拍物体在近红外区域激发出的红外荧光的一种摄影法。红外荧光摄影所用的激发光源一般是紫外线或蓝、绿单色光；相机镜头前要使用红外滤光镜，以接收、记录被拍物体的红外荧光影像，实现显现潜在痕迹物证之特征的功用。图 2-2-16 为红外荧光摄影示意图。

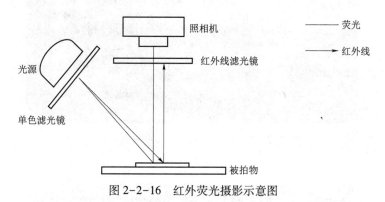

图 2-2-16　红外荧光摄影示意图

（三）红外摄影应注意的问题

（1）务必确认单镜头反光式数码照相机和镜头不漏光。一般来说，只要不漏光且均是金属质地，则各种照相机皆可用于红外线摄影；此外，也可使用专供红外摄影的红外照相机。镜头则可选用普通的光学玻璃镜头。

（2）在室外进行红外摄影时可选用自然光；而在室内时，则通常采用灯光照明，并可分为直接照明和间接照明两种方式。① 直接照明是最常采用的一种照明法。即将光源输出的辐射均匀地直接照射被拍物体，使其各部分受到等温照射，进而充分表现出物体反射或透射红外光的细节。② 间接照明法。即用散射材料将光源输出的光辐射散射到被拍物体上。其实质是，将散射材料作为次级光源，间接地照射被拍物体。改变散射材料的形状，即可以方便地调节配光的效果。

（3）选择适当的红外波段并接收、记录，便可得到所需的亮度分布影像，从而显示出有价值的特征细节。运用各种型号的红外滤光镜，可将物体反射光中选定的红外波段内的红外光辐射分离出来并加以充分利用：950 nm 适合室外及强光下使用；850 nm 适合室内及弱光下使用；720 nm 适合黄昏及微弱光下使用。

（四）红外摄影的应用

某些物体在红外线辐射下反射、吸收和透过红外线的现象，与可见光的有所不同；或者在紫外、蓝绿光的激发下，某些物体能发射红外荧光。根据物体的这些特性，通过红外反射（透射）摄影和红外荧光摄影记录其相应的现象，就可将可见光下看不到或难以判别的痕迹显示并区别出来。如用红外反射摄影的方法，能显示、辨认某些被污染、掩盖、涂抹、密写、消退的字迹，鉴定票证的真伪，显示模糊不清的图章、文字、被烧的字迹等印迹及标记；显示深色纺织物品上的灰尘足迹、车胎压痕等；能拍照经燃烧后变黑的纸张上的汗液、指纹等；还可以检验出添改字迹，还原检材原貌，反映案件的真实情况。此外，红外摄影法对生物检材也有较好的检验能力，如加强深色布上血迹和其他痕迹的显现等，如图 2-2-17 ～图 2-2-20 所示。

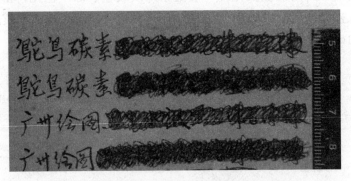

图 2-2-17 普通摄影法拍摄的被掩盖字迹

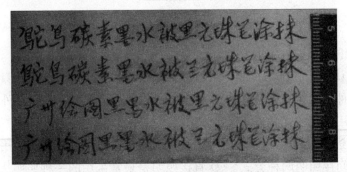

图 2-2-18 红外摄影法拍摄的被掩盖字迹

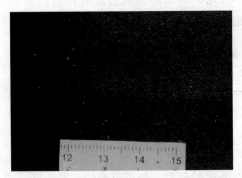

图 2-2-19 普通摄影法拍摄的枪弹烟晕痕迹

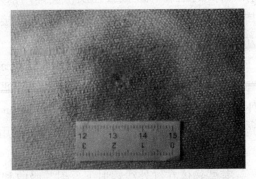

图 2-2-20 红外摄影法拍摄的枪弹烟晕痕迹

 本章小结 >>>

本章主要从常规物证摄影和特种物证摄影两大类技术的视角介绍了各种物证摄影技术，如常规物证摄影中的近距离摄影、翻拍摄影、分色摄影、脱影摄影、偏振光摄影等，以及特种物证摄影中的显微摄影、红外摄影、紫外摄影等。这些摄影，均有各自的设备、装置、配件、拍摄技术要领及功用，需着重掌握。

问题 与 思考

1. 常规的物证摄影技术方法有哪些？
2. 近距摄影的概念及应用有哪些？
3. 简述翻拍时的注意事项。
4. 在分色摄影中，如何选用合适的滤光镜？
5. 画出偏振光摄影的装置，并说明利用偏振光摄影技术应注意的问题。
6. 简述红外摄影技术和紫外摄影技术的应用。

本章的主要参考文献

1. 杨玉柱. 刑事图像技术. 北京：中国人民公安大学出版社，2007.
2. 罗亚平. 刑事科学技术. 北京：中国人民公安大学出版社，2011.
3. 公安部人事训练局. 刑事照相与录像教程. 北京：群众出版社，2008.
4. 邓秀林. 新编刑事图像技术教程. 北京：中国人民公安大学出版社，2008.
5. 徐为霞. 刑事照相技术. 北京：中国民主法制出版社，2007.

第三编

痕迹物证技术

第一章　痕迹物证技术概述

第一节　痕迹与痕迹物证技术

一、痕迹的概念、形成与分类

（一）痕迹的概念

在不同的学科领域中，痕迹的内涵和外延有着很大的差异。社会学研究的痕迹是指特定的事件、环境等对人的行为意识的影响；心理学研究的痕迹是指特定的事件、环境对某个或某些特定人形成的心理影响等。本编所研究的痕迹仅限于与人的活动特别是犯罪活动有关的痕迹，而这其中又有广义痕迹与狭义痕迹之分。

广义痕迹是指人的行为特别是犯罪行为引起的与案件事实有关的一切变化。广义的痕迹不仅包括案件现场上原有物品和物质数量的增减、空间位置的移动等变化或变动现象，还包括各种客体留下的反映形象以及其他能揭示人的活动情节的物质或现象。例如，盗窃案件中被翻动的物品、被撬开的保险柜、被破坏的门窗；纵火案件中被烧焦的物品形态；投毒案件中余留的食物、中毒者的呕吐物和排泄物、作案人遗留在现场的烟头、体液、毛发、纤维、手套、手印、足迹、作案工具、弹头、弹壳、射击残留物等。

狭义痕迹是指造痕客体（即造痕体）和承痕客体（即承痕体）相互接触并发生作用，或客体本身受外力作用发生断离，从而在接触或断离部位产生反映造痕体接触部位的外部结构形态特征、力的作用特征或断离体断离特征的反映形象。狭义痕迹的形成必须有两个客体，即造痕体和承痕体。它们在力的作用下相互接触并引起对方的形变，在作用力消失后，有些形变可以保留下来，反映出对方的接触部位的形象特征或接触时力的作用特征。例如，嫌疑人在现场遗留的手印、足迹、弹孔等。对于分离体，各分离部分可相互反映对方分离部位的各种特征。例如，被裁开的透明胶带、被钳断的铁丝断头等。

物证技术学领域所说的痕迹鉴定，通常均是针对狭义痕迹而言的。痕迹物证技术主要包括手印物证技术、足迹物证技术、工具痕迹物证技术、枪弹痕迹物证技术以及其他痕迹物证技术。

（二）痕迹的形成

1. 痕迹形成的基本因素

痕迹的形成主要依赖于以下三个要素，即造痕体、承痕体和作用力。对于立体痕迹，主要研究这三要素；对于平面痕迹，除以上三个要素，通常还要研究形成平面痕迹的中介物质。

（1）造痕体。是指两个客体相互接触，在力的作用下将自身的表面形态特性反映在另一客体上的客体。造痕体有刚性和柔性之分，刚性造痕体的形变能力小，无法改变自身的形状去适应承痕体，只能依靠自身较大的硬度在承痕体上形成痕迹，因此刚性造痕体需要有一定的硬度和形状。例如，撬压门锁的改锥、在建筑物上留下弹孔的弹头等，均是有一定硬度和形状的刚性造痕体。柔性造痕体硬度小，无法利用自身的硬度在承痕体上形成痕迹，往往依靠自身可变性或弹性吻合承痕体，同时由造痕体或承痕体上中间物质的转移来形成痕迹，因此柔性造痕体需要具有一定的可变性或弹性，造痕过程要有中介物质的参与。留下血手印的手指、留下灰尘足迹的鞋子等，均是具有一定可变性或弹性的柔性造痕体。

（2）承痕体。是指两个客体相互接触，在力的作用下以自身客体表面承载造痕体接触部位之形态特征的客体。痕迹质量与承痕体本身的一些性质，如硬度、塑性、颗粒度、密度、表面光洁度、吸附性、渗透性、干湿程度、表面光滑程度等有密切的关系。在工具痕迹中，承痕体的硬度对能否形成痕迹及痕迹质量的好坏都有巨大影响；如果工具的硬度远大于承痕体的硬度，当工具作用于承痕体时，就很容易在承痕体上形成较高质量的痕迹，工具上的特征往往可以在承痕体上得到较好地反映；如果工具的硬度与承痕体的硬度相近，当工具作用于承痕体时，在相互作用力的驱使下双方都会发生一定的形变，在对方的表面形成痕迹；如果工具的硬度远小于承痕体的硬度，工具会在相互作用的过程中发生比较严重的形变，在其与承痕体接触的部位留下承痕体的特征痕迹，此时，工具反而成了"承痕体"。塑性是指客体受力的作用发生形变，并在力的作用消失后仍保持这种形变的能力。物体都有一定的塑性，这与物体自身的密度、硬度有关。物体的密度、硬度越小，其塑性越好，越容易反映出造痕体更多的细节特征。沙土地上足迹的质量与承痕体的颗粒度密切相关，通常情况下，细腻、松软、潮湿的土地可以较好地反映鞋底的花纹特征，而颗粒度较高的粗沙地面往往只能反映出质量较低的鞋底轮廓和粗大的花纹。

（3）作用力。是物体对物体的作用，并且这种作用是相互的。作用力大小与所形成痕迹的面积、深度密切相关。当作用力的方向、角度不同时，会形成不同类型的痕迹。当力的作用方式不同时，可形成不同种类的痕迹。除造痕体和承痕体外，作用力是形成痕迹必不可少的要素之一。受力物体可以改变运动状态或者发生形变。根据力的性质，可将力分为摩擦力、重力、磁场力、电场力等。根据作用方式的不同，可将力分为压力、拉力、推力等。力的大小、方向和作用点这三个要素决定着力的作用效果，随着作用力的大小、方向和作用点的改变，所形成痕迹的特点也随之变化。通常情况下，作用力越大，塑性承痕体的形变越大，二者之间的接触面积也就越大，形成的立体痕迹就越深，痕迹的立体感越强，特征反映越多。

由于平面痕迹的形成过程中不涉及承痕体的塑性形变，所以在平面痕迹中，中介物质是必不可少的。中介物质通常是承痕体或造痕体上的附着物，常见的有汗液、血液等液体以及灰尘、面粉等固体。

2. 痕迹形成的原理

（1）立体痕迹的形成。晶体内部的分子、原子或离子是依一定的规则紧密排列的；非晶体内部的分子或原子虽然没有固定的排列规则，但其构成微粒也一定是排列紧密的。承痕体在外力的作用下，原来紧密排列的微粒受到拉伸或挤压，其原有的客体内部力的平衡被打破，此时各微粒间产生了想要恢复原平衡的力，称为内力；单位面积上的内力叫应力。在客体的弹性限度内，应力与形变成正比：外力越大则形变越大，应力也越大；当外力归为零时则形变、应力同时消失，此时不能形成明显的痕迹，这种形变属于弹性形变。在弹性限度内，客体所能承受的应力极限叫屈服极限。当客体应力超过其屈服极限时，应力不再增大但形变却继续增加；外力消失时，应力消失而形变却不再消失，这种形变叫塑性形变或永久形变。塑性形变在承痕体上的表现便是形成了立体痕迹。如果外力大于承痕体的强度极限，客体会发生断裂或断离。不同客体的微粒和微粒间的作用力有一定差别，因此它们的强度和韧性不尽相同，这决定了它们屈服极限和强度极限的差异性。因此，相同的外力作用于外形与结构相似但构成材料不同的客体时，会形成形态差异明显的痕迹。此外，同一客体所受作用力不同时，也会形成有形态差别的痕迹。

（2）平面痕迹的形成。形成平面痕迹时，如果中介物质是由造痕体携带的，在造痕体作用于承痕体时，中介物质会由造痕体表面部分地转移到承痕体表面，在承痕体表面形成加层痕迹；反之，如果在承痕体与造痕体相互接触前，中介物质黏附在承痕体表面，在发生作用时介质由承痕体表面部分地转移到造痕体表面，会在承痕体表面形成减层痕迹。液体中介物质形成的平面痕迹主要是加层痕迹，少数情况下也有减层痕迹。液体中介物质在客体上的附着主要有两种形式：一种是浸润，另一种是渗透。液体中介物质在客体上的转移必须具备以下条件：首先是作用力，只有受外力作用发生接触才可能形成痕迹；其次是承痕体应当是固体，这样就与中介物质异相，比同相之间有更大的电位差，可以使固、液之间产生较大的附着力；再次是中介液体与承痕固体的分子间距应在分子引力的作用范围内。据分子物理学可知，分子间距小于 10^{-10} m 时，分子间表现为斥力；分子间距大于 10^{-10} m 时，分子间表现为引力；但当分子间距大于 10^{-8} m 时引力迅速减小，可以忽略不计，因此，固、液分子接触时，其有效作用距离是介于 10^{-8} m 与 10^{-10} m 之间。在两个客体紧密接触时，液态介质在承痕体表面产生附着。这些附着的液体受液、固两种物质分子间作用力的共同作用。由于液体没有固定的形状，所以可以随着外力改变自身形状，有利于和承痕体充分接触进而发生中介物质的转移。粉尘颗粒、面粉颗粒也可能形成平面痕迹，这是因为由静电力吸附在造痕体表面的颗粒物质在造痕体与承痕体接触的过程中，又与承痕体产生静电吸附，部分地转移到承痕体表面。通常情况下，两个客体贴得越紧，静电引力越大。

（3）整体断离痕迹的形成。整体断离的各个部分原来是一个整体，在外力的作用下发生物理变化或在其他外在或内在因素的作用下发生化学变化形成两个或多个部分。物理断离时，在各个部分共用的断离面或断离线处，它们断离缘相应部分可以相互吻合，内部结构特征与表面附加特征也一致。化学变化造成的断离，往往不具有断离面或断离线，但其内部结构特征与表面附加特征是一致的。

（三）痕迹的分类

（1）根据痕迹自身的表现形态不同，可将痕迹分为以下几类。

① 立体痕迹与平面痕迹。立体痕迹是指造痕体受外力作用接触承痕体，并在相应区域内使其发生塑性形变而形成的具有三维特征的反映形象。它能反映出造痕体接触部位的三维结构特征，如雪地足迹、工具撬压痕迹等。平面痕迹是指造痕体与承痕体相接触并发生作用，未发生塑性形变但依靠接触面上中介物质的转移而形成的反映造痕体表面结构特征的反映形象。它仅反映造痕体接触部位的二维结构特征，如窗玻璃上的手印、瓷砖地面上的灰尘足迹等。

② 可见痕迹与潜在痕迹。可见痕迹是指仅凭肉眼即可以直接观察到的痕迹。如门把手上新鲜的汗液手印、血手印、各种立体足迹。潜在痕迹是指仅凭肉眼无法直接看到，必须借助于

仪器或特殊方法予以显现才能观察到的痕迹。如纸张上的无色汗潜手印、无色潜血足迹。

（2）根据力的作用方式不同，可将痕迹分为静态痕迹和动态痕迹。所谓静态痕迹，是指造痕体与承痕体相互作用，但接触部位不发生相对位移而形成的能反映造痕体接触部位原有形态结构特征的痕迹，如轻触门窗留下的手印。所谓动态痕迹，是指造痕体与承痕体相互作用，且在接触部位发生相对位移，造痕体表面沿承痕体表面滑动形成的反映，如工具的擦划、钳剪痕迹。

（3）根据造痕体的不同，可将痕迹分为手印、足迹、工具痕迹、枪弹痕迹、唇痕、人体其他部位肤纹痕迹、纺织品痕迹、牙齿痕迹以及动物痕迹等常见痕迹。

（4）根据痕迹特征所反映的类型不同，可将痕迹分为外部形象痕迹、动作习惯痕迹、整体分离痕迹与外围痕迹。

二、痕迹物证技术的研究内容

痕迹物证技术是具有专门知识的人通过对人的活动可能触及的物品进行分析、研究，以挖掘其所包含的各类信息，从而为侦查提供线索、为诉讼提供证据的科学活动。痕迹物证技术包括对犯罪现场各类痕迹的发现、记录、提取、显现和鉴定。

1. 现场痕迹的发现、识别

现场勘查是寻找、发现痕迹的主要途径。由于现场遗留的痕迹不仅种类繁多，而且往往是微量、潜在的，所以现场勘查经常会借助一定的技术手段和仪器设备。在寻找、发现痕迹时，无论是现场勘查人员还是侦查人员，都必须耐心细致地分析寻找，这样才能将可以证明犯罪活动的痕迹从现场大量痕迹中找出来。不加区分地盲目提取痕迹，会降低物证技术人员的工作效率，将侦查引入僵局。

2. 现场痕迹的记录、提取

现场勘验笔录是刑诉法规定的证据形式之一。对于现场发现的痕迹必须及时记录；制作勘验笔录时应该做到客观、全面、准确。对于不同的痕迹类型，应该灵活地应用文字、照相、摄像、绘图等形式以保证笔录的质量。

现场的痕迹往往具有时效性，所以应在保证不破坏、不污染现场痕迹的基础上，严格按照规定的程序和要求，针对不同的痕迹类型利用最佳提取方法，及时提取。对于需要提取原物的，必须征得事主的同意并依法办理登记手续。

3. 犯罪现场痕迹的显现、保管

对于现场的潜在痕迹，通常需要利用一定的技术手段进行显现。痕迹的显现有的可以在现场进行，有的则需要带回实验室处理，但无论在哪里显现，均需选用最佳方法并按照程序进行。

痕迹的保管也是痕迹物证技术研究的内容之一。由于痕迹物证从发现、提取到最后向法庭出示要经过一段时间，妥善保管痕迹物证是体现其证据价值的重要环节。物证的保管要形成严谨的"物证保管链"，即不仅要很好地对痕迹物证材料进行保管，防止丢失、变质、被破坏等，而且要对痕迹物证的每一个交接环节做完整的信息记录，以证明痕迹物证材料自发现之日起，一直处于规范的保护、保管中，进而证实出示于法庭的痕迹物证来源于犯罪现场。

4. 痕迹物证的检验、鉴定

痕迹的检验、鉴定是利用物品、物质、痕迹所反映出的外部特征、属性等进行同一认定或种属认定，证实犯罪现象、犯罪活动的过程。

三、痕迹鉴定的常用仪器

由于人眼在正常情况下的分辨能力只有 0.08 mm，所以痕迹鉴定时经常会借助一些仪器。痕迹物证技术常用的放大显微仪器设备包括放大镜、体视显微镜（立体显微镜、实体显微镜）、比较显微镜（比对显微镜）、荧光显微镜、金相显微镜、电子显微镜、原子力显微镜。

四、痕迹物证技术的任务和作用

1. 痕迹物证技术的任务

痕迹物证技术是物证技术的传统研究领域，主要利用物理、化学、生物等自然科学知识，解决具体案件中与痕迹有关的专门问题。痕迹物证技术的任务是充分利用痕迹物证技术的理论、技术、方法，发现、提取、保全痕迹物证，并通过对痕迹的分析和鉴定，为侦查提供线索，为诉讼提供证据。

2. 痕迹物证技术的作用

（1）重建犯罪现场，判定案件性质。第一时间判定案件性质，是指导下一个阶段侦查方向、准确提取物证的重中之重。现场痕迹物证可以直接或间接反映作案人在现场的活动状态，依靠对现场痕迹及其分布状况等的分析和研究，侦查人员可以通过逆向思维和逻辑推理梳理案件的发生过程，还原犯罪现场的真实情况，从而为案件定性提供依据。

（2）为侦查提供线索。通过对痕迹物证的科学分析，即对痕迹种类、结构、形态及附属物的研究，不仅可以判断作案人数、生理特点（如性别、身高、体态、年龄等）、职业（职业习惯）、地域等，还可以判断其作案时所用工具的种属特征和个体特征，从而划定嫌疑人范围、确定侦查方向。此外，通过某些作案人的习惯性动作，还可以串并案件，为破获疑难案件提供有价值的线索。

（3）为诉讼提供证据。痕迹是物证的重要组成部分，作为一种间接物证，它可以有力地证明案件中的某些事实。手印、足迹、工具痕迹等都是法庭上经常用到的痕迹，对这些痕迹进行鉴定后，相关鉴定意见对证明犯罪过程、方法、手段往往具有关键作用，从而成为诉讼中重要的证据。

（4）佐证其他证据。言词证据往往可能掺杂主观目的而偏离甚至背离客观事实，同时由于人的记忆力所限，有时还不能准确回忆现场的全部细节。痕迹物证则可以客观反映现场犯罪活动、犯罪过程的真实情况，因此在用痕迹物证与其他物证重建现场的同时，也可以利用它印证其他证据，从而揭示案件真实情况。

第二节　痕迹鉴定的程序

一、鉴定的委托与受理

1. 鉴定的委托

进行痕迹鉴定的目的是为侦查提供线索、为诉讼提供证据。因此委托鉴定时，需注意以下几点。第一，应从案件需要出发，在充分考虑现有痕迹鉴定技术的基础上，提出可行的鉴定要求。第二，提供以合法手段从现场提取到的检材。首先，检材原则上应该提交原物，无法提供原物的必须提交能反映痕迹真实情况的照片或模型。其次，提交的检材必须客观、关联、合法，伪造的检材只能得出错误的鉴定意见。再次，提交的检材应该尽量充足；条件允许时，应该尽可能多地收集检材。最后，应该注意检材的固定和保全，特别是那些在现有科学技术水平下无法检验又对定案特别重要的检材，正确的固定和保全方法可以为未来的检验鉴定带来可能。第三，科学、合法地收集比对样本。样本的收集要求与检材的相似，但要注意严防样本张冠李戴或在收集过程中被替换，一旦出现问题，要及时查明出现问题的原因和环节，以便尽快补救、查明责任。第四，应将鉴定人可能会用于了解案件情况的案卷材料等准备齐全，因为犯罪嫌疑人的供述和辩解、被害人陈述、证人证言以及勘验检查笔录等对鉴定人把握案情十分重要。全面了解案情，对鉴定人做出正确的判断具有非常重要的意义。第五，委托单位应该及时办理法律手续，包括鉴定委托书（或介绍信、公函）、委托鉴定登记表及补充材料。补充材料应至少包括以下内容：鉴定的具体要求；案情简介及各种与案情有关的补充材料；痕迹检材及其来源、提取方法的说明；嫌疑客体或取自嫌疑客体的比对样本，以及这些样本的来源和收集方法的说明。如果是复核鉴定，还需提交原鉴定书及其附件，并说明委托复核鉴定的原因、对原鉴定意见的异议及其理由。

2. 鉴定的受理

面对鉴定委托，鉴定机构应重点检查委托手续是否齐全、合法，检材及样本是否具有鉴定条件、送检单位提供的资料是否完备，在此基础上，决定是否受理该鉴定。对于需要补充材料的，应建议送检单位及时补充材料；对于不具备鉴定条件的，应告知送检单位不予受理。

二、痕迹鉴定的步骤

受理鉴定后，应根据送检单位的鉴定要求，指派或聘请有相关知识的专门人员进行鉴定。鉴定人员应在充分理解鉴定要求、弄清检材类型的基础上，运用最科学、恰当的方法进行检验，做出鉴定意见。作为同一认定、种属认定中最经典、最重要的内容，痕迹鉴定也遵循同一认定、种属认定的基本步骤。

（一）充分的准备工作

目前，常见的鉴定已有比较成熟、规范的检验方法和程序要求。对于复杂、少见的鉴定，需要在充分分析案情、细致审查检材的基础上，合理、科学地做出检验计划。检验计划应遵循以下几个原则而制定。① 先进行无损或微损检验，后进行有损检验。如果要用有损的方法进行检验，应征得送检单位的同意，并先对检材进行固定以确保其原始状态有档可查。② 前面的检验方法应不影响后续检验的进行。③ 应尽量选用成熟的、在理论上没有争议的最优检验方法。

（二）分别检验

通常是按照先检材后样本的顺序寻找其各自所具有的可靠特征，分析特征的形成条件、变化和过程，从而为比较检验做准备。

（三）比较检验

比较检验是在分别检验的基础上，对具有可比性的痕迹进行更加细致的比较分析，从而获取充分的依据，解释特征之差异及符合的活动。

在整个痕迹鉴定的过程中，应遵循如下原则。一是倍率相同原则，即检材和样本的图像放大或缩小的倍率必须相同。二是系统分析原则，即要将客体上的痕迹特征看作一个整体，在分析特征时，不仅要对个别特征进行单独分析，还要从整个痕迹系统的角度，将每个痕迹关联起来进行分析。三是部位相同原则，即制作样本时，要利用造痕体的同一部位形成痕迹。四是条件相同原则，即制作样本时，应尽量保证样本痕迹形成的条件与检材相同。

（四）综合评断并给出鉴定意见

检验的最后，应就比较检验中确定的符合点与差异点进行综合评断，最终做出鉴定意见。评断的一个重要方面是判断差异点是否妨碍给出肯定的同一认定，即判断差异点是否是本质性差异。所谓本质性差异，即不同客体之间内在的、必然的区别。评断的另一个重要方面则是符合点能否在其他客体上出现。评断要以稳定出现的特征为准，总体上把握不同质量的符合点。一般性特征、种属特征等出现频率高的特征其质量或价值较低，因为这些符合点仅能说明相似不足以认定同一；而偶然因素形成的出现率低的细节特征其质量较高，对得出肯定的同一认定结论有巨大的价值。此外，痕迹特征的数量也是评判符合点时必须考虑的问题。最终的鉴定意见，是在充分考量前述几方面情况的基础上得出的。

（五）制作鉴定书

鉴定意见是法定鉴定机构的专门技术人员（包括其聘请的专门技术人员），对某些涉案物证进行检验后给出的判断和意见，是法定的诉讼证据之一。但鉴定意见通常要通过鉴定书而向送检单位表达，并最终提交于法庭，因此，应按照相应的规范加以制作。

在完成全部的鉴定工作并制作鉴定书之后，鉴定机构需注意以下几点：① 要将函件、介绍信、鉴定登记表、检验记录和数据、鉴定书底稿等整理归档；② 将检验剩余的材料全部退回，但若要留存某些有价值的痕迹物证或样本，则要征得送检单位的同意并出具有关证明；③ 要按照相应的规定、程序及具体的约定发放鉴定书。

本章小结 >>>

本章首先阐述痕迹的概念、形成及分类，使读者能够区别狭义痕迹与广义痕迹，进而明确痕迹检验的内容及任务。在此基础上，了解并掌握痕迹检验的科学基础，以及痕迹鉴定的基本程序。本章是对痕迹检验的总体概括介绍，通过本章的学习，为本篇其他章的学习打下基础。

问题与思考

1. 狭义痕迹形成的因素有哪些？
2. 广义痕迹与狭义痕迹的区别是什么？
3. 痕迹检验研究的内容有哪些？
4. 痕迹鉴定的基本程序有哪些？

本章的主要参考文献

1. 徐立根 . 物证技术学 . 4 版 . 北京：中国人民大学出版社，2011.
2. 王彦吉，王世全 . 刑事科学技术教程 . 北京：中国人民公安大学出版社，2006.
3. 罗亚平 . 刑事科学技术 . 北京：中国人民公安大学出版社，2011.

第二章　手印物证技术

关键术语

手印　手印物证技术

第一节　手印的特性、分类及作用

一、手纹、手印及手印的形成

人手的皮肤花纹，包括整个手掌面的乳突纹线（指纹、指节纹和掌纹）、屈肌褶纹、皱纹、伤疤、脱皮等，统称为手纹。手印是造痕体（即手）与承受客体、作用力、附着物共同作用的结果，是手掌面在人体肌力的作用下接触客体时，通过引起客体表面形态或附着物的变化，形成的能够反映手纹之形态结构的印痕。手印的清晰程度和保留时间会受手的形状、纹线结构、作用力的大小及方向、承痕体表面情况以及附着物的性质等因素的影响。

二、手纹的特性

1. 人各不同

人各不同是指每个人的手掌面乳突纹线、屈肌褶纹、皱纹的形态结构、乳突纹线细节特征等具有不可重复的特定性。英国学者佛兰西斯·高尔顿最早在 1892 年出版的《Fingerprint》一书中提出这一论点，并对手纹进行了系统的研究。手纹的这一特性为人们利用现场手印进行人身同一认定提供了依据。

从遗传学角度来说，在受精卵中，随着父母染色体的分裂重组，染色体上的所有基因也会随之重新排列。人的生殖细胞结合后，共有 46 条染色体、每条染色体约有 1 250 个遗传基因，经过重新排列组合的基因，在遗传过程中必然会产生不同于父母又保留父母一定特征的变化。有人统计，即使是同一对夫妇生的孩子，具有完全相同染色体的机会也只有七十亿分之一。人的染色体上决定手纹特征的基因数量相当大，经过排列组合后的数字更是大得惊人。因此，人的手纹受遗传决定但又人各不同是必然结果。

从统计学的角度讲，法国巴黎大学勃太柴氏教授 1910 年曾根据手纹的细节特征进行了计算，他将手纹的细节特征分为四种，假定每个手纹有 100 个细节特征，经排列组合，可得出 $4^{100} = 1.606\ 9 \times 10^{60}$ 种组合形式，如果按全世界有 50 亿人口计算，在 3×10^{49} 个世纪后，才可能会出现手纹相同的人。因此，世界上不会同时存在手纹相同的人。

此外，从实践的角度看，在人类认识并开始利用手纹的漫漫岁月中，全世界还尚无完全相同的两枚手纹的报道。

2. 终生不变

早在 1856 年，德国人类学家威尔克第一次捺印了自己的指纹；到 1897 年再次捺印时，他发现自己的指纹在 41 年来无变化，这是人类首次发现指纹终身不变。手纹终生不变，是指人手掌面乳突纹线的类型、形态、细节特征的种类、数量、位置和相互关系所构成的特征总和，从胎儿六个月形成完整的乳突纹线起，直到死后真皮乳突层腐烂为止，始终不变。手纹的这一特性为人身同一认定提供了鉴定条件。

从遗传学的角度看，人类的 DNA 具有高度的稳定性，可以在万年（或亿万年）之内稳定地表达，因此手纹终生不变是由 DNA 的稳定性决定的。

从解剖学的角度分析，乳突纹线是皮肤组织结构在人体手掌面的一种有规律的定向排列线条，如图 3-2-1 所示。手掌面的皮肤由表皮、真皮和皮下组织构成。表皮分为角质层、透明层、颗粒层、棘层和生发层。其中生发层与真皮层相连，其组成细胞的分裂增生能力非常强，时刻都在生成新的表皮细胞，补充由损伤或正常脱落造成的角质层的损失。生发层强大的分裂功能，是表皮乳突纹线具有稳定性的根源。真皮是一种纤维结缔组织，与表皮的生发层相连，有许多乳头状隆起，被称为真皮乳头层。组成真皮乳头层的纤维

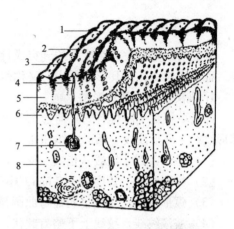

图 3-2-1 手掌皮肤组织结构示意图
1—乳突纹线；2—小犁沟；3—汗孔；
4—导管；5—表皮层；6—乳头状突起；
7—汗腺；8—真皮层

细胞没有增殖能力，因而乳头层的形状始终不会改变，乳头层的乳突纹线结构也不会改变。正是因为真皮乳突纹线具有稳定性，因而覆盖、嵌入真皮乳突上的表皮乳突纹线，也就不会改变其结构，其纹型、形态和纹线细节也就能保持稳定。

三、手印物证技术的任务和作用

1. 手印物证技术的任务

手印物证技术的主要任务是利用专门的知识和技术手段，寻找、发现、提取、鉴定与案件有关的手印，为侦查提供线索，为诉讼提供证据。这其中，手印鉴定，即鉴定人分析、判断现场手印与嫌疑人样本手印是否为同一人所留，或解决其他与手印有关问题的专门性活动，最为核心。

2. 手印物证技术的作用

虽然近年来 DNA 技术的应用逐渐广泛，但手印依然是进行人身同一认定最有效、最可靠、应用成本较低的方法，广泛应用于世界各国的刑事案件侦破中；而手印的人各不同之特点决定了在民事、经济及行政诉讼活动中也时常需要依据手印来进行人身的同一认定。目前的实务工作中，利用手印物证技术可以为判断案件性质、现场出入口、作案人数、串并案件提供依据，可以为确定嫌疑人、无名尸身份提供材料，可以为分析作案人生理特点、职业习惯提供资料，可以用于查明有无犯罪记录，还可以为包括刑事诉讼在内的各类诉讼提供有力的证据。

第二节　手掌面皮肤花纹

根据外形结构，可以将手分为手指和手掌。手指第一指节的花纹称为指头纹或指纹，第二指节和第三指节的花纹称为指节纹，而手掌的花纹称为掌纹。手掌面皮肤花纹是指整个手掌面上分布的乳突纹线、屈肌褶纹、皱纹、伤疤及脱皮等。

一、乳突纹线

乳突纹线是真皮乳突层中的乳突成行排列所组成的线状结构。与凸起纹线相间的凹下纹线，称为沟纹线，因其形似犁沟，又称犁沟线。

1. 乳突纹线的基本形态

即指单根纹线所具有的几何形态，主要有弓形纹线、棒形纹线、弧形纹线、波浪纹线、箕形纹线、环形纹线、螺形纹线和曲形纹线。

（1）弓形纹线。纹线从指纹一侧流向另一侧，呈弯弓状且不回转。

（2）棒形纹线。长度大于 2 mm，小于 5 mm 的垂直或倾斜的纹线。

（3）弧形纹线。纹线呈明显弯曲圆弧状。

（4）波浪纹线。纹线上下略有起伏，呈波浪状。

（5）箕形纹线。纹线从一侧流向另一侧，自然弯曲返回原方向，并且每一个箕枝都要超过箕头半圆。

（6）环形纹线。纹线呈闭合圆形、椭圆形或类圆形。

（7）螺形纹线。纹线绕一端点旋转一周以上所形成的螺旋形状纹线。

（8）曲形纹线。一条纹线弯曲绞绕，形成两个箕头。

以上纹线分别如图 3-2-2 ～图 3-2-9 所示。

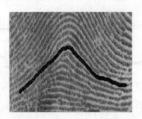

图 3-2-2　弓形纹线

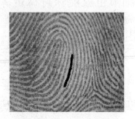

图 3-2-3　棒形纹线

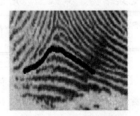

图 3-2-4　弧形纹线

图 3-2-5　波浪纹线

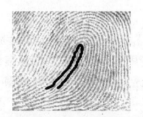

图 3-2-6　箕形纹线

图 3-2-7　环形纹线

图 3-2-8 螺形纹线

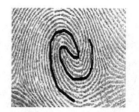

图 3-2-9 曲形纹线

2. 屈肌褶纹

即人在胚胎期就开始在手指关节和手掌上形成的粗大明显的凹陷条纹，包括指节屈肌褶纹和手掌屈肌褶纹两种。食指、中指、环指、小指各有三条指节屈肌褶纹，从指尖向下分别称为指节第一屈肌褶纹、指节第二屈肌褶纹、指节第三屈肌褶纹，如图 3-2-10 所示；拇指只有两条屈肌褶纹，从指尖向下分别称为指节第一屈肌褶纹、指节第二屈肌褶纹。指节第一屈肌褶纹是手指末节与第二指节连接处较粗大的沟纹。指节第二屈肌褶纹是第二指节与指根节连接处较粗大的沟纹。指节第三屈肌褶纹是指根部与手掌连接处较粗大的沟纹。

人的手掌主要有三条屈肌褶纹，从指根向下分别为手掌第一屈肌褶纹、手掌第二屈肌褶纹、手掌第三屈肌褶纹，如图 3-2-11 所示。手掌第一屈肌褶纹起源于手掌外侧，向内横贯手掌上部流至食指根部的沟纹。手掌第二屈肌褶纹起源于拇食指间，经掌心斜行流至手掌外侧部的沟纹。手掌第三屈肌褶纹起源于第二屈肌褶纹同一点或下方，凸向掌心流至腕部的沟纹。

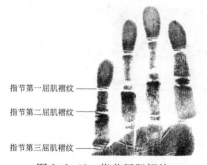

指节第一屈肌褶纹
指节第二屈肌褶纹
指节第三屈肌褶纹

图 3-2-10 指节屈肌褶纹

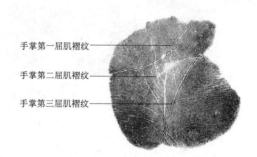

手掌第一屈肌褶纹
手掌第二屈肌褶纹
手掌第三屈肌褶纹

图 3-2-11 手掌屈肌褶纹

3. 汗孔、皱纹、伤疤和脱皮

汗孔是汗腺导管穿过表皮深部到达角质层形成导管的口部；皱纹是由于皮肤的张弛、堆积活动所形成的细小沟纹；伤疤是指受创皮肤局部，由新生的纤维细胞和结缔组织繁殖、增生、填充而形成的一种创痕；脱皮是指由于重摩擦、强挤压或病变等因素而引起的皮肤角化层的局部脱落。如图 3-2-12～图 3-2-15 所示。

（a）汗孔排汗的情形

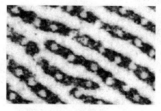

（b）手印中的汗孔形态

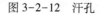

图 3-2-12 汗孔

图 3-2-13 皱纹

（a）线条状伤疤　　　　　　　（b）斑块状伤疤

图 3-2-14　伤疤

图 3-2-15　脱皮

二、乳突花纹的分类和基本形态

1. 指纹的系统和三角

指纹的系统是指具有相同形态和流向的纹线组。大多数人指纹，其不同形态的纹线组可以分为内部系统、外围系统和根基系统三大系统，如图 3-2-16 所示。内部系统位于乳突花纹中心部位，又称中心系统，主要由箕形纹线、环形纹线、螺形纹线、曲形纹线以及混合纹线组成。外围系统位于乳突花纹的上部及两侧，又称外部系统，主要由弓形纹线组成，弓形纹线从上部及两侧将内部系统包绕，结构简单。根基系统位于乳突纹线下部，主要由横直纹线和波浪纹线组成，结构简单。

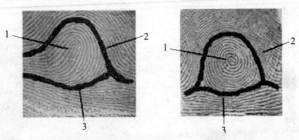

图 3-2-16　纹线的三个系统
1—内部系统；2—外围系统；3—根基系统

三角是外围系统、根基系统以及内部系统在纹线的汇合之处所形成的三角形区域。三个系统的划分由三角的三大支流来确定，如图 3-2-17 所示。上部支流又称上行纹线、上支线，是外围系统在三角部位最内侧的纹线。下部支流又称下行纹线、下支线，是根基系统在三角部位最上侧的纹线。内部支流又称内行纹线、内支线，是内部系统在三角部位最外侧的纹线。三角的外角点是三角的上部支流和下部支流的交点。

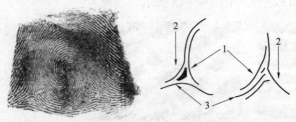

图 3-2-17　三角的三大支流
1—内行纹线；2—上行纹线；3—下行纹线

2. 指头乳突花纹的分类

指头乳突花纹的基本类型有弓形纹、箕形纹、斗形纹和混杂形纹四种。

（1）弓形纹。即纹线从指纹的一侧横流至另一侧不返回，其上部主要由弓形线、下部主要由波浪线和直行线上下层叠组成的花纹类型。包括弧形纹和帐形纹两种。弧形纹是指上部由较多的弧度较小的弓形线相层叠，下部由较少的波浪线和直行线相组合构成的花纹形态，如图3-2-18（a）所示。帐形纹是指上部由较多的弧度高的弓形线相层叠，下部由较少的波浪线和直行线组成，花纹中心有一根以上斜行线或棒线支撑着中心弓线，形似帐篷的花纹形态，如图3-2-18（b）所示。

（a）弧形纹　　　　　　　　　（b）帐形纹

图3-2-18　弓形纹

（2）箕形纹。即中心由一条以上的箕形线，其上部及两侧由弓形线包绕、下部由一些波浪线和直行线为根基组成的花纹类型。箕形纹可作不同的分类：根据箕口的开闭形状不同，分为开口箕和闭口箕，如图3-2-19所示；根据箕形线箕头和箕口的朝向不同，分为正箕和反箕或左箕和右箕，如图3-2-20所示。正箕是箕口朝向小指的箕形纹，反箕是箕口朝向拇指的箕表纹。左箕指箕形线的箕头朝向左上方或左侧，箕枝流向右下方的箕形纹；右箕指箕形线的箕头朝向右上方或右侧，箕枝流向左下方的箕形纹。

（a）开口箕　　　　　　　　　（b）闭口箕

图3-2-19　箕形纹（1）

（3）斗形纹。即花纹中心由一条以上的环形线、螺形线或曲形线相层叠，其上部和两侧由弓形线包绕、下部由波浪线和横直线为根基构成的花纹类型。根据内部花纹形态的不同，可将斗形纹分为环形斗、螺形斗、绞形斗、双箕斗、曲形斗和囊形斗等，如图3-2-21所示。环形斗是花纹中心由一条以上的环形线相套叠组成的斗形纹。螺形斗是花纹中心由一

（a）左箕　　　　　　　　　　（b）右箕

图 3-2-20　箕形纹（2）

条以上起点、方向一致的螺形线并行绕旋组成的斗形纹。绞形斗是花纹中心由两条以上独立起点、方向相反的螺形线，且螺形线的起点伸进对方的假箕头中，相互绞绕旋转构成的斗形纹。双箕斗是花纹中心由两条以上独立、圆滑的曲形线相层叠，或在一条完整曲形线的两个假箕头内各由一条以上随曲形线旋绕的箕形线所组成的斗形纹。曲形斗是花纹中心仅有一条完整、独立的曲形线，其上下两个回转弯曲部分圆滑顺势，并朝同一方向旋转的斗形纹。囊形斗是花纹中心由一条以上的闭口箕形线，中心闭口箕形线内由一条以上弧形线，其弧形凸面对向箕形线闭口处，所组成的形似囊袋状的斗形纹。仅有一条弧形线时，其凸面不能与引向闭口处的纹线相接触。

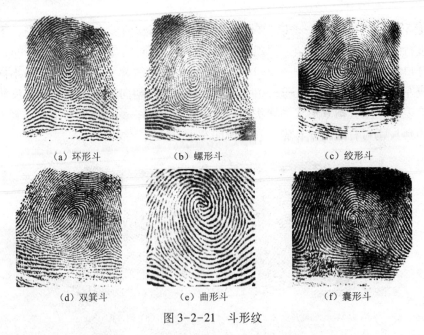

（a）环形斗　　　　　　　（b）螺形斗　　　　　　　（c）绞形斗

（d）双箕斗　　　　　　　（e）曲形斗　　　　　　　（f）囊形斗

图 3-2-21　斗形纹

　　（4）混杂形纹。即中心花纹由两种以上的纹形体系相混合，或是一些形态畸特、结构杂乱而无法归入弓形纹、箕形纹和斗形纹，其上部和两侧由弓形线包绕，下部由波浪线和直行线相层叠构成的花纹类型。根据花纹中心的形态结构可将混杂形纹分为箕帐混合纹、箕斗混合纹、并列箕形纹、杂形纹和畸形纹等，如图 3-2-22 所示。箕帐混合纹，内部花纹由一箕、一帐两种形态的纹线体系组合而成，通常箕形部分成横弯俯头状态，包绕着处于中下方的帐形部分，具有三个系统，两个以上三角。箕斗混合纹，内部花纹由一箕、一斗两种形态的纹线体系组合而成，通常斗形部分居于中央，周围被弯曲的箕形纹所包绕，具有三个系统，两个以上三角。并列箕形纹，内部花纹由两个以上独立、完整、并列的箕形线体系组成，具有三个系统，一个以上三角。杂形纹，内部花纹的形态、结构杂乱，不符合弓形、箕形、斗形及混合纹形条件的花纹类型。畸形纹，由畸形指、叉指、并联指等所形成，或是形态极为特殊的花纹。

（a）箕帐混合纹　　　　（b）箕斗混合纹　　　　（c）并列箕形纹　　　（d）杂形纹

图 3-2-22　混杂形纹

3. 指节乳突花纹

即手指第二、第三节的花纹，其结构较指纹简单，纹线宽、密度小，极少出现箕形线、螺形线。根据指节纹线中段纹线的形态可将指节纹分为平弧形纹、倾斜形纹和混合形纹三类，如图 3-2-23 所示。平弧形纹是中段主要由横向的弧形线组成的指节花纹；倾斜形纹是中段主要由斜行直线组成的指节花纹；混合形纹是中段由弧形线、斜行线、弯折线及波浪线等混合而成的指节花纹。

4. 手掌乳突纹线

人的手掌面积大，形态复杂。手印物证技术中一般将手掌分为指根区、内侧区和外侧区三个区域，如图 3-2-24 所示。指根区又称上部区、前掌区，即食指、中指、环指、小指四指根部以下，手掌第一屈肌褶纹水平延伸线以上的部分。内侧区又称大鱼际区、桡侧区，即第二屈肌褶纹以下，拇指根部一侧至掌心的这个区域。外侧区又称小鱼际区、尺侧区，即第一屈肌褶纹以下，小指侧边沿至掌心的这个区域。

    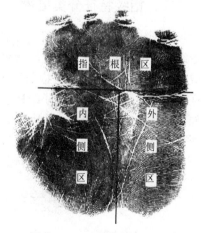

平弧形纹　　　　　倾斜形纹　　　　　混合形纹

图 3-2-23　指节纹形　　　　　　　　图 3-2-24　手掌区域的划分

三、乳突纹线的细节特征

在手印物证技术中将乳突纹线中的起点、终点、分歧、结合、小勾、小眼、小桥、小棒、小点称为乳突纹线细节特征，也称"二级特征"，如图3-2-25所示。起点：一条乳突纹线的起始端点称为起点。即在内部系统时按顺时针流向排列在前的端点，在外围系统、根基系统时按乳突纹线流向排列在前的端点。终点：一条乳突纹线的最后端点称为终点。即在内部系统时按顺时针流向突然终止、断开处为最后的端点，在外围系统、根基系统时按乳突纹线流向突然终止、断开处为最后的端点。分歧：一条乳突纹线，于某一点由一条纹线分叉为两条或两条以上的乳突纹线，分叉的点称为分歧点，分叉的乳突纹线称为分歧线，又称叉线，其方向为在内部系统时按顺时针流向，在外围系统、根基系统时按乳突纹线的流向。结合：两条并行的乳突纹线，于某一点汇合，合并成一条乳突纹线，该汇合点称为结合点，两条乳突纹线结合成为一条线称为结合线，其方向为在

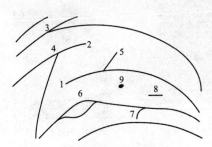

图3-2-25　乳突线的细节特征
1—起点；2—终点；3—分歧；
4—结合；5—小勾；6—小眼；
7—小桥；8—小棒；9—小点

内部系统时按顺时针流向，在外围系统、根基系统时按乳突纹线的流向。小勾：一条乳突纹线与一条短的乳突纹线的一端相交于一点，构成形似勾状的形态，其勾的长度小于2 mm。小眼：一条乳突纹线于一点分出两条纹线后又马上结合成一条乳突纹线，构成形似眼状的形态，其眼的长度小于2 mm。小桥：两条乳突纹线之间由一条斜行的短线相连接，呈小桥状，其桥的长度小于2 mm。小棒：独立的一条短小直形的乳突纹线，它既有起点又有终点，长度大于1 mm，小于2 mm。小点：独立的一条最短的乳突纹线，起点和终点紧连在一起，其长度小于1 mm。

除了上述九种比较常见的细节特征外，还有隆突、凹陷、折转、交叉、错头、双叉、串联结构等比较罕见但价值较高的特征。

四、指纹特征分类描述

我国传统的指纹学研究，通常将指纹特征仅仅分为种类特征与细节特征两大类。随着对指纹研究的不断深入，国外的指纹学教材中将指纹特征分为三级。一级特征，也称一般特征或种类特征，指花纹类型特征、褶纹与皱纹的总体形态特征，以及纹线的流向等；二级特征，指乳突纹线局部的细小结构、特殊形态及组合构造，包括起点、终点、分歧、结合、小勾、小眼、小桥、小棒、小点等九种细节特征；三级特征，是指乳突纹线上所有细微的空间形态特征，包括纹线宽度、纹线形态、汗孔、边缘轮廓、细点线、断点、皱纹、伤疤等。指纹的二级特征和三级特征是进行人身同一认定的重要依据。

第三节　现场手印的寻找、发现

现场勘查的一项重要工作就是寻找、发现可疑手印，这是成功显现手印的前提。犯罪现

场遗留手印的方式、类型多种多样，这就需要在寻找、发现的过程中认真细致地分析现场，严格按照现场勘验程序规范进行操作。

一、寻找、发现手印的一般原则

犯罪现场勘查是一个系统、复杂的工作，现场一旦被破坏将无法复原。因此，寻找、发现手印必须遵循一定的原则，这样才能在不破坏现场的前提下，顺利发现手印。虽然手印遗留的客体、方法不尽相同，但遵循科学的寻找原则将大大提高手印的发现概率。

1. "先总览后细节"

勘验人员到达现场，在仔细记录侦查人员汇总的信息后，应首先对现场进行整体的观察，划出现场范围，弄清各类痕迹物证的分布及相互关系。根据现场情况判断出现场出入口、嫌疑人犯罪过程、逃跑路线等，并据此划定重点勘验对象，在观察、分析和判断的基础上，确定勘验路线和方法。之后，再对具体对象进行仔细的勘验。否则，往往会遗漏重要手印，甚至破坏部分有价值的手印，给勘验工作造成重大损失。

2. "先重点后一般"

在划定重点勘验对象后，应先将全部精力投入到重点对象的勘验中去，因为这些部位、物品是犯罪行为必然会接触的，在这些对象上提取到有价值手印的可能性最大。"先重点后一般"，是对勘验精力的合理分配，并不意味着对非重点对象就可以草草了事。现场手印的发现应该既有重点，又不放过任何一个可能遗留手印的部位。

3. "先静观后拿取"

寻找手印时应先静观可疑物品，不能盲目翻动，这是对手印和其他痕迹物证的保护。在静观之后，再在不会破坏潜在手印的前提下拿取、翻动物品，从不同角度，配合适当光源来发现手印。发现手印后，应分析手印的种类、承痕体的性质，选择合适的提取和显现方法。实务中，切忌"以显现代替寻找"，否则将破坏手印。

4. "先拍照后提取"

对于现场发现的手印，无论是否能达到鉴定标准，都应先拍照固定下来，然后再提取显现。先拍照、后提取，可以避免后期由于操作失误或显现失败而造成的手印破坏，降低失败的风险。

5. "先防护后操作"

勘验人员要养成良好的物证意识和自我保护意识：犯罪现场的环境复杂、恶劣，现场勘验人员可能会受到污染和损害，因此，勘验人员应该先做好自身防护，如佩戴手套、头套、脚套、口罩等，避免将自己的勘验用具、生物检材、手印及其他痕迹遗留在现场，这样既保护了自身安全，也保证了现场痕迹物证不受污染。

6. 注意生物物证的保护和提取

一些手印的显现方法会影响生物物证的提取和检验，因此，在不能保证后续生物物证检验时，应在是提取生物物证还是提取手印之间加以权衡。如果选择先提取显现手印后检验生物物证，就应该选择对后续生物检材检验没有影响的提取、显现方法，在提取、显现过程中应避免检验人员、无关人员对生物检材的污染，做好检材的保护。

二、寻找、发现手印的重点部位

1. 作案出入口及犯罪嫌疑人来去路线

通常，作案人进入现场往往需要费一番周折、排除一定的阻碍，其在寻找适当的出入口、攀爬、撬门破锁的过程中一般会接触大量的客体，如门窗框、玻璃、门板、门窗把手、插销等，留下有鉴定价值的手印。多数作案人在进入现场后会高度警惕，往往通过戴手套、脚套的方法避免留下犯罪证据，但是在进入现场之前、离开现场之后的路径上，则常会放松警惕，不知不觉在相关部位或物体上留下手印。因此来去路线应作为寻找、发现现场手印的重点。

2. 犯罪活动的中心现场

在中心现场范围内，作案人活动频繁、接触物体多，与此同时，因紧张其排汗量会大大增加，手上分泌的汗液增多，且注意力高度集中于作案目标而忽略对自己行为的控制，因此，在没有佩戴手套的情况下会在中心现场遗留较多的手印。例如，杀人案件现场的尸体及其周围物品无疑是搜寻手印的重点部位；各类侵财案件中打开的箱柜、抽屉和翻动的物品也是勘查的重点；性侵害类案件中，应将倒卧、搏斗处列为寻找手印的重点部位，同时受害人的衣物也应列入重点勘查的对象。

3. 作案工具和现场遗留物

作案人为了达到进入现场、破除障碍物、行凶、盗窃等目的，通常会将事先准备的工具带入现场或就地取材拿取现场的工具。在作案过程中，这些工具上往往留有作案人的手印及大量生物检材。而作案人因犯罪行为被发现或过度紧张，有时会将作案工具留在现场。因此，对于经核实不是犯罪现场原有的工具，或是现场原有但不在原来位置的工具要特别留意，其上的手印和其他生物物证往往会成为定案的关键。作案人除了会将作案工具遗留在现场，还会将诸如书包、手电、手套、眼镜、衣服、报纸、杂志等物品遗留在现场。这类物品也是现场寻找手印时应关注的重点对象。

4. 作案人可能触碰的其他部位和物品

由于对现场不熟悉，作案人的多余动作会增多，这就大大增加了将手印遗留在现场的机会。寻找这类部位和物品上的手印，需要现场勘验人员依据长期积累的勘查经验，在充分考虑案件性质的基础上，判断哪些部位和物品是作案人可能会接触的，哪些是作案人不太可能接触的，进而合理分配勘查精力。

三、寻找、发现、观察现场手印的方法

现场手印的种类多样、承痕体也不尽相同，因此寻找、发现、观察现场手印的方法也有很大区别。要根据现场手印的种类及承痕体的表面情况来确定具体的观察方法。

现场手印主要包括立体手印和平面手印。现场的承痕体主要包括渗透性客体、非渗透性客体和半渗透性客体三类。渗透性客体是指所有能够很快吸收潜在手印遗留物质成分的客体。非渗透性客体是指所有不吸收潜在手印遗留物质成分的客体。半渗透性客体是指所有既不能归于非渗透性客体，又不能归于渗透性客体的客体。

1. 自然光观察法

即利用自然光，用肉眼直接观察手印的方法。这种方法最普遍，适用于现场的立体手印

和大部分平面的显在手印，如油漆手印、血手印、灰尘手印等。

2. 透射光观察法

让光线从物体背面投射于物体上，人从物体正面即留有手印的一面观察、寻找手印的方法。适用于玻璃或其他透明客体表面的汗潜手印或油潜手印，观察时可在背面附上反差大的衬纸，增强反差，如图 3-2-26 所示。

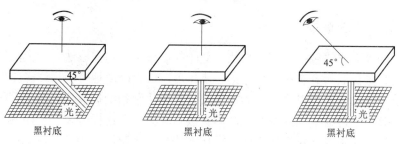

黑衬底　　　　　黑衬底　　　　　黑衬底

图 3-2-26　透明客体上手印的透射光观察

3. 反射光观察法

让光线从物体正面投射于物体上，视线也从物体正面即留有手印的一面观察、寻找手印的方法，如图 3-2-27 所示。包括全侧光反射法、半侧光反射法、垂直光反射法，适用于透明体及表面有光泽但不透明的承痕体，如玻璃、陶瓷、搪瓷、金属制品、电镀物品等。

4. 特种光源观察法

对于一些特殊客体，也可以借助蓝光灯、紫外灯、激光器、多波段光源等观察寻找。多波段光源是犯罪现场勘查中经常会使用的光源，是指由一组或两组滤色镜将光源发出的白光（全谱线）分成不同的波段，再通过导光管输出的光学系统，如图3-2-28 所示。

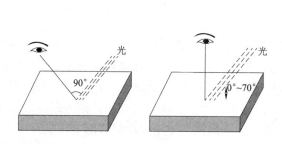

图 3-2-27　有光泽、非透明客体上手印的反射光观察

图 3-2-28　多波段光源

第四节　现场手印的记录、提取

一、现场手印的记录

现场手印的记录是现场勘查笔录的一个重要组成部分，也是诉讼中证实相关手印之来源

合法、有效的证据。客观、完整、清晰的现场手印之记录，有利于现场勘查人员在离开现场后快速回忆现场手印的情况，为下一步对手印的分析打下良好基础。现场手印的记录方式主要包括文字记录、照相记录、图示记录和录像记录四种。主要内容包括：简要的案情介绍，现场手印遗留的具体位置、状态，现场手印之间的关系以及与其他痕迹物证的关系，形成手印的中介物质和手印的种类，手印承痕体的性质、光洁度以及干湿状况，手印的发现、显现方法，手印的提取方法，以及手印的保管情况等，现场手印的初步分析、判断结果及依据。

二、现场手印的提取

现场手印的提取方法包括照相提取法、复印提取法、原物提取法、制模法等。照相提取法不破坏原物，是提取所有有效手印的第一步，可以最大限度地避免后续操作失误给手印造成的破坏。复印提取法还可以再细分为指纹胶带复印法和相纸提取法。对于手印承载客体体积较小的，应该在征得物主同意并登记之后直接提取原物，这样可以将手印的原始状态最好地保存下来。制模法主要针对立体手印，操作方法与足迹制模法相似：对于泥土地等承痕体上遗留的立体手印，应根据现场干湿条件，先将石膏粉与适量的水混匀至糊状，再在立体手印周围制作 1 cm 左右的围墙防止石膏浆溢出，然后将调好的石膏浆注入痕迹中静置 30 分钟至 1 小时即可揭下模型，最后用清水小心冲去模型表面沙土即可。

第五节　手印的显现

手印的显现，即通过各种物理、化学等方法，将遗留在物体表面的潜在手印显示出来的活动。手印显现主要包括物理显现法和化学显现法。所谓物理显现法，即用各种物理方法，将遗留在物体表面的潜在手印显示出来的活动。所谓化学显现法，即通过各种化学方法，将遗留在物体表面的潜在手印显示出来。

一、非渗透性客体上潜在手印的显现方法

1. 粉末显现法

基于手印物质与粉末之间的机械吸附作用和静电吸附作用，当显色粉末附着于承受物体表面时，无色的手印纹线将因黏滞粉末而被显现出来。这一显现法即是粉末显现法，通常包括直接显现法、撒粉显现法、抖粉显现法和磁性粉刷显法。直接显现法：用毛刷蘸取显现粉末后，作用于潜在手印遗留的载体，使手印显现出来的方法。撒粉显现法：用毛刷蘸取显现粉末后，将毛刷移至距被显物体表面 5 cm 左右，弹击刷柄，使粉末均匀散落于被显物体上，然后用毛刷轻轻旋转刷动粉末使手印显出的方法。抖粉显现法：取适量粉末直接倒在被显物体表面，双手（戴手套）分别拿起该物体的两端左右抖动，使手印显现出来的方法。磁性粉刷显法：将磁性刷顶部置于所选择的磁性粉末中，由于磁力作用将粉末大量吸附上来，形成毛穗状，然后使磁性刷上的毛穗接触被显物体表面，轻轻旋转刷动粉末使手印显出的方法。

常见的粉末有普通粉末（如铝粉、青铜粉）、荧光粉末与磁性粉末。

2. 502 胶熏显法

即利用"502"胶蒸气中的 α-氰基丙烯酸乙酯在手印物质中的水及氨基酸的引发下发

生聚合反应生成白色聚合物，从而显现潜在手印的一种方法。常用的操作方法包括加温加湿熏显法、真空熏显法、真空加温加湿熏显法等。由于 502 胶熏显之后，手印纹线呈白色，当其所在客体的背景为浅色或较为复杂时，二者反差较小，不易观察、固定，因此在 502 胶熏显之后还可以对手印进行染色。常见的染色法包括物理吸附染色法（如粉末染色法、烟熏法、碘熏法）、化学试剂染色法等。

3. 小微粒悬浮液法

用二硫化钼以及二氧化钛等配置成悬浮液；由于手印物质中的油脂成分在水中不具有溶解性而与小微粒有良好的吸附作用，故用该悬浮液能显出潜在手印。该法适于显现油脂手印；因其对潮湿、水浸客体表面手印显现效果较好，故常用来显现胶带黏膜上的手印。

4. 高真空镀膜法

即用真空镀膜机将金属或非金属元素蒸发成气体分子，喷镀到手印物质上使其显色的一种物理方法。高真空镀膜法应用广泛，对于光滑客体表面的新鲜、陈旧手印都有较好的显现效果，但显现成本较高。

二、渗透性客体上潜在手印的显现方法

1. 茚三酮显现法

即利用茚三酮与汗液中的氨基酸反应生成一种称为鲁赫曼紫的蓝紫色化合物，从而将手印显现出来的显现法。该法是实践中应用最广泛的显现渗透性客体上潜在手印的方法，可适用于大部分渗透性客体。经茚三酮显现处理效果不好的手印，还可以继续用氯化锌、氯化镉溶液处理，因为氯化锌、氯化镉能与鲁赫曼紫生成一种在蓝绿激光激发下具有较强荧光的络合物，从而增强手印的显现效果。

2. DFO 显现法

DFO 与手印遗留物质中的氨基酸反应能生成一种浅紫红色化合物，该化合物在 510～560 nm 的光源照射下可产生很强的橙红色荧光，从而将手印显出。DFO 显现法适用范围与茚三酮相同。由于其生成物有荧光，因此尤其适于复杂背景上汗潜手印、深色客体上血潜手印等的显现。

3. 茚二酮显现法

茚二酮与汗液中的氨基酸反应生成的产物在 535 nm 波长光波的激发下会产生橙红色荧光，从而将手印显出。该法与 DFO 显现法的适用范围大致相同。

4. 碘熏显现法

手印物质中的油脂和汗垢对碘有黏附作用，当碘蒸气熏到手印物质上时，由于物理附着作用而将手印染色，从而显出潜在手印。碘熏法适用于浅色背景的纸张等渗透性客体上的新鲜及陈旧手印，对一些非渗透性客体，如塑料等表面上的手印也有较好的显现效果。常用的操作方法包括自然熏显法、加热熏显法和喷碘器熏显法。

5. 烟熏法

某些物质燃烧时将产生较浓的烟雾，该烟雾可与手印物质中的油脂和汗垢发生吸附，从而显出潜在手印。常用的熏显物质有松香、樟脑粉、煤油和特制蜡烛等。该法适于显现比较光滑的、渗透性较差的客体（如纸张、竹器等）上的手印。

6. 物理显影液显现法

物理显影液是一种含银的水基试剂，溶液中的悬浮银粒子可与手印遗留物中的油脂成分发生吸附作用，从而显出客体表面潜在的油脂手印。物理显影液显现法是目前显现潮湿或水浸的渗透性客体表面油脂手印时最为有效的化学方法，但由于它的配方及操作均较复杂，故在我国仍未推广使用。

三、特殊物质潜在手印的显现

实务中，除了汗液手印外，往往还会遇到一些特殊物质构成的潜在手印，如浅淡的血液手印、油质手印等，对这些手印，需有针对性地采用特殊的显现法。

1. 血潜手印的显现方法

（1）四甲基联苯胺显现法。四甲基联苯胺在过氧化氢的存在下，能与潜血手印反应生成蓝绿色的四甲基联苯胺蓝，从而将潜血手印显现出来。该法主要适于各类渗透性客体上新鲜及陈旧血潜手印的显现。

（2）隐色龙胆紫显现法。隐色龙胆紫在过氧化氢的存在下，能与潜血手印反应生成紫色的龙胆紫，从而将潜血手印显现出来。该法主要适用于各种渗透性客体上的新鲜及陈旧血潜手印，适用范围与四甲基联苯胺显现法基本相同。此外，氨基黑10B显现法、鲁米诺显现法也可用于血潜手印的显现。

2. 油质手印的显现方法

（1）光致发光显现法。手印遗留物质中某些成分或经过适当处理后的手印，在紫外线（或激光）激发下具有较强荧光，或者手印本身的荧光较弱而手印所在背景的荧光较强，进而可将手印显现出来。该法适用于表面光滑的非渗透性客体上新鲜及陈旧的矿物油加层手印的显现。

（2）苏丹Ⅲ染色法。苏丹Ⅲ在油质成分中的溶解度远大于在水中的溶解能力，因此能将油质手印染色，从而显现出潜在的油质手印。该法适于表面光滑的非渗透性客体上的油手印显现。此外，熏染显现法、特种粉末显现法、油红O显现法等也可以显现油手印。

第六节　现场手印的分析判断

分析判断现场手印不仅可以筛选出作案人遗留的手印，提高查验速度、降低鉴定成本、优化人力投入，还能够认识作案人的作案习惯或特点，从而为串并案件提供依据。

一、分析作案过程，筛选作案人手印

现场勘验人员通过分析案情，结合现场翻动、破坏的情况，可刻画作案人在现场的活动情况，从而划定作案人可能遗留手印的重点部位。犯罪现场除了可能遗留作案人的手印外，还可能留有大量事主或无关人员的手印，漫无目的地提取不仅浪费了勘验精力，还可能将侦查引入错误的方向。因此，必须结合案件性质和事主的叙述，将与作案人施行作案行为有关的客体作为重点部位，排除事主手印后筛选出嫌疑手印。对于一些物体的特殊部位遗留的手印，如果用常理无法解释，那么还可以进行现场实验，以初步确定哪些手印更可能是作案人遗留的。

1. 分析现场手印本身的情况

首先，现场手印的形成物质与作案人的活动息息相关，作案过程中产生的血、油、汗、灰尘等，都可能被作案人通过手的接触转移到其他客体上。借此，不仅可以快速判断哪些手印是作案人所留，还能够通过手印形成的先后顺序推断出作案过程。

其次，手印的新鲜程度将随时间的推移而改变，结合现场环境情况，通过观察现场嫌疑手印的纹线清晰程度、连贯程度、对指纹粉末的吸附能力等，可以大致推断出手印的遗留时间。借此法，可以筛选出作案时间范围内遗留的手印。

最后，通过分析案情，听取事主的叙述，可以发现现场作案人的遗留物，而这些遗留物上可能留有作案人的手印。与作案人在作案时的高度谨慎不同，这些遗留物往往是作案人在作案之前准备的，多数情况下，作案人触摸这些物品时不会采取防护措施，很可能留有高质量的手印。

2. 交叉比对，串并案件

分析判断现场手印，不仅是筛选作案人手印的过程，也是分析作案人作案习惯和特点，确定不同现场的手印是否为同一作案人所留的过程。利用现场勘验系统，将现场手印上传，可以与其他现场的手印相互比对，从而快速串并案件，反馈更多的作案人信息，为侦查提供有价值的线索。

3. 排除无关人员手印

犯罪现场在形成后，事主、医护人员、消防员等都可能进入现场留下手印，因此要及时捺印全部进入现场的人员的手印样本，尽早排除无关人员的手印，减少其干扰。

二、分析确定现场手印的部位

即根据手印不同部位的特征逐步解决现场手印是由手指还是手掌留下的，现场手印是哪只手留下的，现场手印是由手指或手掌的哪个区域留下的等问题。正确分析确定现场手印的部位可以减少样本手印的收取范围，减少指纹库查验工作量，优化鉴定投入。

首先，应综合分析手印遗留的情况和形成的条件，手印面积和形状、乳突纹线的结构、屈肌褶纹和皱纹，以确定现场手印是手指还是手掌留下的。

其次，要根据手印的现场格局、排列状况、指头乳突花纹的流向、细节特征的数量及指尖的倾斜方向、手掌的花纹形态等情况，判断现场手印是左手还是右手所留。

最后，结合手印的细节特征之出现规律，确定现场手印是由手指或手掌的哪个区域所留。

三、分析作案人的人身特点

现场手印的形成方式、位置可以直接反映作案人的身高、体态、年龄等信息，通过对现场手印的分析判断，可以划定嫌疑人范围，为侦查提供线索。

第七节　样本手印及手印鉴定

一、样本手印的种类及收取

手印鉴定中，用于比对的手印称为样本手印，它包括捺印样本手印、自然样本手印和实验样本手印。捺印样本手印，即按照一定要求，采用涂染按捺或直接按捺的方式在卡片或采集仪上收取的手印。自然样本手印，即在日常生活或工作中，相关人接触物体时无意留下的手印。实验样本手印，即根据检验、鉴定的需要，让相关人按照预定的条件、部位接触物体时留下的手印。

通常，可采用公开或/和秘密的方法收取样本手印。而公开又包括公开捺印、公开显现两种。公开收取时，被收取对象生活、工作、学习等场所，都可能被用来显现、提取其手印，且其还有可能被要求按规定捺下手印。秘密收取是指为了发现、收集证据而对犯罪嫌疑人及其住所等地有组织、有计划、有目的地显现、提取样本手印的一种措施。

二、手印鉴定

手印鉴定的目的通常是通过检验现场手印与样本手印，以解决现场手印与样本手印是否是同一人遗留的问题。是实务中较为常见的同一认定/种属认定，因而遵循同一认定/种属认定的基本步骤和方法。

1. 鉴定前的准备工作

鉴定人员在进行鉴定之前，首先应了解案件相关情况，同时要梳理现场手印的位置、方向、遗留方式、遗留后变化情况以及手印的发现、提取、显现、固定、包装、运送方法。其次，应检查检材和样本的数量与质量是否与描述相符，是否达到鉴定要求，如果需要补充检材或提供新检材应及时通知送检机关。最后，确定具体的检验方案。

2. 分别检验

（1）检验现场手印。应按照一定的程序进行：① 确定现场手印的方位；② 确定现场手印的具体位置；③ 确定现场手印的痕迹种类；④ 判断现场手印是否重叠或变形；⑤ 确定现场手印的种类特征；⑥ 确定现场手印的细节特征并及时固定这些特征。

（2）检验样本手印。其检验程序与现场手印基本相同。

3. 比较检验

即进一步研究现场手印与样本手印的特征，确定它们之间的符合点与差异点，为综合评断提供依据。要先比对种类特征，再比对细节特征，以发现它们之间存在的特征差异点和特征符合点。

4. 综合评断并给出鉴定意见

即对比较检验中发现的特征符合点和差异点进行充分分析，以判断差异点是否是本质差异、符合点的价值又几何，在此基础上，最终给出现场手印与样本手印是否是同一手指或手掌的同一部位所留的鉴定意见。

手印鉴定意见一般有以下三种形式。① 肯定意见。即现场手印与样本手印其种类特征相同，细节特征组合相同，少数差异点经过评断及实验后，有充分理由说明是受客观因素影响而形成的。② 否定意见。即现场手印与样本手印其种类特征不同，或种类特征虽相同，但细节特征组合不同，少数特征虽相似但却有充分理由证明是因偶然因素形成的。③ 无法给出意见。因鉴定条件太差或不足，现场手印或样本手印的特征未能充分反映手印的本质属性，进而无法给出某一判断。此时，应客观、科学地加以说明。

5. 制作手印鉴定书

手印鉴定书由文字部分和照片部分组成，是记录和反映手印鉴定由来、送检的检材和样本、鉴定要求、检验过程、鉴定意见等情况的法律文书。应严格按照相关的规定加以制作并发放。

三、指纹自动识别系统

指纹自动识别系统（Automatic Fingerprint Identification System，AFIS），即将传统的指纹识别技术与现代的模式识别技术、计算机技术相结合，进而替代人工对指纹进行自动分类处理、储存建库、比对检索和应用管理的一种综合性计算机系统。AFIS 系统一般由指纹输入子系统、指纹图像处理子系统、指纹图像压缩和恢复子系统、指纹检索比对子系统、人机交互子系统、数据库管理子系统、后台作业系统管理子系统等组成。利用指纹自动识别系统可以进行犯罪嫌疑人前科查询、未破案件查询，也可以根据现场指纹在违法犯罪人员十指指纹库中寻找嫌疑人，或者串并案件，进行情报分析。

本章小结 >>>

本章概述了手印的特性及作用、样本手印的收取及手印鉴定等内容，较为详细地介绍了手掌面花纹类型，指头、指节以及手掌面乳突花纹的类型，现场手印的寻找、发现、记录、提取等技术，以及潜在手印显现技术。通过本章的学习，读者能了解、掌握手印检验鉴定的基本知识、基本技术以及手印在诉讼中的作用。

问题与思考

1. 如何理解手纹的特性？
2. 指头乳突花纹类型有哪些？
3. 渗透性客体上潜在手印显现方法有哪些？
4. 非渗透性客体上潜在手印显现方法有哪些？
5. 手印鉴定的基本程序有哪些？

本章的主要参考文献

1. 刘少聪，耿庆杰．手印学．北京：警官教育出版社，1994.

2. 赵向欣．中国刑事科学技术大全：指纹技术．北京：中国人民公安大学出版社，2003.

3. 罗亚平．痕迹检验教程．北京：中国人民公安大学出版社，2004.

4. 王桂强．指印的光学显现和照相技术．北京：群众出版社，2001.

5. 罗亚平，郭威．指纹学教程．北京：中国人民公安大学出版社，2010.

第三章　足迹物证技术

第一节　足迹的概念、形成、分类和作用

一、足迹的概念及足迹的形成

足迹又称脚印，是指人在站立、行走等活动中自身重量和人体肌力通过足作用于地面等物质客体上形成的痕迹，通常包括赤足足迹、鞋印、袜印等。足迹是犯罪现场出现率较高的一种痕迹，通过现场足迹可以分析出作案人和其所穿鞋的相关信息，为侦查破案服务。

足迹是足与地面等物质客体相接触，造成物质客体表面形态改变或在二者之间发生介质转移而遗留下的反映形象。足迹的形成同样必须具备造痕体、承痕体和作用力三要素。足迹的造痕体主要是赤足、鞋、袜三种客体。足迹的承痕体种类非常多，因承痕体表面性质的不同，会形成不同形式、不同质量的足迹。形成足迹的力是人在运动中足与承受客体之间的相互作用，因此足迹不仅可以反映造痕体如赤足、鞋、袜的形态特征，还可以反映人的运动特征。

二、足迹的分类

1. 按足迹的造痕体性质分

按足迹的造痕体性质，可将足迹分为以下几种。

（1）赤足足迹。即人的赤足直接与地面等物面接触形成的印迹。在不同的物体表面上会形成不同的赤足形态特征。例如，在可塑性的泥土等地面上赤足能够形成反映赤足足型的外表结构形象特征和行走动力的形态特征；在平整硬地面上留下的赤足足迹能够形成反映赤足足底结构轮廓形象特征与力的形态特征。赤足足迹还可能反映足底的乳突纹线特征。赤足足迹反映的这些特征可以用来直接认定人身。

（2）穿袜足迹。即人足穿袜与地面等物面接触形成的印迹。它能够反映袜子的织物结构形象及足的结构和动力形态等特征，可以用于认定人身。

（3）穿鞋足迹。即人穿鞋与地面等物体表面接触形成的足迹。这种足迹反映的是鞋底的外表结构形象及鞋底花纹结构等特征，可以用来认定鞋，但一般不用于认定人身。

2. 按足迹承受客体的表面变化形态分

按足迹承受客体的表面变化形态，可将足迹分为以下几种。

（1）立体足迹。即足作用在稀泥、松土、厚的粉尘、雪地等具有可塑性的物面上形成的，具有凹凸结构形象（三维特征）的足迹。立体足迹不仅能反映出足接触部位的立体形

象，而且能较好地反映出人行走运动的动力形态等特征。

（2）平面足迹。即足在平整的硬地面等物面上所留下的足迹，它是引起承受客体表面附着物变化而形成的反映形象。平面足迹只能反映出足底凸出部位的痕迹形象。因赤足的足底肌肉具有弹性，因此，平面赤足足迹可以反映出赤足足底的结构轮廓形象和乳突纹线等痕迹。按照形成平面足迹的承受客体表面附着物的增减情况，还可将平面足迹分为加层平面足迹和减层平面足迹。

3. 按足迹的反映质量分

按足迹的反映质量，可将足迹分为以下几种。

（1）正常足迹。即足迹轮廓完整、痕迹清晰、特征稳定的足迹。依据正常足迹的形象特征和形态特征进行足迹鉴定，可得出科学可靠的鉴定意见。

（2）非正常足迹。即足迹残缺不完整，痕迹模糊、重叠、轮廓明显变形的足迹。非正常足迹还可以进一步分为残缺足迹、模糊足迹、重叠足迹、变形足迹等。对于非正常足迹，应按其类别研究其形成的具体原因，以及非正常痕迹出现的原因，在此基础上，找出足迹的可靠特征再进行鉴定。

4. 按足迹的数量及搭配关系分

按足迹的数量及搭配关系，可将足迹分为以下几种。

（1）单个足迹。即在犯罪现场发现的不能反映双足搭配关系的不连续的左足或右足的足迹。受现场实际情况的限制，实务中大部分的足迹是单个足迹。

（2）成趟足迹。即人在周期性的行走运动中形成的、四枚以上的能连续反映左右足相互搭配关系的足迹。人的双足在完成每个周期性运动时，其左右足交替承担着支撑、摆动的功能，所形成的成趟足迹能反映出左右足的搭配关系、方向、角度、大小等，从而为足迹分析提供最佳条件。对成趟足迹进行分析检验时，可以不考虑每个足迹是否清晰、完整，只要搭配关系存在，就能为分析行走姿态提供依据。

三、足迹物证技术的作用

足迹在现场的发现率高、易提取、不易破坏，是一种可以为侦查提供重要线索，为诉讼提供有力证据的常见物证。足迹物证技术在痕迹物证领域有着举足轻重的地位。通过分析足迹，可以分析判断案件性质、犯罪活动的全过程、作案人数、作案人的人身特点，而基于足迹进行的同一认定，则可以认定人身，或者为串并案件提供可靠依据。

第二节　足迹的特征

足迹的特征是指由足迹反映出的，能够反映造型客体即赤足、袜、鞋与承痕体相接触部位其表面结构之形象特征，以及反映人行走习惯之行走运动特征等的各类特征。

一、足迹的形象特征

（一）赤足足迹特征

赤足足迹的形象特征也称足型特征，是指赤足足迹中能够反映足的解剖结构的整体特征和局部特征等。正常人的单足足骨共有 26 块，其中包括 7 块跗骨、5 块跖骨和 14 块趾骨。足骨的具体结构形态如图3-3-1所示。为了方便研究足迹特征，可将足掌面划分为足趾、足跖、足弓、足跟四个部分，每个部分又可分为多个小区域，并统一名称和代号，如图3-3-2所示。

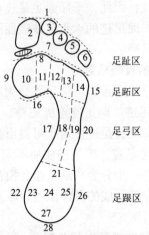

图3-3-2　赤足足迹各部位名称

1—趾前端；2—拇趾；3—第二趾；4—第三趾；

5—第四趾；6—中趾；7—趾节区；8—跖前缘；

9—跖内缘；10—第一跖区；11—第二跖区；12—第三跖区；

13—第四跖区；14—第五跖区；15—跖外缘；16—跖后缘；

17—弓内缘；18—弓内侧区；19—弓外侧区；20—弓外缘；

21—跟前缘；22—跟内缘；23—跟内侧区；24—跟中心区；

25—跟外侧区；26—跟外缘；27—跟后侧区；28—跟后缘

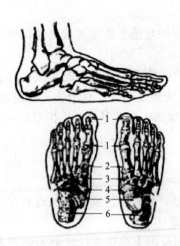

图3-3-1　足骨的结构

1—趾骨；2—跖骨；3—楔骨；

4—舟骨；5—距骨；6—跟骨

1. 整体特征

能够反映赤足整体解剖结构特点的特征被称为足型的整体特征，主要包括足长、各区域长宽以及各特征点之间距离等。整体特征的测量值及其比例关系能够反映足底面的整体结构形态，可成为足迹鉴定的依据。

确定足型整体特征的基础是对足迹的各项指标加以测量，因此必须建立测量标准或测量基准线。在足迹物证技术中，这一测量基准线被称为足迹中心线，其确定方法是：找出赤足足迹跟后缘向后最突出点和第二趾头中心点（如果二趾未出现则找出拇趾头和三趾头所夹空间之中点），将两点连线作为赤足足迹中心线，如图3-3-3所示。

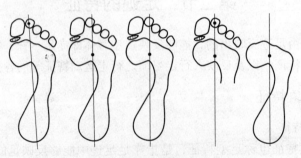

图3-3-3　确定足迹中心线的方法

赤足足迹全长即沿足迹中心线方向赤足足迹的最大长度，其测量方法是：首先确定赤足足迹最长趾的前缘最突点，过此点作足迹中心线的垂直切线交于一点；确定足迹跟后缘最突点，过此点作垂直足迹中心线的切线交于另一点，测量两垂直线之间的距离，即为赤足足迹全长，如图 3-3-4 所示。足型整体特征中的长度特征除足迹全长外，还有跖外缘最突点到跟后缘最突点的距离，跖内缘最突点到跟后缘最突点的距离，跟内缘及跟外缘最突点到跟后缘最突点的距离，各趾前沿最突点到跟后缘最突点的距离，跟后缘最突点到足迹中心线与跖前缘交点、与跖后缘交点、与跟前缘交点的距离等。由于现场足迹往往会或多或少残缺不全，故尽可能多地测定足迹的多种长度特征值，可提高足迹的特定性，更好地为鉴定服务。

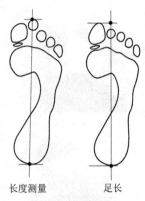

长度测量　　　　足长

图 3-3-4　赤足足迹
全长的测量

宽度特征，即足型整体结构的横向分布特征。它在赤足足迹中是以跖宽、弓宽、足跟宽等反映出来并加以测量确定的。足宽是指沿足足迹中心线垂直方向赤足足迹的最大宽度。因绝大多数人的跖区最宽，所以足宽又叫跖宽，如图 3-3-5 所示。其测量方法是：分别作跖内、外缘突点处平行于足迹中心线的切线，两切线之间的垂直距离即为赤足足迹的足宽。弓宽是指沿足迹中心线垂直方向，赤足足弓区的最小宽度，如图 3-3-6 所示。其测量方法是：用直尺在垂直足迹中心线方向上以目测的方法找出弓区最窄处，测量弓、内外缘两交点之间的距离。足跟宽是指足跟区垂直于足迹中心线的最大宽度。以目测的方式，在足跟区最宽处作一垂直于足迹中心线的直线，其与足跟内外缘两交点间的最大距离就是足跟宽，如图 3-3-7 所示。

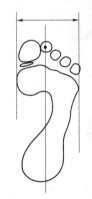　　　　

图 3-3-5　赤足足宽的测量　　　图 3-3-6　赤足足弓的测量　　　图 3-3-7　赤足足跟宽的测量

2. 局部特征

足型局部特征，即能够反映足局部解剖结构特点的足迹特征，包括趾区结构特征、跖区结构特征、弓区结构特征和跟区结构特征。趾区结构特征是足趾个体结构特征和足趾组合结构特征的总和，主要包括趾形状、趾大小、趾排列、趾节区形状等特征。趾形状特征包括趾头形状特征和趾节形状特征，如图 3-3-8 所示。足大小特征包括趾的长度（趾头长和趾节长）和趾的宽度（趾头宽和趾节宽）。趾排列特征包括趾分布类型和趾分布特征。足趾排列特征不仅会受到足趾自身生理结构和其生长变化的影响，还与所在地区、所处环境、生活习惯、劳动条件等外界因素有关系。常见的趾排列有平行型、并紧型、放射型三大类，但要注意的是，足趾排列类型与承痕体的表面性质有关，三种足趾排列类型可以相互转化，故分析判断时要具体情况具体分析。此外，经常穿瘦小的鞋也可能会出现重叠型的足趾排列，如图 3-3-9 所示。

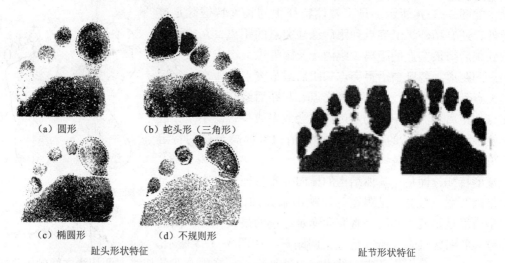

（a）圆形　　　　　　（b）蛇头形（三角形）

（c）椭圆形　　　　　　（d）不规则形

趾头形状特征　　　　　　　　　　　　趾节形状特征

图 3-3-8　趾形状特征

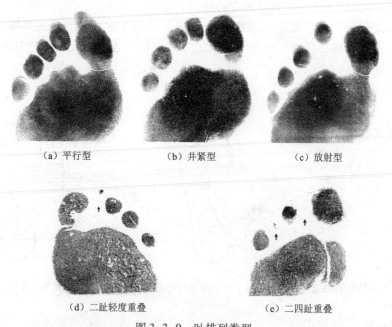

（a）平行型　　　　　（b）并紧型　　　　　（c）放射型

（d）二趾轻度重叠　　　　　　（e）二四趾重叠

图 3-3-9　趾排列类型

　　足跖区包含了足底支撑面的三个支点中的两个，构成足前横弓，是支撑、行走运动的主要着力区，也是足的最大分区。由于足跖区结构复杂、作用力大、作用面积大，故足迹往往能够完整、清晰、真实地反映其特征。赤足足迹跖区结构特征包括跖前、后缘，跖内、外缘，跖表面等结构特征，因其特征稳定、特殊，故常被用作足迹鉴定的重要依据。跖前缘是赤足各跖趾关节前端或各趾基节基底部通过软组织所表现出来的边缘。跖后缘是指足的第一跖骨小头和第二跖骨小头后缘通过肌肉、皮肤等软组织所表现出来的边缘。跖内缘是指拇跖骨头及部分拇跖趾关节内侧边缘通过肌肉、脂肪等软组织表现出来的边缘。跖外缘是指小趾骨头、小跖趾关节外侧边沿通过软组织表现出来的边缘。跖前、后缘，内、外缘的形态主要有弧形、角形、平直形、波浪形之分。

足弓区是由跖骨和部分跗骨构成的纵向、横向凸起的弓状结构，是缓冲和传递力的主要区域。弓区结构特征主要是弓区的宽度以及弓内缘和外缘的形态特征。根据弓宽可将足弓分为高弓、窄弓、中等弓、扁平弓、膨胀弓五种类型。

赤足足迹所反映的跟区特征受到足跟地面形态结构的影响。在平面足迹中，跟区的边缘反映不完整、不清晰，在立体足迹中则能比较完整、清晰地反映足跟边缘形态，尤其是松软的土质地面，其反映效果最好。足跟区的结构特征主要是足跟区四边缘的形态特征。

3. 纹线特征

赤足足底面同手掌一样，具有乳突纹线，同样可构成弓、箕、斗、混杂形花纹；且还能单独构成三角纹，并具有纹线的各类细节特征。脚底乳突花纹的特点是：花纹大、纹线粗、间隔宽；纹线多呈现出点、短线、弓形线、弯折线等；中心花纹扁平，根基线多偏向一侧；纹线间常出现脱皮斑点。箕形纹出现率高，特别是在足跖区，常出现并列箕。鉴定中，对赤足足迹纹线特征分析较多的包括足趾乳突纹线、足跖（掌）乳突纹线、足弓乳突纹线、足跟乳突纹线和其他特征。此外，趾的畸形和损伤、伤疤、鸡眼、老茧、脱皮以及附着物等，也是足迹鉴定中常被鉴定人关注的特征。

（二）鞋、袜足迹特征

鞋、袜足迹特征主要是指鞋、袜与承痕体接触面的外表结构形态特征的反映形象，包括鞋印特征和袜印特征。袜印特征与赤足特征基本相同，所以此处主要介绍鞋印特征。鞋印特征主要包括鞋型特征、鞋底花纹特征、鞋底原料及生产工艺特征、鞋的穿用修补特征等。

1. 鞋型特征

即鞋或穿鞋足迹中反映出的鞋的各部位形状、大小等结构形态特征。分析鞋型特征的基础是对鞋印的各项指标加以测量，因此，同样需先确定鞋底中心线。鞋底中心线的确定方法与足迹中心线的确定方法略有不同，即有三种确定方法：一是在鞋的掌前尖突点、跟后缘突点两点间作一直线，或掌、跟各自的最宽处的中心点上连一直线，作为测量用的基准线，通常称为纵轴线或中心线；二是在足迹的内侧和外侧各作一条切线，使两切线与前掌内外两侧最凸出部分、后跟内外两侧凸出部分分别相切，连接（并延长）在前掌两切点之中点和后跟两切点之中心作一连线，作为足迹中心线；三是把上述两切线的角平分线作为足迹中心线，足迹的内切线与外切线平行时，可做与两切线平行且距两切线相等的中心线为足迹中心线。中心线确定之后，于鞋尖前缘和跟后缘两处，各作一条与中心线垂直的切线，两切线之间的垂直距离，就是鞋底或痕迹的全长。当掌后缘与中心线垂直时，沿中心线测量掌后缘至前尖切线之间的距离，就是掌长；当掌后缘与中心线不垂直时，掌内侧后沿至前切线之间与中心线平行的距离，就是掌内侧长；当掌后缘与中心线不垂直时，掌外侧后沿至前切线之间与中心线平行的距离，就是掌外侧长。弓长是鞋底掌后缘至跟前缘之间的中心线的长度，跟长是鞋底跟前缘至后缘之间中心线的长度。掌宽是鞋印轮廓最宽处的宽度。通常用第一跖趾里宽加上第五跖趾外宽来表示掌宽，又称为跖趾宽；弓宽是底腰部位最窄的距离；跟宽是跟

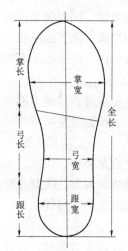

图 3-3-10　鞋底各部分的长度和宽度

部最宽处的宽度，如图 3-3-10 所示。

除了上述鞋底长宽特征之外，对于残缺足迹，还需要测量一些其他特征，包括掌部内缘或外缘突点至跟后缘突点之间的距离、掌部内缘或外缘突点至鞋尖前缘突点之间的距离、掌部内缘和外缘突点之间的距离、掌部内缘或外缘突点至中心线之间的距离。

2. 鞋底花纹特征

鞋底花纹按前掌凸起花纹的形状划分可以分为波折形、格块形、圆环形、交织形、线形、图画形、角形、文字形、散杂形和无花纹形。按大底边缘的情况划分可以分为无边缘形、一条边缘形、两条边缘形、三条边缘形、三条以上边缘形。

3. 鞋底原料及生产工艺特征

针对不同的鞋底原料，鞋底有不同的生产工艺，包括注塑（射）法、压延冲切法、模压法等。鞋的成型工艺包括模压成型、硫化成型、胶粘成型、缝制成型。

4. 鞋的穿用修补特征

鞋的穿用修补特征是鞋在穿用过程中所形成的特征，主要包括因穿用而成的磨损、老化、损坏及修补。足迹鉴定中，鞋的穿用修补特征是较为重要的细节特征。

除上述特征外，实务中有时还会关注、分析并研究局部鞋帮特征、鞋面褶皱特征、附着物特征、鞋帮内侧磨损特征等。

二、行走运动特征

行走运动特征是足迹中与赤足足迹特征、穿鞋足迹特征、穿袜足迹特征等结构特征同时存在的，反映人体行走运动规律的特征。传统的行走运动特征主要包括步幅特征和步态特征，现在又增加了鞋底磨损特征和动力形态特征，是对之前研究成果的补充。

（一）步幅特征

步幅特征，即指成趟足迹反映出的双脚协调搭配关系的特征，是行走运动特征在成趟足迹中的反映，包括步长、步宽和步角，如图 3-3-11 所示。

1. 步长

步长，即成趟足迹中，两个相邻的左右足迹相同部位之间，与步行线平行的垂直距离。步长可以分为左步长和右步长。左足迹在前、右足迹在后的两足迹之间的长度为左步长；反之，为右步长。测量步长时，将成趟足迹中相邻的同侧足内侧的最凸点连成直线，此为该侧足迹的步行线。成趟足迹可分别作出左步行线和右步行线。左步长应是与左步行线平行的相邻两足迹的垂直距离，右步长应是与右步行线平行的相邻两足迹的垂直距离。根据步长可以将足迹分为长步、中步和短步，步长 80 cm 以上者为长步，70 ~ 80 cm 之间的为中步，70 cm 以下为短步。

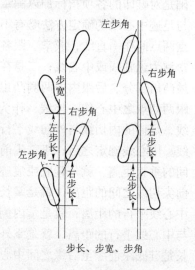

步长、步宽、步角

图 3-3-11　步幅特征

2. 步宽

步宽，即成趟足迹中，一足迹的内沿最凸点到对侧步行线的垂直距离，有左步宽和右步宽之分。左步宽是左足迹内沿最凸点到右步行线的垂直距离。右步宽是右足迹内沿最凸点到左步行线的垂直距离。测量步宽时，应首先作出左右足迹的步行线，然后分别作出左右足迹内沿最凸点到对侧步行线的垂线，再分别测量左右足迹内沿凸点到垂线的距离，得到步宽。根据步宽，可将足迹分为分离步、拼搭步与并跟步。

3. 步角

步角，即左右足迹各自的中心线与其同侧的步行线相交所构成的角度。测量步角时，先画出足迹中心线及各自步行线，使二者相交，然后用量角器量出其角度大小。根据步角可以将足迹分为外展步、直行步、内收步与不对称步。

确定步幅的类型时，通常按照步角、步宽、步长的顺序来进行，如大外展搭跟长步。

（二）步态特征

步态特征，即人在行走运动时足的各个部位与承痕体相互接触时其定型动作的反映，是行走运动特征在单个足迹中的反映。步态特征有主要特征和伴生特征之分。主要特征是指人只要站立行走便一定会出现的特征；伴生特征则是指在一定条件下才能出现的特征。按照行走运动规律和行走顺序，可将步态特征按阶段分为落足特征、垂直支撑特征和起足特征。

1. 落足特征

落脚阶段是指身体重心位于该支撑足后上方，足跟接触地面的瞬间。在落足阶段，人的个体差异，如年龄、身高、体态、下肢结构、关节的运动幅度等因素，使得落脚动作有高、低之别，速度有快慢之分且落脚时的部位、方向、力度等也各不相同，故在承痕体上形成各种能反映身体结构特点的步态特征。落足特征包括主体特征和伴生特征，伴生特征又包括积极特征、消极特征和病态特征。

踏痕是落足阶段的主体特征，踏痕起缘呈弧形向后，位于足跟后缘；踏痕止缘呈弓弦形，位于踏痕起缘前方，如图3-3-12所示。踏痕起缘和止缘的中点连线，往往能反映出落脚足的方向，根据落脚的位置不同，踏痕分为外踏、偏外踏、正踏、偏内踏、内踏。踏痕会受到人的年龄、步速、步幅、鞋底软硬程度、承痕体性质的影响。

图3-3-12 踏痕

落足阶段的伴生痕迹包括积极步态特征磕痕、消极步态特征擦痕、病态步态特征推痕和跄痕，图3-3-13所示。磕痕位于足迹后跟的后面，由于落足时臀肌和大腿后侧肌群用力，使鞋后跟边缘向后下方作用于承痕体形成痕迹，根据落足部位不同可以分为偏内磕、正磕、偏外磕。磕痕反映落地时足高而平。擦痕位于足迹后跟后边缘，由于落足较低，故在鞋跟与地面接触后，仍继续滑动而在承痕体上形成的痕迹，一般呈带状或条形。根据落足部位不同可分为偏内擦、正擦、偏外擦。擦痕的出现可能是由于年龄大、身体机能较弱、行走速度（是否有落了一个字"慢"）、身体后仰、抱重物及小脚穿大鞋等原因。推痕位于鞋印后跟的内侧，是由于落脚时，鞋跟内侧先着地，并向内前方作用于地面所形成的痕迹，在立体足迹的后跟内侧有堆土痕迹；正常人行走不会形成推痕。跄痕位于鞋印的前掌及后跟前沿，由于落足较低且平，在足接触地面后继续移动而形成的痕迹。形成推痕的一般是膝关节、踝关节内突，两腿分离较大，行走时躯干左右晃的人。

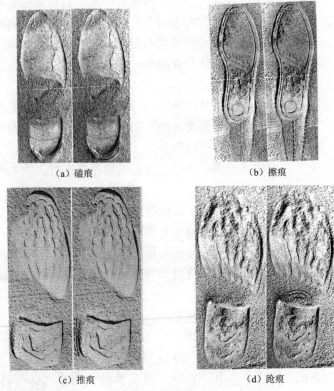

（a）磕痕　　　　　　　　　　（b）擦痕

（c）推痕　　　　　　　　　　（d）跄痕

图 3-3-13　落足阶段的伴生痕迹特征

2. 垂直支撑特征

图 3-3-14　压痕

垂直支撑阶段是指全足着地，身体重心主要位于足底第一、第五跖趾关节和跟骨结节三点支撑之上方的阶段。在此阶段，出现的主要特征是压痕和各种支撑伴生痕。压痕是足底在地面等承痕体上随着行走时身体总重心的上下移动而形成的，可反映全足各个部位的形状及压痕力的方向、大小和作用点，是垂直支撑阶段的主要特征。各种支撑伴生痕是受对侧摆动腿的牵制，随身体总重心的前、后及左、右移动而形成的。

压痕（如图 3-3-14 所示）是垂直支撑阶段的主体痕迹，是在人行走时垂直支撑阶段的开始、中继和结束三瞬间，受重力和肌力的作用而形成的反映两下肢协调配合运动及重心的运动轨迹的痕迹。压痕的形态有重压点、重压面、轻压面和接触面及其起止沿和具体量度，能直接反映出个人特点。压痕包括后跟外压与前掌内压、后跟后压与前掌前压、外侧压、内侧压、后跟全压和前掌外压、平压、后跟中心压与前掌中心压、后跟中心压与前掌平压、后跟内压与前掌中心压、平压弓虚等类型。根据压痕出现的具体部位，可以将压痕分为趾压痕、跖压痕、弓压痕和跟压痕。

垂直支撑阶段的伴生痕迹包括迫痕、坐痕、拧痕，它能反映身体结构及行走习惯的特征但却没有积极、消极之分，如图 3-3-15 所示。垂直支撑伴生痕迹是支撑足在承痕体形成压痕的同时，由于身体重心的移动及受对侧腿摆动的牵制，或本身生理机能的限制，造成支撑足在承痕体上做水平方向上的前后、左右运动及扭动以协调人体平衡时形成的痕迹。迫痕位于鞋印的外侧边缘或内侧边缘，是支撑足落地后，由于下肢的结构或身体重心的移动，使脚在承痕体上做向外侧或向内侧微动时形成的痕迹。迫痕与腿型、行走习惯、负重及鞋子是否合足有关。坐痕位于鞋印后跟后沿，是支撑足在水平方向上向后微动而形成的痕迹。膝关节后突或走路时甩小腿的人易出现坐痕。拧痕位于鞋印的前掌外侧及后跟内侧，是支撑脚以掌或跟为轴，向内或外微旋而形成的痕迹。行走速度快、臀部突出、体态较胖者或负重都易出现拧痕。

 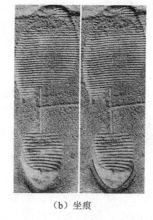 

（a）迫痕　　　　　　　　　　（b）坐痕　　　　　　　　　　（c）拧痕

图 3-3-15　垂直支撑阶段的伴生痕迹特征

3. 起足特征

人身体结构的个体差异，在一定条件下导致每个人行走时蹬离地面的方向、高低、幅度不同，加之身体各部位的协调性等不一样，故在行走蹬离地面时会形成不同的起足特征，该特征还能同时反映行走者的生理机能是否正常、有无生理缺陷等情况。

后蹬痕是起足阶段的主体痕迹，位于鞋印的前掌及前尖部位。根据后蹬的部位及后蹬痕面积的大小，可将其分为趾后蹬痕（如图 3-3-16 所示）和跖趾后蹬痕。后蹬痕的反映状态易受鞋子种类、地面结构的软硬程度及形成足迹时具体动作等因素的影响。

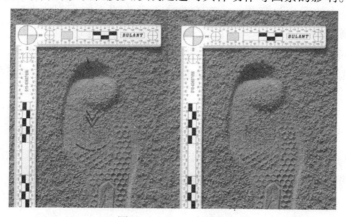

图 3-3-16　趾后蹬痕

起足阶段的伴生痕迹包括积极步态特征抬痕、消极步态特征挑痕和耖痕、病态步态特征划痕和扫痕。抬痕位于足弓部外侧及前掌后部，是由于起脚高、速度快时，空气负压的作用，将地面上干燥细腻的粉尘吸附起来形成的痕迹。行走速度快的人、穿小细花纹软底鞋时易出现抬痕。挑痕位于鞋印前边沿的前方，是由于起脚低，在足尖离开地面时向前上方地面挑擦形成的痕迹。中老年及驼背的人、鞋大或负重、地面过软或地面附着物过厚时，容易出现挑痕。耖痕位于足迹前边沿的前方，是起足过低、足尖在离地前沿着地面向前拖地形成的痕迹，痕迹呈犁沟状的缺口。身体机能较弱的中老年人、负重较大或在松软的地面及附着物较厚的地面行走时，容易出现耖痕。划痕位于鞋印前边沿的前内侧，是由于起足低，在足尖离地前，足趾尖内侧向内划动地面时形成的痕迹。膝关节、踝关节畸形或下肢肌肉麻痹的人易出现划痕。扫痕位于鞋印前边沿的前内侧，是由于起足过低，在足尖离地前，足掌前内侧拖扫地面形成的痕迹，呈宽条形。下肢髋关节疾病或臀肌有麻痹症的人，或是在走路时拖着腿走的人容易出现扫痕。

（三）鞋底磨损特征

鞋底磨损特征是指鞋在被穿用的过程中鞋内底、外底及鞋帮与足、地面等客体相互接触、摩擦，从而使鞋内底、鞋垫、鞋外底及鞋帮内侧产生污染或损耗所形成的特征。它是行走运动特征在穿着一定时间的鞋上的反映，是行走人的足及所穿的鞋与地面反复作用而形成的较为独有的特征。

（四）行走运动特征的变化

人的行走习惯经过长时间的练习、反复行走后，已形成了动力定型，具有了较强的稳定性，一般情况下无法从根本上加以改变。但犯罪现场的环境因素、自然或人为因素等，则有可能在一定程度上使行走运动特征发生一定变化。因此，对足迹加以分析时，要注意这些因素对行走运动特征的影响。

（1）心理状态的影响。作案人的心理状态往往会在足迹中有所体现。作案前，由于紧张，容易出现足迹不完整、步行线弯曲等特征；作案时，由于行为仓促且没有头绪，故容易出现足迹重叠、模糊的特征；作案后，逃跑时的步幅变长或有负重引起的足迹变形。

（2）伪装。伪装包括自然伪装和人为伪装两种。自然伪装主要是利用现场周边地形、地物及当时的气候条件所进行的伪装，如顺风或逆风行走或者承痕体的表面性质突然变化等。人为伪装则是指故意变化穿鞋，或有意改变正常步法，如小脚穿大鞋、大脚穿小鞋或倒穿鞋、反穿鞋或倒行步。

（3）负重。负重可直接改变人体重心的变化，使人的行走姿势发生改变，从而引起足迹的变化。主要表现为背重物时的后负重、抱重物时的前负重以及提、扛重物的反向倾斜。

第三节　现场足迹的寻找、发现和提取

足迹可以反映作案人的作案过程、逃离路径、个人特征等信息，可以为侦查提供线索，为诉讼提供证据。因此，现场勘验工作中的一项重要工作就是寻找、发现作案人在现场遗留的足迹。

一、足迹的发现

1. 发现足迹的重点场所

现场的足迹通常来源繁杂，往往是作案人、被害人、报案人、医护人员等的足迹混杂在一起。如何在这些足迹中快速、准确地发现作案人的足迹，是现场勘验人员面临的严峻问题。发现现场足迹，一般要遵循由外围向中心或由中心向外围、由室外到室内、由下而上的工作原则。

（1）现场出入口。现场出入口往往会留下作案人的足迹，因此要留意户门、窗户、外墙、屋顶、洞口等重点部位的足迹。

（2）中心现场。中心现场是实施作案的地点，也是被侵犯目标的所在处所。例如，盗窃案件中，被盗物品原存放处及其周围；杀人案件中，尸体及其周围；抢劫案件中，遭遇地点和搏斗、周旋处；纵火案件中，放火点和引火物所在处及其周围。

（3）来去路线。因抢救、灭火等原因，中心现场、出入口可能往往有较多人员出入，故作案人的足迹有可能被破坏，有价值的足迹少或者不完整。此时，可根据中心现场和出入口发现的可疑足迹特征，在现场外围作案人可能经过的路线上进行追踪。

（4）守候、藏身处。作案人实施犯罪前，可能会有躲藏、掩蔽等待时机的过程，因此可能会在一些隐蔽的角落（如树下、门洞、墙角、厕所、草垛等处）留下足迹。

（5）埋尸、藏赃处。在杀人案件中，掩埋尸体地点及抛尸地点，特别是埋尸的新土周围易留下足迹。盗窃案件中，作案人常要转移隐藏赃物，在作案人使用的交通工具及其赃物附近也易留下作案人的足迹。

（6）踩踏的物品。除地面、墙体外，作案人用于攀爬的桌椅、板凳，犯罪现场的衣服、布匹、塑料、纸张等客体上都有可能留下足迹。杀人案件被害人的尸体上、衣服上，强奸案件被害人的被褥、床单上，也有可能留有足迹，而这些足迹可为案件侦查提供十分重要的线索。

2. 观察足迹及现场保护的方法

在犯罪现场，有的足迹很容易被发现，如立体足迹和有色平面足迹。但对一些比较淡薄、反差微弱的平面足迹而言则需采用一定的技术方法才能及时发现。为此，要掌握观察足迹的具体方法。对于观察到的足迹还要有妥当的保护法。

1）观察足迹的方法

对于室内现场，自然光线往往较弱，足迹反差不明显，不容易看清细节。此时，可将室内其他杂散光遮挡住，只留一侧的光照，或将全部自然光遮挡住，使用灯光或蓝光等单色光源，俯视观察。还有一些足迹需要特定时间才能观察到，因此有时还需复查现场。室外现场通常是站在逆光、侧光的位置进行观察，观察时不断调整观察的位置和角度。光线直射时，可采用遮挡法，用遮光板挡住直接投射到承痕体上的光线，然后用反射板在一侧反射光线，使之成为侧光进行观察。如果杂散光较强，则可用手或纸板等在一侧遮挡，相对增加另一侧的光强，加强反差，以方便观察。夜间现场由于没有杂散光，只有照明的主光，基本排除了环境光和杂物反光的干扰，这样就增强了足迹的反差，使之较容易被发现。

2）现场足迹的保护方法

现场足迹极易被破坏，故及时保护现场是发现、提取足迹的保证。对于室内现场，出入口比较明确，封锁出入口及现场周围地带不许无关人员进入即可。对于室外现场，环境条件比较复杂，如果是繁华街道，应该尽量避免围观群众进入现场，尽快提取足迹和物证；如果是野外现场，接报后及时勘验。

3. 作案人足迹的确定

现场发现的足迹通常不都是作案人留下的，进入现场的人员，如医护人员、事主或围观群众，都可能留下足迹。确定哪些足迹是作案人留下的、哪些是无关足迹，应结合案情，分析作案过程，具体可从以下几个方面切入。

（1）根据足迹的遗留位置。案件性质不同，寻找作案人足迹的重点位置也不同。盗窃案件现场，应注意被盗物品或被翻动物品周围的地面及踩踏物上的足迹。杀人案件现场，应注意尸体的周围或尸体下面的足迹。纵火案件现场，应注意起火点周围地面上的足迹。爆炸案现场，应注意起爆点或遥控点周围的地面上的足迹。抢劫、强奸案件现场，应注意路遇处和搏斗地点的地面上的足迹。

（2）根据足迹的新旧程度。在分析确定发案时间之后，对现场足迹的形成时间进行筛选，选择出案发时间范围内的足迹加以深入研究。要想弄清足迹的新鲜程度，需在掌握当时当地各种足迹在不同气候条件下受具体环境之影响而变化的规律的基础上，结合被害人（事主）、发现人、报案人、知情人所反映的情况进行综合分析。

（3）根据足迹的特征。主要是根据足迹反映出的行走习惯动作，结合作案手段，判断是否为作案人所留的足迹。此时，要分析研究足迹反映出的步态、步幅特征和遗留位置是否符合犯罪心理状态和作案手段。

（4）根据足迹与其他痕迹物证的关系，以及足迹中附着物质的来源，可以判断某足迹是否为犯罪嫌疑人的足迹。

（5）通过排除无关人员的足迹。通过甄别到过现场的人的足迹，逐个排除无关者，最后找出犯罪嫌疑人的足迹。

二、现场足迹的提取与固定

提取现场足迹要根据现场足迹的反映形式，以及承痕体的性质，遵循痕迹发现提取的基本原则，采取以下不同的提取方法。

（1）照相法。照相，是如实地记录足迹状态、所在位置及其与周围环境之关系等原始状态的有效方法，也是提取足迹的重要措施。在以其他方法提取足迹之前，必须先拍照。根据足迹的不同类型选取不同的拍照方式，但总的要求都是要保持足迹清晰完整不变形。拍照时，要放置比例尺进行比例照相或比例直线连续照相。

（2）复印法。对遗留在水泥地面、水磨石地面、木板面、地毯、毛巾、纺织品等物体表面上的粉尘足迹，可采用静电提取法提取。常用的静电提取法包括高压静电仪提取法、真空静电提取法。

（3）制模法。以照相法拍摄立体足迹后，还必须制作足迹模型，此时要注意：第一，要保证痕迹质量，特征不被破坏；第二，制模所用的原料量要根据足迹的体积来计算，要一次成形，实现美观、坚固的目标；第三，要有封签、标号，便于存档。常用的制模方法包括石膏制模、硫黄制模等。

（4）提取实物。原物提取可以保证足迹的原始状态，因此，只要可行，应尽量采用实物提取的方式提取其上的足迹。

（5）化学方法。常用的化学足迹增强方法包括赤血盐显色法、PH 指示剂显色法、四甲基联苯胺溶液显现法。

三、现场足迹记录及现场足迹的分析

应以准确、简明的文字，辅之必要的表象图案，并借助数字标号等，如实记录足迹及与之相关的具体情况。现场足迹记录应包括笔录、示意图和照片。

根据现场足迹，可做如下分析：即根据现场足迹分析鞋的种类和鞋号，并分析作案人的身高、体态、性别、年龄。

第四节　足迹鉴定

足迹鉴定，即依据同一认定理论，用比较的方法，比较现场足迹与样本足迹之特征的异同，以认定足迹是否为犯罪嫌疑人或其所穿鞋袜所留的检验过程。

足迹鉴定的内容为：根据赤足足迹对遗留足迹人的人身进行同一认定；根据穿鞋、穿袜足迹对遗留足迹的鞋、袜进行同一认定；根据穿鞋足迹对遗留足迹人的人身进行同一认定；现场遗留的鞋与犯罪嫌疑人的其他种类鞋是否为同一人所穿等。

足迹鉴定也是典型的同一认定/种属认定，故遵循同一认定/种属认定的基本理论和基本步骤。

1. 鉴定前的准备

鉴定前的准备包括审查委托鉴定手续；了解案件简要情况；了解送检现场足迹发现、提取、送检情况；了解送检的嫌疑人足迹样本（含鞋袜）的收集、采取方法，收集时间、数量、种类、嫌疑鞋袜的穿用情况，嫌疑人的性别、年龄、职业及健康状况等；要明确鉴定要求，并按相关程序办理委托鉴定手续，如登记、记录上述有关情况、清点委托鉴定的材料；最后，要检验准备好所需用品及器材。

2. 分别检验

即分别检验现场足迹和样本足迹，以确定其各自的特征。分别检验的原则是，先检验现场足迹再检验样本足迹。

3. 比对检验

即将现场足迹与样本足迹放在一起进行反复观察，比较对照，以确定它们的特征差异点及符合点。比对检验不是某个特征的比对，是从局部到总体特征的全面比较。

4. 综合评断作出鉴定意见

即针对比较检验中发现的符合点和差异点进行综合分析，作出评价。如果符合点反映的是本质属性的符合，而差异点是非本质的差异，则符合点可以作为同一认定的依据；反之，可作否定结论。

5. 制作足迹鉴定书

即按照鉴定书的制作规范，将足迹鉴定的全过程及所发现的差异点、符合点等展示于其上，要针对委托单位的鉴定要求，给出明确、规范的鉴定意见，对鉴定意见的得出，要有相应的解释及说明。

本章小结 >>>

本章介绍了足迹的概念、形成、分类以及足迹在案件侦破中所发挥的作用，重点阐述了赤足足迹、穿鞋足迹的形态特征及步法特征，以及在犯罪现场如何发现、识别、提取、记录的各项技术，最后概述了足迹鉴定的程序。通过本章的学习，读者可了解并掌握足迹检验的基本内容及所能发挥的作用。

 问题与思考

1. 赤足足迹的形态特征包括哪些内容？
2. 穿鞋足迹的形态特征应当从哪几方面研究？
3. 步法特征包括哪些内容？
4. 现场勘查时，应当从哪些部位重点寻找作案人遗留的足迹？
5. 现场足迹的提取、记录方法有哪些？

本章的主要参考文献

1. 史力民. 足迹学. 北京：中国人民公安大学出版社，2007.
2. 罗亚平. 刑事科学技术. 北京：中国人民公安大学出版社，2011.
3. 徐立根. 物证技术学. 4 版. 北京：中国人民大学出版社，2011.
4. 孙言文. 物证技术学. 北京：中国人民大学出版社，2000.
5. 王彦吉，王世全. 刑事科学技术教程. 北京：中国人民公安大学出版社，2006.

第四章　工具痕迹物证技术

关键术语

工具痕迹　工具痕迹鉴定

工具痕迹物证技术是痕迹物证技术中的重要组成部分。借助工具痕迹物证技术，可以对现场遗留的工具痕迹之来源做出认定，可以分析案件性质及作案人人身特点、专业技能，从而为侦查提供线索、为诉讼提供证据。此外，实务中还经常利用工具痕迹所反映的工具的同一性与持械人持械破坏习惯的同一性进行串并案件。

第一节　工具痕迹的特点及作用

一、工具痕迹的特点

物证技术领域所研究的工具痕迹仅指在犯罪活动过程中形成的痕迹，它既包括行为人在实施侵害行为时使用工具侵害人身或物品时在相关客体上导致的塑性形变，也包括行为人在犯罪预备阶段、销赃及毁灭证据时使用工具而在相关客体上形成的塑性形变。因此，工具痕迹是指在犯罪行为的实施过程中，受到外界作用的加载客体（一般是作案工具）使承载客体（一般是被破坏客体）的接触部位发生塑性形变后，形成的立体反映形象。

工具痕迹的特点如下。

（1）出现率高。近十多年来，人们对私有财产的保护越来越重视，各种防盗设备随处可见，因此作案人想达到作案目的，不得不越来越多地使用工具进而留下工具痕迹。

（2）变化多。作案人可用的作案工具种类繁多，且同一工具不同部位形成的痕迹也各不相同，因而作案留下的痕迹变化也非常繁杂。

（3）形象立体直观。无论是凹陷痕迹还是线形痕迹，或者二者同时存在，都是承载客体表面有了塑性变形，都有一定的大维变化，呈现为立体形象。

（4）力学特征突出。由于工具痕迹是两个物体发生机械作用后形成的，因此通常情况下工具比承载客体的机械性能要好。承载客体发生的塑性变形直接反映了工具的作用方式、过程和作用部位，因此，工具痕迹能准确反映作用力的大小、方向和作用点。

（5）遗留物多。工具在使用、储存的过程中，往往会附着铁锈、其他金属、油漆、油脂等。作案时，不但工具本身的金属会转移到承痕客体上，这些附着物也会遗留在客体上。

二、工具痕迹的作用

在犯罪现场往往会发现各种工具痕迹，这些工具痕迹在侦查阶段、诉讼阶段都有十分重要的作用。通过对工具痕迹进行分析和鉴定，可以判断案件的性质、分析作案人的人身特点和职业特征从而划定嫌疑人的范围，可以对嫌疑工具做出认定或否定结论，可以为串并案件提供线索。

第二节　工具痕迹的形成与种类

一、工具痕迹的形成要素

工具痕迹的形成必须具备工具、被破坏客体和作用力。被破坏客体即承受工具之痕迹的承载客体。

二、工具痕迹的种类

目前，国内外均以作用力为基础对工具痕迹进行分类，包括凹陷痕迹和线形痕迹两大类。

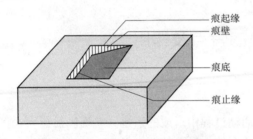

图 3-4-1　凹陷痕迹的四个组成部分

1. 凹陷痕迹

凹陷痕迹是工具在承载客体法线方向施力作用后，使得承载客体与工具相接触的部位发生相对塌陷后形成的塑性变形，其表现是承载客体局部向内塌陷。凹陷痕迹的结构包括四个部分：痕起缘、痕止缘、痕壁和痕底。痕起缘是工具开始与承载客体接触时所形成痕迹的边缘，痕止缘是结束接触作用的边缘，痕壁是痕起缘和痕止缘中间的面，痕底是与工具始终保持接触的面，如图 3-4-1 所示。凹陷痕迹的种类特征包括：痕迹的一般形状，如梯形、矩形、圆形、方形等；反映工具表面结构的类型、齿纹或螺纹的种类方向、间距数量等；痕迹的深度、长度、宽度、直径；相邻两条棱的各边长度、夹角大小。凹陷痕迹的细节特征包括：工具刃口、边棱、接触面上因加工、使用或维修而造成的磨损、弯曲、缺角、裂纹、缺口、卷刃、凸凹不平的点或线的形状、方向、大小和数量等；各细节特征的分布位置及相互关系；工具附带其他物体造成的痕迹。

凹陷痕迹又可以分成撬压凹陷痕迹和打击凹陷痕迹。

（1）撬压凹陷痕迹。即指根据杠杆原理，利用加载客体在承载客体法线方向作用后，在承载客体的接触部位形成的凹陷变形。常见的撬压方式包括扩缝撬压、折离撬压、扭转撬压及夹持撬压，如图 3-4-2 所示。

（2）打击凹陷痕迹。即指承载客体在法线方向受冲击载荷作用后，在其与工具相接触的部位发生的凹陷变形。因工具打击而形成的凹陷痕迹具有痕迹重叠多、痕迹中异物印痕多、常分布在目标客体附近物品上、有工具分离物遗留的特点。

2. 线形痕迹

线形痕迹是工具在受破坏的承载客体切线方向施力作用后，承载客体与工具相接触的部分物质被分离而形成的塑性变形。其表现是，有凸起或凹陷的线条，如图 3-4-3 所示。线形痕迹包括痕起缘、痕止缘和痕迹面三个部分。线形痕迹的种类特征包括：客体被分离断面

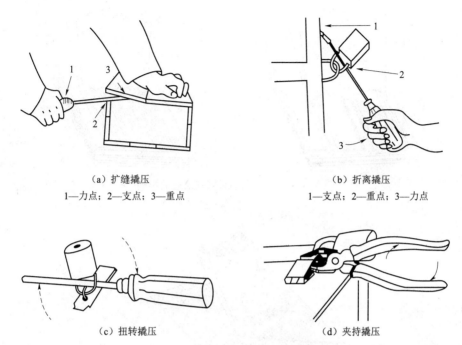

（a）扩缝撬压
1—力点；2—支点；3—重点

（b）折离撬压
1—支点；2—重点；3—力点

（c）扭转撬压

（d）夹持撬压

图 3-4-2 现场常见的撬压方式

的形状、拉断面的位置及宽度、锋角大小；起缘、止缘、痕壁和痕底的形态；断面上凹凸线条的数量、方向、密度、粗细，线形痕迹的总宽度；断面上有无加工花纹痕迹，其形状及分布状态等。线形痕迹的细节特征包括：粗大、明显、连贯的凹凸线条的位置、宽度、形状、深度；线条之间的距离；线条分布的特点；异常特征出现的位置、具体形态和大小。

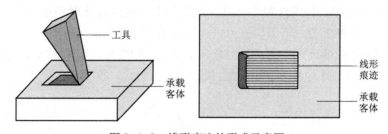

图 3-4-3 线形痕迹的形成示意图

线形痕迹又可以分成擦划线形痕迹、钳剪线形痕迹、刺切线形痕迹和割削线形痕迹。

（1）擦划线形痕迹。即工具在承载客体接触面上滑动时破坏了此表面从而形成的凹凸线条。引起擦划痕迹变化的因素是，工具对客体的压力大小和接触角度，如图 3-4-4 所示。其中，接触角度对线痕的影响还可具体体现为前角、偏角、侧角、楔角、后角的变化，如图 3-4-5 所示。前角又称"正面角"或"迎面角"，是指工具前进方向的切削面与承载客体未被破坏表面的夹角。偏角又称"倾斜角"，是指工具切削线（两切削刃面相交的线）与承载客体平面上擦痕中心线的夹角。侧角又称"侧面角"，是指工具向左或向右倾斜的侧面与承载客体表面的夹角。楔角又称"工作角"或"交叉角"，是指工具两个切削面所夹的角。后角是指工具的后切削面与承载客体已被破坏表面所夹的角。

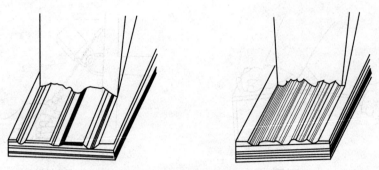

图 3-4-4 压力大小对擦划痕迹的影响

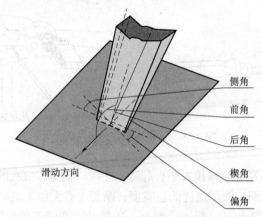

图 3-4-5 工具与客体接触的角度

（2）钳剪线形痕迹。利用具有咬合刃口的工具剪切破坏客体时引起的变形即钳剪线形痕迹。钳刃部结构包括上刃、下刃、外刃口、外刃侧、刃顶、里刃口和里刃侧，如图 3-4-6 所示。影响剪切面和拉断面大小的主要因素是工具刃口的楔角。楔角的大小主要决定于工具的种类，通常，钳类比剪类工具的楔角大。

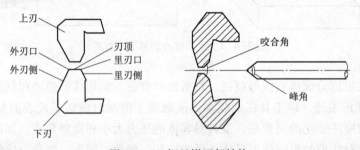

图 3-4-6 钢丝钳刃部结构

（3）刺切线形痕迹。利用劈破作用破坏客体引起的变形为刺切线形痕迹，形成刺切线形痕迹的工具多为锐器。刀具切削客体利用劈力分割客体，该力的一部分使工具向下运动切入客体，另一部分使工具向前运动分离客体，两个力的大小决定于楔角和前后角。单刃尖刀刺入面一般呈长三角形；双刃工具刺入口一般呈菱形；三角刮刀可形成三角创口，受到刺入动作、角度的影响，其创口的形态可能呈"人"字形、"T"形、"Y"形。

（4）割削线形痕迹。利用锯、钻、锉等多刃工具形成的痕迹称为割削线形痕迹。锯有金属锯和木锯两种，木锯中，锯起端痕迹主要是锯开线的形状和宽度，在锯口周围经常会出现跳锯痕迹；锯断面痕迹主要有展平面痕迹、簇形线痕、原生痕与再生痕迹、单齿痕迹等。钻有金属钻与木钻两种，金属钻分手摇钻和电钻，均是靠钻头完成破坏的。孔口痕迹主要是孔口的形状和直径，主要从孔壁痕迹、孔底、钻屑痕迹进行研究，伴生痕迹有跳钻痕与轧箍痕。

第三节　工具痕迹的现场勘验

犯罪现场的痕迹多种多样。哪些痕迹是工具痕迹，哪些痕迹不是工具痕迹，这些痕迹是如何形成的，是由什么工具在怎样的条件下形成的，这些都是物证技术人员必须解决的问题。为此，需全面、准确、深入地理解现场痕迹的形成机理，为确定嫌疑工具奠定相应的基础。

一、工具痕迹的寻找与发现

作案人作案的各个阶段都可能留下工具痕迹，因此寻找工具痕迹要对现场进行全面、细致的搜索，要着重在一些重点部位寻找工具痕迹，如现场出入口的封闭物和障碍物上，作案的目的物和现场遗留物上，作案人的来去路线及作案人的住所和藏身处。

二、工具痕迹的确定

确定工具痕迹，可从以下几点入手。

1. 排除非工具形成的痕迹

易与现场工具痕迹混淆的非工具形成的痕迹主要有动物咬痕、疲劳断离痕、腐蚀痕迹和自然破坏痕迹等。排除这类痕迹，要注意将之与工具痕迹相区分。动物咬痕以鼠和兔的咬痕居多，要结合环境条件及痕迹形态综合分析进而加以识别。工具剪切痕迹断面平齐，线痕方向一致，边缘齐整，合股包线断面齐整且方向一致，而这是动物咬痕所不具有的。疲劳断离是指固体材料在低于极限强度的交变载荷周期性作用下，表层或内部固有的某些细小裂纹（材料学称为缺陷）处产生内部应力集中，裂缝逐渐增大，导致材料有效截面缩小，缝隙边缘应力进一步加大，最后瞬时发生断离的现象。而工具剪切断痕，其线条呈平行纵向，分布比较均匀，断面较平齐，咬合工具形成的断头有锋角，断面上线痕的新旧程度一致。而这，是疲劳断离痕不具有的特征。在有腐蚀介质的环境中，金属材料会发生化学反应而受到损耗破坏。因腐蚀而造成的表面凹陷或疲劳断面，其宏观特征一般比较模糊，不具有工具痕迹的规则形状和明显细节特征，仔细观察可见到明显的腐蚀坑、腐蚀沟或化学反应衍生物、氧化膜等。自然破坏痕迹如雷击、暴雨等，通常要结合当地环境、气候加以分析，这类痕迹比较容易区分。

2. 排除非作案时形成的工具痕迹

排除非作案时形成的工具痕迹要重点注意：① 细致观察、分析痕迹形成的时间，排除无关的痕迹；② 深入研究工具痕迹所在的位置，看其与犯罪活动有无关联；③ 研究判断所有现场痕迹的关联性，确认工具痕迹。

三、工具痕迹的提取

1. 提取方法

现场工具痕迹的提取法主要包括拍照法（有条件的应该录像）、原物提取法、醋酸纤维素薄膜法（又称"AC纸"提取法）、硅橡胶制模法。

拍照时应放置比例尺进行原物大拍照。拍得的现场工具痕迹照片应能够反映痕迹遗留的具体位置，工具痕迹与附近其他物品或痕迹的关系，工具痕迹形成的方向、形成的角度，工具痕迹的细节特征，工具痕迹上遗留的微量物质所在的位置等。此外，拍得的工具痕迹照片应保证工具痕迹真实、无形变。

原物提取不仅可以充分保证工具痕迹物证的客观性，还能够给鉴定人员足够的时间深入挖掘工具痕迹的细节特征。因此，对于可以原物提取的工具痕迹物证，应该在征得事主同意并及时做好登记之后提取原物。在保存原物时，应注意不同承痕客体的保存原则，防止损坏物证，鉴定完毕后应及时归还原物。

醋酸纤维素薄膜法的具体操作是：取稍大于工具痕迹的AC纸一片，在丙酮中浸泡3～5秒，浸软即取出贴在工具痕迹上，表面再附一层干AC纸，压紧1分钟左右，使两块AC纸黏合在一起，待20分钟干透之后取下，在"AC"纸上就形成了工具痕迹的负像模型。该法适宜于提取表浅的工具痕迹，如线形擦划痕迹，不适于提取较深的凹陷痕迹及表面粗糙或有毛刺的客体上的痕迹。

硅橡胶制模法适用于提取深浅不同、大小不等、形状各异的工具痕迹。提取时，根据痕迹的大小，用调墨刀取适量硅橡胶置于玻璃板上，按比例顺序混合调匀后，涂于痕迹表面，干后从边缘轻轻掀起，取下模型即可。

除了上述方法外，对于泥土上的工具痕迹还可以用石膏制模法提取；而硬塑料制模法，硅酸盐、易熔合金制模法，也可以用来提取工具痕迹。

2. 提取工具痕迹时应注意的问题

（1）工具痕迹与其他物证和痕迹的提取顺序。提取工具痕迹之前，应注意其上是否存在其他物证。对于工具痕迹上有指纹、生物检材、毒物毒品的，应先提取这些痕迹和物证。另外，如果工具痕迹周围出现油漆、油脂、颜料、金属碎屑等附着物，工具痕迹上的脱落物（如刃部或端部破裂或损坏后的断离物——遗留在骨头中的刀尖等），也应该在提取工具痕迹之前先行提取。故现场勘验人员需细致观察工具痕迹的表面及其周围，以找出可能遗留的其他痕迹、物证，并利用拍照、录像、笔记等方法及时记录下来。

（2）提取工具痕迹上的附着物、分离物或其他痕迹、物证时，应保证不破坏工具痕迹。

（3）应按照适合各类附着物、分离物的方法保存物证，防止物证生锈、霉变或遗失。

（4）要注意防护所提取的微量物证，避免污染；同时要分别包装、保存这些微量物证，防止与其他物证的物质成分混淆。

（5）不能用工具进行直接的接触实验，以免造成新的互换痕迹，失去鉴定条件。

（6）物证袋的外包装要载明案发的时间、地点、案由、物证的提取部位、提取方法、附着物或分离物的物质种类等情况。

四、工具痕迹的记录

及时准确记录现场工具痕迹可以有效固定痕迹的位置、方向、角度及其与周围客体的关系，这是做好工具痕迹鉴定的基础，也是发挥工具痕迹之诉讼证据作用的关键。记录的方式包括现场勘验笔录、照相、绘图和录像。记录的内容主要包括痕迹所在客体的名称、大小、高度及与其周围其他痕迹、物证的关系；工具痕迹的方向及与其他痕迹的距离；工具痕迹的种类、形态、大小、提取的方法、数量及编号；工具痕迹之承载客体被破坏的状态；工具痕迹上及工具痕迹周围的附着物、分离物的位置、状态、数量和提取方法等。

五、工具痕迹的保护

现场工具痕迹的承痕客体往往散乱、易碎，容易因为小的扰动发生二次断离形成新的痕迹。因此，保护现场工具痕迹有着极为重要的意义。对于一般的工具痕迹之承痕客体，应进行固定包装，防止损坏和污染。对于受工具作用后易出现散乱的客体，应注意保护防止散乱，可以利用细线绳对客体进行固定，并同时对有鉴定价值的断端进行标记。对于容易腐败变质的承痕客体，应该做好密封和防腐的工作，如涂抹防腐药物、低温干燥环境储存等。对于容易生锈的承痕客体，应做好干燥防潮工作，如选用无色无毒的防锈液或凡士林油（黄甘油）涂在客体的表面。如果工具痕迹的承载客体本身就有锈蚀，应该用木质镊子蘸取酒精或丙酮擦拭后保存。对工具痕迹上或工具痕迹周围有附着物的客体，既要保护好痕迹，也要及时提取附着物。微量物证不具备提取条件的，也应该做好对附着物的保护工作，如把有附着物的痕迹部位用塑料薄膜稳妥包好。操作时，应防止其脱落或受污染。

第四节　现场工具痕迹的分析

一、分析工具痕迹的形成方式

形成工具痕迹的本质要素是机械作用和塑性变形，因此可以根据现场工具痕迹的种类来确认工具痕迹的形成方式。同时，痕迹的位置和相互关系也能反映出工具的作用方式。另外，由于工具痕迹的形成是力的作用结果、痕迹形成的方向便是作用力的方向，故可以据此判断擦划线形痕迹方向、剪切夹持方向和孔洞出入口方向。

二、分析工具的种类

及时、准确地根据现场工具痕迹分析出作案人使用的工具，可以尽快找到作案工具，有效缩小侦查范围，提高破案概率。

1. 判断工具种类的步骤

推断现场工具的种类应依从以下步骤。① 充分认识现场情况，掌握现场工具痕迹的整体特点。到达现场后，应对案件发生的时间、地点、案由、案件性质、侵害对象、侵害方式等与案件有关的情况有一个整体的把握。② 对现场工具痕迹进行分类。可以根据现场的情况，按照合理的标准如痕迹性质、痕迹形成的特点、痕迹的形状等，将现场的工具痕迹进行分类。③ 按项目逐项分析推断。从具体痕迹入手，按不同种类的痕迹逐项目逐内容具体推断。

2. 分析工具种类的内容

对工具种类的分析主要包括：① 对工具接触部位的形状进行分析；② 根据承痕客体的机械性能判断工具的基本功能；③ 利用附着物、分离物分析工具的局部形态；④ 利用工具痕迹反映出的厂标、品牌、型号、图案和数字编号进行分析；⑤ 根据现场痕迹的分布关系和形成方式分析工具的结构和功能；⑥ 分析工具的形状、粗细、长短、规格。

三、利用工具痕迹分析作案人特点

1. 利用工具痕迹分析作案人的职业

每个职业都有每个职业的行为习惯，这是因为长期使用某种工具、从事某种活动就会在大脑皮层产生相应的叠加信号，形成"动力定型"。由于这种动力定型具有稳定性和特定性，因而不同职业的人对特定工具使用的熟练性、技巧性及对破坏作用部位选择的准确性上有所不同。据此，可从行为动作和具体手法去分析行为人是否掌握使用技巧及熟练程度，可从破坏的部位分析行为人的知识背景和相应技能，可从使用工具的种类分析行为人的行业特点。

2. 利用工具痕迹分析作案人的握持习惯

多数人（大约95%的人）习惯用右手使用工具，少数人（大约5%的人）习惯用左手使用工具。如果断定现场工具痕迹是由左手持械的人形成，那么将大大缩小侦查范围。通常可以利用撬压痕迹、打击痕迹、砍切、刺扎痕迹、锯割方向等，对作案人的握持习惯进行分析。

此外，还可以利用现场工具痕迹分析作案人的体力情况。

四、利用工具痕迹揭露伪造现场

一些作案人出于掩盖犯罪事实、扰乱侦查的目的，有时会利用工具伪造现场。遇到这种情况，就需要现场勘验人员抓住工具痕迹的本质，寻找工具痕迹中存在的矛盾，利用工具痕迹揭露伪造现场。伪造现场工具痕迹的矛盾主要如下。① 工具痕迹出现的先后次序矛盾，例如，先撬压后上锁、先撬室内后撬室外。② 必要痕迹有无的矛盾。例如，侵害客体被锯断、挂断，但没有锯、锉屑末；类似撬压痕迹，但缺少相对应的痕迹；无法接触到的地方出现了工具痕迹等。③ 出入口反映的矛盾，如痕迹形成方向矛盾、出入口内外矛盾等。④ 破坏施力的轻与重的矛盾，如应该用力很小却出现深而明显的痕迹等。

五、利用工具痕迹串并案件

作案人使用工具的种类和使用工具的方法往往具有习惯性，其不仅会在同一案件中多次使用，还可能会在后发的案件中继续使用。因此，可以分别检验不同案件现场上的工具痕迹，通过认定工具的同一性、归纳持械破坏习惯或是结合相关案情、痕迹分析来串并案件。

第五节　工具痕迹的鉴定

工具痕迹鉴定主要也是为了解决同一认定的问题，即现场工具痕迹是否是某嫌疑工具所留，或现场工具痕迹或样本工具痕迹是否是同一样工具所留。为此，同一认定的步骤和方法在工具痕迹鉴定中均要得到遵守。

一、检验前的准备工作

（1）充分了解案件情况。应了解的内容包括工具痕迹提取部位、形成条件、形成过程、提取方法；嫌疑人的职业、身体状况；工具的使用、保管情况；现场勘验笔录、现场图。

（2）检查送检材料。包括检材和样本的种类、数量、收集方法、固定方法、有无损毁。如果需要补充检材或样本，应及时通知送检单位。

（3）明确鉴定要求。应要求送检单位在鉴定机构能力范围内提出明确的鉴定要求。

（4）准备检验时需用的仪器、设备、工具等。

二、分别检验

1. 现场工具痕迹的检验

为了了解现场工具痕迹的特征，解决工具痕迹特征稳定性、特定性的问题，要对现场工具痕迹进行细致的检验：① 确定工具痕迹特征是否发生变异；② 识别工具痕迹特征的数量和位置；③ 辨别真正的工具痕迹特征；④ 评断全部特征；⑤ 选择可用于比对的特征。

2. 嫌疑工具的检验

对嫌疑工具的检验，一般要收集嫌疑工具的实验样本痕迹或自然样木痕迹；制作实验样本痕迹时，要尽量模拟现场工具痕迹的形成条件。检验嫌疑工具的主要步骤包括：① 选定实验工具；② 确定实验部位；③ 分析形成痕迹的角度；④ 着手实验以获得相应的实验工具痕迹样本。

对于嫌疑工具遗失或毁损、无法用其制作样本者，只能收取自然样本。当自然样本与现场工具痕迹的种类特征有明显差异时，可以作出否定送检嫌疑工具的结论无须进一步检验，否则则需要进一步检验。

三、比较检验

在对现场工具痕迹和实验样本进行分别检验后，认为种类特征没有本质差异的，应该再针对现场工具痕迹和实验样本的细节特征进行深入比较，即比较每一特征的具体形态、大小、位置等，以便确定二者的特征是否相符，以及相同特征的数量多少、质量高低。对存在的差异，要确定是本质差异还是非本质差异，分析其形成条件，必要时需制作近似条件的实验样本，以判断能否合理解释所存在的差异。

比较检验时，除了常规的特征对照法、特征接合法、特征重叠法外，还包括特征拼联法和计算机自动比对法。特征拼联法往往用于整体分离痕迹的检验中，即将断离的两个端头以一定顺序拼联起来，以研究断离面凸凹形态、大小、位置关系。计算机自动比对法，即利用扫描仪、摄像机、探测仪等将痕迹图像输入计算机，再由计算机进行特征的量化并加以自动计算，最后完成检验鉴定工作。

四、综合评断，做出鉴定意见

综合评断同样是指对比较检验中发现的相同特征和差异点按照同一认定原理进行全面系

统的分析研究。

五、制作鉴定书

同样应按照相关的规范制作工具痕迹鉴定书。其具体内容可参见前几章的介绍。

 ## 本章小结 >>>

本章概述了工具痕迹的概念、形成及分类，重点阐述了凹陷痕迹与线形痕迹的概念、形成及特征。在此基础上，介绍了犯罪现场勘验时，工具痕迹的发现、提取、记录等技术方法，以及依据工具痕迹所开展的分析内容。最后，概述了工具痕迹鉴定的基本程序。通过本章的学习，读者可了解并掌握工具痕迹检验的基本内容。

 ## 问题与思考

1. 简述凹陷痕迹的概念及分类。
2. 简述线形痕迹的概念及分类。
3. 如何确定现场痕迹是否为作案活动所形成的工具痕迹？
4. 依据工具痕迹所进行的分析内容有哪些？

 ## 本章的主要参考文献

1. 王彦吉，王世全. 刑事科学技术教程. 北京：中国人民公安大学出版社，2006.
2. 罗亚平. 刑事科学技术. 北京：中国人民公安大学出版社，2011.
3. 张书杰. 工具痕迹学. 北京：中国人民公安大学出版社，2002.

第五章　枪弹痕迹物证技术

关键术语

枪弹痕迹　枪弹痕迹鉴定

枪弹痕迹物证技术是痕迹物证技术领域里的一个重要分支。借助枪弹痕迹物证技术，可充分发挥枪弹痕迹物证的证据作用。

第一节　枪弹痕迹物证技术概述

一、枪弹痕迹物证技术的概念

枪弹痕迹物证技术是运用痕迹物证技术的一般原理和技术方法，以及枪支、枪弹、内外弹道等科学知识，通过对枪支发射后遗留在弹头、弹壳和目标物上的痕迹、物证进行发现、提取、记录、分析、鉴定，从而为侦查提供线索，为诉讼提供证据的一门物证技术。

二、枪弹痕迹物证技术的研究对象

枪弹痕迹物证技术的研究对象包括枪支、枪弹、射击弹头、弹壳上的痕迹、弹道、弹着痕迹以及发现、提取、分析、检验各种枪弹痕迹的科学方法和技术手段。

三、枪弹痕迹物证技术的任务

枪弹痕迹物证技术的任务包括检验射击弹头、弹壳上的痕迹；检查枪支、子弹的性能结构特点；分析、计算枪支的弹道性能；对弹孔、枪伤弹道和射击残留物进行检验；建立、管理枪支档案。

第二节　枪弹及枪支的基本知识

一、枪弹的分类

依据不同的标准，可将枪弹作不同的分类。

（1）按配用枪种分类，可分为手枪弹、步枪弹、冲锋枪弹、猎枪弹和信号枪弹等。

（2）按用途分类，可分为战斗用枪弹和辅助用枪弹。战斗用枪弹又可分为普通弹和特种弹两类。特种弹是指具有特殊成分构造，具有特殊用途的子弹，如穿甲弹。辅助用枪弹是指不属军事战斗使用，而供教学、操练使用的子弹，如空包弹。

（3）按发火部位分类，可分为中心发火弹、边缘发火弹和针状发火弹。中心发火弹的起爆药，装在中心部位的底火里。边缘发火弹的起爆药，安放在底座四周边缘处。针状发火弹在壳体底座上有一突起的小针，针的一端与起爆药相连接，击发机件击中小针，就能引起发射。

（4）按形状分类，可分为瓶形弹和柱形弹。

另外，针对不同枪种的枪弹也有专门的分类标准，如猎枪弹按其弹壳使用次数可分为一次性猎枪弹和可重复使用猎枪弹，按其适用猎枪的型号可分为 12 号猎枪弹和 16 号猎枪弹。

二、枪弹的结构

枪弹由弹头、弹壳、发射药、底火四部分组成，如图 3-5-1 所示。

1. 弹头

从形状上来划分，一般弹头可以分为头部、导引部、尾锥部三部分。头部为弧形状，导引部为圆柱形，尾锥部为圆锥形。从结构上来分，弹头由披甲、铅套、弹心三部分组成。如图3-5-2所示。披甲是弹头的外壳，可以保证弹头在飞行中具有一定整体性。铅套披甲的里层是铅套，在披甲和弹心之间起缓冲作用。弹心有钢心和铅心两类，可以增加子弹的活力。

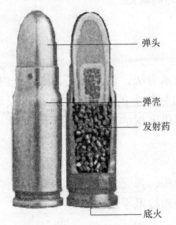

图 3-5-1　枪弹的结构

图 3-5-2　弹头的形状和结构

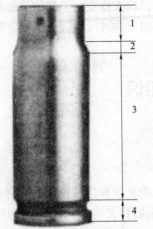

图 3-5-3　瓶形弹壳
1—口部（颈部）；2—肩部；
3—体部；4—底部

2. 弹壳

从形状上来划分，弹壳有瓶形和圆柱形两种，如图 3-5-3 所示。一枚弹壳由口部、肩部、体部和底部组成。弹壳的作用是联结弹头、底火并用来盛装和保护发射药。

3. 发射药

发射药的作用是使弹头获得能量，产生射速。其成分过去多为黑火药（有烟火药），现在主要是硝化棉无烟火药。

4. 底火

底火的作用是点燃发射药，由火帽、击发药和锡箔片组成。

三、枪支及其分类

枪支是以火药或者压缩气体等为动力，利用管状器具发射金属弹丸或其他物质，足以致人伤亡或者丧失知觉的口径小于 20 mm 的轻型射击武器。根据不同的标准，枪支可作不同的分类。

1. 根据枪支的发射原理分

根据枪支的发射原理，可将枪支分为以下几种。

（1）自动枪支。依靠火药压力作用，使子弹自动上膛、发射、退壳的枪支叫自动枪支。按发射动作自动程度的不同，还可分为全自动枪支和半自动枪支。全自动枪支扣住扳机能够连续击发。

（2）非自动枪支。即以火药气体为能量发射弹丸，用手工完成进弹、退弹等动作的枪支。

（3）转轮枪支。转轮枪支有"鼓形"的弹轮，逐次扳扣可连续发射；其连动作用不依靠火药气体压力来实现也不会自动挂壳，需人工将鼓轮移出后排壳、装弹。

2. 根据枪支的制造情况分

根据枪支的制造情况，可将枪支分为以下几种。

（1）制式枪支。即指由专门的轻武器研制部门设计、经测试定型并由正规企业按有关标准生产制造的枪支。

（2）非制式枪支。即指非经国家专门部门和企业设计、定型、生产制造的，具有《中华人民共和国枪支管理法》所规定的"枪"的特征的自制枪和变造枪。

3. 根据枪支用途分

根据枪支用途，可将枪支分为以下几种。

（1）军用枪支。即指配备予中国人民解放军、中国人民武装警察部队和民兵的制式枪支。

（2）公务用枪。即指按《中华人民共和国枪支管理法》和国务院颁布的《公务用枪配备办法》配备的制式枪支。

（3）民用枪支。包括射击运动枪支、猎枪和麻醉注射枪。

4. 根据枪管内壁结构分

根据枪管内壁结构，可将枪支分为以下几种。

（1）平滑枪管枪支。即枪管内壁没有膛线的枪支。

（2）膛线枪管枪支。即来复枪，其枪管内有一道道螺丝形旋转的小槽，凹下去的叫阴膛线，凸起部分叫阳膛线。

5. 根据枪支口径分

根据枪支口径，可将枪支分为小口径枪支（6.5 mm 以下）、中口径枪支（7～11 mm）和大口径枪支（11～14.5 mm）。所谓枪支口径，即枪管内径。

此外，各个不同的枪种又各自有更加细致的分类标准，如猎枪可以再依据口径分为 10 号猎枪、12 号猎枪、16 号猎枪、20 号猎枪和 28 号猎枪；依据弹仓的数量可分为单筒猎枪、双筒猎枪及转轮式猎枪；依据退壳方式分为撅把式猎枪、唧筒式猎枪和半自动猎枪。

四、枪支的循环动作和自动方式

1. 枪支的循环动作

枪支从进弹击发到下一个待发状态需要经过进弹、闭锁、击发、开锁、后坐、退壳、复进共七个过程。

2. 枪支的自动方式

自动方式是指自动枪支利用枪弹中火药燃气能源自动完成射击循环动作的方式，即枪支活动机件利用火药气体能量产生后坐的形式。

（1）枪机后坐式。依靠枪机的惯性关闭弹膛，再利用膛内火药燃气压力作用于弹壳底部力量直接推动枪机向后运动，并靠该后坐力量来完成射击循环动作的一种自动方式。枪机后坐式又可分为自由枪机式和半自由枪机式。自由枪机式是枪机与枪管完全无扣合，半自由枪机式是枪机上有些附加机构可起到延迟开锁的作用。

（2）枪管后坐式。又称管退式，即利用膛内火药燃气的压力经弹壳底部作用在枪机上，使处于扣合状态枪机带动枪管一起后坐，避免高膛压时开锁。

（3）导气式。即采用枪管前部导气侧孔导出的部分火药燃气推动活塞或枪机框，来带动枪机向后移动，从而完成自动循环动作的方式。

五、枪支的结构

1. 枪管

枪管是枪支的基本部件，位于枪支前上方，是子弹发射的依托。枪管的内表面叫枪膛，整个枪膛可分为弹膛、坡膛、线膛三部分。弹膛在枪管的后面，是子弹待发时所在部位，按形状可分为瓶形和圆柱形两种。坡膛在枪管的中部，作用是导引弹头脱离弹壳时能顺利、平稳地进入线膛区域。线膛在枪管的前部，是弹头上痕迹的造痕客体；线膛所在的区域也被称为膛线区。如图 3-5-4 所示。

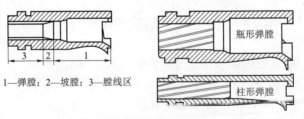

1—弹膛；2—坡膛；3—膛线区

图 3-5-4　枪管区域的划分及弹膛类型

膛线的数目因枪支口径的不同而不同，一般膛线数目会随口径的增大而增多。膛线的宽度每种枪支都不同，但差别不大，在鉴定时仅是一个辅助特征。膛线的旋向是膛线旋转、倾斜的方向，包括左旋、右旋两种。缠距是膛线旋转一周沿枪管轴线所前进的距离。缠度就是以口径的倍数表示缠距。设膛线向前旋转一周距离为 L，则缠度 $\eta = L/D$（D 为口径）。

2. 枪支的自动机构

（1）闭锁机构。即关闭弹膛并控制弹膛适时打开的机构，其作用是在枪支发射时从枪管尾部关闭弹膛，并抵住弹壳底部，防止火药气体外泄和壳体产生炸裂，保证可靠发射弹头。按发射时枪机与枪管结合方式的不同，可将闭锁机构分为惯性闭锁和刚性闭锁两种。惯性闭锁指发射时枪机在火药压力作用下能自行开锁的闭锁机构。刚性闭锁指发射时枪机和枪管有扣合并呈刚性连接，枪机不能在弹底压力作用下自行开锁，而必须利用枪机以外的有关机件，通过某种方式自火药气体获得足够能量后，经有关机件传递后迫使枪机与枪管脱离而开锁。

（2）供弹机构。即枪支中容纳枪弹并依次将枪弹送进弹膛的机构，由容弹具、输弹机构和进弹机构三部分组成。

（3）退壳机构。即将弹膛内的弹壳或未发射的枪弹抽出并抛出枪外的机构，包括拉壳机构和抛壳机构两部分。

（4）击发机构。为枪弹底火提供点火能量的机构，由击针、击锤（或击铁）、击针簧（或击锤簧）等部分组成。击针是击发机构的基本零件，通常装在枪机的轴线上（弹底窝中心）。击发机构的工作能量通常由弹簧来提供，因此根据所采用的弹簧类型不同可将击发机构分为利用击发簧（击针簧、击锤簧）工作和利用复进簧工作两种。按击发方式分可分为击针式和击锤式两种。

（5）发射机构。即控制击发机构使之处于不同击发状态或待发状态的机构。一般由扳机、扳机簧、阻铁、阻铁簧、保险杆及发射机座等组成。

3. 机匣

机匣是连接枪管、枪托，安装自动机等机构和装置的基础部件。

六、枪支的战术性能

（1）射程。射程是指射击距离，从专业角度讲，是弹道起点至落点的水平距离。射程分为有效射程、表尺射程、杀伤射程和最大射程。有效射程是指该枪种在战术使用上，能保证达到规定的射击精度和弹头对目标的作用效果的射击距离。表尺射程是指瞄准装置具有表尺的枪种，其表尺上所刻划的最大值，是供优秀射手射击及射击次要目标使用的。杀伤射程是指保证弹头达到对有生目标的杀伤作用效果时最低标准的射击距离。最大射程是指枪支在最大射程角下射击时，弹头飞行能达到的最远水平距离。

（2）射击精度。即弹头命中目标的精确程度。

（3）作用效果。包括：① 弹头的杀伤作用，即指弹头杀伤有生目标的能力。杀伤作用大小的标志是创道的深浅和杀伤范围的大小；② 弹头的侵彻作用，即指弹头侵入障碍物的能力；③ 弹头的穿透作用，即指弹头穿透障碍物的能力，它是弹头侵彻作用的一种特殊情形。

（4）射速。即指单位时间内枪支发射枪弹的数量，包括理论射速和实际射速。理论射速是指由实验测定或理论计算连续两发枪弹射击之间的时间，从而得到每分钟内枪支发射枪弹的数量。实际射速是指实际使用时枪支所能达到的每分钟发射枪弹的数量。

第三节 射击弹头、弹壳上的痕迹

射击弹头、弹壳上的痕迹是指遗留在射击弹头、弹壳上的枪支机件的痕迹。由于射击弹头、弹壳上的痕迹可以反映枪支作用机件的表面结构特征，因此，通过对射击弹头、弹壳上痕迹的鉴定可以确定发射枪支的种类，并进一步对具体枪支进行同一认定。

一、射击弹头上的痕迹特征

（1）进膛磕碰痕迹。即指在枪机复进过程和枪弹进膛并逐渐规正的过程中，弹头弹尖及弧形部与机匣导引斜面或与机座导引斜面、枪管导引斜面及二者连接棱边以及弹膛表面相碰撞而形成的痕迹，如图3-5-5所示。据此痕迹，可区分发射枪种。

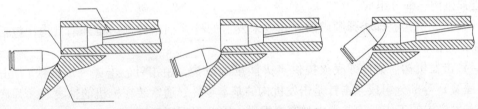

图 3-5-5　进膛磕碰痕迹的形成

（2）拔弹痕迹。即弹头克服拔弹阻力从弹壳内脱出时，弹头下部圆柱部表面与壳口摩擦，在弹头圆柱部形成与弹轴平行的从某一部位突然开始的擦痕。它不能反映枪支特征。

（3）坡膛痕迹。即弹头经过坡膛，与坡膛表面尤其是位于坡膛内阳膛线起始部位相互作用，克服坡膛阻力时在弹头的圆柱部留下的、与弹轴平行的呈条束状的擦划痕迹。据此痕迹，可以用来认定发射枪支。

（4）膛线痕迹。即弹头在火药气体的压力作用下挤进线膛时，受枪管内表面挤压及阳膛线侧面剪切力的作用形成的痕迹。包括：① 主、次棱线痕迹，即由阳膛线两个边的棱角所形成的痕迹；② 阳膛线的起、末端痕迹，即靠近弹头尖端的阳膛线痕迹是起端痕迹、靠近弹头底部的阳膛线痕迹是末端痕迹；③ 小线纹痕迹，即弹头挤进膛线和在膛内旋转运动的过程中，因挤压、摩擦而形成的痕迹；④ 金属卷屑，即膛线的棱角在形成棱线痕迹时，刮下了较多的金属屑，这些金属屑经过磨损与翻压被压在棱线痕迹的边沿，形成金属卷屑；⑤ 阳膛线磨损痕迹，由弹头外壳与枪管磨损、火药气体烧蚀等造成。

二、射击弹壳上的痕迹特征

1. 装弹痕迹

（1）弹匣口痕迹。即枪弹装入弹匣时，弹壳体部与匣口两侧棱边发生摩擦，在壳体和底座边缘留下两条平行又有一定间距的擦痕，如图 3-5-6 所示。

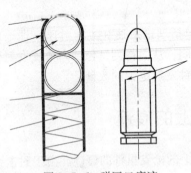

图 3-5-6　弹匣口痕迹

（2）枪机下表面痕迹。即弹匣内的枪弹，受到托弹板的上顶，与枪机下表面发生摩擦形成的擦痕。

（3）推弹突笋痕迹。即弹底窝下边缘（即推弹突笋）推顶弹匣内最上面的一颗枪弹上膛，在弹壳底面形成的痕迹。

（4）弹膛后切口痕迹。即枪弹上膛时弹膛后切口（是枪管后部弹膛口沿上开设的切口）与弹壳壳口、壳体碰擦而留下的痕迹，如图 3-5-7 所示。

2. 发射痕迹

（1）击针（头）痕迹。击针撞击底火，在弹壳底部留下的凹陷针端痕迹。击针（头）痕迹的主要特征有：痕迹形状、痕迹位置、舌痕、针端特征，如图 3-5-8 所示。

（2）弹底窝痕迹。或称后膛痕迹，是弹壳在火药气体压力作用下向后运动或轴向伸长时，枪机弹底窝平面成为弹壳之刚性支撑时，在弹壳底部形成的痕迹，如图 3-5-9 所示。

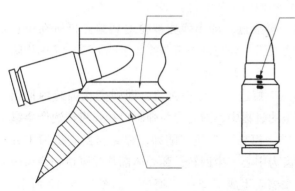

图 3-5-7 弹膛后切口痕迹

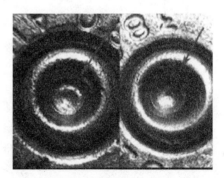

图 3-5-8 击针（头）痕迹

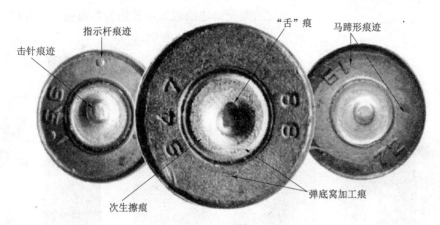

图 3-5-9 弹底窝痕迹

（3）膛内壁痕迹。即子弹击发后的高温高压使弹壳体受热膨胀与弹膛内壁紧压贴合时，弹膛内壁上的加工特点以及使用、擦拭、锈蚀产生的条状、块状特征印压在弹壳体上，当弹壳向后运动时这些条状、块状特征产生的次生擦痕。如图 3-5-10 所示。

（4）指示杆痕迹。有指示杆的枪支，当杆端与弹壳底面压紧，特别是在火药气体压力下弹壳向后运动时，指示杆在弹壳底面留下的痕迹。

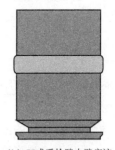

（a）64式手枪膛内壁痕迹   （b）77式手枪膛内壁痕迹

图 3-5-10 膛内壁痕迹

（5）烟垢特征。弹壳上的烟垢不是痕迹特征，但各种枪支弹头、弹壳表面烟垢的分布位置、浓厚程度、数量多少都不同。

3. 抛壳痕迹

（1）拉壳钩痕迹。即子弹在上膛和排壳的时候，拉壳钩与子弹底座的棱边、底槽等部

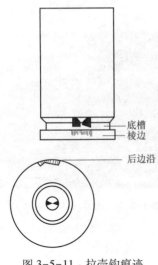

底槽
棱边
后边沿

图 3-5-11　拉壳钩痕迹

位发生抓拉作用而留下的痕迹。如图 3-5-11 所示。

（2）抛壳挺痕迹。即当弹壳被拉退到抛壳挺所在位置时，弹壳底面边缘某处与抛壳挺碰撞留下的痕迹，又称排除器痕迹。如图 3-5-12 所示。

（3）弹匣口痕迹。又称小旗痕，即弹壳从弹膛内抽出并随枪机后坐的过程中，弹壳会与弹匣口扣弹齿棱边产生纵向摩擦而生成"旗杆"痕迹；随即，弹壳与抛壳挺撞击并以拉壳钩钩齿为中心产生回转，弹壳体部与弹匣口扣弹齿棱边产生横向摩擦而生成"旗面"痕迹。如图 3-5-13 所示。根据"小旗"痕迹可以认定射击弹匣。

（4）抛壳口痕迹。即弹壳脱离拉壳钩从抛壳口飞出时，与枪支的抛壳口边沿或机匣棱边发生碰撞，在弹壳体部留下的痕迹。如图 3-5-14 所示。

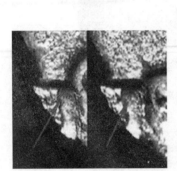

图 3-5-12　抛壳挺痕迹

图 3-5-13　小旗痕迹

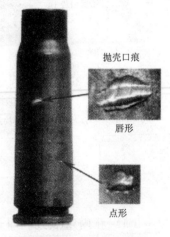

抛壳口痕

唇形

点形

图 3-5-14　抛壳口痕迹

第四节　现场枪弹痕迹物证的勘验与分析

枪弹痕迹物证的勘验与分析是查明涉枪案件事实的基础，也是进行同一认定的前提，因此，必须利用枪弹痕迹物证技术的有关知识，对现场进行细致、全面的勘查，力图发现枪弹痕迹和物屑，从而为侦查提供线索，为诉讼提供证据。

一、射击弹头的发现和提取

射击弹头的动能很大，可以击穿数层障碍物，且自身体积小，不会出现连续分布的痕迹，因此在枪击案件现场寻找弹头的难度很大。要想准确划定弹头的存在区域，必须利用外弹道学、终点弹道学的知识，根据弹着痕迹进行分析判断。

1. 根据弹孔特征搜寻射击弹头

当弹头的动能比较小时，弹头可能会卡在目标物内部，或留在被贯穿的目标物内部。对于此类现场，应首先在射击目标上及其周围搜寻。但弹头的动能比较大时，弹头贯穿目标后会继续射往别处，则其弹道会受到弹头所贯穿目标物的弹道形状、出口速度和射击方向、死者中弹前的位置、现场环境中障碍物的位置和表面状态等诸多因素的影响，因此搜寻难度会进一步加大。

2. 根据跳弹痕迹搜寻射击弹头

弹头可以从一些障碍物表面跳飞后再射中目标物，也会在穿透目标物后，再穿透其他障碍物或从障碍物表面跳飞。跳弹痕一般呈沟槽状或崩裂状，弹头跳飞后失稳，甚至形成横弹，射入口可呈不规则状。因此在现场搜寻弹头时，必须仔细勘查目标物的表面状态，尤其是沿射击方向的目标物后面，进而恢复弹道末段来搜寻射击弹头。

3. 其他情况

根据上述方法仍无法找到弹头，或寻找范围过大时，可借助磁铁和军用探雷器寻找。对于贯穿目标物或与障碍物撞击后碎裂的弹头，应尽可能将弹头破片或分离物全部提取。

二、射击弹壳的发现和提取

枪击案件现场射击弹壳的发现和提取要比弹头容易，因为排壳方式决定了大多数自动枪支都会在现场留下射击弹壳。通常，在确定射击位置后，就可利用案发枪种的排壳方向对射击弹壳进行搜寻和提取。

对于非自动枪支、转轮枪支、私制土枪、猎枪等不能自动抽壳、排壳的枪种，由于要手动退壳，其排壳距离通常不大，可在发射位置附近及嫌疑枪支的弹膛、转轮弹巢内寻找。枪击案件现场未发现弹壳的，则可能是被作案人藏匿，因此可对嫌疑人口袋、提包、套袖及居住、藏匿地进行搜查。对于空间较小的枪击案件现场，弹壳抛壳后可能撞击墙壁或其他障碍物而发生多次反弹，此时要细致搜索整个空间；若此时环境复杂难以搜索，则可借助磁铁、探雷器等搜寻。要注意区分作案人利用弹壳伪造现场的情形。

三、现场射击枪支的发现与提取

1. 现场射击枪支的发现

利用枪支自杀、自伤，或伪装自杀、误伤（杀）现场的，较易发现并提取射击枪支；利用枪支故意杀人、伤害的，因作案枪支往往被作案人藏匿或拆解丢弃，故需在现场及其附近，嫌疑人居住、藏匿地仔细搜寻。

2. 现场射击枪支的提取

现场枪支可能处于待发状态，因此提取时应注意安全并遵循以下步骤。① 仔细观察枪支表面，注意发现、提取、固定指纹、生物检材和其他附着物。② 检查并记录膛内、弹匣中子弹数量，枪机是否闭锁、保险机是否打开等细节。③ 若膛内有子弹，应将其退出，并妥善保存。④ 将枪支从枪口方向套上一个厚实的纸袋或用蘸有甘油的棉花塞住枪口；若枪需要转送或长期保存，可用洁净白布擦拭枪管后，再将其用布包好装入盒或袋中。擦拭用的白布应单独包装备检。

四、现场弹着痕迹的发现、提取与分析

弹着痕迹是指枪弹发射后，弹头飞离枪口射向目标，在被射客体上形成的痕迹。主要包括弹孔、创道和跳弹痕迹。

1. 弹着痕迹的形成

弹丸侵入目标一定的深度但没有穿透的现象叫作侵彻，通常形成盲管弹道（伤道）。弹丸完全穿透目标的现象称为贯穿，即形成具有射入口和射出口的弹孔。常见的贯穿方式有以下几种。

（1）冲塞式破坏。弹丸，特别是钝头弹撞击韧性较低、抗剪性能差的目标物时，形成穿孔入口和出口直径均略大于弹径，穿孔内侧壁较粗糙，出口崩落较少的破坏。

（2）花瓣式破坏。具有一定韧性且厚度小于弹径的薄金属板，当受到弹丸冲击作用时，其材料首先产生弯曲变形，进而出现裂纹，随后弹头冲孔而出所形成的破坏，即为花瓣式破坏，如图3-5-15所示。

图3-5-15　92式手枪射击镀锌铁板射击入口、出口

（3）延性破坏。具有一定强度和延展性且厚度大于弹丸直径的材料，在弹丸侵入并挤压周围材料时产生弹孔入口四周金属向外堆积隆起、出口被弹丸扩开且有材料残渣被挤于出口、沿出口周围产生裂纹的破坏。

（4）崩落破碎式破坏。对于一些在外力作用下弹性变形很小、又没有塑性变形的脆性材料，在弹丸冲击作用下会产生较大范围的破碎飞散，此时，其弹孔呈喇叭状且孔径远大于弹径，穿孔内壁粗糙、出口大于入口，如图3-5-16所示。

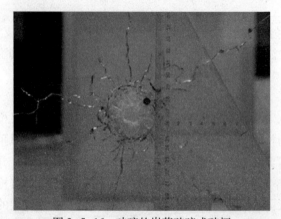

图3-5-16　玻璃的崩落破碎式破坏

2. 弹孔的识别

（1）人体弹孔的特征。① 接触射击是指射击的瞬间，枪口与人体皮肤保持接触的一种射击。它所形成的枪弹伤称为接触枪伤。其特征为：弹孔呈圆形（正射）或椭圆形（斜射），有组织缺损而形成孔洞；在弹孔周缘有一浓黑而很窄的烧焦变黑区域，围绕该区域有一圈烟灰和火药颗粒的沉积；大量的烟灰沉

积于伤道的内部；在弹孔周围的皮肤表面有枪口，甚至是准星的印痕。②贴近射击的射距范围因枪支的不同而不完全相同，它以枪口喷出的火药颗粒开始留痕于皮肤上产生火药颗粒嵌入伤迹为射距上限。贴近射击所形成的枪弹伤称为贴近枪伤。其特征为：弹孔呈圆形（正射）或椭圆形（斜射），有组织缺损而形成孔洞；在弹孔周围的皮肤表面有较宽而色浅的烧焦变黑区及围绕该区域的较大范围的烟灰附着区，此区域通常被从弹孔流出的组织液、血液等弄得很模糊，呈血糊状；在弹孔周围皮肤表面、毛发、衣着上有明显的烧焦、烧伤和烧坏的现象；通常在弹孔周围可观察到樱桃红色的碳氧血红蛋白环，这是枪口喷出的一氧化碳和血液中血红蛋白作用的结果。③近距离射击是枪支发射瞬间保持枪口离人体有一定距离的射击，其对应的枪弹伤为近距离枪伤。其特征为：弹孔呈圆形（正射）或椭圆形（斜射），有组织缺损而形成孔洞；在弹孔周围的皮肤表面，有肉眼可观察到的斑点状火药颗粒的嵌入伤迹和较大范围的烟灰附着区，通常可见呈放射状；在射击距离小于 10 cm 时，在弹孔周围皮肤表面、毛发、衣着有烧伤和烧坏的现象。④远距离射击是指射击瞬间火药气团在人体皮肤表面或衣着上的一切作用征象都不存在，只有弹头贯穿皮肤形成孔洞。其特征为：有组织缺损并形成边缘相对光滑皮肤内卷的孔洞；在弹丸冲压并戳穿皮肤的同时，由于弹丸高速旋转前进，弹丸表面与创缘接触的部位产生了激烈摩擦，造成了表皮层的擦伤和破损，有时也使弹孔边沿产生细小的裂纹，致使弹丸射进皮肤以后，在弹孔周围边缘形成宽约 1 mm 呈齿形收缩的磨损区，即冲撞轮；沉附有射击残渣的弹头在穿破皮肤旋转前进时，因切割、刮擦作用将弹头披甲表面上的射击残渣遗留在弹孔射入口内缘创面上，常与血液、组织碎屑混合，呈血糊污垢状，形成一黑褐色的圆环，即擦拭圈或称污染环。留在衣服、木板等上的擦拭圈更为明显，通常称为擦带。射出口特征主要有：多为撕裂状，少见组织缺损；皮肤外翻，组织外露，出口大于入口；枪伤射出口形状极不规则，可能是"一"字形、"T"形、"十"字形，也有圆形、类圆形，甚至呈星芒状的破裂。

（2）玻璃弹孔的特征。枪击案件现场的窗户、推拉门、花瓶、瓷器上会出现玻璃弹孔，其基本特征为：弹孔基本呈圆形或椭圆形，断面粗糙，孔径大于弹径；弹孔从入口到出口呈喇叭形，出口大于入口，入口周围平整，边缘锐利；出口方向有明显层裂剥离痕迹，且出口侧有玻璃剥落的片渣；玻璃有辐射状裂纹，但少见同心圆状裂纹；裂纹断面的弓形纹通常是从入射背面向入射面汇集成束；弹孔周围的辐射裂纹与玻璃背面层裂痕迹交叠呈网状；射入口、出口和弹孔断面有明显的细小玻璃粉末。如图 3-5-17 所示。

（3）其他客体上弹孔的特征。枪击案件现场还可能有其他客体如纺织物、铁皮、木板、竹片等，受篇幅所限，这些客体上的弹孔特征不再赘述。

图 3-5-17 92 式手枪射击 5 mm 平板玻璃形成的弹孔

3. 弹着痕迹的提取

应对弹着痕迹先记录、固定，然后提取。记录、固定通常可用拍照、录像、勘验笔录、绘图等方法，主要记录现场提取的射击弹头、弹壳和遗留的枪支情况。

对于现场留有弹着痕迹的客体，如果可以提取原物的，应该在取得物主同意并及时登记后尽量提取原物；无法提取原物的，则应采用剪取、摘取的方式进行收集。对于易碎的客体，如玻璃、陶瓷等，应在适当的地方用透明胶带粘贴，防止其碎裂、掉落。

五、射击残留物的发现与提取

1. 射击残留物的发现

对射击残留物进行鉴定可以分析发射枪种，这对枪案性质、情节的分析和确定有着重要的意义。枪支射击时，从枪口喷出和从枪管尾部逸出的气团中，除了大量的气体还有未燃烧或未完全燃烧的火药颗粒及其中间固体产物、击发药燃烧而生成的固体产物和弹头在枪管内剧烈摩擦而产生的金属碎屑等。正是这些物质构成了射击残留物。

寻找射击残留物的部位包括：弹孔的洞孔周缘及其周围表面；近距离、贴近和接触射击的射入口周围、弹孔的内缘、创道内壁。

2. 射击残留物的提取

（1）复印法。即利用滤纸的吸附作用，将目标物表面的射击残留物转移到滤纸上以供鉴定的方法。如图 3-5-18 所示。复印法适用于各类织物等薄层、光洁的物体上的射击残留物的整体提取。复印法又包括湿复印法、干复印法。

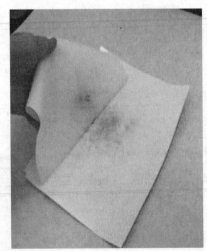

图 3-5-18　复印法提取射击残留物

（2）相纸提取法。是湿复印法的一种改进，可直接采用化学检验法，使提取和检验射击残留物一并进行。

（3）直接提取法。包括导电胶纸提取法、火棉胶提取法、AC 纸提取法，适用于人体、纺织品等及表面较平整客体上射击残留物的提取。

（4）擦拭溶解法。在现场使用 5%的硝酸水溶液或酒精溶液作提取液，用蘸有提取液的棉团擦拭可疑射击者的手背、拇指、食指和虎口等部位。该法主要适用于手上射击残留物的提取，以检验金属元素。

（5）石蜡膜提取法。利用了熔融的热石蜡对射击残留物的吸附能力，主要用于提取手上的射击残留物。提取后可用中子活化分析法分析射击残留物中的金属元素、化学法检验硝酸盐。

（6）滤纸吸收提取法。利用滤纸上的5%氨水溶液与枪管中金属离子形成络合物将金属离子提取下来，主要用于枪管内表面射击残留物的提取。

3. 提取时的注意事项

与其他痕迹物证的提取一样，射击残留物的提取也要先利用拍照、录像等方式固定。而且，由于涉及残留物一般只能保留5～6小时，所以发现嫌疑人后要尽快提取。提取样本及保存、送检时尽量不要使用金属器具，避免污染。因射击残留物量小体微，所以在勘验时不能开窗通风，还应避免空气的流动而混杂、吹落物证。

六、射击角度的分析

判断射击的角度对分析案件性质，搜寻物证、查找嫌疑人都有非常重要的意义。实践中分析射击角度的方法主要包括根据正射、斜射弹孔特征判别，根据弹头落角判别，根据射击方向判别以及应用观测法判别。

七、发射时间与射击顺序的分析

1. 分析发射时间

可借助闻气味、检验锈斑和化验亚硝酸盐等方法。

2. 分析射击顺序

实务中，通常根据脆性物体上辐射裂纹的中断情况、多个弹孔的相互关系、附着物覆盖特点等来分析射击顺序。

第五节　枪弹痕迹的鉴定

枪弹痕迹的鉴定主要解决的问题是枪弹的种属认定和枪支的同一认定，这是确定发射枪种、判断现场弹头及弹壳是否是嫌疑枪支击发的基础。通常是在分析发射枪种的基础上再确定具体的枪支。

一、分析发射枪种

枪弹与枪支具有一定的匹配性，每种枪弹匹配的枪种有限，因此可以根据现场遗留或搜查到的弹头、弹壳来分析确定发射枪种。

1. 根据射击弹头痕迹区分发射枪种

一般来说，弹头上的射击痕迹中，膛线的数量、旋向，阳膛线的宽度、深度和膛线的倾角等特征是区分发射枪种的基本依据。但我国国产枪支的枪管内膛结构大多相近或相同，基本无法据此辨别发射枪种。实务中，主要是依据进膛痕迹和坡膛、线膛痕迹来区分发射枪种。例如，可据此区分配用64式手枪弹的国产64式、77式手枪；配用56式步枪弹的56式步枪、冲锋枪，63式、81式步枪；配用51式手枪弹的54式手枪，79式、85式冲锋枪；配用59式手枪弹的59式手枪，82式冲锋枪。

2. 根据射击弹壳痕迹区分发射枪种

枪支的射击弹壳上，可留下与枪支机件结构特点相对应的许多枪种特征，可以据此确定发射枪种。例如，可以利用弹底窝加工痕迹、击针头痕迹、抛壳挺痕迹、抛壳口痕迹来区分51式、54式手枪；可以利用抛壳挺痕迹、拉壳钩痕迹、抛壳口痕迹来区分54式、50式冲锋枪；可以利用击针孔痕迹、弹底窝痕迹、拉壳钩痕迹、抛壳挺痕迹、抛壳口痕迹、烟垢分布不同区分51式、54式手枪与50式、54式冲锋枪。

二、枪弹痕迹鉴定

枪弹痕迹鉴定是根据现场射击弹头弹壳，认定或否定嫌疑枪支的科学活动。枪弹痕迹鉴定依然遵循痕迹物证技术的基本原理、步骤和方法，鉴定时应结合枪弹痕迹的自身特点，合理制订鉴定计划。

1. 鉴定前的准备工作

（1）指导送检人正确填写枪弹痕迹鉴定登记表。注意写明送检单位，送检人，受理日期，简要案情；痕迹、物品的名称、形状、数量、来源、包装情况；检材的数量、种类；要求鉴定解决的问题等；弄清现场弹头弹壳形成的条件、提取方法，嫌疑枪支的提取和保存方法。

（2）查验送检材料。查验嫌疑枪支、枪弹的种类、数量与登记是否相符，是否齐全、有否差错、要否补充提取，鉴定要求是否合理。

（3）准备鉴定需用的仪器、设备、用具等。枪弹痕迹检验常用的仪器和用具主要包括立体显微镜、比较显微镜、读数显微镜、放大镜、内窥镜、深度测定器、千分尺、卡尺、额镜、天平、绘图器材和一般检验用品等。

（4）寻找、发现、提取枪支、枪弹上的附着痕迹和物屑。

在对嫌疑枪支、枪弹进行鉴定之前，要首先寻找、发现、提取枪身、弹匣、弹头、弹壳上可能存在的指纹、掌纹、毛发、血肉、骨粒、金属屑、烟垢等附着痕迹或物屑。

（5）擦拭弹头、弹壳上的灰尘、饬蚀。

（6）对弹痕、物屑做编号、分装。

2. 初步及分别检验

首先，要从整体上检验枪支、枪弹是否精确、可靠，枪弹能否相配用，零件是否调换，近期是否发射过等情况。另外，要熟悉弹痕特征的大致分布、反映，初步观察弹痕有何鉴定条件、价值。

其次，要对现场弹头、弹壳进行检验。要初步弄清现场弹头、弹壳是一种还是几种，是由一支还是几支枪支射击的，弹头、弹壳是否同种枪弹同发子弹的组成部分，现场提取的弹头、弹壳是否此次作案所遗留等问题。判明现场弹头、弹壳上的枪种特征，初步判明发射枪种，并找出比对的重点弹痕特征。

最后，要对样本弹头、弹壳进行检验。用嫌疑枪支发射的，供与现场弹头、弹壳比对检验用的弹头、弹壳，叫样本弹头、弹壳。样本弹头、弹壳包括在发案前，嫌疑枪支曾发射过的弹头、弹壳，即自然样本（案前样本）；发案后，在两个以上现场提取的射击弹头、弹壳，即互为样本；案件发生后，侦查、鉴定人员提取了嫌疑枪支，并用它自行试射，获得的样本，即实验样本；以及在枪弹痕迹档案中，已存档的弹痕，供与发案现场的弹头、弹壳痕迹比对的档案样本。对样本弹头、弹壳进行检验要观察掌握不同枪弹和射击条件对形成弹痕特征的影响，明确哪种试射条件可出现何种规律性的特征反映。同时还要明确样本弹头、弹壳上有哪些明显、稳定、可靠可用做检验的主要弹痕特征。

3. 比较检验

即对初步及分别检验中找到的重点检验部位的稳定符合点和差异点进行深入的比较检验。同一认定常用的各种比较法均可在此时使用。

4. 综合评断、做出鉴定意见

综合评断，是在综合枪种和个别特征的基础上，就一些主要的个别特征是否能构成特定性而进行的分析判断。只有对比较检验时发现的符合点及差异点进行分析判断后，才能作出肯定或否定同一的鉴定意见。

5. 制作枪弹痕迹鉴定书

按照相关的规范要求，制作枪弹痕迹鉴定书。除了文字部分以外，还要附上能直观、客观反映枪弹痕迹特征的各种照片，特别是比对照片。

 本章小结 >>>

本章简要介绍了枪弹痕迹的研究对象，重点介绍枪弹、枪支的结构、分类等基本问题，在此基础上介绍了射击弹头、弹壳上的痕迹特征，阐述了不同特征出现的部位、形态差异以及这些特征的特定性与稳定性问题，进而探讨了涉枪案件现场痕迹物证的发现、显现、分析、检验等多方面问题，最后简要概述枪弹痕迹鉴定的基本程序。通过本章的学习，读者可概要了解枪弹痕迹检验的基本内容。

? 问题与思考

1. 试述枪弹的结构及各部分的作用。
2. 试述枪管的结构及各部分的作用。
3. 射击弹头上的痕迹有哪些？
4. 射击弹壳上的痕迹有哪些？

 本章的主要参考文献

1. 王彦吉，王世全．刑事科学技术教程．北京：中国人民公安大学出版社，2006.
2. 罗亚平．刑事科学技术．北京：中国人民公安大学出版社，2011.
3. 刘文总．中国刑事科学技术大全//陈建华，李德仲．枪弹痕迹检验．北京：中国人民公安大学出版社，2002.
4. 戴林．特殊痕迹检验．北京：警官教育出版社，1994.
5. 公安部五局．枪弹痕迹检验．内部资料．

第六章　其他痕迹物证技术

关键术语

车辆痕迹　整体分离痕迹　牙齿痕迹　车辆痕迹鉴定　整体分离痕迹鉴定
牙齿痕迹鉴定

其他痕迹，也称特殊痕迹，包括整体分离痕迹、车辆痕迹、牙齿痕迹、纺织物痕迹、锁匙痕迹和玻璃破碎痕迹等。其他痕迹物证技术主要解决的是这些痕迹的同一认定和种属认定问题，也是痕迹物证技术的重要组成部分。但受篇幅的限制，本章仅涉及前三种痕迹物证技术。

第一节　车辆痕迹物证技术

随着社会的发展，人们的生活水平逐步提高，车辆的种类、数量不断上升。而汽车保有量的增加，使得涉及车辆的案件如盗抢、交通肇事逃逸案等也随之增加。因此，与车辆有关的痕迹物证技术也日益受到重视。车辆痕迹包括车轮、车体或附带部件所遗留的痕迹，是涉车案件中最常见的痕迹物证之一。

一、车辆的种类

按照驱动方式，车辆可分为机动车和非机动车。机动车是以汽油机、柴油机和电动机作为行驶动力的车辆；非机动车则是以人力或畜力作为行驶动力的车辆。

机动车可分为汽车和摩托车。按照用途，汽车可进一步分为乘用汽车、载货汽车、工程汽车和特种汽车；按照轮数和轴数，汽车可再分为二轴三轮汽车、二轴四轮汽车、二轴五轮汽车、二轴六轮汽车、三轴六轮汽车、三轴八轮汽车、三轴十轮汽车、四轴十二轮汽车、多轴多轮汽车等。按发动机排量，摩托车还可分为轻便摩托车和摩托车；按照车轮数量，摩托车可再分为两轮摩托车、边三轮摩托车和正三轮摩托车。

非机动车可分为自行车、三轮车、手推车和畜力车。按照结构和用途，自行车可再分为普通型自行车、轻便型自行车、载重型自行车、赛车型自行车和小轮型自行车。按照结构，三轮车可以再分为拉三轮（正三轮）车、推三轮（倒三轮）车、边三轮车。按照车轮数量，手推车可以再分为单轮手推车和双轮手推车。按照车轮数量，畜力车可再分为二轮畜力车和四轮畜力车。

二、汽车轮胎结构和种类

汽车轮胎由外胎、内胎和垫带构成。外胎与地面接触的部分称为胎面，胎面由花纹块和花纹沟构成。

按照轮胎的用途，汽车轮胎可分为轿车轮胎、轻型载重汽车轮胎、越野汽车轮胎、矿山或伐木用载重汽车轮胎等。按照轮胎的结构，汽车轮胎可分为斜交线轮胎和子午线轮胎。

汽车轮胎胎面花纹有三种基本类型：普通花纹、越野花纹和混合花纹。普通花纹，即以纵向沟槽为主的纵向曲折花纹，如图3-6-1所示；越野花纹，即以横向沟槽为主的横向曲折花纹或由独立的花纹块构成，如图3-6-2所示；混合花纹，属于普通花纹与越野花纹之间的一种过渡型花纹，其中部为普通花纹、两侧为越野花纹，如图3-6-3所示。

图 3-6-1 普通花纹

图 3-6-2 越野花纹

图 3-6-3 混合花纹

三、车辆痕迹特征

车辆痕迹是指案件中所涉车辆轮胎及其他部位留下的痕迹。车辆痕迹按照其属性，可分为车辆结构特征和车辆的其他特征。

1. 车辆结构特征

车辆结构特征即指能反映车辆种类和部分车辆参数的特征，主要包括轮胎花纹形态特征、轮胎花纹组合特征、车辆参数特征、车灯花纹特征。

（1）轮胎花纹形态特征。轮胎花纹形态特征往往通过轮胎痕迹表现出来。轮胎痕迹是车辆痕迹中的一个重要部分，也是现场最常见的车辆痕迹，是车辆在行进及制动时，在相关客体上留下的反映轮胎表面结构特征及行驶状态的痕迹。不同品牌、不同类型轮胎的花纹形态都有差异：工程机械轮胎花纹的花纹块大、花纹沟深，有明显的胎肩，胎面和胎肩侧面花纹形态单一，结构简单；载重汽车轮胎规格最多，轮胎花纹的变化多，普通花纹、越野花纹、混合花纹每一类中都有很多种形态变化；轿车轮胎花纹结构比较复杂，形态变化较多，花纹块小，花纹沟浅而密，刀槽花纹多，胎肩不明显，胎面花纹与胎侧花纹连续；拖拉机驱动轮胎花纹一般都是"人"字形，胎侧很少出现花纹；导向轮胎花纹是纵向的沟槽，有时能出现胎侧花纹；摩托车轮胎断面宽度通常较汽车轮胎小，因此花纹块小，花纹沟窄，前轮是以纵向花纹为主，后轮则是混合花纹。轮胎痕迹可以反映轮胎花纹的结构形态，因此，可以根据现场轮胎痕迹所表现出的花纹形态结构分析车辆类型。

（2）轮胎花纹组合特征。即同一辆车上使用的、花纹形态或花纹方向不同的轮胎的组合。通常情况下，一辆车上所有轮胎的规格、轮胎花纹形态及花纹方向都完全相同，但由于爆裂等原因，某些车更换了轮胎，就会使车辆不同轮胎上的花纹形态及花纹方向不一致，不同轮胎的花纹构成了花纹组合特征。

（3）车辆参数特征。即由车辆痕迹反映出的有关车体结构参数的特征。车辆参数主要包括胎冠宽度、轮距和轴距。胎冠宽度是指轮胎行驶面的宽度；轮距也称轨距，是指位于同一轴线上的左右两侧车轮中心之间的距离；轴距是车辆前后轴中心之间的垂直距离。利用这些参数可推断车的种类。

（4）车灯花纹特征。汽车的车灯有很多种类型，主要包括行车灯、超车灯、转向灯、倒车灯和刹车灯。不同品牌、不同类型的车，其车灯的颜色、形状、表面花纹往往不同，因此，可以根据不同的车灯花纹特征来判断汽车种类。

2. 车辆的其他特征

（1）车辆行驶特征。即车辆在行驶过程中由轮胎形成的、反映车辆的行驶状态及驾车人驾车状态的特征。车辆行驶特征一般可以反映出车辆的部分结构参数、轮胎花纹形态、车辆的行驶状态。车辆的行驶状态指起车、刹车、转弯、应急情况的处理等；驾车人的驾车状态指驾车人的精神状态、驾驶技术的熟练程度等。

（2）轮胎面磨损与机械损伤特征。当车辆行驶时，轮胎与地面摩擦，胎面花纹受到磨损，会使花纹的凸面尺寸大小、凹沟深浅等发生变化甚至会使胎面花纹消失、出现缺损或浅孔洞等磨损特征。该特征是轮胎长期使用形成的。轮胎的机械损伤是轮胎与路面剧烈摩擦或碾压尖利物体造成的轮胎面的损伤。当轮胎受到磨损或由于机械损伤而接受过修补，那么其修补的位置、补丁的形状和大小等，是同一认定的可靠依据。

（3）轮胎的附加特征。轮胎的附加特征有很多，如车辆行驶中胎面上可能刺入钉子等尖锐物，或在花纹沟槽中塞入小石子、玻璃碴等，这些异物常伴随轮胎花纹而在痕迹中得以反映。此外，冬季轮胎装用的防滑用品，也会在轮胎痕迹中留下印痕。

（4）车体痕迹。即车体作为造痕体所形成的痕迹，它能反映车体相应部位的形态和结构。

（5）轮的数量和位置。它反映了不同种类车体结构的特征，可根据车辆痕迹的数量及其分布判断。

（6）车辆附属痕迹。包括车体附件作为造痕体形成的痕迹以及车辆在现场的遗留物和附着物。车体附件作为造痕体形成的痕迹，如自行车或两轮摩托车停车支架的痕迹；车辆在现场的遗留物和附着物，如被刮掉的油漆片、碎裂的车灯玻璃或塑料碎片、脱落的车体零件、滴落的油滴以及散落的装载物、轮胎脱落的泥块等。

四、车辆痕迹的发现、提取和鉴定

1. 车辆痕迹的发现

要遵循痕迹发现的一般规律，运用痕迹物证技术的常用技术和方法，结合车辆的特点，制订科学合理的勘验计划以发现相应的车辆痕迹。案件性质不同，寻找车辆痕迹的范围和方法也有所不同。现场勘查时，应全面细致地寻找、发现各类车辆痕迹。

（1）现场轮胎痕迹的发现。现场的痕迹既有立体的也有平面的，既有反差明显的也有反差较差的。例如，泥土中的立体轮胎碾压痕，水泥路上的刹车痕，被轮胎压过的木板、纸张等平面物体上的痕迹等就非常容易被发现，而柏油路上和水泥路上的碾压痕则因反映较差而不易被发现。利用光源寻找车辆痕迹应遵循痕迹打光的常用方法。当利用自然光寻找时，应贴近地面以小角度从不同方向观察；当利用人造光源时，则光源应贴近地面或与地面呈15°角左右照射以观察寻找。对于被害人身体及衣物上的轮胎痕迹，可以借助紫外灯观察，有条件的也可在提取衣物后用特种照相的方法拍成照片，再在照片中寻找看有无轮胎痕迹。此外，还应特别关注受害人被衣服掩盖的皮肤上因皮下出血形成的轮胎痕迹。

（2）与车体相关痕迹的发现。在车辆痕迹中，车体既可以是造痕客体，也可以是承痕客体。因此，应在被车辆撞击的物体上以及车体上寻找有价值的痕迹物证。

（3）车辆附属痕迹的发现。寻找车辆的附属痕迹，主要是提取有鉴定价值的可疑微量物证。在涉车案件中，常见的微量物证包括车漆碎片、玻璃碎片、塑料碎片、电镀片、沙土、油脂和装载物等。

2. 车辆痕迹的测量

（1）胎冠宽。测量前，应先确定前后轮痕迹，注意区分直线行驶和转弯行驶时的前后轮。测量时，应尽量选择边缘清晰的轮胎痕迹。

（2）轮距。两平行轮形成痕迹的中心线之间的距离即为轮距。但直行的车辆不易测出，因其前后轮痕迹有所重叠。应根据轮胎痕迹的覆盖关系选择测量点，分别测出前后轮距。

（3）轴距。直行的车辆很难测得轴距，一般只能在刹车痕迹和倒车痕迹中去测量。刹车痕迹车轴距的测量方法是取同侧前、后轮拖痕终止处为测量点，测出两点之间的长度。倒车痕迹两侧轴距可根据车辆的停止痕迹来测量。

（4）轮径。测量车轮周长的方法是，先寻找出某个特征或附着物印痕，然后测量重复出现的该特征之间的距离。车轮的直径是用车轮周长除以 3.141 6 而得到的数值。

（5）其他痕迹。保险杠、车门、排气管等部位留有被撞击的凹陷痕迹或线形痕迹时，应测量痕迹的面积或长宽度、痕迹中心点或两端到地面的高度，以及与车身有关部件或部位的距离。

3. 车辆痕迹的提取

应根据痕迹提取的一般规则，对现场发现的全部痕迹物证均予以提取。提取之前应以拍照、录像、绘图和笔录的形式详细记录其形状、数量、颜色、所在地点等，照相时应加放比例尺。

提取立体轮胎痕迹时，可以采用石膏制模的方法，将石膏连续铸入立体轮胎痕迹中，编写序号、记录案情、时间，待石膏完全硬化后将其取下，操作方法与立体足迹的石膏提取法相同。

提取平面轮胎痕迹时，可以用透明胶纸提取。现场被车辆轮胎压过的木板、纸张等平面物体，往往留有清晰的轮胎痕迹，对此类物体应全部提取原物。

对现场车辆的脱落物、碎裂物，如油漆片、灯罩碎片，脱落的零件等，应全部提取，但应分别包装、记录并注意保管得当、及时送检。

4. 车辆痕迹的分析

（1）判断车辆的种类。实务中，主要依靠车体结构特征和轮胎表面结构特征来判别车辆的种类。具体分析时，可根据车辆痕迹判断轮胎数量；根据胎面痕迹宽和花纹形态判断是摩托车还是人力车；根据轿车轮胎、载重汽车轮胎及其他轮胎的轮胎花纹确定车种；根据现场遗留的车灯玻璃碎片、油漆碎片、掉落的装载物等车辆附属特征判断车种。

（2）判断车辆行驶的方向，从而为案件定性、追踪嫌疑人提供有价值的信息。判断方法包括：① 根据车辆行驶状态特征确定前后轮痕迹，从而推断车辆的行驶方向；② 利用车轮行驶时产生的尘土分布形态判断车辆的行驶方向；③ 用车上滴落的油滴或水滴、掉落的沙土等判断车辆的行驶方向；④ 利用被车轮压断的小树枝、麦秸、草棍等细长杆状物判断车辆的行驶方向；⑤ 利用刹车痕迹判断车辆的行驶方向；⑥ 利用车轮上附着物留于路面上的变化判断车辆的行驶方向。此外，如是手推车、畜力车等，还可根据人的足迹和牲畜蹄迹方向判断车辆的行驶方向。

（3）计算车速。准确地计算出车辆行驶速度，为案件的定性奠定基础。主要根据车辆刹车时的制动带长度、现场地面摩擦系数借用相应公式计算。

5. 车辆痕迹的鉴定

车辆痕迹的鉴定是利用遗留在现场的各种车辆痕迹及从嫌疑车辆提取的痕迹进行全面分析比对，最后认定现场车辆痕迹是否为嫌疑车辆所留的一种科学活动。对车辆痕迹进行鉴定时，同样应遵循同一认定的一般检验程序和鉴定方法，并结合车辆痕迹的特点具体进行鉴定。鉴定时，应注意以下几个方面的内容。

（1）车辆痕迹鉴定的对象范围较广，不仅要对传统的轮胎痕迹、车辆痕迹进行鉴定，还要对现场遗留的微量物证进行鉴定。

（2）车辆痕迹检验的方法多种多样，应针对不同种类的痕迹，选用最合理的检验方法。对车体上断裂脱落物的检验一般需作整体分离痕迹鉴定，对现场提取的车辆掉落物及嫌疑车辆轮胎上附着的泥土等应进行定性、定量分析。

（3）可能遗留的痕迹物证范围较广，要认真寻找车辆内外的可疑痕迹物证，如血迹、赃物、修补痕迹等。

第二节　整体分离痕迹物证技术

整体分离痕迹是一个物质整体在外力作用下被分离为若干部分时在各分离体上留下的形象反映。整体分离痕迹是刑事案件现场和交通肇事逃逸案件现场经常会遇到的痕迹物证，也即第一篇中论及的断离体同一认定时所需依赖的痕迹。利用两个断离体相互连接处的形态或断口形态，可确定这两个断离体是否原属于一个整体，由此可以分析作案工具、判断肇事车辆；某些条件下还可以进行人身同一认定，从而为侦查提供线索，为诉讼提供证据。

一、整体分离痕迹的形成与结构

1. 整体分离痕迹的形成

单体物或合体物在外力作用下被分离成若干部分被称为整体分离。根据客体被分离后的表面状态，可将整体分离分为破坏分离和分解分离，也即第一篇所称的断裂、分离。破坏分离是客体在外力作用下由于破碎、断裂而分离。分解分离则是合体物在外力作用下解除组合物体内部的宏观约束，分解成相互独立的客体。

根据分离方式或手段可将整体分离分为徒手分离、器械分离和其他因素的分离。徒手分离是以人力直接作用于客体并使之分离；器械分离是指人利用工具作用于客体并使之分离；客体还可以在风力、雷电、温度变化、化学腐蚀和材料的疲劳等因素作用下断裂造成整体分离。

2. 整体分离痕迹的结构

整体分离痕迹是指客体在外力作用下，由于断裂或分解而形成的新界面的形态。断口形态完整、不存在任何变形的整体分离痕迹，称为常规整体分离痕迹，通常可简称为分离痕迹。分离痕迹的结构通常是由分离面和分离缘构成。分离面是指客体被分离时形成的新界面，分离缘则是分离时形成的新界面与客体原始表面的交线。

二、整体分离痕迹的分类

1. 常规分离痕迹

常规分离痕迹，即客体被分离后，所形成的分离痕迹是由分离面和分离缘构成。分离面是一个具有凸凹结构的空间曲面，分离缘则是一条空间闭合曲线。

2. 变形分离痕迹

变形分离痕迹，即客体被分离后，分离面和分离缘的形态由于受材料性质、分离方法、客体的组合结构及外界因素影响而相应变化的分离痕迹。变形分离痕迹可根据分离面形态的变化规律分为均匀变形、非均匀变形和局部变形三种。均匀变形是由于外界因素的作用，使分离面的面积均匀地增大或缩小。非均匀变形是由于受客体材料性质及分离方式的影响，使分离面或分离缘的形态产生不均匀的变形。局部变形是由于工具或其他因素作用，使分离面和分离缘的局部形态产生变化。

3. 无断口分离痕迹

无断口分离痕迹，即客体在被分离的过程中或分离后，分离面和分离缘的形态及客体的组合结构完全被破坏时所形成的分离痕迹。

三、分离痕迹的特征

根据特征的属性可以将分离痕迹的特征分为分离体的断口特征、图形特征、附加特征和固有特征。断口特征，即客体被分离后，分离面和分离缘的形态可以构成分离特征。图形特征，即分离体断口附近表面出现的文字、图形、加工纹线因分离所构成的特征。附加特征，即客体在使用中，在断口附近其表面状态发生变化而形成的特征。固有特征，即能反映客体固有属性之成分、微观结构及物质连接方式的构成特征。

四、整体分离痕迹的发现与提取

1. 整体分离痕迹的发现

现场的分离体通常都具有一定的体积，因此相对比较直观，易发现；只有少部分分离体的体积较小或隐藏在其他物体内部，不易被发现，但这些分离体大多保存比较完好，具有较高的证据价值。根据不同的案件性质，寻找发现整体分离痕迹的重点部位也有所不同：盗窃案件中，作案人通常会破坏某种物体或仪器设备，并将其中的局部构件盗走，此时，应在现场被破坏的物体上寻找分离痕迹；杀人案件中，在被害人身体的创口内，可能遗留工具刃部的断裂碎片，因此应注意对被害人伤口的检查，寻找相应断离体的分离痕迹；入室犯罪中，作案人往往要利用工具破坏出入口处的障碍物，工具的局部有可能会发生断裂形成分离痕迹，因此应注意对现场出入口的勘查，寻找发现分离痕迹。

2. 分离痕迹的提取

对分离痕迹的提取，应遵循一般痕迹提取的程序和方法，即应立即进行比例拍照，记录下分离痕迹的原始位置和形态；并应做好标记、分别保存，避免发生新的断离或变形。

五、整体分离痕迹的鉴定

整体分离痕迹的鉴定就是要解决现场上发现的两个或多个分离物，或现场上遗留的分离物与从嫌疑人处提取的分离物是否原为一个整体，或是否从同一个整体分离下来。这种鉴定，也即第一篇所言的断离体同一认定。整体分离痕迹鉴定的主要任务包括：对分离线、分离面进行接合；对分离端的内部固有结构花纹进行比对；对分离线或分离缘临界面上的固有特征进行接合；对分离体上的附着物质进行检验。

整体分离痕迹的鉴定离不开同一认定的基本步骤和基本方法，可结合整体分离痕迹的具体特点，从以下几方面进行：第一，确定分离体是否具备构成整体客体的宏观条件；第二，确定各个分离体上有价值的特征；第三，对分离痕迹进行比对检验；第四，综合评断比对检验发现的符合点和差异点后，作出肯定或否定的鉴定意见。

第三节 牙齿痕迹物证技术

牙齿痕迹，即牙齿咬切客体时，在客体上留下的形象反映。利用人的牙齿留下的痕迹，可以识别人身。实务中，主要是利用被害人或嫌疑人身上的牙齿痕迹认定或排除嫌疑人，或对无名尸的牙齿进行鉴定以确定尸源。

一、牙齿的生理结构

牙齿是人体中最硬的组织，在口腔内嵌于上下颌骨的牙槽中，能耐受强烈的化学腐蚀和剧烈的物理作用。牙齿的功能主要是咬切咀嚼，同时还有协调颜面发育及发音的功能，有时还能起到攻击、自卫、破坏物体的作用。

人牙属于二生牙，也就是说人的一生会有两副牙齿，即乳齿和恒齿。乳齿共 20 个，上下各 10 个，于出生后六个月左右开始萌出，两岁左右出齐。6 ~ 12 岁，乳齿与恒齿发生交替，乳齿开始脱落，恒齿开始萌出。14 岁以后恒齿列基本形成；18 岁以后，长出第三个磨牙，称为智齿；但也有人终生不长智齿，故恒牙共计 28 ~ 32 个，上、下颌各有 14 ~ 16 个。恒牙列在形成之后，一般不会因为外伤或腐败而影响或改变牙齿及牙列的形态，因而具有较强的稳定性。

1. 牙齿的排列

人牙自中线向外分别为中切牙（门齿，上下左右共 4 个）、侧切牙（侧门齿，上下左右共 4 个）、尖牙（犬齿，上下左右共 4 个）、第一双尖牙（第一前臼齿，上下左右共 4 个）、第二双尖牙（第二前臼齿，上下左右共 4 个）、第一磨牙（第一大臼齿，上下左右共 4 个）、第二磨牙（第二大臼齿，上下左右共 4 个）、第三磨牙（第三大臼齿或智齿，上下左右共 4 个）。人的牙齿上下左右对称，并有规律地排列为弓形，称为牙弓。牙齿在牙弓上的排列位置，决定了咬痕中所反映的牙齿数量。通常切牙和尖牙位于牙弓的前部，统称为前牙；双尖牙和磨牙位于牙弓后部，统称为后牙。现场咬痕多数都是前牙形成，这是因为左右两个尖牙之间的宽度与嘴的宽度基本相同。

2. 牙齿的形态

不同功能的恒齿具有不同的形态，因此恒牙牙冠的形态有 16 种。切牙冠呈凿形，牙冠切缘扁平，切缘角近似于直角；尖牙冠切缘上有一个明显突出的牙尖；双尖牙咬合面的形态呈四边形或不规则的圆形；磨牙咬合面近似于矩形，牙体宽大，形态复杂，咬合面上有 4 ~ 5 个结节。结节是凸凹不平的咬合面上的凸起。

3. 牙齿的结构

从外形上看，牙齿是由牙冠、牙根和牙颈三部分组成的。牙冠是被牙釉质所覆盖的部分，也是形成牙齿痕迹的造痕体；牙根是被牙骨质所覆盖的部分；牙颈是牙冠与牙根的交界部分，因为它呈弧形的曲线，所以又称牙颈线。

从结构上看，牙齿是由牙釉质（俗称珐琅质）、牙本质（俗称象牙质）、牙骨质和牙髓等部分组成。牙釉质包盖在牙冠的表面，硬度仅次于金刚石；牙本质硬度也很高，构成了牙齿的主体；牙骨质的硬度与骨的硬度相近，包裹在牙根的外面；牙髓是牙齿中心空腔内的软组织。

4. 牙冠各部位的命名

按照牙冠与邻近接触部位的关系，可以将牙冠分为唇面、颊面、舌面、近中面、远中面、牙合面和切缘。唇面是前牙的牙冠接近口唇的一面；颊面是后牙的牙冠靠近面颊的一面；舌面是牙冠接近舌的一面；近中面是牙冠的两个邻接面中靠近中线的一面；远中面是牙冠的两个邻接面中远离中线的一面；牙合面是上下颌后牙咬合时相互接触的一面；切缘是上下颌前牙的切端，在咬合时互相接触的切嵴。

5. 牙齿的特征

（1）牙列的形态特征。牙列，也称牙弓，是指生长在牙槽骨内的上、下颌牙齿分别连续排列形成的弓形。正常的牙列，牙齿排列整齐有序。牙弓的形态通常呈半圆形，少部分呈梯形、三角形或长方形。牙列畸形是指由于个别牙齿错位，使牙齿排列不齐而改变牙列形态。牙列畸形通常是由于牙冠的畸形和牙齿的错位造成的。牙弓的形态、大小（宽度或半径）、曲率等是牙齿痕迹的种类特征。

（2）牙齿的排列特征。牙齿痕迹物证技术经常利用牙齿的排列规律对颌位、牙位进行识别，这是由于每个人牙齿的排列规律、具体位置、疏密程度都有所不同。牙齿位置、咬合状态的异常具有很强的特异性，使得所形成的咬合痕迹具有很高的鉴定价值。

（3）牙冠特征。不同功能的牙齿，具有不同的牙冠特征，牙冠的唇面、舌面、切缘形态和后牙咬合面的细微结构具有较高的特异性，是牙齿痕迹物证技术经常利用的痕迹特征。

（4）牙齿的病变、损伤、修补特征。病变特征通常是指龋齿（蛀牙），龋齿会在牙冠上形成龋洞；检验时应关注龋洞的数目、大小、位置和形状等，同时应注意其修补的情况。损伤则包括因碰撞、打击、崩落等原因造成的硬性损伤和习惯性磨损造成的损伤（如嗑瓜子）。修牙后，牙尖、结节、牙沟线、牙冠表面等都会比正常的牙冠光滑，补牙的位置、形态、数量等也都具有特异性。

二、牙齿痕迹的形成及特征

1. 牙齿痕迹的形成

牙齿痕迹又称牙印，是指牙齿对客体行使咬合功能时，在客体上形成的痕迹。形成牙齿痕迹的详细过程是：咬合时上颌固定不动，下颌可产生上、下、左、右动作。当客体位于上、下颌之间时，下颌将向上运动，使上、下颌前牙咬住客体；随着咬合力逐渐增大，在咬合力作用下，被咬客体变形或牙齿切入客体形成痕迹。

2. 牙齿痕迹特征

按照客体变形情况，可将牙齿痕迹分为平面牙印和立体牙印。平面牙印通常出现在人体皮肤或弹性大、易变形的客体上；而立体牙印则出现在塑性较好的食品或物体上。

按照承痕客体的不同，常见牙齿痕迹可分为人体上的牙齿痕迹、食品上的牙齿痕迹和物体上的牙齿痕迹。人体上的牙齿痕迹特征往往会因为皮下肌肉、骨骼在人体不同部位的形态不同而表现出较大的差异。人体皮肤上的咬痕多是由前牙造成的，往往受咬合力的影响，如图3-6-4所示。食品上的牙齿痕迹大多是立体牙印，通常可反映出牙冠的多种特征。物体上的牙齿痕迹通常反映的牙齿数量较少，且多是由后牙形成的，如图3-6-5所示。

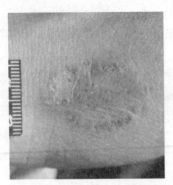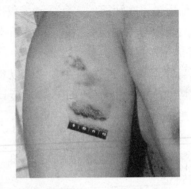

图 3-6-4　人体上的牙齿痕迹

图 3-6-5　物体上的牙齿痕迹

三、牙齿痕迹的发现、提取与保存

1. 牙齿痕迹的发现

现场的牙齿痕迹主要遗留在人体、食物、被破坏的客体上，因此应着重细致查找吃剩的食物、人体皮肤、被破坏或拆卸的客体上可能遗留的牙齿痕迹。

2. 牙齿痕迹的提取

与一般痕迹的提取方法相似，即对发现的牙齿痕迹应先进行概貌和细目拍照，及时固定其位置和形态。对于体积较小的客体，如烟头、吃剩的食物等，应该直接提取原物。对于人体、较大体积物体上的立体牙印可以用打样膏法、硅橡胶法或石膏制模法提取。对于牙齿痕迹上的唾液、血液、组织等生物检材应注意收集提取。提取时，勘验人员应注意自我保护，严禁直接接触检材造成污染或危及自己。

3. 牙齿痕迹的保存

应针对不同的检材类型，采用不同的方法保存牙齿痕迹：对遗留在尸体上的牙齿痕迹，应先将切下的咬伤皮肤固定在支撑物上再保存于 10% 的福尔马林防腐固定液中；对遗留在容易腐败的食品上的牙齿痕迹，应避免食物腐败或变形，通常应将食物置于冰箱内保存；对遗留在木质客体上的牙齿痕迹，为避免木质湿胀或干缩破坏痕迹，应将其保存在湿度适宜的环境下；对遗留在金属客体上的牙齿痕迹，为避免锈蚀，应将金属客体保存在干燥的环境里。

四、牙齿痕迹的鉴定

牙齿痕迹的鉴定也遵从同一认定的基本步骤和方法。

（1）初步检验。即针对现场牙齿痕迹而展开的一种分别检验。

初步检验主要是为了发现牙齿痕迹的稳定特征并获取基本数据信息，包括确定颌位、确定牙位、确定特征三部分。① 确定颌位。其主要任务是，判断牙齿痕迹是上颌牙还是下颌牙形成。现场的牙齿痕迹通常由前牙形成，判断时，应综合考虑现场环境和作案动作、牙列的弧度大小、咬合力度等进行全面分析。② 确定牙位。牙位主要依靠分析牙冠的特征和测量牙齿数据来确定。通常，牙齿痕迹以切牙和尖牙痕迹为主，较少出现双尖牙和磨牙痕迹。一般情况下，切牙痕迹呈一字形，尖牙痕迹为粗点状，双尖牙痕迹是两个点状咬痕，磨牙痕迹则呈方形或菱形。③ 确定特征。主要是确定牙齿痕迹的种类特征和牙冠的细节特征。对于现场提取到的牙齿痕迹，首先应测量牙弓的宽度、深度、大小、弧度及相关距离，观察牙弓的形状及牙齿的畸形、缺损、修补情况。其次应分析每枚牙齿的牙冠细节特征，包括位置、形状及局部的凸凹沟槽等特征。

（2）比较检验。即在针对牙齿痕迹样本的分别检验基础之上，再进行的比较检验。

比较检验的任务是，观察嫌疑人牙齿痕迹以寻找稳定特征并制作其牙齿痕迹样本，进而与现场遗留的牙齿痕迹进行比较，找出符合点与差异点。在检验嫌疑人牙齿痕迹时，首先应观察有无缺损、病变、修补等特征；之后，应尽量还原现场留下牙齿痕迹的方式，在与现场牙齿痕迹遗留客体类似的客体上制作样本；最后，将现场牙齿痕迹与样本牙齿痕迹进行比对。牙齿痕迹的比对方法同样包括特征对照法、特征接合法和特征重叠法。特征对照法是比对现场牙齿痕迹和样本牙齿痕迹中反映的牙弓、牙冠、牙窝、牙沟等特征是否相同。特征接合法主要是利用比对显微镜对咬切面上的线条痕迹进行线条接合。特征重叠法是利用比对显微镜对现场牙齿痕迹与样本牙齿痕迹的痕迹特征或牙弓曲线进行重叠比对。

（3）综合评断，做出鉴定意见，并制作鉴定书。

综合评断是对比较检验中发现的符合点和差异点进行全面的审查、综合的分析。综合评断时，主要分析差异点是否是由本质区别引起的。牙齿痕迹会受到牙齿咬合运动方式、被咬人或物体的状态、被咬人或物体表面形态等因素的影响，因此评断时要考虑多方面的因素，审慎地做出最终的鉴定意见。最后，应按照相关规范制作牙齿痕迹鉴定书。

本章小结 >>>

　　本章概要介绍了车辆痕迹、整体分离痕迹、牙齿痕迹的基本内容，包括痕迹的形成、特征以及现场勘验时发现、提取、记录等技术手段。除上述痕迹外，犯罪现场其他痕迹包括的内容很多，如玻璃破碎痕迹、开破锁痕迹、牲畜蹄迹等，这些痕迹在犯罪现场出现率并不是很高，仅是偶有出现，故不在本教材中介绍。

 问题与思考

　　1. 车辆痕迹特征有哪些？

　　2. 试述整体分离痕迹的分类。

　　3. 牙齿痕迹提取方法有哪些？应当注意什么问题？

 本章的主要参考文献

　　1. 傅政华. 物证技术学. 北京：中国人民公安大学出版社，2003.

　　2. 戴林. 特殊痕迹检验. 北京：警官教育出版社，1994.

第四编

文书物证技术

第一章　文书物证技术概述

第一节　文书物证和文书物证技术

一、文书、可疑文书的概念

在刑事诉讼、民事诉讼以及行政诉讼中，都会涉及各种各样的书面材料。这些书面材料，无论是合同、遗嘱、会议记录，还是标语、信件、日记、车船票、货币等，无疑均具有文字内容等，因而，均可称为"文书"。这些用书写、打印、复印、印刷等方式制作成的文书，往往是以其所载的文字内容证明案件中的相关事实，所以从证据法学的角度言，均可被称为书证。但是，当围绕这些书面物质的来源、内容等真实性而产生疑问时，有必要首先就这些文书的书写者、印章、打印机、复印机等做出认定，否则，其所载的文字内容便无法用来证明案件中的相关事实。此时，这些文书也被称为"可疑文书"，即在来源、制作方式、制作人、制作时间等方面，引起办案人员或诉讼双方当事人质疑，需要交由具有专门知识的人进行检验鉴定的一类文书。日常诉讼中，文书往往会因以下某一或某几种情况而成为可疑文书：① 文书匿名，书写人不明；② 打印文书所用打印工具不明；③ 文书签名真伪可疑；④ 文书印文真伪可疑，⑤ 文书字迹有添改的嫌疑；⑥ 文书内容可疑；⑦ 文书制作时间可疑；⑧ 文书物质材料可疑。

经检验鉴定后，围绕某可疑文书的来源、签名、印文等而出现的疑问得以解决后，那么该可疑文书通常将呈现两种状态：一是真文书，即该可疑文书的来源、签名、印文等都不是假造的，因此，该文书之文书内容将得以发挥相应的证明作用；另一是假文书，即该可疑文书的来源、签名、印文等均不真实，因此，该文书的内容将无法发挥其本来可能有的证明作用——即该文书将不可能成为书证。

二、文书物证的概念

可疑文书一旦提交给具有专门知识的鉴定人进行检验鉴定，则将以其上所载的笔迹、印文、打印痕迹、复印痕迹等外在的客观存在证明文书的真伪等特定的事实，因此，这些文书又可被称为"文书物证"，即以文书上所载的笔迹、印文、打印痕迹、复印或印刷痕迹等外在客观存在证明该文书的真或伪等争议事实的一类物证。

基于"文书"对应于英文的 document 一词，而该词汇可译成汉语的"文件"，加之文书物证技术最初大概是新中国成立后在打击刑事犯罪的刑事技术中得以建设、发展起来的，而当时浓烈的阶段斗争意识也倾向于将工作中的文书称为"文件"，所以，直到现在，我们还时时能在学界、实务中见到或听到"文件物证""文件检验""文件鉴定"等同义语。

第二节　文书物证技术的类型和作用

一、文书物证技术

所谓文书物证技术，即在发现、记录、提取及检验、鉴定文书物证时，所利用的各种专门技术、方法的总称。文书物证技术，特别是文书物证检验鉴定技术，是解决各类诉讼中与文书有关的相关争议问题时不可缺少的技术手段。换言之，离开了文书物证技术，往往就无法为这些争议问题的解决提供对应的鉴定意见。而在一些涉及文书字迹的现场勘查中，文书物证技术还能为发现、记录、提取文书物证并分析有关案情等提供专业技术方面的帮助。

文书物证技术显然包括发现、记录及提取文书物证的各类技术，但因文书物证的检验鉴定技术于文书物证技术而言是最为核心、最为关键的技术，且因本教材篇幅的限制，故本编后面涉及的主要是文书物证检验鉴定技术。

二、文书物证技术的类型

文书物证技术可按其任务分为以下几类。

（1）同一认定/种属认定型文书物证技术。此类文书物证技术又可按照检验鉴定的对象分为如下几种。

① 笔迹检验技术。以文书中的笔迹为检验鉴定对象，以解决某笔迹或签名是否为特定人所写为目的的一类文书物证鉴定技术。

② 印文检验技术。以文书中的印文为检验鉴定对象，以解决某印文是否某枚印章盖印而成为目的的一类文书物证鉴定技术。

③ 打印或复印文书检验技术。以打印文书或复印文书为检验鉴定对象，以解决相关争议文书是否用某打印机或复印机制作而成为目的的一类文书物证鉴定技术。

④ 文书物质材料检验技术。以制成文书所用的纸张、墨水、印泥等物质材料为检验鉴定对象，以解决争议文书之物质材料的种类属性，以及其与相应的物质材料是否相同为目的的一类文书物证鉴定技术。

（2）辨别真伪文书的鉴定技术。以解决案件中各种票证、合同、协议等是否伪造，以及各种有争议文书是否变造为目的的一类文书物证鉴定技术。

（3）被损毁文书字迹的复原技术。以整复、再现或显现某些被损坏或被毁坏文书上的字迹为目的的一类文书物证鉴定技术。这些文书，或是被撕碎，或是被烧焦，或是被涂抹了其他文字，或是留有抑压文字等。

三、文书物证技术的作用

文书物证技术不仅可以服务于侦查破案、证实犯罪，而且对公正审理民事诉讼案件、行政诉讼案件也往往有着极为重要的作用。

刑事案件中，犯罪分子往往利用匿名信进行违法犯罪活动，如绑架者写的勒索信。通过对匿名信的笔迹特征和书面语言特征进行分析，可以了解书写者的个人特点，如受教育程度、职业特点、生活区域、年龄等，从而为发现匿名信书写者提供侦查线索或方向。通过对不同时间、不同地点发现的匿名信进行比较分析，可以为决定是否需要并案侦查提供重要依据。此外，笔迹鉴定的最终结论，即笔迹鉴定意见，还可以成为证实某犯罪嫌疑人撰写了某匿名信的证据。

我国刑法规定，伪造货币，伪造、变造各种金融票券等是破坏金融管理秩序的犯罪行为。文书物证技术能认定某货币或某金融票券是否伪造或变造。在侦查各种金融诈骗案件或者审理各种民事、经济案件中，文书物证技术也往往发挥着十分重要的作用：有争议的合同、协议书，以及其他书证是否真实、是否有添写、改写事实等，都离不开文书物证技术的鼎力相助。

诉讼中，往往还会遇到某文书被烧焦、撕毁或被涂抹的情况，而显现、还原文书上原有的文字内容等，进而有效发挥这些被毁损文书的证据价值，显然也离不开文书物证技术。

第三节 可疑文书的勘验、提取和送检

一、可疑文书的勘验和提取

刑事、民事、行政诉讼中均可能遇到可疑文书，且均有可能需要将可疑文书提交检验鉴定。而提交检验鉴定的前提是，针对诉讼的性质，针对案件的具体情况，以相应的方法勘验、提取有关的可疑文书。

1. 现场可疑文书的勘验、提取

（1）对于现场发现的文书，首先应当仔细勘验文书所在地点，以及文书自身的原始状况是怎样的，如是平展置放的还是折叠或是团成一团的。可疑文书所在现场及周围环境的足迹、烟头、粉笔头或者可用于在墙壁等表面刻写文字的工具等，均应受到重视；若文字刻写或书写在墙壁等表面，还要注意发现其上可能有的指印。

（2）其次，要仔细勘验文书字迹本身。对文书所用纸张类型、颜色、完整状况，文字的颜色、书写工具的类型等，均要注意。要格外留心可疑文书是否存在某些反常现象。

（3）应针对可疑文书的具体状态或情况而采用不同的提取法。对于纸面文书，尽量不要折叠、不要在纸面上增加新的印痕，以免破坏文书上的原始字迹、笔画等。对于搁置在某处，如桌子、地面上的文书，可以直接提取并装在文件袋、文件夹中。对于大幅的文书，则应小心卷成圆筒状后再用报纸等裹在外面加以保护。若文书是张贴在墙壁上的，那么不得强行撕揭下来，而应先拍照固定，后以喷雾、熏蒸的方式将纸张湿润，再小心、缓慢地将文书整张地揭下来；待揭下来的文书晾干后，才能将其置于文件袋或卷成圆筒状收纳起来。无论是用有色物质手写于墙壁上的字迹，还是用某物刻写在墙壁上的字迹，均只能用拍照法提取，但拍照时，一定要注意尽量保证文字笔画不变形。若墙壁上的字迹是用有色物质写成的，则还应适当刮取构成这些字迹的物质材料，备检验之用。

（4）对现场发现的被撕碎文书，应尽量找到全部碎片并加以收集，以便在实验室条件下拼复起来供检验鉴定。如果遇到被烧毁文书，只要尚未变成灰末，就应小心地将之提取。如果文书正在燃烧，应采取相应措施，如立即用合适的容器倒扣在正在燃烧的文书上，使其

因缺氧而自然熄灭，切不可因灭火而彻底毁坏文书。提取被烧文书，应先将其轻轻扇起移至一平板玻璃上，然后喷以甘油使其软化，轻轻展平后再盖上一块平板玻璃，用胶布将两块玻璃封住，以备送检。

2. 对被扣押文书的勘验

对被扣押的文书应当从形式和内容两方面仔细勘验。对各种财务凭证，应当检查其是否符合规定的格式要求，字迹是否有擦涂、消退、添改等变造特征，印章印文是否有可疑迹象，内容是否有相互矛盾之处，必要时还要和有对应关系的凭证进行对照检查；对各种证件，要特别注意证件照片的面貌特征与持有人是否相符，照片上印文有无异常。

3. 勘验、提取时应注意的问题

第一，要注意将文书和案件的联系固定下来。无论以何种方法获取文书，如通过搜查、扣押提取文书，或者向有关单位或个人调取文书，都应在相应笔录中详加记录，不仅要写明文书的来源、名称、数量，而且要写明文书的编号和标志，使其特定化进而防止文书与其他类似文书相混淆或被调换。笔录应由负责提取的人员，以及当事人、见证人签字。

第二，要注意保护文书的原始状态。对于物证文书或可能成为物证的文书，不得任意在其上加注文字或其他符号，也不得任意在其上别上大头针或曲别针，而其原有的曲别针等也不能随意去掉；对于已有折叠痕迹的文书，可保持原状折叠保存或展开保存，但不能再任意增加新的折叠痕迹；若需要检查文书（如匿名信）上的指印，拿取时应戴手套或使用镊子，防止在文书上留下自己的指印。

第三，对于需要就文书制作时间进行检验鉴定的可疑文书，要特别保护纸张、墨水、印文不受污染。此时，最好是将可疑文书装在透明塑料袋内并避免阳光直晒。

二、可疑文书的送检

围绕文书而出现的各类可疑问题，通常均属于专门性问题，因此往往需要送交物证鉴定机构委托其进行。委托鉴定时，应当向鉴定机构提交如下材料。

1. 委托鉴定函

委托鉴定函由委托单位加盖公章发出，委托单位通常是公、检、法办案单位，也可能是纪检、保卫部门，还可能是承担辩护或代理工作的律师事务所。

2. 检材

就文书物证检验而言，检材就是需要检验鉴定的可疑文书。送交鉴定时，通常必须提交检材原件。但当原件已经灭失，只有原件的复制件，如照片、复印件等，或者有的案件中原件便是传真件等，那么，也可提交原件的复制件或传真件。但基于复制件通常无法进行文书物质材料的检验鉴定，故难以从文字笔画、印文印油、纸张等物质材料的变化层面进行文书制作时间的鉴定；同样的原因，有些伪造、变造文书的检验鉴定也无法进行。如果复制件的质量较差，无法清晰并较为完整地显示相关的笔迹特征、印文特征、打印文书特征等，那么相应的笔迹鉴定、印文鉴定、打印文书鉴定等，也均无法进行。此外，在用复制件进行笔迹鉴定时，从复制件上并不能看出交叉笔画的笔顺特征以及起、收笔细微动作特征等；而就可疑签名的复制件进行鉴定，往往还很难辨别某些质量不高的笔画是复印造成，还是摹仿书写造成。因此，只在极为少量的情况下，使用复制件进行文书鉴定，且检验鉴定的意见一定要慎重给出。

3. 样本

样本是进行同一认定/种属认定型文书鉴定时不可缺少的比对材料。当需要鉴定文书制作的相对时间时，相应的符合特定条件的系列笔迹样本或系列印文样本也不可缺少。对于鉴定用的比对样本，委托鉴定的人员应当特别注意审查其来源，确保绝对可靠。同时，送交的比对样本，要满足比对所需的必要条件。

 本章小结 >>>

文书物证，即以其所载的笔迹、印文、打印痕迹、复印或印刷痕迹等外在客观存在证明案件中相关事实的一类物证。文书物证技术，是指在发现、记录、提取及检验、鉴定文书物证时，所利用的各种专门技术、方法的总称。其可依不同的任务划分为同一认定/种属认定型文书物证技术、辨别真伪文书的鉴定技术和被损毁文书字迹的复原技术三大类。文书物证技术在刑事、民事和行政诉讼案件中均发挥着极为重要的作用。应当针对诉讼的性质和案件的具体情况，以相应的方法勘验、提取有关可疑文书，并注意将文书和案件的联系固定下来，保护文书的原始状态。

 问题与思考

1. 简述文书物证的概念。
2. 文书物证技术按照任务可划分为几种类型？
3. 举例说明文书物证技术在诉讼中的作用。
4. 勘验、提取和送检可疑文书时应注意哪些问题？

 本章的主要参考文献

1. 徐立根 . 物证技术学 . 4 版 . 北京：中国人民大学出版社，2011.

2. 艾伦 . 文件的科学检验：方法与技术 . 3 版 . 黄建同，译 . 北京：中国人民公安大学出版社，2012.

3. 李学军 . 物证论：从物证技术学层面及诉讼法学的视角 . 北京：中国人民大学出版社，2010.

4. 邹明理，杨旭 . 文书物证司法鉴定实务 . 北京：法律出版社，2012.

第二章 笔迹物证技术

关键术语

笔迹　书写动作习惯　笔迹特征　笔迹的一般特征　笔迹的细节特征　书面语言特征
文字布局特征　伪装笔迹摹仿　伪装随意性　伪装笔迹鉴定　笔迹样本　笔迹自由样本
笔迹实验样本

第一节 笔迹及其鉴定的基本问题

一、笔迹的概念

所谓笔迹，即书写人按照一定的书写规范，利用一定的书写工具，在客体表面书写时形成的反映书写人书写动作习惯的特殊痕迹。

理解并掌握笔迹概念，需注意如下几点。

（1）笔迹是一种特殊的痕迹。此痕迹的特殊性在于，它是由书写工具形成的，虽有一定的外形，但反映的并不是书写工具本身在接触物面形成笔迹时的静态及动态痕迹特征。

（2）笔迹是多种信息的载体。笔迹的表象是文字符号。通过笔迹，可以了解书写这些文字符号的工具种类，了解文字符号的内容，了解相应书写动作的特点，了解构成文字符号的墨水或其他物质材料的种类等。

（3）笔迹是书写人书写动作习惯的特征反映体。尽管通过笔迹可以了解文书的内容，但该内容并不一定是书写人的内心意思表示；构成内容的文字符号或笔迹真正反映的，是书写人自身特有的书写动作习惯。

二、笔迹的形成与书写动作习惯

所谓书写动作习惯，也称书写习惯，是书写人利用自己的书写技能书写文字符号时，所反映出的一系列动作规律。

言及笔迹的形成，实际上是言及书写技能以及相应书写动作习惯的形成。

作为人类特有的技能活动，书写是在口语交际技能的基础上，经过学习和训练，并在反复的书写实践中后天形成的。书写技能反映了个人掌握并运用文字书写技术以表达思想的个体能力。根据条件反射理论，书写技能是高级神经活动的产物。

当一个人从事书写技能训练，即识字、仿写、表达时，与书写活动有关的信号如字的外形、发音、含义等，按一定的顺序并以相应的关联度和强度刺激着人体。人体中枢神经系统以及参与书写活动的人体各器官受到这些信号刺激后，会产生有规律的反应或应答。长期的书写训练、长期的书写运用，也就是条件反射理论所说的刺激与反应的经久重复，使得刺激与反应间的联系逐渐得以巩固，并在大脑皮层分析、整合的基础上形成以第二信号系统为主，由第一信号系统和第二信号系统相互作用、协调活动的条件反射锁链系统。该条件反射锁链系统是大脑皮层利用自有的整合机制，对各个感觉器官提供的信息进行整理加工后，形成的各种同时性或继时性的复合刺激定型系统。这时，某个单一刺激所引起的兴奋，都可成为下一个兴奋的动因，而相应的反应就好像有预先编定的程序一样，将自动化完成——书写动力定型由此形成。得以巩固并最终形成动力定型的书写动作，按照条件反射理论，就有了"自动化"的性质。此后，只要有初始信号的刺激，书写这一条件反射锁链便会按已有的顺序和强度，自动地、环环相扣地启动。动力定型愈巩固，其书写动作自动化程度便愈高，书写动作的协调程度也愈好。此时，书写人书写，例如书写一份合同时，便无须再考虑每个字有着怎样的外形、应该如何运笔、如何搭配等，只需考虑怎样表达自己意欲表达的内容，就可顺畅、流利地形成具体的文字符号，即笔迹，并表现出相对稳定的习惯性或规律性的书写动作。

因此，从实质上言，笔迹是书写动作习惯的外在表现，而书写动作习惯是笔迹的实质。

三、笔迹鉴定的科学依据

实务中，往往需要认定某争议文书上的笔迹是否为某人书写，或者某两份文书上的笔迹是否为同一人书写，即对争议笔迹进行笔迹鉴定。那么，为什么能就笔迹进行笔迹鉴定呢？其原因在于，笔迹所反映的书写动作习惯具有反映性、特定性及相对稳定性。

（1）如前所述，书写技能从初起的训练到最终的形成，标志着具有高度自动化的个体书写动力定型得以建立、书写动作习惯得以养成。而一个人的书写动作习惯，如顿笔、连笔、倒笔顺、回转起笔等，无疑都是借其书写所形成的笔迹而反映出来。换言之，只要有书写，只要形成了笔迹，书写人的书写动作习惯就会通过笔迹而"暴露"出来。正是这种反映性或"暴露性"，使得人们可以借助笔迹，分析、认识并进一步了解某人的书写动作习惯。

（2）尽管明确且相对统一的书写规范（如汉字书写规范、英文书写规范等）决定了不同人的书写动作习惯存在某些共性特征，但受以下几个主要因素的影响，不同书写人形成的书写动力定型在本质上还是存在着诸多的不同：① 书写者自身的生理功能差异，如大脑组织、感觉器官、书写器官等方面的差异；② 书写时的心理因素差异，如注意力、记忆力、意志力等方面的差异；③ 书写动作定型形成时客观环境的差异，如练习书写的时间长短、学仿的条件、社会经历等方面的差异；④ 文字规范对文字只有最为基本的要求，而书写文字的动作又十分精细和复杂，故书写人可根据自己对文字及其笔画的观察和理解来书写，并形成自己的习惯性动作。

正是受这些因素的影响，人们形成的书写动作习惯便具有了特定性，即人各不同的特性，进而为借助笔迹去认识并区分不同书写人奠定了基础。

（3）由条件反射理论可知，笔迹所反映的高度定型化的书写动作，在通常情况下，能在相当长的时期内保持稳定而不发生重大变化：书写动力定型的形成与巩固，是大脑神经系统长期作用的结果，所形成的相应条件反射锁链系统并不会因为局部或单一因素的变化而发生整体性的变故，也就是说，单一、片面地改变书写的某一环节，并不能根本破坏已有的书写动力定型。故书写动力定型具有稳定性。但这种稳定性只是相对的，它可能由于种种原因而发生某种变化，例如，书写人不断练习并实践，书写水平渐次提高；书写人书写同一文字可用不同的书写动作（即书写多样性）；书写人故意伪装；书写人受疾病的影响握笔的力度和姿势发生变化等。故书写动力定型也并非一成不变。尽管书写动作习惯有可能发生这样那样的变化，但这些变化往往是缓慢的、局部的，满足了在一定时段认识并利用书写人的特定书写习惯进而认定书写人的同一认定条件。

也就是说，书写动作习惯的相对稳定性决定了人们可以对一定阶段前后的两份甚至多份笔迹的书写者是否为同一人作出可靠的认定。

诚然，书写动作习惯的反映性、特定性及相对稳定性使得人们有可能就笔迹书写者作出认定，但能否正确、可靠地认定还取决于，在笔迹鉴定时，是否能够有效观察到或发现这些通过笔迹而反映出的各种独特而又相对稳定的书写动作习惯。而现有的科学技术已经发展到相当的程度，使得人们在进行笔迹鉴定时，能充分利用各种工具、软件、设备、仪器等，如放大镜、显微镜、扫描仪、相关的计算机处理软件、各种比对仪、各种文检仪等，去发现那些肉眼难以发现、观察或寻找到的种种笔迹特征或笔迹特征差异。因此，当代的笔迹鉴定更具科学性。

第二节　笔迹特征

一、笔迹特征的概念

所谓笔迹特征，即书写者书写文字符号时借由文字符号所形成的笔迹而反映出的书写特点。它有广义和狭义之分。

所谓广义笔迹特征，即书写者经由笔迹而反映出的与书写活动有关的各种特点。所谓狭义笔迹特征，即书写者经由笔迹而反映出的仅仅与书写动作习惯有关的特点。

广义的笔迹特征通常包括以下几点。

（1）由笔迹反映出的书写工具及其书写物质材料特征。书写，离不开书写工具。而书写者使用的书写工具特点，如毛笔、钢笔、铅笔、粉笔、水彩笔、圆珠笔等，均可通过笔迹反映出来。而一旦通过笔迹确定了具体的书写工具，相应地，也就能判断书写这些笔迹时所用的具体书写物质材料，如墨汁、钢笔水、铅芯、粉笔、水彩、圆珠笔油等。对笔迹书写物质材料的认定及进一步的检验、鉴定，可为添加、改写文字的判断，以及文书制作时间的判定提供依据。

（2）由笔迹反映出的书写者在书写文字符号时的动作习惯特征。书写者一旦经过学习、训练及反复使用而形成高度自动化的书定动力定型，那么他在书写文字符号时，必然借笔迹而反映出其特有的书写动作习惯。正是基于笔迹反映出的这些书写动作习惯，才能够对书写者进行准确的认定。而这正是狭义笔迹特征所指的内容，更是广义笔迹特征最为主要、重要的内容。

（3）由笔迹反映出的文书作者在遣词造句方面的特征。这类特征，在文书鉴定中被称为书面语言特征，可供人们分析可疑文书之作者的个人特点，如职业、受教育程度、籍贯等。

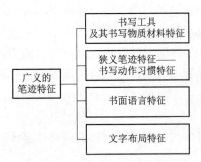

图 4-2-1　广义笔迹特征的基本内容

（4）由笔迹反映出的书写者在安排文字段落时的特征。这类特征，在文书鉴定中被称为文字布局特征，可供人们分析书写者的个人特点，如受教育程度、职业等。

广义笔迹特征的基本内容如图 4-2-1 所示。

笔迹鉴定，归根结底是一项确定书写者的同一认定活动，而这项活动中，往往由书面语言特征及文字布局特征来分析书写者的某些个人特点，最终由笔迹反映出的书写动作习惯特征来对书写者作出认定，所以，本章仅介绍狭义笔迹特征以及书面语言特征和文字布局特征。

实务中，狭义笔迹特征也简称为笔迹特征，因此自本处开始，下文中的笔迹特征均特指笔迹反映出的书写动作习惯特征。

二、笔迹特征的基本内容

如前所述，笔迹特征是指由笔迹反映出的书写者之书写动作习惯特征。由于书写者的书写动作习惯既受书写规范的约束而存在一定的共性或通性，又受书写者个体差异等众多因素的影响而存在一定的个性，因此，笔迹特征包括笔迹的一般特征和细节特征两大类。

1. 笔迹的一般特征

笔迹的一般特征又称笔迹的总体特征或笔迹的概貌特征，是整篇文字或整个单字反映出的书写者书写文字符号时的总体特征。通常，可从以下几方面去分析笔迹的一般特征。

（1）书写水平。书写水平又可称为书写熟练程度，是书写者书写技能高低的自然反映，可以分为高、中、低三等。文字布局是否得当，运笔是否快速、流畅，字的结构是否匀称、工整、严谨，笔画搭配是否协调等，均在一定程度上反映出书写者书写水平的高低。书写水平具有较高的稳定性。书写水平低者，不可能在短时间内迅速提高其书写水平；而书写水平高者，却可能出于特定目的而故意降低其书写水平。

（2）字形。字形是指文字表现出的外部形状特点。汉字是方形字，但有的书写人可能会偏离这一书写规范，而形成了将汉字写成偏长形、偏扁形、圆形、多角形、菱形等习惯特点。因此，根据笔迹在字形方面的表现或差异，可对书写者作出基本的区分。

（3）字体。字体是指文字按照一定的书写范式及书写流派所表现出的外部体态特点。从汉字演变史可知，同一汉字通常可以书写成篆体、隶体、楷体、行体、草体这五种字体；而同一字体，又因创始者的书写风格迥异而可区分为欧体、颜体、柳体、赵体等，再加上美术体，所以汉字的字体有诸多差异。但人们通常所书的字体为楷体和行体类的自由体：书写缓慢者，似楷体；书写快速者，似行体。

（4）字的倾斜。规范的汉字没有倾斜，但有些书写人偏离书写规范，形成了文字向右或向左倾斜的书写习惯，再加上这些文字又有着不同的倾斜程度，故可以据此对书写者做一基本的区分。

（5）字的大小。所谓字的大小特征，是指在纸张不受限制的条件下，书写者书写文字时所反映出的文字大小方面的特点。字的大小不能机械地以字的高度或宽度来衡量，而应结合书写工具，如毛笔、钢笔、铅笔等而具体分析。

（6）书写时的抑压痕迹。即使是用软笔如毛笔书写文字，书写者也会在书写文字符号时在笔画的书写力度方面表现出提笔、压笔等抑压差异，而当用硬笔书写时，这种抑压差异就更为明显：笔压重的，纸的正面有凹陷压痕，反面则有凸起压痕；笔压轻的，则无此痕迹。不同书写者书写出的文字符号，会在纸面表现出不同的抑压痕迹特点，进而供笔迹鉴定参考。

（7）字的写法。所谓字的写法，是指文字的基本构成和结构形式。以汉字为例，字有合体字和单体字之分。合体字，可分为左（中）右结构字、上（中）下结构字等，即由笔画构成偏旁、部首，再由偏旁部首的合理搭配构成汉字；单体字，则由基本笔画的有机组成直接构成汉字。文字符号的书写规范决定了文字符号的写法均有统一的范式，但受多种因素的影响，人们可能会偏离书写规范而形成以下某一习惯写法的文字。

① 异体字。即汉字简化改革前，与正体字并存的文字写法。例如，"个"的异体写法是"箇"。

② 繁体字。即汉字简化时被简化字所取代的笔画繁多的原有汉字。例如，义——義，国——國，个——個，等等。

③ 非规范简化字。包括地区性习俗简化字、行业性习俗简化字，已被废除的第二次汉字简化方案中的简化字等。

④ 简缩字。即将一个词的若干字简缩写为一个字或一个符号而形成的文字。例如，广州——"廍"，无产阶级——"尮"。

⑤ 偏旁部首的位置被改变了的文字。即将偏旁部首的规范位置加以改变后而形成的文字。例如，拿——"舒"，群——"羣"，等等。

⑥ 错字。即书写者没有掌握字的正确写法而写出的结构错误的字。例如，将"武"字写成"珷"，将"展"字写成"展"，将"纸"字写成"纸"等。稳定的错字特征，在笔迹鉴定中能发挥较大的作用，但在使用这一特征时要格外注意该错字在书写人群中的出现率。

2. 笔迹的细节特征

笔迹的细节特征又称笔迹的局部特征，是单字各个组成部分或各个笔画反映出的书写者书写文字符号时，摆脱了书写规范的束缚而形成的个别或局部习惯动作特点。笔迹的细节特征是个性特征，它们与笔迹的一般特征一道构成了书写人书写动作习惯的特定性，是笔迹鉴定时最为重要的依据。通常，可从以下几方面分析笔迹的细节特征。

（1）笔画的运笔特征。书写各种笔画时，书写者在笔画的起笔、收笔和运行过程中，会表现出各不相同的动作特点，如直起笔、侧起笔、回转起笔等，顿压收笔、回转收笔等，直行笔、转折行笔等。只要有笔画存在，往往就会表现出不同的运笔特征，因此在笔迹鉴定时，常常要注意发现并充分利用此类特征。

（2）笔画的连笔特征。书写动作加快时，会出现笔画与笔画相互连接或"形连实不连"的连笔特征，这些连笔特征，往往是书写者独特书写习惯的重要表现之一，因此需要格外关注。连笔所在的部位，连笔构成的形态，连笔指向的方向等，是区分不同书写者之连笔动作的重要依据。而书写者特殊的连笔动作习惯更是具有很高的鉴定价值，因而需要注意。

（3）笔画以及偏旁部首等的搭配比例特征。所谓搭配比例，是指各个笔画，以及文字符号的各个组成部分之间的相对位置和大小关系。不同书写者在书写同一个字时，由于笔画或组成部分之间的相对位置关系不同，因而会形成各不相同的搭配比例特征。其中，搭配特征通常指笔画或组成部分之间的交接部位及其相对位置的高低和远近；而比例特征，则是指笔画或组成部分之间的大小、长短和宽窄。因搭配特征与比例特征既相联系又有区别,故实务中并不将之作严格的区分,而是合称为搭配比例特征。

(4)笔顺特征。用笔画或偏旁部首等组成部分构成单体字或合体字时,书写者书写笔画或组成部分时的先后顺序,即是笔顺。就笔顺而言,汉字的书写规范有着明确的规定,符合这一规定的笔顺,为正常笔顺;但也有书写者会因多种原因而形成偏离规范要求的特殊笔顺特征,即非正常笔顺。恰恰是这些非正常笔顺,具有很大的鉴定价值,能成为认定或否定某一书写者的重要依据之一。

(5)标点符号的书写特征。标点符号是文书的重要组成部分,也有其规范的书写要求。长期的学习、训练及使用,使得书写者在书写各种标点符号时也表现出较为稳定的独特特征。由于这些标点符号也是由一个或两个笔画所构成,因此,笔画的运笔特征或笔画的搭配比例特征等均可资鉴定时利用。

以上是以汉字为例介绍书写习惯动作的一般特征和细节特征,而阿拉伯数字、拼音文字或西文文字等的特征,也可以从这些方面加以分析、利用。

三、书面语言特征的概念及其基本内容

所谓书面语言特征,即由文书的笔迹反映出的文书作者在遣词造句等书面语言的使用方面所存在的一些特征。由于书面语言更多反映的是文书作者的文化程度、年龄特点、职业性质和方言特点等,因此,通常只用书面语言特征分析文书作者的基本情况,而不能将之用作认定或否定书写人(作者)的依据。

书面语言特征通常包括以下几方面内容。

1. 用词特征

词汇的使用往往有着很深的群体烙印。不同行业、职业、年龄、受教育程度、籍贯、居住区域等的人在词汇的选用方面均有一定的差异,故笔迹鉴定时可从以下几个方面来分析。

(1)是否专业或行业词汇,是哪一专业或行业常用的词汇?

(2)是否地区词汇?是哪一地区常用的词汇?例如,"脚踏车"是江、浙一带对"自行车"的称谓;"阿拉"是上海人所说的"我"等。

(3)是否陈旧词汇?如以"薪俸"代替"工资",以"书肆"代替"书店",以"邮差"代替"邮递员"等。

(4)是否使用了成语、谚语、格言、歇后语等熟语?对这些熟语的使用是否准确、是否熟练?

此外,还应注意并分析外来词汇、宗教词汇、暗语、黑话以及程式语、祝颂问候语、署名及其后面的客套词、年月日表达形式等。当今互联网对人们生活、工作的深刻影响,更是使得人们的书面语中充斥着各种网络词汇,而这些网络词汇也为分析、判断文书作者的个人特点提供了依据。

(5)是否用错词汇?分析研究用词特征时,不仅要注意其所用词汇的特点,而且还应注意鉴别其使用是否有错。

错用词汇的表现形式包括:① 词素颠倒,如"此致"用成"致此","秘密"用成"密秘";② 词义用错,如该用"武断"的用成"果断",该用"传达"的用成"表达",该用"改正"的用成"改进";③ 生造词汇,如"瘪棍""长势葱茂"等。但要注意,某些词汇

在一定方言区也可能有词素颠倒的情况，例如，普通话中的"客人"，在闽、粤、吴方言区就成了"人客"；"拖鞋"在闽方言区为"鞋拖"。所以要注意区分方言区的词素颠倒与错误用词。

2. 句法特征

人们表达思维内容，必须使用句子。符合汉语语法规范的正常句子在鉴定时价值不大，但一些病句，如缺宾语、滥用"的"字结构的句子等，却可能反映作者违反句法的使用习惯，进而反映出作者的文化水平或工作经历等个人特点。

3. 别字特征

别字特征是指书写人因字音、字形、字义相同或相似，而用错了字的习惯特点。如"刑法"写为"形法"，"殴打"写为"欧打"，"承认"写为"承印"等。文书中表现出别字的根本原因，可能是文化水平不高、地区方言的影响、偶然写成了别字或者故意写别字，因此，要从文字整体水平出发，结合具体字的难易程度具体分析其可能的形成原因。

4. 标点符号的用法特征

标点符号的使用无疑应遵守一定的规范。但因受教育程度较低，或者不大留心标点符号的使用规范，而形成了特殊的标点符号之用法特征，例如，全文全部都是逗号，或者全文没有一个标点符号等。非规范的标点符号用法特征对鉴定有较大的价值。

5. 文书的体裁特征

文书有议论文、散文、诗歌等体裁形式。文书的用途往往决定了文书的体裁形式，但有的作者，习惯使用某一体裁撰写所有文书。因此，这种习惯对了解文书作者的个人特点有一定的帮助。

四、文字布局特征的概念及其基本内容

所谓文字布局特征，是指书写人在纸面上安排整篇文字或字、词、句的形式及其分布的习惯特点。文字布局特征同样是书写人长期学习、反复使用而形成的习惯，有助于分析书写人的个人特点。通常，可从以下几方面研究文书布局特征：字行的方向，字间和行间的距离，字行和格线的相对位置，留页边的习惯，分段及段首空格的习惯，台头和落款的习惯等。

第三节 伪装笔迹及其特征

一、伪装笔迹的概念

出于某种目的，在意志力、注意力的控制下，书写人借助某一方法，故意改变已有的正常书写动作习惯而写成的一种非正常笔迹。

伪装笔迹不仅在刑事案件中时有出现，而且在民事、经济或行政案件中也经常遇到。

二、伪装笔迹的常用手法及其主要特点

按照笔迹伪装者伪装的目的，伪装笔迹可分为两类，即摹仿笔迹和非摹仿笔迹。相应的，伪装笔迹的常用手法也可分为两类：摹仿伪装与随意性伪装。

（一）摹仿伪装

为了达到转移视线、逃避责任，或讹诈、冒充、虚构等目的，伪装者往往以摹仿的方式伪装笔迹，即伪装者努力控制自己的书写动作习惯，而描摹仿照他人的书写动作习惯书写出特定文字。这样的伪装笔迹方式称为摹仿伪装，摹仿伪装形成的笔迹，称为摹仿笔迹。

摹仿笔迹可根据具体的手法而进一步分为摹写笔迹和仿写笔迹两大类。

1. 摹写笔迹

所谓摹写笔迹，也称为套摹笔迹，即以被摹写人的笔迹为底样，采用透光、复写、印压、反转等方法，逐个笔画、逐个文字描摹复制而成的笔迹。

摹写笔迹是以被摹写人的笔迹为摹本，依靠摹写伪装者自身的书写技能及对摹本笔迹之笔迹特征的辨识能力，完成对摹本字迹的摹写。在这一过程中，摹写者要努力克制自己的书写动作习惯，同时还要格外注意发现摹本呈现出的被摹写者的笔迹特征，并努力去摹写这些被发现的笔迹特征，因此，会呈现出摹写笔迹的特征，即文书笔迹形快实慢，笔力平缓；笔画有中途停顿、抖动弯曲或修饰重描的现象；摹写文书中重复出现的单字、词汇等可能可以机械性地相互重合，或者这些单字、词汇等可以与被摹写文书中的文字重合；摹写文书的文字布局有可能失调，语意不畅；字迹笔画或增多或缺失，且连笔紊乱；笔画的起笔、收笔动作呆滞不自然；可能有伴随摹写活动而出现的附加痕迹，如复写摹写可能留下复写纸的痕迹等。

2. 仿写笔迹

所谓仿写笔迹，即以被仿写者的字迹为范本，通过观察、记忆，甚至是加以练习后，书写出的与被仿写者字迹较为相似的笔迹。如果是观察仿写，则又可称为临摹；如果是在记忆了被仿写者的笔迹特征之后加以仿写，则又可称为忆摹或记忆仿写。

仿写笔迹同样要占有被仿写者的手写文字材料，但仿写者往往会先观察、感知、记忆甚至练习被仿写字迹之后再行仿写。由于仿写是自行书写而不是摹写成的文书，因此，对被仿写笔迹之特征的观察、发现、记忆、练习及努力呈现很关键，对自己已有的书写动作习惯的抑制也极为重要。受观察力、记忆力、控制力、仿写力等因素的影响，仿写笔迹也会呈现出独特的特点，即文书笔迹貌似正常，有的几乎达到真假难辨的程度，字的基本写法、整体的搭配比例关系以及连笔特征等均似乎不存在什么差异，但文书的笔画还是会不时地表现出形快实慢、笔力平缓，中途有停顿、抖动弯曲或修饰重描的现象；笔迹的某些细节特征，则表现出仿写者自己的书写动作习惯。

（二）随意性伪装

伪装者并不介意所写出的字像谁的字，只是希望自己的笔迹不被他人识别、进而不会承担相应责任时，往往会随意地伪装笔迹。而随意性伪装笔迹又可根据具体的手法分为以下几种。

（1）用常用手胡乱书写。伪装者尽力改变自己的书写动作习惯，以惯常书写时所用手（通常为右手），故意快速或慢速书写，故意破坏文字的间架结构，故意改变字的大小、字的倾斜程度等的一种伪装笔迹的方式。

（2）改用非常用手书写。为了不显露自己的书写动作习惯，伪装者往往以改用非常用手（通常为左手）的方式，书写文字。

（3）其他随意性伪装。实务中还发现，伪装者为了隐藏自己的书写动作习惯，还可能以多人合作书写、换用非正常书写工具、用嘴衔笔书写等其他方式随意地伪装笔迹。

随意性伪装笔迹的目的决定了随意性伪装笔迹会出现笔迹变化趋于随意、笔迹变化呈现多态状、某类笔迹变化重复出现的特点。尽管随意性伪装笔迹往往给人字迹古怪、离奇的印象，但总体而言，随意性伪装笔迹的变化即使较大，但这些变化也只是表现在文字的局部，即伪装者往往只是注意破坏一些主要笔画或组成部分的正常结构，使其外观上呈现出某些变化，但其独特的一些书写习惯，如字的基本写法、错别字、笔顺、某些笔画的搭配比例特征或运笔特征，却还能时时在文书笔迹中暴露出来。

三、伪装笔迹鉴定的可能性

（一）伪装笔迹通常可能呈现出相应的特征

伪装笔迹是已有书写技能的伪装者在改变自己的书写动作习惯的基础上另行形成的一种笔迹。而书写技能或书写动作习惯一旦形成，就有一定的稳定性，即便伪装者刻意掩盖或改变，但已有的书写习惯总会摆脱书写者的控制力或多或少地表现出来，故伪装笔迹往往呈现出一些反常现象，即伪装者本人的笔迹特征与被摹仿者笔迹特征的相互交织；伪装者本人的笔迹特征与随意伪装出的笔迹特征之间的相互矛盾。故从笔迹的形成过程来看，伪装笔迹异于正常笔迹，是可以识别的。

而且，以不同手法伪装的笔迹又往往呈现出相应的伪装特点，如摹仿笔迹与被摹仿者的笔迹相比，有一定程度的相似，但摹仿笔迹却会呈现出书写速度较慢，运笔生涩不自然，笔画中有抖动、修饰、重描的迹象，有不必要的停顿、起笔动作，连笔动作僵硬、发滞等；非正常手书写的笔迹则会表现出书写速度慢，字行、字形不整齐，笔画动作不协调，横笔画、横字行左高右低，反起笔、反字或字的结构左右颠倒等；正常手胡乱书写形成的笔迹则会出现书写速度明显异常，笔画的连贯性被人为破坏，书写动作失调，笔画或偏旁之间的正常搭配比例被人为破坏，同一字的写法、书写水平、长短高低搭配比例和结构等在文章的前后表现不一等。因此，只要仔细观察、认真研究，并佐以大量的经验，通常可以识别伪装笔迹。

（二）伪装笔迹的鉴定有一定难度，但却可以进行

实务中，常常遇到伪装笔迹鉴定的要求。理论上说，伪装笔迹并非不能鉴定，因为笔迹所反映的书写动作习惯一旦形成，即具有特定性、稳定性和反映性。伪装笔迹的伪装者虽然刻意改变自己的书写动作习惯，但书写动作习惯的稳定性及反映性却使得伪装者原有的书写动作习惯不可避免地会在长篇的书写活动中暴露出来，而书写动作习惯的特定性又决定了这些暴露出的书写动作习惯有着伪装者的个人"烙印"，使得人们有了鉴定伪装笔迹的可能。

但是，伪装笔迹是特殊的笔迹，是伪装者个人笔迹与被摹仿者笔迹的混杂体，或者是伪装者刻意要掩盖的书写动作习惯与临时胡乱书写时书写动作的混合物，因此，要从这种混杂体或混合物中准确辨别出伪装者自身的书写动作习惯，便较为困难。实务中要求，针对伪装笔迹的鉴定，要注意以下几点。① 要同时收集、提取伪装者和被摹仿者的笔迹样本，且收集、提取的这些笔迹样本要尽量充足、丰富，便于鉴定人员更好地认识、掌握伪装者及被摹仿者各自的笔迹特征。② 在提取受审查者的笔迹实验样本时，要求受审查者在特定的条件下书写，如分别用常用手及非常用手书写。③ 仔细研究伪装笔迹，以发现其中规律性的笔

迹特征、反常的笔迹特征等；对样本笔迹，也应仔细研究，以从中发现可资利用的特征。④ 充分利用已有的伪装笔迹鉴定经验，或者虚心向经验丰富的笔迹鉴定专家求教。

通常而言，伪装笔迹越多，伪装笔迹的鉴定也就相对较容易，并有可能鉴别出伪装者；但如果伪装笔迹只是签名、字数很少，或者伪装笔迹是套摹的，则很可能只能确定是否是伪装，而无法认定伪装者。

第四节 笔迹鉴定及笔迹鉴定中的笔迹样本

一、笔迹鉴定的概念和目的

笔迹鉴定又称笔迹检验，是根据笔迹表现出的书写人的独特书写动作习惯，对笔迹书写人作出认定的一种活动。笔迹鉴定是物证鉴定的重要组成部分，是典型的人身同一认定。

笔迹鉴定的目的，是确认文书上的字迹或签名是否为某人书写，或者认定两份文书上的字迹或同一文书上的两处字迹是否为同一人书写。

二、笔迹样本的概念和种类

笔迹鉴定是一种典型的同一认定，故笔迹鉴定所用的方法是同一认定的基本方法——比较法。就认定两份文书上的字迹或同一文书上的两处字迹是否为同一人书写的鉴定要求，通常不需另行寻找笔迹样本，只要将这二者进行比较即可；但就认定文书上字迹或签名是否为本人书写，则必须要有该人的手写文字材料供比较使用。笔迹鉴定中，将用于比较检验的疑是书写人的手写文字材料称为"笔迹样本"。

笔迹样本可以分为两种，一种是笔迹自由样本，一种是笔迹实验样本。

1. 笔迹自由样本

笔迹自由样本即受审查人或疑是书写人平时所写的字迹。因为这些字迹是在平时工作、学习、生活中书写的，所以，基本上可以排除伪装的可能。从时间上看，这种字迹可能在检材做成之前或之后书写，根据书写的时间先后，前者通常称为"案前样本"，后者通常称为"案后样本"。案前的自由样本能真实地反映书写人的书写习惯。案后的样本则不尽然：如果是受审查人在日常业务活动或生活中书写的报表、账册、书信、日记等，笔迹特征一般还较为可靠；如果是案件开始调查后，哪怕是以某种正当理由让受审查人与其他人一道书写的字迹，也不能完全排除受审查人伪装的可能。所以，对于案后样本，又往往称为"准自由样本"，以示与案前自由样本可能存在的差别。

2. 笔迹实验样本

笔迹实验样本即受审查人或疑是书写者在办案人员主持和监督下，按照笔迹鉴定人的要求书写的字迹。通常在以下情况下会要求提取笔迹实验样本：① 笔迹自由样本数量太少，没有包括检材中应予鉴定的字迹，因而无法进行比较检验；② 检材的书写条件特殊（如使用特殊的书写工具，在特殊的书写环境下，以某一书写速度在特殊书写材料上形成等），必须取得与检材书写条件相同的字迹作为比对样本；③ 检材系左手伪装字迹，必须取得用左手书写的实验样本；④ 比较检验中，需要进一步检验某些细节笔迹特征的差异点和符合点。

三、笔迹样本的提取方法和要求

笔迹自由样本一般由办案人员提取。办案人员根据案件的性质和具体情况，可以向受审查人索取其平时书写的文字材料，也可以委托受审查人所在单位代为收取。所有作为自由样本收取的字迹，都必须注意其来源的绝对可靠性，要确保这些字迹（特别是各种申请表、申请书）确系受审查人或疑是书写人亲笔所写。

笔迹实验样本应当由笔迹鉴定人提出具体要求，通知办案人员并和办案人员一道研究具体的提取办法。一般以听写的方式提取实验样本。如果检材字迹不多，可以责令受审查人听写检材上的字迹，听写的重复次数，根据鉴定的复杂程度和需要确定。也可以草拟一段文字，将需要鉴定的文字融合在这段文字之中。如果检材字数过多，可以从中挑选一批比较富有个人特点的字，然后编一段文字，将这些字融合在这段文字之中，让受审查人听写。需要特别注意的是，任何情况下，均不得将检材向受审查人出示，更不得让受审查人看着检材的字迹书写"实验样本"。

检验摹仿笔迹，除收集疑是摹仿者的笔迹样本外，还可能要收集被摹仿者的笔迹样本。

第五节　笔迹鉴定的基本步骤及其主要内容

如前所述，笔迹鉴定是一种同一认定，故笔迹鉴定要遵循同一认定的基本步骤，即分别检验、比较检验、综合评断、得出鉴定意见并制作鉴定书。而为了保障鉴定的顺利进行，在正式进行笔迹鉴定之前，有时还需要进行预检。

一、预检

（1）详细了解案情。了解案情，应以笔迹鉴定为核心而展开，即围绕需要进行笔迹鉴定的文书而了解一些案情，如了解文书字迹的发现和提取情况；了解文书的出处；了解诉讼的争论焦点与文书字迹的关系；了解疑是书写者的年龄、文化水平、有无疾病等情况；了解是否重新鉴定等情况。

（2）审查检材和样本。即审查检材字迹是否有鉴定条件；样本字迹是否有比对条件，其来源是否可靠，以及这些样本字迹的书写时间是否与检材字迹相当，数量是否充分；等等。

（3）判断字迹是否正常。既要判断检材有无伪装，又要判断样本字迹是否真实地反映受审查人的书写动作特征，这一点对于案后自由样本特别重要。

二、对检材字迹和样本字迹的分别检验

分别检验检材和样本字迹的目的，是要认识并掌握检材字迹和样本字迹的笔迹特征，以从检材和样本中发现有同一认定价值的笔迹特征。

分别检验的步骤和方法如下。

（1）先检验检材字迹，后检验样本字迹。

（2）仔细审阅检材字迹，找出其中相同的字、相同的偏旁部首和相同的笔画，研究它们的笔迹特征是否一致。

（3）注意在检材字迹中发现特殊的连笔、特殊的笔顺、特殊的搭配比例等细节特征。这些特殊的细节特征，往往有助于鉴定人认识并掌握书写人的笔迹特征。

（4）在注意发现笔迹细节特征的同时，还应注意发现书面语言特征以及文字布局特征。

（5）以检材上发现的笔迹特征为线索，对样本字迹进行检验，即研究与检材字迹相当的字、相当的偏旁部首或相当的笔画，以发现它们的笔迹特征的具体表现。

（6）用适当方式标记检材字迹和样本字迹中的笔迹特征。

三、对检材和样本笔迹特征的比较检验

对检材和样本笔迹特征进行比较检验的目的，是要确定检材字迹与样本字迹之间的特征符合点及特征差异点。从认识角度来说，比较检验是在分别检验的基础上，对检材字迹和样本字迹认识的深化。

比较检验的方法，一般采用特征对照法。比较检材字迹和样本字迹时，应注意以下几点。

（1）应当客观全面、认真细致。所谓客观全面，是指比较检验不能先入为主，在受审查人是否就是检材字迹书写人这个问题上不能受外界影响，而应从检材字迹的实际情况出发，全面比较符合和不符合的特征。所谓认真细致，是指比较检验时，不能满足于表面的、较为明显的特征，还要借助相应的设备、装置、仪器等，去发现一些细微的书写动作特点。

（2）应当注意特征的可比性。只有对相同的字、相同的偏旁部首或不同字中相同部位的相同笔画进行比较，才能较为准确地鉴别检材字迹与样本字迹在笔迹特征方面的异同。

（3）应当防止机械比对。书写动作具有稳定性，但表现为书写习惯并成为笔迹，这种稳定性仍会有一定的差异，因此，机械地比对字的大小、文字笔画的长短等，势必导致错误的结论，而联系案件的实际情况，具体分析书写条件、书写心态等方面的差异，才能得出科学的结论。

四、对笔迹特征差异点和符合点的综合评断

1. 对笔迹特征差异点的评断

笔迹特征的差异点有两种：一种是本质差异，一种是非本质差异。本质差异是两个不同的人所写字迹之特征的差异，非本质差异是同一个人所写字迹由于种种原因而产生的差异。

评断差异点，实际上就是要分析差异点产生的原因。

如果检材字迹和样本字迹之间的特征差异是同一人书写动作多样化的表现，或是检材字迹的书写条件与样本字迹的书写条件不同而造成，或是书写人生理、病理、心理等方面因素所造成，甚至是书写人故意伪装所造成，那么检材字迹与样本字迹之间的差异就是非本质差异。

如果检材字迹与样本字迹之间的差异无法用前述因素加以解释，则这种差异点应视为本质差异。

2. 对笔迹特征符合点的评断

符合点也有本质和非本质之分。所谓本质上的符合，即检材字迹和样本字迹反映了同一人的书写习惯动作，各个符合点的总和具有特定性，不可能在其他客体上重复出现。所谓非本质符合，即检材字迹和样本字迹之间的符合，只是共性或一般的符合，并不具有特定性。

评断符合点，实际上就是要研究符合点的总和是特定还是一般的，其对同一认定的价值如何。

符合点对同一认定的价值大小与笔迹特征的类型有关。一般来说，笔迹总体特征与笔迹细节特征相比，后者的价值较大；而细节特征中，符合书写规范的笔迹特征与偏离书写规范的笔迹特征相比，后者的价值较大；偏离规范的特征中，带有地区性质的、行业性质的、年龄性质的特征与带有个人特点的特征相比，后者的价值较大。正常书写的字迹中，一些特殊的运笔特征、搭配比例特征和笔顺特征，以及字的特殊写法、特殊的布局特点、特殊的标点符号等方面的符合点，价值都较高。

3. 对笔迹特征符合点和差异点的综合评断

最后，还应就检材字迹与样本字迹的特征符合点与差异点进行综合评断。综合评断时，要全面衡量符合点和差异点的质量和数量，以便决定检材字迹与样本字迹是否为同一人书写。

如果检材字迹与样本字迹的一般特征和细节特征均相符合，而差异点又可以用书写动作多样化等非本质原因加以解释，那就说明，笔迹特征符合点的总和具有特异性，而其差异点则是非本质的。这种情况下，鉴定人可以作出肯定同一的鉴定结论。

如果检材字迹与样本字迹的一般特征和细节特征只有一些一般性的符合，而差异点又比较突出，且都是细节上的差异，不能用书写时主、客观因素的影响加以解释，那么这种情况下，鉴定人可以作出否定同一的结论。

实务中，还常常出现无法给出肯定或否定同一认定结论，或至多只能给出倾向性意见的情况。无疑，前者对案件的查处无意义，而后者也只能作为参考，不能作为定案或认定事实的依据。

五、笔迹鉴定书的制作

笔迹鉴定书是承载鉴定意见、展示鉴定过程和鉴定所见的书面材料。通常包括案由、检验、论证和结论四部分。案由部分应当叙述送检单位，送检日期，检材名称、数量，笔迹样本名称、数量，请求解决的问题等案件基本问题。检验部分应当叙述所用的检验方法、检验时所用的器具，以及检验所见，包括检材字迹和样本字迹的一般情况，以及检验中发现的笔迹特征符合点和差异点，并应制作"特征比对表"作为附图。论证部分应当叙述对符合点和差异点所作的评断，为作出鉴定结论奠定基础。结论部分应当以明确的文字，表述鉴定人对送检单位请求解决的问题作出的回答。

鉴定书应当由鉴定人签名，并加盖鉴定机构的鉴定专用章。

 本章小结 >>>

笔迹是人书写时留下的特殊痕迹，其实质是书写动作习惯。因为笔迹所反映的书写动作习惯具有反映性、特定性及相对稳定性，所以笔迹鉴定具有科学性。对笔迹进行鉴定时，主要依据狭义的笔迹特征，但广义的笔迹特征也有重要的参考价值。广义的笔迹特征通常包括书写工具及其物质材料特征、书写动作习惯特征（即狭义的笔迹特征）、书面语言特征和文字布局特征。伪装笔迹的常用手法一般可以分为摹仿伪装与随意性伪装两大类。因伪装笔迹通常可能呈现出相应的特征，故伪装笔迹具有鉴定可能性，但有一定难度。

笔迹鉴定是一种典型的人身同一认定，其所用的基本方法为比较法。而笔迹样本，即用于比较检验的疑是书写人的手写文字材料。笔迹样本可以分为笔迹自由样本和笔迹实验样本两种，提取时，要注意其各自的提取方法和要求。

笔迹鉴定遵循同一认定的基本步骤，通常包括预检、对检材字迹和样本字迹的分别检验、对检材和样本笔迹特征的比较检验、对笔迹特征差异点和符合点的综合评断以及制作笔迹鉴定书。

？问题与思考

1. 简述笔迹的概念及其实质。
2. 如何理解笔迹鉴定的科学性？
3. 试述笔迹的特征体系。
4. 如何理解笔迹的细节特征及其在鉴定中的价值？
5. 如何理解书面语言特征、文字布局特征及其在笔迹鉴定中的价值？
6. 简述伪装笔迹的常用手法。
7. 什么情况下需要提取笔迹实验样本？提取时应注意哪些问题？
8. 简述对检材字迹和样本字迹进行分别检验时的基本步骤和方法。
9. 笔迹鉴定时，应如何评断笔迹特征的差异点和符合点？

本章的主要参考文献

1. 何家弘. 刑事诉讼中科学证据的审查规则与采信标准. 北京：中国人民公安大学出版社，2014.

2. 徐立根. 物证技术学. 4版. 北京：中国人民大学出版社，2011.

3. 梁坤. 试析笔迹鉴定中的种属认定和同一认定. 江西公安专科学校学报，2007（3）：84-86.

4. 怀特. 本质性差异在笔迹鉴定结论推断中的应用. 杜水源，等，译. 中国司法鉴定，2004（3）：57-60.

5. 邹明理. 侦查与鉴定热点问题研究. 北京：中国检察出版社，2004.

6. 杜志淳，宋远生. 笔迹鉴定证据的原理采撷与法律判读. 华东政法大学学报，2009（2）：34-40.

第三章　伪造、变造文书物证技术

关键术语

伪造文书　变造文书　手工描绘伪造法　手工雕刻伪造法　誊写油印伪造法
光电誊影机制版伪造法　复印伪造法　铅字盖印伪造法　照相制版伪造法
拓印伪造法　擦刮法　消退法　添写、改写法　改贴（换）照片法
挖补、剪贴法　伪造文书鉴定　变造文书鉴定

第一节　伪造文书和变造文书的概念及区别

一、伪造文书的概念

伪造文书又称"全部伪造文书"，是指以真文书为样本，或者按伪造者自己设计的格式，利用技术方法制作的假文书以及伪造者以手写的方式制作的假文书。以手写方式制作的假文书，通常需以笔迹鉴定的方式加以检验、鉴定，故不属于本章讨论的范畴。

二、变造文书的概念

变造文书又称"局部伪造文书"，是指对真文书予以局部变更、篡改而制成的假文书。变造文书在未变造之前本是真文书，只是在变造者对该真文书的某一部位或某几个部位予以变更、篡改后才成为假文书。

三、伪造文书与变造文书的区别

伪造文书与变造文书的区别是：变造文书者在变造文书时必须有真文书在手；而伪造文书者在没有真文书时，可以根据自己的需要凭空设计、制造各种假文书。变造文书者一旦对真文书的局部内容予以变更、篡改，那么，该真文书也就沦为了假文书；而伪造文书者仿制某一真文书时，该真文书不会因为伪造行为的存在而沦为假文书。

第二节　伪造文书的常用方法及伪造文书的主要特点

实务中，成为仿造对象的真文书通常是印刷件或打印件等机制件，故伪造者往往会用印刷的方法来伪造假文书，但其他一些伪造法也时常被用来伪造某些文书。所以总体说来，常用的伪造方法主要有以下几种。

一、手工描绘伪造法及手工描绘伪造法伪造文书的主要特点

手工描绘伪造法是按真文书的格式、字体、图案、花纹、线条及颜色的规格要求，以手

工描绘的方式描绘制得假文书的一种伪造法。伪造时，有的是临描，有的是套描，有的则是用复写纸复写的方式将真文书各部分内容复制到纸上后，再细致地描绘上色。

手工描绘伪造法伪造文书的主要特点是：① 格线不均匀整齐；② 色泽浓淡不均，遇水后易掉色；③ 图文笔画等有弯曲抖动、粗细不均或残缺不全现象；④ 文字、线条的起、收笔处有笔锋现象或有铅笔痕迹、铁笔压痕；⑤ 可能有复写纸痕迹，或在其图文的起始和终点处有用回形针、大头针固定的痕迹等。

二、手工雕刻伪造法及手工雕刻伪造法伪造文书的主要特点

手工雕刻伪造法是将真文书的文字、图案等，按不同颜色分别复制到版材上，然后雕刻成需要的版型，再以套色印刷法印制出假文书的一种伪造法。

这种方法伪造的文书其主要特点是：① 有凸版或凹版印刷的特点；② 相同字的大小不同，排列不整齐；③ 字笔画、图纹线条有间断、变形和粗细不均的现象，其边缘处及交接部位可能有刀痕；④ 细密的线条不完整、不清晰，版面不洁净；⑤ 同种颜色的图文其色调可能不一致；⑥ 各色图文的交接处有重叠或错位的现象。

三、誊写油印伪造法及誊写油印伪造法伪造文书的主要特点

誊写油印伪造法是将真文书的图文等用铁笔、钢版誊写在蜡纸上，再用油印法制得假文书的一种伪造法。可在制得假文书后，再按真文书着上相应的颜色；或按真文书的不同颜色誊写出若干块蜡版，用套色印刷法印成假文书。

这种方法伪造的文书其主要特点是：① 图案、花纹、线条不清晰，有些笔画、线条中有钢版版纹痕迹；② 油墨暗淡无光泽，用手擦拭易模糊；③ 颜色浓淡不均，并有油渍渗散现象；④ 套色油印的，则可能有重叠或错位、漏白等现象。

四、光电誊影机制版伪造法及光电誊影机制版伪造法伪造文书的主要特点

光电誊影机制版伪造法是采用誊影机的滚筒式扫描，将原稿图文通过光电转换系统，制成与原稿完全相同的油印版，再印制成假文书的一种伪造法。其印制时，可套色印刷，也可在单色印刷后再手工着色。

这种方法伪造的文书其主要特点是：① 图案、线条、文字以及底纹等在外形上与真文书相近，但其细密线条上常常会出现图纹不着墨的"漏白"现象；② 所有图文的印刷版型均为孔版，故在显微镜下观察，图文均由规则的点状墨迹组成；③ 有套色不准和个别颜色空缺的现象；④ 油墨颜色和光泽异于真文书；⑤ 如伪造纸币，则纸币多由两张纸对贴，其尺寸略小于或大于真币。

五、复印伪造法及复印伪造法伪造文书的主要特点

复印伪造法是以真文书为原稿，用静电复印机复印制得假文书的一种伪造法。

这种方法伪造的文书其主要特点是：① 具有复印件的基本特征；② 如果用单色复印机伪造彩色文书，伪造者则要按真文书上色，因而具有手工着色的特征；③ 若用三色、四色复印机套色伪造彩色文书，则有颜色不正及分版复印痕迹和套印错位现象；④ 用彩色复印机复印的，其整个版面的颜色异于真文书。

六、铅字盖印伪造法及铅字盖印伪造法伪造文书的主要特点

铅字盖印伪造法是按真文书的格式、内容等，用单个铅字或将铅字分组固定，再蘸上油墨，按真文书的相应位置盖印制得假文书的一种伪造法。

这种方法伪造的文书其主要特点是：① 文字油墨浓淡不一，印痕轻重不同；② 整行文字有倾斜、上下不齐、左右间隔不均等现象；③ 因找不到相同型号的铅字，有的可能出现铅字型号大小不同的特点。

七、照相制版伪造法及照相制版伪造法伪造文书的主要特点

照相制版伪造法是将真文书以照相的方法制成底片，经晒版将图文复制到涂有感光液的版材上，再以化学方法处理版材制成印版，最后用印刷的方法制得假文书的一种伪造法。这种方法伪造的文书，因所用的版型不同，而有着不同的特点。

伪造凹凸版者的特点：① 有凹凸版印刷的特点；② 线条边缘不光滑；③ 笔画尖端相交处圆钝、不清晰；④ 通常比同号真文书笔画略粗，若曝光不当或腐蚀过度，笔画也可能会更细；⑤ 若有修版，笔画有的部位平滑、有的则不齐整。

伪造胶版者的特点：① 有平版印刷的特点；② 如采用剪贴的铅印字拼排后照相制版，则文字周围有纸块边缘印痕；③ 由于修版，笔画线条交接处内角有圆钝、断线或过于清晰等现象。

八、拓印伪造法及拓印伪造法伪造文书的主要特点

拓印伪造法是将纸张浸泡在化学试剂中，用时取出，覆盖在真文书上，再加压把真文书的图文拓印下来制得假文书的一种伪造法。

这种方法伪造的文书其主要特点是：① 图文与真文书形象相似，但颜色较浅；② 缺少凹凸版印刷文书的特点；③ 由两张纸对贴形成的假文书比真文书略小。

第三节　伪造文书的检验

一、伪造文书检验的任务

伪造文书检验，也称伪造文书鉴定，通常是为了解决可疑文书是否为伪造文书、伪造文书是以哪种方法伪造以及伪造文书是谁伪造这样三个问题。实务中，可疑文书是否伪造这一问题通常较易解决；而后两个问题，则有时能解决，有时无法解决。

二、可疑文书是否为伪造文书的检验

伪造者伪造文书通常以真文书为样本，因此，鉴定某可疑文书是否为伪造文书的最好方法是比较法，即将可疑文书与相关真文书进行比较，以发现差异，进而判断可疑文书是否为伪造文书。在可疑文书的真伪鉴定过程中，往往可以利用放大镜、显微镜、比对投影仪、红外文检仪、扫描仪、计算机、Photoshop 软件等，而具体的比较鉴定，则可沿以下路径展开。

（1）比较印刷版型。如果可疑文书的印刷版型与真文书不同，则可判定其为伪造；如果相同，则需进一步比较二者的细节特征，如真文书在凹版印刷的同时，其凹版里可能印有潜在的图文，而假文书则没有。

（2）比较版面特征。如果可疑文书在版面内容、版面结构、防伪措施这三大版面特征方面与真文书有差异，那么其便是假文书。比较时，要注意可疑文书的图文是否齐全，内容有无矛盾；版面上的花纹、图案、文字等的相应位置及大小有无差异；有无安全线、暗记、水印等防伪措施等。

（3）比较印文。印文通常是真文书的有机组成部分，故伪造假文书，也必然会相应伪造印文。通过比较印文的真伪，也能判断可疑文书是否为伪造文书。

（4）比较文书物质材料。文书的制作离不开纸张、油墨、印油等文书物质材料，但受条件的限制，伪造文书时往往无法获得与真文书完全相同的纸张、油墨、印油等，故从纸张、油墨、印油等的物理、化学性质入手，可判明可疑文书是否为假文书。若从受审查人处提取了可疑纸张、油墨等，还可与已被确定为伪造文书的文书所用纸张、油墨等文书物质材料进行比较检验，以判明其是否相同。

（5）比较证件的装订方式。文书若为证件，则其显然需要装订，如线缝、针钉、黏合剂黏合、塑料熔融黏合等。假文书的装订方式往往与真文书不同，故这也可成为判明可疑文书是否为假文书的依据之一。

三、伪造文书之伪造方法的判断

在确定可疑文书为伪造文书即假文书之后，如果有可能，还应进一步判断假文书的伪造方法，这在刑事案件的查处中相当重要，因为知悉了伪造方法，可为侦查提供线索，进而缩小侦查范围，或者可为串并案侦查提供依据。

如前所述，不同伪造法伪造的文书均具有各自的特点，而这些特点不乏是具体伪造法的体现，因此，通过研究伪造文书各自拥有的不同特点，有可能判断伪造文书是以哪一方法伪造的。相对而言，照相制版伪造法伪造的文书不仅难以鉴别，而且对相应伪造方法的判断也更为复杂、更为不易。但通常而言，对以照相制版伪造法伪造的假文书，可从图样的制作、印版的制作等制版方法，手工印刷、油印印刷、机器印刷等印刷方法，以及金属版材、非金属版材等制版材料这三个方面来分析判断相应伪造法的具体特点，为侦查破案提供线索、划定范围。

第四节　变造文书的常用方法及
变造文书的主要特点

日常生活、工作中涉及的各种证件、票券等文书均可能成为变造者变造的对象。变造者变造各种文书的手法通常是擦刮法，消退法，添写、改写法，改贴（换）照片法，挖补、剪贴法等。

一、擦刮法及擦刮法变造文书的主要特点

擦刮法是指用一定的工具将真文书的某些文字笔画擦去或刮掉，进而改变文书内容的一

种变造文书的方法。

以擦刮法变造的文书往往呈现以下特征。

（1）纸张表面留有擦刮工具擦刮后的痕迹或微粒，如针挑、刀刮的痕迹或残留的橡皮屑。

（2）被擦刮部位的纸张纤维有不同程度的松乱、翘起。

（3）被擦刮部位的纸张颜色与其他部位有差异。

（4）文书的底纹或格子线因被擦刮而变得模糊不清甚至消失；而补画的底纹及线条要么与原底纹、线条衔接不上，要么粗细、颜色不同。

（5）在擦刮处添写的文字笔画可能出现墨水洇散现象。

（6）与擦刮部位邻近的文字笔画有可能被损，虽经添写重描，但与其他文字笔画相比，其在颜色上、笔迹特征上均有差异。

（7）擦刮部位可能有未擦尽的残留笔画。

（8）文字被擦刮以后，纸张上可能还留有文字压痕。

二、消退法及消退法变造文书的主要特点

消退法是指先用单一或混合化学试剂将真文书的部分文字消退，然后在被消退处写上所需文字用以变造文书的一种方法。

被用作消退剂的化学试剂通常有次氯酸盐类、盐酸、草酸、稀硫酸、过氧化氢、维生素C、高锰酸钾（或与抗坏血酸配合使用）、无水乙醇等。

真文书书写物质的性质、文书制成时间的长短、消退剂的性能及纸张质量等，均对消退效果有一定的影响。

以消退法变造的文书有如下特征。

（1）被消退部位的纸张形成了有色污斑，有皱缩、变脆甚至穿孔的现象，纸张表面光泽亦被破坏。

（2）用色纸书写的文书或纸上有保护花纹、格子线的文书，其底色、花纹及格子线往往退色；若文书的纸张曾经作过特殊处理，如在造纸时加入一些能与消退剂发生化学反应而变色的试剂，则消退处往往出现一些特殊颜色印痕；若消退的部位正好盖有印文，则这部分印文的颜色可能异于其他部位的颜色。

（3）邻近消退部位的个别笔画有可能变色，而被消退的部位则还可能残留有未被完全消退掉的文字笔画。

（4）在被消退部位添加的文字，往往有墨水洇散或褪色的现象。

三、添写、改写法及添写、改写法变造文书的主要特点

添写法是指在真文书的空白处、字行的前后或字间添加所需文字用以变造文书的一种方法。

改写法是指直接在真文书原文文字上通过添加、涂描笔画等方法改变原文文字或数字的一种变造文书的方法。

用添写法和改写法变造的文书，可能出现以下特征。

（1）添写或改写文字可能与整个文书内容不连贯或前后矛盾。

（2）添写文字或改写笔画的颜色可能与原文字迹颜色不同或深浅不一。

（3）添写往往会有文字间隔不均、排列不齐、文字大小不一致、文字书写格式及文字布局异常的现象。

（4）若添写者与原文书书写者不是同一人，则添写的文字在笔迹特征上与原文不同，并有一些反常现象。

（5）变造者用的书写工具可能与书写原文的工具不同，因而其书写痕迹也不大相同，如在笔尖的磨损程度、笔画宽度、圆珠笔出油量等方面表现出添写、改写处与原文其他部位不同的现象。

（6）添写、改写时的用笔压力可能与原文书写压力不同，因此可能在文书背面观察到深浅不同的压痕；添写、改写时受衬垫物软硬程度不同或平滑程度不同的影响，添写、改写的文字笔画会出现弯曲、抖动、间断残缺等现象。

（7）如在被擦刮、消退的部位添写文字，在纸张折叠处添写、改写文字，那么就常常会出现墨水洇散现象。

（8）添写文字或改写笔画未干时便折叠文书，则会在相应纸张部位留下添写、改写的文字笔画印迹。

（9）在发票上添写、改写时，所添改的字迹往往不是用复写纸而是用钢笔或圆珠笔书写而成；有时则可能出现在文书背面添写、改写部位无复写纸痕迹或复写纸痕迹颜色不一致的现象。

（10）在添写、改写前如果使用了消退、擦刮手段，则在文书上还会出现擦刮、消退的特征。

四、改贴（换）照片法及改贴（换）照片法变造文书的主要特点

改贴（换）照片法是指将真文书上的照片撕揭下来改贴或改换上所需新照片的一种变造文书的方法。

这种方法变造的文书的特点如下。

（1）改贴、改换照片上的部分印文在大小、位置、字迹笔画、印文颜色、钢印压痕深浅等方面，可能与文书上另一部分印文衔接不上或不同。

（2）照片周围纸张表面可能有撕揭原有照片而受损的痕迹，照片表面则可能出现凹凸现象。

（3）揭下照片后观察照片的背面和文书的纸面，可见这两者在文字、线条上可能有残缺不全或相互不吻合的现象。

（4）更换照片后，证件上某些内容，如性别、年龄、身高等，也要作相应的改动以符合持证人的自然情况，故在证件相应地方可能会发现擦刮、消退、添写改写等特征。

五、挖补、剪贴法及挖补、剪贴法变造文书的主要特点

挖补法是指将真文书某一部位文字图案等连同纸张表层切割剥离掉，然后补贴上新的文字图案以改变原文内容的一种变造文书的方法。

剪贴法是指将真文书的某一部分剪下来，然后根据需要或再拼贴到一起或贴于其他文书之上，以变造出新文书的一种变造文书的方法。

用挖补、剪贴法变造文书可能出现以下特征。

（1）贴补部位的格子线、花纹与原文处的可能不衔接。

（2）有切割挖补和拼贴的痕迹，如可疑部位的边缘厚度增加，其周围还可能留有黏合剂。

（3）挖补及剪贴部位的笔迹、墨水种类、字的大小、字体及纸张厚度、色泽、透明度、荧光现象等，往往异于文书的其他部位。

（4）如果挖补、剪贴后为了掩盖变造事实而用光滑坚硬的物体在变造部位碾压以使其平展，则在此处会留下有光泽的碾压痕迹。

除以上这些变造文书方法外，目前也发现了将计算机图像处理技术用于变造文书的方法。

第五节　变造文书的检验

一、变造文书检验的任务和特点

（一）变造文书检验的任务

变造文书检验也称变造文书鉴定，是指根据变造文书的常用手法及其在变造文书中形成的特征，借助各种科学方法和手段对案件中的可疑文书是否为变造文书作出判断，并在可能的情况下认定变造者的一种检验活动。所以变造文书检验的任务有三：一是鉴定可疑文书是否变造；二是显示文书被变造前的内容；三是确定具体的变造者。

（二）变造文书检验的特点

（1）变造文书检验时，文书上被改变部位所具有的特点就足以证明变造事实，而这些特点往往通过比较可疑文书的可疑部位与正常部位就能发现，因此，在变造文书检验时，多数情况下不需要另行收集供比对的样本，接受检验的可疑文书的正常部分便可充当比对样本的角色。但是，检验伪造文书通常则要收集比对样本——真文书。

（2）变造文书检验时往往要利用笔迹检验技术。变造者变造文书时很难用得上复印、印刷等技术手段，但却常常用手写的方式达到变更原文内容的目的，这就使得检验者有可能通过笔迹检验的方式发现、证实变造事实，并有可能通过笔迹检验对变造者进行同一认定。伪造文书检验则有所不同，除了手工描绘法伪造的文书，其他方法伪造的文书大都没有手写文字符号出现，因而检验中一般不涉及笔迹检验技术。

二、常见变造文书的检验

（一）擦刮法变造文书的检验

1. 确认擦刮事实

（1）借助放大镜或显微镜观察。在侧光或透射光的照射下观察文书的可疑部位有无擦刮文书的特征，如可疑部位与其他部位纸张表面光泽是否相同、纸张是否发毛等。

（2）用碘熏显示法或甲基蓝—淀粉显示法确认。被擦刮部位纸张纤维因发毛而能吸附碘，所以用碘熏法一般可以确认有无擦刮事实。但甲基蓝—淀粉显示法仅能确认被橡皮擦过的事实且要求纸张及甲基蓝—淀粉的混合粉末（90%～95%：10%～5%）均须保持干燥，否则会出现假阳性反映，即变蓝。

（3）用紫外灯或蓝光灯观察荧光现象。紫外灯或蓝光灯下，可疑文书可疑部位纸张和字迹的荧光现象与其他部位纸张和字迹的荧光现象往往不同，进而可确认擦刮事实。

2. 显现被擦刮文字

用擦刮法变造文书时往往会破坏纸张表面的纤维层，因而被擦刮部位的字迹可能被破坏掉甚至随被破坏的纸纤维、橡皮屑一起脱离纸面，因此，并非所有被擦刮文字均能显现出来，但有时可用以下几种方法显现或辨别被擦刮的文字。

（1）根据残留的文字笔画痕迹，按照文字笔画的书写规范、运笔方向和结构关系分析辨别原文。

（2）根据书写原文时在文书正反面留下的抑压痕迹或留在其他部位的原文印迹显现或辨别原文。

（3）若原文是用铅笔、黑墨汁、油墨等对红外线有吸收作用的物质书写的，则还可利用红外线显现原文。

（4）在蓝光或紫外线下观察擦刮处，若残留的笔画发荧光，则也能辨别原文。

（5）若原文是用红墨水、红圆珠笔油等红色物质书写的，那么激光可能激发残留的文字笔画发荧光而显现该文书上被擦刮的原文。

（二）消退法变造文书的检验

1. 确认消退事实

（1）以肉眼或借助放大镜、滤色镜观察。在不同光照角度下，用肉眼或借助放大镜、滤色镜等观察文书可疑部位，看有无前述消退法变造文书的特征。

（2）用紫外灯或蓝光灯观察。被消退部位的荧光现象可能异于其他部位，因此，在不同波长紫外线或蓝光下观察，可发现消退斑迹和消退范围。

2. 显现或辨认被消退文字

（1）荧光显现法。有些被消退文字笔画在紫外线或蓝光的照射下能发射荧光，故根据荧光可辨别原文字迹。而"低温红外荧光照相法"也可显现某些消退文字笔画。

（2）化学试剂显现法。如果被消退的文字是用铁盐墨水（即通常的蓝黑墨水）书写的，那么被消退掉的实际上仅仅是染料成分，而墨水中所含的铁元素仍附留在原有笔画处。因此，可利用化学试剂与铁元素发生反应生成有色物质的方法显现原有的文字。

用于显现的化学试剂通常有：5%五倍子酸酒精液；5%2，4-二羟基苯甲酸酒精溶液；0.5%羟基喹啉酒精溶液；5%亚铁氰化钾溶液加盐酸；5%硫氰酸钾溶液加盐酸；10%三羟基苯水溶液等。

（三）添写、改写法变造文书的检验

1. 确认添写、改写事实

（1）目视法。以目视法往往能发现添写、改写的特征，如果还发现可疑文书存在擦刮、消褪等现象，即可确认添写、改写的事实。

（2）加压转印法。如果添写、改写文字笔画所用墨水异于原文所用墨水，或虽然书写墨水相同，但写成的时间不同，就可用加压转印法揭示字迹是否为添写或改写。

（3）荧光显现法。在紫外线、蓝光或激光下，添写、改写文字笔画的荧光现象可能异于原文的文字笔画，因而可用于确认添写、改写事实。

（4）分色照相法。用分色照相的方法可以鉴别并记录可疑部位添写、改写文字笔画在颜色上与原文存在的差异。

（5）红外线检验法。添写、改写用的墨水等可能异于原文所用的墨水，因而它们对红外线的吸收、反射、透射的性能也就不同。据此，用红外线反射、透射照相或者红外文检仪，便可确认添写、改写事实。

（6）显微分光光度法。添写、改写用的墨水等可能异于原文所用的墨水，因而如果用显微分光光度计检测所得的光学参数、颜色参数以及光谱曲线等发现存在差异，那么便可确认添写、改写事实。

2. 显现原文文字

添写或改写对原文字迹基本没有破坏或破坏极小，故一旦确认了添写、改写事实，也就能辨认、识别出原文文字，因而不必用其他方法专门显现原文。当添写人不是原文书写人时，通过笔迹鉴定与嫌疑人笔迹样本进行比对，还能认定添写人。

（四）改贴（换）照片法变造文书的检验

1. 以肉眼或借助放大镜观察

观察可疑文书的照片及其周围，如果发现改贴（换）照片法变造文书的一般特征，即可认定改贴改换照片的事实。

2. 荧光显现法

更换照片后一般均要在照片上伪造部分印文，而这部分印文的印泥或印油可能异于证件上的那部分印泥或印油，甚至是用墨水、圆珠笔油描画的，因此它们在蓝光、紫外线下可能出现不同的荧光现象。

3. 印文的印泥印油检验

可用薄层色谱法或一些仪器分析法鉴别照片上的印泥印油与证件上的印泥印油是否相同。

4. 黏合剂的检验

改贴、改换照片时所用的黏合剂可能异于粘贴原照片时所用的，故在照片背面可能出现混合的紫外或蓝光荧光现象；也可用仪器分析法分析此处的黏合剂，看其是单一成分还是混合成分。

（五）挖补、剪贴法变造文书的检验

1. 以肉眼或借助放大镜、显微镜观察

以发现可疑文书是否具有挖补、剪贴法变造文书的一般特征，如纸张色泽、纸张纤维方向等方面的差异。

2. 荧光显现法

贴补部位与原文纸张质料、墨水种类的差异可通过紫外线或蓝光下的不同荧光现象表现出来。

3. 笔迹检验

贴补部位的笔迹，其字体、大小等都可能异于原文部分。

4. 揭贴法

可用揭贴法将补贴的部分揭取下来，从而证明变造事实。揭取的方法为：先将补贴部位略加湿润，然后用蒸气熏蒸，再仔细剥离。

本章小结 >>>

伪造文书和变造文书均是实务中经常遇到的假文书。

伪造文书的常用方法主要有手工描绘伪造法、手工雕刻伪造法、誊写油印伪造法、光电誊影机制版伪造法、复印伪造法、铅字盖印伪造法、照相制版伪造法和拓印伪造法八种。使用不同方法伪造的文书，具有不同的特点。变造文书的常用方法主要包括擦刮法，消退法，添写、改写法，改贴（换）照片法，挖补、剪贴法等。以不同方法变造的文书，也会呈现出不同的特征。

伪造文书或变造文书检验，通常是为了解决可疑文书是否为伪/变造文书、以哪种方法伪/变造，以及是谁伪/变造这样三个问题。但通常而言，后两个问题有时较难解决。

 问题与思考

1. 简述伪造文书和变造文书的概念及区别。
2. 伪造文书的常用方法有哪些？
3. 变造文书的常用方法有哪些？
4. 检验可疑文书是否为伪造文书时，通常可以从哪些路径展开？
5. 与伪造文书检验相比，变造文书检验具有哪些特点？

本章的主要参考文献

1. 徐立根. 物证技术学. 4 版. 北京：中国人民大学出版社，2011.
2. 文小和. 论伪造、变造文书的检验. 西南民族学院学报：哲学社会科学版，1992
（3）：91-97，102.
3. 邓绍秋. 利用真签名伪造文书的识别与检验. 中国司法鉴定，2014（1）：59-62.
4. 杨进友. 变造文书的认定. 中国司法鉴定，2012（1）：50-53.

第四章　印章印文物证技术

关键术语

印文　印文特征　印文规格特征　印文细节特征　印章　印文鉴定　朱墨时序鉴定

第一节　印章印文及其常见伪造手法、特点

一、印章、印文概述

据考证，自殷商晚期始，我国就已开始使用印章。尽管古代对印章的称谓各不相同，且各朝各代的印章在材质、制作方式、印面特点等方面有着不同的特点，但印章的基本功用却是相同的，即通过在相关文书上留存印文的方式对文书的内容加以确认。

在当今，印章根据其所有者的身份及具体用途而分为公章、专用章和私章三种。公章是指机关、社会团体、企事业单位及其所属机构使用的代表本单位或本部门的印章。专用章是指专用于某种业务或某种文件的印章，如"财会专用章""税务专用章"等。私章是指个人使用的名章。而按照制作方法及材料的不同，则可将印章分为雕刻印章（如手工雕刻印章、机械雕刻印章、激光雕刻印章等）、渗透印章（如普通渗透印章、原子印章等）、树脂印章（如树脂雕刻印章、树脂腐蚀印章、树脂压膜印章等）、光敏印章及钢印。按照在制章过程中是否采用防伪技术，可将印章分为普通印章和防伪印章。按照章墨之间的关系，还可将印章分为章墨一体印章和章墨分离印章。

印文，也称印鉴，则是印章印面在纸张上留下的有色平面或无色立体痕迹，是文书真实、有效的凭证。

鉴定实务中，通常是就印章留下的印文进行鉴定，但有时，也会就印章本身进行鉴定。

二、印文特征及影响印文特征变化的因素

所谓印文特征，即印章印面在制作、使用及保存过程中形成的结构特点在印文中的综合反映。对印章印文进行鉴定，要以印文特征为依据，因此，有必要掌握印文特征的具体内容以及一些对印文特征会产生一定影响的因素。

（一）印文特征的组成

印文特征包括印文规格特征和印文细节特征两大部分内容。

1. 印文规格特征

印文规格特征是印章的规格性特征的反映，是印章刻制时在大小、形状、内容、安排格式等方面呈现出的一些种类性的特征。

印文规格特征主要如下。

（1）印文形状及大小。印文的形状是指其外形，即方形、圆形等；印文的大小则是指方形印文的边线长短、圆形印文的直径等。

（2）印文的边框。指印文有无边框，以及边框的具体特点，如单边、双边、点线边等。

（3）印文的内容及安排格式。印文内容指印文的具体文字内容以及国徽、五角星等附加图案。安排格式则指印文文字的排列方式及与附加图案之间的组合关系。

（4）印文的字体。即印文文字具体呈现出的楷体、宋体、篆体等书写体系，以及是否为繁体字、异体字或者规范简体字。

2. 印文细节特征

印文细节特征是印章刻制人的风格、刻制方法、技术水平等方面的差异，以及印章在使用及保存过程中形成的一些特点在印文中的具体体现，是印章个性化特点的综合反映。

印文细节特征主要如下。

（1）文字、图案、线条等的具体位置及相互间的位置关系。

（2）文字、笔画、线条等的交接、搭配等比例关系，以及文字、笔画等的弧度、转折角度等外形特征。

（3）附加图案的具体结构特点及可能有的防伪特征。

（4）印面结构方面的疵点、缺损等，是印章笔画、线条等在刻制、使用中形成的一些断损、磕损、修补特点等。

（5）印面附着物特征，即印章印面或构成印文的物质材料如印泥、印油等表面吸附的非印面固有的细小物质之位置、结构、形态、大小、长短、粗细等，及其与印文上其他特征之间、相互之间的布局、搭配比例关系等。

（6）印文留白特征，即印文空白部分的结构、形态等分布状态，以及空白部位出现的除印文正常内容之外的一些多余印痕特征。

（二）影响印文特征的因素

相较于笔迹特征而言，印文特征更为稳定，但即使如此，印文特征也会受一定因素的影响而发生相应变化，唯有了解并掌握这些可能影响印文特征的因素，才能在印文的鉴定中正确评断可疑印文与样本印文之间的一些特征差异点，进而给出正确的鉴定意见。一般而言，影响印文特征的因素如下。

（1）用不同印章盖印。这是印文特征发生变化的最本质因素。尽管印文的内容、形状、大小等均类似，但如果以不同印章盖印，则印文特征，特别是印文细节特征会有很大差异。

（2）湿度。对木质印章而言，湿度的影响会更大：空气湿度大或印章经常使用，则印面的笔画、线条等会相应膨胀而变得粗大；反之，则变得纤细。

（3）盖印时的压力大小、落印角度、衬垫物软硬等，有可能使印文的外观、文字、线条等变得或粗、或细、或变形、或重影，或者使印文的图文线条等间断、不完整等。

（4）印章的长期使用或印章的清洗，有可能使印文的文字、线条等变得粗钝、模糊，或者变得清晰、细小。

（5）印章印面受到磕碰或损坏，边框或文字、线条等出现缺损、断裂，相应的印文也会出现漏白、残缺等。

（6）印章长期使用却不清洗，会使得印面附着过多的印泥（油），甚至粘上异物，因而印章，特别是木质或橡胶印章的刀痕及一些细节特征有可能无法表现在印文中。

（7）常见的印文物质材料有普通印油、印泥及原子印油、光敏印油、防伪印油等。对于章墨一体的印章，由于不需要逐次蘸取印文物质材料来盖印，故印文物质材料对印文特征的影响较小。但对于章墨分离的印章，由于每次盖印时都要蘸取印文物质材料，故印文物质材料的具体类别、其在储墨盒内的状态、蘸取的印文物质材料的多少等，都可能影响到印文的某些特征，如蘸取的多，可能导致印文图文线条等变粗或原本分离的线条等出现接合现象；而蘸取的少，则可能导致印文图文线条变细、中断、缺失，甚至部分印文内容缺失等。

显然，第（2）至第（7）种影响因素并不妨碍人们在印文鉴定中得出肯定的同一认定结论。

三、伪造印章印文的常用手法及主要特点

为了鉴别印章印文的真伪并分析判断其伪造方法，必须了解伪造印章印文的一般方法及特点。目前，伪造印章印文者，既有使用传统伪造法的，也有利用当代先进印刷技术或计算机技术的；且有的直接伪造所需要的印文，有的则在伪造出印章后再用伪造出的印章盖印成所需要的印文。

（一）伪造印章后再印制或盖印形成假印文

（1）照相制版伪造印章印文。这种伪造法又分两种情况。一是照相制版制得的是印刷版，即以照相的方式拍得真印文的底片，经晒版等步骤制成平版或腐蚀凸版，再以印刷的方式印出假印文。以此法伪造的印文，其主要特点为：印文的结构、大小、文字甚至细节特征等可能与真印文相同；有平版或凸版印刷的特点，相应的印文由印刷油墨而不是印泥或印油构成。二是照相后制版制得的是不同材质（如铜版、感光树脂版）的印面，再将印面粘贴在印柄上，便制得了一枚印章，用此印章盖印可得假印文。以此法伪造的印文，其主要特点为：印文的结构、大小、文字甚至细节特征等可能与真印文几乎相同；但经照相得底片时的显影、定影，以及以底片再行光腐蚀或化学腐蚀的制版处理，会使得制成的假印章丢失或增加某些特征，相应的假印文也就与真印文存在一些差异。

（2）手工雕刻法伪造印章印文。即以真印文为样本雕刻出伪造印章，或无样本而自行设计雕刻出伪造印章，再盖印形成假印文的一种伪造法。以此方法伪造的印文，会极大地显示出伪造印章与真印章在雕刻水平、印章材质、雕刻工具等方面的差异，如字的大小、间距、位置等方面的不同；字的笔画、线条等粗细不匀、转折生硬，甚至出现不正常的间断或衔接；不具有真印章所具有的一些防伪特征等。

（3）单字组合法伪造印章印文。即用单个铅字或雕刻出的单个文字，按真印章的格式，逐个盖印在文书上形成印文，或者将这些单字固定在一起，组成印章，再盖印成印文的一种伪造法。此法伪造的印文其主要特点为：印文的边框可能是描绘或用盒盖等盖印而成，有描绘或盖印物的特点；文字不正、排列不齐、间距不均等；字的压力大小不一；文字大小与印文大小不相称等。

（4）遮盖真印章的局部再盖印形成假印文。即设法将真印章的局部文字内容等遮盖住，再盖印出假印文的一种伪造法。以此法伪造的印文，其主要特点为：有文字部分与无文字部分不匀称，或在印文空白处留有未被遮住而残余的文字笔画。

（5）电脑制版激光雕刻伪造印章印文。计算机技术及激光技术的发展，使得印章制作行业发生了深刻的变化：传统的手工雕刻制章或照相制版制章工艺几乎完全被电脑制版激光雕刻制章工艺取代。相应的，这一先进工艺也被用于伪造印章印文，即测量需仿制的真印文的规格、图文排列，然后借助专用的印文排版软件设计编辑出相应的印章图文；或者用扫描仪将需要仿制的真印文扫描到电脑里，经修改编辑成相应的印章图文；或者利用激光雕刻系统曾经存储的被伪造印章的图文文件，然后用激光刻字机刻制出印章，进而盖印出假印文的伪造法。以这种方法伪造的印章印文，极为相似于真印章盖印出的印文。但除了第三种被实务界称为"同版印文"或"克隆印文"的假印文几乎无法鉴别外，第一种及第二种假印文都有致命的弱点，能够被检验出来：第一种在测量真印文规格、图文排列时的误差，用于编辑出相应印章图文的专用印文排版软件的差异，激光刻字机的硬件差异等均会使得伪造的印章有一些细节特征不同于真印章，相应的，伪造印章盖印出的印文也就会异于真印文；第二种虽借助了扫描仪的扫描，但扫描时有可能使真印文的一些特点丢失或增加，修改编辑时又会变动一些内容，再加上激光刻字机的硬件差异，故此法伪造的印章也会在一些细节特征方面异于真印章，其盖印出的假印文也会异于真印文。此外，在用这些方法伪造印章时，印章的材质还可能异于真印章，也会使真假印文有一定差异。

（二）直接伪造印文

（1）手工描摹复写法伪造印文。即将白纸覆盖在真印文上，用笔套描成假印文；或将真印文放在红色复写纸上，下衬白纸，用笔在真印文上描绘形成假印文的伪造法。以此法描摹出的假印文有明显的手工制作而非印章盖印的特点，如文字、线条等粗细不匀、弯曲抖动，有修补、重描甚至复写纸的痕迹等。

（2）复印法伪造印文。即借助复印机，而直接复制获得印文的一种伪造法。该法伪造的印文，有着明显复印文书的特点，即印文图文墨迹呈墨粉凝聚状，有立体感，空白处分布有墨粉弥散点；图文线条质量较差，笔画边缘常常有散在的墨点并容易出现锯齿状；会因为复印机部件如硒鼓等老化、受损，而在纸张空白处出现点、线、块状痕迹特征；即使是用彩色复印机复印的，其印文颜色与盖印印文也有一定的差异，且更有可能呈现出三原色墨粉复印文书的特点。

（3）变造印文。即将真印文的局部予以变动后形成假印文的一种伪造法。变造印文时，有可能是擦刮或挖掉真印文的某些文字，再添补上需要的内容等。以此法变造出的印文其主要特点是：可疑处有擦刮、挖补等变造文书的特点；添补的文字、线条等不是由印油或印泥组成；添补的文字等在字体、字的大小、排列位置等方面异于印文的其他部位；等等。

（4）拓印印文。即以拓印的方式将真印文拓印到白纸上，再将其转印到其他白纸上的一种伪造法。其主要特点是：印文的大小、形状甚至是细节特征均与真印文相似，但颜色浅淡，且印文的成分可能不仅仅是印油或印泥，还有其他有助于拓印的化学组成。

（5）激光扫描打印印文。即用扫描仪将真印文扫描到电脑中，再以彩色打印机打印出假印文的伪造法。以此法伪造的印文，其主要特点是：与真印文非常相似，但因经过了扫描这一复制工序，真印文所在的背景或其他瑕疵也可能一并扫描进而打印出来，且有彩色喷墨打印、激光打印等打印文书的特点。

第二节　印章印文的鉴定

一、印章印文鉴定的主要内容

印章印文鉴定是文书鉴定中较为常见的项目。之所以出现这样的状况，其原因在于，印章在我国有着悠久的使用历史，且在目前仍广泛、普遍地使用着，因此，当就某一文书的真伪产生怀疑时，对其上的印文进行鉴定往往能起到重要的作用。

从目前的鉴定实务看，印章印文鉴定主要有如下内容：① 印章印文的同一认定；② 印章印文之伪造、变造方法的鉴定及印章印文的形成方式鉴定；③ 印章印文与文书字迹形成先后顺序鉴定；④ 印章印文盖印时间鉴定。

在鉴定文书制作时间时，往往会从其上承载的印文入手，因此有印章印文盖印时间的鉴定，尽管涉及的内容不多，但本教材仍将其放在本篇第六章"文书制作时间鉴定技术"中讲授。而就印章印文之伪造、变造方法的鉴定及印章印文之形成方式的鉴定，则从常见的伪造、变造印章印文的方法及相应特点，以及常见印章印文的形成方式之特点入手，便可做出基本判断，且受篇幅所限，故本教材也不涉及。换言之，本节只介绍印章印文的同一认定及印章印文与文书字迹形成先后顺序鉴定。

二、印章印文的同一认定

印章印文的同一认定，也常常被称为印章印文的真伪鉴定——当经鉴定，判定可疑印文与样本印文是同一印章盖印的结果，那么，该可疑印文便是真印文；当经鉴定，判定可疑印文与样本印文不是同一印章盖印的结果，那么，该可疑印文便是假印文。

基于其与笔迹鉴定一样，也属于同一认定，因此，印章印文的真伪鉴定也要遵循同一认定的基本步骤，即预检或准备工作、分别检验、比较检验、综合评断得出鉴定意见、制作鉴定书，也要使用同一认定的基本方法，即比较法。但针对印章印文的特点，鉴定时有必要注意以下问题。

（1）要注意全面收集不同时期的印文样本。因为印章使用时间的长短、使用时印面的洁净程度、磨损或磕碰情况等均对印文特征有较大的影响。印章印文鉴定时，用于比对的样本也有自由样本及实验样本之分。印章在正常使用时，经时自然形成的自由样本具有很高的鉴定价值；而实验印文样本，因是出于鉴定比对的需要而模拟各种条件盖印形成的，故能解决在比对鉴定时因自由印文样本的一些缺憾而无法解释某些印文特征的问题，或者为确认某一鉴定意见提供支撑。

（2）检材印文及样本印文均应是原件而非复印件。因为复印印文让人难以发现、比较印文的细节特征，也无法显示印文是以印油（泥）盖印所得还是打印机打印而成。但在特殊案件中，例如，有的案件中，印文的原件完全没有可能再得到，且印文的复印件非常清晰、没有变形等，故有时也可用于鉴定。

（3）为更直观了解印章及其相应印文的特点，可同时将印文样本对应的印章用于检验，即要求送检单位一并送来印文样本及对应的印章，检验时，既可用该印章模拟制作一些实验样本印文，也可直接比较检材印文与该印章的特征。

（4）比较检材印文与样本印文时，要综合使用拼接法、重叠法和特征对照法等比较法。虽然可用传统的设备，如放大镜、显微镜、投影比对仪比较印文的异同，但目前来说，计算机软硬件技术及相应的外围设备使得人们可以更为便捷、快速、可靠地完成这一工作。例如，目前实务部门已大量使用扫描仪及计算机图像处理软件（Photoshop 软件）来比较鉴定可疑印文的真伪：扫描仪将检材印文和样本印文在同样条件下输入计算机，用 Photoshop 软件即可以前述三大比较法比较输入的检材印文与样本印文。比较时，还可贯穿使用画线、测量的方法。

（5）应熟悉当代先进制章工艺的原理、步骤，了解如若将该工艺用于伪造印章印文时可能会使伪造印章发生变化的环节。在此基础上，对那些外观极为相似，甚至可重叠的检材印文与样本印文，要着重考虑是否运用了这些先进的制章工艺，是否呈现出相应的伪造特点。

（6）目前，也有用计算机印文比对系统自动识别检材印文的真伪的，如银行业便在一定程度上使用印鉴的计算机识别系统。但我国对印章刻制行业的管理、印章信息库的建立等还欠严格、科学、有效，加之计算机对印文真伪的自动识别在技术上还有一定不足，故经计算机自动识别后，仍需要人工复核。

（7）印文的检验，还可从印文的成分入手：扫描后再经计算机打印出的印文，其成分只能是打印墨粉而不是印泥或印油；章墨一体的光敏印章或原子印章，其印油成分不仅异于普通印油、印泥，而且其盖出的不同印文有着完全一致的成分，且还可能有独特的荧光现象；即使是章墨分离的印章，使用单位或个人也可能会长期仅使用某一成分的印油或印泥。

（8）即使是同一印章盖印的印文，印文间也会有特征差异；同样，即使是不同印章盖印的印文，印文间也会有特征符合。故，必须结合可能使印文特征发生变化的各种因素，特别是个案的各种使用、磨损等具体因素，综合地分析比较检验时发现的各种特征符合点和差异点。

（9）制作鉴定书时，可将利用计算机图像处理技术进行比较检验时发现的检材印文与样本印文之间的各种差异点或符合点均导入鉴定文书中，以使鉴定书更具说服力。

三、朱墨时序的鉴定

所谓朱墨时序鉴定，也就是印章印文与文书字迹形成先后顺序鉴定。其中，"朱"便是印章印文的代称，而"墨"则是指印文所在文书上的文字内容——这些文字内容可能是手写，也可能是打印、复印等机制方式形成。

虽然就文书朱墨的正常时序没有严格的规定，但通常而言，按照文书制作的程序，完整有效的文书应该是先形成文字内容部分，再盖上相应的印文，即文书的文字、签名等在交叉处的印文之下。准确判断朱墨时序，能为案件的公正处理提供一定线索或证据。

鉴于纸张的差异、印泥或印油的成分差异、文书文字等内容的构成材料的差异以及文字的形成时间与盖印时间之间的间隔等，朱墨时序的鉴定并非易事。但通常可从朱墨交叉处的光学、形态学、化学特征等，借助以下方法来进行：（三维）立体显微镜、荧光显微镜、生物显微镜、扫描电子显微镜等显微镜检验法；文检仪检验法；拉曼光谱分析法；傅里叶红外显微光谱法；交叉截面镜检法；粉末吸附法；脱色法；剥离法；溶压转移法；彩色显微照相法等。

为了获得较为可靠的鉴定意见，在进行朱墨时序鉴定时，往往会在判别朱、墨及纸张的成分类型的情况下（如朱是印油、墨是蓝圆珠笔油、纸是打印纸）模拟相应的盖印条件，形成朱墨正常时序及异常时序的实验样本，供对照印证使用。但是，朱或墨形成后，墨或朱是在多久之后交叠于朱或墨之上的，对鉴定结果有一定的影响，而模拟朱墨时序盖印先后的实验，往往很难准确判断这一时间差，故这种实验样本在鉴定中要慎重使用。

 ## 本章小结 >>>

印文是文书真实、有效的凭证。因此，当对文书的真伪有疑问时，有时就需对相关印文进行鉴定。对印文的鉴定，需依赖印文的规格特征和细节特征，前者是印章刻制时在大小、形状、内容、安排格式等方面呈现出的一些种类性的特征，后者则是印章刻制人的风格、刻制方法、技术水平等方面的差异以及印章在使用及保存过程中形成的某些特点在印文中的具体体现。而鉴定时，还需充分考虑影响印文特征的各种因素，如不同的印章，不同的湿度，盖印时的压力大小、落印角度、衬垫物软硬，印章长期使用或清洗，印章印面受到磕碰或损坏，印面附着过多印泥（油）或异物，以及印文物质材料等，这些因素对正确评断可疑印文与样本印文间的特征差异点，进而给出正确的鉴定意见至关重要。

伪造印章印文有两大类手法：一是伪造印章后再印制或盖印形成假印文；二是直接伪造印文。不同方法伪造的印文，其主要特点也各不相同。

印章印文鉴定主要有印章印文的同一认定，印章印文之伪造、变造方法的鉴定及印章印文之形成方式的鉴定，印章印文与文书字迹形成先后顺序鉴定，以及印章印文盖印时间鉴定。其中，印章印文的同一认定又被称为真伪鉴定，而印章印文与文书字迹形成先后顺序鉴定又被称为朱墨时序鉴定。

 ## 问题与思考

1. 简述印文的概念及特征体系。
2. 影响印文特征的因素有哪些？如何理解它们在印文鉴定中的价值？
3. 伪造印章印文的常用手法有哪些？
4. 在进行印章印文同一认定时应特别注意哪些问题？
5. 为什么说朱墨时序鉴定具有一定难度？

 ## 本章的主要参考文献

1. 徐立根. 物证技术学. 4 版. 北京：中国人民大学出版社，2011.
2. 罗亚平. 刑事科学技术. 北京：中国人民公安大学出版社，2011.
3. 杨旭. 印章印文盖印时间鉴定的实证研究. 中国司法鉴定，2011（4）：26-31.
4. 王锦辉，白建军. 浅谈印章印文的边框特征. 中国司法鉴定，2007（4）：31-32、38.
5. 胡爽，邹积鑫. 文件朱墨时序的检验方法及其比较分析. 刑事技术，2007（3）：30-33.

第五章　文书物质材料及书写工具鉴定技术

第一节　文书物质材料及书写工具鉴定概述

一、文书物质材料的概念和种类

文书物质材料是指制作文书时使用的各种材料，如纸张、油墨、墨水、印泥、印油等。

文书的具体制作方式不同，所用的文书物质材料可能有所不同。例如，印刷文书，所用的文书物质材料为纸张和油墨；而手写文书，所用的文书物质材料则可能是纸张和圆珠笔油。但一般说来，诉讼中动用物证技术进行检验鉴定的文书物质材料通常分三类：① 承载文字的介质，即纸张；② 形成文字或图文的有色物质，包括墨汁、墨水（含签字笔墨水）、圆珠笔油、铅笔芯、印泥、印油、复印墨粉、复写纸、打印色带等；③ 附着或固定文书的材料，包括黏合剂、线绳纤维等。

二、文书书写工具及种类

书写工具是手写文书得以形成的必要器件——没有书写工具，通常无法写成各种各样的文书。

依据中国人的书写习惯，常见的书写工具有钢笔、铅笔、圆珠笔、签字笔、毛笔、蘸水笔等。

三、文书物质材料鉴定和书写工具鉴定的任务及意义

诉讼中，特别是刑事案件的侦查实践中，常常需要就某一文书的物质材料之种类、产地、生产厂家、生产批号等进行检验或鉴定：在明确了文书物质材料的种类、产地、生产厂家、生产批号等与文书来源密切相关的问题之后，就可能为侦查提供线索、缩小侦查范围或为案件的公正审理提供有力证据。文书物质材料的鉴定主要解决以下问题。

（1）从文书物质材料的外观、性质、成分等入手，并与已知样本进行比较，确定其种类、产地、生产厂家、生产批号等，进而确定文书的可能出处。

（2）从文书物质材料的外观、性质、成分等入手，并与从文书的可疑制作者处提取的文书物质材料进行比较，确定二者是否相同，为证明文书的可疑制作者具有作案条件提供证据。

（3）比较真文书与可疑文书的物质材料，以确定可疑文书的真伪。

此外，许多案件常常需要就某一手写文书是用何种工具书写的问题作出判断，以便查找并确定相应的书写工具，为案件的查处提供相应的线索或证据。

四、文书物质材料鉴定时应注意的事项

（1）文书物质材料的检验通常都是比较检验，故比对样本的收集格外重要。由于我国生产文书物质材料的厂家众多，厂家又几乎遍布全国，且各厂家生产的文书物质材料又有不同的批次，而只有系统、全面地比对样本才可能得出最为可靠的检验结论，因此有必要建立常见各种文书物质材料，如纸张、圆珠笔油、墨水、黏合剂、印泥、印油等的比对样本数据库。在没有此类数据库时，应要求送检单位收集并提交相关的比对样本。

（2）在处理并检验各种文书物质材料时，应尽量不用手直接触摸，戴的手套也需无荧光现象，如此才能既不使被测的文书物质材料受污染，也能使文书物质材料上原有的手印、密写文字、压痕、附着物等不被破坏。

（3）在检材和实验条件允许的情况下，要尽可能采用多种方法对各种文书物质材料进行系统检验，以提高鉴定意见的准确性和可靠性。但是，文书物质材料的各种检验方法，又有各自的优缺点，故采用的系统检验方案还必须同时针对个案的具体情况，具有合理性和可行性。

（4）文书物质材料所在的具体载体，如墨水、圆珠笔油、印油、印泥、黏合剂等所在的纸张等，往往会影响检验的结果，故为了排除背景或本底的干扰，相关的比对样本也应处于同一载体的空白处，或处于相同的载体上，并同时进行空白样本对照检验。

（5）随着存放时间的延长和存放条件的不同，文书物质材料的成分及其相对含量会发生细微的变化，因此，比对分析时，要充分考虑制作时间、保存条件、所在载体、涂改、污染等因素的影响，而且还要考虑文书是否经过人工老化。

（6）文书物质材料的生产厂家虽然众多，但常见文书物质材料的主要成分、生产工艺基本相同，故针对文书物质材料的检验通常不能给出同一认定的结论。但是，由于这些生产厂家分布在全国不同的地方，当地原材料的生产和供给情况、厂家生产某一产品时填料等的使用差异等，还是使得人们在拥有可靠比对样本的条件下，能确定被检文书物质材料的产地、生产厂家、牌号、批号，甚至在特定范围内，给出某一同一认定的结论。

（7）在不同检验方法的结果出现矛盾时，要对整个检验过程中可能出现的问题进行全面分析，看其是由检验方法的局限性或操作差错造成的，还是由检材的不均匀性或受污染而引起的。

第二节　文书物质材料的检验

一、纸张的检验

（一）纸张的种类及主要成分

1. 纸张的种类

按照用途，可将纸张分为 17 类，但诉讼中，接受检验的纸张通常有四类。

（1）印刷纸。包括新闻纸、凸版印刷纸、胶版印刷纸、单面胶版印刷纸、铜版印刷纸、招贴纸、书皮纸、静电复印纸。

（2）书写纸。包括普通书写纸（供墨水书写）、有光纸、打字纸、拷贝纸、邮封纸。

（3）包装纸。包括普通包装纸（供包装轻工产品、日用百货、食品等）、牛皮纸、柏油纸。

（4）特种纸。包括复写纸、热敏纸、光敏纸。

2. 纸张的主要成分

纸张的种类不同，其成分会有一定差异，但其主要成分通常如下。

（1）纸浆。是指将造纸用的纤维原料以不同的制浆方法制成的在水中成浆状的纤维物质。造纸用的纤维原料主要是植物纤维，有时也用合成纤维生产特种纸。我国常用的纤维原料有木材纤维如针叶木和阔叶木，禾草纤维如稻草、麦草、龙须草等，韧皮类纤维如大麻、亚麻、桑皮等，籽毛纤维如棉花、棉短绒等。纸浆通常可分为机械浆、碱法浆、亚硫酸盐法浆、其他纸浆。纸浆制成后，还要经漂白处理，得到洁白的纸浆。纸浆也相应具有耐久性。

（2）胶料。为防止书写时墨水等透过纸张并渗散到纸面，同时为了增加纸张的光泽，调节纸张的挺硬度、音响度等，必须向纸张中施加松香、淀粉、干酪素、动物胶、植物胶或合成树脂等胶料。

（3）填料。为改善纸张性能，使其外表平滑美观，并提高纸的适应性、增加纸的重量，同时降低成本等，还需在纸张中加一定量的白土、滑石粉、二氧化钛、碳酸钛、石膏、重晶石、人造锌白等填料。

（4）其他成分。主要是用于纸张着色的颜料或染料，用于提高纸张白度的荧光增白剂。

（二）纸张检验的主要步骤和方法

（1）外观检验和物理性能测试。不同种类纸的外观和物理性能都有一定的特征和差异。通过检验纸张的色泽、匀度、透光度、荧光现象、网纹、毯痕、水印斑痕、边缘断裂茬口、折痕、压痕等外观特征，测定纸张的定量（单位面积纸张的重量）、厚度、白度、挺括度等物理性能，能鉴别纸张的种类甚至确定纸张的来源、生产厂家、批号和机台。

（2）纤维成分鉴定。纸张的主要成分是纤维。除了特种纸张可能使用人造纤维、合成纤维、动物纤维、矿物纤维外，纸张多使用植物纤维。以染色法，如碘—氯化锌染色法可区分不同的纸浆，而经染色的植物纤维，在光学显微镜下还能呈现出不同的纤维形态，因此，可用染色法及显微镜观察法鉴别纤维的成分，并估计各种纤维的相对含量。

我国生产的纸张，大约有 60% 是用草类植物制浆，故通常的检验只能做到种类认定，而意欲进一步鉴别同类纸的生产厂家和批号，就相当困难，因为这要检验纸纤维的精细结构，甚至运用仪器分析法检测纸张的各种无机、有机成分。但是，造纸用纤维通常是就地取材，而所用草类植物的品种、地区性生长环境等，会使纤维的长度、宽度、杂细胞的形态和含量出现细微差异，故还是有可能区分同种纸的不同产地。

（3）纸张有机成分的检验。造纸时均要向纸浆中增加胶料、填料、色素等。厂家不同，所用的这些胶料、填料、色素等也会不同，它们在来源、配方、生产工艺方面的差异，可经一些手段被检验到，如用薄层色谱法或薄层色谱扫描仪或高效液相色谱法等，即可能测定或区分纸张的各有机成分及相对含量。

（4）纸张无机成分的检验。除了有机成分外，纸张中还有多种无机成分。同样，厂家不同，所用的无机成分在来源、含量等方面也会有差异，这些差异使人们可借助等离子发射光谱法、X射线衍射分析法等手段区分纸张中的砷、钡、铬、铜、铁、钾、锰、钛、镁等无机元素的有无、具体含量的差异等。

二、墨水和圆珠笔油的检验

（一）墨水和圆珠笔油的种类及主要成分

1. 墨水的种类及主要成分

墨水的种类很多，根据化学成分、配制方法及用途，可分为十多类，常用的是以下几类。

（1）蓝黑墨水。又称鞣酸铁墨水。其主要成分是蓝色染料如酸性墨水蓝、直接湖蓝5B等，还有鞣酸、没食子酸、硫酸亚铁、硫酸、甘油、苯酚、甲醛、亚砷酸、香精等。为了调整色光和加深色泽，有时还加入少量的酸性黄和酸性红等辅助染料。用这种墨水书写的字迹，由蓝变深，成为蓝黑色，字迹牢固，久不褪色。

（2）染料墨水。亦称颜色墨水。其主要成分是各种不同颜色的染料，常用两种或两种以上性质相近的染料调和配制。此外，还加入甘油、亚砷酸、苯酚、香精、乙醇、硫酸等辅助成分。常用的染料墨水有纯蓝墨水、红墨水、黑墨水、绿墨水、紫墨水等。用这类墨水书写的字迹，易受水和乙醇浸润而扩散，对日光及酸碱的抵抗力弱，易变色或褪色。

（3）碳素墨水。这种墨水和签字笔墨水是用极细的碳墨悬浮在液体中，加入调色染料、分散剂、稳定剂、香精等配制而成。用这种墨水书写的字迹，不易变色和褪色，稳定性很好。

（4）打印绘图墨水。主要用于打印机、绘图仪、记录器等。其主要成分是染料、颜料、树脂、表面活性剂、抗氧剂、紫外线吸收剂、溶剂等。绘图墨水的颜料是炭黑。用这类墨水打印和绘制的文字和图表，清晰度高，稳定性比较好。

2. 圆珠笔油的种类及主要成分

圆珠笔油按其颜色可分为以下三类。

（1）蓝色笔油。由酞菁铜三磺酸盐与碱性艳蓝B、O和碱性紫5BN相互作用，生成的423#、244#染料倍司，加上醇酸树脂、苯甲醇、三乙醇胺、聚乙烯吡咯烷酮等配制而成。这种笔油的颜色鲜艳，化学性能稳定。

（2）红色笔油。色料采用711品红，其他成分与蓝色笔油相同。

（3）黑色笔油。色料由油溶黑磺化后加盐基青莲，油溶黑磺化后加盐基淡黄，二者以1∶1混合制成。其他成分与蓝色笔油相同。

（二）墨水和圆珠笔油检验的主要步骤和方法

（1）外观检验。比较字迹的色调、光泽、颜色的均匀程度、溶解性、压痕、紫外灯下的荧光等，能区别墨水、圆珠笔油和复写纸字迹；有时能区分某些颜色相近、不同牌号的墨水和圆珠笔油。

（2）紫外—可见光谱和导数光谱法。用36%乙酸提取墨水字迹，用无水乙醇提取圆珠笔字迹，然后测定紫外—可见光谱，可鉴别国内和国外生产的墨水和圆珠笔油。国内各厂家生产的墨水和圆珠笔油，配方大致相同，其紫外—可见光谱基本相同；但它们的导数光谱有一定差别，通过测定导数光谱的极值比，一般能区分不同牌号的圆珠笔油。

（3）薄层色谱和薄层扫描法。将墨水或圆珠笔油的提取液浓缩后，分别在硅胶 GF254 荧光薄层板，或高效荧光薄层板上点样，再选用适当的展开剂展开。展开并使薄层板上的溶剂挥发后，在白光和长短波紫外灯下，观察斑点的颜色和荧光，测量斑点的数目和比移值，能鉴别部分不同牌号的墨水和圆珠笔油。

由于我国许多厂家生产的墨水和圆珠笔油的配方基本相同，在多数情况下，用薄层色谱目视检验法不能鉴别其生产厂家和牌号。但用薄层色谱光密度扫描法，直接测试纸上钢笔或圆珠笔字迹的反射吸收光谱，通过计算相邻吸收峰的相对强度，能在不破坏原件的条件下，鉴别不同牌号的墨水和圆珠笔油。这种方法只能检验同一张纸或相同纸上的字迹。不同纸上的字迹，由于受到纸张的影响，不能直接检验。利用薄层扫描仪，选定扫描波长，通常蓝色斑点用 580 纳米、545 纳米；红色斑点用 540 纳米、505 纳米，对墨水和圆珠笔字迹的薄层色谱，进行反射式线性扫描，能测得各自的色谱图，通过比较色谱图形、色谱峰数目及其相对峰高比，基本上能鉴别墨水和圆珠笔油的生产厂家和牌号。这种方法通过色谱，减少了纸张对测试的干扰，可以鉴定不同纸上的墨水和圆珠笔字迹。

（4）高效液相色谱法。高效液相色谱法的分离效率、灵敏度、精密度均比薄层色谱法高。利用这种方法对圆珠笔和钢笔字迹成分进行定性和相对定量分析，基本上能鉴别不同厂家、不同牌号的圆珠笔油和墨水；有时能鉴别同一牌号的不同批号。

此外，也可用显微分光光度法、裂解色谱法、毛细管电泳技术、拉曼光谱分析法对墨水的种类加以鉴别。这其中，显微分光光度法和拉曼光谱分析法更是有操作方便、无损的特点，而拉曼光谱分析法在区分黑色字迹（含激光打印字迹、喷墨打印字迹）方面有较好的效果。

三、印刷油墨和印泥、印油的检验

（一）印刷油墨的种类及主要成分

1. 印刷油墨的种类

（1）按印刷方式分为凸版油墨、平版油墨、凹版油墨、过滤版油墨和喷墨印刷油墨。

（2）按干燥形式分为氧化干燥型油墨、渗透干燥型油墨、挥发干燥型油墨、凝固干燥型油墨等。

（3）按用途分为书籍油墨、印铁油墨、玻璃油墨、塑料油墨等。

（4）按产品的特性分为防伪油墨、亮光油墨、光敏油墨、透明油墨、静电油墨等。

2. 印刷油墨的主要成分

（1）连结料。是一种胶黏状流体，起黏结颜料、填料等固体粉末的作用。按照油墨的种类及用途，选用植物油、动物油、矿物油、溶剂、蜡、天然树脂、合成树脂等，可以分别制成干性油型、树脂型、溶剂型和反应型连结料。

（2）颜料。是油墨的有色部分，决定油墨的颜色，对油墨的其他性能也有很大影响。常用的有机颜料为偶氮颜料、酞菁颜料、苯胺黑等；常用的无机颜料有炭黑、钛白粉、金属粉等。

（3）填料。是白色、透明、半透明或不透明的固体粉末，能调节油墨性能、降低成本。常用的有碳酸钙、硫酸钡、氢氧化铝、铝钡白等。

（4）助剂。能改进和提高油墨的性能。常用的有干燥剂、反胶化剂、稀释剂、消泡剂、增塑剂、表面活性剂、增稠剂、香精、防腐剂、稳定剂、紫外线吸收剂等。

（二）印泥、印油的种类及主要成分

1. 印泥的种类及主要成分

印泥有红色和蓝色两种。红色印泥的主要成分是大红粉、硫化汞、涂料黄、重晶石粉、白艳华、蓖麻油或氯化石蜡油、艾绒或木棉、苯酚等。蓝色印泥的颜料是油溶性苯胺盐、酞菁铜等，其他成分与红色印泥相似。

2. 印油的种类及主要成分

（1）普通印油。有水溶性和油溶性两种印油，颜色有红色、蓝色和紫色。水溶性印油的主要成分是水溶性染料、水溶性树脂、极性溶剂和水。油溶性印油的主要成分是油溶性染料和颜料、树脂油、表面活性剂、矿物油、植物油和非极性溶剂。

（2）渗透印油。俗称原子印油，有两种：一种是印油渗入储墨垫，制成印章；另一种是印油与树脂混合，加热加压后，树脂交联，形成微孔，包含印油，制成印章。这两种印章，自含印油，不用印泥印台，使用方便，习惯上统称为原子印章。其主要成分是饱和树脂、颜料、表面活性剂、消泡剂、溶剂等。使用不同的颜料，可制成红色、蓝色、紫色和黑色印油。

（3）翻转印油。用于翻转印章。主要成分与渗透印油相同，要求印油的黏度稍大，颜料含量较高，对印模的浸润性好。

（三）印刷油墨和印泥、印油检验的主要步骤和方法

（1）外观检验。在自然光下，观察检材与对照样品图文油墨或印文的墨层厚度、色调、光泽、扩散、渗油等情况，能初步鉴别印刷或盖印方式，油墨或印油、印泥的种类。长、短波紫外灯下观察可见荧光，或利用红外文检仪和微光摄像系统观察极红和紫外荧光，能进一步鉴别油墨、印油、印泥的种类和牌号。

（2）溶解度实验。剪取油墨形成的或印文的文字笔画，置于试管中，分别加入环己烷、苯、氯仿、乙醇、丙酮、乙酸乙酯、水等溶剂，观察其溶解性能，能初步区分油墨或印油、印泥的种类和牌号，还能为后续检验选择较好的提取溶剂。

（3）紫外—可见光谱和导数光谱法。印刷油墨和原子印油的溶解度较小，用单一溶剂提取的效果不好，最好选用混合溶剂。以提取溶剂作参比，可测试提取液的紫外—可见光谱和导数光谱。不同种类相同颜色的油墨或印油、印泥，紫外—可见光谱和导数光谱有较明显差异，容易鉴别。颜色相同的同种油墨和印油、印泥，在一般情况下，紫外—可见光谱相似，但其导数光谱的极值比，有不同程度的差别，能区分其生产厂家和牌号。

（4）薄层色谱和薄层扫描法。将油墨或印油的提取液，点加在硅胶 GF254 薄层板上，选用适当的展开剂展开。展开后，除去溶剂，在白光和长、短波紫外灯下，观察斑点的颜色和荧光，测量其数目和 R_f 值，能区分油墨或印油、印泥的种类、生产厂家和牌号。利用薄层扫描仪，选择适当波长，进行线性扫描，能测得色谱图，计算出各色谱峰的峰高、峰面积和相对强度。根据这些数据，能进一步区分油墨或印油、印泥的牌号，有时还能区分批号；与已知样品比对，能测定印文的相对盖印时间。

（5）高效液相色谱法。印刷油墨或印油、印泥中的同种有机颜料，由于不同厂家生产工艺的不同，其所含未反应的中间体、反应副产物及其他杂质等存在着不同程度的差别。利

用高效液相色谱法，通过测算各色谱峰的相对强度，能检出同种颜料的细微差别，从而进一步区分油墨或印油、印泥的牌号及批号。

（6）等离子发射光谱法。印刷油墨中的无机颜料、酞菁类颜料、干燥剂、填料等均含有无机元素。这些成分的配比及来源不同，故不同牌号和批号的同种印刷油墨，在无机元素的种类及其相对含量方面便存在一定差别。利用等离子发射光谱仪，对油墨进行元素定性定量分析，能区分鉴定同种同色不同牌号的油墨。

（7）X射线衍射分析法。油墨中的同种颜料和其他无机成分，由于原料来源和制备工艺的差别，其晶体结构存在着差别。利用X射线衍射仪，能区分其他方法不能区分、鉴定的印刷油墨。

（8）透射电子显微镜检验。黑色印刷油墨或印油、印泥的主要颜料是炭黑。由于炭黑的原料、制备方法及生产工艺的不同，不同种类、不同厂家和不同牌号的炭黑，在颗粒形态及大小上，存在着不同程度的差异。用透射电子显微镜观察经处理获得的炭黑的形态、大小及分布，并与已知样品比对，能对油墨或印油、印泥的牌号作出进一步的区分鉴定。

四、黏合剂的检验

（一）黏合剂的种类及主要成分

黏合剂按其化学性质大致可分为以下两大类。

（1）有机黏合剂。① 天然黏合剂。即以天然高分子化合物为基础的黏合剂，如淀粉、糊精、树胶、天然橡胶、鱼胶、骨胶、酪素胶等，以及半天然半合成的羧甲基纤维素等。② 合成黏合剂。以合成高分子化合物为基础的黏合剂，如聚醋酸乙烯酯、聚乙烯醇、聚乙烯醇缩醛类等热塑性树脂黏合剂，酚醛、脲醛树脂、环氧树脂、聚氨基甲酸酯、醇酸树脂和有机硅树脂等热固性黏合剂，氯丁橡胶、丁腈橡胶、聚硫橡胶、丁苯橡胶和环化橡胶等合成橡胶黏合剂。

（2）无机黏合剂，常用的有硅酸盐、磷酸盐、硼酸盐和陶瓷黏合剂等。

制作文书的常用黏合剂有以下几种。一是淀粉糨糊（含糊精）。主要成分是淀粉，并含有食盐、明矾、苯酚或苯甲酸作防腐剂。二是合成糨糊。主要成分是羧甲基纤维素和聚乙烯醇，有些只含前者，并含有甲醛作防腐剂。三是合成胶水。主要成分是聚乙烯醇，含有甲醛防腐剂，有些牌号还含有甘油和硼酸。

（二）黏合剂检验的主要步骤和方法

（1）外观检验和化学点滴实验。通过检验黏合剂的颜色、光泽、裂纹、断面、溶解性、黏合牢度等，可初步判断黏合剂的种类。

刮下黏合剂一小块，放在点滴板上，用一小滴蒸馏水溶解，加一滴碘—碘化钾溶液，糨糊中的淀粉呈蓝色或蓝紫色，糊精呈红紫色，聚乙烯醇胶水呈蓝绿—红棕色，其他黏合剂无明显反应。

（2）显微镜检验。用碘—碘化钾溶液将糨糊染色后，借助普通生物显微镜，根据淀粉颗粒的形状、大小、裂缝等特征，可鉴定糨糊淀粉的种类，区分小麦、大麦、大米、糯米、玉米、马铃薯、木薯等淀粉和糊精。

（3）薄层色谱法。常用的小麦淀粉糨糊是混合物，含有多种成分，杂质较多。由于小麦的品种、生长条件和加工方式不同，各地生产的小麦淀粉的成分和杂质也有一定差异。利用薄层色谱法，点样、展开后，在紫外灯下观察，根据斑点的数目、荧光颜色及 R_f 值，并与比对样品比较，可鉴别小麦淀粉糨糊的产地和生产厂家。

（4）高效液相色谱法。商品糨糊一般含有 0.2%～0.5% 苯酚作防腐剂，而自制糨糊则无。通过检验糨糊检材中的苯酚，能鉴别商品糨糊与自制糨糊。高效液相色谱法的分离能力强，检测灵敏度高，对苯酚的检出下限为 0.03 微克，是检测微量糨糊中苯酚的有效方法。

（5）红外光谱法。不同种类的黏合剂都有其特征红外吸收峰。故通过对比分析和解析可疑黏合剂的红外谱图，能确定黏合剂的种类。

由于原料配比和工艺条件的不同，某些不同牌号的同类黏合剂，其红外光谱也有一定差别。例如，合成胶水的主要成分是聚乙烯醇，而聚乙烯醇是由聚醋酸乙烯酯水解制成，水解不完全的聚醋酸乙烯酯，会使这类黏合剂出现酯键的特征吸收峰；水解完全的则没有这种峰。此外，加入防腐剂甲醛的多少，对黏合剂的红外谱图也有一定影响。因此，通过红外光谱分析，还能鉴别一部分黏合剂的生产厂家和牌号。

（6）裂解色谱法。裂解色谱法是分析高聚物的有效方法。用居里点或管式炉裂解器，选用适当的填充柱或毛细管柱，以氢火焰离子化检测器检测不同种类黏合剂的裂解色谱，在色谱峰的数目及保留时间上，都有较明显的差别。一部分不同产地、不同牌号的同种黏合剂，其裂解色谱也有一定差别。当黏合剂的裂解色谱峰数目和保留时间相同时，还可根据色谱峰相对强度的差别，进一步区分不同牌号和批号的黏合剂。

五、复印墨粉的检验

（一）复印墨粉的主要成分

目前，复印文书通常以静电复印机制作而成。复印墨粉则是静电复印过程中显影的主体。每种复印机通常都会按照厂方的推荐，使用与复印机型号相对应牌号的墨粉以及可兼容的牌号的墨粉。虽然实务中也有混用不同牌号墨粉的情况出现，但因墨盒的价格日渐低廉，混用不同厂家墨粉的现象已非常少见，故与纸张相比，墨粉的对应性更强，更易由墨粉成分追踪至嫌疑的复印机——通常从墨粉的厂家和牌号入手。在检验伪造、变造文书时，复印墨粉的检验往往也非常关键。

复印墨粉主要由热熔性树脂、颜料及其他材料的微细粉末组成，粒径一般为 2～35 μm。其热熔性树脂主要包括苯乙烯类、丙烯酸类及乙烯基类树脂，它们多数是高分子聚合物。其颜料主要由炭黑、油溶黑及一些染料组成。

（二）复印墨粉检验的主要步骤和方法

（1）显微镜观察墨粉形态法。各种牌号墨粉在配方上有差异、在工艺上有各自的特点，因此可以利用光学显微镜观察墨粉在外形、粒度上的差异等，进而区分不同牌号的墨粉。

（2）磁珠检验法。有的牌号的墨粉含有铁元素，墨粉因此带有磁性，由此可以用磁珠来检验墨粉是否具有磁性以达到区分的目的。

（3）紫外—可见吸收光谱法。不同厂家及牌号的静电复印墨粉中，所含颜料、染料及其他辅助材料的成分和种类有所不同，故可根据有机溶剂溶解墨粉的能力以及随后溶液颜色的不同进行初步区分。而紫外-可见吸收光谱法则可以针对墨粉溶液的不同吸收峰来达到区分的目的。

（4）电感耦合等离子体发射光谱法。不同厂家、牌号的复印墨粉，其所含无机元素的种类和含量可能会有差异，可借助原子发射光谱加以区分。而电感耦合等离子体发射光谱是一种先进的原子发射光谱，能将常规原子发射光谱在 ppm 数量级的检出限优化到 0.1 ppm ～ 1 ppb 级，同时给出精确度较高的定量分析结果。由于静电复印墨粉中有些无机元素的含量很少，用一般方法难以检测到，而用电感耦合等离子体发射光谱，则可能得到相关元素的信息。但是，得到的结果是否为墨粉本身固有的稳定性特征则需进一步确认。

（5）X 射线衍射分析法。X 射线衍射谱图如同指纹一般，可用来进行同一认定——认定特定的物质，这是因为混合物中每种物质产生的系列衍射谱线通常有其各自的独立性（个别衍射线可能会重叠）。混合物中，每个相的衍射线强度则随该相在混合物中份额的增加而增强。静电复印墨粉中含有的一些无机化合物，能在 X 射线衍射图中表现出各自的特征峰进而达到区分不同厂家、牌号墨粉的目的。

（6）薄层色谱法。薄层色谱法可对复印墨粉中的一些有机物质进行简单的分析，但该方法得到的样品信息量并不多，如果要确认复印墨粉的种类，还需结合其他方法综合分析。

（7）红外光谱法及傅里叶变换漫反射红外光谱法。复印墨粉均含有相当量的有机化合物，而这些化合物在红外谱图中均对应着相应的特定区域，特别是一些特征官能团，在红外光谱图中均有对应的特征峰。因此，借助红外光谱法，可对复印墨粉进行一定的区分，但要注意复印墨粉所在的纸张对光谱图可能产生的干扰。

傅里叶变换漫反射红外光谱法与传统的色散型红外光谱法相比，记录速度快、光能量大、分辨率高，而且非常适合于微量定性分析。故目前也可用傅里叶变换漫反射红外光谱法分析复印墨粉。

（8）裂解气相色谱/质谱联用法。某些结构各异、难挥发的高聚物，一定条件下均具有裂分的特性，即在严格控制的条件下，经由特定的裂解装置，能够遵循某些热反应规则而裂分，而裂分所得的产物为易挥发的小分子有机物。裂解气相色谱法即是利用物质的这一特性，以裂解气相色谱仪中的裂解器获得易挥发的小分子有机物，再通过色谱柱的分离、检测器的检测，确定反应产物的性质和含量，进而追溯原样品的组成、结构和相关物质性能的一种现代分析手段。热熔性树脂是静电复印墨粉的重要成分之一（如埋光 4501 复印墨粉中，占 84% 的是苯乙烯丙烯酸聚合物，余下成分则是 12% 的炭黑、4% 的巴西棕榈蜡），且是高聚物，这些物质通过裂解器裂解后生成的裂解产物因厂家、牌号的不同而有所差异，故可借助裂解气相色谱法区分不同的厂家和牌号。

除了单独使用裂解气相色谱法区分不同厂家、牌号的复印墨粉外，目前国内外均还使用裂解气相色谱/质谱联用法，即借助质谱技术，对裂解产物的归属进行确定，以期得出不同墨粉的详细配方。

（9）扫描电镜/能谱仪联用法。不同牌号、型号静电复印墨粉所含无机元素的种类及含量有一定差异，而且定影后，墨粉颗粒形态因树脂种类和含量的影响还会有不同的变化，因此，可利用扫描电镜和能谱仪联用技术（SEM/EDX），从墨粉形态及无机元素的种类、含量（半定量）方面区分复印墨粉的牌号、型号。该方法操作方便、样品预处理简单。

第三节　文书字迹的书写工具鉴定

鉴定文书字迹的书写工具，其实质是借助不同书写工具书写时留在纸张上的字痕特点判断书写工具的种类。因此，鉴定文书的书写工具，也即确定纸张上的字迹是否为钢笔、铅笔、圆珠笔、签字笔、毛笔、复写纸等工具书写。而为了给出科学可靠的鉴定结论，就必须了解各种书写工具的结构特点、所形成字迹的字痕特点。

一、钢笔和钢笔字痕的鉴定

（一）钢笔的结构

钢笔是自来水笔的别称。而自来水笔又根据笔尖制成材料的不同分为金笔、依金笔和钢笔。其中，金笔的笔尖为金合金制成、尖端焊有耐磨合金；依金笔的笔尖为耐酸不锈钢制成、尖端焊有耐磨合金；钢笔的笔尖为耐酸不锈钢制成。所以，人们平时所称的钢笔，如果从制成材料来言，只是自来水笔中由耐酸不锈钢制成的那一部分。但通俗而言，本节所称的钢笔指所有的自来水笔。

钢笔由笔尖、笔舌、笔杆、笔帽等十几个部件组成，其中笔尖和笔舌构成了钢笔的主要部件，并决定了钢笔字痕异于其他书写工具留下的字痕。无论是明尖型、暗尖型还是半明尖型钢笔，其笔尖均由两片形状、大小、厚薄完全相同的金属片构成，其居中缝槽的毛细作用是钢笔完成书写功能的关键；笔舌有环槽、出水槽、气孔等，具有出水、储水的功能。笔尖滑度、字迹宽度等无疑与笔尖、笔舌本身的构造有密切关系。

（二）钢笔字痕的主要特点

用钢笔书写文字符号而在纸张上留下的痕迹即钢笔字痕。钢笔系用水性色料书写，因而钢笔字痕边缘可能会有一定程度的洇散现象，特别是在施胶少或不施胶的纸张上书写时更会如此。钢笔字痕通常平滑均匀，字迹连续清晰，肉眼或放大镜观察可见字痕有双线、字痕两边各有一道浅淡的沟痕。钢笔笔舌储水丰满、出水顺畅，则钢笔字痕墨色浓重、饱满，字痕两边的沟痕及笔尖间的漏白缝隙均不易在字痕中体现；否则，钢笔字痕便会显得纤细、墨色浅淡不均、虚实不定，且沟痕及笔尖间的缝隙均易在字痕中出现。此外，如果钢笔笔尖不光滑，则还有可能在钢笔笔痕处发现纸张纤维被抓毛、划破等现象。

（三）钢笔字痕的鉴定

（1）借助放大镜、显微镜等观察看有无前述钢笔字痕的特征，如果有，则为钢笔字痕。

（2）借助化学分析法，特别是仪器分析法判断可疑文书上的字迹是否是钢笔墨水构成。

二、圆珠笔和圆珠笔字痕的鉴定

（一）圆珠笔的结构及书写原理

依据所用油墨的性能，圆珠笔可分为油墨圆珠笔、水性圆珠笔、压力圆珠笔（可擦性圆珠笔）等。但不管哪一类圆珠笔，其均由笔杆、笔套、笔芯三部分组成，其中，笔芯是圆珠笔的核心部件，决定了圆珠笔字痕具有异于其他字痕的独特特点。

笔芯由笔头和墨管两部分组成。墨管负责盛装油墨，通常为塑料管或金属管；笔头则为出墨系统，包括球座、球珠、油槽。笔芯尖部的珠状部件称为球珠，球珠被嵌入后端连接墨管的、球座体前端的圆锥凹口内。书写时，在书写器官向下压力、水平推力及书写面切向摩擦力三者的共同作用下，圆珠笔的球珠在球座内顺着水平推力方向滚动，并将球座体圆锥凹口内的油墨带出形成字迹——圆珠笔球珠滚过之处就留下了有色痕迹。

（二）圆珠笔字痕的特点

圆珠笔字痕粗细较为一致，但其起笔始端油墨却比较浓，时有堆积。由于圆珠笔的油墨是黏稠性的，当球珠滚动带出油墨时，油墨易堆积在球珠卡口边缘，因而字痕笔画易出现露白、断线、各种条痕及堆积等，且字痕笔画两侧的油墨多、中间较少，有硬性笔书写而成的沟痕。圆珠笔字痕初始形成时，通常没有洇散现象，但放置较长时间后，特别是当书写纸张含胶料较少或不含胶料时，其油溶性的黏稠色料就会洇散。因圆珠笔油多为油性的，故其字痕往往发亮、有光泽。

（三）圆珠笔字痕的鉴定

（1）借助放大镜、显微镜等观察看有无前述圆珠笔字痕的特征，如果有，则为圆珠笔字痕。

（2）借助化学分析法，特别是仪器分析法判断可疑文书上的字迹是否是圆珠笔油墨构成。

三、签字笔和签字笔字痕的鉴定

（一）签字笔的简要结构和分类

签字笔的结构类似于圆珠笔，也由笔杆、笔帽、笔芯三部分组成。依据笔尖的制成材料，签字笔一般可分为滚珠结构的签字笔和纤维结构的签字笔。通常人们使用的是滚珠结构的签字笔。滚珠结构的签字笔依据所用墨水的成分，可分为水性、油性和中性三种。水性签字笔多用于在纸张上书写，但如果用于白板或样品上则很容易被擦拭掉；油性签字笔一般用于样本签样或书写其他永久性的记号，很难被擦拭，但能溶于酒精；中性签字笔的书写介质之黏度介于水性和油性之间。而滚珠直径的大小，则决定了签字笔有 1 mm、0.5 mm、0.25 mm 等不同的规格。签字笔虽然曾专用来签字或签样，但因使用、携带方便，出水流畅，价格便宜，且写出的字有钢笔字的效果，进而得到广泛使用。

（二）签字笔字痕的特点

滚珠结构的签字笔的笔尖由金属制成，故写出的字迹也有沟痕；而纤维结构的签字笔则属于软性笔，故其字迹无沟痕。签字笔字痕笔画比较均匀，笔画粗细、色调比较一致，但滚珠结构的签字笔在笔画收尾处较易出现细微的拖拽现象。签字笔字痕边缘也可能有洇散，其程度与纸张所含胶料多少有关，而纤维结构的签字笔字痕的洇散一般更明显。

（三）签字笔字痕的鉴定

（1）借助放大镜、显微镜等观察看有无前述签字笔字痕的特征，如果有，则为签字笔字痕。

（2）借助化学分析法，特别是仪器分析法判断可疑文书上的字迹是否为签字笔墨水构成。

除了钢笔、圆珠笔、签字笔这三种常用书写工具需要鉴定外，还可能遇到其他书写工具的鉴定，如毛笔、复写纸、铅笔等。但这些书写工具形成的字痕较为独特、易于区分判断，如毛笔字痕平滑，无压痕；复写字痕在显微镜下有露白和擦蹭的复写纸色料痕；铅笔字痕为灰黑色，易被擦蹭掉等。

本章小结 >>>

　　诉讼中，特别是刑事案件的侦查实践中，常常需要就制作文书时使用的各种材料，如纸张、油墨、墨水、印泥印油等文书物质材料之种类、产地、生产厂家、生产批号等进行检验或鉴定，此即文书物质材料的鉴定。进行文书物质材料鉴定时，应注意比对样本的收集、处理方法、检验方案的制订，并充分考虑制作时间、保存条件、所在载体、涂改、污染、人工老化等因素的影响。

　　文书物质材料鉴定具体包括纸张的检验、墨水和圆珠笔油的检验、印刷油墨和印泥印油的检验、黏合剂的检验和复印墨粉的鉴定等内容。实务中展开具体的鉴定工作时，应当针对不同的鉴定任务和内容，在外观检验、物理性能测试、显微镜检验、溶解度实验、紫外—可见光谱和导数光谱法、薄层色谱和薄层扫描法、高效液相色谱法、等离子发射光谱法、X射线衍射分析法、透射电子显微镜检验、红外光谱法和裂解色谱法等中，有针对性地选择适宜的方法进行具体的鉴定。

　　文书书写工具是手写文书得以形成的必要器件，诉讼中常常需要就某手写文书是用何种工具书写的问题作出判断，并查找、确定相应的书写工具，从而为案件的查处提供相应的线索或证据。各种书写工具的结构不同，所形成字迹的字痕特点也有所差异。鉴定书写工具，实质上就是借助放大镜、显微镜等观察书写工具书写时留在纸张上的字痕特点，或者借助化学分析法，特别是仪器分析法，进而分析判断书写工具的种类。

 问题与思考

　　1. 就文书物质材料进行鉴定是为了解决什么问题？其在诉讼中的价值体现在何处？

　　2. 简述文书书写工具鉴定的任务和意义。

　　3. 文书物质材料鉴定时应注意哪些问题？

　　4. 文书物质材料鉴定通常包括哪些内容？请任意选择其中的一项内容，举例说明进行此项鉴定的三种方法。

　　5. 文书书写工具鉴定的原理是什么？

 本章的主要参考文献

　　1. 邹明理，杨旭. 文书物证司法鉴定实务. 北京：法律出版社，2012.

　　2. 徐立根. 物证技术学. 4版. 北京：中国人民大学出版社，2011.

　　3. 贾治辉. 文书检验. 北京：中国检察出版社，2010.

　　4. 王英强. SEM/EDX对静电复印墨粉的检验. 公安大学学报：自然科学版，2002（6）：15-19.

第六章　文书制作时间鉴定技术

关键术语

文书制作时间　鉴定文书绝对制作时间　鉴定文书相对制作时间

第一节　文书制作时间鉴定概述

一、文书制作时间鉴定的概念和种类

一般说来，文书上标称的时间或日期即为文书的制作时间或文书的作成、形成时间。但是，诉讼中也往往出现文书标称时间与其真实的制作时间不一致的情况，最常见的是，有不少文书的日期都是倒签的，即文书制作于现今某一天，但却将其"开票时间""合同订立时间"等落款时间标称为早于该日的某一时间。例如，某"收据"或"借条"实际上是在2014年3月6日写成，但其落款时间却是1999年2月5日。因此，实务中便出现了对文书制作时间进行鉴定的现实需要。

所谓文书制作时间鉴定，也称为文书形成或作成时间鉴定，即根据构成文书的各种物质材料以及其他与文书的形成时间相关的因素，在对文书的形成时间方面有异议或疑问的可疑文书进行综合分析检验之后，就该文书的作成或制作时间给出意见或判断的一种活动。

实务中，在制作时间方面出现争议的文书，主要集中于手写文书及打印文书。因此，根据其具体制作方式的差异，文书制作时间鉴定通常可分为文书书写时间鉴定和文书打印时间鉴定。此外，无论是手写文书还是打印、复印文书等，其上还可能盖有公章印文或私章印文。理论上说，文书上文字的形成时间与印文的盖印时间应该同步，或者文字的形成时间略早于印文的盖印时间，因为盖印印文就是为了对相关文字内容的真实性、有效性加以确认。但实务中，却常常出现在盖有印文的空白纸上再写下或打印出文字的现象，且有时印文有可能在文字形成的一两年前就已经盖印了。因此，文书制作时间鉴定有时又被区分为文字形成时间鉴定和印文盖印时间鉴定。

如前所述，文书的制作离不开物质材料，而文书一旦制作出来，制作文书的各种物质材料——纸张、各种有色物质等——便会随着时间的流逝发生一定的变化，因此，理论上说，如果能够对这种变化进行定量，那么就应能计算出文书是何时制作的。这种就文书的确切制作日期给出明确判断的鉴定，被称为文书绝对制作时间鉴定。但是，受多种因素的影响，目前国内外均还不能以某一成熟、科学的方法有效地判定文书制作的具体时间，即文书的绝对制作时间。但是，就个案或具体案件而言，却有可能利用现有的物证技术或其他线索，判断某文书的相对制作时间。所谓文书相对制作时间鉴定，即相对某份或某些特定文书，或相对某一文书的其他数页或其他某部分文字内容而言，就某可疑文书的制作时间是先于、晚于，

还是同步于这些特定文书、特定页码文字、特定部分文字的制作时间给出判断。这种以其他文书或其他部分文字内容为参照点而确定可疑文书时间的鉴定，无疑要以拥有在制作时间上没有争议的文书，或其他部分文字内容为前提，如若缺少这种可资"参照"的文书或文字内容，显然就无法完成鉴定。

二、文书制作时间鉴定的意义

文书的制作时间或作成时间，是文书内容发生效力或文书内容具有真实性的关键节点。从法律层面看，文书内容是否有效、文书内容是否真实，关系到相关法律关系的发生、发展或变更，或者关系到某一行为是否存在、是否合法。因此，也就有了专门就文书制作时间进行鉴定的需求。显然，对可疑文书的制作时间进行鉴定，有着很积极的现实意义。

（1）维护市场经济活动的正常秩序。随着我国市场经济的建立，各类经济活动日益增多，出于种种私利，经济活动的主体就可能在一些重要文书上弄虚作假，如将签订的合同中的某一页替换成其他页，将合同的空白处加上某行文字，将合同中的某一数字改写成其他数字，甚至干脆在某一盖有印文的空白纸上打印一份日期倒签的、根本不存在的合同等。而对这些弄虚作假的文书的辨别，通常离不开对文书制作时间的鉴定——一旦就文书的制作时间有了鉴定意见，往往能确定相关的弄虚作假行为，进而有效保护合法、正常的经济行为，为市场经济的健康、高效发展提供保障。

（2）为维护正常、合法的民事法律关系，或者为民事权益、财产等的处置提供依据。如婚前财产协议是否被新加了某些条款，父母嫁女儿的嫁妆系单独赠送给女儿的"说明"是在女儿婚前书写的还是在女儿成婚数年后为防女婿在离婚时分割财产而后写的等等，显然只有在确定了这些文书的制作时间之后，才能发挥其应有的效力。

（3）为打击犯罪提供有力的证据。在查处某些刑事案件时，某些文书的制作时间关系到某犯罪嫌疑人、被告人的相关行为是否合法。例如，在查处受贿案时，犯罪嫌疑人拿出一张借条，或一张某人出具的收条，以证明自己只是向某人借钱，或就某份款项自己已经出资或给付金钱。但如果经鉴定，发现涉案借条或收条是案件查处之后而非其标称的案件发生前的某日期形成的，那么该嫌疑人就此笔款项受贿的可能性就能得以证实。又如，某记载有被告人出生日期的日记被证实是被告人的爸爸在案发后倒签日期写的，那么便可驳斥被告方关于其犯罪时年龄不满 18 岁的辩解。

无疑，通过文书制作时间的鉴定，可以揭示、证实伪造或变造事实，进而判断某可疑文书是否是假文书，为公正处理纠纷提供证据，为维护社会正常的经济、生活秩序发挥作用。

三、文书制作时间鉴定的局限性及样本文书

从解决诉讼实务中专门性问题的需要出发，最好是能够就可疑文书的确切制作时间给出鉴定意见。但是，由于文书制作时间的鉴定，特别是文书绝对制作时间的鉴定要依赖于构成文书的各种物质材料自文书形成之时起随时间发生的变化，而几十年来，国内外学者进行的多种研究表明，因各种物质材料在制作成文书后随时间发生的变化受诸多因素的影响，且目前拥有的各种技术手段以及人的认识水平还不足以让人们切实掌握各种文书物质材料随时间迁移而发生的变化之规律，也就是说，至今国内外均无法就文书物质材料在形成文书之后的变化与时间之间建立某种函数关系，故目前并不能以某一成熟、科学的方法有效地鉴定出文

书的绝对制作时间。

但有时，如能鉴定出文书的相对制作时间，那么对相关的诉讼也能起到积极的证明作用，因此，目前不少鉴定机构都在尝试着对某些文书的相对制作时间进行鉴定并给出有价值的鉴定意见。

由于相对制作时间的鉴定要以某一份或某几份文书或文书的某些部分为"参照点"，因此，占有样本文书显得非常重要。当将可疑文书与某一份或某几份文书进行比较，以判断该可疑文书的相对制作时间时，由于具体的检验方法是将可疑文书的物质材料随时间发生的属性变化与样本文书的物质材料随时间发生的属性变化进行比较，因此，作为样本的某份文书或几份文书至少需满足如下两个基本条件：① 有着与可疑文书完全相同的各种物质材料，即样本文书在所用纸张、墨水、圆珠笔油、印油或印泥等物质材料方面，要与可疑文书的物质材料在成分上完全相同；② 曾经在与可疑文书相同的条件下被保存着，即样本文书在制作后，其所处环境的温度、湿度、光照情况等，均要与可疑文书完全相同。显然，实务中较难找到这样的样本文书，故目前文书相对制作时间的鉴定通常也无法完成。

但是，就是否添写、改写文书或者就是否"移花接木"的文书进行鉴定时，也即将文书的某部分文字或文字笔画，或者某一页文字与其他部分文字或笔画，或者其他页的文字进行比较，以判断其相对制作时间时，显然不需另行收集样本文书，因为文书之可疑部分或可疑页面之外的其他部分或其他页面即充当了比对样本的角色。因此，实务中，诸如此类的文书制作时间的鉴定需求还是有望被满足的。

第二节　文书制作时间的鉴定

目前，尽管文书绝对制作时间的鉴定尚无法进行，文书相对制作时间的鉴定也只是在某些特殊情况下才能得以完成，但因诉讼证明的需要，面对文书制作时间鉴定方面的个案需求，可尝试从以下几方面动用一些具体的方法进行鉴定。

一、文书制作时间鉴定的可能路径

（一）根据文书的书面语、内容及格式判断

不同时代的文书，其书面语、格式、内容等往往能反映时代的特征，据此，可推断文书大致的制作时间范围。

（二）根据文书上印痕、邮戳、数字水印等判断

根据书写文书时留在下一页文书上的有关日期的抑压痕迹，可判断各页文书的相对制作时间；根据邮戳显示的时间，可推断信封中信函等的制作时间应不晚于邮戳标示的时间。

如果可疑文书是彩色激光打印机打印的，且发现该文书有数字水印，则通过比较该文书的数字水印与同机打印出的其他样本文书的数字水印，可能判断出可疑文书是何时打印的，因为有的厂家在生产彩色激光打印机时加合了数字水印技术，该技术能够使每页打印文书的数字水印依序变化。

（三）根据文书的制作方式、制作工具的启用及变化判断

文书制作方式及制作工具的启用时间，有助于判断文书是否在久远年代前制作的。此外，同一制作工具的更新换代及某一具体工具各个部件在使用磨损、维修更换等方面表现出的特征也能显示一定的时间范围。

（四）根据笔迹特征判断

根据书写人的笔迹特征随年代发生变化的一些阶段性规律，可以推断可疑文书的书写时间。但要求收集书写人不同年代的笔迹样本供比对，且书写人的笔迹在不同阶段或年代呈现出明显的变化。实际案件中很少能有这种鉴定条件，所以难以实施。但根据笔迹特征差异，可以发现添写、改写事实，判断文书的某些内容是添写、改写的，也即后写成的。

（五）根据纸张的特征及相应变化判断

同一厂家在不同时期生产的同类纸张其主要成分、附加成分的种类及含量均有差异；不同厂家为标记自己的产品或应用户的要求，可能在不同时期所造纸张中加入不同的暗记；一次制作的多页文书其各页纸在物理及化学方面的性能应相同；以同样方式同时制作的两页以上的文书，在保存条件相同的情况下，其纸张的变化也应一致。

（六）根据墨水、圆珠笔油的变化鉴定

不同厂家生产或同一厂家在不同时期生产的墨水、圆珠笔油，其主要成分及配料都有一定的差异；有的厂家还以不同的稀土元素标示其不同时期的产品；墨水及圆珠笔油一经书写形成字迹，即向纸张中扩散、渗透，并且墨水中的染料、挥发性物质也随时间而发生变化。

（七）根据印文印油或印泥的变化鉴定

同一时间用同一印油或印泥在同种纸张上形成的印文，其随时间发生的变化应是相同的。此外，厂家在不同时期向印油或印泥中加入的不同微量物质也能提供有关文书制作时间的信息。

（八）根据印文特征的阶段性变化鉴定

就印文盖印时间之鉴定的要求，可依据印文的阶段性变化特征来进行。因为，印章制成并投入使用后，其印面将会随时间发生一些阶段性的变化，如印章尺寸、形状发生变化，印面出现缺损，印面黏附上某种附着物，印面墨迹分布有所不同，印油印泥墨迹渗透程度不同等。当然，动用这种依据印文特征的阶段性变化判断印文盖印时间的方法，要以占有系列样本印文为前提，且这些经时而形成的系列样本印文具有前述这些明显的阶段性特征。

二、文书制作时间鉴定的几种具体方法简介

从理论上说，根据纸张、墨水、圆珠笔油、印油印泥等文书制作材料随时间发生的属性变化——笔画的墨水或圆珠笔成分、印文的印油或印泥成分经时发生氧化、交联、聚合、分解等变化——而确定的文书制作时间应最为科学、最为准确可靠，故目前国内外有关文书制作时间鉴定的课题研究均是针对这些文书物质材料的经时变化而展开的。尽管到目前为止，因文书物质材料的经时变化受多种复杂因素的影响，还没有一个普适的方法可用来解决所有文书制作时间检验方面的问题，但下列分析法，有的已成功地解决了某些个案中文书相对制作时间的问题，故在鉴定文书制作时间时，可以尝试着根据相应的条件加以试用。

（一）显微分光光度计法

显微分光光度计在文书检验中的应用始于 1982 年的瑞士，随后美国也借显微分光光度计检验印刷油墨、邮戳、墨水、染料等文书制作材料，打击了许多伪造、变造护照、绿卡、签证、支票的犯罪。俄罗斯则在 1995 年尝试将显微分光光度计用于检测圆珠笔的书写时间，而我国随后也开展了相关的课题研究及实务尝试。

显微分光光度计的核心部件是显微镜和分光光度计。显微镜可以观察到微细的物质细节并找到测量点；在相应光源的配合下，分光光度计则可以进行各种光学特征测量和颜色测量，如各种墨水的吸收光谱、反射光谱、透射光谱、荧光光谱及对于某一波长的光学量值。测量的全过程及数据的处理均可在显微分光光度计配备的微机软件的控制下自动完成，且整个测量无损于检材和样本。

我国已开展了将显微分光光度计用于检验圆珠笔油、墨水、墨汁或印泥、印油的相对书写（或盖印）时间的研究，并用于个案的解决。① 对于用圆珠笔油、墨水、墨汁等书写的文字符号而言，其相对书写时间的检验通常基于添写、改写的判断：一份文书若以同一笔正常书写而成，则其各个字迹之各个笔画经显微分光光度计测得的光学参数、颜色参数以及光谱曲线等应基本一致；但若文书某部分内容、某几个字、某一笔画系用同色不同种笔添写、改写，则显微分光光度计能轻易将这种成分的差异揭示出来，进而证明文书的部分内容、某几个字、某一笔画是后添写、改写而成。② 对于用印泥或印油盖印的印文，如果能获得其印章用相同印泥或印油经时盖印而成的系列印文样本，则可用显微分光光度计测得可疑印文的印文成分曲线，并与系列经时印文样本的印文成分曲线相比较，从而判断可疑印文实际是何时盖印而成。显然，此时的系列经时印文样本的获得非常重要，否则就无法完成相对时间的判断。

（二）压印法

压印法又称转印法。墨水经书写而随字迹附着在纸张上，一气呵成书写的文字，其墨水与纸张的亲和程度，即墨水与纸张结合在一起的牢固程度应是相同的。但若事后添加或改写文字，即使是用同一支笔，因书写时间相对较短，墨水与纸张的亲和程度较差，墨水成分在纸张中的扩散渗透较小，故容易被转印下来。如若系用同色但不同种墨水添加或改写，则可疑文字部分与其他文字部分的墨水与纸张的亲和程度的差异会更显著。

检验时，针对墨水的具体种类而选择合适的转印溶剂，如石油醚、无水乙醇、蒸馏水等或其混合溶剂，并将一张合适大小的白纸（或滤纸）浸入转印溶剂中，浸透、取出稍加晾干，覆于文书可疑文字及周边文字上，再盖上一张白纸，以压力计适度加压，并保持 5～10 分钟，取出内层转印纸，被转印文字的深浅和清晰度则会显示出可疑文字部分与其他文字部分在书写时间或墨水成分方面的差异，进而揭示文书的相对书写时间。也可用薄层扫描仪测量转印字迹的反射吸光度，以获得更准确的测试结果。该法能鉴别四年之内、书写时间间隔为半年的钢笔、圆珠笔、复写纸和部分签字笔字迹的相对书写时间。

（三）溶剂提取法

溶剂提取法的原理与压印法基本相同：书写时间短的字迹，能被溶剂轻易提取，相应溶解度大；书写时间长的字迹，难于被溶剂提取，相应溶解度小。测定字迹提取液的浓度，并与已知样本比对，能检验圆珠笔字迹的相对书写时间。溶剂提取法分为单溶剂提取法和双溶剂提取法。但前者对取样量、操作条件和方法的要求较严，重现性差。后者所称的"双溶剂"，其中一个对字迹的溶解能力弱、另一个则强；先用弱溶解力的提取，再用强溶解力的提取。用紫外—可见分光光度计、荧光分光光度计等测定提取液的浓度（C），并计算提取率，即：$C_弱 \div (C_弱 + C_强) \times 100\%$。

经测试已知样本，实验结果表明，书写时间从 10 个月到 25 个月，提取率明显下降。根据提取率——书写时间标准曲线，或与已知样本进行比对测试，本法可检验 2 年内、时间间隔为 5 个月的圆珠笔字迹的相对书写时间。但该法还是因取样量、提取条件、提取时间、操作者的经验、比对样本的获得等因素的影响而难以推广，而且该法对文书有毁损。

（四）硫酸根扩散程度测试法

蓝黑或纯蓝墨水形成字迹后，其含有的硫酸根会沿着纸纤维扩散，扩散程度与书写时间有关：书写时间短，扩散小、颜色较深；书写时间长，扩散明显、颜色较浅。检测硫酸根的扩散程度，并与已知样本比较，能鉴定蓝黑或纯蓝墨水字迹的相对书写时间。

该法的原理可示意为：

$$Pb^{2+}+SO_4^{2-} \rightarrow PbSO_4\downarrow；PbSO_4\downarrow+S^{2-} \rightarrow PbS\downarrow（黑色）$$

用测量显微镜或阿贝比长仪测量原笔道和硫化铅笔道的精确宽度，并以一定方式计算硫酸根的相对扩散度，再与由已知样本测得的标准曲线比较，或者同时测定检材与已知比对样本的相对扩散度，根据其接近的程度，判断检材的相对书写时间。

该法可鉴定书写时间 1 年以上、时间间隔为半年的文书的相对书写时间。但其操作烦琐、测量精度要求高，受诸多因素的影响，误差大，且有损，需慎重使用。

（五）薄层色谱和薄层扫描法

圆珠笔字迹随着书写时间的延长，除挥发性成分减少外，某些颜料和树脂的化学结构会发生一些变化；而字迹在纸张上的固化和渗透作用，也会使某些成分在提取溶剂中的浓度降低。这些变化会引起字迹的吸收光谱变异，也会引起提取液的薄层色谱变化。利用薄层色谱和薄层扫描仪检测上述变化，与已知样本比对，能鉴定圆珠笔字迹的相对书写时间：2 年以内、时间间隔 1 个月者。

而用薄层扫描仪直接扫描纸上圆珠笔字迹的反射吸收光谱，计算各峰的峰值比，与同页纸上或相同纸上已知书写时间、成分相同字迹的峰值相比较，能在无损的情况下，鉴定近两年以内、时间间隔为 3 个月的圆珠笔字迹的相对书写时间。

（六）气相色谱法

圆珠笔字迹中含有的挥发性成分如苯甲醇、三乙醇胺等，将随着书写时间的延长而减少。用气相色谱法测定其变化，能鉴定近期内（2 ～ 3 个月内）圆珠笔字迹的相对书写时间。

为了减少误差，提高检测的精确度，一般选择圆珠笔字迹中一种不易挥发、便于气相色谱检测的成分作为参比。在测定苯甲醇时，多以苯酐为参比。即用气相色谱法检测苯甲醇、苯酐的含量，以苯甲醇与苯酐的含量比值为纵坐标，以书写时间为横坐标，绘制标准曲线，再以实测得到的可疑文书字迹的苯甲醇与苯酐含量比，从标准曲线中求得书写时间。

（七）X 光电子能谱法

用软 X 射线激发物质表面原子的内层电子，使其逸出物质表面，变成光电子，然后检测光电子的动能，计算其结合能，得光电子能谱。光电子峰结合能的大小及相对强度，取决于原子种类和数目，并与原子的物理化学状态有关。蓝黑墨水字迹中，随着书写时间的延长，碳和氧原子的化学状态会发生微小的变化。因此，检测字迹中氧、碳的光电子能谱，并与已知样本比对，能鉴定蓝黑墨水字迹的相对书写时间：近 20 天以内的。

（八）傅里叶变换红外光谱法

随着书写时间的延长，圆珠笔字迹中，羟基基团的相对含量减少，而羰基基团的相对含量增加。用傅里叶变换红外光谱法测定羟基吸收带与羰基吸收带的强度比，与已知样本比对，能初步判断 20 年以内、时间间隔为 2 年的圆珠笔字迹的相对书写时间。但此法的干扰因素也很多，重现性差、误差大。

（九）热分析法

蓝黑墨水笔画中的某些成分会发生氧化—还原反应，这些变化在各个阶段均有特定的参数值。建立热分析法测定的参数与书写时间之间的相关特征曲线，然后与已知样本比对，即可确定可疑文书的书写时间。此法为有损检验，对检材的使用量较大，且检验条件较为苛刻，但还算有效：新写的字迹，7 天后即可检测分辨出；而长至 3～4 年的字迹，若时间间隔为 90～120 天，也能分辨。

（十）二次测定法

二次测定法是一个既新又有前途的文书制作时间鉴定法。言其新在于，该法是公安部第二研究所副研究员梁鲁宁女士主持的部级项目"多次测定法确定字迹的形成时间研究"的成果，该项目 2007 年 9 月完成，2008 年 3 月通过验收；言其有前途在于，该法不需要比对样本，仅依据检材自身，便能判断是否为近期书写，从而能解决实务中因比对样本难求导致文书制作时间的问题无法解决的难题。

与前述某些方法相似的是，该法同样基于圆珠笔或复写字迹在不同时期所具有的不同物理或化学参数。在两次测定检材的溶解能力后，通过其溶解能力的变化，来判断检材是否近期书写。溶解能力由"最快反应时间"来表征，而"最快反应时间"始于溶剂滴加到字迹上、终于字迹被溶剂瞬间扩散（该瞬间被梁鲁宁及其课题成员命名为"溶解突发起点"）。研究表明，随着时间的推移，字迹被某溶剂溶解的速度越来越慢，最快反应时间也越来越长。怀疑圆珠笔书写或复写纸复写的文书是近期添加的时，可先测得该可疑文书某处的平均最快反应时间；在正常静置 1 个月后，再在可疑文书另一处测得另一平均最快反应时间。如果这两个最快反应时间的差大于 0.5（即大于一年期内书写字迹的变化特征），则可给出肯定结论：此文书为 1 年内新写，而非其标示的已写了数年。

因最快反应时间的计量完全靠人来操作，故可能带来误差。但梁氏课题组已提供了"二次检验法确定书写字迹的形成时间"物证检验技术规程，对使用范围、适用检材以及检验所使用的各种溶剂条件和工具均给出了详尽的规定，并对检验过程、操作方法以及结果叙述进行了严谨的说明和严格的限制，故可资推广应用，并取得不错的结果。

此外，用于文书制作时间鉴定的还有裂解色谱法、毛细管电泳技术等。

虽说前述各种文书相对制作时间的检验法在实务中均或多或少地取得过一个或数个满意的结果，但严格说来，这些方法均有局限性，且均受诸多因素的干扰。因此，具体使用时，应该严格根据案件的具体条件，慎重地选择，并尽量选用多种方法相互印证。鉴定人还应精于这些方法的具体操作、具体测试步骤等。此外，有些案件中，还会出现人工老化或作旧的文书，对判明是经日晒、风吹、雨淋、水泡、烘烤、烟熏、沾污、搓擦等人工老化的文书，一般不能作书写时间的检验。

 本章小结 >>>

文书制作时间鉴定可以分为文书绝对制作时间鉴定和文书相对制作时间鉴定。对文书的制作时间进行鉴定，有利于辨别假文书，但是目前，文书制作时间鉴定具有很大难度：一方面，有限的认知水平和技术手段使人们尚未准确掌握各种文书物质材料随时间迁移而发生变化的规律，从而导致无法形成一种成熟、科学的方法鉴定文书的绝对制作时间；另一方面，由于难以获得在文书物质材料和保存条件方面与可疑文书完全相同的样本文书，故文书相对制作时间的鉴定通常也无法完成。

但是，在某些特殊情况下，可以从多方面入手，对文书相对制作时间进行鉴定。在具体使用时，应当根据案件的具体情况慎重选择，并尽量选用多种方法相互印证。

问题与思考

1. 简述文书制作时间鉴定的概念和种类。
2. 文书制作时间鉴定在诉讼中有何意义？
3. 如何理解文书制作时间鉴定的局限性？
4. 试述文书制作时间鉴定的可能性。
5. 文书相对制作时间鉴定的常见方法有哪些？试举 5 例，分别说明其名称、原理和适用范围及条件。

本章的主要参考文献

1. 邹明理，杨旭. 文书物证司法鉴定实务. 北京：法律出版社，2012.
2. 徐立根. 物证技术学. 4 版. 北京：中国人民大学出版社，2011.
3. 贾治辉. 文书检验. 北京：中国检察出版社，2010.
4. 梁鲁宁，杨爱东，田丽丽. 多次测定法确定蓝色圆珠笔字迹形成时间. 中国司法鉴定，2008（4）：26-29.
5. 林红、贾玉文. 根据印章印文的可变性特征判定印章盖印时间的研究. 中国人民公安大学学报：自然科学版，2005（2）：14-16.

第七章　其他文书物证技术

关键术语

打印文书　打印特征　数字水印技术　自由打印样本　实验打印样本　复印文书
复印特征　被损坏文书　抑压文字

实务中，除了遇到就可疑文书的笔迹进行检验，就可疑文书是否系伪造、变造进行检验，就可疑文书的物质材料或文书的制作时间等进行检验的要求外，还可能遇到一些就其他文书物证提出的检验要求，如打印文书、复印文书的检验，被损坏文书的检验等。这些文书物证的检验对纠纷的公正解决也极为重要，但限于篇幅，本书仅简要介绍如下其他文书物证技术。

第一节　打印文书的检验

一、打印文书检验的任务

打印文书是指在计算机的文字处理系统等软件的控制下，由打印机将输入计算机的图文、符号、信息处理结果等打印在纸张上而形成的文书。

日前鉴定可疑打印文书的任务是：① 认定打印机的种类，即研究可疑打印文书的特点，鉴别打印机的类型；② 进一步认定该文书是否由某打印机打印而成。

二、打印机的类型及相应打印文书的特点

目前，我国使用的几乎都是由电子电路驱动的打印机，它们多数是计算机的外接设备，少数与微处理器、显示输入设备合为一体。后者侧重于字符信息处理，其价格便宜且体积小，便于携带，因而曾经广泛使用，如四通 MS-2401 等型号的便携式打字机。按打印机的印字原理可将打印机分为两大类。

1. 击打式打印机

击打式打印机有全字符式打印机和针击式打印机两种。

（1）全字符式打印机具有一个球式、链式或鼓式的部件，所有字符均凸起在此部件上。使用时，该部件高速旋转，选定的字符面对打印纸，字锤隔着色带打击，在打印纸上形成相应字符。这种打印机只能打英文字符，我国没生产过，使用者也不多，在物证鉴定中较少遇见。

（2）针击式打印机是通过打印头上排列的一列或两列钢针打字。打印时，相应的钢针被击出，透过色带打印出点阵字符。纸上的字符由细小的色点组成，并有冲击凹痕。针击式打印机可使用干粉式色带和普通色带，打印出的字符油墨无光泽，笔画边沿因钢针的击打作

用易形成毛刺，纸张及字符周围有油渍痕迹。

2. 非击打式打印机

国内常用的非击打式打印机有以下几种。

（1）热敏式打印机。其设计原理及结构与针击式打印机相似，只是其打印头上安装的不是钢针，而是一排至两排微小的发热元件。打印时，主机发出的字符信息使相应的发热元件通电产生高温并作用于热敏纸，使纸张的变色涂料变为有色字符；或作用于色带，使其上的油墨熔解，转印到纸张上印出点阵字符。构成字符的色点是熔化的油墨形成的小方点，但纸上无冲压痕迹。热敏式打印机可使用一次性的热敏色带，打出的字迹油墨有光泽，颜色鲜艳，笔画实且边缘齐整，纸张上和字符周围清洁，类似铅印字迹。若反复使用一次性色带或色带放置过久，则字符笔画有空白点或大块空白，纸张上及字符周围还会粘有块状干油墨片。热敏式打印机也可使用多次性热敏色带，打出的字符有光泽，颜色比一次性色带差，笔画中会有空白小点，但边缘无毛刺。

（2）喷墨式打印机。该类打印机的打印头上安装的是一排至两排微细的喷嘴。打印时，在主机的控制下，墨点由相应的喷嘴喷至纸上形成字符。喷墨式打印机多使用液态油墨，打印的文书墨迹平实，色泽暗淡，有不同程度的洇散；笔画四周有极细小的散在墨点，影响字符的清晰度；液态油墨难以在纸上固化，文书极易有擦蹭痕迹。有的使用固态油墨，受热液化后喷到纸上固化为字符，其打印速度慢，不洇散，较清晰，但也有少量的喷溅。打印的文书有类似于凹版印刷文书的特点，即墨迹中间高、四周低。

（3）激光式打印机。调制聚焦后的激光束受主机文字符号信息的控制发生相应偏转，经在充电硒鼓上扫描形成静电字符潜影后，按静电复印原理在纸张上印出字符。所打印的字符边缘整齐，墨迹平实，色泽鲜艳；字符由细小的墨粉颗粒组成，没有洇散痕及冲压痕。激光式打印机是页式打印，整个文书都要经过感光鼓或定影辊，因而在文书的空白处极易出现细小墨点或其他污损痕。

为防止彩色激光打印机（以及彩色复印机）被用于伪造、变造文书，自 20 世纪 80 年代起，彩色激光打印机及复印机的生产厂家开始将数字水印（Digital Watermark）技术引入打印机的生产。加合了数字水印技术的彩色激光打印机等在打印时，便会在输出的每一页文书上同时隐写输出可以反映相应打印机之机器代码及打印制作序号的数字水印。经一定的解码技术，这些数字水印可以显现出来。

三、文字处理软件的功能特点在打印文书中的反映

同类打印机之主机所用的文字处理软件的功能差异会使得打印出的文书具有不同特点，具体表现如下。

（1）字库及字体特征。字库是机内存储字符点阵的数据库和字模库。国家技术监督局虽颁布了标准字模数据库，但许多电脑公司或打印机生产厂家仍自行设计字库，因而同类打印机的字库往往不同，所能打出的文字数目及字体有明显差异。即使是同一台打印机，使用的软件不同，所能打出的字及字体等也可能不同。

（2）字形和字号特征。打印者可通过文字处理软件设定字形和字号。但即使相同字形及字号，由于文字处理系统的开发商采用的标准不统一，也会有差异，因此反映在打印文书中也就有所不同。

（3）点阵规格特征。字库的点阵规格一般有 5×7、8×8、16×16、24×24、32×32、42×42、48×48 等几种。点阵数目大，解像能力强。未经缩放而成的基本字符之高度、列阵点数和点阵密度，是由打印机印字头的列阵高度及印字钢针数或喷嘴数等决定的。打印机印字头规格不同，其基本字符的点阵规格显然不同。对于有固定印字头的点阵式打印机、热敏式打印机及喷头与墨盒分离的喷墨式打印机，所打印出的字符在显微镜下显示出的高度、列阵点数、点阵密度等特征，无疑有助于确定同一类型的不同打印机。

（4）字距和行距特征。打印文书的字距和行距通常是可变的。打印文书在字距、行距上的差异，主要是软件设计字距、行距时采用的计量单位不同、设计方法不同及调整范围不同造成的。

（5）首字符上升等修饰特征。许多文字处理系统有一些修饰功能，能驱使所连打印机打印出斜体字、空心字、角标等，能使字符升高或下降，使背景出现网点、给文字加下划线等。不同文字处理软件，其修饰功能项目、种类和适用范围等明显不同，具体修饰细节，如下划线粗细、上下角标位置等也有许多细微差异。

四、打印机使用、磨损、修补的特征在打印文书中的反映

批量生产的打印机使得打印文书具有许多共性，但一经投入使用，每台打印机便可能形成各自的磨损、修补、替换等特征，具体如下。

（1）笔画残缺或漏白特征。打印文书出现字符笔画残缺或漏白，主要是因为打印机印字头上的印字元件缺损或脏污，如钢针折断、弯曲或磨损，热敏元件黏附有异物，喷嘴被堵塞，油墨长期不用而干涸等。驱动印字元件的电路接触不良或部分失灵也会使打印文书出现类似现象。

（2）错字特征。打印文书中重复出现某种字体、字形、字号的错字特征，是因为字库里代表该字的点阵代码有错。

（3）字符笔画上下错位特征。打印机执行串行打印或双向打印命令时，传动机构存在的机械性间隙，将使反向打印时字符下半部分偏移，与上半部分不能对接。偏移的大小与不同打印机的反向间隙大小有关。

（4）笔画重叠或分离特征。往返打印同一行字符时，纸张厚薄会影响输纸速度。电机或其控制指令信号出现故障，可使打印的文字笔画在连接处出现重叠或分离现象，相应字符的高度会有高低差别。

（5）文字符号倾斜特征。打印机印字头与导轨的间隙可因安装、磨损等而增大，印字头在往返运动时可略偏斜，使文字符号的纵轴与字行不垂直。

（6）纸张上的白色、灰色或黑色痕迹特征。激光打印机打印的文书往往会在纸张上出现白色、灰色或黑色痕迹，这是激光打印机在生产、使用中感光鼓出现缺陷造成的。缺陷的部件及性质决定了这些特征有的稳定且分布有规律，有的则无规律。

五、彩色激光打印机的数字水印技术在打印文书中的反映

数字水印技术是一种信息隐藏技术，是指用信号处理的方法在数字化的多媒体数据库中嵌入不可见的隐蔽标记，嵌入这种标记的主要目的是保护知识产权，但该标记需通过专用的检测器或阅读器才能提取。数字水印是嵌在数字产品中的数字信号，不会破坏文书正文数据

的欣赏价值和使用价值。根据不同的需求，数字水印可分为票据防伪水印、版权保护水印、篡改提示水印和隐蔽标记水印等。彩色激光打印机及复印机采用的数字水印实为票据防伪水印，具有数字水印的基本特性：隐蔽性和安全性。其隐蔽性表现为裸眼察觉不到数字水印的存在；其安全性表现为水印标识与输出的正文内容"和平共处"，即输出的内容和设置不影响水印信号的形态。但若彩色打印机输出纯黑白 Word 文档，则不会出现水印。

当前，彩色激光打印机等的数字水印技术是将一定点阵图形的小黄点作为每一台机器的代码插入其输出的所有文书中。这些呈点阵图形的小黄点规律地分布于整个纸面而无论该处是否有正文数据，并大约每英寸出现一次。由于白与黄的反差较小且小黄点的尺寸约 0.1 mm，故人们裸眼无法分辨并识别白纸上的这些黄色墨迹。但在蓝光灯的照射下，借助放大镜，可清楚地发现整个纸面布满相同的点阵图形，如同纸张中的传统水印。之所以在蓝光灯下能显现出肉眼难见的点阵图形，是因为黄色小点与所在白纸对蓝色光的吸收、透过和反射存在差异，形成了较大的颜色反差；此外，小黄点的尺寸虽仅及毫米级，但却大于构成正文文字图案的网点，故也方便了人们的识别。

尽管打印机生产厂商并未向用户公布其数字水印技术等相关信息，但实践中发现，即使是同一厂商、同一型号的打印机，其数字水印编码虽有相似之处，但却均是独一无二的；而不同厂商的打印机，如若加合了数字水印技术，则其数字水印编码更是差异显著。实践还发现，有的机型同一台机器不同时期输出的文书，其点阵图形完全相同；有的机型同一台机器输出的每页文书，其水印点阵部分相同、部分则随每一次输出而有所变化：输出时间越接近的文书其变化越小，只是个别小点的位置移动。故，文书上这些可被解码、识别的数字水印，已成为打印机的机型鉴别、同机认定和文书制作时间之判断的依据。

六、收集打印文书样本时应注意的问题

打印文书样本也有自由样本和实验样本之分。自由样本是指案发前后，打印机在常规使用情况下打印的文书。实验样本是指案发后，根据鉴定的需要，用该打印机或同型号打印机打印的文书。打印文书样本是检验可疑文书是否系由某型号或某台打印机打印时不可缺少的比对物。

收集打印样本时应注意以下问题。

（1）最好由鉴定人亲自收集样本，因为他们可针对可疑文书的特点，按鉴定的需要收集相应样本。如由送检人收集样本，也应按鉴定人的要求进行。

（2）收集样本前应仔细研究可疑文书的特点，了解相应的打印机是否易出现故障、出现过哪些故障，案发后有无修理、色带是否更换，打印人的打印水平、习惯采用的编辑排版方式等。

（3）应收集与案发时间较为接近的、由打印机常规打印的自由打印样本，且纸张、色带、文书格式、墨色深浅、字体、字号及具体字符等应尽量与可疑文书相同。

（4）打印实验样本应与可疑文书的内容完全相同。先按可疑打印机的原始状态打印一份，再严格按可疑文书的格式，如全角或半角状态、字体、字形、字号、行距、字距、每行总字数、每页总行数、修饰状况等打印几份，最后在行距、字距与可疑文书相近的条件下再打印几份。

七、打印文书的检验

（1）根据文书的字迹油墨色泽，笔画有无点阵特征及特点，纸张上及字符周围有无油渍痕迹等，可判断可疑文书是由哪一类打印机打印的。彩色文书上如若发现数字水印的点阵图形，则可初步判断该文书可能由彩色激光打印机打印而成。

（2）根据主机所附文字处理软件的功能特点在打印文书中的反映，可判断可疑文书是由哪种文字处理软件驱动的打印机打印。

（3）根据打印文书的墨色特点判断可疑文书是由哪种或哪台打印机打印的。不同的打印机，所用的色带及其墨粉成分和性能均有差异。例如，击针式打印机色带上的油墨可溶于乙醇，热敏式打印机色带上的油墨则相反。利用薄层色谱法、扫描电镜、紫外—可见分光光度计等，区分文书字符的不同油墨，可判断打印机的种类；经与打印样本上的油墨比对，有时还能认定打印机。热敏式打印机使用的若是一次性色带，而收集样本时恰好获得了此色带，则根据其上留下的与可疑文书内容相同的空白文字，也可认定打印机。

（4）打印机的使用、磨损、修补等方面的特征，以及彩色激光打印机嵌入的不同数字水印特征，是认定打印机的可靠依据。在充分掌握了打印机的使用、维修状况或数字水印特征后，经与打印文书样本比较，可以认定可疑文书是否系由某一台打印机打印。而这种打印机台的同一认定，显然要遵循同一认定的主要步骤，即分别检验、比较检验、综合评断并给出结论，所用的方法同样是比较法。

（5）观察打印文书可疑部分文字笔画的色泽、文字笔画的细节特征、字间距或行间距特征，并与该文书其他部位的相应特征进行比较，或者观察全文各处文字与文字的横向或竖向连接线是否平直，可以鉴别可疑部分的文字内容是否为再次打印添加而成：即使是用原来的打印机再次打印，也会因为二次送纸的原因导致文字与文字的连接线不平直；如果是换用其他打印机打印，则不同的文字排版软件也会使得同一字体、同一字号的文字笔画在细节上有差异。如果某打印文书是用加合了数字水印技术的打印机打印的，那么换用其他打印机再次打印以增加一定文字内容，则可能会在数字水印的图像方面出现差异。

第二节　静电复印文书的检验

一、静电复印文书检验的任务

静电复印文书检验的任务是：① 确定送检文书是否为复印文书；② 确定复印文书的复印机种类、型号；③ 对复印文书的复印机进行同一认定。

二、静电复印文书与印刷文书的区别

以静电复印机复印文书虽被称为无版印刷，但复印文书却与印刷文书有区别，具体体现在以下几方面。

（1）纸张不同。静电复印纸有两种，即涂层纸和 50 g 以上的普通纸，这两种纸与印刷用纸在纸张挺度、厚度、平滑度、吸湿度等方面有明显差别。

（2）用墨不同。静电复印用的显影剂多为炭黑和热塑性树脂或挥发性脂烃类物质等组

成的墨粉，它与印刷所用的油墨不同。

（3）墨迹不同。静电复印文书上容易出现面积不等的弥散性墨点（底灰），不同于印刷出现的黑色脏点。

（4）复印文书上的其他痕迹。使用较旧或有缺陷的复印机，容易在复印文书上形成特有的痕迹。例如，硒鼓损伤、分离机构污染、磨损或其他部件缺陷，或原稿纸没有压紧、原件纸薄等，都会在复印文书的不同部位形成宽窄或形状不同的黑色条纹或斑点，而印刷文书则不会形成上述特点。

三、静电复印机的种类或型号特点

不同种类、型号的复印机，有不同的特点，而这些特点均会在其复印的文书中有所表现，故有必要了解静电复印机的种类或型号特点。

（1）光导体的材质特点。光导体又被称为感光鼓，是复印机实现电摄影的关键部件，也是产生并遗留复印痕迹的主要装置。光导体的材质可以是硒、硫化镉、氧化锌或有机物。光导体的材质不同，对光谱的敏感性会有差异，故对照原文书的图文颜色，有可能鉴别出复印文书是由哪种材质的光导体复印机复印的：硒光导体复印机，将使被复印的蓝色图文色调减淡，黄、橙、红色图文色调加深；硫化镉光导体复印机，将使被复印的蓝、紫色图文色调加深，绿、黄、红色图文色调减淡。有机光导体及经色素增感处理的氧化锌光导体，其性能与硫化镉光导体类似。

（2）光导体的直径特点。同样材质的光导体，其直径可能不同；不同材质的光导体，其直径也有差异。通常而言，硒光导体的直径为 80～120 mm；硫化镉光导体的直径为 60～80 mm 或 130～180 mm；有机光导体的直径为 50～60 mm。如果光导体表面有划痕或破损，则在复印文书上会留下相应的痕迹。当该痕迹在一张复印文书上重复出现时，那么相邻两痕迹之间的距离即等于光导体的周长。如果在一张复印文书上有左右两个不同的痕迹，而另一张复印文书上该两个痕迹的位置左右颠倒，那么这两张复印文书上的两个印迹的水平距离之和即为光导体的周长。借助圆周的周长公式（周长＝直径×π）即可求出光导体的直径。

（3）复印机的显影方式。有干法显影和湿法显影。干法显影采用的是固态墨粉显色：① 墨粉加珠状载体为瀑布式显影剂，其复印的图文密度高，黑白对比分明，在宽大图文处易出现边缘色深、中间发白的"边缘效应"，显微镜下观察可见，墨粉颗粒粗，细密线条不太清晰；② 墨粉加铁粉或小钢珠载体为磁刷式显影剂，其复印的图文反差强，无边缘效应，墨粉细腻，分辨率较高。

湿法显影剂，由炭黑、偶氮染料与石油等液状载体混合而成，其复印图文的最大密度（色调）低，有一定的深浅层次，空白处易沾染显影剂而形成底灰，显微镜下观察可见，图文线条由不规则的块状、片状墨渍构成。

（4）墨粉颜色和成分。静电复印机均可用黑色墨粉复印文书。而三色、四色复印机还可用蓝色、棕色或红色、绿色墨粉套色复印文书，而且多为二色套色复印。不同复印机的墨粉成分大致相同，但配比有差异。

（5）分纸方式。纸张紧贴光导体转印图文之后，需用一定方法将纸与光导体分开，导入定影装置。① 分离带分纸。在输纸系统上装有 2～10 mm 宽的塑料带，处于光导体的里端、纸张前进方向的右边。分离带夹在光导体与纸边之间，在将纸与光导体分开时，光导体一侧边缘易被磨损或污染，故复印文书与走纸方向相平行的一端有一条白边，邻近白边的图文易发虚。② 分离片分纸。当纸随光导体转到分离位置时，有金属片将纸与光导体分开；有的分离片附带有压丝，其作用是防止纸与光导体提前分离造成印迹不实。分离片与压丝经常沾染墨粉，易在进纸端一角形成连贯、间断的片状或单一片状痕迹。③ 电荷分离。在分离位置的纸背装有交流电极，以中和纸与光导体的吸附力，使其自动分开。它适应于光导体直径小、平直输纸转印的复印机。其复印文书的特点是没有分离痕迹或在进纸端易形成白边。

（6）定影方式。定影能使转印在纸面的图像固化。定影的方式主要如下。① 冷辊压力定影。复印文书通过两个辊筒的挤压作用，致常温下具有柔性的墨粉黏结剂将墨粉粘于纸面。其复印文书的墨迹有光泽，墨迹聚集紧凑，墨迹易被搓掉。② 热辊压力定影。用红外加热辊对复印文书直接加热、加压，借以定影。其复印文书无光泽，墨粉颗粒堆集紧凑，线条因挤压而比原文略粗。③ 热辐射定影。用远红外线加热器或电热板烘烤复印文书，使墨粉中的树脂熔化，借以固定图文。其复印文书的墨迹呈堆集状，有立体感，表面呈熔融状，有光泽。

（7）稿台方式。静电复印机有固定式稿台和移动式稿台两种。固定式稿台多见于中、高速复印机，可复印不同重量和体积的书稿。移动式稿台多见于小型或超小型复印机，只适于复印单页或页数少、重量轻、体积小的书稿。如果复印重量超过运载标准的书稿，复印文书上会出现图文扭曲、变形和漏光现象。

（8）缩放功能。复印机均可按原稿 1：1 复印。较高级的复印机还可以按若干档次将原稿放大或缩小复印。复印机缩放倍率的设计与倍率档次的级数受各种机型的额定工艺所限，有一定的差别。测定缩放功能时，可将复印文书和原稿的尺寸进行测试比较，或参比有关标准，计算其缩放倍率，以推断复印机的缩放功能。

（9）复印纸张的尺寸。复印机入纸口宽度有限，又受输纸途径、循环周长限制，故不同机型均有最大和最小的用纸尺寸，超过限度不能使用。

四、静电复印机的机台复印特征

虽然静电复印机多是批量生产，但一旦投入使用，复印机就会形成独特的机台个体特点，这些特点能在复印文书中得以体现，是确定复印文书的具体复印机台时必须依赖的特征。

（1）污斑特征。是光导体表面损伤或稿台玻璃、光学系统被污染等而在复印文书上出现的黑色条纹或斑点。这些条纹的方向，条纹和斑点的数量、形态、位置及相互组合的特点，在同一认定中具有重要意义。

（2）漏印特征。光导体表面膜层被剥离、污染或生产缺陷有可能在复印文书上形成漏印特征。

（3）白圈斑特征。光导体在潮湿季节时易被电晕光花放电击穿，从而在复印文书上会形成白圈斑。其数量、位置、形态等均有其独特特点。

（4）分离机构特征。不同复印机的分离机构由于污染、磨损情况不同，留在复印文书上的特征的宽窄、形态也不相同，特别是正、背面都留有污染特征的，更具有鉴定价值。

（5）复印机局部故障产生的特征。复印机出现的各种故障，均会在复印文书上形成各种特征，如复印颜色深浅不匀、局部形象模糊、顶端错位、全黑部分出现白斑或残留余像和斑痕等。

五、静电复印文书的检验

在判明可疑文书为复印文书后，对文书的检验主要是为了确定复印该文书的静电复印机的种类和型号，可能的情况下，还要确定该复印文书是否系某台静电复印机复印。显然，前者是复印文书的种属认定，后者则是复印文书的同一认定。

对复印文书之静电复印机的种类和型号的确定，可基于鉴定人员对复印机种类、型号的掌握情况，或者基于可疑复印文书与样本复印文书的比较检验；对复印文书之静电复印机台的确定，则只能基于可疑复印文书与样本复印文书的比较检验。因此，收集并占有样本复印文书非常必要，这些样本复印文书既可能是自由样本（平时某复印机正常使用时形成的），也可能是案发后基于检验的需要而专门用某一可疑复印机复印出的实验样本。此外，复印机的维修及部件的更换将使复印文书的复印特征发生变化，故还需了解可疑复印机更换部件及维修的情况。

复印文书的检验，通常也包括检验前的准备、分别检验、比较检验、综合评断得出结论、制作鉴定书等环节。

检验时首先要确定可疑复印文书和样本复印文书各自在种类、型号以及机台个体方面存在的突出、稳定特征；在此基础上，再以线条结合比对法、外部形态特征并列比对法、重叠比对法、确点连接比对法、箭头标示比对法等，比较可疑复印文书与样本复印文书之间的各种特征；在给出同一认定的肯定或否定结论前，一定要综合分析比较检验中发现的符合特征及差异特征的性质，唯有当符合点为本质符合、差异点为非本质差异时，才能给出肯定的同一认定结论。检验过程中，要注意使用各种仪器、设备等，如放大镜、显微镜、投影比对仪等。

必要时，可用红外吸收光谱仪、紫外—可见分光光度计、扫描电镜、表面增强拉曼光谱分析法等鉴别复印墨粉。

第三节　被损坏文书的检验

一、被损坏文书的概念

被损坏文书是指文书原貌受到破坏，或者受潮或者直接被水、血浸泡后粘连在一起的文书，可分为破碎文书、烧毁文书和被浸泡粘连文书。

检验被损坏文书的任务，一是整复破碎文书、烧毁文书、被浸泡粘连文书，并查明其内容；二是为侦查破案提供线索，为公正处理案件提供证据。例如，检验纵火或爆炸案现场被用作引火物或炸药包装物的文书纸灰和碎片，有助于查明引火物、包装物的来源；检验被烧死或溺死尸体衣袋内被烧毁、浸泡的文书，有助于查明死者身源及有关事实；等等。

二、破碎文书的收集与整复

破碎文书是指被撕碎、剪碎和炸碎了的文书。破碎文书往往与其他纸片、垃圾混杂在一起，因此，唯以科学的方法，方能将它既正确又迅速地整复并固定下来。

（1）纸片的收集与处理。① 用镊子或适当工具将在现场发现的碎纸片尽可能收集齐全，放在玻璃瓶或洁净纸袋里，以保护碎纸片上可能留下的手印不被破坏。② 戴上纱手套，将揉皱的纸片轻轻展平，显现手印、拍照固定后，再复原处理。

（2）纸片的分类。碎片往往不只一张，甚至不仅是一种，故应将碎片按文字笔画颜色，字的形体、布局或图案、花纹的异同，或文书的纸张种类、颜色、质量及格线形式，以及文字内容种类、连贯性等分类，分别夹在书中压平保存。

（3）整复的方法。① 边角齐全的四角文书，先将碎片中带有切边的文书四角与页边的碎片挑出来，按上下左右与正反面，先摆开四角与四边，拼成文书的外框，再按文书内容与格线的连续性，根据纸片的边缘形状，逐块拼接内部空缺。② 不易区分边角的剪碎文书，可按文书的内容、格线、图案，根据纸片形状和剪切边缘的形状进行拼合；或者选择形状较大而又有明显特征的碎片拼合；或先拼成几大块，然后再合并。③ 折叠后撕碎、剪碎的文书，常有相对称的碎片，故可一对一对地拼合。

在确定了文书碎片的位置和相互连接关系之后，应将碎片逐块移到大于文书纸面的玻璃上，再用另一同样大小的玻璃覆盖其上，并将四周封好。

三、烧毁文书的整复及其文字内容的辨读和再现

（一）烧毁文书的特点

文书纸张燃烧是一种激烈的化学变化，其结果是文书变成看不清文字内容、皱缩而又易碎的纸灰。

纸张燃烧可分为焦化（变黄、变脆）、碳化（变黑）、灰化（完全燃烧成灰烬）三个阶段。文书的燃烧程度，与纸张质量、燃烧条件和温度都有密切关系。燃烧变化与温度的关系是：① $150 \sim 200\,℃$：纸张干燥、变黄、起皱、边缘翘起；② $200 \sim 250\,℃$：纸张呈深褐色转黑色；③ $250 \sim 300\,℃$：纸张碳化、断裂；④ $300 \sim 350\,℃$：纸张开始灰化，呈灰黑色；⑤ $350\,℃$ 以上，纸张渐变为灰白色。

（二）烧毁文书的提取、包装与运送

提取、固定烧毁文书的原则是尽量避免其受到进一步的破坏。因此，应根据客观条件慎重而又巧妙地操作。

如在现场发现正在燃烧的纸张，最好用脸盆等器皿罩在燃烧的文件上，使火焰迅速熄灭，切不可用水浇、脚踩。如在燃烧的火炉中发现有烧毁文书，应立即关闭火炉通风口，并设法挡风以保护好已烧毁的文书，防止再次吹坏。

提取时，无论是单页纸灰还是成团纸灰，都应保持原样。如果是完全灰化的纸灰，无法完整提取的，应就地妥善保护，当场辨读文书内容并拍照固定。

为了完整地保存和运送，可先将提取的烧毁文书用 10% 的甘油水溶液或用温水稍稍湿润一下，防止破裂，再用合适的木盒或纸盒，下垫棉花，置放烧毁文书，上面再盖一张轻软的白纸，纸上再放一层棉花，然后盖上盒盖封好。防倒置，防重压。

（三）烧毁文书的整复

1. 软化展平

具体方法如下。

208

（1）喷雾法。用温水或 15% 的甘油水溶液放在比较细的喷雾器内，向置于玻璃板上的烧毁文书上方喷射水雾，使其逐渐浸湿柔软，再小心展平。

（2）气熏法。将热水一碗置于一玻璃干燥器的隔板下，再将载有烧毁文书的玻璃放在隔板上，盖严干燥器盖子，使烧毁文书吸取热气而柔软。

（3）水漂法。备洁净的温水一盆，将纸灰用玻璃板托起，使纸灰一端先浸于水面润湿，再轻轻抽出玻璃板，待纸灰浮在水面浸润后，小心将皱褶按平。再将玻璃板插入纸灰下托出，控水阴干。

（4）涂刷法。蘸取 15% 的甘油水溶液，从一端或中段起逐渐涂在被烧毁的文书上，使其柔软并小心展平。此外，还可用稀释的聚乙烯醇溶液，或 1% 的动物胶水溶液。

2. 固定整复

具体方法如下。

（1）玻璃板固定法。用与托纸灰玻璃板同样大的洁净玻璃板一块盖在纸灰上，并在两层玻璃之间的两端夹衬两三层白纸，使玻璃之间留有适当的空隙，四周用胶布等固定。

（2）透明胶片粘贴法。对于皱缩严重、不易展平的烧毁文书，可用醋酸戊酯 50 g、醋酸 25 g、樟脑 5 g 混合成特制胶水，将其粘在透明胶片上展平固定。

（3）宣纸裱糊法。用于单面有字的被烧毁文书的整复。将被烧毁文书有字的一面朝下放在桐油纸上，先用酒精后用 5% 的甘油水溶液喷洒在烧毁文书上，使其柔软后，用毛笔轻轻展平；再取一张比烧毁文书大的宣纸，在宣纸上刷上一层薄薄的米汤状的淀粉糨糊，将其粘贴在烧毁文书上，要从一边起一点一点地粘贴，贴好后将桐油纸轻轻揭下，然后将宣纸背面朝上，放在干净的玻璃板上，用鬃毛刷在宣纸背面从中间向四周刷，使烧毁文书同宣纸一起向四周延展，然后晾干即成。

（四）烧毁文书文字内容的辨读

能否辨读被烧毁文书的原文，取决于文书物质材料的特性。文书经燃烧后，在纸张与书写、印刷的物质之间仍存在某些物理性质与化学性质的差别。根据这种差别，选用适当的方法，可以达到辨读的目的。

（1）侧光检验与照相法。根据被烧毁文书的纸灰与书写、印刷文字物质材料在颜色上的差别等特点，可以在不同角度、不同强度、不同色光的各类光线下仔细、反复观察，并在最佳辨读条件下采用相应的照相方法拍照固定。

（2）红外线检验和照相法。某些物质对红外线吸收、反射或透射的能力与可见光不同，故可用红外鉴别仪观察，再用红外线反射或透射照相法检验，并记录结果。

（3）化学显现法。某些化学试剂能与纸灰中残留的蓝黑墨水笔画中的铁起显色反应，但却使黑色纸灰氧化变浅，故可据此反差辨别文字内容。根据纸张厚薄不同，可分别采用下列试剂显现：① 厚纸：20% 硫酸，5% 高锰酸钾，黄血盐饱和溶液，20% 盐酸；② 薄纸：5%～10% 硫酸，5% 高锰酸钾，黄血盐饱和溶液，20% 盐酸。

显现时，取硫酸滴在展平的文书上，再滴高锰酸钾至纸灰变成黑色，再滴黄血盐溶液和盐酸，即可显现文字。

（4）高温灰化法。纸张烧毁后呈黑色、黑褐色，与笔画颜色差别很小，肉眼不易识别时，可将碳化的纸张进一步用电炉、红外线炉等加温燃烧，也可达到辨读效果。

四、被浸泡粘连文书的整复

（1）对受潮粘连的文书，分离时，一般先用光滑、扁平的小铲，轻轻地、一张一张地分开。如过分潮湿，应稍稍晾干后再分离。对于易碎的潮湿文书，可先在文书上铺一张薄纸，从一端开始边分离边将文件连同薄纸卷起来，待全张分离后，连同薄纸展开晾干。

对干燥的粘连文书，先用蒸气湿润软化，再用扁铲分离；对粘连成团的文书，应先找出纸边，再慢慢小心地将其展开。

（2）施胶晾干。有的文书由于纸张受潮，原有的施胶层被破坏而变得疏松易碎，因而需要涂胶加固。一般可把聚乙烯醇溶液或动物胶溶液均匀地涂布在已分离展平的文书上，室温下晾干。

（3）恢复原文。有些受潮文书的书写文字因水浸而褪色，故在文书整复后，还需显示原文。一般可用紫外线灯或蓝光灯照射，观察其荧光现象，然后拍照固定。如是用含铁墨水书写的，可用硫氰酸钾、亚铁氰化钾、鞣酸等溶液显现并拍照固定。

第四节　被涂抹文字的显现

一、被涂抹文字显现的可能性

文书在制作过程中或文书制作完毕后，由于制作者或其他人有意或无意的行为，可能使文书的部分文字被墨水、颜料等有色物质掩盖，从而形成被涂抹的文字。

可用来涂抹、掩盖文字的有色物质多种多样，如墨汁、墨水、油墨、油漆、圆珠笔油等均能用来涂抹、掩盖文书内容，而书写文书的墨水等也各不相同，再加上原文书书写与涂抹的方法、原文书书写时间与掩盖时间的长短等均会影响被涂抹、掩盖文字的显现或恢复，因此，并非所有被涂抹的原文均能显现出来，也没有一个通用的方法能适用于所有被涂抹原文的显现。如果原文书写物质与掩盖物质不同，或者书写原文与掩盖用的工具不同，原文书写成后的时间较长而掩盖时间较短，那么显现被涂抹、掩盖原文的可能性就大；反之，显现的可能性就小或根本没有。

二、常见的显现被涂抹文字的方法

在显现被涂抹文字时，首先应观察原文是用什么物质、什么工具书写的，掩盖物质的颜色是否与原文相同，涂抹的方法是什么，掩盖的程度和纸张的质量如何，然后根据实际情况，采用下列一种或几种显现方法显现被涂抹的文字。

（1）分色照相法。如原文字迹与掩盖物质的颜色不同，但差别不太明显，可选用适当的滤色镜仔细观察，并用分色照相法加深字迹与掩盖物在颜色上的反差，从而显现出原文。

（2）透射照相法。如原文字迹是被同样物质均匀涂抹掩盖的，则可选用透射光辨认并用透光照相法记录显现的结果。

（3）红外线检验法。如原文字迹是用墨汁、铅笔、印刷油墨等书写或印刷，而被纯蓝墨水、圆珠笔油、蓝黑墨水或其他颜料掩盖，则可利用红外线显出原文。

（4）荧光显现法。被涂抹的原文物质如能发荧光，其在蓝光灯、紫外灯下的荧光现象也能透过涂层显示出原文。

（5）加压法。以加压法显出被涂抹文字，其原理是：溶剂对墨汁等掩盖物及对书写用墨水等书写物质的溶解能力不同，因而可以采用加压取印的方法将被涂抹字迹转印到取印纸（通常用滤纸）上。选用的溶剂要对被涂抹文字的溶解能力较强，它既可能是单一溶剂，也可能是混合溶剂。目前常用的有两种溶液：一种由无水乙醇、水和冰醋酸配制而成，适用于显现被涂抹的钢笔墨水文字；另一种由无水乙醇、水、二甲基甲酰胺和冰醋酸配制而成，适用于显现被涂抹的圆珠笔文字。凡是被墨汁、碳素墨水、绘图墨水涂抹的各色钢笔字迹、圆珠笔字迹及复写纸字迹，利用红外文检仪不能显现时，均可利用加压法显现。该法显现效果好，灵敏度高，操作简便，不破坏原件。加压法显现出的原文字迹是反字，可通过摄影方法转变为正字。

（6）涂层消除法。即设法减薄或消除掩盖物质，以显示被涂抹文字的方法。通常采用的方法如下。① 激光蒸发法。掩盖物质和书写文字的染料成分不同、厚度不同，对激光能量的吸收也不同。掩盖层吸收得多，文字笔画吸收得少，所以蒸发掉的是掩盖物质，而文字笔画被保存下来，这样就能显现出被掩盖的字迹。② 溶液减薄法。利用化学溶液对涂抹层起溶解作用，可以减薄或消除掩盖物质，从而使被涂抹文字显现出来。常用来减薄或消除掩盖物质的化学溶液有氯化铵溶液、次氯酸钠溶液、草酸溶液、氯仿、乙醚、丙酮等。选用化学溶液的原则是：所用溶液只对涂抹物质起溶解、减薄或消除作用，但不影响被涂抹的文字及文书的纸张。一般是以棉球蘸溶液轻轻擦洗涂抹层，切勿损及涂抹的文字笔画。③ 静电复印法。该法适用于被涂抹文字物质与涂抹层物质是同种同色的检材。严格地说，该方法并不能称为"涂层消除法"，因为它并没有使涂抹文书的涂抹层被消除或被减薄。其原理是：某种物质书写出的文字被同种同色墨水涂抹后，有文字笔画的部分墨层厚而颜色深、无文字笔画的部分墨层薄而颜色浅，再通过掌握静电复印时的曝光量及墨粉量，有可能使涂抹层在复印件上的显色要浅于被涂抹层在复印件上的显色，甚至使之消失。因此，从复印件来看，涂抹层似乎已被减薄或被消除。该法操作简便、易于掌握，且不损坏文书及被涂抹文字，但要使用灵敏度高、显影清晰的静电复印机及质量好的墨粉。

（7）显示液显示法。867A、867B 是我国公安部二所研制配成的两种特殊混合显示剂。研制这两种显示剂的目的是解决原文字迹被碳素墨水、墨汁、绘图墨水等物质掩盖，用一般化学试剂及红外线检验法均无法显出的难题。

867A 显示液是白色乳状液。使用时，用小刷将 867A 显示液刷到掩盖层上，片刻即能在正面 867A 白色涂层上显出被掩盖的字迹，字迹颜色就是被掩盖物的染料颜色。

867B 显示液是无色透明液体。使用时，用小刷将 867B 显示液刷到掩盖层上，片刻在原件背面显出被掩盖字迹的反字，其颜色也是被掩盖物的染料颜色。

867A 显示液能将被掩盖文字的染料成分溶解提取出来，867B 显示液则能将掩盖层减薄。因此，在某些情况下，可将二者结合使用，如掩盖层是很厚的油漆，可先用 867B 显示液减薄掩盖层，再用 867A 显示液提取被掩盖字迹的染料，在白色涂层上显出被掩盖的文字。

867A、867B 显示液能显现被墨汁、油墨等掩盖的各色墨水、各色圆珠笔油、各色签字笔水、各色水彩笔、各色复写纸等书写或复写的文字，也能显现被前述黑色物质掩盖的红、绿、蓝色铅印字，彩色套印字，各色印油、邮戳字迹，英文打字机打印出的黑、红色字迹等。除了粉红色的纸张外，其他纸张对显现没有影响。一般在自然光下直接用肉眼就可以观察到显出的字迹，但黑墨水字、棕色水彩字、红复写字则需要在蓝光灯下用橙色滤光片观察它们的荧光字。

867A、867B 显示液是针对黑色掩盖物而研制的，但实际运用中发现，它们对油漆、涂改液等掩盖的字迹也能显现。

这两种显示液显示法，操作简便，价格低廉，适用范围广，易于观察，且显出后的文字不褪色，可长期保存。虽然它们不同程度地破坏了原件，但若在显示出的字迹上再涂上原有的涂抹掩盖物质，则能还原且不妨碍再次显现。

第五节　抑压文字的显现

一、抑压文字的形成

书写时，在书写动作的压力作用下，衬垫的纸张上往往会留下一些不易见的凹痕。由于这些凹痕是书写者书写前一页文字的反映，故又称作"抑压文字"或"压痕文字"。压痕的深浅与笔力大小、笔尖软硬、纸张厚薄以及衬垫物软硬等因素有关。所以，并非所有的压痕文字均能显现。

二、显现抑压文字的常用方法

（1）阴影显现法。压痕文字是无色的凹痕，因此，当光线从侧面斜射至文书上时，文书的纸面和压痕文字的凹痕就将形成明暗不同的阴影，从而可显现出压痕文字。所以，利用阴影照相法，能将压痕文字显现并固定下来。

（2）复写纸摩擦显现法。用复写纸包一块较柔软的泡沫塑料或棉花之类的物质，然后直接在压痕文字部位均匀地轻轻擦拭。由于抑压文字呈凹状而纸面呈平面状，因而纸平面被逐步着色、压痕文字部分却仍未着色，二者之间形成差异，显出文字。

（3）静电压痕仪显现法。即用专门的仪器——静电压痕仪显现压痕文字的一种方法。其原理是：纸张有压痕和无压痕的部位不同，能产生不同的电容变化，使覆盖在压痕纸张上的聚酯膜的电位也发生相应变化。当电晕在聚酯膜上来回放电时，随着纸张上压痕的变化，聚酯膜表面将形成不同的电位差。被充电后的纸张有压痕的部位电压低（带正电荷），无压痕的部位电压高（带负电荷）。纸张表面这种电位起伏，便感应聚酯膜，使其形成一个稳定的电位图像。当墨色粉（与载体玻璃珠混合在一起）均匀撒在聚酯膜上时，墨色粉（也叫显影粉）带负电荷，被无压痕部位的负电荷所排斥，但却被带正电荷的压痕部位吸附，使聚酯膜上压痕的潜在图像清晰地显示出来。该方法可显现比较微弱的抑压字迹，且无损并能反复显现。

此外，实务中还有就热敏纸褪色字迹进行检验的需求，为此，已开始尝试用系列光源法如紫外光源检验法、红外光源检验法、极红荧光检验法来显现，并取得了一定的实效。

 本章小结 >>>

鉴定可疑打印文书的任务有二，一是认定打印机的种类，二是进一步认定该文书是否由某打印机打印而成。不同类型的打印机，同类打印机之主机所用文字处理软件的功能差异，同一台打印机在使用过程中形成的磨损、修补、替换等特征以及彩色激光打印机嵌入的不同数字水印技术均会导致所形成的打印文书具有不同的打印特征。打印文书样本是检验可疑文书是否系由某型号或某台打印机打印时不可缺少的比对物，故收集打印样本时需要注意一些问题。通常根据文书上反映出的种种打印特征，实现打印机之种类及具体打印机的鉴别。

静电复印文书检验的任务有三，一是确定送检文书是否为复印文书；二是确定复印文书的复印机种类、型号；三是对复印文书的复印机进行同一认定。由于种类、型号和使用过程有所差异，不同复印机具有独特的机台个体特点并在打印文书中有所体现，根据这些特点，可对复印文书进行检验。通常来说，进行复印文书检验时，应当了解复印机的种类、型号、部件更换及维修等基本情况，收集占有样本复印文书，并基于可疑复印文书与样本复印文书的比较检验进行分析。

被损坏文书的检验任务在于整复并查明原文内容，进而为侦查破案提供线索，为公正处理案件提供证据。由于不同的被损坏文书具有不同的特点，因此，应针对不同的受损形式采用合适的修复、检验法。

被涂抹文字及抑压文字均可以适当的方式显示出来。

❓ 问题 与 思考

1. 同类打印机之主机所用的文字处理软件的功能差异会使打印出的文书具有不同特点，请试述其具体表现。

2. 如何理解打印机使用、磨损及修补特征在打印文书中的反映及其在打印文书检验中的价值？

3. 简述数字水印技术及其在打印文书检验中的价值。

4. 收集打印文书样本时应注意哪些问题？

5. 试述打印文书检验的可能路径。

6. 简述静电复印机的机台复印特征。

7. 提取、包装与运送烧毁文书时应注意哪些问题？

8. 辨读烧毁文书文字内容的常用方法有哪些？

9. 试述五种常用的显现被涂抹文字的方法。

10. 显现抑压文字的常用方法有哪些？

本章的主要参考文献

1. 王世全. 印刷文件检验. 北京：中国人民公安大学出版社，2001.

2. 徐立根. 物证技术学. 4 版. 北京：中国人民大学出版社，2011.

3. 罗亚平. 刑事科学技术. 北京：中国人民公安大学出版社，2011.

4. 宋姻. 显现被墨汁等掩盖文字的 867A 显示液及 867B 显示液. 刑事技术，1987（4）.

5. 张加敏，徐继航. 喷墨打印文书的检验方法. 刑事技术，2003（3）：42-44.

6. 邹明理，杨旭. 文书物证司法鉴定实务. 北京：法律出版社，2012.

第五编

化学物证技术

第一章　化学物证技术概述

第一节　化学与物证

化学物证，即以物质的理化性质证明与案件相关事实的证据。它依据的是化学手段，解决的是证据问题，看似毫不相关的两个话题，却在法律框架内实现了完美的融合。

从古至今，从东到西，化学物证似乎在时间和空间上始终伴随着人们的认知。《洗冤集录》中的银针验尸，依据的就是通过银针与古代投毒者惯用的砒霜之间产生的黑色硫化银沉淀，从而判断死者是否砒霜中毒。欧洲毒理学的鼻祖奥菲拉博士（Mathieu-Joseph-Bonaventure Orfila）（如同 5-1-1 所示）则凭借改进的砷镜实验装置，成功地破获了著名的拉法吉投毒案，并结束了横贯 19 世纪上半叶的砒霜投毒却无从下手的局面。海兹博士（Rodolphe Archibald Reiss）成功地创建了历经百年考验的传奇法庭科学研究机构——瑞士洛桑大学犯罪科学学院。而他是在获得化学专业博士学位后，将自己的爱好"摄影"与自己的擅长"化学"进行充分结合，利用自己化学知识方面的优势不断地优化各种成像技术，并最终以刑事摄影技术为起点逐步发展壮大了法庭科学专业。就连小说家亚瑟·柯南·道尔（Arthur Conan Doyle）在其畅销作《福尔摩斯探案集》中，也将其笔下的神探福尔摩斯塑造成了一流的化学家，一个离开化学试剂就觉得浑身不舒服的人，一个喜欢在休长假的头一个月中把自己关在伦敦住所里研究有机化学反应的痴迷化学知识的人，如图 5-1-2 所示）。化学物证似乎从未离开过法律问题的视线。

图 5-1-1　欧洲毒理学的鼻祖奥菲拉博士

图 5-1-2　有时福尔摩斯甚至会因为对于化学的喜爱而暂停手头的案件侦查

人们眼中熟悉的化学，可能是"氢（H）、氦（He）、锂（Li）、铍（Be）、硼（B）"这样的元素，或者是 N，N-二甲基甲酰胺（C_3H_7NO）这样奇怪的化合物名称，或者像高中教科书中苯环大 π 键那样难以理解的分子结构。但其实，化学游荡在人们的生活里（如氧气）、流淌在人们的血液中（如血红蛋白），化学与人们如影相随，化学于物证举足轻重。

一、可以通过物质的元素组成获得重要的物证

 案例 5-1-1

拿破仑之死

对于拿破仑的死因，学者们众说纷纭。1815 年滑铁卢战役失败后，拿破仑被囚禁于圣赫勒拿岛。由于生存环境较差，拿破仑的身体状况日趋下滑，从 1820 年秋季开始就进入病危状态。1821 年 5 月 5 日，拿破仑因"胃癌"身亡。一名瑞典牙医将拿破仑死亡之前的临床表现与砷中毒的临床表现进行了细致的比对，进而高度怀疑拿破仑死于砷中毒。他收集到拿破仑的头发，并使用中子活化分析法对其进行分析。结果表明，拿破仑在死亡之前较长一段时间内发生了慢性砷中毒。尽管拿破仑的真正死因尚未明确，但在相关人员收集到的 1805 年和 1814 年的拿破仑的毛发样品中，同样检出了较高的砷含量，再次加重了人们对于拿破仑死于砷中毒的怀疑。

二、可以通过物质的化学结构获得重要的物证

 案例 5-1-2

奥美定注射案

2006 年，张女士为了追求美丽前往家附近的美容院接受面部塑形注射。"医护"人员声称对其注射的是瑞蓝产品，即以透明质酸为主要成分的面部注射填充剂。瑞蓝是美国药品监督管理局多年以来唯一获批的此类产品，其安全性毋庸置疑。然而，接受面部注射后不久，张女士却因大面积面部感染而再次入院，医生高度怀疑患者的病情是因接受奥美定注射而导致的。奥美定是以聚丙烯酰胺为主要成分的面部注射填充剂，曾因其产品中含有毒性的游离丙烯酰胺而被中国国家食品药品监督管理局叫停。虽然奥美定与瑞蓝都是聚合物产品，但是二者具有截然不同的化学结构。实验室中可以使用红外光谱法对其结构进行观察。最终，法官依据相关鉴定部门提供的张女士面部取出物（如图 5-1-3 所示）的红外光谱检验结果（如图 5-1-4）给出了客观公正的裁定。

图 5-1-3 张女士的面部取出物

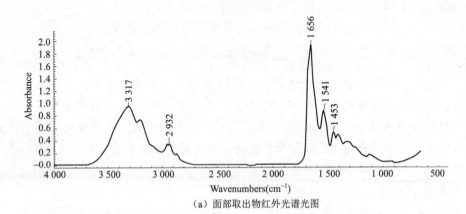

（a）面部取出物红外光谱光图

（b）奥美定红外光谱图

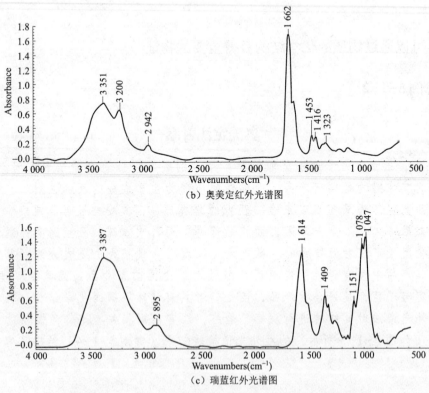

（c）瑞蓝红外光谱图

图 5-1-4 张女士面部取出物、奥美定、瑞蓝的红外光谱图

三、可以通过物质的化学性质获得重要的物证

 案例 5-1-3

毒品快速显色反应

在机场安全检查过程中，在制毒贩毒案件现场勘查过程中，往往需要对现场提取的嫌疑毒品粉末进行快速检验，从而对相关人员的去留决定及后期侦查措施的制定提供依据。马改试剂显色法（如图 5-1-5）就是常见的毒品快速显色反应之一。马改试剂为含有 2% 甲醛的浓硫酸溶液。如果将少量嫌疑毒品粉末添加到马改试剂中，会很快看到溶液的颜色变化。对于吗啡、海洛因等鸦片提取物，其会很快变为紫色；对于摇头丸、冰毒等安非他明类的合成毒品，其会迅速变为橙色。

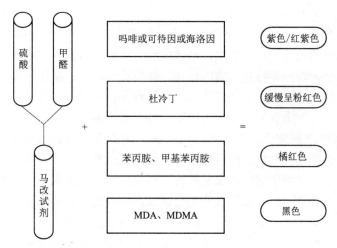

图 5-1-5 毒品快速显色反应

每一起案件发生后，都需要使用"过去时"或者"虚拟语态"对一个未知的事物进行推理与判断。虽然不能完全知晓未知事物的真正面目，但是可以依据未知事物留下的线索感受它，借助现代化的科学技术揭晓它，通过逻辑推理还原它，最大限度地接近它……而无论是物质的元素组成、化学结构还是化学性质，它们都像掩藏在犯罪行为背后的痕迹一样，为人们追溯犯罪事实和真相提供了线索和指引。因此，有必要学习并掌握一定的化学物证技术。

第二节　化学物证技术指向的对象及现代分析手段

每一次犯罪活动都需要依托一定的犯罪空间和环境，需要犯罪分子、被害人、被侵害的客体以及其他物品的共同参与。从这个角度，可以将犯罪活动看作是物质交换活动。例如，一把凶器的使用，可能导致凶器表面金属颗粒残留在被害人的伤口处；如果碎尸之后用车辆把尸块拉到偏僻的地方弃尸，那么车辆轮胎的缝隙中一定会夹杂属于弃尸地点的泥土。这些

从一个客体向另一个客体转移的物质，以无声的形式记录着犯罪活动的每一个细节。它们千差万别，并可能以任何一种化学身份出现；然而，它们却具有与生俱来的共性，即与案件之间的关联性。这些物质，都可能成为化学物证技术针对的对象，即化学物证。总体而言，可将化学物证分为毒物毒品和微量物证两大类。

一、毒物与毒品

毒物是指少量进入人体或动物体后，通过化学或物理化学作用，干扰了机体的生化、生理过程，引发功能性或器质性病变甚至死亡的化学物质。毒品则为一种能够使人形成瘾癖的特殊毒物。毒物与毒品的种类繁多，难以计数。当以宏观的视角看待毒物与毒品的时候，可通过以下几种方式将其分类。

（1）根据人口服致死量的大小，可将其分为以下几类：剧毒毒物，致死量<0.1 g；高毒毒物，致死量<0.3 g；中毒毒物，致死量<30 g；低毒毒物，致死量<250 g；微毒毒物，致死量>1 000 g。

（2）根据毒理作用，可将其分为以下几类：腐蚀毒，即对机体局部有强烈腐蚀作用的毒物，如强酸、强碱及酚类等；实质毒，即吸收后引进脏器组织病理损害的毒物，如砷、汞等重金属毒；酶系毒，即抑制特异性酶的毒物，如有机磷农药、氰化物等；血液毒，即引起血液变化的毒物，如一氧化碳、亚硝酸盐及某些蛇毒等；神经毒，即引起中枢神经障碍的毒物，如醇类、麻醉药、安定催眠药以及士的宁、可卡因、苯丙胺等。

（3）根据理化性质和分离提取方法，可将其分为以下几类：气体毒物，如一氧化碳、天然气、硫化氢等；挥发性毒物，即通常状态下是固体或者液体，但由于蒸汽压大、挥发性强、易气化或者与某些试剂作用能生成易挥发性物质的物质，如氰化物、甲醇、乙醇、来苏儿等；金属毒物，即含有有毒金属元素或类金属元素的毒物，它们的盐类很难挥发、高温等情况下的挥发可以忽略，如砷、汞、钡、镉、铊、硒等；水溶性毒物，即易溶于水的毒物，如亚硝酸盐、强酸、强碱、氢氟酸盐、氢溴酸盐、氯酸盐、草酸盐等；不挥发性有机毒物，即难挥发、易溶于有机溶剂、难溶于水的毒物，如天然动植物毒素、毒品、安眠镇静药等药物。

（4）按用途，可将其分为以下几类：工业毒物，如工业粉尘中的重金属中毒；家庭毒物，如长时间炖酸菜导致亚硝酸盐中毒；药物，如安眠镇静类药物中毒；有毒动植物，如河豚、毒蘑菇；毒品，如鸦片、大麻；农药，如杀虫剂、杀鼠剂、除草剂等。

毒物与毒品的鉴定，既包括对于缴获样品中毒物与毒品原体的鉴定，又包括对于血液、尿液、脏器、毛发、食物以及环境中的微量毒物与毒品原体及其代谢物的鉴定。

二、微量物证

凡能用以揭露和证实犯罪行为，或为侦破案件提供线索和范围的量小体微的物质，统称为微量物证。微量物证既具有所有物证的共性，即物质性、客观性、证据性等，同时，又拥有区别于其他物证的特点，即量小体微。从狭义的角度看，量小体微是指微量物证往往数量少、体积小。例如，微量物证可能是如头皮屑般大小的一块油漆碎屑，也可能是纤细如丝的一根纤维。但从广义的角度看，量小体微也可以指微量物证的有效成分少，背景干扰多。例如，大火散去之后，所收集的一大瓶火灾现场气体中，纵火剂汽油的含量可能微乎其微，瓶中绝大多数的成分为背景空气。

　　曾经使用一定的数量级别来界定量小体微，如 1 mg 的粉末或者 1 mL 的液体等。然而，随着现代化仪器分析手段的不断推陈出新，量小体微的界限也一次次被打破。也许目前无法鉴定的极微量物证，在未来某一天就能轻易被检出。因此，应提倡所有涉案证据都要尽量长期保存。

　　微量物证的量小体微使人们在利用其的过程中遭遇了许多疑难问题。

　　（1）微量物证难以发现。微量物证的关联性显而易见，但其存在却未必像关联性那样容易被确认。例如，一辆交通肇事逃逸案件中，被撞的自行车后架钢管上可能黏附有来自肇事车辆的蓝色车牌漆（如图 5-1-6 所示），这对于寻找和确认肇事车辆至关重要。然而，在混乱的现场，在历经风吹日晒雨淋之后，要想察觉这些蓝色油漆附着物的存在并非一件容易之事。

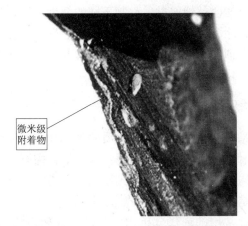

图 5-1-6　被撞自行车后架钢管上的微量蓝色油漆

　　（2）微量物证难以分析。由于微量物证往往是混杂在某种介质中的微小物品，所以对微量物证的分析检验常常受到背景介质的干扰。例如，对爆炸尘土中的炸药进行分析时，尘土中固有的物质就会严重干扰炸药种类的识别和数量的确认。在解决上述问题的过程中，一方面，要加强提取环节的优化，通过各种分离技术获得背景干扰小、目标物含量高的分离结果；另一方面，要注重背景样品（空白样本）的提取，从而有效识别出混杂在分析结果中的背景化学组分。

　　（3）微量物证易于变化。在犯罪活动过程中，一些微量物证是以少量黏附的形式，静悄悄地转移到其他客体表面。在被成功提取之前，这些少量黏附的微量物证会大量地暴露于氧气、水或光照等环境下，其化学性质易被改变。此外，还有一些微量物证会经历剧烈的摩擦、碰撞而被挤压到其他客体表面。在挤压过程中，这些微量物证往往会因为高温的出现而发生化学性质的改变。当依靠微量物证的数量作出判断时，如依据射击残留物的颗粒数量判断射击距离，微量物证在提取、保存以及转移过程中所产生的数量变化就更是意义重大了。

　　（4）微量物证易受污染。微量物证的污染主要由以下两个原因造成。① 微量物证的多次转移。很多微量物证往往会发生多次转移，这种多次转移，可能会造成不相关客体的交叉污染。② 微量物证的工业化生产。与指纹、DNA 等极具个性的物证不同，微量物证往往是批量工业化生产过程中，经数次"复制"而成的。纤维、塑料、橡胶、油漆……每一种常见的微量物证都因工业化生产而具有数量颇丰的同类物。这些性质相似的材料充斥于日常生活的各个角落，难以彼此识别。

微量物证面临的难题可以说不仅仅前述几个方面，尽管如此，为什么还要坚持进行微量物证的鉴定？为什么诉讼中依据微量物证而裁判的案件数量与日俱增？其原因是，微量物证具有得天独厚的优势——难以销毁。一方面，微量物证以近乎隐形的方式可以躲避犯罪分子的故意破坏；另一方面，微量物证又常常以柔弱而又坚强的性格超乎寻常地出现在人们的视野里。

按照传统的观点，可将常见的微量物证分为纵火剂、爆炸物、纤维、塑料、橡胶、色料、玻璃与土壤等。后面的章节，即以这种分类展开详细论述。

值得一提的是，无论是微量物证还是毒物与毒品，化学物证的种类总是处于动态变化中。例如，新中国成立之初，在危害国家安全的案件中遇到很多淀粉类黏合剂的检测问题，这是因为不同的犯罪分子可能会就地取材，熬制不同的糨糊用以粘贴反动标语。然而，在如今无纸化办公普及的年代，除了偶尔会遭遇以聚乙烯醇、聚乙烯醇缩甲醛和聚丙烯腈为主要成分的胶水外，淀粉类黏合剂的踪影几乎荡然无存。由此看来，纷繁复杂的化学物证永远紧随社会发展的脚步而动态变化着。

三、现代分析手段概述

截至目前，已明确的是，化学物证是通过物质的理化性质来证明与案件相关的事实。那么，这种理化性质需要通过何种手段加以揭示呢？事实上，探测物质元素组成的原子吸收光谱法、直视有机物化学结构的傅里叶变换红外光谱法、分离混合物中各个目标组分的高效液相色谱法等现代分析法，是不可缺少的分析、鉴定手段。

而目前，可将化学物证常用的现代分析方法归结为显微镜法、光谱法以及色谱法三大类。其中，显微镜法主要从微区放大的角度拓展人类观察的能力。简单的光线经过数次折射之后就会呈现出数十倍至数百倍的放大图像，电子显微镜甚至可以依据电学信号的优势，将放大倍数提升至成千上万倍。光谱法依据的是某种物质对于特定波段电磁波的吸收与发射，从而判断其化学成分或者结构。色谱法则是依据某种物质在两相之间特有的分配，通过流动相与固定相之间的相对运动，来对物质进行分离和判定。

虽然目前用于化学物证鉴定的方法有前述三大类、无数种，但是所揭示的问题只有两类，即种属认定和同一认定。对复旦大学投毒案中受害者黄洋所服毒物 N-二甲基亚硝胺的确定，即是典型的种属认定。

四、化学物证鉴定时选用现代分析法的基本原则

现代科技发展至今天，每一种分析方法往往只能从一个角度帮助人们部分了解未知样品的真实面貌，而一次成功的化学物证检验往往会涉及多种方法的系统化参与。因此，在面对多种多样的现代分析方法时，应冷静地做出适合于案情、适合于检验样品的选择。选择时应遵循的主要原则如下。

（1）先无损后有损的原则。根据分析方法对样品造成的损失和伤害，可将其分为无损分析方法和有损分析方法。例如，拉曼光谱法、红外光谱法就是常见的无损分析方法；而气相色谱法、液相色谱法就是常见的有损分析方法。由于每一份证据都是无法复制的，所以从

保护证据的角度出发，应优先考虑使用无损分析法。

（2）先有机后无机的原则。有机分析方法往往普适于所有的有机物，无机分析方法则通常普适于所有的无机物。由于化学物证技术针对的对象以有机物居多，如酒精、大麻、安非他明以及巴比妥等毒物毒品，或者合成纤维、油漆以及高能炸药等微量物证，所以在未知的情况下，应优先考虑有机分析方法。

（3）先定性后定量的原则。定性分析是指确定物质的属性，如确定嫌疑毒品粉末的主要成分是甲基苯丙胺或者海洛因。定量分析则是指确定混合物中某种成分的相对含量，如确定嫌疑毒品粉末中海洛因和奎宁的相对含量分别为 20% 和 45%。定性分析通常发生于定量分析之前，唯有通过不同的分析技术从多个角度确认了某种物质的属性后，才会再选择一种精确的分析方法完成其定量分析。

（4）先大量后少量的原则。化学物证技术针对的对象往往是混合物。它的组成成分比较复杂。按照含量大小，可将其分为主要成分和痕量成分。其中，主要成分对于样品的种属认定至关重要；而痕量成分对于样品的同一认定意义非凡。由于同一认定是以种类相同为基础的，因此，面对需鉴定的化学物证，遵循先大量后少量的原则是符合逻辑的选择。

（5）先简单后复杂的原则。各种分析方法中，简单的分析方法可能会在数秒钟内将答案揭晓，如红外光谱法、紫外光谱法等，在制得合适的检样后，可以较快的速度扫描出光谱图并给出相关结果，为实践应用带来了很大的便利；而复杂的方法则耗时较长，例如，对于一份血样进行未知毒物提取时，不仅要考虑酸性、中性以及碱性等各种 pH 值条件，而且在将提取物汇总后进行色谱分析时，还往往要消耗近一个小时的时间。因此，为缩短办案时间，应优先考虑简单的分析方法。

除了上述注意事项之外，还应加以重视的问题便是对这些化学物证及其鉴定意见的解释及评价。一份证据通常会从来源层级、活动层级以及犯罪层级三个层面传达涉案信息。

来源层级的化学物证种类繁多，例如，若从犯罪嫌疑人裤缝中找到的泥土与抛尸现场的泥土种类相同，则泥土就是典型的来源层级的化学物证。通常情况下，来源层级的化学物证较易获得，但它仅能从局部证明犯罪嫌疑人与犯罪活动的关联性，故其证明价值较低。

活动层级的化学物证可以对犯罪嫌疑人的涉案活动加以证明。例如，由某案的玻璃物证可知，被盗车辆车窗部位的破损是由犯罪嫌疑人使用棒球棍打击形成的。此时，玻璃就是典型的活动层级的化学物证。它通常要接受复杂的仪器检测，要成为众多分析结果的一分子，要借助缜密的逻辑推理才能发挥作用。活动层级的化学物证证明力较强，但其证明价值的发挥要依赖多种因素才能完成。

犯罪层级的化学物证则可以直接对犯罪嫌疑人的犯罪行为加以证明。虽然警官、检察官、法官等均渴望获得这样的化学物证，但往往难以如愿。

实务中，几乎无法遇到犯罪层级的化学物证；但错将来源层级或者活动层级的化学物证误当作犯罪层级的化学物证来使用的情况却时有发生。对于一份通过鉴定得到了鉴定意见的化学物证，应该怎样使其在鉴定人与法官之间形成无缝对接？应该如何帮助警官、检察官、法官或者律师等证据使用人员正确了解鉴定人的真实意思表达？应该如何有效避免因为缺少科学背景知识而错误地理解或使用化学物证？这些都是面对化学物证时应该重点解答的问题。将统计学分析方法结合到仪器分析结果的处理中，以似然率和贝叶斯定律的方式将抽象的分析数据通过易于理解的形式展示出来，并对化学物证进行科学的解释及评价，将为突破目前化学物证的瓶颈状态提供一条有效途径。

化学物证的似然率是指在控辩双方两种主张的前提下，一份化学物证出现的概率之比。例如，一起盗窃案中，警方从犯罪分子翻墙进入犯罪现场的入口找到了一小撮红色聚酯纤维，从犯罪嫌疑人家中提取的一件红色套头衫上也检出同种红色纤维，两份纤维样品的显微分光光度计检验结果、拉曼光谱检验结果以及红外光谱检验结果均相同。而通过数据库的搜查，该种红色纤维在其余入室盗窃案中出现的概率是 1%。那么此案中，红色纤维这份证据在控方主张前提下出现的概率是 100%，在辩方主张前提下出现的概率是 1%，二者之比为 100∶1，即该份化学物证对于控方支持的力度比对辩方支持的力度高出 100 倍。一份化学物证证明力的轻重在似然率这一平台上得以清晰、客观的展示。

对于贝叶斯定律，可以使用"先验概率比×似然率 → 后验概率比"这样一种简单的方式表达。结合证据问题之后，可对贝叶斯定律做如下理解。先验概率比是指在一份化学物证出现之前，依据案件其他证据、信息和线索，对控辩双方各自主张的概率之比的一种判断；后验概率比是指法官在获得一份新的化学物证之后，将其与之前的判断做有机结合，最终获得的关于控辩双方两种主张概率之比的一种判断。一份化学物证的似然率，它可以在一定程度上增强或者削弱法官在该化学物证出现之前所作出的判断。尤其在一份案件中，如果出现多个互相竞合的证据时，贝叶斯定律可以为多项证据的有机结合提供一条有效的途径。因此，它成为目前证据解释过程中普遍使用的一种手段。

第三节　通过化学手段提供证据的基本思路

一、检验对象的常见类别

通过化学手段提供证据时，主要会面对以下三种类型的检验对象，即检材、比对样本和空白样本。其中，检材是指从现场提取的可疑的、可供物证检验和鉴定的物证，如从死者张某尸体上提取的胃内容，或者从持枪抢劫现场找到的射击残留物。比对样本是指与案件有关，在检验或鉴定时供与检材进行比较的样本，如从市面随机购得的商品参照物或者从犯罪嫌疑人家中提取的炸药。空白样本则是指不含检材成分、但与检材有关的样本，如从距离爆炸中心点较远处提取的空白尘土，或者从粘有油漆附着物的车辆表面提取的背景油漆。空白样本往往由检材的载体或者混入检材中但不含有检材成分的那一部分构成。对化学物证的利用，依赖于对上述三种材料的检验或鉴定。虽然并不是所有的案件中都存在检材、比对样本与空白样本共同出现的情况，但在勘验现场以及受理案件的过程中，始终要将检材、比对样本和空白样本的概念铭记在心，并尽可能全方位地获得它们。

二、分析方法的具体类别

总体而言，在实验室中进行的化学物证鉴定工作主要有定性分析、定量分析和比对分析三大类。其中，定性分析主要是通过对物证的组成（元素和官能团）及结构的分析，判断物证的物理、化学性质，从而确定它的种类。简而言之，定性分析可以回答"待测的物证是什么"的问题。定量分析则是测定有关组分的相对含量或绝对含量，它所回答的是"所测的物证有多少"的问题。如果说定性分析是基础，那么定量分析则是化学物证的提升，是物证分析的发展趋势。它可使物证分析的可靠性和准确性得到提高，使物证分析达到新水平和新高度。而比对分析，则可逾越定性分析这一环节，在不知道待比较的两个对象是什么的情况下，直接根据其表现出的特征来比较相应的结果，做出是否相同或是否为同一的判断。需要注意的是，比对分析要在完全相同的条件下平行开展。

相对于在其他自然科学领域中常见的定性分析和定量分析而言，最具特色的化学物证分析当属比对分析。例如，从市面随机缴获的两份海洛因毒品是否来自同一个贩毒团伙？从犯罪嫌疑人家中找到的高压电线与盗窃案犯罪现场中剩余的高压电线来源是否相同？总体而言，两份样品进行比对时，种属认定尚且容易，同一认定则难度较高。无论化学物证的主要成分是有机物还是无机物，进行同一认定时，所进行的比对分析的出发点都是样品中的痕量组分。这些痕量组分的种类及相对含量就像样品的条码或者人类的指纹一样，可以用于推断它的来源。

第四节　化学物证检验的主要流程

从宏观角度而言，对化学物证的利用离不开证据识别、种属认定（也有称之为种类鉴别的）、同一认定以及现场重建四个环节，如图 5-1-7 所示。其中，证据识别主要由证据调查者如现场勘查人员在证据调查时完成；种属认定和同一认定主要是在实验室分析过程中完成；现场重建则需要多种案件资料、多方人士的共同参与。就实验室分析而言，对一份化学物证的处理，主要要经案件受理、外观检验、实验方案的制订和实验结果的获得、实验结果的分析、鉴定文书的制作五个环节。

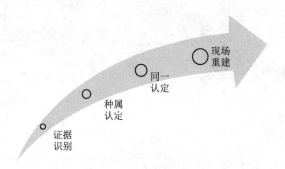

图 5-1-7　化学物证经历的四个环节

一、案件受理

通过与送检人员的交流，可以获得与检验密切相关的案件信息。这些信息对于明确检验工作的目的、提高检验工作的效率具有至关重要的作用。以毒物与毒品分析为例，中毒者的职业、家庭、社会关系、近期思想状况、健康状况以及最后一次进食的时间、地点、共同进餐人等信息，对毒物毒品检测范围的确定举足轻重。此外，送检材料是否提取得当，检材、比对样本以及空白样本是否提取完整，送检的这些材料是否保存在低温条件下等一系列问题也直接关系到毒物与毒品检验结果的成败。而以微量物证检验为例，案件的背景信息对确定正确的检测方向具有重要意义。例如，一起产品质量纠纷案件中，王先生从某家汽车销售公司购买了一辆白色宝马汽车。两天后，在朋友的提醒下，王先生发现了其购买的汽车左前门处有油漆修补的痕迹。王先生找到汽车销售公司理论。但是，销售公司拒不承认该宝马汽车在离店之前曾经接受过修补，并认为王先生是自己不小心剐蹭后偷偷修补的。双方争执不下，打算找相关机构进行汽车油漆鉴定。就此案而言，常规的汽车油漆种类比对分析已经没有实质意义。因为该案的焦点实际上在于汽车油漆的形成时间，王先生认为车辆左前门处的油漆是在离店之前修补形成、而销售公司认为该处油漆是在离店之后修补形成。深入了解本案争议的焦点，对于明确检验的目的具有重要意义——对本案这些背景信息的了解，有助于相关人员作出是否受理鉴定的决定。

二、外观检验

在外观检验阶段，可以通过肉眼以及显微镜观察两种途径，对送检样品的颜色、气味、性质、数量等一系列基本情况进行全面的了解。在此过程中，所获得的所有信息都将为后期实验方案的设计提供重要依据。虽然外观检验的手段和方法较为简单，但它所提供的价值却不容小觑。例如，在一起交通肇事逃逸案中，一辆摩托车被撞倒，摩托车司机在碰撞时头部受重伤而死亡。现场没有其他目击证人可以提供任何线索。侦查过程中，警方在被撞摩托车把套外侧发现了微弱的红色痕迹。经显微镜放大观察，此处痕迹为红色油漆附着形成。微量油漆附着物的状态表明其附着情形发生于猛烈碰撞下，而非轻轻接触；微量油漆附着物上方的划痕表明，与摩托车车把接触的红色物体其作用力是从图片的左上方向图片的右下方进行的，如图5-1-8所示。

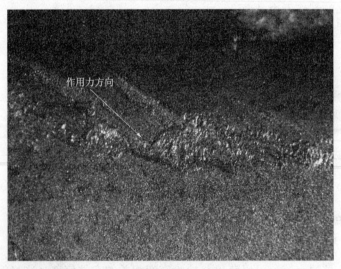

作用力方向

图5-1-8　摩托车车把套外侧的红色痕迹（放大）

三、实验方案的制订和实验结果的获得

根据外观检验结果，可以确定大致的检验范围，并设计相应的系统检验法。例如，如果一份中毒检材出现了强烈的蒜味，可将毒物分析的重点放在有机磷农药的检测方面；如果死者的心脏血出现樱桃红色的现象，则可以使用紫外—可见光谱法重点分析血液中的碳氧血红

蛋白之含量。如果外观检测之后，对未知样品仍然是毫无头绪，那么可以按照前述的分析方法之选用原则制订相应的实验方案，系统地开展检验工作。在检材使用方面，应尽量保留一定量检材供复核使用；特殊情况下，需要使用全部检材时，应与送检方做好沟通并事先声明。

在具有实验方案后，应按照相关规程实施实验，以获得各种结果。

四、实验结果的分析

无论是毒物毒品分析还是微量物证检验，都可能得到阳性或阴性两类结果。所谓阳性结果，即从检材中检出目标组分，或者比对分析时检材与样本的成分一致；所谓阴性结果则截然相反，它往往指从检材中没检出目标物，或者比对分析时检材与样本的成分存在本质差异。无论是阳性结果还是阴性结果，都应该以慎重的态度仔细复核其准确性。

（1）对于阳性结果的出现，常常要思考如下问题。

① 所使用的方法是否具有足够的专属性？例如，当检测样品中右旋甲基苯丙胺的含量时，所用的方法是否足够排除其旋光异构体左旋甲基苯丙胺的干扰？

② 所使用的方法是否过于灵敏？是否将正常含量的目标物做出错误的报警？例如，使用呼气酒精测试仪对驾驶员饮酒情况进行检测时，正常食物中乙醇的出现就有可能造成呼气酒精测试仪错误地报警。

③ 所使用的容器、试剂是否遭受污染？在分析手段越来越灵敏的同时，检测样品遭受污染的可能性也越来越大。稍不留意，一份假的阳性结果就会产生。实务中，人们逐渐发现，单向的实验流程、检材与比对样本在实验空间上的区分以及空白样本的平行测定等方式可以有效降低污染概率。

④ 是否还有其他的目标物被忽略？当一种目标物的阳性结果出现时，人们很容易就此终止，忽略其他目标物的存在。例如，在一起案件中，丈夫是一位大夫，妻子因为失眠而长期服用安定。一日，丈夫趁妻子熟睡时向其注射氯丙嗪而将其杀害。警方在对死者的血液进行常规毒物筛查时却因安定的检出而险些认为死者死于安定服用过量死亡。

（2）对于阴性结果的出现，要思考如下问题。

① 检材中的目标物是否因为保存不当而有所遗失？

② 依据外观检测结果所确定的检测范围是否合理？

③ 所使用的分离提取方法是否足够高效？

④ 检测方法的灵敏度是否过低？

五、鉴定文书的制作

鉴定文书是化学物证鉴定人与外界沟通的主要渠道。一份化学物证鉴定意见是否能够得到恰当地使用，一定程度上要受鉴定文书的影响。总体而言，鉴定文书应包含简要案情、送检方信息、送检材料情况、检验方法、检验结果/结论等内容。鉴定文书力求行文简洁、精练，但不能缩减意思表达，更应有准确、规范的语言表达相应的鉴定意见。

在化学物证经实验室鉴定得出鉴定意见后，相关鉴定人员还可能会应法官的要求，出席法庭审判过程，并就鉴定文书的相关内容作出解释。此时，鉴定人员应本着实事求是的原则，尽量使用通俗易懂的语言，将其对检验结果的理解向法庭审判人员做出准确传达。根据我国《刑事诉讼法》第 187 条和第 188 条的相关规定，鉴定人员应该按照法院的要求出庭作证，并承担无正当理由拒绝出庭作证的法律后果。

 ## 本章小结 >>>

化学物证在诉讼中的证明作用日益为人们所认识并重视。因此，应针对化学物证的具体种类和特点，选择适宜的化学方法特别是现代化学分析方法对物证进行检验鉴定。选择时，要遵循"先无损后有损""先有机后无机""先定性后定量""先大量后少量""先简单后复杂"的原则。与此同时，还需时刻铭记，只有当检材、比对样本和空白样本较为全面时，才能更好地揭示化学物证的理化属性并充分发挥其证明作用，而这其中，需要在法律的框架下，遵照一定的检验流程处理每一份化学物证。

问题与思考

1. 简述化学方法及思路对于物证的作用。
2. 常见的化学物证检验对象有哪些？
3. 化学物证分析方法的选择应遵循哪些原则？
4. 常见的化学物证分析目的有哪几种？
5. 化学物证的检验流程是什么？

 ### 本章的主要参考文献

1. 皮斯. 美国的法庭科学教育. 王元凤, 杨瑞琴, 译//刑事科学技术研究论丛: 第一卷. 北京: 中国人民公安大学出版社, 2006.

2. 刘景宁, 周亚红. 毒物及微量物证分析学. 南京: 南京大学出版社, 2005.

3. 默里. 源自地球的证据. 王元凤, 金振奎, 译. 北京: 中国人民大学出版社, 2013.

4. 埃文斯. 证据: 历史上最具争议的法医学案例. 毕小青, 译. 北京: 生活·读书·新知三联书店, 2007.

5. 美国国家科学院国家研究委员会. 美国法庭科学的加强之路. 王进喜, 译. 北京: 中国人民大学出版社, 2012.

6. 王元凤, 雷蕾, 王淳浩. 21 世纪以来法庭科学新进展. 第四届"公共安全领域中的化学问题"学术研讨会, 2013.

7. BELL S. Forensic Chemistry. 2nd ed. Glenview: Pearson, 2013.

8. AUGENSTEIN W M. Stable Isotope Eorensics. Chichester: John Wiley Sons, Ltd, 2010.

9. BRIEN J. The Scientific Sherlock Holmes. New York: Oxford University Press, 2013.

10. RAMSLAND K. The Forensic Science of C. S. I. New York: Berkley Boulevard Books, 2001.

11. EVANS C. A Question of Evidence. Hoboken: John Wiley Sons, Inc, 2003.

12. HOUCK M M, SIEGEL J A. Fundamentals of Forensic Science. 2nd ed. Burlington:

Academic Press，2010.

13. SIEGEL J A，MIRAKOVITS K. Forensic Science-the basics. 2nd ed. Boca Raton：CRC Press，2010.

14. HOUCK M W. Trace Evidence Analysis. Burlington：Academic Press，2004.

15. WANG Yuanfeng，DU Ran，Yu Tianshui. Systematical Method for Polyacrylamide and Residual Acrylamide Detection in Cosmetic Surgery Products and Example Application. Science & Justice，2013，53（3）：350-357.

16. WANG Yuanfeng，LI Bing. Determination of the sequence of intersecting lines from laser toner and seal ink by Fourier transform infrared microspectroscopy and scanning electron microscope/energy dispersive X-ray mapping. Science & Justice，2012，52（2）：112-118.

17. WANG Yuanfeng，DU Ran. Simultaneous extraction of trace organophosphorous pesticides from plasma sample by automated solid phase extraction and determination by gas chromatography coupled with pulsed flame photometric detector. Forensic Science International，2010，198：70-73.

第二章　毒物及毒品物证技术

关键术语

毒物　吸收　分布　代谢　排泄　提取　分析　毒品

第一节　毒物与毒物鉴定

一、毒物的概念

所谓毒物，即少量进入人体或动物机体后，通过化学或物理化学作用，干扰了机体的生化、生理过程，引发功能性或器质性病变甚至死亡的化学物质。在毒物的概念中，许多关键点是易于理解的，例如，毒物会引发病变甚至导致死亡，毒物作用的手段是化学或者物理化学反应……但是，毒物概念中的"少量"二字却常常为人们所忽略。实际上，任何物质的过量摄取都有可能产生毒害作用。例如，过多饮水就会导致钠离子流失，体内机体调节系统紊乱，产生"毒害"作用。毒物有别于其他物质的重要特征在于它可以以"较少"的剂量产生较为严重的后果。例如，从科普书中可看到这样的描述，"一匹活蹦乱跳的马，只要静脉注射8滴尼古丁，就能令其死亡"，或者"一支香烟中所含的尼古丁提取出来，注射到小鼠体内就会令其死亡"。上述示例表明的是，毒物具有量小危害大的特点。

二、毒物与人体的相互作用

若想正确分析导致人体中毒的毒物，首先应该清楚毒物与人体相互作用的方式。这似乎是一个复杂的问题，因为影响毒物对人体作用的因素较多。① 毒物的剂量和状态会显著影响毒物对人体的作用情况。通常情况下，增大毒物的剂量往往会加快中毒的速度；但也有特殊情况，即某些毒物大剂量服用时，易引起呕吐，导致毒物排出体外，从而失去对人体的毒害作用。② 毒物进入人体的途径，如口服、注射、黏膜吸收、呼吸道进入等，也在一定程度上决定了真正起作用的毒物剂量和中毒速度。③ 胃内食物的充盈情况及食物成分会影响毒物进入人体循环系统的速度。例如，胃内食物中的蛋白质、脂肪类物质容易与毒物结合，从而削弱毒物的侵害结果；而胃内食物中的淀粉类物质则不具备此项功能。④ 中毒者的年龄、性别、营养状况会在一定程度上影响毒物与人体的作用情况。例如，相对而言，儿童因各种组织器官尚未完全发育成熟，所以更容易遭受毒物的侵入；女性在月经期对某些毒物敏感，怀孕期也是如此。⑤ 人体的耐受性是有差别的。一方面，长期接触某种毒物的人对该种毒物往往不敏感，例如，精神病患者对于安眠药的耐受能力高于普通人几十倍；另一方面，某些先天因素也可造成人体耐受性的差别。此处只是列举出一些典型的影响因素，实际情况则更为复杂。因此，对于每一个中毒案件，都应该具体案件具体分析，仔细推敲每一处细节。

在着手制订毒物鉴定的实验方案之前，可以从中毒症状及尸检所见等方面获得许多重要的信息。通常情况下，神经系统是体内最为敏感的系统，因此中毒人员神经系统的症状是中毒共性的反应，如头疼、头晕、呕吐、咳嗽、肌肉抽搐、腹痛……这些症状均为非特征性症状，对于中毒原因推断的意义不大。相反，某些较为独特的中毒症状则往往有很好的指示意义，例如，当在尸体检验的过程中发现血液的颜色为樱桃红色时，会马上联想到一氧化碳或者氰化物中毒；如果尸体血液为酱油色，则会重点检验死者是否为亚硝酸盐、苯胺或者硝基苯中毒。在解剖尸体时，如果闻到类似苦杏仁的气味，这很可能是氰化物或者硝基苯中毒的征兆；如果闻到蒜味，那么有机磷农药以及磷化锌杀鼠剂则应该成为重点的研究方向；如果尸体的血液出现不凝固现象，可以初步推断也许是抗凝血的杀鼠剂在起作用；如果中毒人员出现视力障碍甚至失明，那么这很可能是源于甲醇中毒或者钩吻中毒……这一系列典型的症状和现象可以成为推断案情、制订毒物鉴定之实验方案的重要依据。

如果将目光锁定在毒物进入人体之后的过程，会发现每一种毒物在体内的过程都非常相似，即都会经历吸收、分布、代谢以及排泄四个主要环节。

吸收即指毒物进入血液的过程。中毒起作用的剂量即为吸收剂量。通常情况下，毒物的吸收途径很多，包括消化道、肌肉、皮下组织、血管、皮肤、呼吸道以及黏膜等。

分布即指毒物由血液进入各个组织器官的过程。它所展示的是毒物在各个组织器官内、体液中按比例分配的结果。通常，各个组织器官中血流量、器官中固有物质与毒物的亲和能力、生物膜的通透性、毒物进入人体的时间以及毒物的量等因素，都会一定程度上影响毒物在体内的具体分布。

代谢即指毒物进入人体后，在酶的催化作用下，其化学结构发生变化的过程。而毒物经代谢所产生的新物质被称为代谢物。代谢发生的部位往往取决于酶所在的部位。大部分毒物酶出现在肝脏里，因此肝脏代谢是毒物代谢的主要途径；但也有少部分毒物会在血液中或者肠部代谢。常见的毒物代谢方式有水解反应（如安定）、氧化反应（如巴比妥）、还原反应（如硝基安定）以及结合反应（如吗啡）等。多数情况下，经代谢，毒物的毒性逐渐减小。

排泄即指毒物或代谢物离开人体的过程。总体而言，毒物的排泄有四种。第一，在肾部随尿排泄；第二，经肛门随粪便排泄；第三，经肺部随呼气排泄；第四，通过汗液、乳汁、唾液、眼泪、毛发、指甲以及皮肤等其他途径排泄。

了解了毒物在人体的整个历程，便可以有的放矢地确定毒物鉴定的目标物种类以及适于做毒物鉴定的检材种类，进而精确设计毒物鉴定的具体方案。相对于其他领域的毒物分析工作（类似于毒物鉴定的活动）而言，如食品安全行业的毒物分析、工业生产中的毒物分析、环境监测部门的毒物分析、临床诊断部门的毒物分析、兴奋剂检测部门的毒物分析以及军事安全领域的毒物分析等，诉讼活动中的毒物分析与其既有相似之处，又有很大的不同。① 诉讼活动中的毒物鉴定往往是为侦破、揭露以及证实犯罪而服务的，其鉴定结果具有法律效力。② 诉讼活动中的毒物鉴定往往是以未知毒物为研究对象的，选择的方案是否合理、确立的方向是否正确，极大程度影响着鉴定的结果。③ 诉讼活动中的毒物鉴定所用检材往往数量很少且成分复杂，其提取环节对整个毒物鉴定而言至关重要。④ 诉讼活动中的毒物鉴定时限性强，因为其结果可能会影响侦查方向的确定以及急救措施的选择。

三、毒物鉴定的方法及评断

毒物鉴定，有时也被称为毒物检验，即通过各种物理化学分析法，特别是现代分析技术，定性定量检材中毒物的品种及含量的活动。毒物鉴定时，可能含有有毒物质的检材千差万别，但却可分为体外检材、脏器检材、组织检材以及体液检材等几大类。其中，常见的体外检材有药片、药渣、饭菜、空容器、呕吐物、胃内容、肠内容以及侦查中获取的其他可疑物品等；常见的脏器检材有肝、肾、肺、脑、脾以及心等；常见的组织检材有肌肉、脂肪、骨骼、毛发以及指甲等；常见的体液检材有血、尿、胆汁、玻璃体液、唾液以及眼泪等。当然，这些检材还可以分为生物检材与非生物检材两大类。其中，生物检材的基质复杂，分离提取难度大；而非生物检材往往基质简单，易于从中分离提取相应的毒物。对于各种检材，可以从检验价值、毒物或代谢物含量高低以及基质组成成分复杂程度三个角度加以综合评断。相对而言，毒物鉴定时，尿液应是众多检材中的首选，其主要原因在于：① 人体内尿液量较大；② 尿液中毒物及其代谢物的含量较高；③ 尿液的基质简单，背景干扰小；④ 毒物原体及其代谢物出现在尿液中可以更好地证明毒物侵害人体的历程。

各类检材的比较如表 5-2-1 所示。

表 5-2-1　各类检材综合比较一览表

检材	检验价值	毒物含量	组成成分
剩余物	不高	高	简单
胃内容	不高	高	不一定
肠内容	不高	高	不一定
胃	不高	高	简单*
肝	高	高	复杂
肾、肺、脑、脾	高	部分毒物含量高	复杂
血	高	低	中等
尿	高	高（代谢物高）	简单
玻璃体液	高	高	简单

当谈及某一具体的毒物鉴定法时，往往会从分离提取、定性分析以及定量分析三个层面对其进行全方位评断。

（1）就分离提取法而言，主要依据提取率的高低以及提取产物中杂质含量的多少来评判。提取率，即提取分离所得的检液中毒物（代谢物）的数量与检材中毒物（代谢物）的数量的比值。它是衡量某一提取法之优劣的重要指标。而提取液中杂质的残留则会对检材的外观以及仪器分析的检测限、灵敏度产生严重干扰，因此，往往还需采取对应的方法净化除去。

（2）就定性分析法而言，评价标准体现为专属性（选择性或特异性）、灵敏度、操作难易度、仪器条件苛刻程度以及方法的筛选功能等。所谓专属性，即仅有一种毒物才会出现阳性结果的检测方法。方法的专属性越高，证据的证明力越强。例如，特定的毒物往往具有特定的结晶特征，因此显微结晶反应便是专属性较高的定性分析方法。相反，当使用碘化物作为喷雾剂的主要成分，许多含氮的化合物都会出现砖红色的现象，这就是方法的专属性太差的典型示例。定性方法的灵敏度是指能够检出检材中所含毒物的最低浓度，即检出限（LOD）。毒物鉴定时，常见的定性方法有颜色反应法、结晶反应法、免疫化学分析法、紫外—可见光谱法、薄层色谱法、气相色谱法、气相色谱/质谱联用法、高效液相色谱法、高效液相色谱/质谱联用法、毛细管电泳法以及动物实验等。这其中，气质联用法或液质联用法在综合评价方面略胜一筹，成为毒物鉴定时的首选。

毒物鉴定各种定性分析法比较如表 5-2-2 所示。

表 5-2-2 毒物鉴定各种定性分析法综合比较一览表

方法名称	专属性	灵敏度	操作难易度	仪器条件	筛选功能	其他
颜色反应法	低	低	简单	要求低	差	
结晶反应法	高	低	难	要求低	无	
免疫化学分析法	差有交叉反应	中 $10 \sim 100$ ng	简易	要求低	中	试剂贵
紫外—可见光谱法	不强	低	简易	要求低	差	不消耗检材
薄层色谱法	较强	低	简易	要求低	中	
气相色谱法	强	高 ng/mL	简易	中	强	
气相色谱/质谱联用法	非常强	高	难	高	强	
高效液相色谱法	强	高	难	高	强	极性、难挥发的物质更适用
高效液相色谱/质谱联用法	非常强	高	难	高	强	
毛细管电泳法	强	低	难	高	强	
动物实验	（1）喂食动物，观察其是否死亡； （2）喂食动物，观察其是否出现特征症状					

（3）就定量分析方法而言，评价标准为灵敏度、线性关系、准确性和精密度、毒物原体与代谢物的区分度等。毒物鉴定之定量方法的灵敏度是指能够准确测定的检材毒物的最低浓度，即测量限或定量限（LOQ）。线性关系则体现的是定量分析方法的检测范围。实务中，往往选取线性关系系数（P）大于 0.996 的工作曲线对化学物证进行定量分析。方法的准确性与精密度是极为容易混淆的两个概念。其中，准确性是指测量值与真实值的符合程度，可以用回收率来表示；而精密度是指多次测定的测量值之间相互接近的程度，可以用重现性来表示。毒物鉴定时常用的定量方法有免疫化学分析法、紫外—可见光谱法、荧光光谱法、薄层色谱法、气相色谱法、气相色谱/质谱联用法、高效液相色谱法以及高效液相色谱/质谱联用法等。这其中，气相色谱法或者高效液相色谱法的优势较为突出——在许多化学物证实验室，都可看到用气相色谱/质谱联用法定性，再用气相色谱法进行定量分析的情况。

毒物鉴定各种定量分析法比较如表 5-2-3 所示。

表 5-2-3 毒物鉴定各种定量分析法综合比较一览表

方法名称	灵敏度	线性范围	准确性、重现性	原体与代谢物区分
紫外—可见光谱法	低	窄（<10）	好	不能
荧光光谱法	高于紫外—可见光谱法	不明	不明	不能
免疫化学分析法	高	不明	不明	不能
薄层色谱法	低	窄	较差	能
气相色谱法	高	宽	稍差	能
气相色谱/质谱联用法	高	宽	稍差	能
高效液相色谱法	高	不明	好	能
高效液相色谱/质谱联用法	高	宽	好	能

第二节 气体毒物检验

一、概述

所谓气体毒物，即指常温、常压下为气体的毒物。它们往往分子量很小，自由自在地活动在四周，分子与分子之间彼此独立、毫无牵连。常见的气体毒物有一氧化碳、液化石油、天然气、硫化氢以及甲烷等。

二、常见气体毒物一氧化碳的检验

在众多气体毒物中，一氧化碳是最为常见的一种。汽车尾气中、烟花爆竹燃烧时、煤气泄露时、平房炭火取暖时，都可能存在一氧化碳，这也是一氧化碳中毒高发的原因之一。尤其在北方的冬天，很多人选择以炭火的方式取暖。在通风不好的室内环境里，该取暖方式极易造成碳的不充分燃烧并产生一氧化碳气体。该气体经呼吸系统进入人体之后，可以与血红蛋白（Hb）结合，阻碍血红蛋白向体内各组织运输氧气，从而导致人因内窒息而死亡。虽然正常的血红蛋白可以像运输机器一样与氧气结合后形成氧合血红蛋白（HbO_2），进而携带氧气进入人体的各个组织，然而，一氧化碳却具有比氧气更强的竞争力，能与血红蛋白分子形成结构更为牢固的碳氧血红蛋白（HbCO），从而剥夺血红蛋白的携氧能力。

一氧化碳中毒案件中，被害人血液中碳氧血红蛋白的浓度（即 HbCO 相对于 Hb、HbO_2 和 HbCO 三者之和的比值）对于中毒事实的认定具有重要的支撑作用。理论上讲，一氧化碳的中毒致死血浓度约为 60%，即碳氧血红蛋白的浓度约为 60%。实际检测时，由于血液样品的采集及包装环节中可能造成一定量一氧化碳外溢，因此当血液中碳氧血红蛋白的浓度达到 30% 时，便可认为已达到中毒致死量。就血液中碳氧血红蛋白进行定量分析时，最为常见的方法便是紫外—可见光谱法。如图 5-2-1 所示，碳氧血红蛋白的吸收光谱呈驼形峰，吸收峰分别在 568.2 nm 和 538 nm，而血红蛋白的吸收光谱呈单峰形，吸收峰在 555 nm 处。如果使用还原剂，可首先将血液中的氧合血红蛋白还原为血红蛋白；然后，根据混合光谱峰形的不同，判断碳氧血红蛋白与血红蛋白的比例；最终，反推出样品中碳氧血红蛋白的浓度。

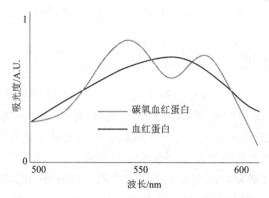

图 5-2-1　碳氧血红蛋白和血红蛋白的吸收光谱

三、其他气体毒物的检验

前面以一氧化碳为例，展示了气体毒物鉴
定的基本形式。实务中，除一氧化碳外，液化石油气或天然气中毒的情况也频繁出现在自
杀、他杀或意外事故等场合。甲烷、乙烷、丙烷、丙烯、丁烷以及丁烯（1-丁烯和 2-丁
烯）等石油化工产品常常是此类案件中的重点鉴定目标。此外，在一些工业生产事故中，
也常常遇到硫化氢中毒的情况。由于硫化氢可以与细胞色素氧化酶结合，引起呼吸中枢抑
制，所以它可以导致组织细胞内窒息。相对于其他无色无味的气体毒物，硫化氢的臭鸡蛋气
味往往很容易暴露它的"身份"。急性中毒时，"闪电式"死亡现象的出现也可以让人很快
联想到硫化氢中毒。

四、气体毒物的分析检验方法

由于气态物质具有天然的流动性，所以常常使用扩散法、抽气法、顶空法以及蒸馏法分
离提取检材中的气体毒物。但有些情况下，进入人体的气体毒物可能与体内的化学物质形成
牢固的结合，如碳氧血红蛋白等，故无法通过上述方法进行有效的分离提取，而需采用其他
方法。从分析法的角度言，气相色谱法、气相色谱/质谱联用法以及紫外—可见分光光度法
是各类气体毒物常见的分析方法；而顶空装置（HP）以及固相微萃取装置（SPME）的出
现，使得基于气相色谱原理的气体毒物分析法更加便捷、可靠。

第三节　挥发性毒物检验

一、概述

挥发性毒物是指分子量小、挥发性较强，主要使用蒸馏法或扩散法加以分离的毒物。挥
发性毒物既包括自身挥发性强的物质，也包括容易转化为挥发性物质的物质。例如，在醉驾
入刑的法律条款出台后，频频现身于各种交通案件的酒精检测，其主要分析对象乙醇就是自
身具有较高挥发性的物质。而一些投毒案件或者中毒事件中出现的无机氰化物或者含氰有机
物，其自身虽然不具有挥发性，但却容易在酸性条件下转化为易挥发的氢氰酸，因此也属于

挥发性毒物的检测范畴。下面以最为常见的挥发性毒物乙醇为例，介绍对挥发性毒物的认识及揭示过程。

二、常见的挥发性毒物——乙醇

我国《刑法》第八修正案和现行道路交通法加大了对饮酒及醉酒后驾驶行为的约束。那么，何为饮酒？何为醉酒？根据我国相关法律法规的界定，当血液中乙醇浓度达到20 mg/100 mL时，可以认为被检测人处于饮酒状态；当血液中乙醇浓度达到80 mg/100 mL或以上时则为醉酒。虽然乙醇是各类酒精饮料的主要成分，但在常规饮食中，如料酒、醪糟等中，也较为普遍地存在酒精。那么，在前述规定的两种血液中乙醇浓度条件下，驾驶员的驾驶行为究竟会受何种程度的影响？为清楚地回答此问题，需深入了解乙醇在人体内的历程。

作为一种无色液体，乙醇往往被添加到许多液体食品中，并通过口服的方式进入人体。之后，乙醇迅速从胃和小肠部被人体吸收，并分布于全身。每个人对乙醇的吸收速度和效率受多种因素的影响，如乙醇饮料的浓度、饮酒者胃部的充盈状态、饮酒时的食物结构以及饮酒者的遗传因素等。

在循环系统的分配作用下，乙醇遍布全身，但是它在体内组织和体液中分布的速度和程度是动态变化的，并取决于血流、渗透性和各组织的质量。通常情况下，血液中乙醇浓度的最高峰出现在饮酒后1.5～2.5小时，各脏器中乙醇浓度的最高峰出现在饮酒后6～13小时。

少量的乙醇可以以原体的形式从呼气、尿液、汗液等渠道排出体外；大量的乙醇（约90%）则在肝部代谢分解。乙醇在人体内的分解代谢主要依靠乙醇脱氢酶（ADH）和乙醛脱氢酶（ALDH）两种酶的作用。其中，乙醇脱氢酶把乙醇分子中的两个氢原子脱掉，使乙醇分解为乙醛；而乙醛脱氢酶则能脱去乙醛分子中的两个氢原子，使乙醛转化为乙酸，经三羧酸循环生成二氧化碳和水。对于同时具备乙醇脱氢酶和乙醛脱氢酶的个体，它们能够快速分解体内的乙醇，中枢神经较少受到乙醇的作用。然而实际情况却是，大多数人体内的乙醇脱氢酶数量相当，而有些人缺少乙醛脱氢酶。这便造成了乙醇不能及时被分解为二氧化碳和水，而是以乙醛的形式在人体内富集，从而使饮酒者产生恶心呕吐、面红耳赤、昏迷不适等醉酒症状。

乙醇的主要毒理作用是抑制中枢神经系统。它首先对脑的高整合功能产生抑制作用，从而导致身体稳定性、协调性、运动能力和知觉功能降低及自我控制能力消失；随后，乙醇会影响高级神经活动，表现为分辨力、记忆力和洞察力退减以及语言功能失常等。随着乙醇量的增加，抑制作用扩散至大脑皮层和其他脑干、脊髓和丘脑，从而使饮酒者的语言、判断力、视觉感觉明显失常，各种动作无法圆满完成，分辨力、注意力等进一步减退，甚至丧失。严重者会失去知觉进入昏睡或昏迷状态，并可因延髓血管运动中枢和呼吸中枢严重抑制而死亡。

三、血液中乙醇浓度的检测方法

检测人体血液中的乙醇浓度（BAC）往往是判断酒驾或者醉驾的重要依据。在常见的各种BAC检测方法中，执法人员在现场采用的呼气酒精测试法是目前最为常见的快速筛查方法；技术人员在后续确证实验中采用的顶空气相色谱法是目前最为常见的实验室分析方法。

1. 呼气酒精测试法

呼气酒精测试仪可用于道路交通检查过程中，从而判断驾驶员体内酒精浓度是否高于或者低于法律规定的标准。假设红灯亮表明驾驶员体内酒精浓度超过法律规定的标准，绿灯亮表明驾驶员体内的酒精浓度低于法律规定的标准。在正式投入使用之前，往往需对呼气酒精测试仪进行校对，从而预防两种类型的错误，即假阳性错误和假阴性错误。所谓的假阳性错误，是指当驾驶员体内的实际酒精浓度低于法定标准而呼气酒精测试仪的显示结果为红灯亮。假阳性结果会导致对该驾驶员的错误处罚，或者错误地将驾驶员的血样送实验室进一步检测确证。所谓的假阴性错误，是指驾驶员体内的实际酒精浓度高于法定标准而呼气酒精测试仪的显示结果为绿灯亮。假阴性结果可能会导致对醉酒驾驶现象的疏漏和纵容。

令人遗憾的是，这两种类型的错误结果总是客观存在的。即便技术上的改良可以帮助人们降低错误出现的概率，但是假阴性错误和假阳性错误的完全消除也是不现实的。与此同时，两种类型的错误总是以互相竞争的方式存在着。在调试呼气酒精测试仪的过程中，当试图降低某一种类型的错误率时，却往往会导致另外一种错误率上升。人们只能以包容的心态在这种误差与那种误差之间进行选择。而且，究竟哪种错误才更为严重，这值得人们深思。

在正式使用呼气酒精测试仪之前，可以通过测试已知酒精浓度的样品来实现对呼气酒精测试仪的校准。当然，在此过程中，需要反复测试大量的样品，例如，使用 1 000 个浓度稍微低于法定标准的已知样品，以及 1 000 个浓度稍微高于法定标准的已知样品。通过仪器测试，可获得以下结果：对于 1 000 个超过法定标准的样品，仪器显示结果为 950 份红灯亮，50 份绿灯亮（假阴性）；对于 1 000 个未超过法定标准的样品，仪器显示结果为 995 份绿灯亮，5 份红灯亮（假阳性）。

由此可知，对于浓度超过法定酒精浓度标准的已知样品，呼气酒精测试仪有 95% 的概率显示红色，5% 的概率显示绿色。换句话说，对于浓度超过法定酒精浓度标准的样品，呼气酒精测试仪显示红色的优势比为 19∶1。对于浓度低于法定酒精浓度标准的已知样品，则呼气酒精测试仪有 0.5% 的概率显示红色，99.5% 的概率显示绿色。即对浓度低于法定酒精浓度标准的样品，呼气酒精测试仪显示绿色的优势比是 199∶1。

众所周知，呼气酒精测试仪上的红灯是主张"驾驶员酒精浓度超标"的最佳证据。根据上述实验结果可知，如果驾驶员酒精浓度超标，呼气酒精测试仪有 95% 的概率显示红灯；如果驾驶员酒精浓度未超标，呼气酒精测试仪仅有 0.5% 的概率显示红灯。因此，测试仪红灯亮起意味着驾驶者酒精浓度超标的概率比酒精浓度未超标的概率要高 190 倍。

相反，呼气酒精测试仪显示绿灯是反对主张"驾驶员酒精浓度超标"的最佳证据。如果驾驶员酒精浓度超标，呼气酒精测试仪有 5% 的概率显示绿灯；如果驾驶员酒精浓度未超标，呼气酒精测试仪有 99.5% 的概率显示绿灯。因此，测试仪绿灯亮起意味着驾驶者酒精浓度超标的概率比起酒精浓度未超标的概率要低 19.9 倍。因此，无论是支持还是反对"驾驶员酒精浓度超标"的主张，呼气酒精测试仪的显示结果都可以作为其最佳证据。

需要牢记的是，无论是红灯亮还是绿灯亮，呼气酒精测试仪的错误显示都是客观存在的。尤其对于红灯亮的测试结果，需要及时抽取待测个体的血液样品，并将其送往实验室进行确证实验。

2. 顶空气相色谱法

顶空气相色谱法是将顶空进样技术与气相色谱分析技术联合使用的一种方法。早在1964年，就有人曾经报道过用该方法测试血液中的乙醇浓度。经过一次又一次的技术改进，该方法已经发展为目前全世界范围内通用的经典方法。所谓顶空进样技术，即将待测样品置入一密闭容器中，通过加热升温使挥发性组分从样品基体中挥发出来，在气相与液相（或者气相与固相）之间达到平衡，然后直接抽取气体进行色谱分析的方法。由于顶空进样技术仅仅锁定挥发性和半挥发性的组分，所以它可以有效避免难挥发性物质对系统的污染，样品前处理简单，分析效率高。与此同时，商品化的自动顶空进样系统的问世大大降低了手动进样操作过程中因人为因素而产生的误差。通常情况下，可用异丙醇、正丁醇或者叔丁醇等物质作为内标物；根据乙醇的峰面积与内标物的峰面积的相对比值对乙醇进行定量分析。使用不同已知浓度的乙醇样品测试获得的分析结果，可以绘制工作曲线并获得线性方程。进行未知样品测试时，通过将未知样品测试所得的峰面积比带入线性方程，可以得到未知样品中乙醇浓度的准确数值。该方法灵敏、稳定，测定血液中乙醇的最低检出限为 1 mg/100 mL，线性范围在 5 ~ 300 mg/100 mL。

甲醇、乙醇、正丙醇、异丙醇的色谱图如图 5-2-2 所示。

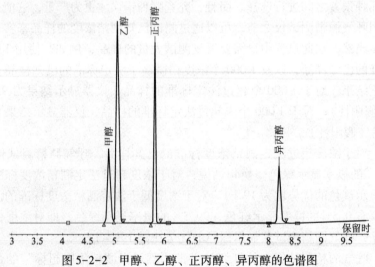

图 5-2-2　甲醇、乙醇、正丙醇、异丙醇的色谱图

低浓度乙醇的定量曲线如图 5-2-3 所示。

对驾驶员进行血液中乙醇浓度的测试时，血液样品的采集环节非常关键。对于活体而言，血液采集的时间、抽血方式以及血样的保存对检测结果影响较大。尤其在抽血前的消毒环节，绝对不能使用含有酒精成分的消毒棉球。对于尸体而言，操作的关键点便落在抽血部位的选择上。股动脉为多种选择之首。在血液样品的保存过程中，保存温度、保存时间以及防腐剂的添加情况是导致血液中乙醇含量发生改变的重要因素。通常情况下，抽取的血液应该充满试管，从而降低血液中乙醇的挥发；与此同时，血液样品应置于冰箱保存，从而降低血液的腐败速度；最后，在抽取血液样品之后，经常会向其中添加抗凝剂（如 EDTA）和防腐剂（如氟化钠）。如果没有抗凝剂，血液很容易结块；如果没有防腐剂，微生物的滋生很容易导致血液腐败。这两种现象均会影响后续血液中乙醇浓度的检测。

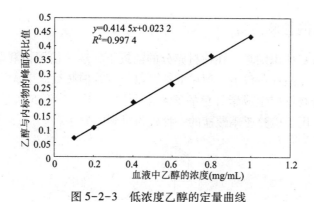

图 5-2-3　低浓度乙醇的定量曲线

第四节　水溶性毒物检验

一、概述

水溶性毒物是指易溶于水的毒物。但是，并非所有易溶于水的毒物都属于水溶性毒物。通常情况下，对那些只能依靠水浸法去除不溶性杂质或者依靠滤膜去除分子量较大的水溶性杂质和不溶性杂质，没有特效分离手段的易溶于水的毒物，才称为水溶性毒物。它主要包括强酸、强碱、亚硝酸盐、氟化物、氯酸盐、溴化物以及草酸盐等。这些水溶性毒物中大多数都含有毒性的阴离子。识别这些毒性的阴离子是鉴别水溶性毒物的主要途径。

二、常见的水溶性毒物——亚硝酸盐

亚硝酸盐是水溶性毒物中较为常见的一种。它经常以亚硝酸钠或者亚硝酸钾的形式出现在许多食物中毒的案件中。亚硝酸盐往往呈白色或者浅黄色的结晶性粉末（如图 5-2-4 所示），它在碱性条件下可以稳定存在，遇酸则容易生成亚硝酸。由于亚硝酸盐的外观类似于食盐或者面碱，所以它经常出现在集体食物中毒的案件中。除此之外，某些地区的饮用水中也含有较多的硝酸盐。使用这样的水进行微火加热焖煮时，也容易发生还原反应而生成亚硝酸盐。

亚硝酸盐是一种血液毒。毒性的亚硝酸根离子（NO_2^-）能迅速使血红蛋白氧化成高铁血红蛋白而失去携氧能力，引起严重缺氧而窒息死亡。通常情况下，

图 5-2-4　亚硝酸钠

亚硝酸盐的口服中毒量约为 0.2～0.5 g，口服致死量约为 1～2 g。中毒者往往在食后半小时以内发生全身无力、嗜睡、昏迷以及抽搐等中毒症状，如不及时抢救，可在 2 小时内死亡。

三、亚硝酸盐的检测方法

对亚硝酸盐进行定性识别时，在检材充分的前提下，经常使用格利斯试剂（Griess）反应。其基本原理为，在酸性条件下，亚硝酸盐可以与芳香伯胺反应生成重氮盐，重氮盐与酚类或者芳香胺类化合物反应生成紫红色的偶氮化合物。如图 5-2-5 所示。该反应的检出限约为 0.2 μg/mL，是用于检验亚硝酸盐的一种较为灵敏的方法。

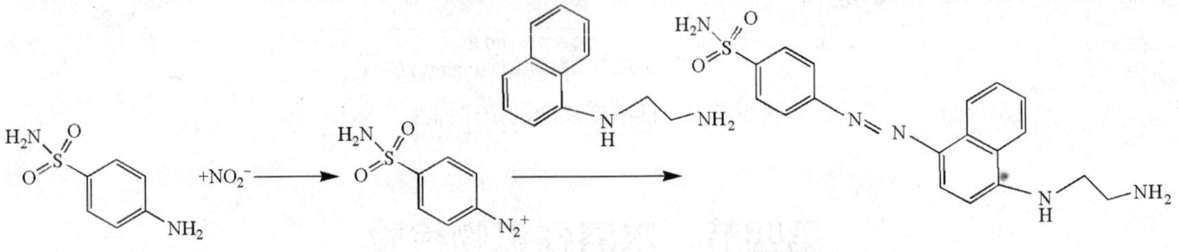

图 5-2-5　格利斯试剂反应检测亚硝酸盐的原理

除此之外，安替比林反应也是检测亚硝酸盐的常见方法之一。其基本原理为，亚硝酸盐在酸性条件下可以使安替比林亚硝基化，从而生成绿色产物。如图 5-2-6 所示。相对于格利斯试剂反应而言，安替比林反应的灵敏度较低，检出限约为 100 μg/mL。

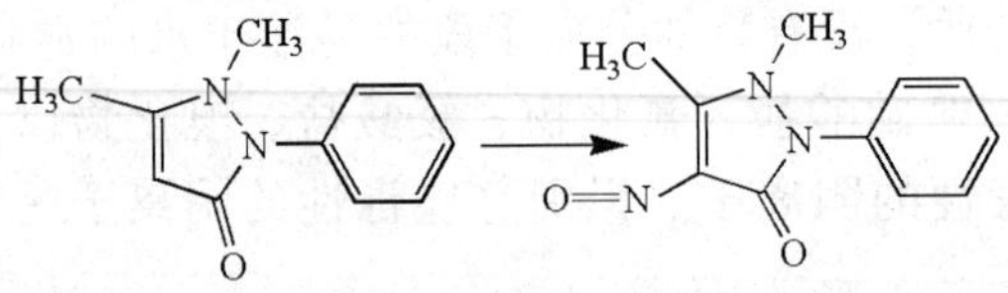

图 5-2-6　安替比林转化为绿色的亚硝基安替比林的示意图

对亚硝酸盐进行定量分析时，主要使用紫外—可见光谱法。其主要原理为：亚硝酸根与格利斯试剂的反应产物性质稳定，且在 550 nm 处有较强的吸收峰。通过检测未知样品在 550 nm 处的吸收强度，就可以对其中的亚硝酸根浓度进行推测。在设计之初，人们使用对氨基苯磺酸和 1-萘胺作为格利斯试剂的主要成分。后来人们发现 1-萘胺具有较强的致癌作用，所以它逐渐被 1-萘胺-7-磺酸以及 N-1-萘基乙二胺等试剂替代。此外，人们也常常用对氨基苯磺酰胺或者对硝基苯胺替代对氨基苯磺酸。截至目前，改进的格利斯试剂的主要成分为氨基苯磺酸和萘胺乙二胺。同其他报道的试剂相比，这种改进的格利斯试剂对于亚硝酸盐检测的灵敏度较高。

第五节　安眠镇静类药物检验

一、概述

安眠镇静类药物经常出现在自杀、他杀、强奸以及麻醉抢劫等形式的案件中。常见的安眠镇静类药物包括巴比妥类催眠药，吩噻嗪类及泰尔登安定药，苯并二氮杂䓬类弱安定药，导眠能、安眠酮、眠尔通等其他催眠安定药以及三环类抗抑郁药等。安眠镇静类药物的检测对于案件性质的判断具有重要意义。

二、巴比妥类药物的检验

巴比妥类催眠药是一类常见的催眠药。它的种类很多，常见的巴比妥类药物有巴比妥、苯巴比妥以及戊巴比妥等。其结构共性在于，它们的分子式中均有含有 1,3-二酰亚胺基团的环状酰脲类结构。如图 5-2-7 所示。其毒性也均表现为对于中枢神经系统的抑制作用。巴比妥类催眠药多为白色结晶或结晶性粉末。由于巴比妥类催眠药在碱性条件中容易分解，所以提取生物检材时，通常将检材的 pH 值调至 5 以下，然后用有机溶剂萃取。定性分析时，可以使用气相色谱/质谱联用法，根据质谱图中分子离子峰来认定各种巴比妥类催眠药。其中，巴比妥、异戊巴比妥、速可眠、硫喷妥、苯巴比妥的特征峰分别为 m/z185、227、239、243、233 等。定量分析时，常常使用气相色谱—氮磷检测器（GC-NPD）法。由于氮磷检测器对于含有氮元素和含有磷元素的物质具有较高的响应，所以非常适合巴比妥类催眠药的分析。

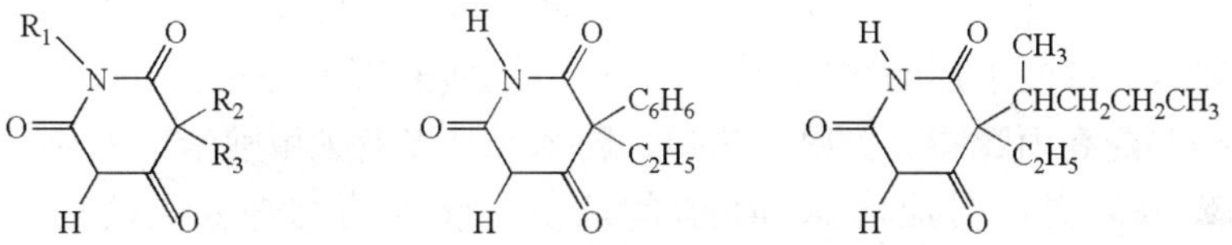

图 5-2-7　巴比妥类药物结构通式，以及苯巴比妥、戊巴比妥

三、吩噻嗪类药物的检验

吩噻嗪类药物通常为碱性药物，在酸碱条件下性质稳定，但是受光照后易分解。因此，吩噻嗪类药物应避光保存。吩噻嗪类药物常用于精神病的治疗，也常被用于自杀或麻醉抢劫。吩噻嗪类药物对中枢神经系统、循环系统以及呼吸系统的抑制作用较强。急性中毒时，其主要表现与巴比妥类催眠药相似，即昏睡、共济失调以及肌肉强直等。值得注意的是，吩噻嗪类药物在体内停留的时间较长，约为 6 ～ 12 小时。这为吩噻嗪类药物中毒案件的检测提供了较为宽泛的时限。对于生物检材中的吩噻嗪类药物，通常在调节碱性后（pH≥11）用乙醚提取。此时，需要注意对乙醚进行去除过氧化物的处理，因为乙醚中的过氧化物容易导致吩噻嗪的分解。定性和定量分析时，可以使用紫外—可见光谱法、气相色谱法以及液相色谱法等多种仪器分析手段。由于吩噻嗪类药物中含有氮元素及硫元素，所以可以通过使用氮磷检测器（NPD）或者硫磷检测器（PFPD）的方式提高分析的灵敏度。

四、苯并二氮杂䓬类药物的检验

苯并二氮杂䓬类药物是一类抗焦虑药，又称弱安定药，常见的有地西泮（安定）、奥沙西泮（舒宁）、劳拉西泮（罗拉）、硝西泮（硝基安定）、氯硝西泮（氯硝安定）、氟硝西泮（氟硝安定）、氟西泮（氟安定）、三唑仑（海洛神）、阿普唑仑（佳静安定）以及艾司唑仑（舒乐安定）等。苯并二氮杂䓬类药物常见于自杀案件中。此外，由于服用氯硝西泮和氟硝西泮可使人产生短暂的失忆现象，因此这两种苯并二氮杂䓬类药物还常见于国外的麻醉强奸案件中；而在广东等地区的麻醉抢劫案件中，犯罪分子经常使用三唑仑、阿普唑仑以及地西泮作为主要投毒的药物。苯并二氮杂䓬类药物的毒性较低，但是具有成瘾性。大剂量服用时也可以产生中毒现象。其毒性主要表现为对中枢神经系统的抑制及对循环系统和呼吸系统的抑制。由于苯并二氮杂䓬类药物在体内的代谢速度较快，所以很难在生物检材中检测到此类药物的原体。大多数的苯并二氮杂䓬类药物为碱性药物，少数为两性药物。因此，在分离提取过程中，可以通过调节 pH 值的方式改善其提取效率。虽然苯并二氮杂䓬类药物与蛋白的结合率较高（可达 98%），但其结合不牢固，可以使用葡萄糖醛酸苷酶对其进行彻底水解。常见的仪器分析方法几乎都能用来检测苯并二氮杂䓬类药物。但是由于氮元素、氯元素等特征元素的存在，所以常常通过使用氮磷检测器（NPD）以及电子捕获检测器（ECD）的方式来提高仪器分析方法的灵敏度。

五、三环类抗抑郁药物的检验

三环类抗抑郁药具有类似于吩噻嗪类药物的三环结构，是一类常见的临床药物，自 20 世纪 60 年代就开始用于治疗抑郁症。目前也用于治疗其他精神疾患，如强制性障碍、注意力缺乏病、恐慌、恐惧症、慢性疼痛综合征、夜间遗尿、焦虑症、进食障碍等，还可预防偏头痛并作为药物成瘾戒断治疗的辅助治疗。三环类抗抑郁药多出现在误服和自杀案件中。常见的三环类抗抑郁药有丙咪嗪、去甲丙咪嗪、阿米替林以及去甲阿米替林等。三环类抗抑郁药为碱性药物，分离提取时应注意 pH 值的调节。此类药物进入人体后吸收速度较快，1～4 小时后血液浓度可以达到最高峰；除此之外，肝、肾、心、肺以及脑等组织堪称此类药物的靶器官，是检验三环类抗抑郁药的良好检材。

第六节　有机农药检验

一、概述

我国是农业大国，全国人口中超过 80% 的人为农村人口。在农业生产过程中，农药的使用极为普遍。这种情况导致了用农药自杀、用农药投毒牲畜从而蓄意报复、用无色无味的农药实施杀人行为等现象的频频出现。相对于西方国家而言，我国与农药相关的案件数量高得惊人。

从应用的角度看，可以将农药分为杀虫剂、除草剂以及杀鼠剂三类。其中，杀虫剂所占的份额最大。我国常见的杀虫剂主要有有机磷杀虫剂、氨基甲酸酯杀虫剂以及拟除虫菊酯杀虫剂等。对于大多数农药而言，其主要成分为有机物，所以常称之为有机农药。相对于基于无机物的农药而言，在案件中遇到有机农药的情况更为频繁。

对涉及有机农药的物证进行鉴定时，要根据有机农药的性质和特点，选择恰当的鉴定方法，有效地提取出其中的重要证据信息。相对于其他种类的毒物，有机农药具有自身的特点。

（1）大部分有机农药为中性物质，酸性条件下性质稳定，碱性条件下则易水解，因此往往在中性或酸性条件下用有机溶剂提取之。

（2）大部分有机农药对热不稳定，容易挥发和分解，因此在分析过程中，往往使用特殊的方式对样品提取液进行低温浓缩，同时要避免溶液完全挥干。

（3）有机农药的种类繁多，极性差异大，着手分析鉴定之前，应根据农药的性质确定恰当的提取溶剂。

二、有机磷杀虫剂的检验

有机磷杀虫剂是一类杀虫效力大、对植物药害小的人工合成磷酸酯类化合物。因为有机磷杀虫剂使用后能迅速分解，残效期短，所以它颇受国内外用户的青睐。有机磷杀虫剂的种类繁多，包括图磷酸盐型、O-烷基硫代磷酸酯型、二硫代磷酸酯型、S-烷基硫代磷酸酯型、膦酸盐型、硫代膦酸酯型、磷酰胺酯型、磷酰三胺酯型以及硫代磷酰胺酯型等。有机磷杀虫剂的毒性较为单一，主要表现在抑制体内胆碱酯酶方面。

在正常的生理条件下，乙酰胆碱在胆碱酯酶的作用下分解为胆碱和乙酸。当有机磷杀虫剂进入机体后，它可以与胆碱酯酶结合，形成稳定的磷酰化胆碱酯酶，使胆碱酯酶丧失活性，并进而导致乙酰胆碱在体内的大量积蓄。乙酰胆碱在体内的大量积蓄将引起中枢神经系统、横纹肌、平滑肌和某些腺体等发生过度刺激，从而使各项功能失调，产生生理紊乱并出现轻重不等的中毒情况。

由于有机磷杀虫剂中特征元素的存在，所以大多数有机磷农药都有较大的蒜臭味。尸体检验时，胃内容中的蒜臭味、尸僵严重、拇指呈钩状等尸检特征均可以成为有机磷杀虫剂中毒的重要指征。此外，鉴定时，由于某些有机磷杀虫剂在高温条件下性质不稳定易分解，所以，在设置分析条件，如气相色谱的升温程序时，应注意调整起始温度范围。气相色谱法以及气相色谱/质谱联用法是有机磷农药分析过程中所使用的常见方法。图5-2-8所示色谱图为乐果、甲基对硫磷、马拉硫磷、特丁硫磷以及对硫磷五种有机磷农药的分析结果。将其配置成浓度为100 ng/μL的混合物丙酮液后，经气相色谱分析，五种有机磷农药组分得到了有效的分离。

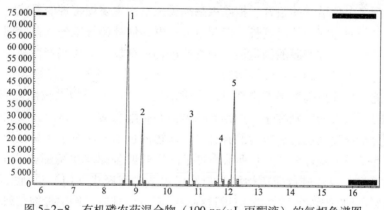

图 5-2-8　有机磷农药混合物（100 ng/μL 丙酮液）的气相色谱图
1—乐果；2—甲基对硫磷；3—马拉硫磷；4—特丁硫磷；5—对硫磷

三、氨基甲酸酯类杀虫剂的检验

氨基甲酸酯类杀虫剂是一种氮原子上有取代基的氨基甲酸酯类化合物，是继有机磷和有机氯杀虫剂之后出现的一类杀虫剂。因具有杀虫效力强、作用迅速、易分解以及无体内积蓄中毒作用等优势，被广泛用于实践中。由于有机磷杀虫剂的抗药性和有机氯杀虫剂残毒问题的相继出现，氨基甲酸酯类杀虫剂的使用范围不断扩大，用其投毒、自杀以及误服中毒的情况逐渐增多。氨基甲酸酯类杀虫剂的结构通式如图5-2-9所示。其中，R^1 通常为芳环、杂环或肟；R^2、R^3 为氢或脂肪烃基。在众多的氨基甲酸酯类杀虫剂中，常见于中毒案件中的

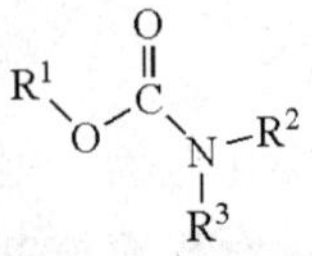

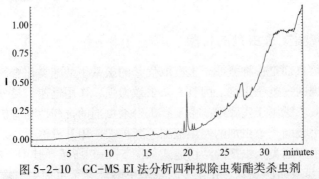

图 5-2-9 氨基甲酸酯类
杀虫剂的结构示意图

是 N-甲基氨基甲酸酯类杀虫剂，如呋喃丹、涕灭威以及灭多威等。与有机磷杀虫剂类似，氨基甲酸酯类杀虫剂在高温下也容易分解；同时，在碱性条件下，氨基甲酸酯类杀虫剂容易因水解反应而生成相应的酚/肟以及 N-甲基氨基甲酸。其对人体的侵害也是通过抑制胆碱酯酶而实现的：进入体内的氨基甲酸酯容易与胆碱酯酶结合，生成氨基甲酰化胆碱酯酶，从而阻碍乙酰胆碱的分解。由于氨基甲酰化酶不及磷酰化酶稳定，所以中毒后形成的氨基甲酰化酶可以逆向生成胆碱酯酶，从而恢复其活性。通常情况下，服用氨基甲酸酯类杀虫剂 30～60 分钟之后，大约有一半的失效酶可以复活。因此，常常可以看到当少量氨基甲酸酯类杀虫剂导致中毒时，如果没有后续的毒物作用，那么中毒在这几分钟内会开始转好、几小时后便可完全恢复，中毒症状很快消失。实验室分析时，薄层色谱法、气相色谱法以及液相色谱法均可对氨基甲酸酯类杀虫剂进行有效分析。由于某些氨基甲酸酯类杀虫剂结构中氨基上的两个氢原子没有被烷基完全取代，所以进行气相色谱分析时，往往需要对其进行衍生化处理（如三氟乙酰化），从而改善其色谱分离效果。

四、拟除虫菊酯类农药的检验

拟除虫菊酯类农药是在天然除虫菊酯农药的化学结构基础上研究发展起来的仿生农药，具有高效、广谱、低毒和生物降解性等特点，在农业生产中得到广泛使用。拟除虫菊酯类杀虫剂在酸与醇的部分都存在不对称碳原子，因此常为多种光学异构体的混合物，在色谱分析过程中便会出现多个色谱峰的组合。拟除虫菊酯类杀虫剂主要损害神经系统：它会影响钠离子通道，使钠离子通道闸门关闭延长，引起重复放电，使神经纤维先兴奋后抑制；它可与细胞膜上的钙离子结合，改变膜的稳定性，使细胞内钙量增加，促使兴奋性神经介质释放，引起肌肉收缩；它还可以作用于神经细胞膜上的 r-氨基丁酸受体和 1-谷氨酸受体，扰乱神经细胞的正常功能。拟除虫菊酯类杀虫剂可以通过消化道、呼吸道以及皮肤黏膜被人体吸收，其与其他类杀虫剂最大的区别在于，中毒者的全血胆碱酯酶活性正常。在实验室分析时，可以使用通用的分析法对其进行有效检测；此外，改进的色谱方法对于提高检测灵敏度有明显的效果。如图 5-2-10 和图 5-2-11 所示，对于同样的四种拟除虫菊酯类杀虫剂的混合物，使用电子电离模式（EI）进行质谱检测时与使用化学电离模式（CI）进行质谱检测时色谱的响应情况截然不同。因此，在实际应用过程中，应根据具体案件中毒物在载体内的浓度情况，选择灵敏度恰当的分析方法。

图 5-2-10 GC-MS EI 法分析四种拟除虫菊酯类杀虫剂

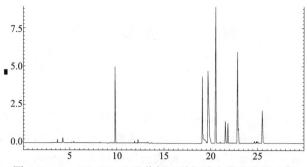

图 5-2-11　GC–MS CI 法分析四种拟除虫菊酯类杀虫剂

五、除草剂的检验

除草剂是用来防治农田中杂草的药剂，它的出现大大降低了人工除草的成本，高效、省力并能增产。相对其他种类的农药而言，除草剂的毒性较小，但对鱼类的毒性却较大。因此，除草剂经常出现在鱼塘投毒案中。鱼塘中的水对除草剂的稀释作用为实际检测工作增加了不少难度。在某些投毒案件或误服事件中，也可能会出现就生物检材（如血液、尿液等）而检测除草剂的情况。在我国，常见的除草剂有五氯酚钠、百草枯等。在分析鉴定时，常常用固相萃取法富集低浓度样品中的目标组分，而灵活多样的固相萃取材料能有效解决目标组分的提取问题。此外，当样品中存在特征元素时，也常常使用特殊的检测器来提高分析方法的灵敏度。例如，对于五氯酚钠，就可以使用对卤素具有较高敏感度的电子捕获检测器进行检测。

六、杀鼠剂的检验

杀鼠剂是用来控制和消灭鼠害的一类农药，常见的有氟乙酰胺和毒鼠强。无色无味的氟乙酰胺是广为使用的一种杀鼠剂，其纯品为白色针状结晶，易溶于水。在干燥的条件下，氟乙酰胺性质稳定；但在酸性或中性水溶液中则容易因水解作用而生成氟乙酸，在碱性条件中生成氟乙酸盐。市售的氟乙酰胺鼠药往往掺有红色食品染料，从而呈现出一种警告色。氟乙酰胺鼠药为剧毒类药物，进入人体之后，首先在水解作用下生成氟乙酸；经代谢作用后，氟乙酸可生成氟代柠檬酸。由于氟代柠檬酸与乌头酸酶可以形成牢固的结合，所以，乌头酸酶的活性被抑制，三羧酸循环过程也被阻碍，最终导致神经系统的伤害。口服氟乙酰胺中毒的情况较为常见，中毒者多在用餐后 1～2 小时的时间里表现出中毒症状，如精神烦躁、视力障碍、抽搐并狂跑等。值得注意的是，食用氟乙酰胺中毒死亡的家禽、畜肉往往会导致二次中毒的发生。尸体检验时，死者胃肠道呈现出较为明显的急性炎症特征，胃壁呈粉红色，胃黏膜广泛出血。分离提取生物检材中的氟乙酰胺时，往往通过调节碱性的方式使目标物以盐的形式呈现，从而防止氟乙酸的挥发损失。进行色谱分析时，由于氟乙酰胺的极性过大，所以其色谱分离行为不好；实务中，常常需要使用各种衍生化方法对样品进行处理。硅烷化、甲基化、苄基化以及五氟苄基化都是常见的适合氟乙酰胺的衍生化方法。

毒鼠强是近年来频频出现在投毒案件中的"热门选手"，是一种神经毒物，对体内神经系统有较大的毒害作用，人口服致死量约为 0.3 g。通常情况下，中毒患者常常表现出抽搐、出汗、吐血沫并快速死亡等症状。毒鼠强在人体内几乎不代谢，因而往往检验其药物原体。

第七节 毒品检验

一、概述

毒品是指鸦片、海洛因、甲基苯丙胺、吗啡、大麻、可待因等国家规定管制的，能够使人形成瘾癖的麻醉药品和精神药物。毒品具有毒害性，是一种特殊的毒物，可以通过一定的生物途径侵害人体；毒品具有依赖性，这种依赖性表现为心理依赖和生理依赖两方面；毒品具有管制性，是国家相关法律法规管制范围内的物质；毒品具有非法性，用于临床治疗的吗啡与瘾君子吸食的吗啡，其间重要的区别在于，后者为非法使用。在毒品的若干属性中，依赖性是将其区别于其他种类毒物的重要依据。一些毒品，如海洛因、吗啡等，一旦吸食者停用24小时后，便会出现流眼泪、流鼻水、打哈欠、全身骨头酸痛像蚂蚁在咬、腹泻、呕吐、焦虑不安与失眠等症状。这是吸食毒品产生的生理依赖性的典型表现。然而，还有一些毒品，如大麻、冰毒等，并没有明显的生理依赖性，但同样可以使人不顾一切地想要重复体验，这种不理智与疯狂压倒了对自身幸福或他人幸福的关注。与可以治愈的生理依赖性相比，心理依赖性才是导致吸毒者难以戒毒的真正魔障。

毒品的分类方式繁多。根据毒品的定义，可以将其分为麻醉药品类（如鸦片、吗啡、海洛因、大麻、可卡因、可待因以及哌替啶等）以及精神药物（如安眠药、苯丙胺以及致幻剂等）。根据毒品的来源，可以将其分为天然毒品（如鸦片、大麻等）、半合成毒品（如海洛因等）以及合成毒品（如苯丙胺类）。根据毒理作用的不同，可以将其分为中枢神经抑制剂（如鸦片）、中枢神经兴奋剂（如可卡因）以及致幻剂（如大麻）。而最为权威的分类方法当属世界卫生组织公布的分类法，即毒品可以分为鸦片类、安非他明类、大麻类、可卡因类、安眠药类以及致幻剂等。

二、鸦片类毒品的检验

鸦片类毒品包括鸦片、海洛因、吗啡、可待因等源于同一毒品原植物罂粟的毒品产品。

图 5-2-12　罂粟植物的蒴果

从罂粟未成熟的蒴果（如图 5-2-12 所示）中提取的白色浆质经物理处理后便可以得到黑色膏状的硬块，即鸦片。鸦片的活性成分复杂，含有 20 多种生物碱，约占总含量的 20%。在鸦片产品的众多生物碱里，吗啡的含量最高，可待因次之。吗啡对中枢神经系统有较强的抑制作用，常被用于治疗剧烈疼痛或者麻醉给药；同时，吗啡是一种剧毒物质，口服量在 0.1～0.25 g 时便可导致死亡。吗啡中毒时，重要的尸检症状为瞳孔缩小。由于体内的吗啡往往以葡萄糖醛酸苷的形式存在，因此对生物检材进行吗啡检验时，往往需要先使用水解的方式释放吗啡的原体。海洛因的化学成分为二乙酰吗啡。进入体内的海洛因代谢速度较快，通常情况下，几分钟的时间里海洛因就可代谢为 6-乙酰吗啡。因此，往往无法在生物检材中找到海洛因原体的存在。

图 5-2-13 所示为瓶装药用吗啡及其化学结构式。

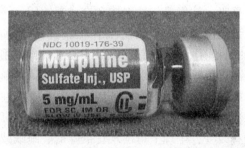 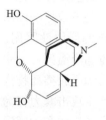

图 5-2-13　瓶装药用吗啡及其化学结构式

三、安非他明类毒品的检验

安非他明类毒品又称为苯丙胺类毒品，它于 1887 年由 Edelerno 合成，后经临床证实该成分具有中枢神经兴奋作用，能消除睡意，解除疲劳。1932 年有人开始吸食苯丙胺，兴奋剂滥用的问题也由此产生。第二次世界大战期间，美国、日本等国为提高士兵连续作战的能力和士气，大量生产甲基苯丙胺注射液和片剂，作为军需品供军队使用；1939 年德国生产大量含有苯丙胺的产品，用于临床治疗神经衰弱和嗜睡症等。第二次世界大战后，该类药物迅速漫延，虽然联合国制定了许多关于禁止生产和滥用苯丙胺类兴奋剂的规定，但仍然发现世界许多地区均存在不同程度的滥用现象，随之引发许多社会问题。

在我国，滥用最广泛的苯丙胺类毒品仍是甲基苯丙胺（冰毒）和 MDMA（如图 5-2-14 所示）。由于甲基苯丙胺的合成方法相对简单并且原料广泛、成本不高、利润很大，目前已经成为我国地下制毒工厂生产的主要品种。MDMA 即是我国称之为"摇头丸"的主要成分，具有极强的精神兴奋作用和致幻作用。由于短期滥用此类毒品的戒断症状相对不严重，形成了目前社会上有一些滥用者认为冰毒、"摇头丸"等苯丙胺类毒品成瘾性小，偶尔滥用也无所谓的态度。近几年，此类毒品滥用情况日益突出。据统计，2003 年全球大约有2 600 万人使用甲基苯丙胺和苯丙胺，到 2005 年，使用苯丙胺类毒品的人数已达到3 400 万人，其中苯丙胺使用者 2 600 万人，"摇头丸"使用者近 800 万人。我国 2005年登记在册的滥用苯丙胺类毒品的人数已从 2001 年的 2.5% 上升到 6.7%；而在大多数城市，这一数字已占到吸毒者人数的 60% 以上，有的甚至超过 90%。1996 年 11 月 25日，联合国禁毒署在上海召开的专家会议预测，苯丙胺类毒品将成为 21 世纪最有威胁的滥用药物。

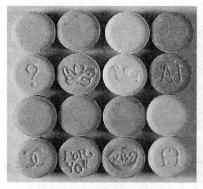 

图 5-2-14　摇头丸（左）及冰毒（右）

苯丙胺类兴奋剂的滥用方式包括口服、鼻吸、注射或与饮料掺和在一起饮用。该类毒品的滥用分为两类。一是不规律的间断使用。该类滥用者一般仅在舞厅等特殊的场所和环境下使用，且多为青少年的群体性服用，其目的是享乐，追求使用苯丙胺类后的舒适和"飘"的幻觉感受。这些毒品泛滥到社会中一般以冰毒、摇头丸等形式出现。二是习惯性滥用。目前我国以前者居多。苯丙胺类药物滥用可致冲动性障碍，自发性行为增加，而意识性行为减少，使行为失控或产生攻击暴力行为或暴力犯罪；长期滥用可产生苯丙胺类药物中毒性精神病，心理防御减少，在视觉和时间感知上也有改变，生理上可出现食欲降低、睡眠减少、性欲增强、劳动能力下降等。

四、大麻类毒品的检验

大麻类毒品是指从大麻植物中提炼大麻酚类物质并加工而成的盐类衍生物、混合物或者其他制剂。大麻酚类物质是大麻植物的主要活性成分。截至目前，人们已经发现大麻植物中有 60 多种大麻酚类物质。其中，主要的大麻酚类物质有四氢大麻酚（THC）、大麻二酚（CBD）和大麻酚（CBN）。大麻酚类物质进入人体后，可以直接作用于中枢神经系统；与此同时，它能够促进脑内多巴胺的转化。大麻中毒者起初兴奋，随后麻痹，最后因心脏衰竭而死。大麻酚类物质往往性质不稳定，遇光遇热容易分解。对于生物检材中的大麻类毒品，往往需要将样品酸化后再提取。

大麻植物叶及大麻及其代谢物的色谱分离图如图 5-2-15 和图 5-2-16 所示。

图 5-2-15　大麻植物叶

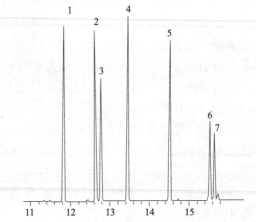

图 5-2-16　大麻及其代谢物的色谱分离图

1—大麻二酚；2—Δ8-四氢大麻酚；3—Δ9-四氢大麻酚；
4—大麻酚；5—11-羟基-Δ9-四氢大麻酚；6—11-去甲基-
Δ9-四氢大麻酚；7—11-去甲基-Δ8-四氢大麻酚

五、新型合成毒品的检验

近些年来，相对于传统型的毒品，新型合成毒品的发展势头迅猛。和传统的毒品相比，新型毒品产生的心理依赖性更强，停用后仍然会出现精神分裂。

我们身边也不乏这些新型毒品。一方面，它们有迷惑大家的外观，往往用药水、糖果以及茶叶等形式麻痹受害者；另一方面，其成分也在飞速变化，在保持毒性的同时，狡猾地逃避法律的制裁，使被害人无法获得法律的保护和救济。

据国家禁毒办、公安部禁毒局负责人介绍，近年来，我国毒品滥用仍呈蔓延之势，并出现了一些新情况、新变化。特别需要引起重视的是，35 岁以下青少年是当前滥用毒品人员的主体，所占比例较大。截至 2012 年 5 月底，全国吸食海洛因人员中青少年有 53.2 万名，占滥用海洛因人员总数的 44.6%；滥用合成毒品人员中青少年有 50.5 万名，占全部滥用合成毒品人数的 76%。贵州贵阳、湖南岳阳、江西南昌等地均发现过十一二岁小学生吸食氯胺酮事件，滥用合成毒品人员低龄化趋势明显。

面对如此严峻的毒情，我国政府从法律的角度对各种涉毒犯罪形式进行了详细的界定，并展示出坚决打击的姿态。揭示毒品犯罪的科技手段也在打击犯罪的过程中不断升级。对吸毒人员，可以使用尿检板在几秒钟之内完成测试（如图 5-2-17 所示）；对携带运输毒品的人员，可以在机场、火车站等公共场所，用小纸片在其身上扫两下，然后通过小型设备（如图 5-2-18 所示），在几分钟之内确认是否携带毒品。对于不同的毒品种类，可以通过实验室的分析仪器牢牢锁定它的身份；对于既往的吸毒历史，可以通过毛发检验，以准确追踪其几天前甚至是几年前的吸毒情况。

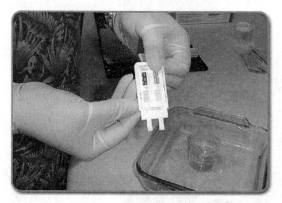

图 5-2-17　使用快速检测试纸对
吸毒人员的尿液进行检测

图 5-2-18　适合公众场合毒品快速
检测的离子迁移谱

图 5-2-19 所示为适合实验室确证分析的气相色谱/质谱联用法。

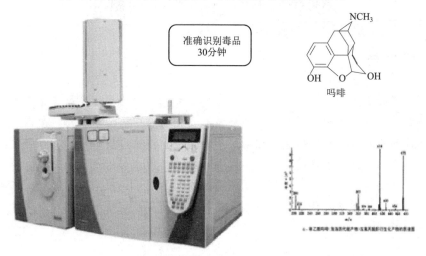

图 5-2-19　适合实验室确证分析的气相色谱/质谱联用法

图5-2-20所示为苯丙胺、甲基苯丙胺、MDA、MDMA、MDEA的色谱图。

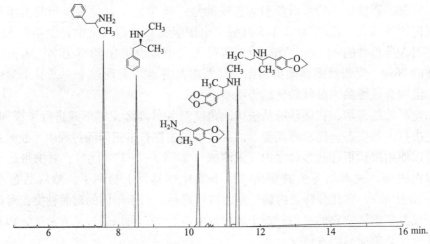

图5-2-20　苯丙胺、甲基苯丙胺、MDA、MDMA、MDEA的色谱图

图5-2-21所示为毒品地下加工厂的冷却和回流装置。

图5-2-21　毒品地下加工厂的冷却和回流装置

 本章小结 >>>

　　毒物是化学物证中较为传统的话题。少量的毒物就可以对机体产生毒害作用。所有毒物均需经历吸收、分布、代谢以及排泄四个环节。影响毒物对人体毒害作用效果的因素是纷繁复杂的，因此切不可机械地对待包括中毒环节的案件。在化学物证领域，可将毒物分为气体毒物、挥发性毒物、水溶性毒物、安眠镇静类药物、有机农药以及毒品等几大类。虽然具体的毒物种类是无法穷尽的，但仍然可以依据毒物的化学属性，使用恰当的分析方法妥善处理每一份毒物、毒品检材。对于常见的毒物分析方法，需要从定性分析以及定量分析的角度对其进行客观评价。

问题与思考

1. 什么是毒物？常见的毒物有哪些？

2. 影响毒物作用效果的因素有哪些？

3. 简述一氧化碳的中毒原理。

4. 常见的乙醇检验方法有哪些？

5. 常见的安眠镇静类药物有哪些？

6. 常见的有机农药有哪些？

7. 常见的毒品有哪些？

8. 简述近年来新型毒品的发展趋势。

本章的主要参考文献

1. 刘景宁，周亚红．毒物及微量物证分析学．南京：南京大学出版社，2005.

2. 王元凤，武斌．SPE-GC/MS/SIS 法测定血液中多种拟除虫菊酯农药残留量．分析试验室，2010，29：103-107.

3. 杨特．法医学：从纤维到指纹．顾琳，等，译．上海：上海科学技术文献出版社，2008.

4. 陆惠民．毒物分析．北京：警官教育出版社，1995.

5. 王维国，李重九，李玉兰，等．有机质谱应用：在环境、农业和法庭科学中的应用．北京：化学工业出版社，2006.

6. http：//snowheart19. blog. sohu. com/234620641. html/［DB/OL］

7. 贺浪冲．法医毒物分析．3 版．北京：人民卫生出版社，2004.

8. 王燕燕．唾液中苯丙胺类毒品检测．中国人民公安大学，2009.

9. HEMPEL S. The Inheritor's Powder. New York：W. W. Norton & Company，2013.

10. RAMSLAND K. The Forensic Science of C. S. I. New York：Berkley Boulevard Books，2001.

11. http：//www. stuff. co. nz/［DB/OL］

12. BELL S. Forensic Chemistry. 2nd ed. Glenview：Pearson，2013.

13. WANG Yuanfeng, DU Ran. Simultaneous extraction of trace organophosphorous pesticides from plasma sample by automated solid phase extraction and determination by gas chromatography coupled with pulsed flame photometric detector. Forensic Science International，2010，198：70-73.

14. HOUCK M M, SIEGEL J A. Fundamentals of Forensic Science. 2nd ed. Burlington：Academic Press，2010.

15. SIEGEL J A, MIRAKOVITS K. Forensic Science-the basics. 2nd ed. Boca Raton：CRC Press，2010.

16. HOUCK M M. Trace Evidence Analysis. Burlington：Academic Press，2004.

17. http：//en. wikipedia. org［DB/OL］

第三章 纵火剂及爆炸物证技术

┌─ 关键术语 ───┐

  燃烧　纵火　爆炸　低爆速炸药　高能炸药

└──┘

第一节 火灾中的化学问题

一、火与燃烧反应

从西方的文明史及东方的古典哲学中，可以看到"火"在历史发展中的重要地位。与"火"带给人类的文明和进步相比，"火"带来的灾害同样也是猛烈和巨大的。对于发生的与"火"相关的现象，可以将其归结为两类。第一类为不涉及任何犯罪活动或者掩盖犯罪目的的与"火"相关的现象。例如，炒菜时因油锅过热而导致厨房燃烧，被称为着火。第二类为以实施犯罪为目的或者掩盖犯罪行为为目的的与"火"相关的现象。例如，强奸杀人后焚尸，被称为纵火。而"着火"和"纵火"，在其起因得以准确认定之前，往往统称为"火灾"。出现火灾现象后，要对火灾的性质做出判断，即其是意外或自然原因导致的"着火"还是有意而为的"纵火"，此时，需判断是否有"纵火剂"。而当确认是"纵火"时，还要认定纵火剂的种类，如此，才能为打击纵火行为提供有力证据。

而在就纵火剂的有无以及纵火剂的具体种类作出认定之前，先认识一下"火"。所谓"火"，即物质在燃烧过程中以光、热等形式释放能量的现象。因此可知，火与燃烧现象关系密切。而燃烧，是指可燃物与氧气发生反应并释放能量的化学变化。燃烧的现象发生，客观上要同时满足三个条件：物质具有可燃性、与氧气充分接触且温度升高至物质的着火点。就同一种可燃物，其燃烧的形式可能不尽相同。当氧气充分时，可燃物可以充分燃烧；当氧气不充分时，可燃物则发生不充分燃烧。这两种燃烧，其产物明显不同。以矿物油为例，充分燃烧时，它将生成二氧化碳和水，同时释放能量；不充分燃烧时，它则生成一氧化碳和水，并释放能量。如图5-3-1所示。

$$C_nH_{2n+2}+[(3n+1)/2]O_2=nCO_2+(n+1)H_2O+Q$$

$$C_nH_{2n+2}+[(2n+1)/2]O_2=nCO+(n+1)H_2O+Q$$

图5-3-1　矿物油充分燃烧（上）和不充分燃烧（下）的化学反应式

二、火灾性质的判断

对一名火灾现场勘查人员而言，其面临的任务均包含如下三方面内容，即判断火灾性质、寻找起火点、收集火灾现场的相关证据。通常情况下，火灾往往是由于自然原因、意外事故以及故意纵火三种原因导致的。在判断火灾性质时，往往需要从火灾现场寻找蛛丝马迹，从而形成相应的判断。很多情况下，犯罪分子都用玻璃瓶或其他易于击碎的容器盛装汽油、柴油等纵火剂，再在容器口放置一根具有灯芯作用的物品，然后实施纵火犯罪。寻找并发现类似的纵火装置，对火灾性质的判断具有重要意义。此外，犯罪分子也可能将盛有燃料的容器带入现场，以向地面倾倒的方式将燃料布置好，最后再点火。相对而言，这种纵火方式无须特殊装置，简单便捷，但留给现场勘查人员的，只是残存的纵火剂倾倒痕迹。当然，这种痕迹也能为火灾性质的判断提供重要依据。

然而，在现场勘查过程中，可能既看不到专门的纵火装置，也看不到明显的燃料倾倒的痕迹。此时，需要多加留意现场的各种痕迹。无论是那些指向自然着火的痕迹，还是那些指向人为纵火的痕迹，都需要仔细辨识并最后加以综合评判。在很多情况下，各种痕迹的辨识度可能不高。例如，当在火灾现场发现一个有爆炸迹象的破损炉子时，人们会觉得这种爆炸现象既有可能是在火灾发生时因局部温度过高而形成的，又有可能是在火灾发生前作为导致火灾发生的因素而形成的。这种复杂的情况则需要聘请专业人员对炉子的残余部分进行检验从而做出准确的判断。此外，其他带有电加热功能的电器设备如电吹风、烤箱以及电水壶等，它们也应该成为重点排查的对象。在同一电路中，同时开启多种电器往往会造成电路超负荷，进而引发火灾。在一些电路系统没有得到改造的老旧建筑中，更易发生此类火灾。

三、起火点的寻找

所谓起火点，即火灾起始的位置。对于纵火案件而言，起火点往往云集了纵火剂、纵火装置等重要的证据信息；对于火灾事故而言，起火点也常常是导致火灾引发的故障电器（或电路）的所在地。因此，起火点是火灾现场上最受勘查人员关注的地方。由于起火点往往是燃烧最为猛烈的部位，所以该处的温度最高。勘查人员可以通过深 V 形的灼烧痕迹、水泥的龟裂现象、火焰蔓延痕迹的起始点、残留的纵火剂以及液态燃料的倾倒痕迹等特征，对起火点做出判断。此外，如果火灾现场是一座多层建筑，那么起火点往往出现在较低的楼层，因为只有这样，纵火者才能确保自身安全，及时逃离现场。

对于占地面积较大的火灾现场，为了实现多位点的同时引燃，纵火者往往使用燃料倾倒的方式将多个地点通过油路连接至同一个起火点。因此，多条油路灼烧痕迹汇聚的地方也往往是此类纵火现场的起火点。

四、火灾现场的其他证据

有时，对火灾性质的判断可能会清晰明了，但对纵火者的追寻却困难重重。因此，为了查找并确认纵火者，在对火灾现场进行勘查时，还要格外注意那些对人身识别具有重要意义的指纹、足迹、纤维以及血迹等。哪怕是一小片报纸，它都有可能向人们传递作案时间、犯罪分子的阅读习惯、犯罪分子的来源区域等重要信息。这些常规物证看似脆弱，但却往往有着惊人的"生命力"。所以，尽管火灾现场看似破败不堪，但仍需努力从中寻找这些具有重要价值的物证。

第二节 纵火剂物证技术

一、纵火剂的发现

进行火灾现场勘查时，富有经验的勘查人员往往会迅速找到受热损坏特征明显的部位、深 V 形的灼烧痕迹部位以及油路灼烧痕迹部位。随后，他们可以在探测设备或者警犬的辅

图 5-3-2 适于承装火灾现场物证的干净油漆桶

助下，确认上述部位是否残留少量的纵火剂。一些吸附性好的物品、物质，如床单、衣物、沙发垫以及土壤等，往往是纵火剂的良好载体，因此应作为重点样品予以保留。而一些吸附性差的物品，如地板、瓷砖、墙面，其检验价值则相对较低。事实上，物品、物质的吸附性对纵火剂的保留影响重大。吸附性越好的物品，其上残存纵火剂的概率就越大，其证据价值也就越高。由于绝大多数纵火剂都具有较高的挥发性，所以应使用能密封的容器盛装已发现的、可能残留有纵火剂的前述物品等。实践证明，密封性良好的干净油漆桶（如图 5-3-2 所示）是保存火灾现场物证的恰当选择。

二、纵火剂的提取

当现场勘查人员找到一个疑似纵火装置的玻璃瓶或者其他可能承载纵火剂的重要物证时，鉴定人面临的第一大难题便是如何将这些载体内的纵火剂提取出来并富集浓缩。由于纵火剂残存浓度的不同、样品包装保存过程中纵火剂挥发损失程度的不同以及载体吸附性能的不同，因此往往会遭遇不同的情况：时而纵火剂的浓度过高、时而纵火剂的浓度过低。如何从上述苛刻的条件中恰当地提取出适量的纵火剂并便于后续色谱分析的进行，是化学物证鉴定人员多年来致力于攻克的难题。截至目前，通用的纵火剂提取法有静态顶空法、吹扫捕集（动态顶空）法以及固相微萃取法等。

静态顶空法是将载有纵火剂的载体（即检材）放置于一个气密性良好的容器中，然后缓慢加热容器，在受热过程中，纵火剂将逐步从载体中释放到其上方的气相里，并最终达到平衡。容器受热程度越高，平衡状态下纵火剂在气相中的分配比例越大。通过调节适当的加热温度，可以在气相中获得适当浓度的纵火剂。最后，用气密性良好的气体进样针抽取容器中检材上方的气体，并将其注射到气相色谱仪的进样口，便实现了对纵火剂的提取和分析。

吹扫捕集法是在静态顶空法的基础之上改进而成的。二者的主体结构相似，但在吹扫捕集装置的上方，往往有两个与外界相通的管路。其中一个管路经活性炭吸附管后通向真空抽气装置，而另一个管路的末端则连接惰性气体（如氦气），如图 5-3-3 所示。工作时，开启的真空抽气装置将使得惰性气体从一个管路进入密闭的样品瓶，促使纵火剂挥发，并携带纵火剂组分进入第二个管路；由于第二个管路连有活性炭，因此，纵火剂将被活性炭吸附，而惰性气体则独自离开吹扫捕集装置。在此过程结束之后，将吸有纵火剂的活性炭吸附管取出，并向其中注入少量具有洗脱能力的溶剂。将富含纵火剂的洗脱液注入气相色谱仪的进样

口，便完成了对纵火剂的提取和分析。相对于静态顶空法，吹扫捕集法中定向流动的惰性气体可以及时"清空"密闭容器中气相部分的纵火剂，从而大大促进检材中纵火剂组分的再分配和释放。此外，若使用其他活性物质替代活性炭、并尝试不同的洗脱剂，则可以灵活调整吹扫捕集装置对纵火剂的提取能力。

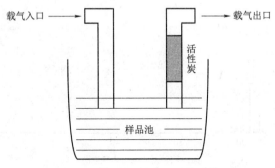

图 5-3-3　吹扫捕集装置结构示意图

固相微萃取法是近年来得以快速发展的新技术，是随着高灵敏度色谱分析方法应运而生的。固相微萃取装置的外形犹如一个针筒。针管的中央藏有一根特殊材质的纤维，它是具有良好吸附性能的"秘密武器"。将载有纵火剂的检材或者燃料液体放置于一个容器里；温和加热后，将固相微萃取"针"插入容器内的气相中；大约等待十几分钟至半个小时的时间，便可以将固相微萃取"针"取出，并将其直接插入气相色谱的进样口，依靠进样口的高温（250～300 ℃），可将纵火剂从固相微萃取"针"的吸附纤维上洗脱下来，最终实现纵火剂的提取和分析。

上述三种方法不仅仅限于纵火剂的提取。实际上，对于所有气态的或者挥发性的化学物证都可以使用上述提取方法。例如，血液中乙醇的提取，中毒脏器中氰化物的分离等。由此可看到化学物证技术的一个特殊思路，即可以灵活运用各种通用的化学方法来解决专门的证据问题。

三、纵火剂的分析

从前述三种提取法可看出，气相色谱法以及气相色谱/质谱联用法在纵火剂的分析鉴定中有着重要的作用。实务中，经常遇到的检验对象有汽油、柴油以及煤油等石油化工产品或者油漆稀料、打火机等商业产品。从化学成分来看，上述任何一种检验对象都含有若干组分。以汽油为例，其成分种类超过 300 种，其色谱分析结果看似杂乱无章。如果将这种色谱分析结果直接展示于法庭审判中，那么无疑会令裁判者面面相觑、无从下手。实际上，当用气相色谱法对纷繁复杂的纵火剂组分进行分离并分析时，所要做的并非准确识别出纵火剂每个单一组分，人们真正的目的在于了解并掌握这些组分出现的组合模式。

虽然可以不用去识别纵火剂的每个单一组分，但意欲识别多组分的组合模式也并非易事。从图 5-3-4 的三个色谱分析结果可以看出，不同的纵火剂其组分有交叉之处。色谱图左侧的组分为轻组分，容易挥发；色谱图右侧的组分为重组分，挥发性相对略差。在经历火灾后，纵火剂中不同组分的"存活"情况可能不尽相同。火灾现场的温度、燃烧反应的时间等因素都在不同程度上影响着纵火剂中各种组分的"存活"。因此，在纵火剂的鉴定中，不仅要了解每一种纵火剂的色谱分析结果，而且更要通过各种模拟实验了解经历了火灾后的残余纵火剂组分的色谱分析结果。

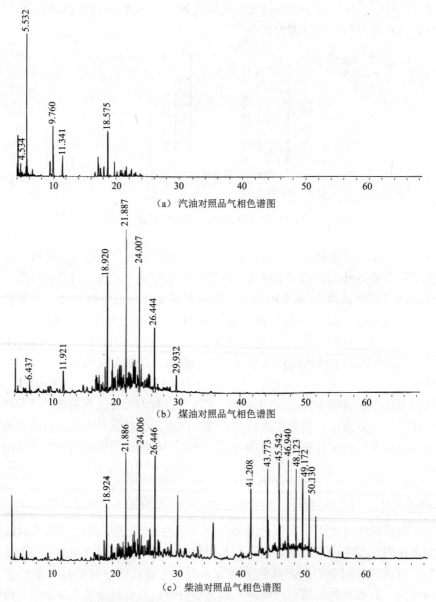

（a）汽油对照品气相色谱图

（b）煤油对照品气相色谱图

（c）柴油对照品气相色谱图

图 5-3-4　汽油、煤油、柴油对照品的气相色谱图

　　鉴定时，首先要解决的问题是送检材料中是否含有纵火剂。如果幸运的话，还可以依据含量不菲的纵火剂判断出其种类如何。无论是阳性结果，如"检材中有汽油组分"，还是阴性结果，如"检材中没有汽油组分"，在据这些分析结果判断火灾性质时，都需格外谨慎，从而避免假阳性结果或者假阴性结果对判断的影响。例如，当从一份检材中检测到煤油组分时，并不意味着火灾是因煤油燃烧而引起的，因为煤油组分在日常生活中也往往存在，如打火机中或者煤油炉中。当从一份检材中未检测到典型的纵火剂组分时，也并不一定意味着火

灾与纵火行为无关，因为这种阴性结果可能是由于样品收集有误或者纵火剂的含量过低等原因导致的。综合分析全案中的每一份证据，对判断火灾的性质非常重要。

第三节 爆炸中的化学问题

在各类案件中，爆炸案的社会危害性堪称之最。在爆波的猛烈作用和广域传播的作用下，每一起爆炸案件中几乎都会在较大范围内出现严重的人身、财产损失。而对爆炸案件的顺利侦查和正确审理，往往取决于能否客观、准确地判定爆炸的原因。

一、爆炸与爆炸反应

所谓爆炸，即指物质能量在瞬间集中释放的物理或化学变化。多数情况下，爆炸现象中的炸药都会发生迅速的放热氧化反应，并产生大量的气体。这种瞬间的气体释放导致爆炸的形成。由于反应时间非常短暂，所以就连空气中的氧气都可能无法及时参与到爆炸反应中。这就要求许多爆炸物都要有自己独特的"氧"源。

有时，这些"氧"源与可燃性的元素分别位于不同的载体中。例如，对于黑火药（75%硝酸钾，15%木炭，10%硫黄）而言，其配方中的硝酸钾就是黑火药的氧化剂，它可以成为木炭中的碳元素以及硫黄中的硫元素的"氧"源。当黑火药受热时，氧元素从硝酸钾中被释放出来，并分别与碳元素和硫元素结合，生成气体产物，并释放出热量。其具体反应化学式如下。

$$3C+S+2KNO_3 \rightarrow 3CO_2 \uparrow + N_2 \uparrow + K_2S$$

在另一些情况下，爆炸反应所需的"氧"源与可燃性的物质共同结合在同一个分子里。例如，在硝酸甘油分子中，就包含有碳元素、氢元素、氮元素和氧元素。

硝酸甘油被引爆后，分子降解导致大量能量的释放，氧元素与其他几种元素分别重组生成CO_2、N_2和H_2O。

如果爆炸物被放置在相对较小的密闭容器里被引爆，炸药几乎在瞬间生成大量的气体产物，并对容器的内壁产生超高的压力。与此同时，分解产生的热量将会进一步促进气体膨胀，并产生更高的压力导致容器内壁被推到。如果使用高速摄像机观察这一爆炸过程，会发现在巨大压力的作用下，容器内壁首先发生伸缩变形，然后膨胀为气球状，最后破碎并向四周飞出。这些高速运动的爆炸物碎片将对周围的生命、财产构成重大威胁。与此同时，在气体瞬间释放的时候，周围的空气因向外扩张而形成冲击波。冲击波的运动速度将超过10 000 km/h，足以推倒墙体、掀开屋顶并破坏冲击波所遇到的任何物品。如果炸弹所使用的炸药能量足够高，冲击波所产生的破坏性可能会远远大于飞溅的爆炸物碎片所产生的破坏性。

二、炸药的种类

根据炸药分解速度的不同，可将其分为低爆速炸药及高能炸药两大类。其中，低爆速炸药往往通过快速的氧化反应产生热、光以及亚音速气压波；而高能炸药往往在炸药内部产生超音速气压波，炸药分子内部的化学键断裂，并在一瞬间释放热量和气体。低爆速炸药的分解速度低于1 000 m/s。由于燃速较低，故低爆速炸药可用作军用炸药的推进剂；但如果将其置于体积相对较小的密闭容器中，其爆炸气体所产生的压力将不亚于任何一种猛炸药所产生的致命性的杀伤力。

（一）低爆速炸药

1. 黑火药及无烟火药

黑火药及无烟火药是最为常用的低爆速炸药。黑火药的性质较为稳定，反应相对温和。只有当黑火药被置于密闭狭小空间时，它才会产生较为猛烈的爆炸效果。通常情况下，人们往往将黑火药作为导火索中的芯药使用。当导火索足够长时，黑火药较低的燃烧速度可以为引爆者提供充足的时间离开爆炸现场。

无烟火药是最为安全、燃速最低的一种低爆速炸药。通常由硝化棉或者硝化甘油与硝化棉的混合物组成。根据使用情况的不同，可将无烟火药制成不同大小、不同形状的产品（如图5-3-5所示）。因此，无烟火药商品的物理特征（如形状、大小、厚度等）可用于判断其产地、生产商以及生产批次等。

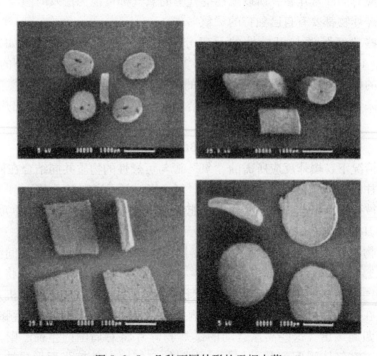

图 5-3-5　几种不同外形的无烟火药

2. 氯酸盐类炸药

低爆速炸药的实现条件并不苛刻——将可燃物与优质氧化剂混合在一起就可构成低爆速炸药。从化学的角度讲，氯酸盐是一种优质氧化剂，它与许多可燃物混合后都能形成氯酸盐类炸药。例如，氯酸钾与蔗糖的混合物就是一种典型的炸药。木炭、硫黄、淀粉、红磷以及镁条等物质也经常出现在氯酸盐类炸药中。虽然配方简单，但氯酸盐类炸药的威力却不容小觑。将氯酸盐类炸药置于小体积密闭容器中时，它可以产生类似硝化甘油的爆炸效果。此外，氯酸盐类炸药的起爆很容易实现——某些化学变化产生的热量，如浓硫酸与氯酸盐—蔗糖混合物相混合时所释放的热量，便足以导致氯酸盐类炸药的起爆。

3. 燃气—空气混合物

当燃气在空气中达到一定浓度时，燃气与空气的混合物也可成为一种低爆速炸药。爆炸时，燃气的燃烧反应与瞬间大量气体产物的释放反应将同时发生。值得注意的是，燃气与空气的混合物仅仅在有限的浓度范围内才会产生爆炸反应，例如，甲烷在空气中的爆炸极限为 $5.3\% \sim 13.9\%$。如果燃气浓度过低，则会因稀释过度而无法燃烧；如果燃气浓度过高，则会因氧气相对不足而无法燃烧。当燃气的浓度接近爆炸上限时，其爆炸反应很可能产生伴有巨响的火焰。这种火焰蔓延所产生的破坏性可能远高于爆炸反应本身。当燃气的浓度接近爆炸下限时，通常无火焰产生。

（二）高能炸药

高能炸药包括硝酸甘油、梯恩梯（TNT）（如图 5-3-6 所示）、太恩（PETN）以及黑索金（RDX）等。通常情况下，高能炸药的爆速在 $1\,000 \sim 8\,500$ m/s。根据感度的不同，可将高能炸药分为初级炸药和次级炸药两类。初级炸药是指对光、摩擦、振动较为敏感，在简单的条件下就可以产生猛烈爆炸的高能炸药。初级炸药常被用作导爆索的芯药，包括叠氮化铅、斯蒂芬酸铅以及二硝基重氮酚等。由于其安全系数较低，所以初级炸药很少出现在自制炸药的主要成分中。次级炸药是指对光、摩擦、振动相对不敏感的高能炸药。少量的次级炸药在空气中可发生燃烧而非猛烈爆炸。次级炸药包括硝酸甘油、TNT、PETN、RDX 以及硝基胺（2,4,6-三硝基苯甲硝胺）等。

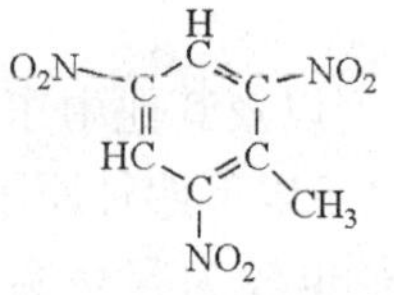

图 5-3-6 TNT 的化学结构式

1. 硝酸甘油

硝酸甘油炸药是由诺贝尔奖的创始人诺贝尔先生发明的。其主要原理在于，通过将硝酸甘油吸附在干燥的硅藻土或者其他种类的吸附剂上，从而降低硝酸甘油的不稳定性，实现高能炸药的制备。硝酸甘油的化学结构式如图 5-3-7 所示。除了硝酸甘油和吸附剂之外，炸药中还常常会添加硝酸钾（以进一步促进燃烧过程中氧化反应的完成）以及少量的稳定剂（如碳酸钙等）。常见的硝酸甘油炸药可分为 40% 与 60% 硝酸甘油两种。其各自的配方比例如下：40% 硝酸甘油炸药为 40% 硝酸甘油、15% 木粉、44% 硝石和 1% 碳酸钙；60% 硝酸甘油炸药为 60% 硝酸甘油、16% 木粉、23% 硝石和 1% 碳酸钙。

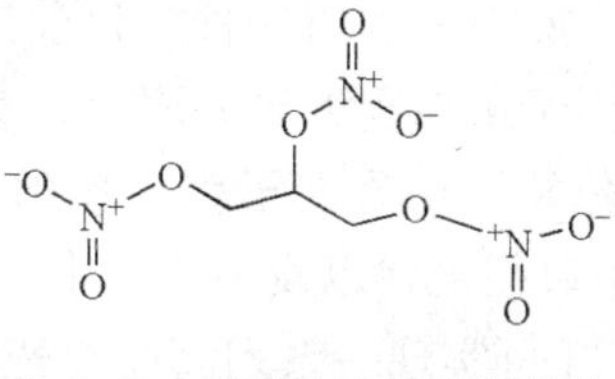

图 5-3-7 硝酸甘油的化学结构式

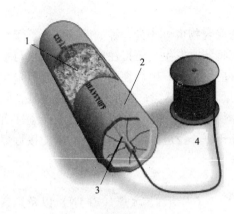

图 5-3-8　硝酸甘油炸药图示
1—木屑（或任何其他类似的吸水材料）浸泡在
硝酸甘油中；2—爆炸性物质外包覆的保护层；
3—雷管；4—电线连接到雷管

图 5-3-8 所示为硝酸甘油炸药图示。

2. 硝铵炸药

由于硝酸甘油炸药具有不稳定性，所以市场上的硝酸甘油炸药近年来已逐步被硝铵炸药所代替。硝铵炸药是由富氧的硝酸铵以及可燃物组合而成，其成本低廉、稳定性好。常见的硝铵炸药有水胶炸药、乳胶炸药以及铵油炸药等。水胶炸药具有防水性能，可用于潮湿环境的作业。水胶炸药通常由硝酸铵、硝酸钾以及天然的多（聚）糖胶合而成。此外，铝等可燃物也常常被掺入水胶炸药中，用于引燃炸药。乳胶炸药是由水相和油相两相组成的，常常可在乳胶炸药中看到过饱和的硝酸铵液滴被碳氢化合物包覆的情况。典型的乳胶炸药通常由水、硝酸盐氧化物、油以及乳胶介质等共同组成。此外，乳胶炸药中还常混有微米级的玻璃微珠及树脂等。上述混合物有利于降低该类炸药的感度和爆炸速度。铵油炸药是将硝酸铵浸泡于燃油中获得的。由于铵油炸药具有廉价以及安全等特点，所以它被广泛应用于采矿中。在日常生活中，犯罪分子很容易从化肥产品中获得硝酸铵，所以铵油炸药成为许多犯罪分子制备自制炸药的首选材料。

3. 三过氧化三丙酮

三过氧化三丙酮（TATP）是以色列以及其他中东地区恐怖分子惯用的自制炸药。它之所以如此受恐怖分子的宠爱，主要是出于以下四种原因：① TATP 的合成原料简单易得，如丙酮、过氧化氢以及盐酸等，合成路径也较为容易实现；② TATP 对摩擦以及碰撞极为敏感，起爆容易；③ 将 TATP 置于密闭容器中时，可以产生巨大杀伤力；④ 爆炸反应后，TATP 的炸药原体及产物易于消失，不留痕迹。

美国"9·11"事件后，世界各国都将固体炸药列入重点防范的范围。然而 2001 年，犯罪分子 Richard Reid 因试图引爆从纽约出发的美国航班而被逮捕时，人们却意外地发现他鞋子中藏有 TATP 高能炸药。从此以后，相关主管部门禁止乘客携带液体或胶状物乘机。2005 年，伦敦地铁爆炸案中，恐怖分子也是使用基于 TATP 的爆炸物开展袭击活动。这些事实证明，恐怖分子已将 TATP 转移至中东以外的地区使用。这一现象引起了全世界相关部门的重视。

4. 军用高能炸药

军用高能炸药是典型的高能炸药，是车臣地区恐怖组织开展活动的主要用品。在众多军用高能炸药中，RDX 是最为常见、威力最猛的一种。目前广泛使用的 C-4 塑性炸药中，其主要成分就是 RDX。TNT 广泛应用于第二次世界大战中，是最为重要的一种高能军用炸药。它可以单独或与其他种类高能炸药共同出现在子弹、炸弹、手榴弹以及推进剂的主要成分中。PETN 常与 TNT 混合应用于小口径枪弹以及手榴弹中。此外，它还经常用作导爆索的芯药。与燃速较低的芯药相比，PETN 可实现一系列高能炸药的同时起爆。

5. 雷管炸药

通常情况下，由于高能炸药的感度较低，所以使用高能炸药时往往需要起爆装置。

雷管就是常见的起爆装置之一。它的主体通常为铜质或铝质，里面填装有叠氮化铅。雷管与主体爆炸装置之间往往是通过导爆索连接的。导爆索与导火索的外观相似，但是其芯药的主要成分为高能炸药成分（如 PETN 或 RDX 等）。当通过点火或者电流的方式启动雷管的时候，它会引爆导爆索中的芯药，进而引爆主体爆炸装置中的高能炸药，如图 5-3-9 所示。

图 5-3-9　高能炸药爆炸装置引爆示意图

第四节　爆炸物证技术

一、爆炸物的收集

如何在爆炸现场对爆炸残留物进行正确的收集与包装是爆炸物检测过程中的重要环节。有时，现场勘查人员可以在爆炸装置残片以及炸点附近找到未发生反应的剩余炸药。这是推断爆炸物之种类的最为理想的检材。然而，很多情况却并非如此。后续实验室检测的成功与否，很大程度上依赖于爆炸现场勘查人员的工作能力，即对含有爆炸残留物的重要区域的识别能力及对爆炸残留物的提取能力等。

爆炸发生的起始点为炸点。由于炸点附近可能发现大量或少量的炸药原体，所以确定爆炸现场的炸点是爆炸现场勘查工作的起始环节。一旦炸点被确认，那么炸坑内侧的所有松软土壤及其他残留物都应立即被收集，并送往实验室检测。此外，炸坑附近的客体也是收集爆炸残留物的较好来源。例如，炸坑周围的木头、绝缘体、橡胶以及其他松软物体的表面都可能留下飞溅爆炸物的形态痕迹；在炸坑附近的非渗透性客体（如金属客体）表面也可能发现爆炸残留物；由炸坑附近飞出的物品还很可能载有爆炸残留物。除了炸点及其周围区域，还应对整个爆炸现场进行系统的搜查，并注意发现可能体现起爆机制的任何痕迹、任何外来物。有时甚至需要使用筛子从大量残留物中筛选出重要的证据。这种工具看似低级，却往往在勘查过程中发挥重要的功效。同其他的犯罪现场相似，所有进行爆炸现场勘查的人员都应佩戴手套、鞋套或者穿着现场勘查服，从而降低对现场的污染。

二、样品的保存

对于所有从爆炸现场提取的样品，都应对其进行密封包装保存并做好相应的标记。密封包装方式有助于减少炸药成分的损失。尤其对于那些挥发性强的炸药，或者那些粉末细腻的炸药，密封包装尤为重要。对于爆炸尘土以及其他松软物质，最好将其储存于金属密封容器中；对于从不同部位提取的爆炸尘土，应注意分别包装保存，从而为炸药量的计算提供依据。

三、样品的分析

按照惯例，对于所有送检样品，都应首先使用显微镜法对其进行证据信息挖掘。如果送检样品中有爆炸物残骸以及起爆装置残骸，应该使用低倍数的体式显微镜对其进行仔细的观察，争取发现没有发生爆炸反应的微量炸药原体。由于黑火药和无烟火药具有非常明显的外形特征和颜色特征，所以对于它们的识别是较为容易的；然而，对于硝酸甘油炸药以及其他高能炸药，情况却并非如此。

显微镜检验完成以后，可以使用水或有机溶剂对附着在爆炸物残骸以及起爆装置残骸上的炸药原体进行提取。常见的有机提取溶剂为丙酮，它能够溶解大多数高能炸药。如果怀疑炸药的成分为水胶炸药、硝酸盐以及氯酸盐等，则可以用水作为提取剂。

提取工作完成之后，可以使用化学显色法对提取液进行处理，从而对样品中的炸药种类进行初步的识别。常见的化学显色法有格利斯试剂法、二苯胺法以及氢氧化钾—乙醇液法。由于很多炸药的化学显色结果都非常相似，所以可以联合使用多种化学显色法进行交叉认证，从而最大限度地缩小可能的炸药范围。

对于丙酮提取液，可以对其进行浓缩，然后使用薄层色谱法（TLC）、高效液相色谱法（HPLC）以及气相色谱/质谱联用法（GC/MS）依次进行分析。

进行薄层色谱分析时，样品的 Rf 值可以帮助人们对炸药的种类进行识别。高效液相色谱法则可以有效地提高分析方法的灵敏度，并最大限度地避免不稳定炸药成分的分解。如果样品量充足，红外光谱法（IR）以及 X 射线衍射法（XRD）可以对样品粉末进行快速的化学认定。有机炸药成分可以在 IR 分析过程中产生丰富的指纹峰，而无机炸药成分也可以在 XRD 分析过程中产生独特的衍射模式。此外，拉曼光谱法也同样可以成为识别炸药种类的有效手段。

图 5-3-10 所示为几种高能炸药的液相色谱分析结果。

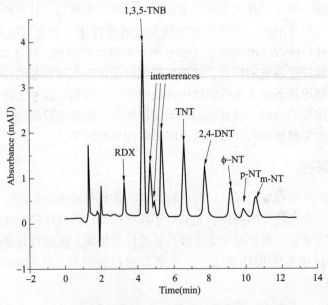

图 5-3-10　几种高能炸药的液相色谱法分析结果

图 5-3-11 ～图 5-3-13 所示分别为 PETN 的红外吸收光谱图，黑索金的 X 射线衍射图谱，TATR、TNT、HMTD 及 Baking Soda 的拉曼图谱。

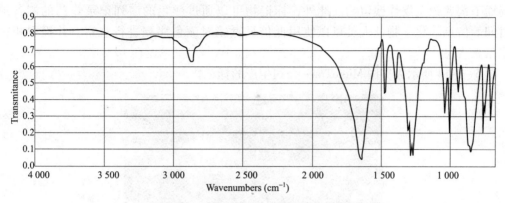

图 5-3-11　PETN 的红外吸收光谱图

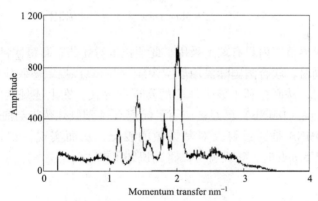

图 5-3-12　黑索金的 X 射线衍射图谱

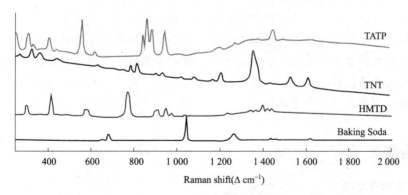

图 5-3-13　TATP、TNT、HMTD 以及 Baking Soda 的拉曼图谱

自美国"9·11"事件发生之后，许多学者都建议在炸药生产加工过程中添加标记物（Taggant），从而协助涉爆案件的快速侦查。这种标记物技术由美国 3M 公司最早发明，随后被 MicroTrace 公司拓展到化学物证领域。在商品炸药的制备过程中，可将沙子般大小

的颜色条码芯片加入炸药产品中。这些颜色条码芯片中往往嵌有荧光性物质或者磁性物质。通过使用紫外光源或者带有磁性的勘查工具，爆炸案件的现场勘查人员可以在混乱的局面下快速锁定爆炸残留物。此外，标记物可以通过颜色的序列记录炸药的制备地点和时间等信息。化学物证人员可以使用低倍显微镜对颜色序列进行观察，并提取相关的证据信息。

图 5-3-14 所示为美国 MicroTrace 公司生产的标记物。

图 5-3-14　美国 MicroTrace 公司生产的标记物

截至目前，全世界范围内只有瑞士采用了此项技术对炸药、酒精饮料、化妆品等相关产品进行跟踪。与此同时，联合国国际民用航空组织（ICAO）规定塑胶炸药应在制备过程中使用标记物进行标记，从而有利于该类炸药的发现和寻找。在上述规定的约束下，2,3-二甲基-2,3-二硝基丁烷（DMNB）已经被应用于标记 C-4 塑胶炸药。与前述颜色条码芯片类标记物不同的是，DMNB 是通过警犬对其灵敏的嗅觉，从而实现标记目的的。当空气中 DMNB 的浓度达到 0.5 ppb 时，警犬就可以将其识别出来。

 本章小结 >>>

火灾案件中的纵火剂及爆炸案件中的爆炸物均为化学物证中的分析难点。由于此类特殊案件的破坏性较为严重，所以从犯罪现场发现纵火剂或者爆炸物的难度较大。如何依据纵火剂或爆炸物的性质，制定合理的现场勘查方法，从而提高相关化学物证的发现概率，是纵火剂与爆炸物分析中的重要环节之一。除此之外，针对多数纵火剂及爆炸物的挥发性较强这一特性，如何选择恰当的样品提取方法以及分析方法，从而提高目标组分的识别能力，则是纵火剂及爆炸物证分析的另一个重要环节。

 问题与思考

1. 什么是燃烧反应？
2. 简述火灾现场勘查过程中纵火剂的发现及提取过程。
3. 什么是低爆速炸药？常见的低爆速炸药有哪些？
4. 什么是高爆速炸药？常见的高爆速炸药有哪些？
5. 简述爆炸物的收集过程。

本章的主要参考文献

1. 刘景宁，周亚红．毒物及微量物证分析学．南京：南京大学出版社，2005.

2. 朱富美．科學鑑定與刑事偵查．翰蘆圖書出版有限公司．中华民国九十三年一月．

3. 王景翰，刘淑霞，杨鸣．法庭科学与化学．北京：群众出版社，2010.

4. 郑一平，王元凤．涉爆案件中烟火剂的检验．刑事技术，2005，1：31-33.

5. BELL S. Forensic Chemistry. 2nd ed. Glenview：Pearson，2013.

6. http：//www. people. com. cn.

7. RAMSLAND K. The Forensic Science of C. S. I. New York：Berkley Boulevard Books，2001.

8. HOUCK M M, SIEGEL J A. Fundamentals of Forensic Science. 2nd ed. Burlington：Academic Press，2010.

9. SIEGEL J A, MIRAKOVITS K. Forensic Science-the basics. 2nd ed. Boca Raton：CRC Press，2010.

10. Houck M M. Trace Evidence Analysis. Burlington：Academic Press，2004.

11. http：//www. restek. com/.

12. http：//en. wikipedia. org/.

13. http：//www. myfoxtwincities. com/.

14. http：//www. njsp. org/.

15. http：//www. tcforensic. com. au/.

16. http：//rocketscorner. com/blog/.

17. http：//www. personal. psu. edu/.

18. http：//www. cleanskin. de/.

19. http：//www. salon. com/.

第四章 聚合物物证技术

┌─────────────┐
│ 关键术语 │
└─────────────┘

单体 聚合反应 聚合物 纤维 油漆 塑料 橡胶

第一节 聚合物概述

一、聚合物的常见类别及其在诉讼中的作用

油漆、黏合剂、纽扣、纤维、胶带等，都可能成为诉讼中的证据；若从化学构成的视角而言，这些证据的共同点是它们均为聚合物。对于聚合物在案件中的证据意义，可从发生在北京的陆虎连续追尾案中窥见一斑。

2012 年某日凌晨，北京市丰台区一家夜总会门口，一辆陆虎牌越野车车主准备驾车离开夜总会时，误将油门当作刹车猛踩下去，一瞬间连续追尾四辆正常停放在路边的机动车，造成了严重的财产损失。事后，肇事司机弃车而逃。当警察到达现场时，摆在他们面前的是一个奇怪的现场。现场一边停放着一辆看似毫发未损的陆虎牌越野车，而另一边则是损毁严重的四辆被追尾的机动车。尤其是第一辆被追尾的白色高尔夫牌机动车，其车尾部发生了严重的变形，如图 5-4-1 所示。在没有现场录像、没有目击证人且肇事司机逃逸的情况下，交管部门首先要解决的问题是，陆虎车是否直接接触过高尔夫车？它是否是这场连续追尾案件的"真凶"？

图 5-4-1 肇事车辆陆虎牌越野车（左）与高尔夫牌小型机动车（右）

经缜密的勘验，现场勘查人员最终在陆虎车的前保险杠处以及高尔夫牌机动车的尾部共提取了三组微量物证：① 陆虎车前保险杠上提取的白色附着物与高尔夫牌机动车后保险杠上提取的白色油漆；② 高尔夫牌机动车后保险杠上划痕处提取的黑色附着物与陆虎车前保险杠底部划痕处提取的黑色塑料；③ 陆虎车表面划痕处提取的蓝色附着物与高尔夫牌机动

车后车厢划痕处提取的蓝色附着物。如图 5-4-2 所示。

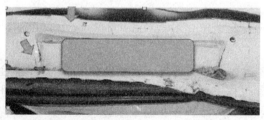

图 5-4-2　陆虎牌越野车前保险杠底部划痕处（左）与高尔夫牌小型机动车后车厢破损处（右）

经实验室分析鉴定，这三组微量物证分别比对均得到一致的结果。其中，前两组比对一致的结果可直接证明这两辆机动车的接触；而第三组比对一致的结果则可间接证明这两辆机动车的接触。三组证据将陆虎车与高尔夫牌机动车之间的直接接触事实证明得极为清楚。

从上述案例可以看出，一个简单的碰撞活动就出现了三组微量聚合物物证。这些聚合物频繁出现在人们的日常生活中，并时常伴随着各种活动而转移。如果能够有效发现并提取它们，那么就可能与其他证据一起形成完整的证据链进而证明案件的相关事实。当然，有时这些聚合物类化学物证并不能独立成为认定某一犯罪嫌疑人的压倒性证据，但它却可以为缩小侦查范围、锁定犯罪嫌疑人所在群体提供重要依据。本章即会逐一介绍纤维、油漆、塑料以及橡胶等不同形式的聚合物化学物证及相关技术。

二、聚合物的概念

聚合物往往是指那些具有非常大的分子量的化合物，其分子是由结构单元或单体经共价键连接而成。这些结构单元或单体在聚合物分子内部多次重复。在聚合物中多次重复的这些片段，被称为单体。

聚合物有三种重要的合成方式：在工厂或实验室的有机合成，如尼龙；在细胞和器官中的生物合成，如 DNA；以化学方式改良天然聚合物，如粘胶纤维。对每一种聚合物而言，其单体的种类及单体的排列形式往往决定了聚合物的化学性质。例如，同是线性排列的聚合物，其是否能与水混溶取决于其单体是极性单体（如环氧乙烷）还是非极性单体（如苯乙烯）。此外，两种具有完全相同单体的聚合物，如某些天然橡胶，可因为很少的原因而呈现不同的持久性。

对在证据领域出现的聚合物，可将其作为有机化学物证来对待，并用有机物的通用分析法对其进行化学分析，进而从化学组成的角度提供证据信息。然而，化学物证里的聚合物又有别于纯粹意义上的聚合物。通常情况下，化学物证里的聚合物往往是以聚合物为主体，同时混有许多痕量的其他组分。主体组分聚合物有助于对化学物证进行种属认定，痕量组分则有助于对化学物证进行同一认定。从某种意义上说，作为化学物证的聚合物，其微量组分往往会"喧宾夺主"，承载更丰富的证据信息、具有更高的证据价值。

第二节　纤维物证技术

一、纤维及其种类

纤维是各类案件中的较为常见的一种聚合物型化学物证。在谋杀、暴力犯罪以及性犯罪过程中，由于犯罪嫌疑人与被害人衣物间的物质转移发生得比较频繁，所以很可能能收集到纤维；在交通肇事逃逸案中，从肇事车辆上很可能找到源自被害人的纤维或者织物碎片；在入室盗窃案中，犯罪分子破窗而入时，也很可能将衣物纤维遗留在碎玻璃上……如果能发现这些案件中的纤维并加以提取、鉴定，那么案件中的相关事实就有可能得到佐证，例如，纤维的来源有可能缩小至足够小的范围，甚至被锁定到某一特定客体。

人类使用纤维的历史由来已久。最初，人们喜欢就地取材，使用来自动物、植物或矿物的纤维，如蚕丝、棉花或石棉。这些源自大自然的纤维"产品"被称为天然纤维。天然纤维主要包括植物纤维、动物纤维和矿物纤维三大类。人类使用天然纤维的历史很漫长——直到 20 世纪初，人们身边才出现了第一种从根本上有别于天然纤维的产品，即人造丝。人们发现，借助各种化学手段，可以"变"出适合某种用途的纤维。到 20 世纪 20 年代，人类发明了醋酸纤维。10 多年以后，各种新型的纤维如腈纶、丙纶、涤纶等，如雨后春笋般出现。这些混入化学手段的新型纤维产品被称为化学纤维。其中，用化学手段对天然纤维进行改性而成的纤维产品被称为人造纤维，如粘胶纤维就是对棉纤维进行化学改性后得到的产物。此外，那些依靠化学合成反应人工合成的具有适宜分子量的纤维状聚合物，被称为合成纤维，如丙纶就是丙烯发生聚合反应而得到的聚合物。聚丙烯合成反应如图 5-4-3 所示。

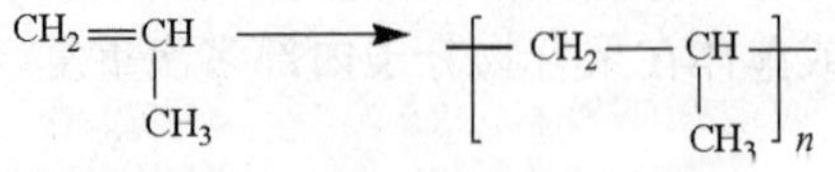

$$CH_2 = CH \atop CH_3 \longrightarrow \left[CH_2 - CH \atop CH_3 \right]_n$$

图 5-4-3　聚丙烯合成反应示意图

二、天然纤维及其鉴定

天然纤维中的植物纤维和动物纤维在日常生活中较为常见，因而也是化学物证技术重点研究的对象。

1. 植物纤维及其鉴定

植物纤维的主要成分为纤维素，故其也常被称为纤维素纤维。动物纤维的主要成分为蛋白质，故又被称为蛋白质纤维。棉是最为常见的一类植物纤维，其特有的扁平带状扭曲形态特征使得人们很容易就能将之识别出来。我国的棉花产量较高，所以棉纤维在日常生活中出现的频率非常高。虽然可以从显微镜下的扁平带状扭曲形态特征识别出它（如图 5-4-4 所示），也可以根据红外吸收光谱确定它，但上述方法对棉纤维的比对分析并不够充分，因为不同客体上的棉纤维的形态特征及红外吸收光谱实在是太相似。此时，鉴定人员就不得不将分析的重点放在棉纤维所用的染料上，染料的种类以及不同种染料之间的配比成为区分棉纤维的重要依据。对纤维上的染料进行分析鉴定，请见本编第五章。

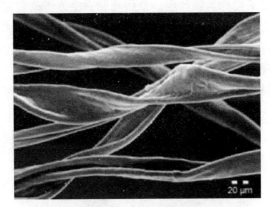

图 5-4-4　使用扫描电子显微镜在 630 倍放大条件下
观察到的棉纤维的扁平带状扭曲特征

2. 动物纤维及其鉴定

与植物纤维或矿物纤维相比，动物纤维的种类繁多。日常生活中，通常称动物纤维为毛发。常见于化学物证技术范畴的动物纤维主要有羊毛、羊绒、兔毛以及驼毛等。通常可使用显微镜法从颜色和形态特征的角度对种类繁多的动物纤维进行识别。如果说可使用"扁平带状扭曲"来形容所有的棉纤维，那么动物纤维的形态特征则是千差万别。即便是同一种动物甚至是同一只动物，其不同根纤维之间的形态特征也存在差异。因此，当需要对嫌疑样品以及比对样品进行毛发比对分析时，无疑需要有足够量的样品，从而充分代表其特征。毛发的鉴定，依照颜色、结构、形态，以及 DNA 的提取、分离和检验等顺序展开。

毛发，分为毛干和毛根两部分。毛干是露出皮肤之外的部分，即毛发的可见部分，由角化细胞构成。毛根则是埋在皮肤内的部分，是毛发的根部。按照由外至内的顺序，可将毛干分为表皮、皮质及髓质三层，如图 5-4-5 所示。

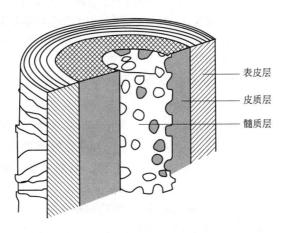

表皮层
皮质层
髓质层

图 5-4-5　毛干的表皮层、皮质层和髓质层

表皮层是片状角质组织，根部附着于皮质层，末端伸出而指向纤维梢部，像鱼鳞般覆盖于纤维表面，因此表皮层又被称为鳞片层。众所周知，毛发性质稳定，不易分解。哪怕尸体已经白骨化，仍可找到有分析价值的毛发。毛发的这种特殊稳定性主要源于表皮层的保护作用。由于大多数动物具有特异性的鳞片层，所以可以根据鳞片层的形态特征对动物的种类进行区分。扫描电子显微镜法是观察毛发鳞片层特征的重要手段。

图 5-4-6 所示为健康毛发与受损毛发表皮层的比较。

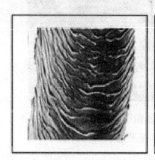

图 5-4-6　健康毛发的表皮层（左）与受损毛发的表皮层（右）

皮质层由许多稍扁的角朊细胞组成，有正皮质细胞和偏皮质细胞两种，前者疏松、后者紧密。由于皮质层中含有微小的颜料颗粒，所以毛发的颜色主要来源于此。在对毛发进行的比较分析中，可将皮质层所含颜料颗粒的颜色、形态以及分布情况作为重要的依据。在用显微镜观察毛发的皮质层特征时，可用折射系数相似的液体浸泡毛发，以便最大限度地降低毛发表面的反射现象，使更多的光线深入毛发的内部。

髓质层出现在毛发纤维的中央区域，它像中央管道一样贯穿毛发的整个区域内。髓质层具有很高的形态特征，取决于动物的品种及个体特征。人类以及大多数动物的髓质层类似圆柱形，而少量动物具有非常特征性的髓质层形态。可依据髓质层的形态对动物的类别进行判定。根据髓质层的特征，还可以将其分为连续髓质层、断续髓质层以及片段髓质层。有些毛发中甚至不含有髓质层，如图 5-4-7 所示。除蒙古人之外的大多数人类，其头发中不含有髓质层，或者仅仅含有片段髓质层；而大多数动物含有连续髓质层或者断续髓质层。与毛发髓质层相关的另一个可资利用的参数便是髓质系数，即髓质层的直径与毛发直径的比值。大多数人类毛发的髓质系数小于 1/3，而大多数动物毛发的髓质系数大于 1/2。

毛发可以生长。毛根以及毛囊内的相关细胞是促使毛发持续生长的关键因素。以人类头部毛发的生长周期为例，它分为三个阶段，即生长期（即活跃期）、退化期以及休止期。当毛发位于不同的生长阶段时，其形态和大小也有所不同。位于生长期的毛发最多可持续生长 6 年，持续生长，毛根呈火焰状；处于退化期的毛发可以以较低的生长速度继续生长 2～3 周，毛根呈拉伸状；进入休止期的毛发将会停止生长，毛根呈棍棒状，持续 2～6 个月之后，毛发从毛囊中自然脱落。

在识别并比对毛发时，目的通常有二：① 判断检材是人体毛发还是动物毛发；② 确定现场遗留的毛发是否来源于某一人？根据毛发确定人身时，应注意毛发的形态特征具有多样性，哪怕是同一个体提取的不同毛发其相互间也有差异。

实践中，显微镜法是最为常见的毛发样品检验方法。进行显微镜法检验时，首先观察毛发

图 5-4-7　毛发的断续髓质层（左）、无髓质层（中）以及连续髓质层（右）

的颜色、长度以及直径；然后，对该毛发样品是否存在髓质层进行判断；此外，髓质层的形态特征以及颜料颗粒在皮质层分布的密度则是人们需要关注的下一个要点；最后则是寻找更显著的特征，而这些特征往往较为罕见，如具有腐蚀状空洞的毛发可能源于重金属中毒的受害者。对于天然的毛发颜色与人工漂染的毛发颜色的区别，也可通过显微镜来观察。由于毛发的生长速度大约为每个月 1 cm，所以甚至可以根据颜料颗粒的分界线，判断最后一次漂染的时间。

　　通过毛发形态特征鉴别物种时，应注意收集大量标准品、建立充实的数据库、积累丰富的经验。表皮层（鳞片层）形态、髓质系数以及髓质层形态是毛发比对的重要依据。根据毛发分析结果确定某一人时，往往是在特定目标人群范围内进行的。

　　客观地讲，毛发检验结论的主观性较强，其正确性在很大程度上依赖于鉴定人员的能力水平与诚信程度。在 DNA 技术出现之前，人们经常会别无选择地使用毛发进行个体识别。然而，FBI 实验室的研究结果表明，在 1996—2000 年间 80 个涉及毛发样品的检验中，有 9 个出现毛发比对结果一致但 DNA 分析结果不同的情况。这表明，毛发比对分析的错误率约为 11%。因此，所有毛发检验呈阳性的结论必须使用 DNA 方法加以确证。

三、化学纤维及其鉴定

　　自 1911 年人造丝问世至 1939 年尼龙出现，化学纤维得以迅速发展并有了彻底取代天然纤维的可能。如前所述，可将化学纤维分为人造纤维以及合成纤维两大类。其中，人造纤维是由天然纤维加工提取纤维素而制成。例如，粘胶纤维是由天然纤维素经碱化而生成碱纤维，再与二硫化碳作用生成纤维素黄原酸酯，溶解于稀碱液内得到黏稠状溶液成为粘胶，粘胶经湿法纺丝和一系列后处理工序后即成粘胶纤维。合成纤维则是来源于化学合成的物质，包括醋酯纤维、聚酯纤维（涤纶）、聚酰胺类纤维（锦纶）、聚丙烯腈纤维（腈纶）、聚丙烯纤维（丙纶）以及聚氨酯弹性纤维（氨纶）等。聚合物的出现堪称是合成纤维改革的推进剂。以截至目前依然盛行的合成纤维尼龙为例，它最早出现于 1935 年 2 月 28 日。从化学角度来看，尼龙是一种缩合聚合物，其组成单位由酰胺连接，因此它是一种特殊的聚酰胺。尼龙 66 是尼龙中最为常见的一种，是由六亚甲基二胺和己二酸缩合而成，如图 5-4-8 所示。由于链状的尼龙分子之间可以通过氢键形成牢固的网状结构（如图 5-4-9 所示），所以尼龙 66 晶体的韧性非常大。

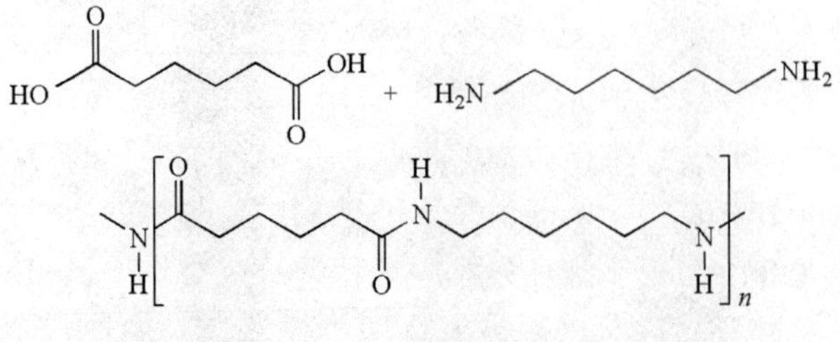

图 5-4-8 尼龙 66 的反应过程

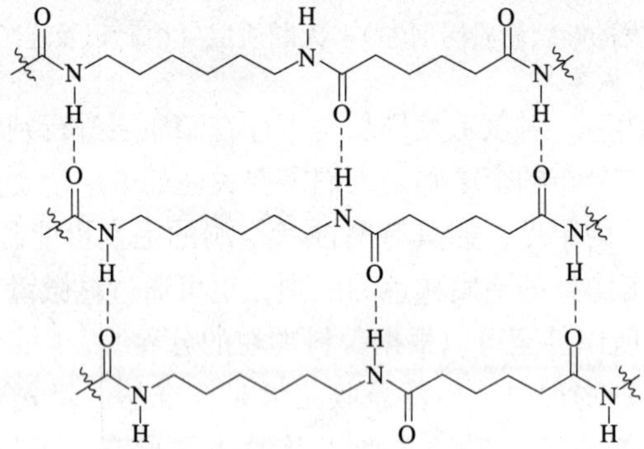

图 5-4-9 尼龙 66 的网状结构

在尼龙家族中，除了尼龙 66 之外，尼龙 6 也是常见的一种。它是由单体己内酰胺聚合而成的，如图 5-4-10 所示。尼龙 66 与尼龙 6 在结构上存在细微差别（如图 5-4-11 所示），这些细微差别就像是掩藏在化学物证中的"痕迹"一样，可以被追踪并被利用。

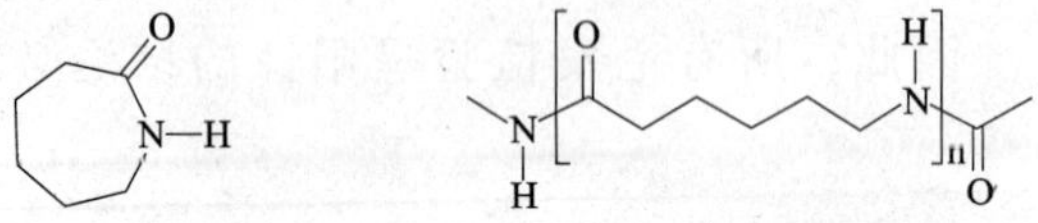

图 5-4-10 尼龙 6 的单体与化学结构

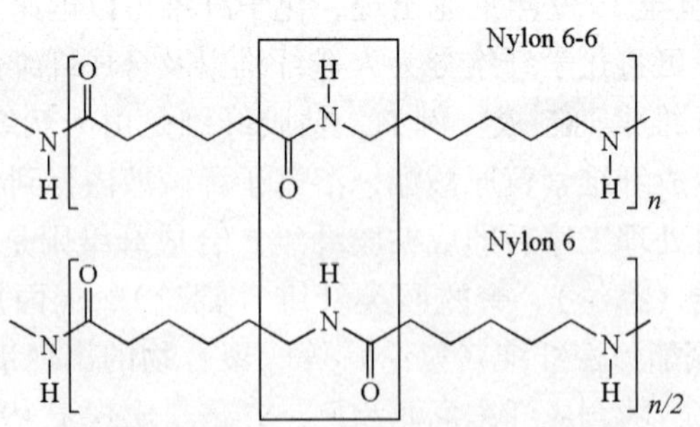

图 5-4-11 尼龙 66 与尼龙 6 的结构差别

通常情况下，化学纤维的识别与比对需要经历如下四个环节：显微镜检验、纤维成分分析、染料成分分析以及其他特性分析等。

以显微镜检验时，往往使用比对显微镜将待分析的两个纤维样品置于同一视野中，从颜色、直径以及表面形态特征的角度对其进行平行观察。它包括纵向观察和横向观察两个方面。纤维表面的纵向条纹以及由消光物质颗粒（如二氧化钛）所带来的瑕疵是显微镜检验的重要内容之一；与此同时，纤维横截面的形状也是极具个性化的特征点（如图 5-4-12 所示）。在 1971 年 Wayne Bertram William 谋杀案的审判中，法官就是根据从包裹被害人尸体的床单上提取的一根尼龙纤维与犯罪嫌疑人家中地毯纤维（如图 5-4-13 所示）的比对结果确定被告有罪的。如果经过上述比对之后，发现两个比对样品的性状不同（如图 5-4-14 所示），那么便可以得出否定的结论而无须进行后续的分析鉴定。

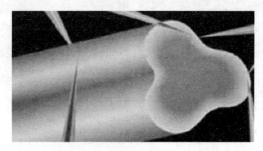

图 5-4-12 某合成纤维的横截面

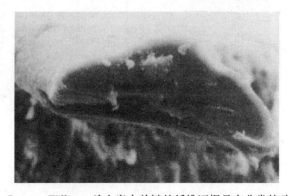

图 5-4-13 Wayne Bertram Williams 杀人案中关键的纤维证据具有非常特殊的横截面形态特征

图 5-4-14 两根不同的合成纤维其表面具有不同的干涉条纹

合成纤维通常由聚合体溶解后，经过机器的喷头喷射而成，因此纤维聚合物内部会出现类似晶体的规律性排列现象。当光束入射到这样的客体内部，它就会分解为两束光而沿不同的方向折射。人们将纤维对光线的这种折射能力称为纤维的双折射性能。不同的纤维、不同的加工工艺均会赋予纤维独特的双折射性能。借助偏振光显微镜，可以通过观察某种纤维的特定干涉条纹，从而判定其折射系数。如图 5-4-15 和图 5-4-16 所示。

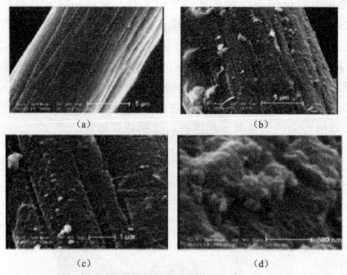

图 5-4-15　纤维（a）、表面嵌有二氧化钛颗粒的纤维（b）及其放大图像（c～d）

图 5-4-16　不同纤维的偏振光显微镜观察效果

　　对纤维的主要化学成分进行检测，可借助傅里叶红外光谱法及裂解气相色谱法。其中，傅里叶红外光谱法是理想的无损分析法，它可以实现纤维的种属认定，甚至可实现纤维的亚类区分。例如，目前可以借助傅里叶红外光谱法区分出尼龙 66 和尼龙 6-12 两种不同的尼龙亚类。此外，配有显微镜装置的傅里叶红外光谱法可以实现单根纤维的鉴别，长度为 1 cm 左右的单根纤维即可通过该方法获得非常理想的分析效果。裂解气相色谱法是一种有损分析法，它需要的样品量甚至更少。在区分相似度较高的纤维样品时，裂解气相色谱法比傅里叶红外光谱法更具优势。裂解是指只通过热能将一种样品（主要指高分子化合物）转变成另外几种物质（主要指低分子化合物）的化学过程。裂解气相色谱法可以使长链聚合物经加热的灯丝裂解后，分解为多种气态产物，并通过色谱得以分离。不同的聚合物具有不同的裂解分析图谱，它可以充分反映出聚合物在生产过程中所用原料的差异。因此，裂解气相色谱法对纤维聚合结构中的微弱差异非常敏感，如图 5-4-17 所示。

　　虽然纤维的检验方法有很多种，但是截至目前，没有任何一种分析法可绝对地证明某一纤维来源于某一客体。在国外的司法实践中，越来越多的情况下，法官开始要求鉴定人员要给出有关纤维比对结果的概率计算。可以预见，用似然率的方式来体现纤维鉴定结果的可靠性是未来发展的必然趋势。此外，如果鉴定人员可以确定两根甚至更多根纤维均来自于同一

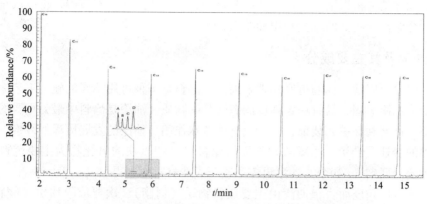

图 5-4-17　裂解气相色谱法对纤维样品的细微特征的挖掘

客体，那么该比对结果的证明力将显著增高。总之，纤维比对结果的证明价值受到提取部位、样品数量、纤维特性以及检验人员的经验等许多因素的影响。

纤维物证在诉讼中的重要性日益被重视，因此，在现场勘查时，勘查人员往往会投入较大的精力去发现潜在的纤维证据。虽然纤维证据广泛存在于很多类型的案件现场，但是它非常容易被忽略，亦难以发现、提取。因此，提取纤维证据对勘查人员的专业技术要求较高。有时，勘查人员可以锁定单根纤维；有时，则需勘查人员去感受并发现可能承载纤维证据的客体。例如，在交通事故案件中，如果涉案车辆经过连续翻滚，并已将车内的人甩出去，就可以从驾驶员座位周围寻找可能来自于驾驶员衣物的纤维，从而为驾驶员的判定提供科学依据。通常情况下，可用纸制包装袋盛放纤维物证。不同的纤维物证应分别包装，以防止交叉污染，并还应该注意防止其他外来衣物、织物与检材的接触。对于地毯、被褥等物品，应该对其进行细致的包装，以保护上述物品表面重点区域的纤维附着物。如果怀疑犯罪嫌疑人曾经用毯子等物品包裹尸体，那么便应对尸体表面暴露区域进行胶带粘取，从而收集可能存在的纤维状附着物。对于一些嵌在塑料客体表面的潜在纤维物证，可将其整体盛放于塑料包装袋中。如果现场遗留有作案的刀具，那么要重点检查刀口部位，因为它很可能黏附有纤维物证。如果客体表面的纤维状附着物是松动的，可能在运送过程中被遗失，那么在现场勘查过程中，应该在做好记录之后用洁净的镊子夹取该纤维物证，并将其放置于小片纸内包装好。在实验室检验时，往往将大量时间消耗在寻找客体表面的纤维状附着物上。因此，现场勘查人员应尽量减少不必要的送检样品。此外，现场勘查人员还应告知鉴定人员纤维状附着物可能存在的重点部位，从而帮助他们提高寻找纤维物证的效率。总之，现场勘查人员与鉴定人员的配合在纤维物证鉴定领域尤为重要。

第三节　油漆物证技术

日常生活中的很多物品表面都涂有油漆，如汽车表面、建筑物表面、家具表面、一些美术作品表面……不同种类的油漆，其组成存在差异。例如，以亚麻油作为主要成膜物质的建筑物油漆中往往混有很多毒性的有机溶剂，而现阶段流行于建筑市场的乳胶漆则以水替代了毒性的有机溶剂，摇身成为环保产品。油漆也频频现身于各类案件中，如交通肇事案、入室盗窃案等，油漆的分析识别对案件的侦查和审理具有重要意义。本节中，将以汽车油漆作为主要线索，介绍油漆物证的相关知识和技术。

一、油漆及其主要成分

涂料的概念可以帮助我们更好地理解油漆。涂料是一种可用不同的施工工艺涂覆在物件表面，能形成黏附牢固、具有一定强度固态薄膜的物质。油漆是涂料中最为重要的一种，它可以对涂覆客体起到保护、装饰、标志及其他特殊作用。油漆的发展历程如纤维一样，也经历了一系列的变迁。最初，油漆取材于天然原材料（如以铁的氧化物为主要色料、以阿拉伯树胶为主要交联剂），如今，油漆更多是基于人造材料而制得。

从化学成分的角度而言，油漆由主要成膜物质（树脂）、次要成膜物质（颜料）、辅助成膜物质（添加剂）以及挥发性物质（溶剂）等组成。根据 Raison 在 1900 年给出的定义，油漆粗料中大约含有 44% 的树脂、30% 的颜料、6% 的添加剂以及 19% 的溶剂。主要成膜物质是油漆的基础，是油漆能黏附在客体表面成为漆膜的主要成分，包括油脂和树脂两大类，目前油漆产品中的主要成膜物质大多为树脂。次要成膜物质又称颜料，包括着色颜料、防锈颜料、体质颜料等。它不能离开主要成膜物质而单独成膜，但却可以改进漆膜的某些性能，如强度、老化、美观等。辅助成膜物质又称添加剂，包括催干剂、增塑剂、固化剂等。它能改进漆膜的性能、改善涂料的工艺性能。挥发性物质又称溶剂，包括能独立溶解主要成膜物质的溶剂以及不能独立溶解成膜物质的稀释剂。

在上述四种主要成分中，主要成膜物质占据了油漆的主体。依据主要成膜物质中树脂的种类，可以将油漆分为丙烯酸树脂漆、醇酸树脂漆、环氧树脂漆、乙烯基树脂漆、聚酯漆、氨基漆、酚醛树脂漆、有机硅树脂漆以及聚氨酯漆等。

除极为奢侈的汽车外，汽车油漆的厚度通常约为 0.1 mm，其喷涂主要经历了以下四个环节。① 底漆。厚度约为 $1 \sim 3$ μm，主要成分为含铁或锌的磷酸盐。将车体浸泡于电解池中可获得底漆。底漆具有耐腐蚀性，可清洁车体、改善车体表面的外观，多为黑色或灰色。② 中涂漆。厚度约为 $20 \sim 40$ μm 的环氧树脂或氨基甲酸酯。能进一步增强耐腐蚀性、光滑车体表面、消除金属接缝处的瑕疵。中涂漆中可添加一些颜料用以过渡底漆与面漆之间的色差。③ 面漆。厚度约为 $25 \sim 35$ μm，面漆中含有颜料，能赋予车身视觉美感，多为丙烯酸树脂。向面漆中添加细小的金属铝颗粒后，可以获得闪闪发光的金属漆。④ 罩光漆。厚度约为 $20 \sim 35$ μm，罩光漆中往往不含颜料，它可以提高油漆光泽度和稳定性，多数为丙烯酸树脂。目前，绝大多数汽车均涂有罩光漆。通过向罩光漆中添加白色颜料二氧化钛，还可以调整面漆层的颜色，但是货车或者客车表面的油漆可能缺少罩光漆涂层。

此外，还能经常遇到珠光漆，即云母漆。珠光漆是目前较为流行的汽车面漆。其原理与金属漆基本相同。在珠光漆中，用云母代替了金属铝颗粒，并在面漆与罩光漆之间，喷涂一层混有二氧化钛和氧化铁的云母颜料。光线射到云母颗粒上后，先带上二氧化钛和氧化铁的颜色，然后在云母颗粒中发生复杂的折射和干涉。与此同时，云母自身也有一种特殊的、有透明感的颜色。于是，反射出来的光线便具有一种类似珍珠般的闪光。此外，由于二氧化钛本身具有黄色，斜视时又可变为浅蓝色，故从不同角度去看，便具有不同的颜色。珠光漆给人五光十色、琳琅满目的视觉感，其原因就在于此。

二、油漆物证的发现、提取及鉴定

在涉及汽车油漆物证的案件中，现场勘查人员对油漆物证的寻找与实验室鉴定人员对油漆物证的检验往往密不可分。在现场勘查过程中，依据交通事故类型的不同，如车与车碰撞、车与人碰撞或者多车连环碰撞，可以有的放矢地对碰撞痕迹部位进行重点勘验。在碰撞痕迹并不明显的情况下，车体的前保险杠处和车身的左前方及右前方都应是重点勘验部位。可以从高度、颜色以及相对位置关系等因素出发，去寻找、发现可以证明碰撞活动的油漆附着物。值得注意的是，在油漆附着物转移的过程中，其肉眼观察效果可能发生改变。例如，如果只有罩光漆脱落，那么对于一辆黑色的汽车，其脱落后的油漆附着物很可能是透明的或者近似白色的（如图 5-4-18 所示）；如果面漆层脱落是被拉伸过，那么对于一辆褐色的汽车，其脱落后的油漆附着物很可能是砖红色的。

图 5-4-18 一辆黑色的汽车表面黏附的油漆痕迹

鉴定人常常需要回答如下两类问题。① 两种送检样品是否具有同一来源？该信息往往将有助于锁定涉案人员和车辆。② 是否可根据送检油漆判断出逃逸车辆的颜色、品牌及型号？该信息往往有助于缩小侦查范围。

为了回答上述问题，鉴定人员往往会按照一定的逻辑顺序展开系统的检验工作。

当疑似有油漆附着物时，如警方送检的被害人衣物或者被撞自行车变形部位，可以借助放大镜对这些材料进行宏观检验，从而锁定油漆附着的部位。如果对局部进行的重点勘验没有收获，那么便需要采取系统搜索的方式对送检材料进行全面检查。此时，可依据油漆的颜色、油漆的层结构、油漆的光泽度以及刮擦痕迹特征的存在等情况对送检材料进行细致的搜索。

随后，可用显微镜对提取到的油漆样品进行观察。此时，应将用于比对的两个油漆样品并列放置于同一视野中，平行比对二者的颜色、表面形态以及层结构等方面的特征。显微镜观察可在多种模式下进行。在反射模式下，可以仔细查验油漆的表层；在透射模式下，可逐级观察油漆的多层结构。油漆的层结构分析意义重大，能提供包括油漆的层数及颜色排列两方面的信息，如图 5-4-19 所示。截至目前，尚没有统一的标准来限定需进行多少层的比对才能得出二者的层结构是一致的结论，因为除了特征点的数量之外，特征点的质量（特异性）对鉴定意见的给出更为重要。

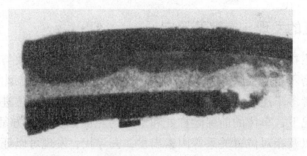

图 5-4-19　多层油漆横截面的显微镜观察结果

在很多情况下，多层油漆并非完全脱落，脱落可能仅仅发生于从外至内的第一层或第二层。有些情况下，油漆附着物的量如此之少，以至于人们根本无法对其进行层结构分析。因此，油漆所使用的颜料以及主要成膜物质即树脂往往是实验室比对的重点。对油漆主要成膜物质的检验与对合成纤维的检验非常类似，傅里叶红外光谱法和裂解气相色谱法是截至目前最为有效的两种方法。红外光谱不仅能捕捉到油漆主要成膜物质的化学结构，甚至能发现汽车的使用环境、各批次间油漆粗料的配比差异等影响因素在油漆主要成膜物质中留下的"痕迹"。因此，红外光谱对油漆物证的区分度要远高于对纤维物证的区分度。而使用裂解气相色谱法分析油漆物证时，所需的样品量仅为 20 mg。对油漆的次要成膜物质，可以通过显微分光光度法及拉曼光谱法进行样品比对和成分识别。如果想从元素的角度对油漆中的颜料成分进行识别，可以使用扫描电子显微镜/能谱法、发射光谱法、中子活化分析法、X 射线衍射法以及 X 射线荧光光谱法。

在完成实验分析后，有时还需确定两个油漆样品具有同一来源的概率有多大。在此过程中，除了油漆表层的颜色比对之外，油漆的层结构也蕴涵着丰富的信息；与此同时，同类成膜物质（或者颜料）之间的细小差别也是评估比对结果的重要依据。例如，位于加拿大多伦多市的法庭科学中心曾经做过这样一个测试：他们从停车场随机抽取 260 份汽车油漆样品，对其进行颜色、层结构以及红外光谱（必要的情况下）等全方位的比对分析。实验结果表明，在 260 份样品中，除了一对样品无法区分（如图 5-4-20 所示）外，其余样品均可以实现区分。因此，如果比对分析结果一致，检材与样品来源相同的可能性是二者来源不同的可能性的 33 000 倍。

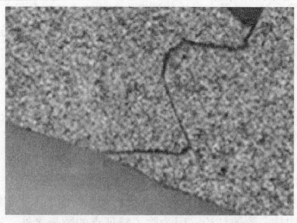

图 5-4-20　两份油漆样品具有相互吻合的边缘形态特征

此外，对逃逸车辆的品牌及型号进行识别也是鉴定人员经常遇到的问题。然而，此项分析难度较大。在很多情况下，同一种油漆可能会出现在不同型号的车辆表面。例如，美国通用汽车公司就曾经使用同种油漆生产凯迪拉克、别克以及雪佛兰等系列产品。

对于油漆物证进行收集和保存时，多细节问题都值得注意。例如，当案件涉及摩托车驾驶员时，现场勘察人员应该注意驾驶员的头盔及其脱落碎片的采集（如图5-4-21所示）。如果案件涉及行人，则应注意提取被害人衣物表面的油漆附着物与嫌疑车辆未破损区域的油漆进行比较。如果油漆在载体表面碾碎变形，难以提取，那么就应该将油漆附着物连同载体一并送检，从而让鉴定人员在显微镜的辅助下提高油漆物证的提取成功率。由于车体容易发生碰撞的部位往往可能接受过多次修补，其自身的成分存在差异，所以从嫌疑车辆提取比对样品时，应尽可能靠近碰撞痕迹的空白区域提取，而且应尽量保证提取完整的多层结构。提取油漆物证时，要使用洁净的手术刀刮取或者镊子夹取。如果检材量很小，可用滤纸将其稳妥包装；如果检材量较大，可用玻璃或者塑料质地的容器将其盛装。为了避免样品之间的交叉污染，应将不同的样品分别包装，并注明具体的提取部位等信息。如果碰撞过程中，两个碰撞客体之间发生了双向物质转移，则应双向提取检材和比对样品，并保证检材和比对样品有充分的层结构信息。从车体痕迹部位提取油漆附着物时，应格外小心，以避免碰撞痕迹在提取过程中被破坏。

图5-4-21　被撞摩托车驾驶员头盔痕迹及其表面附着的蓝色油漆

第四节　塑料物证技术

一、塑料及其主要成分

所谓塑性，即指受外力作用时物质产生形变，当外力消除时物质保持受力时形状的性能。塑料就是具有塑性的聚合物。当被加热到一定温度时，塑料便获得了一定的流动性或可塑性，此时就可以对其进行任意加工、成型。当温度回归正常时，塑料制品还可以保持加工时的形状。塑料的产量很大，是三大合成材料（塑料、合成橡胶与合成纤维）中产量最高的一种。塑料的种类很多，包括聚烯烃类的、苯乙烯类的、含卤素的、杂环类的以及其他碳链的等若干种。由于塑料制品在日常生活中较为常见，所以塑料物证在案件中成为证据的可能性也就较大。以交通事故类案件为例，汽车保险杠的底层物质、汽车大灯的灯罩、汽车车门上的装饰条以及电动自行车的车把套等，都可能被发现，而这些，均是塑料制品。此外，绑架案中用于封贴被害人口鼻的塑料胶带，爆炸案中用于盛放爆炸装置的塑料袋，杀人案中用于扼死被害人的塑料绳等，也无疑都是塑料制品。

从塑料的化学组成来看，其大多由合成树脂、填充剂、增塑剂、着色剂、稳定剂、阻燃剂以及润滑剂等成分构成。总体来讲，树脂作为塑料制品的主要组成成分，对塑料的种属认定意义非凡；其他添加剂作为塑料制品的痕迹标签，对同类塑料的比对则作用显著。

（1）合成树脂是塑料的基础，占据整个塑料制品40%～100%的分量。作为典型的聚合物，合成树脂的分子结构能够使其在一定温度下具有较好的黏结能力；与此同时，作为一种黏合剂，合成树脂还可将塑料中的其他添加剂均匀地黏合成一个整体。

（2）填充剂主要是用于改善塑料的性能，并降低塑料的生产成本，它在塑料制品中的含量约为20%～50%。常见的填充剂有碳酸盐类（如碳酸钙）、硫酸盐类（如硫酸钡或硫酸钙）、含硅化合物类（如陶土、滑石粉或者石棉）以及金属粉末（如铝粉）等。有时，这些填充剂可以提高塑料的物理机械性能，因而被称为补强性填充剂；有时，这些填充剂可以增加塑料制品的体积，因而被称为增量型填充剂。然而，这两种填充剂之间并无明显界限。有时，一种填充剂可以同时具有补强作用和增量作用。

（3）增塑剂是指能够增加塑料制品的可塑性，改善其加工性能，赋予其柔韧性的物质。塑料制品中常见的增塑剂有邻苯二甲酸酯类（如邻苯二甲酸二异辛酯）、脂肪族二元酸酯类（如己二酸二辛酯）以及磷酸酯类（如磷酸二苯一辛酯）等。

（4）着色剂是用以改变塑料固有颜色的物质。按照着色剂溶解性的不同，可将其分为易于溶解的染料以及不溶解的颜料。根据化学组分的不同，又可将颜料分为有机颜料与无机颜料两大类。其中，无机颜料是塑料制品中广泛使用的着色剂，包括白色的钛白粉、黄色的铬黄、红色的镉红、蓝色的普鲁士蓝以及绿色的钴绿等。由于上述无机颜料中多含有有毒的重金属，所以有机颜料与染料便成为其很好的替代品。在下一章中，将对不同的色料进行详细的讲解。

（5）稳定剂是指能够防止或者延缓塑料老化变质的物质。由于能够引起塑料老化的因素是多元化的，如光、热、氧以及微生物等，所以针对抗这些老化因素的稳定剂也是多种多样的。常见的稳定剂包括抗氧剂（如2,6-二叔丁基-4-甲基苯酚）、光稳定剂（如纳米二氧化钛或纳米氧化锌）以及热稳定剂（如月桂酸盐）等。

（6）阻燃剂则是提高可燃性聚合物的难燃性从而抑制其燃烧的一种添加剂。由于大多数合成树脂都是由碳、氢为主要元素组成，它们很容易与氧气发生燃烧反应生成二氧化碳和水，所以，为了提高塑料制品的安全性，越来越多的生产厂商选择向塑料制品中添加阻燃剂。常见的阻燃剂有磷酸酯（含磷元素）、卤代氢（含卤素）以及氧化锑等。

（7）润滑剂是用于减轻塑料与加工机械表面间以及分子间的相互摩擦，从而起到润滑作用的助剂。按照作用机理的不同，可将润滑剂分为内部润滑剂和外部润滑剂两大类。其中，内部润滑剂的主要作用是，降低树脂分子间的相互摩擦以及分子间的作用力，如高级脂肪醇以及脂肪酸酯等；外部润滑剂的主要作用是，降低聚合物和加工机械之间的摩擦，它往往具有较长的碳链和较弱的极性，如高级脂肪酸以及脂肪酰胺等。

二、塑料物证的发现、提取及鉴定

对塑料物证的发现、提取及鉴定，可用类似于纤维物证以及油漆物证的方法。本处，则以一个案例来进一步说明。

在一起常规的交通事故案件处理过程中，一辆自行车的车把外端与一辆机动车的尾部发生碰撞，如图5-4-22所示。由于案件发生得非常突然，事故双方当事人均不能准确描述碰撞过程，于是警方送检了从涉案车辆碰撞部位提取的样品，即从自行车车把端头处提取的白色附着物（检材1）及从机动车尾部对应高度部位提取的白色油漆（检材2）。警方根据附着物的颜色做出了初步的判断，即机动车尾部少量的白色油漆在碰撞过程中转移到自行车车把端头了。然而，在实验室检验过程中，通过显微镜观察检材1时却发现，其表面附着物的颜色实际为浅灰色，与检材2存在较为明显的差异。红外光谱分析结果也清晰地表明了这一点。在第二次现场勘查的过程中，警方在补充提取机动车尾部白色油漆时，意外地发现了在机动车的尾部存在少量的黑色附着物。因此，他们再一次做出了判断，即自行车车把端头上的黑色塑料在碰撞过程中转移到机动车尾部的白色油漆上了。后续的仪器分析结果表明，二者的化学成分一致。这是一个再为简单不过的案例，但它却折射出化学物证的一个重要问题，即在两个碰撞客体之间，微量物证的交换可能是双向的。无论现场的情况如何，都应注意换位思考，注意提取比对样品，争取实现双向交叉验证。

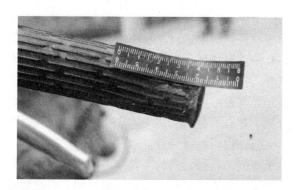

图5-4-22 一起交通事故案件中发生碰撞的自行车车把与机动车尾

与油漆物证不同的是，塑料物证的相似度往往很高。除了常见的傅里叶红外光谱法可以确定塑料的种类之外，还应使用更为深入的证据信息挖掘法，如裂解气相色谱法。如图5-4-23所示，两种聚乙烯塑料的红外光谱图相似度极高，但是在裂解气相色谱分析结果的微区中，却可以看到二者的明显差异。虽然这种差异非常微弱，但它却可以稳定地出现在若干次的重复检验中，所以可将其视为可靠的证据。

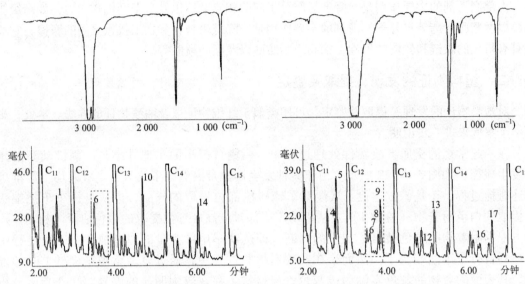

图 5-4-23　全密聚乙烯-3 型 FV203（日本 Tosoh 公司生产，图左侧）与
线性低密聚乙烯 7042（8 型）（大庆石化公司生产，图右侧）
之间的红外光谱和裂解氢化色谱比较图谱

第五节　橡胶物证技术

一、橡胶及其主要成分

橡胶是具有弹性的聚合物。在较小的外力作用下，橡胶可以发生很大的变形；当外力去除的时候，它又能迅速自然恢复到原始状态。这种良好的柔韧性、易变性和复原性是橡胶的最大特点。橡胶的分子量大都在几十万以上，有的甚至达到一百万左右。橡胶之所以会具有弹性，是因为组成橡胶的大分子往往是直链或支链的细长结构，由于分子间的不断旋转和振动，分子最终成卷缩状态。除了弹性之外，橡胶具有良好的扯断强力、定伸强力、撕裂强力和耐疲劳强力，这些性能能够保证其在多次弯曲、拉伸、压缩以及剪切过程中不受到破坏。与此同时，橡胶还具有不透水性、不透气性、耐酸碱性及绝缘性等。这些良好的性能使橡胶成为重要的工业材料，并得到了广泛的应用。相应的，各种形式的案件中，橡胶物证也往往以不同的外在形式出现在勘查人员的视野里。例如，如果有人从十楼掉下来摔死，那么必然要解答的问题是：这是一起自杀案件、他杀案件还是意外事故？就此，可从遗留在窗台上的橡胶颗粒入手进行判断。如果是自杀案件或者意外事故，死者往往是在没有任何抗拒的情况下自然坠落的，因此窗台上不会留下其鞋底橡胶的痕迹。如果是他杀案件，死者往往在坠落之前需要和犯罪分子发生大力度的对抗，所以窗台上会因摩擦作用而留下鞋底橡胶的痕迹。橡胶物证往往以无声的形式诉说着事实真相。

化学物证技术涉及的橡胶往往是成熟的橡胶制品。其主要成分为分子量在 10 ～ 100 万之间的高弹性生胶。在橡胶制品中，生胶的含量在 30% ～ 100%。在加工制备过程中，为赋予橡胶更好的性能，往往要向生胶中添加八大配合剂。如果说生胶代表着橡胶制品的主要类别，可以用于种属认定，那么八大配合剂便是橡胶制品的细节特征，可以用于同一认定。

（1）生胶。对生胶而言，可根据其原料的来源对其分类。总体而言，生胶分为天然橡胶（如从三叶橡胶树收集的胶乳）与合成橡胶两大类。在合成橡胶中，又分为通用橡胶与特种橡胶两类。常见的通用橡胶有聚异戊二烯胶、顺丁胶、丁苯胶、丁基胶、氯丁胶以及乙丙胶等。特种橡胶包括丁腈胶、硅胶、氟胶、聚氨酯胶、氯醇胶、丙烯酸酯胶、聚硫胶、硅硼胶以及氯磺化聚乙烯胶等。

（2）硫化剂。又称交联剂，它能使橡胶由线形结构变成网状结构（或体型），从而降低生胶的塑性并提高其弹性。只有经过硫化剂处理后的橡胶才具有真正的实用性。由于硫化剂是最早用于对生胶进行交联处理的试剂，所以"硫化"一词一直沿用至今。目前，硫化剂的种类已经繁衍至多种。不同种类的橡胶需使用不同的硫化剂对其进行交联处理。例如，对天然橡胶或者二烯烃类橡胶而言，往往使用硫黄或多硫化物等对其进行交联处理；对乙丙胶或者氟胶，往往使用氧化锌或氧化镁等金属氧化物对其进行交联处理。

（3）促进剂。是指能够促进生胶硫化反应速度、缩短硫化反应时间的物质。使用促进剂之后，硫化反应的速度可以缩短至原来的六分之一。促进剂的种类繁多，按其化学结构，可将促进剂分为胍类、硫脲类、噻唑类、次硫酰胺类、二硫代氨基甲酸盐类以及醛胺类等。

（4）助促进剂。是指能够减少促进剂的用量或缩短硫化时间的物质，包括氧化镁、氧化锌等无机助促进剂以及硬脂酸、乙二胺等有机助促进剂。助促进剂不直接参与硫化反应，只能起到增加促进剂的活性或分散炭黑等作用。

（5）防老剂。是指能够帮助橡胶制品抵御老化现象的物质。橡胶制品在使用或储存过程中，在光和热等氧化作用下，其橡胶分子会出现分子链断裂、支化或进一步交联等变化，橡胶制品也会相应地出现发黏、硬化以及物理机械性能降低等改变。为了防止这类现象的发生，往往需向橡胶制品中添加防老剂。一方面，可将石蜡等物理防老剂涂覆于橡胶制品表面，以保护膜的形式将橡胶制品与外界老化因素隔离开；另一方面，可使用芳香族胺类或者芳香族酚类等化学防老剂，通过抑制橡胶的自催化游离基反应，从而对橡胶制品实施保护。

（6）补强填充剂。是指能够提高橡胶制品的强度或者对橡胶制品起到填充作用的物质。从提高橡胶制品的角度出发，最为常见的补强剂应属炭黑。由于炭黑粒子表面吸附了很多活性基团，这些基团在硫化反应过程中与橡胶的碳链产生复杂的化学反应，结果使橡胶分子脱氢而形成炭黑结合胶，从而提高了橡胶的强力。从对橡胶制品进行填充的角度出发，大多数填充剂都为物美价廉的白色矿物，如碳酸钙、碳酸镁、硫酸钡以及陶土等。

（7）软化剂。即可以使胶料获得一定柔软性，提高其可塑性，增加其流动性和黏着性，便于加工成形等工艺操作，有助于粉末状配合剂的分散，有助于降低橡胶的混炼温度、降低橡胶的黏流温度和玻璃化温度，并提高橡胶制品的耐低温性能的物质。常见的软化剂有植物油类的、矿物油类的以及合成物等。通常情况下，这些软化剂通过增大橡胶分子间的距离的方式，减少橡胶分子间的作用力，并使橡胶分子链易于滑动。

（8）着色剂。与塑料制品类似，橡胶制品中也往往需添加着色剂，从而赋予橡胶制品一定的外观颜色。常见的着色剂有无机着色剂和有机着色剂两大类。其中，无机着色剂通常为钛粉、铬黄、铁丹等无机颜料；而有机着色剂则包括普鲁士蓝、耐晒黄以及铬氯等有机颜料或染料。此外，作为补强剂的炭黑也往往可以充当黑色的着色剂，出现在很多橡胶制品中。

（9）发泡剂。常用于海绵制品或者空心制品的制备过程。虽然发泡剂并不与橡胶分子发生任何作用，但是它能在一定的条件下产生无害气体，从而使橡胶制品具有空隙。常见的发泡剂有碳酸铵等无机发泡剂以及偶氮二甲酰胺等有机发泡剂。

二、橡胶物证的发现、提取及鉴定

由于橡胶物证具有弹性大且难分离的特点，所以往往需要加倍注意橡胶物证的提取和保存。对于较大的橡胶物证，可以佩戴手套拿取或者使用镊子夹取；对于较小的橡胶附着物，可以连同载体一块提取；对于无法移动的载体表面的微量橡胶附着物，可以用商品化的提取纸粘取。进行化学分析时，由于橡胶物证的透光性差，所以使用傅里叶红外光谱法往往无法得到理想的分析结果。相对而言，裂解气相色谱法更适用于橡胶物证的检验鉴定。

此外，对橡胶物证进行鉴定有时是为了判断橡胶制品的断离原因，而下述案件就是这种应用的示例。

2009 年 5 月某日，在北京市平谷区京平高速夏各庄治超站附近，刘某驾驶"时代"牌重型自卸货车搭乘陈某、李某、高某由东向西行驶，车辆右侧与隔离墩接触后发生侧翻，车辆所载货物又与路灯杆接触，车辆、隔离墩及路灯杆损坏，刘某及乘车人李某、高某三人受伤，陈某当场死亡。现场勘查发现重型自卸货车左前轮的刹车气管呈断裂状态。刹车气管断裂的原因（是外力切割还是自然老化等）便成为案件调查的关键。

警方将涉案的刹车气管送到实验室进行检测。经观察，该刹车气管长约 52 cm，中部胶体表面呈单向条纹状，条纹分布均匀且完整，表面未见明显裂纹，可判断为汽车左前轮上的刹车气管。该刹车气管中部胶体弹性适度，一端根部发生断裂，并形成两个断端，分别为断端 1 和断端 2。从断端横切面可以看到刹车气管为外侧橡胶层、中间斜交结构的帘线层以及内侧橡胶层共同构成橡胶—帘线复合材料。断端 1 与断端 2 的端口基本吻合，但部分表皮有缺损。如图 5-4-24 所示。

图 5-4-24　断裂的刹车气管宏观图（左）以及断端图（右）

由于怀疑刹车气管断端处的橡胶与金属之间的断裂是橡胶老化导致的（如图 5-4-25 所示），因此对刹车气管的完好端进行了切割模拟试验，并用体式显微镜及扫描电子显微镜将断端（样品 1）的微观形态特征与完好端（样品 2）的微观形态特征进行比对分析。

扫描电子显微镜检验结果表明，样品 1 的横切面呈凹凸不平状；橡胶层与帘线层之间连接略有松散；内侧橡胶层局部存在明显裂纹，长约 0.5 ～ 1 mm 不等；裂纹平行分布于帘线根部及轴向金属之间；局部裂纹可见径向扩散状。如图 5-4-26 所示。

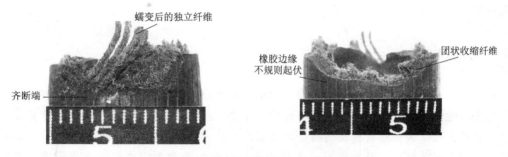

图 5-4-25　刹车气管断端及其纤维特征图

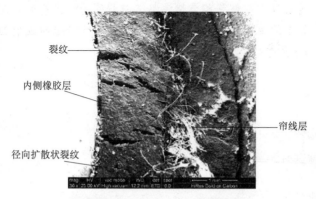

图 5-4-26　样品 1 横切面电镜图

使用手术刀对样品 2 上的对应部位进行切割，并使用扫描电子显微镜对样品 2 的微观形态进行了观察。相对于样品 1 而言，样品 2 切割后形成的新断端平滑而完整，橡胶与帘线层之间连接紧密，橡胶层上分布有直径为微米级的空洞，内侧橡胶层上的空洞数量多于外侧橡胶层。如图 5-4-27 所示。

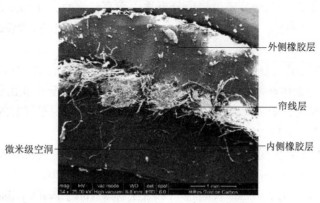

图 5-4-27　样品 2 横切面电镜图

从上述分析结果可以发现，刹车气管中内侧橡胶存在原始瑕疵，即直径为微米级的空洞。局部的应力集中容易出现在这些几何不连续的部位。当存在于微米级空洞内的应力首先达到断裂强度值时，橡胶材料便会在这些地方发生破坏，出现径向扩散状裂纹，并最终导致宏观断裂。

本章小结 >>>

聚合物是一种特殊的有机物，其最大的特点在于分子片段的重复以及分子结构的较为庞大。在化学物证领域，常见的聚合物有纤维、油漆、塑料以及橡胶等许多种。由于此类物证的化学共性，可以采用对有机化学物证具有普适性的方法对上述对象进行分析鉴定。在检验之初，显微镜法是极为必要的手段。无论是天然纤维的表皮层形态还是汽车油漆的多层结构，显微镜法都可以对上述信息进行准确的捕捉。对于聚合物类化学物证的主体成分，常见的分析方法有红外光谱法以及裂解气相色谱法等。与此同时，聚合物类化学物证中的痕量成分也可以成为比对分析中的重要依据。对此类物证的痕量成分分析法有拉曼光谱法以及扫描电子显微镜/X射线能谱法等。

? 问题与思考

1. 什么是聚合物？
2. 常见的天然纤维有哪些？
3. 常见的化学纤维有哪些？
4. 简述油漆的化学组成。
5. 简述汽车油漆的喷涂过程。
6. 塑料的主要成分有哪些？

 本章的主要参考文献

1. 刘景宁，周亚红. 毒物及微量物证分析学. 南京：南京大学出版社，2005.

2. 雷蕾，王元凤，黄威. 法庭科学领域中油漆检验技术的进展. 第四届证据理论与科学国际研讨会论文集，2013.

3. 英尼斯. 身体证据. 舒云亮，译. 沈阳：辽宁教育出版社，2001.

4. 冯计民. 红外光谱在微量物证分析中的应用. 北京：化学工业出版社，2010.

5. 王元凤，王连明，李冰. 利用ATR谱及SEM图像鉴别刹车气管的断裂方式. 光谱学与光谱分析，2011，31（4）：928-931.

6. 默里. 源自地球的证据. 王元凤，金振奎，译. 北京：中国人民大学出版社，2013.

7. BELL S. Forensic Chemistry. 2nd ed. Glenview：Pearson，2013.

8. RAMSLAND K. The Forensic Science of C. S. I. New York：Berkley Boulevard Books，2001

9. http：//www. paintscratch. com/.

10. MOAFI H F，SHOJAIE A F. Photoactive polyacrylonitrile fibers coated by nano-sized titanium dioxide：synthesis，characterization，thermal investigation. J. Chil. Chem. Soc.，2011，56（1）：610-615.

11. CADDY B. Forensic Examination of Glass and Paint. London：Taylor Francis，2001.

12. HOUCK M M, SIEGEL J A. Fundamentals of Forensic Science. 2nd ed. Burlington：Academic Press，2010.

13. SIEGEL J A, MIRAKOVITS K. Forensic Science-the basics. 2nd ed. Boca Raton：CRC Press，2010.

14. HOUCK M M. Trace Evidence Analysis. Burlington：Academic Press，2004.

15. http：//www. restek. com/.

16. http：//en. wikipedia. org/.

17. http：//www. myfoxtwincities. com/.

18. http：//www. njsp. org/.

19. http：//www. tcforensic. com. au/.

20. http：//rocketscorner. com/blog/.

21. http：//www. personal. psu. edu/.

22. http：//www. cleanskin. de/.

23. http：//www. salon. com/.

第五章 色料物证技术

关键术语

颜色　色料　染料　颜料

第一节 色料概述

在化学物证领域，可以按照纵向的方式将其分为毒物毒品检验以及微量物证分析。当然，在每一类中，还可继续按照纵向的方式将其细分为气体毒物、挥发性毒物、毒品、爆炸物、射击残留物、塑料、橡胶……随着司法实践的不断深入，也许这些纵向的分类可一直继续下去，精细度也会越来越高。然而，终究有一些横向的话题可贯穿于前述纵向分类中。例如，时间问题，化学物证领域涉及的时间问题越来越凸显，其难度也相当大。就案件而言，有可能要回答字迹的形成时间，例如，一份合同是在半年内伪造？还是像落款日期显示的那样，是十年前签订的？有时则可能要回答玻璃破碎的时间，例如，某犯罪嫌疑人身上的玻璃碎屑是案发时玻璃破碎的瞬间形成？还是如犯罪嫌疑人辩解的那样，是在案发后到达现场时不小心黏附的？与时间问题相似，色料也是贯穿某些化学物证分支中的横向话题。有色的纤维、有色的墨水、有色的摇头丸、有色的油漆……仔细品味便能发现，色料可成为审视不同化学物证的重要视角。它就像人类的指纹一样，可成为众多化学物证的身份标识。本章即介绍色料及其在不同种类化学物证中的出现情况。

一、从数学的角度看待颜色

颜色是人的大脑对物体的一种主观感觉，但却可能涉及物理学、生物学、心理学以及材料学等多学科内容。从光学角度而言，在宽泛的电磁波谱中，波长在 $400 \sim 750$ nm 范围内的可见光便被人们的视觉感知为不同的颜色。本章则从数学的视角，更为细节化地界定颜色，以帮助人们更好地识别不同化学物证的颜色属性。

长久以来，人们一直尝试着使用简单的方式来描述颜色，如使用数学方法来描述颜色，并由此衍生了多种与颜色相关的理论、测量技术以及颜色标准。它们包括 CIE 颜色系统、Munsell 颜色系统以及 CMYK 颜色系统等。当然，截至目前，没有任何一种颜色系统理论可解决与颜色相关的所有问题。

在多种使用数学方法表达颜色的体系中，CIE 颜色系统最为普及。最初的 CIE 颜色系统由国际照明委员会（CIE）创建。当时，他们通过对三基色［即红色（R）、绿色（G）以及蓝色（B）］通道的变化以及它们相互之间的叠加来得到各种各样的颜色。这种色彩模式被人们习惯性地称为 CIE RGB 色彩系统。CIE RGB 色彩系统几乎囊括了人类视觉能够感知的所有颜色，目前被广泛应用于计算机显示器或电视机显示器的制备过程中。实际上，往往使用 RGB 颜色匹配函数（如图 5-5-1 所示）对表达某一颜色所需的三基色刺激值进行计算，并依据最终的计算结果合成目标颜色。然而，在匹配 438.1 ～ 546.1 nm 范围内的光谱色时，该函数却出现了负值。这意味着在配置该波段的光谱色时，三基色混合后需要补色才能实现最终的匹配。

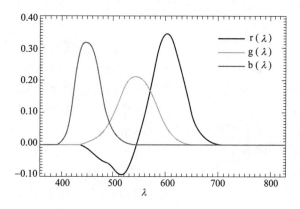

图 5-5-1　CIE 1931 RGB 颜色匹配函数

为了弥补这一缺陷，CIE 于 1931 年创建了 CIE XYZ 1931 颜色系统。该系统由 X、Y、Z 三维数据构成，其中 X、Y 两个参数表示颜色的色度，而 Z 参数则表示颜色的亮度。与 CIE RGB 系统不同的是，在 CIE XYZ 系统中，三个参数均为正值，匹配光谱颜色时不需要任何一种负值的基色。将三个基色混合后，便可以得到目标颜色。例如，要匹配波长为 450 nm 的颜色（蓝/紫），需要 0.33 单位的 X 基色，0.04 单位的 Y 基色和 1.77 单位的 Z 基色。基于上述原理，可得到如图 5-5-2 所示的色彩空间色度图。图形中的横、纵坐标分别代表 X 参数和 Y 参数，曲线的边界代表单色光轨迹。所有颜色的光，都可以在曲线的边界处找到对应点。

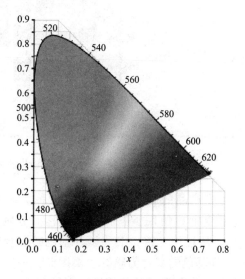

图 5-5-2　CIE XYZ 颜色系统色度图

由于 CIE XYZ 1931 颜色系统是用基于非线性压缩的色彩空间坐标来表达某一颜色的，所以它的感知度不够均匀。为此，CIE 于 1976 年又推出了改进的 CIE LAB 颜色系统（如图 5-5-3 所示）。在该颜色系统中，用色调（Hue）、亮度（Lightness）和色度（Chroma）来界定某一颜色。两个颜色的差别可以用欧氏距离得以准确表达。目前，CIE LAB 颜色系统被广泛用于化学物证的检验鉴定过程中，是界定样品颜色和样品间的颜色差异的理想方法。

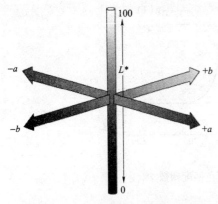

图 5-5-3　CIE LAB 颜色系统示意图

与 CIE LAB 颜色系统相似，在 Munsell 颜色系统中，也使用色调和亮度这两个参数，而其第三个界定参数为饱和度（Saturation）。三个参数中，色调、亮度和饱和度的界定范围分别为 0～100、0～18 和 10～18。其他颜色系统可能更注重样品间的颜色比较，而 Munsell 颜色系统则更注重样品颜色的归类。在化学物证技术中，可使用商品化的 Munsell 色卡或者相关产品对常见的油漆物证或土壤物证进行颜色界定。如图 5-5-4 所示，可以很便捷地使用 Munsell 色卡对化学物证中的土壤样品进行颜色界定。

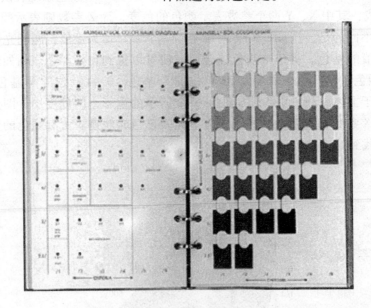

图 5-5-4　用于土壤样品颜色比对的 Munsell 色卡

CMYK 颜色系统常用于印刷产品的制备中，所以又被称为印刷色彩模式。与 CIE RGB 颜色系统类似，CMYK 颜色系统中也使用了三种基色，它们分别为青色（Cyan）、品红色（Magenta）和黄色（Yellow）。从理论上讲，上述三种基色的混合应为黑色。然而，由于制造工艺的原因，目前 CMY 三种基色的混合为暗红色。因此，在实际应用过程中，往往会向印刷设备中添加常见的黑色墨，并由此衍生出 CMYK 颜色系统。

二、色料

所谓色料，即指能够吸收或者发射可见光谱范围内的电磁波的物质。化学物证技术领域常见的色料包括染料和颜料两大类。色料分子中常常含有发色团，如羰基、偶氮基、硝基等，这些发色团的存在往往使色料分子振动能级的跃迁对应可见光的能量。色料的颜色也由其对入射的可见光的选择性吸收而决定。如果入射的可见光被全部吸收，那么色料呈现出黑色；如果入射的可见光全部被反射，那么色料呈现出白色；如果色料只吸收入射光中某一段波长的光，那么它所显示出的颜色与吸收光的颜色互为补色。例如，如果某色料吸收 424 ~ 455 nm 波长范围内的蓝色光，那么它呈现出黄色；如果吸收 500 ~ 560 nm 波长范围内的绿色光，那么它呈现出红色；如果吸收 560 ~ 580 nm 波长的黄绿色光，那么它呈现出紫色；如果吸收 580 ~ 650 nm 波长范围内的黄色光，那么它呈现出蓝色。

除了发色团，色料分子中还往往存在助色团，如磺酸基、羧基、羟基以及胺基等。这些助色团也能够在一定程度上增加色料的溶解性或者色料与被染物的亲和力。

就染料而言，由于它的溶解性较好，所以在染色过程中，人们常常将其配置成水溶液、有机溶液或者悬乳液，并通过吸附、扩散以及一系列化学或物理反应使其转移到被染物体上。就颜料而言，由于它不具有溶解性，所以在染色过程中，人们往往将其机械地混入生产加工的原材料中，通过物理分散作用使被染物体携带上特有的颜色。

第二节　片剂安非他明类毒品中的食品染料鉴定

一、概述

毒品与染料的密切关系由来已久。从化学的角度出发，毒品与染料有太多的相似之处；而且，截至目前，二者均为化学物证技术领域的重要话题。例如，很多毒品和染料都是酸性的；很多毒品和染料都有芳香环或者胺基等相似的化学结构；第一种合成染料就是在制备用于治疗疟疾的奎宁药物的过程中被偶然发现的。1856 年，年仅 18 岁的化学专业学生 William Henry Perkin 在偶然间通过苯胺与甲苯胺的混合物制备出一种染料。此后，他便离开学校并引领了化工领域里的一朵奇葩——色料的生产。1863 年，拜耳公司的前身于德国成立了，其创始人为 Friedrich Bayer 和 Johann Friedrich Weskott。成立之初，公司主要致力于染料的生产；直到 1881 年，公司才设立了专门的药品部。1899 年，拜耳公司的化学家 Felix Hoffman 研制出阿司匹林并将其投入市场，自此，化工领域又被分离出另一朵奇葩——药品的生产。

二、食品染料对于片剂安非他明类毒品鉴别的作用

片剂的安非他明类毒品是国内毒品零售的主要形式。它包括以 3,4-亚甲二氧甲基苯丙胺（MDMA）为有效成分的摇头丸以及以甲基苯丙胺（MAP）为有效成分的麻古等。这些片剂毒品在其生产加工过程中被混有大量的添加剂，如葡萄糖、维生素 C、奶粉、咖啡因以及对乙酰氨基酚或者阿司匹林等药物。这些添加剂主要从调节毒品口感、降低生产成本以及提高毒品作用效果等几个方面发挥作用。除了上述重量级的添加剂外，食品染料往往是片剂安非他明类毒品中特有的一种添加剂。它主要从外观颜色的角度来修饰

毒品产品。在不同的毒品加工制备过程中，犯罪分子所选择的毒品染料之种类往往不同；即便是同种类型的染料，在调色过程中，犯罪分子所选择的不同染料间的配比也往往不同。如图 5-5-5 所示。这些信息在悄然之间成为追踪制毒、贩毒集团专属性作案手段的秘密武器。

图 5-5-5　具有不同物理特征的安非他明类片剂毒品

三、高效液相色谱法分析红色摇头丸中的食品染料

红色摇头丸是目前市面上出现最多的一种。据不完全统计，在缴获的摇头丸毒品中大约 40% 是红色的。下面便以红色摇头丸为例追踪制毒贩毒集团在染色过程中留下的痕迹。人们经常使用的红色食品染料有胭脂红、新红、赤藓红、苋菜红以及一些酸性红染料等。红色摇头丸中所添加的染料主要是这些染料。

高效液相色谱法可以用于追踪红色摇头丸中的食品染料。摇头丸中的染料主要是有机染料，其分子结构中含有非极性部分，不同染料其非极性部分的结构不尽相同。根据疏水效应理论，染料分析中非极性部分与极性溶剂接触时，相互产生斥力，染料分子的非极性部分之取向将导致极性溶剂中形成一个空腔，空腔的形成及其面积的大小除了与溶剂性质有关，主要与染料的表面积和偶极矩等因素有关。染料受到极性溶剂的排斥力，而这种排斥力促使染料与键合相烃基发生溶剂化缔合，并产生相应的色谱保留行为。在相同的流动相和键合相中，缔合作用的强度和染料的色谱保留时间仅决定于染料分子中非极性部分的总面积。非极性部分的总面积越小，其与键合相的缔合作用越弱，组分的保留时间越小；反之，则越大。这就是通过高效液相色谱法可以分离这些染料的基本原理。当摇头丸样品中含有不同种的红色食品染料时，这种差异点将体现在液相色谱图中色谱峰的横坐标上；当摇头丸样品中使用单种染料或多种染料时，这种差异点将体现在液相色谱图中色谱峰的数量上；当摇头丸样品中使用了不同配比的同种染料时，这种差异点将体现在液相色谱图中色谱峰的相对高度/相对峰面积上。图 5-5-6 所示是对缴获的 68 种红色摇头丸进行红色食品染料液相色谱分析后所得的结果。可以根据色谱峰的数量、色谱峰的保留时间以及不同色谱峰之间的峰面积比将 68 种红色摇头丸样品分为七类。据此可知，所有颜色的安非他明类片剂毒品都可以使用类似的方法进行分类。这对于毒品溯源、毒品案件的串并具有重要的意义。

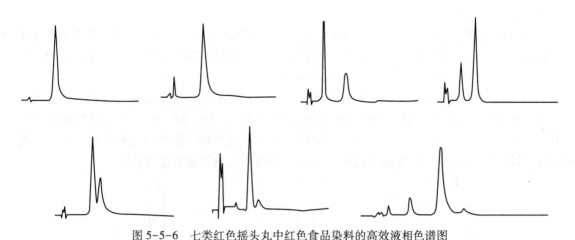

图 5-5-6　七类红色摇头丸中红色食品染料的高效液相色谱图

第三节　各种书写油墨中的着色剂鉴定

一、概述

钢笔、圆珠笔、中性笔、喷墨打印机、激光打印机……随着社会文明的变迁，书写、打印工具也在日益翻新。尽管无法设想十年后究竟何种形式的书写打印工具将占据主流，但万变不离其宗的是，这些工具都依然会使用一定的着色剂，从而以特殊的颜色将字迹表达出来。通过检测文书制作材料中的着色剂，可以判断两份文件是否为同种书写工具形成，可以辨别两份文件是否为同一时间形成；幸运的话，甚至可以发现某份文件的绝对"年龄"有多大。因此，着色剂对追踪文书制作材料以及字迹色痕中的证据信息具有重要意义。

二、蓝色圆珠笔油中的着色剂鉴定

截至目前，各国学者仍然努力地探索各种文书制作材料中的着色剂。相对而言，对蓝色圆珠笔油墨中所用染料的研究程度较为成熟。通常情况下，蓝色圆珠笔中含有 25% 左右的染料，其主要成分为三芳甲烷类染料以及铜酞菁类染料。其中，三芳甲烷类染料普遍存在于各种蓝色圆珠笔产品中，而铜酞菁类染料则并非如此。

圆珠笔油墨中的三芳甲烷类染料属于阳离子型染料，也可以称为碱性染料。它主要由三胺基三芳甲烷染料组成。三芳甲烷类染料的分子结构为平面对称式，与中心碳原子相连接的碳碳键具有部分双键的特性。染料分子中的叔胺基往往会影响染料的稳定性。在光的作用下，三芳甲烷类染料容易发生一系列的化学反应，其中主要的化学反应为脱甲基反应。因此，三芳甲烷类染料的脱甲基产物在陈旧的圆珠笔字迹色痕中较为常见。圆珠笔油墨中常见的三芳甲烷类染料有甲基紫、结晶紫、碱性品蓝以及碱性艳蓝等。

铜酞菁是酞菁分子与金属铜结合生成的金属配合物。在此过程中，铜原子取代了位于该平面分子中心的两个氢原子。形成金属配合物后，铜酞菁分子中有 16 个 π 电子，它在可见区的吸收波段大约为 550 nm，当分子中出现可以增加分子内氮原子电子密度的因素时，其吸收波段可以红移至 660 nm 处。

可以用高效液相色谱法对蓝色圆珠笔油墨中的染料进行定性及定量分析,并以此作为蓝色圆珠笔样品或者蓝色圆珠笔字迹的分类依据。常见的蓝色圆珠笔可依染料的不同而被分成六类。在不同类别的样品之间,其色谱分析结果的峰形、峰数以及峰面积之比都存在较大差异,如图 5-5-7 所示。除了认定圆珠笔的种类之外,甚至还可依据圆珠笔油墨中染料成分对其形成时间进行探索。图 5-5-8 所示的液相色谱图中,1#、2#、3#、4# 及 5# 色谱峰分别代表五种蓝色染料。其中,3# 色谱峰为 2# 色谱峰的脱氢产物。随着时间的推移,可以发现2# 色谱峰的相对含量呈逐渐递减趋势,而 3# 色谱峰的含量呈逐渐递增趋势。

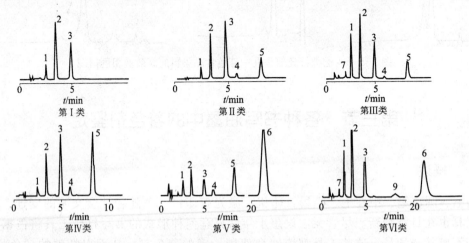

图 5-5-7 六类蓝色圆珠笔字迹色痕的高效液相色谱图

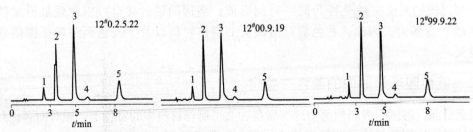

图 5-5-8 同一蓝色圆珠笔字迹色痕在 2002 年（左）、2000 年（中）
以及 1999 年（右）等不同时间段的高效液相色谱图

三、其他书写油墨中的着色剂鉴定

在某些文书制作材料中,其着色剂可能并非有机染料型的,而是无机颜料型的,如印泥中的着色剂。此时,色谱法往往无能为力,但光谱法则作用突显。光谱法除了具有元素分析的优势之外,还常常具有无损检验的特点,这对需要保留文书制作材料的情况尤为适用。如图 5-5-9 所示,用 X 射线荧光光谱法对邮票样品中的白色油墨（红色谱线）和褐色油墨（蓝色轮廓线）进行比对分析,分析结果表明,二者在无机颜料组成方面存在较大差异。

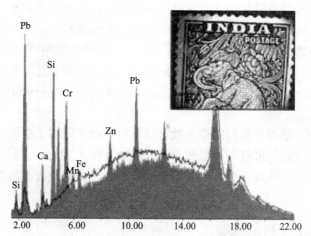

图 5-5-9　邮票中白色油墨（灰色谱线）与褐色油墨（黑色轮廓线）的 X 射线荧光光谱分析结果

第四节　纤维上的染料鉴定

一、概述

有色纺织纤维是人们日常生活的必需品。从韩式的窗帘布到中式的沙发巾，从五颜六色的打底衫到近乎裸色的外衣，几乎所有现身于人们面前的纤维都曾经接受过染料的洗礼。这些纤维的色彩为人们的生活带来了清新和活力，也给案件中对化学物证的利用开辟了不同的视野：由于纤维具有质轻、易转移等特点，故在盗窃案、杀人案、爆炸案、纵火案、交通肇事案等案件中，经常可以遇见带有各种颜色的纤维物证。

不同厂家、不同批次的同种纤维可以染成不同的颜色，而不同种类的纤维也可以染成相同的颜色；与此同时，视觉上相同的颜色还可能是由配比不同的同种染料染出的。鉴于上述复杂情况，若想准确、可靠地对有色纺织纤维进行鉴定，除了应对纤维的种类加以认定外，还应对纤维上的染料以及不同染料间的相对含量进行检验。只有如此，才能依据足够充足的信息给出准确、可靠的鉴定意见。

二、不同种类纺织纤维上的染料

不同种类的纺织纤维所用的染料不尽相同。

对纤维素纤维（包括植物纤维和部分人造纤维）而言，可以使用活性染料、直接染料、还原染料、硫化染料以及冰染染料进行染色。其中，活性染料因活性基团的存在，往往能与纤维发生化学反应。直接染料则能在中性或弱酸性介质中通过加热的方式直接上染。还原染料需要在碱性染浴中以强还原剂（如连二亚硫酸钠）进行还原后，才能染色。硫化染料往往是那些使用芳胺、酚、芳硝基化合物与硫黄或多硫化钠通过硫化反应生成的染料。冰染染料是指在低温条件下，通过重氮组分和耦合组分反应生成颜色艳丽的偶氮化合物而进行染色的染料。

对蛋白质纤维（主要指动物纤维）而言，可以使用强酸性染料、弱酸性染料以及中性染料染色。其中，强酸性染料往往含有羧基或者磺酸基，其分子量较小，需在酸性介质中染色。弱酸性染料需在弱酸性或者中性的介质中染色。中性染料往往是金属络合型的染料，则需在中性或者弱酸性的介质中染色。

对涤纶纤维而言，分散染料的染色效果比较好。水相中的分散染料在分散剂的作用下呈现出高度分散的状态。染料分子通过扩散作用进入纤维内部，并最终实现染色。分散染料大多是非极性分子，微溶于水。

对腈纶纤维而言，阳离子染料的染色效果比较好。由于阳离子染料分子中含有氨基、取代氨基和季铵盐基，故它们可以与酸根离子结合成盐。在水溶液中，阳离子染料可以电离出带有正电荷的有色离子，从而染色。由于阳离子染料分子结构中含有碱性基团，故又将之称为碱性染料。

三、纺织纤维上染料的检验

纺织纤维上染料的分析检验始于 1898 年。截至目前，较为理想的分析方法可以分为两大类。

（1）显微分光光度法。该方法对样品的需求量少，1 mm 长的纤维即可以得到有效的分析结果。此外，显微分光光度法可以直接分析检验纤维上染料的颜色值及相关图谱，无须复杂的样品前处理过程，而且为非破坏性分析方法。

（2）适合纤维上染料分析的第二类分析方法是以有损的形式，将纤维上的染料提取下来后，再用色谱法或者光谱法对其进行分析。其中，光谱法主要指紫外—可见光谱法，色谱法主要指薄层色谱法以及高效液相色谱法。中国刑事警察学院的"有色纤维上染料的分析"课题组曾经建议使用微型提取器（如图 5-5-10 所示）对纤维上的染料进行有效的提取。该方法简单、便捷、快速而且高效，只需将少量的有色纤维放在提取剂中浸泡 1 分钟，将其置于样品池中，并在提取管里加入约 1 mL 的提取剂，当提取剂受热沸腾 1～2 分钟之后，提取过程便完成了。

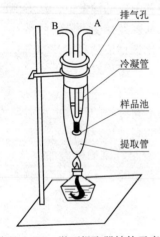

图 5-5-10　微型提取器结构示意图

当使用薄层色谱法对上述提取液进行染料组分分析时，理想的薄层色谱展开剂条件如下。① 涤纶纤维上的分散染料：乙酸乙酯∶冰乙酸∶环己烷（17∶20∶4）；② 毛纤维上的酸性染料：乙酸乙酯∶冰乙酸∶水（50∶15∶10）；③ 棉纤维上的活性染料：丙酮∶乙酸乙酯∶水∶冰乙酸（36∶6∶9∶1.5），或者异丙醇∶乙酸乙酯∶水（35∶5∶12）；④ 棉纤维上的直接染料：乙酸乙酯∶甲醇∶水（30∶10∶12），或者异丙醇∶乙酸乙酯∶水（35∶6∶12）；⑤ 棉纤维上的还原染料：乙酸乙酯∶吡啶∶水（17∶21∶12），或者氯仿∶四氢呋喃∶乙酸乙酯∶冰乙酸（15∶15∶20∶25）；⑥ 棉纤维上的不溶性偶氮染料：环己烷∶乙酸乙酯∶丙酮（25∶20∶6），或者环己烷∶乙酸乙酯∶冰乙酸（17∶20∶4）；⑦ 棉纤维上的硫化染料：丙酮∶乙酸乙酯∶水∶离子对（15∶20∶10∶0.68），或者异丙醇∶甲醇∶水∶氨水（24∶18∶16∶3）。

当用高效液相色谱法对上述提取液进行染料组分分析时，理想的流动相条件如下。涤纶纤维上的分散染料：甲醇∶水（85∶15）；毛纤维上的酸性染料：甲醇∶水（75∶25），流动相中混有浓度为 0.005 mol/L 的磷酸盐（磷酸二氢钾和磷酸二氢钠）以及浓度为 0.003 mol/L 的离子对试剂（磷酸四丁基铵）；棉纤维上的还原染料：甲醇∶水（90∶10），0.007 mol/L 的冰乙酸；棉纤维上的硫化染料：甲醇∶水（55∶45），0.005 mol/L 的离子对试剂；棉纤维上的活性染料：甲醇∶水（55∶45），0.004 mol/L 的离子对试剂；棉纤维上的不溶性偶氮染料：甲醇∶水（85∶15）。

 ## 本章小结 >>>

　　色料是许多化学物证的辅助成分，它如同人类的指纹一样，可以成为追踪案件事实真相的重要线索。在化学物证的比对分析中，色料成分的检验具有举足轻重的作用。常见的色料分为染料和颜料两大类。其中，前者具有一定的溶解性，而后者往往是难溶的。对于含有色料成分的化学物证，首先，需了解此类化学物证中所用色料的种类；随后，需针对此类色料的性质确定恰当的分析方案。对于样品颜色进行准确描述的方法包括 CIE 颜色系统、Munsell 颜色系统以及 CMY 颜色系统等；对于样品中色料的化学成分进行化学识别的分析方法包括显微分光光度法、拉曼光谱法、高效液相色谱法以及毛细管电泳法等。截至目前，可以通过色料分析的方法加以识别的化学物证包括新型片剂合成毒品、圆珠笔油墨、签字笔油墨、打印油墨、纤维以及油漆等。

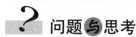 ## 问题与思考

1. 目前，广为使用的颜色系统有哪些？
2. 什么是色料？
3. 片剂安非他明类毒品中的色料具有何种证据价值？
4. 蓝色圆珠笔油墨中常见的染料有哪些？
5. 对纤维素纤维进行染色时，常用的染料有哪些？
6. 色料鉴定有何意义？
7. 纤维中染料的鉴定有哪些方法？

 ## 本章的主要参考文献

1. 美普斯，布朗宁. 死者在说话. 尚晓蕾，译. 北京：法律出版社，2010.

2. 王元凤，王景翰，许英健. 高效液相色谱法鉴别蓝色签字笔墨水的种类. 刑事技术，2008（2）：16-19.

3. 王元凤，王景翰，许英健，等. 蓝色签字笔字迹色痕高效液相色谱分析条件的选择. 北京：中国人民公安大学出版社，2006.

4. 王元凤，王景翰，姚丽娟. 高效毛细管电泳法分析蓝色签字笔字迹色痕种类区分及相对形成时间. 色谱，2007，25（4）：468-472.

5. 王元凤，王景翰，许英健. 应用 HPLC 研究蓝色签字笔字迹色痕光老化规律. 中国司

法鉴定，2007（1）：20-22.

6. 王元凤，王景翰，姚丽娟，等．高效毛细管电泳法区分蓝色签字笔字迹色痕分析条件的研究//公共安全化学研究论丛编委会．中国化学会第25届年会公共安全化学分会论文集．北京：中国人民公安大学出版社，2006.

7. 刘景宁，周亚红．毒物及微量物证分析学．南京：南京大学出版社，2005.

8. 杨阿静，王世全，崔岚，等．国产圆珠笔油墨字迹加热老化初探．中国刑警学院学报，2003，2：40.

9. 王元凤，王景翰，姚丽娟，等．高效薄层色谱法检测喷墨打印墨水．广东公安科技，2004，2：21-23.

10. 王元凤，王景翰，杨阿静．国内外印刷类油墨的分析概况．第四届全国文检学理论与实践研讨会论文集，2003.

11. 齐宝坤，王元凤，喻洪江．高效液相色谱法鉴别红色圆珠笔油墨中的染料．刑警学院学报，2002（增刊）.

12. 王彦吉，王景瀚．字迹色痕分析与书写时间鉴定．北京：中国人民公安大学出版社，2010.

13. 王元凤．蓝色签字笔字迹形成时间研究．中国刑事警察学院，2005.

14. 吴波．红色摇头丸中色素成分的高效液相色谱法分析．中国刑事警察学院，2007.

15. BELL S. Forensic Chemistry. 2nd ed. Glenview：Pearson，2013.

16. RAMSLAND K. The Forensic Science of C. S. I. New York：Berkley Boulevard Books，2001.

17. MOAFI H F，SHOJAIE A F. Photoactive polyacrylonitrile fibers coated by nano-sized titanium dioxide：synthesis，characterization，thermal investigation. J. Chil. Chem. Soc.，2011，56（1）：610-615.

18. BRIEN. The Scientific Sherlock Holmes. New York：Oxford University Press，2013.

19. HOUCK M M，SIEGEL J A. Fundamentals of Forensic Science. 2nd ed. Burlington：Academic Press，2010.

20. SIEGEL J A，MIRAKOVITS K. Forensic Science-the basics. 2nd ed. Boca Raton：CRC Press，2010.

21. HOUCK M M. Trace Evidence Analysis. Burlington：Academic Press，2004.

22. http：//en. wikipedia. org/.

23. 史晓凡，李心倩，许英健，等．高效液相色谱法鉴定蓝色圆珠笔油墨字迹的书写时间. 光谱学与光谱分析，2006，9：199-202.

24. 李心倩，王彦吉，史晓凡，等.圆珠笔油墨字迹色痕的高效液相色谱分析方法. 分析化学，2004，5：105-108.

第六章 玻璃及土壤物证技术

关键术语

密度 折射率 粒度分布 玻璃态 玻璃雨 土壤

第一节 无机化学物证概述

一、无机化学物证与有机化学物证的比较

前面章节讨论的毒品、有机炸药及纤维染料等物证的检验鉴定，往往都可以使用高效液相色谱法。之所以出现这种不同化学物证共用类似分析鉴定技术的现象，其原因在于，化学物证技术针对的分析对象大多数都是有机物，故众多类似的有机物分析法被广泛用于前面数个章节中。而本章讨论的玻璃物证和土壤物证则是无机化学物证的代表，将成为人们掌握相关无机化学物证分析鉴定方法的范式。

就无机物而言，其化学成分的分析主要体现为两方面内容，即确定无机物的元素组成及确定晶体的结构特征。前者，可借助原子发射光谱法、中子活化分析法等；而后者，可用 X 射线衍射法（要求样品量充足）。然而，与有机化学物证不同的是，无机化学物证的元素组成及晶体结构往往相对简单。这意味着，对无机化学物证而言，单纯从化学分析的角度挖掘出的证据信息很可能并不充足。此外，受分析方法的限制，目前很多仪器设备往往只能对有限种类的元素进行识别，且设备造价很高，这就进一步限制了适合无机化学物证的各种分析法在实践中的普及。

因此，本章主要介绍一些简单、便捷、成本低廉而又高效的无机化学物证分析法——物理性质检验法。

二、无机化学物证分析时常用的物理性质

物质的物理性质，即物质不需要经过化学变化或没有发生化学变化就表现出来的性质。其种类有很多，如颜色、气味、形态、凝固点、沸点以及导热性等，都是物质的常见物理性质。对于常见的无机化学物证进行分析鉴定时，较为理想的物理性质主要有密度和折射率。无论是玻璃物证还是土壤物证，不同样品的密度或折射率差异都很大。因此，当需要发掘玻璃物证或者土壤物证的证据价值时，可以从这两个性质入手进行鉴定。

密度是指物质的质量与体积之比。通常情况下，可以分别使用天平以及量筒等工具对样品的质量和体积进行测量，然后计算得出样品的密度。以这种方法获得的密度值是最为原始和传统的，其误差相对较大。如果需要更为精细地区分样品与样品之间的密度，则需要借助特殊的方法。

折射率是指光在真空中的传播速率与光在透明介质中的传播速率的比值。当光从一种介质传播至另外一种介质中时，它总会发生传播方向改变的现象，即折射现象。这些现象有时也能成为解决问题的依据。例如，就手指部位的乳突纹线而言，在日光下肉眼观察很难看到清楚的纹线特征，但若经过玻璃以及水的双重折射后，则能看到乳突纹线的清晰特征，如图5-6-1 所示。

图 5-6-1　在水和玻璃的折射作用下，指纹的特征变得明显

第二节　玻璃物证技术

一、概述

在很多类型的案件中，如入室盗窃案、交通肇事逃逸案、杀人案以及故意毁坏财物案等，都会发现玻璃物证。一方面，日常生活中玻璃制品的广泛存在导致了玻璃物证的频繁出现，如大到一扇4米高的落地窗、小到一颗直径为 20 μm 的反光珠，人们身边的玻璃制品可谓形形色色。另一方面，玻璃"雨"现象的发生也导致了玻璃物证随着相关活动的进行而转移、标记。如图 5-6-2 所示，当玻璃受到外力作用发生破碎的时候，除了众所周知的大块玻璃碎片会沿着外力作用的方向运动之外，小块玻璃碎屑则会朝着与外力相反的方向大面积溅射，溅射范围内的其他客体都会受到这些微小玻璃碎屑的"辐射"。这就是所谓的玻璃"雨"现象。可以想象，如果行为人用锤子击碎玻璃，那么玻璃破碎时，行为人便处于玻璃"雨"的辐射范围里。于是，在毫无意识的情况下，其击碎玻璃的行为便被贴上了"玻璃"标签。除了上述两个重要因素决定了玻璃物证的广泛性之外，玻璃材料

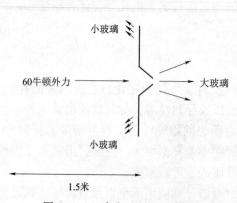

图 5-6-2　玻璃"雨"示意图

自身的稳定性、玻璃在确定人与现场之间关联性的独特优势等，也决定了玻璃物证在诉讼证据中的重要地位。

二、玻璃及其基本属性

玻璃的最大属性在于它是处于玻璃态的物质。与其他的固体材料不同，玻璃既没有规则的化学结构，也没有确定的晶体属性，是典型的非晶体。它没有固定的形状和固定的熔点，但却具有各向同性。玻璃会随着温度的升高而逐渐变软，最后熔化。变软后的玻璃可以被加工成各种形状。玻璃当中常常含有硅元素和氧元素，二者的含量之比通常为 2 : 1，这也是习惯于把二氧化硅称为玻璃的主要成分之一的原因所在。玻璃似乎是介于固态与液态之间的物质。一方面，它像固态物质一样具有较高的融化温度，质地坚硬且易碎；另一方面，它像液态物质一样无色、透明且没有固定的化学键合规律。

人们常常通过将沙石高温加热后再冷却的方式获得玻璃产品。因此，玻璃的主要成分为二氧化硅。除此之外，它还常常混有其他成分。由于配方成分的不同以及加工工艺的不同，可将化学物证领域里常见的玻璃物证分为以下几类：浮法玻璃、硼硅酸盐玻璃、钢化玻璃以及有色玻璃等。浮法玻璃中，除二氧化硅之外的主要添加剂为碳酸钠以及氧化钙。将这些混合物加热至 1 500 ℃后再经冷却环节便可获得浮法玻璃。硼硅酸盐玻璃是将硼元素添加至玻璃态二氧化硅的结构缝隙间而制得的。经上述方法处理后的玻璃产品具有良好的耐热性能，不会因温度的剧变而炸碎。因此，硼硅酸盐玻璃经常出现在对于耐热性要求较高的玻璃制品中，如炊具等。钢化玻璃的强度往往比浮法玻璃大几倍。即便破碎了，钢化玻璃也只是裂成无尖锐边缘的玻璃珠，从而避免扎伤周围的人员。因此，钢化玻璃经常被用作汽车车窗以及公共场所的落地窗。一方面，可通过将浮法玻璃再加热至 700 ℃然后急速冷却的方式获得钢化玻璃；另一方面，也可通过化学处理法获得钢化玻璃。有色玻璃往往是为了起到装饰作用或者避光保护作用而设置的，其色料都是具有不同颜色的矿物。将有色矿物混入制备玻璃的原料中，最终便可以获得有色玻璃产品。

三、玻璃物证的检验方法

分析鉴定玻璃物证时，常常需要回答这样一些问题，如送检材料是否为玻璃，行为人是如何击碎玻璃的，玻璃是从哪一侧开始破裂的，从嫌疑人衣物上提取的玻璃是否来源于现场的受损窗户，从与案件无关的其他人身上发现同种玻璃的概率有多大。为此，化学物证鉴定人员往往要使用多种手段进行综合判断。

对于送检材料是否为玻璃这一问题，可以使用尖锐的硬质工具试压送检材料、用偏振光显微镜观察送检材料的光学性能及用水浸泡送检材料等多种方式进行检验后作出回答。

就送检的两份玻璃样品进行比较分析，可确定二者是否具有共同的来源。此时，可以从两份送检样品的颜色、透明度、密度、表面特征、厚度以及荧光性能等角度出发，展开比较分析工作。如果分析结果差异较大，可以做出有效的排除结论。例如，用悬浮液法测量玻璃密度时，可以将密度差别大于 1 mg/mL 的玻璃样品有效地区分开。但是，如果两份送检样品的基础物理特征没有明显差异，那么就可以考虑对二者进行更为深入的比较分析。

从形态学的角度，可以根据玻璃碎片的边缘形态特征去还原玻璃制品的原貌，从而判断不同的玻璃碎片是否具有共同的来源，如图 5-6-3 所示。这就如同拼图游戏一样，简单、便捷且不需要仪器设备。当然，如果玻璃碎片数量庞大，这一方法的缺陷也会凸显出来，即耗时过长。

图 5-6-3　通过边缘形态特征确定玻璃碎片具有共同的来源

　　折射率是开展玻璃物证鉴定工作的重要依据之一。实践中，可以借助带有样品台加热功能的显微镜，并依据贝克线法对玻璃样品的折射率进行检测。用显微镜观察时，可以在两个折射率不同的介质接触处看到比较暗的边缘，即物质的轮廓线；在轮廓线附近可以看到一条因光线集中而明亮的细线，即贝克线。测试玻璃的折射率时，可以将玻璃碎片放在已知折射率的液体（折光率液）中。通过加热装置对载玻片上的样品进行缓慢加热后，液体的折射率随之发生变化。当液体的折射率与待测玻璃的折射率相同时，将此时的温度记录下来，并通过查阅温度与折射率的对准表推断玻璃的折射率。

　　当然，如果条件允许，也可以通过商品化的玻璃折射率仪对样品的折射率进行测定。该法更为简单便捷，但却需要设备的支持。对于玻璃物证而言，玻璃折射率测试法是现阶段最佳的玻璃物证分析方法。它可以帮助人们准确判定两份玻璃样品是否具有相同的折射率，或者判断二者是否具有共同来源。

　　图 5-6-4 所示为英国 Foster & Freeman 公司生产的玻璃折射率仪及其结果显示。

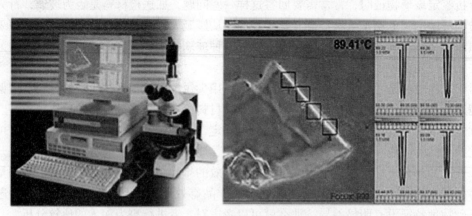

图 5-6-4　英国 Foster & Freeman 公司生产的玻璃折射率仪及其结果显示

　　除了上述物理性质外，还可以依据玻璃中的化学痕迹对其进行种属认定或者同一认定。那些对于痕量元素具有深入挖掘功能的仪器或方法可帮助人们实现上述目的，如电感耦合等离子体质谱法（ICP/MS）或者 X 射线荧光光谱法（XRF）。如图 5-6-5 所示，红色的实体线与蓝色的轮廓线分别代表两种玻璃样品。XRF 分析结果表明，两种玻璃样品的主要元素组成相似，但是二者的痕量元素钴（Co）和锶（Sr）的含量存在明显差异。它进一步表明，灵敏的化学分析方法在证据信息挖掘方面的重要作用。

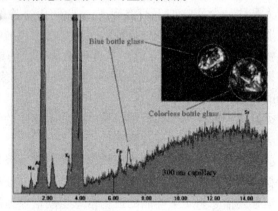

图 5-6-5　两种玻璃样品的 XRF 分析结果

第三节　土壤物证技术

一、概述

所谓土壤，从土壤专业的专业视角界定，即指覆盖于地球陆地表面、具有肥力特征、能够生长绿色植物的疏松物质层。它包括各种颗粒状矿物质、有机物质、水分、空气以及微生物等组分。然而，这种界定不足以支撑化学物证领域对土壤的审视。就土壤这种较为常见的物证，往往可从更为广义的视角来界定，即除了前述狭义土壤概念中包含的成分外，化学物证领域的土壤还包括土壤中的一些岩石、矿物及化石成分。土壤中的玻璃、花粉等物质以及随着人们日常生活的进行而被添加到土壤中的人造材料，如塑料包装袋的一个碎片或者常常被人们用于铺在马路表面的炉灰渣等，则成为土壤鉴定时具有重要意义的夹带物。

二、土壤物证的作用

土壤物证是一种具有强烈空间感的化学物证，它的空间分布往往会遵循一定的规律。例如，含有少量盐类晶体的沙砾往往分布于淡水的入海口处；十字石（一种罕见矿物）出现在康涅狄格州西部的丘陵地带为正常现象，但如果出现在新泽西州南部的平原地区则应该引起人们的注意；如果在一份土壤样品中可以看到圆润的砂石颗粒以及贝克碎片，那么便要考虑它很可能来自海边。

有时，土壤物证也可以拥有颇具证据价值的时间信息。例如，在盗保险柜案中，犯罪分子撬压保险柜时留下的保险柜绝缘材料颗粒便可能成为一种特殊的土壤物证。在美国，1936年之前生产的保险柜大多采用天然水泥作为绝缘材料；之后，天然水泥材质的绝缘材料逐渐被硅藻土所替代；石棉曾经以其优异的防火性能被保险柜生产商广泛用作绝缘材料；然而，当人们逐渐认识到石棉对健康的潜在威胁后，它也逐渐淡出了保险柜制造行业。通过对上述保险柜绝缘材料进行分析鉴定，大致可以判断出该保险柜生产的年代。

三、土壤物证的检验

就土壤物证，鉴定人员往往会面临如下两类问题。① 两份送检的土壤样品是否具有相同的来源？例如，从犯罪嫌疑人汽车挡泥板处提取的土壤是否来自被害人抛尸现场周围或者进出抛尸现场的道路上？② 为了明确侦查方向，是否可以从送检的单一土壤样品中找到有价值的信息？例如，如果发现了一个抛尸现场，那么能否根据尸体表面的"异样"土壤物证推断出第一犯罪现场的大致特征？

为准确回答上述两类问题，往往需全面审视土壤本身和土壤中的附加物。此时，可以借用显微镜检验法及光谱法等提升对土壤物证观察和认识能力。

显微镜法是截至目前最为行之有效的土壤物证检验方法，它可以帮助人们捕捉土壤物证的颜色、粒度分布、砂粒形状、砂粒饱满度及其风化程度等方面的证据信息。在统计学手段的辅助下，人们便可依据上述信息将土壤样品的证据信息生动形象地展示出来。偏振光显微镜法可以帮助人们更好地观测重矿物组分并确定土壤中玻璃组分的折射率。扫描电子显微镜法则能帮助人们观察到隐藏在土壤物证中的花粉。如果使用红外光谱法，土壤物证中的聚合添加物就能得到客观的审视；如果使用拉曼光谱法、X 射线能谱法或者 X 射线衍射法，土壤物证中无机成分的元素种类及晶体结构则能得到准确的判断，如图 5-6-6 所示。

图 5-6-6 显微镜下的硅钾铀矿的矿物晶体

除了要有科学的分析检验方法，还应格外关注土壤物证的收集和流转。由于土壤物证往往是复杂的混合体，所以在分析检验过程中，它常常需在不同的检验部门之间流转。为此，自土壤物证在现场被提取、收集始，至在实验室接受检验鉴定并最终提交法庭止，应对其收集的时间、地点、方法及在各部门之间的使用、交接流转等相关信息予以详细记录。

由于自然界的土壤往往是分层存在，因此每一份土壤样品应取自同一水平方向，从而避免不同层中成分的交叉混合。在大多数情况下，嫌疑样品都源自多层土壤的表层，所以只需提取表层土壤进行对比分析即可。土壤样品可以盛装在洁净的塑料箱、塑料瓶或其他密闭容器中。如果样品比较潮湿，则应先对其进行干燥处理，再装入容器中，否则潮湿样品中的微生物之分解作用将导致某些原有有机成分被分解成新的物质，从而使样品的成分发生改变。与之相反，如果样品需要进行电导率检测，或者样品中含有挥发性成分，那么这些样品在分析之前需要密封并冷冻保存。

就土壤而言，各种分析方法所需要的样品量并不相同，但大多都需要数百毫升的样品量。有些方法甚至需要更大的样品量，如粒径测试法。如果样品中含有大量的沙砾或者其他粗糙的成分，那么鉴定人员需根据实际情况提取更多的样品。当然，在样品量不重组的情况下，人们也不得不针对较少的样品进行分析鉴定。

干燥的处理手段只会改变土壤的性质，而不会影响其他。干燥时，将受到影响的土壤主要性质有：① 如果土壤样品中含有盐类，那么在干燥过程中，盐类物质会因失水而浓度升高，进而在土壤表面结晶；② 在干燥过程中，某些矿物会发生氧化反应或者其他化学变化，从而改变自身颜色，那些来自沼泽或湿地的含硫泥浆尤为如此；③ 在干燥后的土壤样品中，硝酸盐的含量会相对提高；④ 在干燥过程中，土壤样品中微生物的数量及活动会发生显著改变；⑤ 干燥过程会使土壤样品更具光泽。

对那些从沼泽或湿地等潮湿地区提取的土壤样品，最好用塑料或玻璃质地的容器将其密封盛装，并冷冻保存。这将在一定程度上阻止细菌分解及土壤成分的氧化反应，从而减少土壤性质的改变。

如果需对地质样品或土壤样品进行花粉检测，鉴定人员便应该采取细致的保护措施，以保证这份土壤样品不会受到空气中其他花粉成分的污染。此类样品也应用塑料质地的包装材料保存。在对土壤样品中的痕量金属成分进行检测时，挖土所用的工具、盛装样品所用的金属容器以及收集或保存样品时所用的金属滤网，都有可能对土壤样品产生污染。因此，最好使用塑料或玻璃质地的容器对土壤样品进行保存，并且在收集提取过程中使用不锈钢质地的工具和滤网。

在采集或收集土壤样品时，要遵循两个重要的原则。① 如果要让收集的样品日后成为法庭认可的证据，那么一定要使用合法的手段对其进行收集。也就是说，通常情况下，应该在获得一定允许或授权的情况下收集证据；抑或土壤证据的收集是伴随逮捕等授权活动发生的。② 对每一份土壤样品，都应有详细的记录。也就是说，每当土壤样品从一个人的手中转移至另一个人的手中时，都应明确记录；并且对土壤证据进行保管的人能够在其责任期间真正行使保管的职责。

 本章小结 >>>

玻璃及土壤属于化学物证领域里的典型无机物。大多数玻璃物证都具有相似的化学组成，大多数土壤物证之间的差异也很微弱。因此，对玻璃物证或者土壤物证进行检验鉴定时，需另辟蹊径：一方面，可从此类物证的物理性质出发，如密度、折射率等，以探索其证据信息；另一方面，也可基于此类物证中的痕量元素，利用灵敏、准确的元素定性及定量分析方法，以挖掘深藏在证据内部的线索。由于玻璃物证与土壤物证均存在一定的不均匀性，所以在此类物证的提取环节以及证据评价环节，应格外小心谨慎。

问题与思考

1. 常用于无机化学物证鉴定的物理性质有哪些?
2. 如何对玻璃物证进行折射率检测?
3. 在干燥的过程中,土壤物证会产生哪些变化?
4. 对土壤物证的收集和保管,应遵循哪些原则?

本章的主要参考文献

1. 刘景宁,周亚红. 毒物及微量物证分析学. 南京:南京大学出版社,2005.

2. 默里. 源自地球的证据. 王元凤,金振奎,译. 北京:中国人民大学出版社,2013.

3. 叶自强. 法庭审判中的科学证据. 北京:中国社会科学出版社,2012.

4. 李昌钰,帕姆巴奇,米勒. 李昌钰博士犯罪现场勘察手册. 郝宏奎,译. 北京:中国人民公安大学出版社,2006.

5. 北京大学化学学院物理化学实验教学组. 物理化学实验. 4版. 北京:北京大学出版社,2002.

6. BELL S. Forensic Chemistry. 2nd ed. Glenview:Pearson,2013.

7. CADDY B. Forensic Examination of Glass and Paint. London:Taylor Francis,2001.

8. HOUCK M M, SIEGEL J A. Fundamentals of Forensic Science. 2nd ed. Burlington:Academic Press,2010.

9. SIEGEL J A, MIRAKOVITS K. Forensic Science-the basics. 2nd ed. Boca Raton:CRC Press,2010.

10. HOUCK M M. Trace Evidence Analysis. Burlington:Academic Press,2004.

11. http://en.wikipedia.org/.

12. http://rocketscorner.com/blog/.

13. RAMSLAND K. The Forensic Science of C. S. I. New York:Berkley Boulevard Books,2001.

第六编

生物物证技术

第一章 生物物证技术概述

关键术语

生物物证 生物物证技术

第一节 生物物证技术的定义

一、生物物证的概念和分类

所谓生物物证，即与案件有关联，能以其生物属性证明案件相关事实的来自生物体的物质。生物体包括动物（包括人体）、植物和微生物。

从物证的来源看，生物物证分为四类：① 人体的各种体液（斑痕）、组织、毛发及表皮脱落物等；② 各种动物成分，如动物的血和皮毛等；③ 植物的根、茎、叶、花、果与种子等；④ 细菌与真菌等微生物。

来自人体的生物物证通常包括三类，是生物物证技术指向的主要对象：① 各种体液、分泌液、排泄物及其斑痕，如血液、精液、阴道分泌液、乳汁、唾液、鼻液、尿液、粪便、胎便、羊水及其斑痕等；② 各种人体器官组织，如皮肤、肌肉、心、肝、脑、肾等脏器组织；③ 毛发、指甲、骨骼和牙齿等不易腐败的组织。

二、生物物证的特征

生物物证是证据的一种，与其他物证一样，生物物证必须符合证据的基本特征，因此，它不仅具有合法性、客观性及关联性等诉讼证据的基本特征，而且还以其特有的生物属性和客观存在的物体或物质特征来证明案件的真实情况。

（一）合法性

生物物证必须是依法收集，即收集生物物证的主体、程序、手段均合法，非法获得的生物物证不能作为证据使用。依法、及时收集的与案件真实情况有着客观联系的生物检材，经科学技术手段提取、固定和鉴定之后，往往具有极高的证据价值。

（二）客观性

生物物证必须是客观存在的，必须是能够对其进行查证及科学检验的物质。刑事被害人陈述、刑事被告人口供、民事和行政诉讼当事人陈述、证人证言等言词证据，可能会受人的主观意志或感官局限、记忆不清等影响而失真，但生物物证等物证则是以其客观存在的生物属性等证明案件相关的事实，通常不以主观意志为转移。

（三）关联性

生物物证必须能以其生物属性等证明案件的相关事实，否则也就称不上是生物物证了。

而这种与案件事实的关联性，往往要借助翔实、严格的记录方能得以保障。通常，要认真辨别或通过鉴定判断现场上或其他有关处所发现的各种生物物质是否与案件事实有关联，一旦确实有关联，则应详细记录其来源、提取方式、保存或保管者等。

（四）生物物证的特殊性质

由于生物物证本身属于生物体的一部分或是生物体的分泌物、排泄物，因此，生物物证除具有上述证据的基本特征外，还具有一些特殊性质。

（1）生物物证易受环境条件的影响。生物物证中含有蛋白质、核酸等有机大分子。这些大分子在新鲜时，往往保持其生物活性和一些能反映生物遗传规律的遗传特征，但它们极易受物理、化学及其他生物因素的破坏，发生腐败变质等变化而失去某些特性。因此，检验中要针对生物检材的特点，设计合理的检验方案，选择正确的实验方法，减少不稳定性，实现对生物物证的准确鉴定。

（2）生物物证对检验技术有很强的依赖性。生物物证的发现、提取和检验需要运用科学技术手段来完成，其证据价值的显现对相关技术有很强的依赖性：即生物物证鉴定意见的得出必须以科学理论为基础；各种检验分析必须在生物物证专业实验室进行，必须有严格的操作管理程序和质量控制体系，需要运用严格的逻辑推理和科学理论解释检验结果并得出鉴定意见。因此，生物物证属于"科学证据"。

了解生物物证的特性对于生物物证技术工作者及其相关办案人员是十分必要的。收集或提取生物物证时，与其他物证一样必须按法定程序依法收集。此外，还应当尽量避免各种因素对生物物证的破坏，以科学的方法收集并及时地进行检验鉴定，为案件的诉讼活动提供可靠的证据。

三、生物物证检验的任务

生物物证是为法律服务的，只有经过专门技术检验鉴定之后才能确定物证而发挥其证据作用。因此，生物物证检验的主要任务就是运用专门的科学技术方法对案件中各种可疑的生物物证进行发现、记录、提取、检验鉴定，从而为查明案件真实情况提供科学的依据。生物物证检验的主要任务是解决司法实践中相关的三个主要问题，即人以及其他生物的种属认定、个体识别和亲权鉴定问题。

对案件中血液（痕）、毛、骨及组织碎块等生物物证，需首先鉴别是来自人体还是动物，即进行种属认定。如果确定其不是来自人体，往往需要解决系来自何种动物的问题，即进行动物种属认定，这可为澄清案件某些情节提供依据。植物在自然界种类繁多，分布非常广泛，与人们的生活息息相关，在某些案件中可能成为不容忽视的重要证据。生物性犯罪物证是生物物证工作时常遇到的案件物证，犯罪分子故意使用微生物导致敏感人群、动物和植物疾病或使用微生物毒素导致敏感人群和动物中毒，引起社会恐慌或威胁社会安全。微生物恐怖病原种类繁多，检验不同的病原所需要的手段和时间也不同，通常需要基础医学、临床医学、流行病学的不同层次、不同等级的实验室完成。

解决个体识别问题是生物物证技术最重要的任务。个体识别是通过对生物物证的鉴定，判断若干生物物证检材之间或者生物物证检材与样本是否来自同一个体。

在刑事案件和民事、行政诉讼案件的审理中均可能涉及亲权鉴定问题。亲子鉴定涉及的是子女与可疑父母之间是否存在血缘关系的问题。

四、生物物证的作用

生物物证在刑事案件及民事案件中均能发挥重要的作用。例如，在刑事案件中，它有助于确定案件的性质，有助于确定侦查方向和范围，有助于审查犯罪嫌疑人的口供，有助于审查事主、证人的陈述，能作为证实犯罪嫌疑人有无犯罪行为的证据。在民事案件中，它往往有助于判断当事人一方的主张是否真实可靠，如借血液可确定某孩子是否为被告亲生等。

第二节　生物物证的检验方法

检验鉴定生物物证，往往要用到多学科方法，其原因在于，来自于生物体的生物物证，涉及了生物学、医学、临床医学、生物化学、免疫学、遗传学等，这些学科的原理和方法往往都可引入生物物证的检验，而常用的检验方法有以下几种。

一、形态学方法

形态学方法是传统的研究生物物证的基本方法之一，如肉眼观察血痕形态、颜色、分布等可判断出血量、出血部位和出血时间，肉眼观察植物的叶片、种子、昆虫等节肢动物形态可直接判断认定其种类。有些形态学的检验结果可作为证据保存。

除了肉眼观察，借助显微镜及扫描电镜，还可进一步观察生物物证的微观形态，进而提供更具证明力的鉴定意见。例如，可用显微镜和扫描电镜观察各种脱落细胞，确定出血部位；观察红细胞形态以鉴别人血和兽血；还可鉴别植物纤维、孢子、花粉；检查毛发形态，区别人毛与兽毛、毛发与其他纤维；等等。而借助这些设备观察骨磨片哈佛管，还可区别人骨与兽骨等。

二、化学方法

许多化学方法都可用于生物物证的检验，特别是预试验及确证试验，其针对的往往是各种斑痕。例如，血痕检验的联苯胺试验、血色原结晶试验、精斑检验的碘化钾结晶试验、唾液斑检验的碘—淀粉试验等。这些方法虽然不具备特异性，但操作简单有效，灵敏度高，检验快速，故一直在实践中应用。

三、物理学方法

与化学方法类似，物理学方法也往往用来对一些生物物证进行预试验，如用紫外线、多波段光源照射斑痕以进行精斑、血痕的筛选，应用红外技术发现深色背景下的微量血痕，用显微分光镜检测血红蛋白以确证血痕。随着物理学技术的发展，目前用于生物物证检验的物理学方法日益增多，如用核磁共振法测定血痕的陈旧度，用紫外线显示有些酶型测定的酶谱或 DNA 扩增产物片段等。应用荧光染料标记引物复合扩增 STR 基因座，应用激光诱导获得分型信息等技术已经成为生物物证检测的常规。

四、生物化学方法

常用的是各种电泳技术测定血液、精斑和组织的血清型和酶型、DNA 分析，应用等电聚焦技术研究血清型和酶型的亚型等。常用的电泳介质有淀粉凝胶、琼脂糖凝胶、混合凝胶及聚丙烯酰胺凝胶等。电泳方法则包括圆盘电泳、垂直板电泳、水平电泳、等电聚焦电泳、梯度凝胶电泳、变性凝胶电泳等。

五、免疫血清学方法

生物物证鉴定广泛采用了免疫学技术，如传统经典的沉淀反应和凝集反应等，并将其用于血痕及精斑的种属测定、红细胞血型测定、人精斑确证试验、血痕血型测定的解离试验及各种血清制备等。目前，生物物证检验常用的确证实验如人血红蛋白金标试纸条法、人精液 PSA 检测金标试纸条法等，均应用了免疫学原理。另外，酶联免疫吸附试验、免疫固定蛋白分析技术、免疫层析技术等高灵敏度的免疫学方法，至今仍在生物物证技术研究和生物物证鉴定中发挥一定作用。

六、分子生物学方法

DNA 指纹技术、聚合酶链式反应及 DNA 序列测定法等分子生物学方法在生物物证检验中已得到广泛应用。DNA 分析技术对生物检材进行个体识别的方法，使生物物证鉴定实现了从否定到高概率肯定的飞跃；用 PCR 方法可进行 VNTR、STR 等长度多态性及线粒体 DNA 等序列多态性检测。STR 多态性比限制片段长度多态性更具优势，是目前个人识别与亲子鉴定的主流技术。对于缺少核 DNA 的毛发、指甲等角化组织的个人识别，以及母系单亲的亲子鉴定，则可采用 mtDNA 多态性测定解决。

七、遗传学方法

人类的遗传标记，包括各种血型、红细胞酶型、血清型及 DNA 多态性，均按孟德尔定律遗传。不同遗传标记的表型不同，遗传规律亦不完全相同。应用遗传学原理，可根据当事人的生物样本遗传特征，利用群体遗传学调查所得基因频率计算亲权肯定或否定概率，对有争议的亲代与子代的血缘关系进行分析，以确定是否有亲权关系。通过某些家族性疾病的特殊标记检测，推断涉案物证的家系特点，从而为侦查缩小范围。

八、人类学方法

利用人类学的知识和方法测量骨骼，对骨骼所有者的身高、年龄、性别及种族等个人特征进行鉴定；运用皮肤纹理学原理及技术进行个人识别和亲子鉴定；应用齿科学技术对牙齿所有者进行性别、年龄推断及个人识别等。

九、电子计算机技术

用电子计算机进行图像的录入、分析、数据处理及建立数据库等。目前广泛应用的 DNA 数据库是比较成功的范例，它利用计算机数据处理、比对、信息管理及网络技术将全国的 DNA 数据进行统一管理，从而实现数据共享、功能最大化。

十、法医微生物学方法

用医学微生物学方法推测待定微生物来源、亲缘关系或传播途径等。例如，通过受害人身体表面附着的微生物群，可推断其曾经接触过的环境等，从而刻画其案发时行动轨迹。

 本章小结 >>>

生物物证是一类来自于动物（包括人体）、植物和微生物等生物体的物质。它除具有物证共有的特性外，还具有生物物质的特殊性。生物物证技术是一门多学科交叉的应用技术。

 问题与思考

1. 简述生物物证的特征。
2. 生物物证技术常用研究方法有哪些?

 本章的主要参考文献

1. 张惠芹. 生物物证学. 北京：中国人民公安大学出版社，2008.
2. 吴梅筠. 法庭生物. 成都：四川大学出版社，2006.
3. 侯一平. 法医物证学. 北京：人民卫生出版社，2010.

第二章　DNA 技 术

关键术语

DNA　DNA 多态性　STR

第一节　DNA 概 述

一、DNA 的定义

生物体能遗传的原因就在于生物体细胞中有遗传物质，这种遗传物质就叫 DNA。

DNA，是英文 Deoxyribonucleic Acid 的缩写，即脱氧核糖核酸，它控制着生物体的遗传性状。

核酸，是由许多核苷酸连接而成的生物大分子。它分两大类：其一是脱氧核糖核酸（DNA），为遗传信息的储存和携带者；其二是核糖核酸（RNA），主要参与遗传信息表达的全过程。

核苷酸，由含氮的碱基、核糖（戊糖）、磷酸组成。当核糖为脱氧核糖时，便称为 DNA。它有四种主要碱基：腺嘌呤（A）、鸟嘌呤（G）、胞嘧啶（C）、胸腺嘧啶（T）。组成的核苷酸分别叫腺嘌呤核苷酸、鸟嘌呤核苷酸、胞嘧啶核苷酸、胸腺嘧啶核苷酸。

细胞内 DNA 根据其存在部位的不同，可分为染色体 DNA 和线粒体 DNA。人体细胞由细胞核、细胞质（包括很多细胞器，最显著的是线粒体、内质网、高尔基体、溶酶体）和细胞膜组成。DNA 存在于细胞核上与蛋白质一起组成染色体，称染色体 DNA。线粒体上也有少部分的 DNA（由母系遗传）存在，称为线粒体 DNA 或核外 DNA。通常所讲的 DNA，是指染色体 DNA。

DNA 的一个特定生理功能片段称为基因。个体间的差异就是由这种基因构成的多态性差异决定的。基因在染色体上所占据的位置称为"位点"。在一个配子细胞（精细胞或卵细胞）中所包含的全套基因称为基因组。

二、DNA 的结构和特性

DNA 的结构依层次的不同可分为一级结构、二级结构和三级结构。

一级结构是指大量的脱氧核苷酸通过磷酸二酯键这样的共价键连接起来的线性分子，也称为核苷酸序列或碱基序列，它决定 DNA 的特异性。

二级结构是指 DNA 分子有两条反方向平行盘绕形成的多脱氧核苷酸链，也叫 DNA 双螺

313

旋。通常人们所讲的 DNA，都是指其二级结构。DNA 双链间的碱基以氢键结合，碱基的组成有如下特性。

（1）两条链间氢键结合的碱基必须 A 和 T、G 和 C 配对，即互补规律。嘌呤的总数等于嘧啶的总数，即 A+G＝C+T。

（2）碱基组成有种属特异性，即不同的生物有自己特有的碱基组成。同一种生物体，如人体，不同组织和器官的碱基组成是相同的，而每一个体碱基排列顺序是千变万化的，构成了个体差异。

（3）碱基的组成不受年龄、营养状态及环境变化的影响。

基于双螺旋结构的上述特征，用一些技术方法制作出的 DNA 指纹图便具有高度的个体特异性（除同卵双生外）、同一个体不同组织间的一致性和遗传的稳定性（除癌变、基因突变外），为生物物证检验进入分子水平奠定了基础。

DNA 除上述结构特征外，还有很多理化性质，如酸碱度改变、过热、有机溶剂存在时，氢键断裂双链解开，称为变性；多脱氧核苷酸链内共价键断裂则称为降解；当变性分开的两条单链经缓慢降温处理，又可重新按碱基配对原则恢复到原有的双螺旋结构，这个过程称为复性。变性、复性的特性是 DNA 片段用来进行体外扩增的依据；而导致 DNA 降解的因素则是各类案件生物物证保全中应该避免的。

三级结构是指 DNA 二级结构的进一步折叠。

第二节　DNA 的多态性

DNA 的多态性包括片段长度多态性和序列多态性。

一、DNA 片段长度多态性

DNA 片段长度多态性是指个体间同一等位基因位点上等位基因碱基长度即核苷酸链排列数量存在差异。表现为等位基因大小不一，在电泳分离后，DNA 图谱的电泳迁移位置不同。

DNA 片段长度多态性表现为一种可变数目串联重复序列（Variable Number Tandem Repeat，VNTR）。每个特定的 VNTR 至少含有 1 个以上的重复单位，一般该重复单位的碱基对序列基本不变，而串联在一起的重复单位的数目是随机改变的。个体间同一位点的 VNTR 一般表现为重复单位相同，重复序列不同。不同位点的 VNTR 之间重复单位的碱基对序列不同。

目前常用的长度多态性标记是小卫星和微卫星。其中重复单位长度为 6 ～ 7 bp 的串联重复序列，称为小卫星 DNA。串联重复单位的长度为 2 ～ 6 bp 的重复序列被称为微卫星 DNA，又被称为短串联重复序列（Short Tandem Repeats，STR）。

根据分析检测的方法和原理不同，DNA 片段长度多态性又分为限制性内切酶片段长度多态性和扩增片段长度多态性。

二、DNA 序列多态性

DNA 序列多态性表现为个体间某一位点的同一等位基因长度相同，序列不同。

例如，HLA-DQA1 位点，21 种等位基因扩增产物长度为 242 bp，21 种等位基因核苷酸排列顺序不同。

序列多态性又分为单核苷酸多态性和线粒体 DNA 多态性。

单核苷酸多态性（Single Nucleotide Polymorphism，SNP）是指在两条同源染色体上，同源 DNA 序列长度相等，但特定核苷酸位置上存在两种不同的碱基。SNP 是由单个核苷酸替代、插入或缺失而形成，大都表现为一种二等位基因标记，即人群中只有两个等位基因和三种基因型。

SNP 广泛存在于基因组中，大约每 1 000 bp 存在一个 SNP，在人类基因组中大约有 300 万个 SNP，其数量要比 STR 基因座超出若干数量级。SNP 在个体识别与亲子鉴定中具有巨大的潜力，其检测更适合自动化和高通量方法，被称为第三代遗传标记，预期将成为替代 STR 的新的遗传标记系统。

线粒体 DNA（Mitochondrial DNA，mtDNA）是人类第二套基因组 DNA，线粒体也是人细胞中除核之外唯一含有 DNA 的细胞器。人类 mtDNA 基因组的序列共含有 16 569 个碱基对，为一条双链环状 DNA 分子。mtDNA 含有一个 D-环区（D-loop），mtDNA 的多态性主要表现为 D-loop 区域的碱基序列的差异性。目前最常用的检测 D-loop 多态性的方法是 mtDNA 的直接测序。由于人体不同细胞中线粒体数量多少不一，而且每个线粒体中含有不止一个 mtDNA，因此在细胞当中 mtDNA 的拷贝数远远大于核 DNA，这也是对一些退化组织进行 mtDNA 检测的基础。

第三节　DNA 检验的基本方法

一、限制性片段长度多态性分析技术

该技术的主要根据是限制性内切酶对 DNA 链特异性的切割。限制性内切酶是存在于细菌中的一种酶，具有高度的特异性和专一性。即每一种限制性内切酶能识别、并切割 DNA 分子的特异部分（序列）。人的 DNA 基因组非常巨大，对任何一种限制性内切酶来说其上有很多酶切点，但对同一种酶、不同个体基因组 DNA 来说，其酶切点的数目、位置不同，因此，切出的片段长度和数目会有差异。另一方面，同一个体、不同酶的切点位置和数目也不同，切割的结果也会有长短、数目的差异，这种现象叫限制性片段长度多态性。这种多态性是按孟德尔遗传定律遗传的。目前已在 600 多种细菌和微生物中发现限制性内切酶，而常用的有数十种。

限制性内切酶的选择是根据实验的要求、所用探针的种类、观察多态性的程度及检测片段的大小而定的。

二、聚合酶链反应分析技术

聚合酶链反应（Polymerase Chain Reaction，PCR）分析技术，亦称体外扩增技术。该技术是一种体外扩增目的 DNA 片段的技术。在耐热 DNA 聚合酶的作用下，以一对特异性序列 DNA 短片段作为引物，利用加热和冷却交替的循环程序，有选择地放大基因组内某一小区段，以提供足够量的靶 DNA 供各种方法分析使用。

三、直接测序分析法

即对人类线粒体 DNA（mtDNA）或其他目的片段进行序列分析，目前常用的测序方法主要是基于毛细管电泳的序列测定及基于半导体技术的序列测定。

第四节　DNA 技术的应用

一、DNA 技术在法医物证领域的应用

DNA 技术在法医物证领域的应用主要包括个体识别和亲缘鉴定。其中，个体识别领域除生物样本与已知样本之间比对实现认定个体的目标外，还包括不同案件现场生物样本比对实现案件串并。

目前主要用 DNA 分析技术对现场、凶器、衣物、犯罪嫌疑人或被害人的身体上发现的血痕、精斑（液）、毛发、组织、骨骼等进行个体识别。例如，通过对现场提取的血迹与犯罪嫌疑人的血液样本进行 DNA 分析，确定现场的血迹是否为该犯罪嫌疑人所留。又如，对不同犯罪现场提取的精斑进行血型、DNA 分析，如果不同犯罪现场提取的精斑的血型和 DNA 分型一致，则可确定这些来自不同犯罪现场的精斑来自同一个体，是同一人所留，从而实现案件串并。

DNA 多态性按孟德尔遗传定律遗传。利用多位点可变数目的串联重复（Variable Number of Tandem Repeat，VNTR）系统探针形成的 DNA 指纹图具有人各不同的特定性、同一个体不同组织的一致性和终生不变的稳定性等特点，这已在亲子鉴定中得到应用。随着越来越多的 DNA 遗传标记被应用到亲子鉴定中，利用 DNA 遗传标记遵循一定遗传规律的特点，进行遗传学分析甚至可以进行几代甚至隔代、多代的血缘关系的鉴定；而亲子鉴定已成为血缘关系鉴定的主要内容。

二、DNA 技术在人类学领域的应用

对于残缺的，缺乏人类学标记特征因而无法从形态学进行检验的骨骼等样本，应用 DNA 技术可以进行种属、种族等鉴定。而分子人类学作为人类学的分支，更是利用人类基因组的分子分析以及 DNA 遗传信息来分析人类起源、民族演化、古代社会文化结构等多方面多层次的问题，是一门新兴交叉学科。

三、DNA 技术在昆虫学领域的应用

对各类嗜尸性昆虫进行迅速、准确的种类鉴定，进而对死亡时间（Postmortem Interval，PMI）和死亡地点进行推断，是法医昆虫学的基本任务。死亡时间推断一直是法医侦破刑事案件的重点和难点，以往法医大多根据尸体现象推断死亡时间，近年来嗜尸性昆虫在死亡时间推断等方面体现出无可比拟的优越性，越来越受到人们的关注。随着昆虫学研究的不断深入，以及分子生物学在法庭科学领域的不断发展，法医昆虫学因其在死亡时间推断、移尸、抛尸案件中原始现场的推断等方面逐渐显现其优势，而日益受到国内外法医学研究人员的重视。相比形态学鉴定，DNA 技术不用考虑嗜尸性昆虫的生命周期，可以直接利用案件现场的幼虫进行 DNA 分析来完成种类鉴定，尽快地为案件侦破提供线索；也不用考虑标本的完整性，目前单个翅膀或跗足均可提取足量的模板 DNA 进行相关检测。

四、DNA 技术在植物学领域的应用

植物学包括植物系统学、植物解剖学、孢粉学、湖沼学、植物生态学等亚学科，可用于解决诉讼中的某些事实问题。传统的植物物证技术是利用形态学分类方法，依植物的形态特征而对其进行分类鉴别，但因该方法具有一些缺陷，故植物物证长久以来未受到重视和利用。近十余年来，随着分子生物学的飞速发展，在 PCR 技术的基础上发展起来的 DNA 分子标记技术，以检测植物 DNA 多态性为手段，能更好地发挥植物物证在诉讼中的证明价值：借助该技术，可解决植物的种属分类、产地追踪及同一认定等问题。

DNA 分子标记技术在植物物证中的应用还处于探索性试验阶段，但其相较于传统的检验方法有很多优点。首先，对检材的要求低，形态学分类检验需要较多、较完整的植物形态特征，而人们获得的植物物证往往都是微量、残缺甚至枯萎的，这使形态学检验的使用范围大大缩窄。而 PCR 技术的普及，将植物 DNA 物证的需要量降到了最低，仅一颗种子的胚芽就能提供大量的基因特征。有研究证明，利用保存了五年的干叶片进行 DNA 检测，也能得到较为可靠的结果。这表明，并不新鲜的植物检材也具有检验价值。其次，对植物学专业知识的要求相对少。形态学的检验往往需要专业的植物分类学家来进行，这使得操作相当复杂。如今，简单的 RAPD、AFLP 等检验技术已普及，所有 DNA 分子标记技术待检验的标准确定后，具体的操作都可以由机器完成，这无疑能够大大提高对植物物证的利用率。再次，可以进行个体识别。对植物物证的传统检验法往往只能对植物样本进行分类，确定它所属的科、属、种，乃至亚种，进行间接比较。然而许多 DNA 分子标记技术（如 RAPD、AFLP、SSR 等）同人类的 STR 技术一样，能对植物个体进行同一认定，因而这些检验方法的完善和推广将大大提高对植物物证的利用。

五、DNA 技术在动物学领域的应用

野生动物是生物多样性的重要组成部分，具有重要的利用价值。目前，与野生动物有关的非法走私已成为仅次于军火走私、毒品走私的第三大非法交易。野生动物的非法贸易活动破坏了生物多样性，使许多珍稀动物濒临绝迹；促使外来物种入侵，破坏当地的生态平衡；导致野生动物疾病的传播。据统计，全球有上千个动物保护组织和基金会、8 000 多个自然

保护区和数百个国家动物园，都在致力于野生动物的保护和控制野生动物方面的非法贸易。到目前为止，已有包括中国在内的 175 个国家及地区加入了《濒危野生动植物种国际贸易公约》。另外，各种以打击非法野生生物交易为目的的国际网络及协调组织，如国际刑警组织下辖的野生生物犯罪工作组和野生动物贸易监控网络（Wildlife Trade Monitoring Network）等也相继成立并发挥着重要的作用。然而，在高额经济利益的驱使下，野生动物的非法交易活动仍屡禁不止。在野生动物保护活动中，动物物种鉴定、地域来源确认等是必须解决的首要问题，也是立案侦查的依据，能够为刑事诉讼提供科学证据。解决这些问题的检验方法各异，其中传统的检验方法主要有形态鉴定法、显微镜镜检法、理化检验法、蛋白质分析法和免疫学鉴定法。无疑，这些传统检验方法具有简便直观、价格低廉等优点，但一般只局限于种属鉴定，并且无法对严重降解（如腐败、深加工等）的检材进行准确的判定。但随着 PCR 技术的出现与发展，DNA 检验技术有了巨大的发展，采用 DNA 分子标记技术对动物种属等信息进行鉴定已成为一种十分可靠、有效的方法。

六、DNA 技术在微生物领域的应用

微生物领域的 DNA 技术可以检测自然界不同物质中各种微生物含量，对其分布特点进行研究，进而推断检材来源地等信息。例如，不同的土壤样品间在组分及含量方面存在相当大的差异，且这些差异在一定时期内具有相对稳定性，对嫌疑人或受害人衣物上附着的土壤物证进行检验和分析，从而推断嫌疑人或受害人曾经到过的地点，进而为案件的侦破提供线索。近年来，研究已发现，不同人类个体、同一个体不同身体部位的微生物菌群存在差异；经接触，这些菌群可以转移到各种载体上，通过鉴定载体上的菌群可以为确定其曾经接触过的个体提供依据。

 本章小结 >>>

DNA 是生物遗传物质，具有片段长度多态性和序列多态性。DNA 的遗传特性使得它被广泛应用于解决诉讼中的相关问题。利用 DNA 的遗传特性，不仅可对人类进行个体识别和亲缘鉴定，还可对动物、植物、微生物进行充分利用，使之成为诉讼中的重要证据。

 问题与思考

1. DNA 多态性有哪些种类？试举两例。
2. DNA 技术可用于解决哪些问题？

 本章的主要参考文献

1. 张惠芹. 生物物证学. 北京：中国人民公安大学出版社，2008.
2. 吴梅筠. 法庭生物学. 成都：四川大学出版社，2006.

3. 侯一平．法医物证学．北京：人民卫生出版社，2010.

4. 郭景元，李伯龄．中国刑事科学技术大全：法医物证学．北京：中国人民公安大学出版社，2002.

5. 倪萍娅，等．DNA检验技术在野生动物保护中的应用．法医学杂志，2011，27（6）：451-455.

6. 张娴，等．DNA分子标记技术在法医植物学中的应用．法医学杂志，2008，24（6）：457-460.

7. 闫华超，等．动物线粒体DNA分析技术及其应用．生物技术通讯，2010，21（2）：280-283，294.

8. 李成涛，等．DNA鉴定前沿．北京：科学出版社，2011.

9. 葛云英，等．微生物群体多样性在法庭地理学上的应用前景//第二届全国法医DNA技术研讨会论文专辑．北京：中国人民公安大学出版社，2004.

10. URSELL L K, et al. The interpersonal and intrapersonal diversity of human associated microbiota in key body sites. J Allergy Clin Immunol, 2012, 129（5）：1204-1208.

第三章 血痕物证技术

关键术语

血痕 预实验 确证试验

第一节 血痕的勘验和可疑血痕的定性

在犯罪现场或尸体、人身上，有可能发现新鲜的呈液体状态的血液，而更多情况下，所发现的，是血液干燥后形成的血痕。

一、血痕的勘验

发现血痕以后，应当仔细勘验，要注意观察血痕所在的部位、颜色和形状大小。

1. 血痕的颜色

新鲜的血因含有丰富的氧而呈鲜红色。血干燥后，由于形成正铁血红蛋白而呈暗红色，有光泽。随着时间的推移又转变成正铁血红素，而使血斑逐渐变暗褐、褐、灰色。可见，通过血痕颜色的改变可以初步推断出血时间，以帮助确定案发的时间。

2. 血痕的形状

不同情况下形成的血滴斑迹的形状各有差异，研究血痕形状有助于对有关案情进行分析，从而为现场重建提供重要的依据。例如，血滴落的高度、角度、出血者行走方向、尸体受伤的体位、原始现场，特别是形成的血指纹还可以对留下痕迹的人进行同一认定。血迹形态分析目前已经成为现场勘查的重要项目之一。

二、可疑血痕的预试验与定性实验

多数情况下，根据现场情况就可以确定案件中发现的痕迹是血痕，但有时却不能认定是否为血痕，这就需要对可疑血痕进行定性。

1. 可疑血痕的初检

对可疑血痕进行初检，是为了解决可疑血痕是不是血这个问题。初检的结果如果系阴性反应，那么便可肯定不是血；如果系阳性反应，则说明可能是血，但还要进一步检验予以确认。所以，初检只是指向实验。初检的方法很多，有四甲基联苯胺法、酚汰法、孔雀绿法、紫外线浓硫酸法、鲁米诺法等，其中最常用的是四甲基联苯胺法及鲁米诺法。

四甲基联苯胺法的原理是：血痕中含有血红蛋白或正铁血红素，其含有的过氧化物酶的酶活性，能使过氧化氢分解而释放出新生态氧，进而使无色的四甲基联苯胺氧化成翠蓝色的联苯胺蓝。

操作方法为：将可疑血痕置于滤纸片上，或将滤纸片叠成角以擦拭斑迹处，然后将纸片展开，依次滴入冰醋酸、四甲基联苯胺无水乙醇饱和液各一滴，稍候，若不出现蓝色，再加入 3% 过氧化氢，如立即变为翠蓝色，即为阳性反应。

该方法很灵敏，可检出十万分之一至五十万分之一的血液，一万分之一至五万分之一的血痕。但该方法缺乏特异性，一些氧化剂如高锰酸钾、硫酸铜，含有氧化酶的蔬菜汁如胡萝卜汁、大蒜汁、马铃薯汁等也会使四甲基联苯胺变蓝，故在操作时一定要严格遵守操作程序，并要在依次加入冰醋酸、四甲基联苯胺无水乙醇饱和液后稍候，因血痕检验使联苯胺变蓝必须要在有双氧水产生的新态氧存在的情况下方可完成。该方法灵敏度极高，是目前预试验中常用的方法。

鲁米诺又名发光氨，化学名称为 3-氨基邻苯二甲酰肼；在常温下，鲁米诺是一种黄色晶体或者米黄色粉末，是一种比较稳定的人工合成的有机化合物；其化学式为 $C_8H_7N_3O_2$，溶液显强酸性，对眼睛、皮肤、呼吸道有一定刺激作用。鲁米诺法的原理是：血红蛋白含有铁，而铁能催化过氧化氢的分解，致使过氧化氢变成水和单氧，单氧再氧化鲁米诺让它发光。

操作方法为：在需要使用时，将 0.1 g 鲁米诺与 0.5 g 过氧化钠溶于 100 mL 水中；用喷壶均匀喷在可疑部位，释放出蓝紫色荧光者则可能为血迹。

鲁米诺发光是氧化导致的，这就意味着有很多氧化物以及能起催化作用的金属也能让鲁米诺发光，这其中包括日常使用的次氯酸漂白剂。如果犯罪分子用漂白剂清洗过现场，就有可能干扰鲁米诺的使用。但这两种物质的发光情况略有不同，漂白剂导致的发光是快速闪现的，而血迹导致的发光是逐渐出现的；经验丰富者，通常能对二者做出区分，但有时也不一定都能做到。使用本方法时，其周围环境不可以太亮。

2. 可疑血痕的确证实验

所谓确证实验，就是要检验呈阳性反应的可疑血痕，是否具有血液所特有的成分：血红蛋白及其衍生物。确证实验的方法很多，常见的有以下几种。

（1）血色原结晶实验。血红蛋白在碱性溶液中分解为正铁血红素和变性珠蛋白，而正铁血红素在还原剂作用下形成血红素，当血红素与变性珠蛋白以及一些含氮的化合物如吡啶等相结合时，能生成有特殊吸收光谱的血色原结晶。此结晶为血痕特有，有此结晶出现即可确认可疑斑痕是血。此法简单、效果好。但值得注意的是，实验中所用的高山氏试剂久放易失效，所以结果为阴性时一定要用已知血样测试试剂是否失效，否则容易误判。

（2）氯化血红素结晶实验。在酸作用下，血红蛋白分解产生正铁血红素，当遇到氯离子时则生成褐色菱形氯化血红素结晶。此法亦简单，较灵敏，但对陈旧的、洗过的、发霉的血痕常呈假阴性反应。

（3）光谱（显微分光镜）法。有色物质能吸收一定波长的光线，当日光通过有色物质，再经过分光镜时，一定波长的光线被该物质吸收，便会在光谱上相应波长的区域内出现黑色的吸收线。血红蛋白及其衍生物系有色物质，具有选择性吸收光线的性质。利用该性质，在分光镜下看血痕浸出液是否有特定的吸收线，便可确定是否有血痕。该法需借助仪器，相对较复杂，但却是确定陈旧血痕的一个好方法。

对血痕的确证实验还有用显微镜查找细胞法和电泳法。

由于 DNA 技术所检测的片段大多具有人类种属特异性，故在 DNA 技术引入之后，前述血痕确认实验在实际检案中便较少应用了。

第二节 人血与动物血的鉴别

一、血痕检验的一般顺序

对于已被确证是血的斑迹，通常按以下顺序进行检验。

1. 鉴别是人血还是动物血

根据案情不能确认已经发现的血痕是否为人血时，就必须先检验血痕是人血还是动物血，有时还要鉴定是何种动物血。

2. 鉴别人血的血型

如果确定血痕是人血，还要进一步检验血型，特别是当需要认定两处发现的血其来源是否相同时，这种检验尤其不可缺少。如果血型不同，即可作出否定结论；如果血型相同，则完成一个血型系统的检验后，还应再作进一步的检验。

3. 对人血的 DNA 进行检验

血型检验的肯定结论往往不足以解决案件中的问题。例如，嫌疑人衣服上的血是 A 型血，死者血也是 A 型血，不能仅仅根据这一点便认定嫌疑人就是杀人凶手。民事案件中，孩子的血型和可疑父亲血型相同，也不能就肯定二者有血缘关系。此时便应当进行 DNA 检验。此外，检材量很少时，应当考虑直接委托有条件的物证鉴定机构进行 DNA 检验，以免耗费检材。

二、人血与动物血的鉴别方法

鉴别人血与动物血的常用方法，是血清学的方法。这种方法以抗原与抗体免疫反应的原理为基础，常用的有以下几种：环状沉淀反应法、琼脂糖免疫扩散法、对流免疫电泳法、酶联免疫斑点法、胶体金法、等电聚焦法等。

目前人血种属鉴定常用的是抗人血红蛋白金标试纸条法，它的基本原理是金标记双抗体夹心法。抗人血红蛋白金标试纸条分为三个区，即加样区、反应区和吸附区。吸附在加样区的金标记单克隆抗人血红蛋白抗体与人血痕浸泡液（含有人血红蛋白）反应后，形成金标记抗原抗体复合物，并向试纸条吸附区扩散。当复合物扩散至反应区时，与吸附于此区的另一单克隆抗人血红蛋白抗体结合（线性），抗原抗体复合物聚集该处，形成紫红色线（阳性反应线）。过剩的复合物继续向吸附区扩散，与反应区吸附的另一抗体（通常是羊抗鼠 IgG）结合，也形成紫红色线条（质控线）。

如果经过检验不是人血，而又需要审查是否为某种动物血时，可用相应的抗动物血清，用以上方法实验。

第三节 人血的 DNA 检验

人血的 DNA 分析目前已成为常规技术，技术的关键在于 DNA 的提取。从血痕中提取 DNA，主要是采用有机溶剂提取法、Chelex-100 提取法、硅珠提取法等。有机溶剂提取法，即通过酚—氯仿混合物萃取 DNA 溶液中的蛋白质类有机物质，而保留 DNA 于水相溶液中的一种提取法。该法提取的 DNA 纯度较高。Chelex-100 提取法比较简单，它利用 Chelex 能有效去除非核酸有机物的性能来提取 DNA，但提取的模板 DNA 纯度较差，仅适用于进行 PCR 多态性分析。硅珠提取法的原理是，在硫氰酸胍条件下，利用二氧化硅微粒特异性捕获有机质溶液中 DNA 分子的性能来提取 DNA。Chelex-100 提取法和硅珠提取法为目前常用的方法。

血痕也是 DNA 检材较好的储存形式之一。在实验室条件下，将新鲜血液滴于血样采集卡上（一种用于保存血样的滤纸），并用条码加以标记，便于存放和管理。使用时用特制打孔器截取直径约 1.2 mm 的血痕，即可用于后续的 PCR 扩增。由于该方法操作简单，无须进行 DNA 定量，因此适用于实验室大规模自动化检验。

血痕个体识别主要用 STR 基因座分型，其次为序列多态性如 mtDNA 的检测。

 问题与思考

1. 简述血痕预实验方法。
2. 血痕确证试验方法有哪些？
3. 简述血痕检验顺序。

 本章的主要参考文献

1. 张惠芹．生物物证学．北京：中国人民公安大学出版社，2008.

2. 吴梅筠．法庭生物学．成都：四川大学出版社，2006.

3. 侯一平．法医物证学．北京：人民卫生出版社，2010.

4. 郭景元，李伯龄．中国刑事科学技术大全：法医物证学．北京：中国人民公安大学出版社，2002.

第四章　毛发、精斑、唾液斑物证技术

第一节　毛发的检验

一、毛发的发现与提取

毛发是头发和体毛的统称。人体表面除手掌、脚趾外，到处都生长有毛发。所以，在打架斗殴、凶杀、强奸、交通事故案件中，毛发是较为常见的物证。毛发由角蛋白组成，抗腐败，耐损伤，稳定性很强。即使尸体腐败了，也还可根据毛发鉴别尸体残骸的身源。

用毛发的毛根，可以进行 DNA 分析，鉴定性别；而一小段毛发，则可用于线粒体 DNA 分析、元素分析等。有些古墓中的死者毛发还可以作 ABO 血型分析。在凶杀案件中，利用毛发损伤的情况可以判断罪犯所用的凶器或案件性质。

毛发外形纤细，难以寻找。现场勘查时，为了寻找毛发，首先应当明确重点。例如，强奸案中，毛发多存在于死者两腿之间和穿着的衣服上。如有暴力致死特征，还应注意检查死者手中是否有毛发。人体毛发经常脱落、替换，一般每人每天脱落毛发总数约 30～120 根。所以，在案发现场罪犯经过的地方，都可能有毛发脱落。同时现场勘查中也应注意防护，以免勘察者自身毛发脱落，影响案件现场物证提取。

提取毛发时要非常细心，不能用手去抓，而要用小镊子小心夹取。提取的毛发装入信封或纸袋中，要编号并做好记录。成微细碎段状的毛发应放在试管中。毛发上如有异物、污垢，则应注意保存这些异物、污垢，以防其脱落。在提取现场毛发的同时，还要注意从死者或嫌疑人身上提取少量毛发样本，供对照检验使用。

二、人的毛发与动物毛、纤维的鉴别

案发现场的毛发，可能和各种动物毛或纤维混杂在一起，所以，对于从现场提取的毛发，有时需要鉴别是人的毛发，还是动物毛。

毛发分毛根、毛干、毛尖三部分。露在皮肤外的部分为毛干，毛干是毛发的主要部分。毛干的游离末端渐细变尖部分称为毛尖。位于皮肤里面部位的是毛根。人的毛发与各种纤维的区别比较明显，一般肉眼可辨；人的毛发与动物毛有的用肉眼观察外表形态就可识别，但有的则外观相似，要用显微镜观察鉴别。

利用显微镜区别人的毛发和动物毛，主要是观察毛干的结构。毛干由毛小皮、皮质和髓质组成，从这三个方面来看，人毛与动物毛很容易区分。如图 6-4-1 所示。

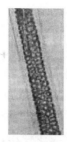

图 6-4-1 不同动物的毛发（从左至右依次为人、狗、鹿、兔、猫以及鼠类的毛发）

（1）毛小皮。位于毛发的最外层，由无核、无色素的角质化的扁平细胞组成。这些细胞依次错位重叠呈鱼鳞状或屋瓦状向毛尖端排列，由于鳞片状的重叠位置、大小、形状不同，而形成了和毛轴垂直的冠状、刺状、鳞状三种不同花纹。人毛的毛小皮较薄，重叠不超过三层，呈细小屋瓦状花纹。动物的毛小皮较厚，有的毛重叠厚达 10～12 层，呈锯齿状。

（2）皮质。皮质在毛小皮的里面，受其保护，处于毛干中层，是由角质化的细长纤维状细胞向毛发的纵向排列组成，形成一纤维束状角化物质居于细胞内。残余的细胞成分集中于纤维素的间隙，包括大小不同的色素颗粒、气泡、蛋白质等。色素颗粒的形态及分布是区分人毛与动物毛的重要根据。人毛的色素颗粒多集中于皮质周围部分，而动物毛的多集中在皮质中心。人毛的皮质部分很发达，是毛干的主要组成部分。

（3）髓质。在毛发的中轴，由退化而形状不一的上皮细胞残渣组成，核已退化，排列松弛，有色素颗粒。人毛髓质多数不发达，较粗的毛有髓质，但往往是不连续的，而毛尖部无髓质。动物毛髓质一般很发达。毛小皮和髓质是毛的特有结构，纤维无此结构。

三、毛发的比较检验

在发现留下毛发的嫌疑人的情况下，必须对现场提取的毛发（多系头发和阴毛）与嫌疑人的毛发进行比较检验。

1. 肉眼观察

观察毛发的形态、长度、色泽及其附着物，判明是人体哪一部位的毛。头发多呈直线形，偶有小波浪形，上有发脂、染发剂；阴毛短粗而卷曲，有时有精液、尿液痕迹等。

2. 毛发的 ABO 血型检验

检验毛发的 ABO 血型，通常利用热解离法，其原理与检验血痕的相同。毛发上皮细胞膜上的血型物质能与相应的凝集素结合，形成抗原抗体复合物，在 56 ℃ 的条件下复合物中的抗体又释放出来，用相应的指示细胞检测释放出来的抗体，便可测得毛发的血型。

每次实验时，应取相对应的毛做已知对照实验。

3. 毛根的酶型检验

从现场提取的毛发如有毛根存在，且拔下时间并不太长，则毛根可能有酶活性。此时，可检验酶型 PGM、EsD，或再加 GLO Ⅰ。检验和判断方法与血液的酶型检验相同，但目前对于毛根则更倾向于首先进行 DNA 检测。

4. 毛发的性别检验

如果强奸案现场提取的毛发，其血型与嫌疑人的相同，则需进一步作性别检验，如属男性毛发，很可能就是嫌疑人的毛发。

鉴别毛发性别的最好方法是检验毛发上的 X 染色体和 Y 染色体。根据毛根的皮质细胞中 Y 染色体和 X 染色体的检出率，可以确定毛发的性别。通常以检测 Y 染色体为主，因为 Y 染色体的检出率在男女之间有很明显的差别。无 Y 染色体者为女性，有一个 Y，即为男性。检验方法：先用 40% 醋酸使附有毛囊的毛根软化，刮下毛囊，并用刀尖撕碎，分离毛囊上皮细胞，用甲醇固定三分钟，再用盐酸阿的平染色，在显微镜下观察，呈现一个荧光点即为 Y 染色体。但目前，这种方法较少使用，多用 DNA-STR 检测试剂盒联合检测性别。

5. 毛发的微量元素分析

利用中子活化分析法测定毛发中某些微量元素，对于解决现场毛发是否为嫌疑人的毛发有一定参考价值。然而毛发中的微量元素往往受时间、部位等因素的影响而不大稳定，而嫌疑人毛发样本的提取部位和提取时间往往与现场毛发的生长部位和脱落时间存在差异，所以，通过检验毛发的微量元素解决现场毛发与嫌疑人毛发样本是否同源，很困难。毒物毒品检验中，可以采集被鉴定人毛发，作为一段时间以前是否吸毒或中毒的指证。

6. 毛发的 DNA 分析

毛发如果有毛根，因有细胞核故可以进行染色体 DNA 分析；毛发如无毛根，只有毛干，不能进行染色体 DNA 分析，但可以进行线粒体 DNA 分析。一般只要有一个毛根或 1 cm 长的毛干，便可以进行 DNA 分析。但如果检材条件差，例如，毛根不是拔取，而是脱落下来的，而且时间长已经干瘪，或者毛干离根部较远（如阴毛尖部），就很难得到理想的结果。

第二节　精斑的检验

精斑是强奸案件中的重要证据。在暗色织物上，浓厚的精斑呈灰白色糊糊状；稀薄的精斑在浅色织物上呈莹白色，边缘色稍深，手感发硬，新鲜精斑有特殊臭味。

一、精斑的预实验

1. 紫外线检查

精斑中含有黄素，在紫外线照射下呈现银白色荧光，洗过的精斑亦能发出浅淡的荧光。但一些分泌液，如阴道液、唾液、鼻涕等以及含荧光素的各种载体也有类似的反应，故此方法不特异，阳性结果只表明可能是精斑；而过于陈旧以及被破坏的精斑又没有荧光反应，所以阴性结果不能轻易否定。

2. 酸性磷酸酶（ACP）检验

ACP 是一类水解酶。人体脏器、体液、分泌液均有酸性磷酸酶存在，特别在精液的前列腺分泌液中含量最高，约是其他部位的 100 倍以上。在酸性环境中 ACP 能使无色的磷酸钙 β-萘脂水解成 β-萘酚，在遇到重氮盐后即呈现橙红色反应，以此证明精斑的存在。

ACP 在精液中含量很高，所以，出现阳性反应快，但其他体液中也含有这种物质，只是因量少而出现结果慢，所以时间控制是本实验的关键。值得注意的是，阴道液及某些避孕药也呈弱阳性反应，所以实验时要作空白和阴性对照。另外，被破坏了的精斑（如高温、腐败），由于丧失酶活性，而不呈阳性反应，故该实验只是精斑的定向实验。

二、精斑的确证实验

1. 精子检出法（显微镜检验）

精子是精液中的有形成分。成熟的精子分头、颈、尾三部分，全长为 50～70 μm，只要检出完整精子，便可确定精斑。陈旧的精斑，或由于检材剥离时处理粗暴，可将头、颈、尾弄断。但只要有精子头，也可确认，但必须与阴道滴虫、酵母菌及其他植物细胞区分开。精子头呈椭圆形，可用不同染色液染成不同的颜色。如用苏木素伊红染色，精子头后半部呈蓝色，前半部无色，尾部呈红色。用酸性品红亚甲蓝染色，则头部呈红色，尾呈蓝色。

2. 抗人精环沉实验

该方法的原理是，人精液免疫动物（家兔等）所得抗人精血清，与人精液蛋白成分发生抗原—抗体反应，形成白色沉淀物。若出现白沉淀环，则为阳性，可确定为人精斑。

操作本实验时要有已知精斑及阴道分泌物、空白检材对照，以确定抗血清的特异性，避免误判。

3. 检测 P30 确定人精斑

P30 是人精浆中特有的蛋白成分。由前列腺分泌的糖蛋白，因其分子量为 30 000 道尔顿，故称 P30。该方法是当前检验精斑最有效的方法。主要原理为从人精浆中纯化出 P30 蛋白免疫豚鼠制得抗血清作为第一抗体，用 ELISA 法、Dot-ELISA 法、琼脂扩散法、电泳法等检验，其中 ELISA 法最灵敏，为 64 万倍。Dot-ELISA 酶联免疫斑点法简单、快速、灵敏，已在办案中运用。现介绍如下。

将免疫豚鼠制得的抗 P30 血清，包被在硝酸纤维素膜（NCF）上，再加精斑浸泡液，其中精斑便与抗 P30 血清结合，然后再加用酶标记的单克隆抗 P30 血清，该血清也与结合在第一抗体上的精斑结合，从而形成双抗体夹心复合物。再加适当标酶的底物，便出现有色的斑点，证明有精斑存在。

4. 人前列腺特异性抗原（PSA）金标检测试纸条法检测精斑

抗人 PSA 金标试纸条法，其基本原理是金标记双抗体夹心法。抗人 PSA 金标试纸条分为三个区，即加样区、反应区和吸附区。吸附在加样区的金标记单克隆抗人 PSA 抗体与人精斑浸泡液（含有人 PSA）反应后，形成金标记抗原抗体复合物，并向试纸条吸附区扩散。当复合物扩散至反应区时，与吸附于此区的另一单克隆抗人 PSA 抗体结合（线性），抗原抗体复合物聚集该处，形成紫红色线（阳性反应线）。过剩的复合物继续向吸附区扩散，与反应区吸附的另一抗体（通常是羊抗鼠 IgG）结合，也形成紫红色线条（质控线）。

三、精斑的 ABO 血型检验

人体的血型物质，不仅存在于红细胞上，而且也广泛地存在于组织细胞上。这种血型物质可用乙醇提取，所以称醇溶性物质。但人群中一部分人除有醇溶性物质外，还有不溶于乙醇而易溶于水的水溶性血型物质，它们存在于人体的体液、分泌液以及其他组织细胞中。唾液是人体含血型物质最丰富、最容易得到的物质，所以根据人唾液中是否含有 A、B、H 型物质将人群分为"分泌型"和"非分泌型"两种。水溶性型物质的分泌是由一对等位基因 Se 和 se 控制的，Se 为显性，se 为隐性，纯合子 SeSe 及杂合子 Sese 的人为分泌型，而 sese 纯合子的人属于非分泌型。非分泌型的人约占 24%。当然精液、阴道分泌液等也有分泌与非分泌之分。

　　凡是能检验血痕 ABO 血型的方法均适合精斑的检验。精斑检验常用的方法有热解离法和中和法。

四、混合斑中精斑的 ABO 血型检验

　　顾名思义，混合斑即两种以上体液混合形成的斑迹。从生物物证角度来说，精液、血液、唾液、尿、汗、乳汁等均可相混形成各种混合斑。强奸案中主要是精液与阴道分泌物、血、尿等形成的各种混合斑，轮奸案中又增加了精斑的型别。因此混合斑的血型鉴定是一个非常复杂的问题，测定混合斑中精斑的血型，一直是生物物证研究的重要课题。

　　目前检验混合斑中精斑型的方法有以下几种。① 用解离实验检查混合斑存在的血型物质，和受害人的血型比对，除掉受害人的血型物质，来推断嫌疑人可能的精斑血型。当受害人是 AB 型时，就无法用该方法推断精斑型。② 用吸收法（中和实验）来检查混合斑中各种血型物质分泌的程度，与受害人的血型比对，根据分泌级数的多少推断嫌疑人可能的精斑型。当受害人是 AB 强分泌型时也无法用该方法推断精斑型。③ 用电泳法分离精斑与阴道分泌液斑，以吸收法分别测其 ABO 血型。④ 酶联免疫斑点法分离混合斑，然后用双抗体夹心法检其精斑的 ABO 血型。这是我国在 1990 年研制出来的方法。

五、精斑的 DNA 分析

　　精子含有大量 DNA，可从精液斑提取 DNA，检测其多态性。即使精液中无精子，由于精液中含有少量睾丸细胞、上皮细胞等，也能进行 DNA 分析。

　　精子细胞核膜是富含二硫基的交联蛋白组成的网状结构，能抵抗各种类型的去污剂作用，对外源性蛋白水解酶也有相当强的抵抗作用。为了裂解精子细胞，必须要切断二硫键以消化蛋白质。二硫苏糖醇（DTT）作为还原剂可使二硫基断裂，因此在精斑提取时除常规消化液外还需加入一定量的 DTT。利用精子细胞的这种特性，可以使用差异提取法从精液与阴道液混合斑中提取精子 DNA。

　　精斑 DNA 多态性分析目前多采用 PCR-STR 分型技术，在血痕中能测定的 STR 基因座也能在精斑中测定。

　　由于 Y 染色体系男性特有，检测 Y-STR 不需要分离男女成分即可实现对男性成分的基因分型，故在性犯罪案件中对精液与阴道液组成的混合斑中的个人识别有极其重要的意义。Y-STR 呈男性伴性遗传，不与其他染色体重组，除突变外，在父系的所有男性个体中，如兄弟、父子、叔侄、堂兄弟、祖孙等，都具有相同的 Y-STR 单倍型，因此可利用父系亲属的参考样本进行犯罪嫌疑人的排除推测。Y-STR 标记作个体识别时只具有排除同一性意义，不能认定个体。

第三节　唾液斑的检验

　　唾液及其斑痕也是重要的生物物证之一。唾液中含有大量的有机物质，如黏蛋白、球蛋白、尿酸、酶和血型物质；另外还有些无机物，如钾、钠、钙、氯、氨等；除此之外还有口腔黏膜上皮细胞。其中血型物质、唾液淀粉酶和口腔上皮细胞对个人识别有重要意义。

一、唾液（斑）的提取

唾液斑多遗留在烟头、果核、手帕、口罩等与口腔接触的物品上。斑痕较淡，在暗室用紫外灯照射可发现荧光借以定位，以便日后做定性实验。在强奸、杀人案件中，还要采集被害人和嫌疑对象的唾液，以便做血型对照，确定其是否为分泌型。收集的唾液斑要分别妥善包装，放阴凉通风处晾干保存。

二、唾液斑的定性

唾液中的淀粉酶能分解淀粉变成糖，淀粉遇碘变蓝色，而糖遇碘无蓝色反应。因此，将已知淀粉溶液与检材提取液作用后，再加碘，若无蓝色反应，表示检材提取液已无淀粉存在，淀粉已被分解为糖，据此即可判断检材提取液中有唾液淀粉酶，为唾液斑。反之，就不是唾液斑。该实验灵敏，五年以上的斑痕亦可检出。在做此实验时，要做无唾液斑的空白对照实验。

三、唾液斑的 ABO 血型检验

ABH 分泌型的人，唾液中分泌有与血液 ABO 血型一致的血型物质。而非分泌型，唾液中不分泌 ABH 血型物质。可利用吸收试验、热解离试验检测唾液的 ABO 血型。

四、唾液斑的 DNA 分析

分析 DNA 多态性是目前进行唾液斑个人识别的有效手段。唾液中含有口腔黏膜脱落上皮细胞，可从中提取 DNA，进行基因组 DNA 与 mtDNA 多态性分析。

口腔黏膜脱落上皮细胞提取 DNA 时，取适量检材如烟蒂、口腔拭子、水杯等擦拭物，按照常规方法进行 DNA 提取。

唾液斑基因组 DNA 多态性分析目前多采用 PCR-STR 分型技术，在血痕和精斑中能测定的 STR 基因座也能在唾液斑中测定。

随着微量 DNA 分型技术的日益发展，大量潜在的包含口腔脱落上皮细胞物证的 DNA 检验成功率大大提高，拓宽了 DNA 检验的范围，成为重要的证据来源。

？ 问题与思考

1. 简述人毛发与动物毛的鉴别。
2. 简述精斑预实验和确证试验方法。
3. 唾液斑通常存在于哪些载体上？

本章的主要参考文献

1. 张惠芹. 生物物证学. 北京：中国人民公安大学出版社，2008.
2. 吴梅筠. 法庭生物学. 成都：四川大学出版社，2006.
3. 侯一平. 法医物证学. 北京：人民卫生出版社，2010.
4. 郭景元，李伯龄. 中国刑事科学技术大全：法医物证学. 北京：中国人民公安大学出版社，2002.

第五章　植物物证技术

第一节　植物物证检验的任务

在犯罪案件，特别是暴力犯罪案件中，不仅有来自人体的生物物证，而且还常常遇到来自植物体的植物物证，如叶片、花粉、种子、孢子等。

检验植物物证的任务，主要是解决种属认定的问题。所以，从事植物物证检验，应当了解植物的分类及其分布情况。

植物分类的主要等级是界、门、纲、目、科、属、种，用以表示各植物类群亲缘关系的远近。

"种"是最基本单位，有其形态和生理特征，是有一定自然界分布区的一群个体。不同的种各有自己的特性。把具有相近关系的一些种归在一起命名为"属"，同一属的种，又有共同特征，并以此与其他属相区分。依此类推，"界"是分类中的最高单位。

植物的名称非常复杂，不仅因语言和文字不同而不同，还有地区的差异。现在国际上提倡采用瑞典植物学家林奈的二名法给植物统一命名，规定植物名称由两个拉丁字母组成，第一个为隶属的属名，第二个是种加词，之后还要加上命名人的姓名。

自然界植物有的已灭种，不能按系统发育和植物类群间的亲缘关系分类，而只能根据分类工作者掌握的资料编制自然分类，所以各家不一。现介绍其中一种。

植物有高等植物和低等植物之分。低等植物主要包括藻类、菌类、地衣类。这类植物结构简单，为单细胞、群体和多细胞的个体，无根、茎、叶之分，生殖不通过胚胎，由单细胞直接生成植物体，其中一部分称孢子植物，由孢子繁殖，不开花、不结果，故又称隐花植物。高等植物包括苔藓、蕨类、种子植物即裸子植物和被子植物。高等植物由多细胞构成，有根、茎、叶之分，内部有维管束，生殖器为多细胞结构，发育经过胚的阶段。裸子植物，是低级的种子植物，已出现花粉，最后形成的种子无果皮包被。其在世界上大多已灭种，而我国还是种类最多的国家。被子植物是植物界最高级的一类。孢子体极发达，有木本、草本和藤本。维管束木质部有导管和管胞，韧皮部有筛管和伴胞。花已有花被、雄蕊、雌蕊之分，已出现花粉。最后发育成有果皮包被的种子。所以又叫种子植物、显花植物。被子植物种类繁多，又有单子叶和双子叶之分，分布广、适应性强，全世界约有 25 万种，我国占有1/10。可见被子植物在植物中是很重要的。

目前对被子植物分类常用的是恩格勒和哈钦松系统。我国多数地区的植物标本室和植物志采用的是恩格勒系统，而广东、广西、云南采用哈钦松系统。

常言道"一把钥匙开一把锁"，打开植物界大门的钥匙就是"植物分类检索表"。它是根据二岐分类法的原理，以对比方式编排的。也就是说，把各种植物最有代表性的特征加以比较，按其不同点，把特征相同的归在一项下，其余的归在另一项下，在同一项下又以不同点再分，依此类推，直到区分出某种植物为止。植物界的主要等级均有检索表，最常用的是分科、分属、分种三种检索表。它又分定距和平行检索表两种形式。可见，为了正确地对植物物证进行种属认定，了解植物分类检索表是很重要的。

各种植物物证多有微观特点，它们飘在空气中，落在泥土里，可能黏附在罪犯的鞋子、衣服、凶器上，有的罪犯还可能利用树木枝条勒颈杀人，被害人尸体上也可能黏附植物物证。利用这些植物物证，可查明其植物种属，分析亲缘关系，了解分布地域以及生长季节，对判明案件性质，推断作案时间和地点，分析罪犯作案过程，都能提供重要依据。

第二节　植物物证的检验

一、植物叶片的检验

叶片是被子植物的一个组成部分，它变化较大，难以识别，尤其是一些残片，辨认起来就更加困难。一般采用比对法检验，即将采集的残片物证，经"植物分类检索表"查出为某种植物残片后，要采集相应的已知样本对照分析。

肉眼并借助放大镜观察，要从叶片、叶端、叶茎的形状，叶脉的走向，叶片边缘特征等方面观察。

仪器观察，主要是用显微镜观察叶片表皮形态、角质层等，而以叶片上的表皮细胞气孔的变化为鉴别的重要特征。日本京都大学广江美助教授将其表皮细胞称为"植纹"，以比拟人的指纹，说明叶表皮细胞形态和气孔的变化具有物种的特异性。

利用叶片特征可以为破案中分析罪犯作案时间提供依据。例如，某市发现一具腐烂女尸，面目全非，从尸体口中牙缝取到一细小植物碎片，分析为罪犯堵塞被害人嘴巴所用的草叶。经专家鉴定其显微特征，为禾本科鹅冠草植物叶表皮细胞特征。根据该植物的生长季节和生长地区推断出作案时间和地点，为审查嫌疑人提供了依据。

二、植物孢子、花粉的检验

植物孢子、花粉的特点是又轻又小，肉眼不易发现，因此要借助仪器分析、观察。主要是显微镜和扫描电镜观察。

将孢粉制成便于观察的标本片，观察它们的形态结构，因其种类繁多，所以形态各有不同，但多数有对称性和极性。要观察结构及纹饰，从萌发器官观察是否有裂缝和孔，观察其对酸碱和腐蚀的耐受性，对高温、高压承受的能力，观察其是否有覆盖层形成的纹饰。因外壁由孢粉素组成，耐受力强，在泥土中保持的时间长，所以是检验的主要对象，根据它们具有的特异性确定其母体的种属。

三、植物种子的检验

种子是高等植物中的裸子植物和被子植物特有的，由胚珠受精后发育而成。种子由种皮、胚和胚乳三部分组成。有些植物种子无胚乳，故种子可分为有胚乳和无胚乳两类。

肉眼观察种子是否有果皮包被，可以确认是裸子植物还是被子植物。对种子内部特征可用偏光显微镜检验。检验中要注意淀粉粒的特征，以便确定种子的种类，为种属认定提供依据。

四、植物茎的检验

植物体在地面以上部分的轴叫作茎，多呈圆柱形和三角柱形。生长有叶和芽的茎叫枝条，它具有节、节间、叶痕、维管束痕、托叶痕和皮孔等特征，常在鉴别植物时利用。

一些枝条的树皮厚薄、色泽、形状及开裂纹理等可用于树种的鉴别。不同树种枝条茎中间的髓粗细、形状也是鉴别枝条的根据。

利用现场发现的树枝物证可以为发现嫌疑人提供线索。例如，某军区女话务员被强奸杀害一案，现场勘查中发现罪犯潜入机房后，为防止他人进入，故意用小树枝将锁孔堵塞，施行犯罪后越窗而逃。根据调查分析确定了几个嫌疑对象，令他们各自写出发案当晚的活动情况。后保卫科将塞在锁孔中的树枝送交鉴定，证明为"大叶黄杨"的枝条。对几个嫌疑对象多次所写的活动情况进行研究，发现其中有一个人先后书面材料很不一致，他先写路经的一段路，就有大叶黄杨树，但以后写的材料中又故意回避有黄杨树。因此，该人被确定为重点嫌疑对象。经进一步侦查，证明该嫌疑人就是强奸杀人罪犯。锁孔中的枝条为发现嫌疑人提供了线索。

五、植物 DNA 检验

植物物证的形态学鉴定要求植物检材尽可能完整新鲜，同时要求鉴定人员具有丰富的植物形态学知识。而基于 DNA 分析的分子生物学技术则不受上述限制，即使是微量、变质、形态遭到破坏的检材也可以进行相应的分析，近年来 DNA 检验技术在植物物证领域已经得到应用。特别是在禁毒领域，在毒品原植物来源地鉴别中发挥了巨大作用。

 问题与思考

1. 植物物证检验的方法有哪些？
2. 试举例说明植物物证在实务中的应用。

 本章的主要参考文献

1. 张惠芹. 生物物证学. 北京：中国人民公安大学出版社，2008.

2. 张娴，等. DNA 分子标记技术在法医植物学中的应用. 法医学杂志，2008，24（6）：457-460.

3. 李成涛，等. DNA 鉴定前沿. 北京：科学出版社，2011.

第七编

音像物证技术

第一章　音像物证技术概述

关键术语

视听资料　音像资料　音像物证　音像物证鉴定

第一节　音像物证的概念和特点

所谓音像，即声音和图像。随着科技的进步，人们对声音、图像的认识、利用和依赖更加广泛、更加多元。以声音或图像来证明案件相关事实的现象，在诉讼中也越来越多、越来越频繁地出现。因此，音像证据或音像资料，无疑已成为诉讼中的一种重要证据。事实上，我国早在 1990 年 1 月 1 日施行的《行政诉讼法》中，便在第 31 条首次明确了声音及图像的法定证据地位，随后我国的《民事诉讼法》《刑事诉讼法》也相继效仿了《行政诉讼法》的前述规定。时至今日，可以用声音或图像来证明案件的相关事实几乎已成为家喻户晓的基本常识，但承载声音或图像的材料在三大诉讼法中的正式名称却仍然只是"视听资料"，而不是音像资料或音像证据。

从"视听资料"一词的字面意义来看，此类证据应该是可"视"或可"听"且应以可"视"、可"听"为此类证据区分于其他证据的本质特性。但"视"或"听"是人们感知并认识客观事物的两种基本功能，人们对各种证据的认识几乎均离不开"视"或"听"这两种方式，例如，一般要通过"视"，才能认识案件中的各种物证和书证；要通过"听"，才能认识案件中的证人证言和当事人陈述。因此，"视"、"听"二字显然并不能准确反映此类证据与其他证据的区别。但"音像"二字却能比较准确地概括这类证据的独特特点，即它们是通过记录下来的声音或图像来证明案件事实的，故将其称为"音像证据"或"音像资料"更加合适。而且，该名称与人们日常生活中的"音像制品"这一语言表达习惯也相吻合。更重要的是，当"视听资料"在诉讼中发挥本应具有的证明作用之前，其可能在来源的可靠与否、内容的真实与否方面受到质疑，而需要接受专门知识的分析、检验鉴定，此时，相关的专门技术所指向的，恰恰是这些资料中所承载的声音或图像，故本教材中，称"视听资料"为"音像资料"或"音像证据"。

一、音像物证的概念

音像物证是利用光学、声学、电子学等现代科学技术手段，以录音、录像、照相等方式记录并储存的声音特征和/或图像特征来证明案件中相关事实的各种物品。理解这一概念应明确以下几个问题。

首先，此处言及的"音像物证"与前文言及的"音像证据"或"音像资料"有关联也有区别。其关联及区别在于，音像物证往往正是诉讼中的音像资料，只是二者所要证明的事实不同。例如，原告提供一段录音意欲证明被告方曾向其借了 10 万元钱，但被告方却认为这段录音中的说话者并不是自己，录音是假造的。因为就这段录音的真伪存在疑问，所以在其能用于证明原、被告双方间存在借贷事实之前，这段录音将首先送交具有专门知识的人就其是否是被告方的声音进行鉴定。同样一段录音，作为音像资料，是证明原、被告之间的借贷事实；而作为音像物证，则是证明其没有伪造，其声音是被告的。

其次，音像物证与其他物证一样，也是客观存在、能够证明案件事实的物品。但它是一种特殊形式的物证，是以其记录和储存的有关客体的声音和图像信息来证明案件中的某一事实。

再次，音像物证是以特殊形式记载客体特征的"特征反映体"。如本教材前述，特征反映体是指能以一定方式反映客体特征并能被人感知和认识的实体。音像物证是以录音、录像、照相的方式，借助声、光、电、磁等物理信号记载和反映客体特征的，其所反映的主要是客体的声音特征和图像特征。

最后，音像物证所记录的客体包括与案件有关的人、物和场所。例如，遗嘱录音中记录的是人的声音；交通违章录像中记录的是车辆的外观；现场勘查录像中记录的是场所的情况。

二、音像物证的特点

音像物证除了具有一般物证所具有的客观实在性和不可替换性等特点外，还具有以下特点。

（一）科学技术性

音像物证是科学技术发展到相当高水平的产物，它的生成和使用对科学技术手段有很强的依赖性。虽然人们可以直接感知客体的声音特征和图像特征，但是要想把这些信息记录并储存在有形的物质载体上，就必须依靠录音、照相、摄像等技术手段。另外，大多数音像物证的证明价值也只有通过一定的技术设备才能表现出来。例如，离开了录音、录像设备，人们就无法了解录音带和录像带中储存的与案件事实有关的信息内容。虽然许多其他物证在司法活动中的运用也与科学技术手段有关，但那些科学技术手段主要是用于对物证的检验。对某类物证进行检验的科学技术性并不等于该类物证本身就具有科学技术性。例如，对毛发和血液等生物物证进行检验可以采用很先进的科学技术手段，但是这并不等于说毛发和血液等生物物证本身就具有了科学技术性。然而，音像物证本身就具有很高的科学技术性。

（二）直观生动性

音像物证可以直观地展示与案件有关客体的声音特征和图像特征，可以生动地再现与案件有关的事件或活动的过程，使人们能够比较真实、全面地认识有关案件事实的情况和有关客体特征的情况。在描述客体的声音特征和图像特征时，人类语言具有很大的局限性。即使是训练有素的专业人员，也难以单纯用语言便将客体的声音特征和图像特征全面、准确地表达出来。而音像物证在这方面恰恰有很大的优势，它可以生动、直观的形式使人产生亲闻其声、亲见其人、亲观其事、亲临其境的感觉，从而大大提高了证据的证明力。

（三）便利高效性

音像物证具有本身体积小、储存信息量大、便于保存、便于检索、便于使用等特点。

第二节　音像物证的种类及音像物证鉴定的任务

一、音像物证的种类

音像物证可以从不同角度分类。

（1）根据音像物证所记录和储存的客体特征种类，可以分为声音物证、图像物证和音像混合物证。声音物证是指单独记录客体声音特征的物证，如录音带、CD 等；图像物证是指单独记录客体图像特征的物证，如照片等；音像混合物证是指同时记录着客体声音特征和图像特征的物证，如录像带、VCD 等。

（2）根据音像物证记录和储存客体特征的载体的种类，可以分为照片物证、电影胶片物证、录音带物证、录像带物证、计算机磁盘物证等。

（3）根据音像物证的来源，可以分为原始音像物证和复制音像物证。前者是指直接依据客体的声音或图像制作的音像物证，如原声带和原摄像带等；后者是指依据其他音像物证制作的音像物证，如复制的录音带和复制的录像带等。

（4）根据音像物证制作人的身份，可以分为当事人制作的音像物证和公安司法人员制作的音像物证。前者是指当事人为了证明某些案件事实而制作的音像物证，如继承案中当事人制作的录音遗嘱；合同纠纷案中当事人制作的合同双方达成协议时的录音或录像等。后者是指公安司法人员在调查或执法活动中制作的音像物证，如侦查人员制作的现场勘查照片和录像；审讯人员制作的口供录音和录像；公安人员对特殊场所或特殊人员进行监控时制作的录音录像等。

（5）根据音像物证的制作方式，可以分为公开制作的音像物证和秘密制作的音像物证。前者是在被录音或录像者知晓的情况下制作的音像物证，如合同签字仪式上公开拍摄的照片或录像；公安人员对被拘留或逮捕的犯罪嫌疑人公开拍摄的照片等。后者是在被录音或录像者不知晓的情况下制作的音像物证，如民事案件中一方当事人在另一方当事人不知晓的情况下制作的谈话录音；侦查人员利用技术侦查手段获得的录音、录像或照片等。但是，机场、海关、银行等机构在特定场所面对不特定人设置的监视仪器所制作的音像物证应该属于公开的音像物证。

（6）根据音像物证与案件事实之间的关系，可以分为作为案件事实要素的音像物证和作为案件证明手段的音像物证。前者是指音像物证本身就是案件事实的构成要素，如音像制品侵权案件中的盗版录音带和盗版录像带；贩卖淫秽物品案件中的淫秽录像带和淫秽影碟等。后者则指音像物证只是证明某些案件事实的手段，如记录某公司制作盗版录音带或录像带的照片；记录某人推销淫秽录像带或影碟的录像带等。

（7）根据被记录客体的动静状态，图像物证还可以进一步分为静态图像物证和动态图像物证。前者是指记录客体在某一时刻内静止不动的图像特征的物证，如照片；后者是指记录客体在一段时间内连续变化的图像特征的物证，如录像带。

二、音像物证鉴定的任务

所谓音像物证鉴定，即办案人员为了查明案件事实而委托有关专业人员对音像物证的材料、设备和记载内容等进行分析研究并给出鉴定意见的一种专门性活动。诚然，音像物证技术中的发现、记录、提取工作也很重要，但其最终是为了送交鉴定。因此，本处仅介绍音像物证技术中最为重要及核心的音像物证鉴定的任务。

音像物证鉴定在刑事、民事、经济纠纷和行政诉讼案件的调查和审判中都可以发挥重要的作用。但具体来说，音像物证鉴定在各类案件中的任务包括以下三个方面。

（一）解决案件中的同一认定问题

音像物证鉴定经常要解决的是人身同一认定的问题，如根据录音带上记录的声音对说话人进行同一认定等。在有些案件中，音像物证鉴定还可以解决与案件有关物的同一认定问题和对录音录像设备的同一认定问题，如根据照片或录像对与案件有关的汽车进行同一认定；根据录音带或录像带所反映的录制特征对制作该录音带或录像带的录音机或录像机进行同一认定等。有时，还会解决与案件有关的场所的同一认定问题。

（二）解决案件中的种属认定问题

音像物证鉴定解决案件中的种属认定问题有三种情况。第一，对音像物证中记录的人或物进行种属认定。这一般都是因为音像物证中记录的客体声音特征或图像特征不够清晰，无法得出同一认定的结论，而只能作出种属认定的结论，或者是在调查伊始尚未发现嫌疑客体时作出种属认定以便为调查提供方向。第二，对音像材料进行种属认定。例如，通过检验录音带或录像带的材料，确定其属于哪一种录音带或录像带，或者确定其是否与案件中涉及的录音带或录像带属于同一种类，从而为查明案件中涉及的录音带或录像带的来源提供依据，或者为判定假冒伪劣音像制品提供依据。第三，对音像设备进行种属认定。例如，通过对录音带或录像带的检验，确定制作其所用的录音机或录像机的种类。

（三）解决案件中的其他技术问题

音像物证鉴定还可以解决其他技术问题，具体如下。第一，照片有无变造的问题。例如，有没有对照片上的人像或物像进行修版以改变其特征，有没有对照片上的人体或物体进行移花接木之类的处理等。第二，录音带和录像带的内容有无剪辑拼接和添加删减的问题。例如，有没有对录音带上的声音进行技术处理以改变某人的音频特征，有没有在录像带记录的内容中加上或删去某些图像以改变事件的性质或者人像的身份等。第三，有关设备的功能问题。例如，某录音机是否在录音时会产生某种噪声，某录像机是否能设置或改变录像带记录内容的某种音像同步现象，某计算机是否具备某种音像编辑的功能等。

三、音像物证鉴定时应注意的主要问题

（1）为了保证音像物证鉴定的科学性和可靠性，办案人员在提取音像物证时应该尽可能提取原始音像物证。在只能以复制方式提取音像物证时，复制人员应该全面复制，并注明复制的时间、地点、原因、方法、过程以及原始音像物证的情况。

（2）应严格、规范、科学、合理地收集、提取必要的音像比对样本。

（3）办案单位应该妥善保管收集的音像物证。为了避免在鉴定过程中多次使用造成音像失真，可以复制收集的音像物证，并在鉴定中使用复制品。但是要保存好原始件以备查对。除鉴定外，不得偷听偷看录音带或录像带的内容。对于涉及国家秘密、商业秘密或个人隐私的音像物证，应该保守秘密。

本章小结 >>>

音像物证是以特殊形式记载客体特征的"特征反映体",其与音像证据或音像资料有关联也有区别。音像物证除了具有一般物证所具有的客观实在性和不可替换性等特点外,还具有科学技术性、直观生动性以及便利高效性。音像物证可以从不同角度进行分类。

音像物证鉴定可以解决案件中的同一认定问题、种属认定问题和其他技术问题,在刑事、民事、经济和行政诉讼案件的调查和审判中发挥着重要作用。为了保证音像物证鉴定的科学性和可靠性,办案人员在鉴定时应尽可能提取原始音像物证,收集必要的音像比对样本,同时注意妥善保管音像物证,保守其中涉及的国家秘密、商业秘密或个人隐私。

问题与思考

1. 简述音像物证的概念和特点。
2. 如何理解音像物证与音像证据、音像资料间的联系和区别?
3. 音像物证鉴定在诉讼中能够发挥什么作用?
4. 音像物证鉴定时应注意哪些问题?

本章的主要参考文献

1. 徐立根. 物证技术学. 4 版. 北京:中国人民大学出版社,2011.
2. 王永全. 声像资料司法鉴定实务. 北京:法律出版社,2013.
3. 李学军. 物证论:从物证技术学层面及诉讼法学的视角. 北京:中国人民大学出版社,2010.
4. 王琳. 关于音像资料证据的几点商榷. 山西大学学报:哲学社会科学版,2001（2）:61-63.

第二章　声音物证技术

关键术语

语图　语音　实验语音学　声谱仪　共振峰　声道　背景噪声　降噪　录音的真实性
鉴定　语音工作站　语音同一认定

第一节　声音、语音、声（语）音辨识及声纹鉴定

一、声音与语音

（一）声音

声音是由物体的振动而产生的；振动发声的物体称为声源，振动产生的波叫声波。

声波只能在介质中传播，如气体、液体或固体。声波是一种压力波，例如，当声源在空气中振动时，会引起空气的分子有节奏地振动，使周围的空气分子密度产生变化，形成疏密相间的纵波，即声波。有声波传播的空间称为声场。

声音具有音高、音强、音色和音长四个基本特性。从物理角度而言，可用声波的频率或波长、声压（也称声强）和声压级等参量来描述声波。

声音可作不同的分类。

（1）以声源的不同，可以大致分为以下两种：① 生物音，即人声、动物声等，其中由人发出的声音又可称为"嗓音"；② 非生物音，即由非生物体产生的声音，如爆竹声、风雨声、乐器声等。

（2）以声波是否有规律，可分为以下两种：① 准周期音，即波形具有规律性，可以看出其周期的重复性，而人耳则可以感觉其稳定音高的存在，如单音弦乐器、人声等；② 非周期音，即波形不具规律性，看不出有明显的周期，且人耳无法感觉出稳定音高的存在，如雷声、击掌声、锣鼓声等。

（二）语音

语音是负载语言意义的声音，是语言的物质外壳，是人们语言交流的基础。语音尽管也是一种声音，但与一般的声音有着本质的区别，即语音承载着语言内容，且其振动发声的声源是人的发音器官，即肺和相关的呼吸肌、声带、喉腔、咽腔、口腔、唇腔和鼻腔、舌、唇、齿、软腭等。

语音属于声音，同样具有音高、音强、音色和音长四个基本特性，并可用频率和波长、速度、声压和声压级等物理参量来描述。

随着科学技术的发展，人们对声音及语音的认识日渐深入，最为突出的是，人们已在司法实践活动中充分利用声音、语音的特性，为公正处理案件服务。由于司法中通常利用的是

人的语音之特性，且日常生活中声音又时常被用来指人的语音或嗓音，如"你的嗓音真甜""你的声音真好听"，故司法实践中，往往将"声音"混同于"语音"，如言及"声音鉴定"，通常是指"语音鉴定"。

二、声（语）音辨识与声纹鉴定的发展简史及相关概念

人类及一些动物通常可以在一定程度上辨识声音，即利用自身的器官如听觉器官、大脑器官等分辨出所听到的声音是何种声音、源自何处。这种利用自身器官对所听到的声音之种类和来源作出决断的活动，即声音辨识。如果说辨识者是人类，而被辨识的声音是语音，那么辨识语音的目的有两个：一是识别说话的内容；二是判断说话人。在此我们关注的是对说话人的判别，而这一般被称为听觉鉴别。

早期司法中说话人判别完全依赖于人的听觉鉴别，纵观其300多年的发展历史，听觉鉴别证据在被法庭采信的同时，一直伴随着不同观点的争论。

听觉鉴别最早的司法应用是17世纪英国的威廉姆·赫莱特（William Hulet）审判案。1642年英国爆发内战，1646年6月24日，以奥利弗·克伦威尔（Oliver Cromwell）等人为代表的议会派取得胜利，斯图亚特王朝被推翻。1649年1月30日，查尔斯一世被送上断头台，成为英国历史上唯一一位被处死的国王。其儿子在流亡中于1651年加冕，称查尔斯二世（King Charles II），并于1660年复辟成功。随后，查尔斯二世宣布大赦，但直接参与处死查尔斯一世的有关人员除外。他要替父亲报仇。威廉姆·赫莱特（William Hulet）被指控为杀害国王查尔斯一世的刽子手。在审判中，一位名叫里查德·吉腾斯（Richard Gittens）的证人，因在刑场听到过蒙面刽子手的讲话，而被要求出庭作证。庭审时，吉腾斯通过听辨，指认威廉姆·赫莱特就是那个行刑的刽子手。法庭采信了吉腾斯就语音所作的辨识结论，以叛逆罪判处赫莱特死刑。

有趣的是，该案也是一起声音鉴别的错案，在判决生效后、对赫莱特执行死刑前，发现真正的凶手另有其人，是一名职业刽子手。该刽子手也供认不讳。法庭因此释放了赫莱特。

近代最著名的听觉鉴别案，是1934年美国霍玻特曼（Bruno Richard Hauptmann）审判案。1927年，美国著名飞行家查理·林德伯格（Charles Lindbergh）驾驶小型单引擎飞机从纽约长岛的罗斯福飞机场起飞，飞行33小时39分，在法国布尔盖机场降落，完成了世界上首次单人不着陆飞行横跨大西洋的壮举。他因此获得美国国家英雄称号。1932年3月1日，林德伯格刚满20个月的儿子在其位于新泽西州霍普韦尔（Hopewell）的家中睡觉时被人翻窗盗走。绑匪随后写信索要5万美元赎金。按绑匪的要求，林德伯格由约翰·康顿医生（Dr. John F. Condon）陪同来到纽约鲁克斯的圣雷蒙斯（St. Raymond's）公墓交付赎金。绑匪不让林德伯格靠近，指定由约翰·康顿交钱，林德伯格等在约100码外的车里，黑暗中他听见绑匪喊："Hey, Doctor! Over here, Over here"（嗨，医生！来这里，来这里）。交付赎金以后，儿子还是没有回来。1932年5月12日，在距林德伯格家4英里外找到了被装在木箱中的孩子的尸体，现场惨不忍睹。1934年9月，警方抓获了嫌疑人布鲁诺·理查德·霍玻特曼。在随后的审判中，林德伯格对嫌疑人的讲话进行了鉴别。虽然距发案时间已近三年，他还是通过听觉认定霍玻特曼就是收赎金的人。法庭采信了林德伯格的声音辨识结论，并结合其他证据，判处霍玻特曼死刑。1936年4月3日，霍玻特曼在新泽西州特伦顿被执行死刑，临坐在电椅上时，他还声称自己是被冤枉的。

1937 年心理学家麦克格黑（F. Mc Ghee）发表的研究报告《人类说话人鉴别的可靠性》（The Reliability of Identification of the Human Voice），是有关声音辨识的最早科研成果。20 世纪 40 年代初，美国贝尔实验室出于教聋哑人看图识音的目的，发明了声谱仪。该仪器是一个动态的声波分析仪，通过对语音信号的频率、强度和时间三种参数的实时分析，产生一个连续可视的语音频谱。当时在贝尔实验室工作的颇特（R. K. Potter）等人开始研究利用声谱仪来分析语音。1947 年，颇特与库普（G. A. Kopp）和格林（H. C. Green）发表了《可见语音》（Visible Speech）一书，书中列出了各种语音的特征图谱，其目的是供聋人按图识音。该书后来成为语音研究不可缺少的一本声谱典。

第二次世界大战时，美国将利用声谱仪鉴别说话人的技术用于军事行动：军方对截获的无线电和电话通信信号以及盟军特工获取的德军最高统帅部的录音资料进行分析，以准确掌握德方的军事部署以及德方高层人士对战局发展的不同观点。可以说，利用声谱仪鉴别说话人的技术在第二次世界大战中发挥了重要作用，但战争结束后，该技术不再受军方重视，相关研究也停下来。

20 世纪 50 年代后期，美国经济高速发展，电话通讯得以推广和普及，利用电话进行敲诈、恐吓的案件也骤然增多，其中以通过电话恐吓爆炸航班进行敲诈的案件最为突出，美国警方遂将此类案件统称为"电话犯罪"。"电话犯罪"留下的唯一线索是敲诈者或恐吓者的电话录音。于是警方委托贝尔实验室开展研究。科斯塔（L. G. Kersta）承担了此研究任务。科斯塔于 1962 年完成了相关研究并发表了名为《声纹鉴定》（Voiceprint Identification）的研究报告。报告对 123 名健康美国人的"I""You""It"等发音的 25 000 个声纹图进行了五万多项分析，给出了鉴定的方法，且实验准确率为 99.65%。更为重要的是，科斯塔在此报告中首次提出了"声纹"（Voiceprint）的概念，认为声纹可以与指纹（Fingerprint）相比，是认定个体即人身同一的有效方法之一。自此，"声纹鉴定"一词也渐为人知。

1976 年 3 月，美国联邦调查局（FBI）要求国家科学院进行有关利用语音声谱鉴定说话人的研究，国家科学院遂指定国家科学研究理事会之行为与社会科学联合会组建了声谱评价委员会，接受联邦调查局的委托进行噪音鉴定研究。1979 年，相关的研究得以完成，相关的研究报告《说话人鉴别的理论和实践》（Theory and Practice of Voice Identification）得以发表。该报告指出："从 1966 年首次说话人鉴定（证据）被法庭接纳的案例时起，如今已有一百多个类似的案例了。用视听方法进行说话人鉴别，在实验室条件下可以达到很高的精度，误差可低到 1%～2%。说话人鉴别能够发展成为建立在科学认识上的一种成熟工作。"报告同时也指出了说话人鉴别存在的问题和今后的研究方向。

随后，日本、罗马尼亚、联邦德国、苏联、印度、法国等国家先后开始进行说话人鉴定的研究并应用于司法实践。现今，已诞生了专门的以声学知识为基础、以语音为研究对象的"声纹鉴定"技术，而说话人鉴定则是声纹鉴定的重要内容之一。

所谓"声纹"，科斯塔的原意指由声谱仪等电声学仪器显示的携带有言语信息的各种声波图谱的通称。现意则为，说话人语音声学特征的总和。所谓"声纹鉴定"，狭义时单指说话人鉴定；广义时则泛指声纹鉴定技术。

我国的声纹鉴定技术起步较晚，但发展并不慢。

1988 年，国内声纹鉴定创始人岳俊发教授领导的中国刑事警察学院文检系引进美国的 KAY Sona Groph 7800 声谱仪，率先开展了声纹鉴定检验的研究、办案和教学工作。1989

年，公安部物证鉴定中心（时为公安部第二研究所）引进了新型号的 KAY Sona Groph 5500 声谱仪，开展了声纹鉴定的科研和鉴定实践。1992 年以来，最高人民检察院、司法部司法鉴定研究所、深圳市人民检察院、广州市公安局、广东省公安厅、深圳市公安局、辽宁省公安厅等多家单位也先后开展了声纹鉴定工作。目前，我国已有 70 多个法庭科学实验室开展了声纹鉴定工作。

1992 年，公安部物证鉴定中心完成了其承担的公安部重点科研项目《5500 声谱仪在声纹鉴定中的应用研究》，并通过了公安部专家的验收鉴定。这是国内第一个通过部级鉴定的声纹鉴定的系统研究项目，其实验准确率达到 100%。项目组以年龄、文化程度、出生地、长期生活地均高度相似的男女各 30 人为研究对象，对他们的普通话正常语音进行了深入、全面的研究，统计出了个人语音特征稳定性及群体语音差异性的定量数据，确定了普通话正常语音声纹鉴定的程序和方法，标志着我国声纹鉴定的规范化起点，奠定了我国声纹鉴定的基础。

1996 年，公安部物证鉴定中心承担了国家"九五"重点科技攻关项目《声纹鉴定关键技术及话者识别系统的研究》，通过研究因感冒引起的嗓音病理变化、不同录音器材、方言性伪装、耳语性伪装、模仿性伪装引起的语音变异规律，为声纹鉴定提供了实验依据，建立了相应的鉴定方法。该项研究一方面针对案件中说话人和检材、样本提取时普遍存在的实际问题，用定性检验与声学特征定量检测相结合的方法，研究相应的语音变异规律，得出判别的科学依据和鉴定方法，成功应用于实际案件的鉴定；另一方面在对伪装语音中的研究中，确定了变化程度较小、相对稳定的声学特征，建立了此类伪装语音的说话人鉴定方法。该课题还研制出具有自主知识产权的语音工作站，在功能和实用性方面远远超过当时国外同类产品。它不但具有声纹鉴定所需的各种语音测量和分析功能，还具备了语音处理功能，可以对含有噪声的语音进行降噪处理，还可以对微弱的语音信号进行数字放大，使原来听不到的语音经处理后达到可听辨程度。而这些功能是当时国外同类设备所不具备的。国产语音工作站的研制成功标志着我国声纹鉴定迈上了一个新台阶。

2006 年，公安部物证鉴定中心包括声纹鉴定实验室整体通过中国合格评定国家认可委员会（CNAS）的认可。这也表明我国的声纹鉴定技术在方法、操作程序规范化等方面进一步缩小了与发达国家的差距。目前公安部物证鉴定中心声纹鉴定方法已授权给国内多家法庭科学实验室使用。

自 2002 年以来，公安部物证鉴定中心已经完成了近 2 000 起声纹鉴定案件的检验，在刑事案件的侦破和经济民事案件的审判中发挥了极其重要的作用。

第二节　声纹鉴定的主要内容及说话人鉴定的理论依据

一、声纹鉴定的主要内容

如前所述，声纹鉴定从广义来理解，即司法语音及声学检验。从这一视角看，声纹鉴定的主要内容如下。

（一）我国声纹鉴定的主要内容

在我国，司法语音及声学检验统称为声纹鉴定，其主要内容如下。

1. 司法语音学检验

司法语音学检验主要包括说话人鉴定、语音人身分析、语音内容辨识等。

（1）说话人鉴定。将检材（未知说话人或不确定说话人）的语音声学特征与样本（已知说话人）的语音声学特征进行综合分析比对，进而作出两者是否为同一人的鉴定。

（2）语音人身分析。对说话人语音进行分析检验，判断说话人的性别、年龄、方言口音、文化水平、职业特点等，为侦查等诉讼活动提供线索、指明方向。

（3）语音内容辨识。对听辨困难的录音内容进行辨识。

2. 司法声学检验

司法声学检验主要包括录音的真实性检验、提高语音信噪比、噪声分析、音源同一鉴定、录音器材鉴定等。

（1）录音的真实性检验。检验录音内容是否经过剪辑等变造形成。

（2）提高语音信噪比。对录音进行降低噪声、增强语音信号处理。

（3）噪声分析。对录音中的噪声进行分析，确定案件现场所处的环境或地点特征。

（4）音源同一鉴定。鉴别不同音像制品中内容相同的声信号是否出自同一音源。

（5）录音器材鉴定。鉴定某录音媒体是否由某特定的录音设备所录制。

（二）国外相关检验的主要内容

国外对声音的司法检验鉴定称为司法语音及声学检验，主要内容如下。

（1）音频分析。包括：① 录音的真实性检验；② 语音增强处理；③ 有争议语音内容的检验；④ 非语音音频分析。

（2）说话人鉴定。

（3）司法语音人身分析。

无疑，我国声纹鉴定的主体内容与国外声纹鉴定的主体内容大致相同。

二、说话人鉴定的理论依据

之所以可根据语音鉴定说话人，是因为语音一旦形成，即具有独特的声学特征，虽然该声学特征在不同话次时可能表现出一定的变异，但总体而言是相对稳定的，其变异程度通常小于不同人之间在语音声学特征方面存在的差异，故还是可以被人们所认识，进而可借助现代分析仪器加以鉴别。

（一）语音的形成、声道的共鸣特性、语音四要素及声学特征

1. 语音的形成

语音的形成，可从以下几个方面来理解。

（1）语音的发音机制。语音是人调节呼吸器官所产生的气流通过发音器官时所发出来的声音。气流通过时受到阻碍的部位不同、方式不同，形成的声音也就不同。人类的发音器官主要由动力器官（肺和相关呼吸肌）、振动器官（声带）、共鸣器官（喉腔、咽腔、口腔、唇腔和鼻腔）、构语器官（口腔、舌、唇、齿、软腭等）四部分组成。

（2）语音产生的动力基础。人说话时的呼吸，在呼吸次数、呼气时间、呼吸量、肺气压和呼吸路径等方面与平静无语时的呼吸不同。正是这种不同于无语时的呼吸经肺的作用所形成的气流，才使得语音的产生有了足够的动力。

（3）声带的振动机理。声带是一对唇形的韧带褶，位于由甲状软骨、环状软骨、杓状软骨以及与它们相连的肌群、韧带组成的喉腔内，边缘很薄，富有弹性。声带是语音的主要音源，平常呼吸时，声带呈倒"V"形，声带间的空隙是声门。发元音声时，杓状软骨靠拢，使得声带并合，声门关闭，呼出的气流冲开声带，使声带振动产生声门波。辅音则是发音时，声门完全打开，气流在声道中受到阻塞而产生的噪音。声带振动的频率就是基频，主要由声带和喉部的生理结构及机能所决定，同时与声带质量、声带紧张度和声门下压力直接相关。声带与语音的高低关系密切，如汉语音调的高低升降就是由声带的绷紧或放松决定的。每个人声带的宽窄、厚薄、长短、韧度以及喉腔大小各不相同，因此说话声音的高低也就不同。儿童的声带短而薄、喉腔小，说话声音高而尖；成年男子的声带变厚变长，长度约为 14 mm，喉腔比儿时增大一倍半左右，声音比原来降低约八度；成年女性声带长度约为男性的三分之二，喉腔比儿时增大约三分之一，声音比原来降低约三度；到了老年，声带和喉头肌肉变得松弛，声音较成年时期变粗变低。

（4）语音共鸣腔。共鸣腔主要由喉腔、咽腔、口腔、鼻腔和唇腔组成，声门波通过这些共鸣腔的调节才可能成为语音。这些不同的共鸣腔又各自有着不同的功用，例如，喉腔、咽腔的形状和大小可以随着舌头的动作、喉壁的缩张和喉头的升降而发生变化，从而影响声带音的共振。口腔中的唇、舌、软腭和小舌既可以活动以改变口腔的形态、容积和气流的通路，使声带音产生种种不同的共振；也可以与固定部位接触，形成种种不同的阻碍，使气流不能顺利通过，成为紊音和瞬音的声源。鼻腔虽是固定共振腔，异于可变的咽腔和口腔，但口腔中软腭和小舌下垂时，气流可以自由从鼻腔进出形成鼻音或鼻化音，唇或舌的调节也能有助于形成鼻音。在唇和齿之间形成的是唇腔，双唇的活动改变着唇腔的大小，进而使声音发生明显的变化。

了解、掌握有关语音形成的知识，有助于理解语音的特定性、稳定性和变异性。

2. 声道的共鸣特性

1）共振峰

声道主要是由声门以上的喉腔、咽腔、口腔、鼻腔、唇腔组成。声道的传输特性，是指声门波经过声道的共鸣、调制后，其频谱所发生的变化。发元音时，声门波通过声道并产生共鸣。声道共鸣使部分谐波增强，部分减弱，声源频谱发生极大的变化。这时声音频谱的各谐波振幅的包络线，就是声道传输特性曲线。声道传输特性曲线中，振幅加强了的相邻的谐波集合称为共振峰（Formant，表示为 F）。按照共振峰频率数值，由低到高分别称为第 1，2，3，…，n 阶共振峰，用 F_1，F_2，F_3，…，F_n 表示。共振峰的特征常用数量、频率、强度和带宽来表征。

图 7-2-1 所示为宽带谱图，横坐标为时间、纵坐标为频率，粗黑的横杠就是共振峰，其强度由灰度值来表示。

发鼻音时，鼻腔成为声管分支，因此声道传输特性曲线上不但有共振峰，即极点，还有峰谷，即零点，也称为反共振峰。二者合称为"极—零对"。

声道的传输特性是由声道本身的形状、长度和声音在声道传输中的损耗决定的。口腔以及唇舌的灵活位变形使声道成为各种不同形状的声管，形成不同的声道传输特性，使声音具有不同的音色，成为不同的语音。不同的人在发同一个音时，由于个人声道形状和长度等的差异，虽然听起来是同样的音，但在声道传输特性上有一定的差异，音色上也就有所不同。

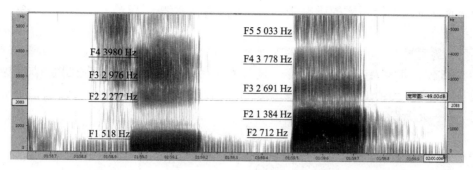

图 7-2-1 宽带谱图

2）共振峰的主要参量

共振峰有三个主要参量，分别是频率、强度和带宽。

（1）共振峰的频率。共振峰的频率是元音声学特征的重要表现，它表示共振峰在声道传输特性曲线上的位置，与声道形状、声道长度密切相关。图 7-2-2 所示是元音 [e]、[i]、[a]、[u] 的声道模型和它们的前三阶共振峰频率示意图。

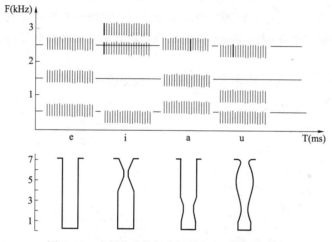

图 7-2-2 声道形状与共振峰频率关系示意图

① 共振峰的频率与声道形状的关系。如果把元音的语图模式和元音的发音机制联系起来比较，就会发现共鸣腔形状与共振峰频率密切关联，主要表现在以下几点。

* F_1 与舌位高低密切相关。舌位高，F_1 便低；舌位低，F_1 便高。
* F_2 与舌位前后密切相关。舌位靠前，F_2 便高；舌位靠后，F_2 便低。
* F_2 与嘴唇的圆展也有关系。圆唇作用可以使 F_2 降低一些。

从 F_2 与舌位前后的关系可以看出，F_2 的升降实际与前共振腔的大小有关。舌位后移，前共振腔体积变大，于是 F_2 降低；舌位前移，前共振腔体积变小，于是 F_2 升高。圆唇作用实际是把前共振腔向前延伸一些，因此 F_2 也略微降低。

* F_3 与元音舌位的关系并不十分密切，但是受舌尖活动的影响，当舌尖抬高卷起发音时，F_3 的频率就明显下降。

② 共振峰的频率与声道长度的关系。

声道长度对共振峰频率的影响是：声道越短共振峰频率越高，声道越长共振峰频率越低。

语音学界对男、女、儿童的发音实验数据进行比较，发现普通话共振峰的频率值女性为男性的 1.25 倍，儿童为男性的 1.35 倍。这与他（她）的实际声道生理长度也相对应：男性声道最长（通常认为约 17.5 cm 左右），女性声道较短，儿童声道最短。表 7-2-1 所示是实验中男、女、儿童发元音 [ə] 时的数据。

表 7-2-1　声道长度与共振峰频率关系的实验数据 　　　　　　　　　　Hz

声道长度（约）	F_1	F_2	F_3
17.5 cm（男）	500	1 500	2 500
14.75 cm（女）	593	1 779	2 965
8.75 cm（童）	1 000	3 000	5 000

（2）共振峰的强度。强度（振幅）是共振峰的第二个主要参量，表示共鸣作用的强弱，与一个人发音时气流的强弱有直接关系。

（3）共振峰的带宽。带宽是共振峰的第三个主要参量，表示共振峰尖锐程度，按峰值以下 3 分贝处的频率宽度而定，它的大小取决于声道内声波传输时的损耗，如黏性损耗、腔壁振动损耗、唇端辐射损耗等，与一个人的发音习惯有关。共振峰振幅和带宽密切相关，振幅大带宽小，振幅小带宽大。

图 7-2-3 所示为一位男性说话人发元音 [a] 的共振峰数据。

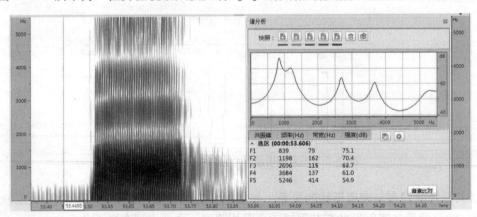

图 7-2-3　一位男性说话人发元音 [a] 的共振峰数据

3. 语音四要素

从感知语音学来看，描述、区分语音，可从音高、音强、音色和音长四个方面入手。正是被称为语言四要素的这四个参量，为人们提供了区别语音的最便捷方法。

（1）音高。音高是声音的高低，取决于发音体振动的频率，而频率又取决于声带的长短、松紧、厚薄，故音高与声带的状况密切相关：成年男性声带长、松、厚，因此语音比儿童和女性低。同一个人，声带的松紧决定音高的变化，声带越紧声音越高，反之越低。

（2）音强。音强是声音的强弱，取决于音波振幅的大小。推动发音体振动的外力大，音波的振幅就大，发出的声音就强；反之，声音就弱。就人而言，说话时肺部的气流大小不同，发出的声波有大有小，故语音有轻重强弱之分。

（3）音色。音色是指声音的本质，区别于其他声音的关键之处。形成语音的振动不同，便形成了不同音质的音。对于汉语来说，发音体的不同、发音部位的不同、阻碍气流的方式的不同、气流的强弱的不同、舌位的变动、圆唇否以及声带是否振动都是影响音质的重要因素。

（4）音长。音长是声音的长短，取决于发音动作持续时间的长短。持续时间长，声音就长，反之则短。音长与人的发音习惯和心理因素直接相关。

音高、音强、音色、音长是四个主观参量，与听辨者本人的主观感觉密切相关。人们能够辨识声音通常是因为人们能够从音高、音强、音色、音长四个方面感受到某语音与其他语音之间的差异。

4. 语音的声学特征

声谱仪的诞生及物理学的深入发展使得人们能够认识到语音为复音，由频谱组成并可从声学角度以客观物理量来描述。相应地，感知语音学意义上的前述语音四要素也可用若干声学特征来具体表征。

从声学角度言，语音的不同是因为语音的频谱成分不同，但一些非频谱特征也有助于说话人形成独特的语音特征，故，在探讨语音的声学特征时，要从非频谱特征和频谱特征两方面入手。

1）非频谱特征

非频谱特征包括语音的清晰度、粗哑度、强度、韵律、方言口音以及地域性、行业性习惯用语、俚语等说话习惯特性以及错别字、赘语、言语缺陷（口吃）、发音器官缺陷（如大舌头）等，是可被感知的声学音征。如韵律特征，包括除了音色特征以外的音高、音强、音长等语音要素，还包括声调、轻重音和语调等。韵律特征可简单地理解为语音的抑扬顿挫、轻重缓急。

2）频谱特征

频谱特征主要包括声源特征（声道谱、声门波激励特征、基音）、共振峰特征等。

（1）声源特征。声源特征即声门波的频谱，它是主要由声带的生理机能和振动机制所决定的语音特性。主要包括声源频谱、音高（基频）和音域。

声源频谱的斜率大小影响高频分量的多少，高频分量的多少又与个人语音的音色有一定关系。一般来说，基频略低且强度较大时，若高频成分过少，则声音显得干瘪沙哑；若高频成分稍多时，则声音显得柔和；若高频成分较多时，则声音听起来圆润饱满。

语音学用复音中最小谐波的频率——基频来表征语音的音高。音节中音高随时间的变化形成该音节的声调。汉语音调是音节的重要组成部分，可以区分不同的音节。声调具有个人特性，可用于说话人的识别。另外，为了从总体上表征说话人的声音高低，可引入长时平均基频（也称长时平均音高）这个参量。长时平均基频由相当长的一段时间内正常说话时基频的平均值来表示。

音域是音高的变化范围，与声带的解剖结构和情绪有关。说话时的音域又称为调域，正常说话时调域约为一个八度音。

（2）共振峰特征。音色（音质）即声音的特色、本质，是语音最重要的属性，由语音频谱决定。元音的音色主要表现在共振峰特征上，不同人的元音音色的差异由声道传输特性来表征，表现在共振峰数量、各阶次共振峰频率及其相对强度上。

（3）辅音特征。辅音的音色由于辅音的发音方法和发音部位不同、声源和气流通道的不同，其音色主要表现在强频集中区及下限频率的位置、形态，以及鼻音共振峰特性、嗓音起始时间（VOT）和音渡（T）等声学特性上。

（4）振幅特征。单音节中，声母、韵头、韵腹和韵尾的强度关系由振幅曲线表征。由于它们是在一个音节之中，时长短且联系紧密，虽然受语气、语速的影响，但相对来说还是比较稳定的，具有地域性和一定的个人特殊性。多音节和语句中各音节的强度关系，可和语调特征一起比对、分析。

（二）语音的特点

语音一旦形成，便具有稳定性、特殊性和变异性三大特点。

1. 语音的稳定性

语音的稳定性，即一个人语音的本质特征在较长时间内保持不变的特性。

语音的稳定性首先源自发音器官结构及其机能的稳定性。人的发音器官并非一成不变，在儿童、青少年、成年和老年的过渡变更时期，特别是在声带的"变音"期，语音更会发生较大的变化。但在某个年龄段内，其发音器官的变化却是缓慢、渐行的，特别是在成年期，人的发音器官从生理上说已经成熟，如声带的长度、厚度、张力等生理结构及状态，声道的长度、截面积等生理结构及状态等，在相当长时间内不会发生显著变化。因此，个人语音在一段时间内稳定不变。

其次，语音的稳定性还取决于人的大脑、神经系统及发音系统的成熟及相互间形成的稳定的动力定型。人从"咿呀学语"开始，经过了无数次的"听—想—说"的学习、训练，即听觉系统、大脑及神经系统和发音系统经受言语信息的不断刺激和强化，逐渐形成了符合当地言语规范的可以交流的语言。大脑的发育除了生理性的成长，还伴随功能性的成熟，包括言语功能的成熟。在听、想、说的语言交流程式中，无论是听觉系统、发音系统还是大脑抽象思维功能都形成规则化、程序化的固定模式。言语的这种与个人的高级神经系统相关的抽象思维、条件反射模式，一旦形成则难以改变。包括说话时发音器官及其相应肌群的配合关系形成的生理动力定型，也决定了语音不会轻易改变。

最后，言语的社会性也使得语音具有稳定性。言语不仅是生理、心理行为，而且是一种社会行为，必然要受社会的影响和制约，带上社会的烙印。在言语形成的长期过程中，每个人都处在一定的生活、社会环境中，形成了符合当地（如地域、社团或职业的）习惯的语音和言语规范。这样，便能在当地的地域、社团范围和相同职业的人群中互相听、说，自如交流。而这种当地口音、社团和职业的词汇、语法、表达方式等使用习惯一旦形成，也相当稳定。

2. 语音的特殊性

语音的特殊性，即每个人的语音其声学特性都独一无二，异于他人。语音是人的发音器官发出的声音，虽然人的发音器官在结构及机能方面总体上相同，但每个人的发音器官仍有细微的生理差异，例如，肺和呼吸肌群的生理状况不同，声带的质量、长短、宽窄、薄厚不同，组成声道的咽腔、口腔、鼻腔的长度、大小、截面积不同，舌、齿、唇等调制语音器官生理状况不同等，故不同人发出相同音节的语音会有声学意义上的差异，反映到声纹，则会出现不同的声纹谱图。

此外，不同人在听觉、神经、大脑系统功能方面依然会有生理差异，在后天言语训练以及发音器官配合关系的动力定型方面也会各不相同，故不同人的语言能力也会不同，继而形成个人的言语特点。而个人生活的地域、所在的社团、从事的职业，以及性别、年龄、文化水平等也会影响到语音的声学特性，使之具有特殊性。

3. 语音的变异性

虽然个人的语音在一段时间内保持稳定，但每个人的语音并非绝对不变。即使是同一人重复同一个音，其语音特征也不会绝对相同。故，语音在拥有稳定性的同时，还具有变异性。所谓语音的变异性，即同一说话人在不同次发音时，其语音声学特性参数之间存在的一些细微变化。它是语音动态特性的具体表现，符合"静止是相对的、运动是绝对的"的哲学观。

个人的语音特征受年龄、生理和心理以及记录、传输器材等影响而发生的变化，称为个人语音特征的变异。该变异可分为以下两类。

（1）不受控变异。即语音特征方面的变异并非是说话人故意改变发音方式和习惯引起的。最常见的有以下四种情况：言语环境、对象和语气引起的语音特征变异；情绪和生理状态引起的语音特征变异；病理引起的语音特征变异；语音在采集、传输过程中受器材、传输信道、噪音等的影响引起的变异。

（2）受控变异。即语音特征方面的变异源自说话人有意改变发音方式和发音习惯。实践中，受控变异语音通常即伪装语音。

个体语音的特殊性决定了不同说话人之间的语音特征必然存在不同，这种不同，称为说话人间的语音特征差异。同一说话人不同话次间存在的只是语音特征的变异（即非本质差异），不同说话人间存在的则是语音特征的差异（即本质差异）。通常而言，个人语音的变异性小于不同说话人间语音特征的差异性，故依据语音自身的特殊性，借助语音在一定时段的稳定性，便能运用现代的检测仪器和方法，科学地鉴别说话者，即实现说话人鉴定。

第三节　说话人鉴定的主要仪器设备、方法和声纹谱

一、说话人鉴定的主要仪器设备

（一）早期设备——语图仪

语图仪是一种动态音频频谱分析仪，能把语音信号转变成可见的语图，即声纹。通过对声纹的分析、比对，即可对语声进行鉴别。早期我国声纹鉴定使用过的语图仪有两种：美国KAY公司生产的7800型语图仪和DSP5500型语图仪。以7800型语图仪为例，其构造分三部分。一是信号记录器。它相当于录音机，可以记录语音信号，能够循环放音，并把语音信号输送给信号分析器进行分析。二是信号分析器。它是语图仪的核心部分，能利用快速傅里叶变换（FFT）倒频谱和线型预测编码（LPC）技术，将时域的语音信号转变成频域信号，供分析鉴别使用。三是频谱显示器。它利用烧灼式打印机打印出语音信号的频谱图，或者是与计算机连接以显示语音信号的频谱图。DSP5500型语图仪是7800型语图仪的升级产品，如图7-2-4所示。

图 7-2-4　美国 KAY 公司生产的 DSP5500 型语图仪

（二）语音工作站

语音工作站是 20 世纪 90 年代开发出来的基于 PC 计算机的语音信号分析系统。它是利用计算机发展而来的高新技术，在现代计算机上配以专门设计的语音分析软件系统，即可对语音进行定性、定量分析。语音工作站具有准确、方便、快速、灵活、便于升级等特点。

最新一代的语音工作站产品是安徽科大讯飞公司出品的 iFlytek 智能声纹鉴定工作站，如图 7-2-5 所示。它是一套软硬件一体化的产品，提供了包括案件导航、听觉分析、自动标注、数字化声谱分析、语音降噪处理、真实性检验、录音等功能，可叠加语音文件多个光标处、光标间、长时平均的功率谱快照，方便实时比对；并可针对两个语音文件的相同音素创建比对，自动计算比对偏差比例，比对结果自动保存，并可导出至 Word 文档，方便进一步编辑。自动标注和语音分离等核心语音技术的应用，大大提高了鉴定分析人员的语音文件处理效率，工作站还可以与部省级大型声纹库对接，以方便利用声纹库的样本、专家资源辅助声纹案件的鉴定分析。

图 7-2-5　iFlytek 智能声纹鉴定工作站

我国之前普遍使用的是 VS99 语音工作站（如图 7-2-6 所示），它是基于 PC 机的数字语图仪，操作简单，使用方便，具有声纹鉴定所需的各种语音测量和分析功能，可对含噪录音进行降噪处理、对极其微弱的语音信号进行数字放大，使原本听不到的语音经处理后达到可听辨的程度。使用标准的中文 Windows 平台，操作直观、易懂、容易掌握。该系统有 8 kHz ～ 44 kHz 的采样率，可随意调整；可实施宽带语图、窄带语图、波形图及各种频谱曲线的动态实时采集分析。

图 7-2-6　VS99 语音工作站

（三）说话人自动识别系统

说话人识别，即说话人鉴定。说话人识别不同于语音识别，其区别在于，前者不注重包含在语音信号中的文字符号以及语义内容信息，而是着眼于包含在语音信号中的个人特征，提取说话人的这些个人信息特征，达到识别说话人的目的，即解决"他是谁"的问题。后者则要注重说话人在语音信号中的文字符号、语调以及语义内容信息，达到解决"说什么"的问题。

说话人自动识别系统按识别方法可以分为"说话人确认"和"说话人辨认"两类。从本质上说，它们都是利用说话人的语音，并从中提取与说话人个人特征有关的信息，再与系统存储的参数模型比较，最后作出正确的判断。但两者还是有较大的区别：说话人确认是确认一个人的身份，是"一对一"的判定过程，它只是一个特定的参考模型和待识别模式之间的比较，系统只需作出"是"或"不是"的二元判断；说话人辨认则要求系统必须辨认出待识别的语音是来自系统存储的参数模型 N 个人中的哪一个（闭集），还要对这 N 个人以外的语音作出拒绝的判别（开集）。说话人辨认需要进行 N 次比较和判断，所以它的误识率要大于说话人确认，并且随着 N 的增加，其性能将会逐渐下降。

说话人自动识别系统按识别用的语音内容来分，可分为三类。

（1）与文本无关。即识别时不限定所用的语言及内容。

（2）与文本有关。即系统存储特定语句的参数模型，识别时必须用这些相同发音和内容的语句进行识别。

（3）文本指定型。系统事先存储说话人一些语句的参数模型，在每一次识别时必须先由识别装置向说话人指定需发音的文本内容，只有在系统确认说话人对指定文本内容正确发音时才可以被接受。

二、说话人鉴定的主要方法

（一）语音学分析法

语音学分析法是司法领域说话人鉴定的最主要方法，它是在 L. G. 科斯塔发明的声谱图比对法的基础上发展起来的。单纯的声谱图比对法现在已被淘汰。

语音学分析法通过分析说话人的语音声学特征，如声源特征、发音时的声道形状特征、发音时的口腔及双唇特征以及语音信号时变频谱特征等，对说话人进行鉴定。

语音学分析法的准确率很高，其鉴定意见已被多国法庭所采纳。我国也普遍采用此方法，这其中，又以公安部物证鉴定中心为代表。

语音学分析法的基本程序为：听觉鉴别、视谱比较、定量比对。

1. 听觉鉴别

辨听检材和样本中说话人的非频谱特征。重点是从音高、嗓音特征、鼻音特征、方言口音、口头语、言语速率、节奏、清晰度、流畅度以及发音器官和言语功能的缺陷等入手。同时对检材或样本是否有伪装进行初步的评价。

听觉鉴别时，还要听辨检材和样本的语义、词汇、语法及其表达方式的差异，最后作出相似或差异程度的评价。

2. 视谱比较

观察分析检材和样本中说话人的频谱特征。仔细观察、分析检材和样本中相同和相近的音素、音节、语词、短语谱图的语音声学特性和声学模式，包括共振峰特性（如共振峰阶数、频率、强度）、共振峰动态特征、音节内过渡特征（如前音渡、后音渡）、音节间过渡特征、辅音 VOT、过零率曲线和辅音浊化现象、协同发音现象、音强曲线、基频曲线（如调值、调域、趋向）等，最后作出相似或差异程度的评价。

视谱比较要与听觉鉴别结合进行，重点选取相同的音素、音节（字）、语词、语句及相同的上下文。

3. 定量比对

对检材和样本中相同或相近的音素、音节、词语、短语声学特征参量（包括共振峰、音强、基频、时长、功率谱、长时平均基频等）进行多参量的统计比对，进行同一性的定量评价。

（二）语音信号处理法

近年来随着信号处理技术的发展，应用语音信号处理进行说话人鉴定的方法应运而生。

语音信号处理法的基本原理是，对语音中说话人特征参数进行分离提取和线性或非线性处理，建立语音模型，进行模式匹配，确定与其最接近的一个已知说话人的语音模型。它还可细分为说话人辨认系统和说话人确认系统。

我国近年来也在积极探索用于鉴定的说话人自动识别系统的研制。目前已出现了由公安部物证鉴定中心、南京市公安局、北京市公安局、广东省公安厅、中国刑警学院、公安部第三研究所等单位与社会科研单位、高校合作研制出的基于语音信号处理方法的识别系统。如2007 年 12 月，公安部物证鉴定中心承担的公安部科研项目《声纹鉴定与自动识别技术研究》通过验收，课题创新之处在于，将说话人自动识别技术与语音工作站有机地结合，使鉴定人可以将采用语音学和声学方法进行鉴定的结论与采用信号处理技术得到的结论相互认证，进一步提高了结论的准确率，为声纹鉴定提供了一个实用的系统。该系统还可用于侦查中大量嫌疑人的排查，可以有效地缩小侦查范围，大大提高工作效率。同时由于它具有语图的实时显示功能，也适用于公安系统的行动技术中语音信号的采集。

（三）语音信号处理与语音学分析结合法

语音信号处理与语音学分析结合法是近年来司法语音及声学研究的一个方向，也称为半自动识别系统。该方法将语音信号处理与语音学分析相结合，由专家设定特征提取条件，再由系统完成判别。

公安部物证鉴定中心和深圳市人民检察院、中山大学于 2003 年共同完成了深圳市重点科研项目《广州话司法语音及声学方法的研究》。该项目首次应用马氏距离判别法识别男性说话人；应用模糊数学的隶属度推广了费歇（Fisher）判别法，以识别女性；设计出界面友好、操作简单的 GTS1.0 软件系统，提高了结果判定的客观性，具有较强的创新意义。

三、声纹谱简介

声纹谱反映了语音的各种声学特征及动态参数，形态多种多样，主要有带状谱（宽带谱、窄带谱）、曲线谱、线状谱和连续谱等。了解、认识了这些声纹谱，即可利用语音工作站进行相应的检验鉴定。

（一）波形谱

波形谱是语音振幅（强度）随时间的动态变化谱。它主要有元音形成的周期波和辅音形成的非周期波。横坐标表示时间，纵坐标表示振幅（强度）。发音用力越大，气流越强，振幅越强。图 7-2-7 所示为"北京的笑容"的波形谱图。

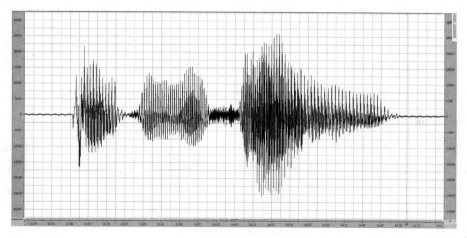

图 7-2-7 "北京的笑容"的波形谱图

（二）振幅谱

振幅谱是语音波的振幅包络。高低起伏的线条表示语音强弱随时间的动态变化。横坐标表示时间，纵坐标表示振幅强度。图 7-2-8 所示为"北京的笑容"的振幅谱图。

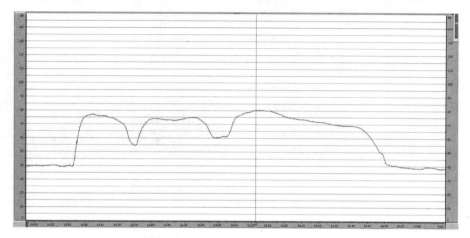

图 7-2-8 "北京的笑容"的振幅谱图

（三）基频谱

基频谱也是声调谱。表示语音的基频随时间的动态变化。横坐标表示时间，纵坐标表示频率。图7-2-9所示为"北京的笑容"的基频曲线。

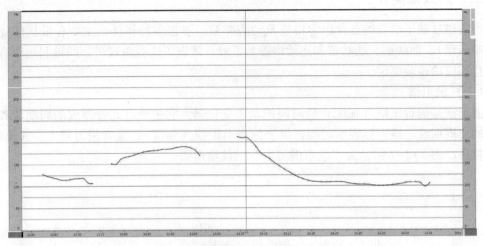

图7-2-9 "北京的笑容"的基频（音高）曲线

（四）宽带三维语图

三维语图表征声音的频率、强度和时间关系，简记为 t-f-a。它是声谱仪描绘的最基本声谱图。横坐标表示时间，纵坐标表示频率，灰度等级表示振幅强弱，故称为三维语图。

三维语图根据分析滤波器带宽可以分为宽带图和窄带图。所谓"宽带"是指在分析时所用的带通滤波器为宽带滤波器，其带宽通常为300 Hz左右。宽带语图时间分辨能力较强、频率分辨能力较弱，适用于检测共振峰的频率特性。图7-2-10所示为"北京的笑容"的宽带语图。

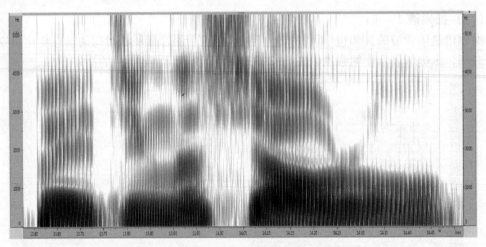

图7-2-10 "北京的笑容"的宽带语图

（五）窄带三维语图

所谓"窄带"三维语图是指在分析时所用的带通滤波器为窄带滤波器，一般采用45 Hz

左右的带宽。与宽带三维语图一样，它同样表示语音频率、强度、时间的关系。窄带语图频率分辨能力较强，时间分辨能力较弱，适用于表现和检测基频与谐波的形态与频率值。图7-2-11所示为"北京的笑容"的窄带语图。

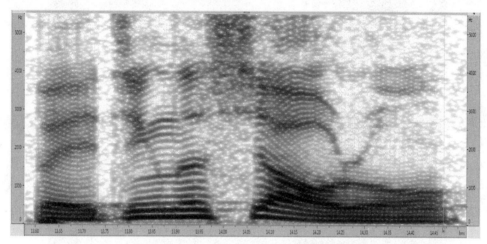

图7-2-11 "北京的笑容"的窄带语图

以上各种谱图都是在时间域内实现的。语音振幅随时间的变化形成时域谱，对其分析称为时域谱分析。语音振幅随频率变化形成频谱，对其分析称为频谱分析。时域信号经傅里叶变换可以得到频域谱。

（六）LPC谱

LPC即线性预测编码，是一种类似于人类语音产生方式的、采用周期性的脉冲激活过滤器的语音编码方案。该编码之所以是可预测性的，原因在于其采用过去的数据信息（由向量所代表的），以一种向前反馈的方式预测未来的值。它既是一种语音分析技术又是一种以低的比特率对高质量的语音进行编码的方法。它提供了语音参数的精确评估，而且估算起来相对有效。

常见的LPC谱主要包括实时LPC谱、平均LPC谱、长时平均LPC谱三种。

1. 实时LPC谱

实时LPC谱是语音某一时刻的LPC谱，显示语音在这一时刻的各个谐波的频率和振幅的数值。可用于共振峰频率和振幅的检测。图的横坐标表示共振峰频率，纵坐标表示振幅强度。图7-2-12所示为元音［i］的实时LPC谱。

2. 平均LPC谱

平均LPC谱是指一个时间段内语音的平均强度按频率分布图。图的横坐标表示频率，纵坐标表示强度。适用于某个音段元音共振峰、辅音强频区的频率和振幅数值的检测。图7-2-13所示为［an］的平均LPC谱。

3. 长时平均LPC谱

长时平均LPC谱是通过计算30秒以上的语音的平均LPC值，分析语音平均强度按频率的分布规律，反映说话人的语音综合特征，在一定意义上与语音内容、语种等无关。图7-2-14所示是一位男性说话人的两段不同内容语音的长时平均LPC谱。

由于语音强度变化范围较大，有时可用长时平均LPC谱作鉴定的参考性指标。

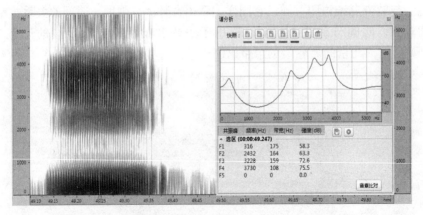

图 7-2-12 ［i］的实时 LPC 谱

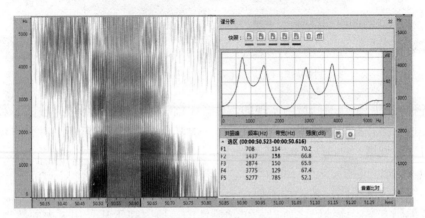

图 7-2-13 ［an］的平均 LPC 谱

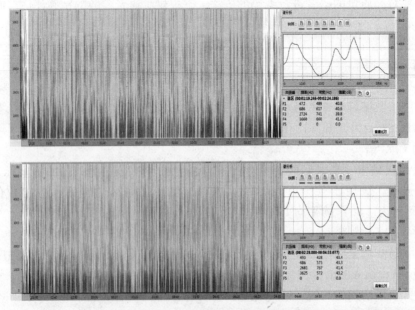

图 7-2-14 一位男性说话人的两段不同内容语音的长时平均 LPC 谱图

（七）多维噪音参数谱

多维噪音分析是从语音信号中提取多项参数，然后对这些参数进行综合分析。多维噪音分析最初主要用于医学噪音病变的研究。在语音学上可以用来量化不同人的嗓音，其中有些参数对建立模型十分有用。例如，研究发现，随着基频的提高，频率抖动慢慢降低。另外，随着基频的提高，振幅抖动体现出较为复杂的情况。多维噪音参数之间有的关系比较简单，而有的关系却很复杂。常用的多维噪音分析参数有六大类三十多项。

图 7-2-15 所示为一位男性说话人的多维噪音参数谱。

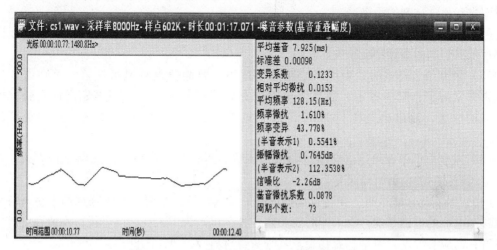

图 7-2-15　一位男性说话人的多维噪音参数谱

第四节　声纹鉴定的样本提取及说话人鉴定的鉴定意见种类

一、提取声纹鉴定的样本时应注意的主要问题

用于声纹鉴定的检材和样本，显然是承载有供认识、分析声纹用的语音的材料。通常而言，我们无法选择检材的"好坏"，如犯罪分子绑架勒索讨要赎金时的电话录音、银行实时监控装置录制下的录像带中的声音等，是案件或事件发生时"自然"生成的语音材料，无论其质量是"好"还是"坏"，其均可能成为声纹鉴定的检材。但是，当需要启动鉴定时，应尽可能按照一定要求获得有较好质量、可用于比较分析的样本（即疑是说话人的语音材料），故应该了解提取声纹鉴定的语音样本时应注意的一些主要问题。

（1）一般而言，应要求委托鉴定的机构在委托鉴定并提交检材语音材料时，同时提交检材内容的文字记录，这样不仅方便鉴定时对检材的检验（因为有时有一些方言不是鉴定人员能听懂的），更重要的是，便于提取有相关语音内容的样本语音材料。

（2）作为用于鉴定时比对使用的语音材料，即样本，要具备一定的录音质量。即录制的语音清楚可辨，环境噪声低、图谱清晰，录音时失真度小，主要语音一般应具备三条以上有效共振峰。

（3）疑是说话人的语音样本要含有自述语音，被录音人自述（即自我介绍），如今天是

×年×月×日，我叫×××。还应有疑是说话人的自然语音样本，自然语音样本要求能够反映被录音人的自然说话状态，语音的时长应为三分钟以上，时长越长越有利于鉴定。疑是说话人的语音样本要有一定数量的与检材中内容相同的语句或词语。

（4）疑是说话人的语音样本应与检材一样，通常是原始的录音材料。

（5）录制语音样本时，应尽量使用与录制检材相同的录音设备。如果无法得到录制检材的录音设备时，应选用性能更优的录音器材。

（6）如果用微型录音机录音，带速要选择每秒 2.4 厘米，不能选择每秒 1.2 厘米。要用新磁带和新电池，录音后把磁带的防误抹挡片撬掉。磁带避免潮湿、灰尘、高温、强磁、直射阳光和化学试剂的污染。

（7）如果用数码录音笔或手机录音，不要选择长时录音模式（即 LP 模式），防止因采样率过低而引起的高频特征缺失。

（8）录制语音样本时，麦克风的距离要适当，要避免麦克风被遮盖，否则语音高频衰减得非常厉害，影响鉴定。如果需要将麦克风隐藏起来，则必须事先进行实验，根据麦克风的性能，通过语音工作站的监测（如果有条件的话），调整好方向和距离，再录制。

（9）录制电话语音可用录音电话机或专用设备进行。应尽量采用线路录音方式，不要用麦克风直接对着电话听筒录音。

（10）录制语音样本时，要注意选择适宜的录音环境，主要是避免噪声的干扰，特别要注意移动电话的电磁干扰，故录音时要关闭各种手机。为了避免回声干扰，不能在空旷的房间录音，而应有沙发、窗帘、衣物、家具等吸音材料吸纳可能的回声。

（11）录音时，被录音的疑是说话人的情绪应稳定，应采取自然正常的说话状态。方言口音务必与检材相同，尽量保证被录音人的讲话不被打断。除一般讯问谈话外，可引导或指令其说出需要比对的词句和词语。为避免其改变、掩饰、伪装个人的口音和说话习惯，要求其重复 3～5 次。如果检材或样本有伪装，重复的次数需要增加。

（12）语音样本提取完成后，要对语音的录音人、录音器材、录音环境、录音方式、样本数量等情况进行详细记录，供送检时使用。

二、说话人鉴定的鉴定意见种类

从理论上说，就说话人是谁而进行鉴定，其鉴定意见无外乎两种，即"认定同一"或"否定同一"。但因检材录音材料录制的环境千差万别、录制设备各不相同等，检材录音材料不一定均有可供鉴定的较好质量；同时，样本录音材料也会因各种各样的原因而有可能无法满足比对鉴定的需要。因此，实践中的说话人鉴定，其鉴定意见不只前述两种。而且，不同国家，受具体司法制度的影响，相应的鉴定意见之种类也有差异，与技术水平无关。

（一）我国说话人鉴定的鉴定意见种类

目前，我国说话人鉴定的鉴定意见分为五种：

（1）认定同一；

（2）倾向认定同一；

（3）无结论；

（4）倾向否定同一；

（5）否定同一。

（二）美国说话人鉴定的鉴定意见种类

目前，美国说话人鉴定的鉴定意见一般分为七种：

（1）确认相同；

（2）很可能相同；

（3）可能相同；

（4）无法判断；

（5）可能不同；

（6）很可能不同；

（7）确定不同。

本章小结 >>>

　　本章首先介绍了声音和语音的概念及基本特性，并回顾了以语音为对象的声纹鉴定技术的国内外发展历程和早期著名案例。声纹鉴定在国内和国外的主要内容虽有差异，但大致相同。随后，全面描述了声纹鉴定的理论依据，包括语音的形成、声道的共鸣特征、语音的四要素、语音的声学特征、语音的特点等。说话人鉴定的仪器设备是现代声纹鉴定的重要工具，本章就这些重要的工具，如早期的语图仪和较近的语音工作站、说话人自动识别系统等做了介绍。现代的说话人鉴定就是使用这些仪器设备，综合使用语音学分析方法、语音信号处理法、语音信号处理与语音学分析结合法等进行的。在声纹鉴定过程中，涉及的声纹谱主要包括波形谱、振幅谱、基频谱、宽带三维语图、窄带三维语图、LPC谱、多维噪音参数谱等。同时，在声纹鉴定的实践中，要掌握合理的样本提取方法。由于情况不同，故说话人鉴定的鉴定意见也可以不同，事实上，国内外说话人鉴定的鉴定意见在种类上有一定的差异。

问题与思考

1. 说话人判别的著名案例有哪些？你还知道哪些涉及听觉鉴别的案例？
2. 我国声纹鉴定的主要内容是什么？
3. 什么是声道的共鸣特性？它都包含哪些内容？
4. 说话人鉴定的主要仪器设备有哪些？
5. 说话人鉴定的主要方法有哪些？它们各自的特点是什么？
6. 声纹谱主要有几种？它们各自的特点是什么？
7. 声纹鉴定提取样本时有哪些注意事项？
8. 声纹鉴定的鉴定意见主要有哪些？为什么？
9. 声纹鉴定的发展趋势是什么？它在未来可能的应用领域有哪些？谈谈自己的看法。
10. 查阅声纹鉴定中语音自动识别的相关知识，就这些知识谈谈自己的看法。

本章的主要参考文献

1. 吴宗济，林茂灿．实验语音学概要．北京：高等教育出版社，1987.
2. 罗常培、王均．普通语音学纲要．北京：商务印书馆，2002.
3. 崔效义，李敬阳，等．声纹鉴定讲义．公安部物证鉴定中心，2001.

第三章　图像物证技术

第一节　图像物证技术的基础知识

随着数字影像技术的飞速发展，图像证据特别是视频图像证据得到了广泛应用。视频图像证据以其客观真实、反复使用和信息拓展等性质，正发挥着无可替代的作用。但由于现有的监控图像质量不高，格式不统一，大多数视频图像需要处理改善后，才能发挥其证明作用，这就促使图像物证技术得到不断发展。本章主要从图像的基本概念、图像处理的基本方法入手，介绍常用的图像物证检验鉴定技术手段。

一、图像的概念

视觉是人类观察世界、认知世界的重要手段。图像是用各种观测系统以不同形式和手段观测客观世界而获得的，可以直接或间接作用于人眼进而产生视觉和知觉的实体。

（一）图像的本质

所谓"图"，就是物体透射光或者反射光的分布状态；"像"是人的视觉系统接收图的信息后在大脑中形成的印象或认识。前者是外在的客观存在，后者则是人的主观感觉。图像是二者的有机结合。

客观世界从空间而言均是三维（3D）的，但大部分成像装置都将 3D 世界投影到二维（2D）像平面，所以得到的图像是二维的。一幅图像可以定义为一个二维数组 $f(x, y)$，其中，x 和 y 是 2D 空间 XY 坐标系中一个坐标点的位置，而 f 则代表图像在点 (x, y) 的幅值。例如，常用的图像一般是灰度图，此时的 f 表示灰度值，即当对可见光成像时，f 对应客观景物被观察到的亮度。近年来，随着科学的进步和技术的发展，成像也从可见光扩展到其他辐射波段，如低频端红外线、微波、无线电波等；高频端紫外线、X 光、γ 射线、宇宙射线等。日常所见图像多是连续的，即 f，x，y 的值可以是任意实数。为了能用计算机对图像进行加工，需要把连续的图像在坐标空间 X、Y 和幅值空间 f 上离散化，即当 (x, y) 和幅值 f 为有限的、离散的数值时，称该图像为数字图像。表达数字图像的 $f(x, y)$ 中的 f、x、y 都在整数集合中取值。

数字图像处理，是指利用计算机技术和方法对图像进行加工、制作和编辑等的活动。数字图像是由有限的元素组成的，每一个元素都有一个特定的位置和幅值，这些元素称为图像元素、画面元素或像素。一副图像在空间上的分辨率与其包含的像素个数成正比，像素个数越多，图像的分辨率越高，也就越有可能看出图像的细节。

（二）数字图像的获取

获取图像的方法有很多，总体上是从感知的数据中产生数字图像。大多数传感器的输出是连续电压波形，这些波形的幅度和空间特性都与感知的物理现象有关。为了产生一副数字图像，需要把连续的感知数据转换为数字形式，主要包括取样和量化两种方式。

一幅图像的 x 和 y 坐标及幅度值 f 可能都是连续的。为了把它转换为数字形式，必须在坐标和幅度上都做取样操作。数字化坐标值称为取样，数字化幅度值称为量化。取样和量化中所用的取样数和灰度级很大程度上决定着所获取图像的质量。

二、数字图像的类型

（一）数字图像的分类

数字图像大致可分为二值图像、灰度图像、彩色图像和多光谱图像等几类。

1. 二值图像

二值图像是指每个像素不是黑就是白，其灰度值没有中间过渡的图像。这就是说，二值图像只能从 0 或 1 中取值，在显示时，它对应于黑和白两种状态。二值图像一般用来描述文字或者图形，文字稿、线条图、指纹图等常可以用这种方式存储。其优点是：占用空间少；缺点是：当表示人物、风景的图像时，二值图像只能描述其轮廓，不能描述细节。如图 7-3-1 和图 7-3-2 所示。

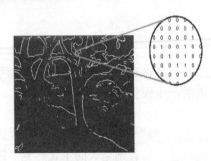

图 7-3-1　二值图像（1）

图 7-3-2　二值图像（2）

2. 灰度图像

在计算机领域中，灰度图像是指每个像素只有一个采样颜色的图像。这类图像通常显示为从最暗黑色到最亮白色的灰度，尽管理论上这个采样可以是任何颜色的不同深浅，甚至可以是不同亮度上的不同颜色。灰度图像与黑白图像不同，灰度图像在黑色与白色之间还有许多级的颜色深度，可表现为黑和白的不同浓淡层次。如图 7-3-3 和图 7-3-4 所示。

图 7-3-3　灰度图像（1）

图 7-3-4　灰度图像（2）

3. 彩色图像

彩色图像又分为真彩色图像和索引色彩色图像，如图 7-3-5 和图 7-3-6 所示。前者常由 RGB 三个通道的 8 位灰度图像组成，后者一般是由 256 种颜色组成。前者的视觉效果比较逼真，但占用空间较大；后者的色彩过渡欠自然，但所需的存储空间小。当然也有类似于真彩色图像但深度较小（比如 5 位）的彩色图像，只是在实际应用中较少见。

图 7-3-5　真彩色图像　　　　　　　图 7-3-6　索引色彩色图像

4. 多光谱图像

多光谱，是指包含可见光和不可见光的光谱。多光谱成像属于广谱成像，是用仪器记录多种光谱的图像。根据仪器和需求不同，记录的光谱范围也不同。

（二）数字图像的文件格式

数字图像以一定格式的文件形式进行存储和传输。图像文件格式有很多，且有压缩和非压缩之分。比较常用的图像文件格式有 BMP、TIFF、JPEG、CIF、PCX 等。

1. BMP 图像文件格式

BMP 图像文件格式扩展名为 ".bmp"。绝大多数数字照片处理软件都支持这种文件格式。它是一种非压缩或无损压缩的图像文件格式，文件往往很大，传输不太方便，只支持单色、16 色、256 色和真彩色四种图像。通常用在对图像质量要求非常高的场合。

2. TIFF（TIF）图像文件格式

TIFF 图像文件格式扩展名为 ".tif"，是一种非失真的压缩格式（最高也只能做到 2～3 倍的压缩比）。它能保持原有图像的颜色及层次，但占用空间很大。普通绘画、图像编辑和页面排版应用程序、桌面扫描仪都支持 TIF 图像文件格式，常被用于书籍出版、海报等。另外，一个文件中可以存储多幅这种格式的图像。

3. JPEG 图像文件格式

JPEG 图像文件格式扩展名为 ".jpg"，是第一个国际数字图像压缩标准。其目的主要是针对图像信息过于庞大的问题，提供实用的、高质量的彩色静止图像的压缩。

JPEG 图像文件格式具有调节图像质量的功能，允许用不同的压缩比例对文件进行压缩，压缩比通常在 10∶1 到 40∶1 之间。压缩比越大，品质就越低；相反，品质就越好。在压缩图像的过程中，图像中重复或不重要的资料均会丢失，因此图像会失真。不过由于它可使图像占用空间大幅减小，故适用于网上传输。

4. GIF 图像文件格式

GIF 分为静态 GIF 和动画 GIF 两种，扩展名均为 ".gif"。它是一种压缩位图格式，支持透明背景图像，适用于多种操作系统，"体型"很小，是网络上非常流行的图形文件格式。

网上很多小动画都是 GIF 格式。在压缩过程中，图像的像素资料不会丢失，丢失的只是图像的色彩，即一部分原本不同的多种颜色，被压缩成了同一种颜色。这是因为 GIF 格式最多只能储存 256 色（8 位）。

5. PCX 图像文件格式

PCX 是绘图程序的专用格式，一般的桌面排版、图形艺术和视频捕获软件都支持这种格式。PCX 是最早支持彩色图像的一种文件格式，支持 256 色调色板或全 24 位的 RGB。PCX 压缩属于无损压缩。

（三）监控录像编码标准

目前，许多公共场合均安装有监控设备，其摄制的影像资料在诉讼中时常发挥着重要的作用。正是监控录像的这种广泛应用，促使多种视频编码标准的产生。所谓视频编码，就是指通过特定的压缩技术，将某个视频格式的文件转换成另一种视频格式文件的方式。视频流传输中最为重要的编解码标准有国际电联的 H. 261、H. 263，运动静止图像专家组的 M-JPEG 和国际标准化组织运动图像专家组的 MPEG 系列标准，此外在互联网上被广泛应用的还有 Real-Networks 的 RealVideo、微软公司的 WMV 以及 Apple 公司的 QuickTime 等。

（四）图像通道

通道的概念主要是针对彩色和多光谱图像而言的。因为这些图像是由多个独立的主色图像组成，而每一个主色图像称为一个通道，它记录了相应主色的亮度信息。例如，最常见的 RGB 彩色图像就是由红（R）、绿（G）、蓝（B）三个通道组成。颜色可以用不同的模式来表示；除了最常用的 RGB 模式外，还有 LAB、YIQ、HSI、CMYK 等多种模式。同一图像用不同色彩模式表示时，其通道的内容也会有一定差异。

三、数字图像的采集

图像的采集过程也就是图像的成像过程。数字图像成像的主要步骤如下：① 通过光学元件获取所摄景物的光信号；② 将光信号转换成模拟电信号，再经过模数转换将电信号转成数字信号；③ 经压缩后存入存储卡，形成数字图像。

（一）图像采集

有许多设备可用于成像，如用于可见光和红外线成像的显微密度计、析像管、视像管和对光子敏感的固态阵等。近年来，图像采集常用带有电荷耦合器（CCD 或 CMOS）件的照相机、带有视像管的视频摄像机和扫描仪等。

1. CCD 器件

电荷耦合器简称 CCD，是一种半导体成像传感器，通过电荷存储传送和读出方式进行工作。CCD 的优点是，拥有精确和稳定的几何结构，尺寸小、强度高、灵敏度高，宽系列（有许多分辨率和帧率），可对不可见辐射成像等。基于 CCD 的照相机和摄像机，是目前应用最广泛的图像采集设备。

2. CMOS 器件

CMOS 也是传感器，与传统的 CCD 传感器照相机、摄像器件相比，CMOS 照相、摄像器件把整个系统集成在一个芯片上，降低了功耗，减少了空间，总体成本也更低。CMOS 传感器主要包括传感器核心、模数转换器、输出寄存器、控制寄存器、增益放大器等。传感器核心中的感光像元电路分为三种：光敏三极管型无源像素结构、光敏二极管型有源像素结构、光栅型有源像素结构。

3. CID 器件

CID 是电荷注射器件的缩写，有三种模式：积分模式、非削除性模式、削除性模式。CID 以任意次序访问每一个像素，以任意速度读出任意尺寸的子图像。与传统的 CCD 照相、摄像器件相比，CID 照相、摄像器件对光的敏感度要低很多，具有随机访问、不会产生图像浮散等优点。

（二）常见的图像采集设备

1. 摄像机

摄像机是最常用的图像输入装置，它不仅面向对象广泛，而且输入速度快，灵敏度高，使用方便，多作为实时图像的输入设备使用。摄像机通常由摄像镜头、摄像器件、同步信号发生电路、偏转电路、放大电路等部分组成。目前，常用的摄像机有 CCD、CID 和光电二极管阵列三种固态传感器阵列，此类摄像机体积小、重量轻、结构紧凑。

2. 扫描仪

图像扫描仪成本低、精度和分辨率较高，但获取图像信息速度较慢，不能实现实时输入。扫描仪可以硬复制方式记录图像信息，如照片、文本页面、美术图画、图纸等，都可以通过扫描仪转换成能用计算机显示、处理存储和输出的数字化电子图像信息。

3. 数码相机

数码相机是集光学、机械、电子于一体的高技术产品。它是利用 CCD 或 CMOS 等光电转换器件，将景物的光学图像转换成为电子图像并以数字形式存储。它可以立即成像，产生的信号便于计算机处理和传输。

（三）图像数字化设备的性能指标

1. 像素大小

采样点的大小和相邻像素的间距是两个重要的性能指标。如果数字化设备是在一个放大率可变的光学系统上，那么对应于输入图像平面上的采样点大小和采样间距也相应可变。

2. 图像大小

图像大小即数字化设备所允许的最大输入图像的尺寸。

3. 线性度

对光强进行数字化时，灰度值直接反映图像亮度的实际精确程度。非线性的数字化设备会影响图像后续过程的有效性。

4. 噪声

数字化设备的噪声水平也是一个重要的性能参数。应当使噪声小于图像内的反差点（即对比度）。

四、数字图像输出

（一）打印、扩印

在打印之前，利用图像处理软件，在不改变图像文件像素总数的前提下改变图像的分辨率，使之与打印机的输出分辨率一致，这样打印后的照片便非常清晰。在日常的实务工作中，常会用打印出的照片作为证据使用，同时，制作案件材料时也往往需要附上相关照片，因此，对打印扩印出的照片就要有较高的要求。

（二）保存和管理

数字图像保存主要分为两种，即以打印制作成的照片形式保存和以数字图像形式保存。对于这两种不同的保存形式，其保存方法也不相同。

对以照片形式保存的图像，主要注意避免照片受到损坏或腐蚀，同时要分类、分时管理，以便快速查找所需信息。

以数字图像形式保存，是当前主要的存储、管理图像的形式。以这种形式保存，主要是要防止信息的丢失并要能够以最快的速度索引到所查图像。数字图像一般不要长期保存在计算机里，因为计算机里的信息经常大量变动，很容易引起信息的丢失，并且计算机一旦染上病毒，其上存储的信息就可能全部丢失。可以将图片刻录到光盘上，建档保存。在保存光盘时，既要防止其受到物理的破坏，又要防止在使用时染上病毒。存放光盘时，应将其分类放置在光盘盒中；光盘盒必须由抗压、抗挤的材料制成，既有硬度又有韧性；而放置光盘盒的地方要通风干燥。使用这些光盘时，计算机要随时杀毒，防止病毒侵入光盘，以免造成不可挽回的损失。

第二节　常见的数字图像篡改手段

以故意误导人们的感知为目的，对图像内容进行的相关修整即为篡改。但具体哪些操作算是篡改，则取决于具体的情况和问题。数字图像具有保存方便、修改容易等特点，加上目前出现了许多功能强大的图像处理软件，所以对普通人来说，即使没有专业的技术也可以对图像进行难以识别的篡改。图像篡改的方式非常多，但常见的图像篡改有以下几种。

一、合成

将两幅或多幅数字图像中的某一部分复制、粘贴到其他一幅图像中以造成某种假象，或者将一幅图像的某一部分复制、粘贴到同一幅图像的其他部分以隐藏某些重要目标的操作即是合成（Composited）。实际应用中，图像合成往往与图像模糊、缩放、旋转等方式结合使用，以达到不被视觉发现的目的。图7-3-7（c）所示图像即经图7-3-7（a）和图7-3-7（b）合成的。

二、变种

变种（Morphed），即将一幅图像逐渐变成另一幅图像的技术。采用的具体方法通常是，分别找出原图像和目标图像上的特征点，然后以不同的权重叠加两幅图像，从而得到兼有两幅图像特征的图像。图7-3-8（b）所示图像即经图7-3-8（a）加工变种形成的。

三、润饰

润饰（Re-touched），即由图像处理专家对图像进行的修补性操作。主要是在同一幅图像中对细微局部区域进行复制、粘贴。

(a)

(b)

(c)

图 7-3-7 图像合成

(a)

(b)

图 7-3-8 图像变种

四、增强

增强（Enhanced）即改变图像特写部分的颜色、对比度、背景等的一种操作。这种操作虽然不能显著地改变图像的内容，但它却可以模糊或突出某些细节，或改变照片的明暗程度等。例如，图 7-3-9（b）是由图 7-3-9（a）增强得到的。

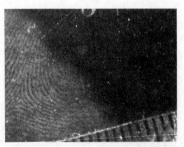

（a）部分反差弱的指纹　　　　　　　　　　　　　（b）处理结果

图7-3-9　图像增强

第三节　图像检验技术

一、降质、退化图像的检验

（一）降质、退化图像概述

图像在形成、传输和记录过程中，受众多因素的影响，质量会有所下降，其典型表现是，图像模糊、失真、有噪声等。图像质量的这种下降称为图像的退化。无论是以光学、光电还是电子方法获得的图像，都会有不同程度的退化。

图像模糊退化的主要原因有：分辨率低、噪声高、运动模糊、散焦模糊、压缩模糊、环境照度低等。低分辨率模糊主要是因为构成目标的像素点过少，体现目标特征的信息不足造成的。运动模糊是因为目标与镜头之间相对距离的变化而产生的，如简单匀速直线运动、抖动、空间不一致运动等均会带来前述相对距离的变化。散焦模糊是因为拍摄时调焦不准造成的影像模糊。散焦模糊与运动模糊对图像的影响不同：运动模糊图像只在一个方向模糊，而散焦模糊图像则在各个方向呈现基本一致的模糊。

压缩图像，是为了以尽可能少的数据量（比特数）代表图像或图像中的信息。压缩时，要尽量追求高质量的图像存储，即要记录图像中每个像素点位置的颜色信息。但在压缩的过程中，往往是关键信息被记录了下来，而次要信息被丢失，从而导致图像信息的损失和图像噪声的增加。

拍摄条件模糊，是指拍摄图像时，拍摄条件不佳，如雨雾云天、镜头污损、光照不当、低照度不均匀等，所造成的图像退化模糊。其中，环境光照因素又分为逆光、曝光不足和曝光过度三类。

图7-3-10所示为常见的图像退化实例。

（二）降质、退化图像的改进技术

在实务鉴定工作中，经常需要对降质、退化了的图像进行处理，以提高其利用价值。常用的改进技术如下。

1. 图像增强技术

图像增强是数字图像处理的基本内容之一，即采用一系列方法以改善图像的视觉效果，或将图像转换成一种更适合于人或机器分析和处理的形式。它将对图像特征（如边缘、边界或对比度等）进行强调或锐化，使其比原始图像更适合于特定的应用。图像增强并不增加数据的内在信息含量，但会增加所选择特征的动态范围，以使其容易被检测到。图像增强的目的在于，增强某些特点的信息，使其变得明显。图像增强的效果如何，将由观察者最后来评判。比较常用的图像增强技术包括直方图修正法、图像求反法、对比度增强法、图像平滑法、图像锐化法、图像消除背景法、图像去雾法、图像彩色增强法和同态增强等。

（a）运动模糊

（b）散焦模糊

（c）曝光过度模糊

（d）曝光不足模糊

（e）压缩模糊

（f）环境照度（逆光）模糊

图 7-3-10 图像退化实例

1）直方图修正法

直方图是对数字图像每个像素值出现次数统计结果之图示，也叫柱状图。有 RGB 直方图、分通道直方图和灰度直方图等。直方图是多对一的映射结果，即多个图像可以生成相同的直方图，因此直方图作为一个统计特征，其并未反映相邻点之间的关系，但却反映了图像的灰度散布范围等特征。暗色图像的直方图其组成成分集中在灰度级低的一侧，明亮图像的直方图则倾向于灰度级高的一侧；低对比度图像的直方图窄且集中于灰度级的中部，高对比度图像直方图其组成成分覆盖了灰度级很宽的范围。通过直方图，可以观察出图像是否经过恰当的曝光、光照分布是否恰当等。直观地说，若一幅图像其像素占有全部可能的灰度级并且分布均匀，那么这样的图像便有高对比度和多变的灰度色调，是一幅灰度级丰富且动态范围大的图像。

直方图修正法包括直方图均衡化法及直方图规定化法两类。所谓直方图均衡化法，即将原图像通过某种变换，得到一幅灰度直方图为均匀分布的新图像的方法。直方图均衡化法可以有效地提高图像视觉的对比度，但其并不增加图像的灰度分辨率，相反却可能丢失图像的细节。在某些情况下，并不一定需要具有均匀灰度的直方图的图像，相反却需要具有灰度特定的直方图的图像，以便能够增强图像中某些灰度级。直方图规定化法就是针对上述思想提出来的，是指将原图像的灰度直方图变成规定形状的直方图时而对图像加以修正的一种增强方法。可见，直方图规定化是对直方图均衡化处理的一种有效扩展；直方图均衡化处理则是直方图规定化的一个特例。如图 7-3-11 所示。

图 7-3-11　直方图均衡化示例

2）图像求反法

图像求反法，即翻转原图之灰度值的一种图像处理技术。简单地说，就是将黑变成白、将白变成黑。正如在图像增强中那样，图像求反技术的最终目的是改善给定图像的质量。图 7-3-12 所示的两张图像为互为求反的照片。

(a)

(b)

图 7-3-12　图像求反照片

3）对比度增强法

关于对比度，目前尚无一个标准定义，但是通常认为，对比度是画面黑与白的比值，也就是从黑到白的渐变层次，也可以认为是画面的反差。反差越大代表对比度越大，画面中从黑到白的渐变层次就越多，从而色彩表现越丰富；反之，反差越小、对比度越小，画面色彩的表现力也就越弱。

对比度增强法，即将原图像每一个像素的灰度值重新进行分布，使原图像的亮度或灰度的动态范围扩大，以达到改善视觉效果的一种方法。在进行图像对比度增强（灰度变换法和直方图修正法）处理时，可以对整幅图像的亮度或灰度范围进行调整，也可以只对图像中感兴趣的某一部分的亮度或灰度范围进行调整以增强原图各部分的反差。例如，针对监控录像中涉案的机动车辆图像，常需从中辨认出模糊的车牌照号码或某个特征，为了突出这一目标或灰度区域，就可以采用灰度分段线性变换的方法，对灰度动态范围进行分段扩展或压缩。

4）图像平滑法

图像在生成和传输过程中，受各种噪声源的干扰和影响会降低质量。为改善图像质量，非常重要的一点是，用图像的平滑法来抑制这些噪声，即降噪。目前，数字图像的精确降噪还面临着较多难点。一方面，对大多数数字图像处理系统而言，输入图像时，都是采用先冻结再扫描的方式将多维图像变成一维电信号，对其进行处理、存储、传输等加工变换后再组成多维图像信号。此时，图像中的噪声也同样经历这样的分解和合成过程，该过程中的电气系统和外界影响将使得人们对图像噪声的精确分析变得十分复杂。另一方面，图像只是传输视觉信息的媒介，对图像信息的认识和理解取决于人的视觉系统。不同的图像噪声，人的感觉程度也不同。目前，常规的降噪法有均值滤波法、中值滤波法和 Wiener 滤波法，有时，还会针对特殊情况采用更多特殊的方法。以下是各种滤波法的原理简介。

（1）均值滤波法。也称线性滤波法，其采用的主要方法为邻域平均法。均值滤波的基本思想是，用几个像素灰度的平均值来代替每个像素的灰度。采用邻域平均法的均值滤波器适用于去除通过扫描得到的图像中的颗粒噪声。邻域平均法能有效地抑制噪声，但对图像所进行的均值处理相当于图像信号通过了一个低通滤波器，景物的边缘点也同时被均值处理了。因此，景物的清晰度被降低，画面变得模糊，其模糊程度与邻域半径成正比。基于这种情况，目前对均值滤波进行了各种算法上的改进，其目的是避开对景物边缘的平滑处理，以降低对图像的模糊。用于均值操作的主要有快速自适应滤波器、模糊加权均值滤波器、灰度最小方差均值滤波器、K 近邻均值滤波器、对称近邻均值滤波器等。

（2）中值滤波法。局部平滑法是一种直接在空间域上进行平滑处理的技术。假设图像是由许多灰度恒定的小块组成，相邻像素间存在很高的空间相关性，而噪声则是统计独立的。因此，可用邻域内各像素的灰度平均值代替该像素原来的灰度值，实现图像的平滑。图像平滑的目的，是减少和消除图像中的噪声，以改善图像质量，有利于抽取相关的对象特征进行分析。而中值滤波法（Median Filtering）则是一种局部平均的平滑技术，是一种基于排序统计理论的非线性平滑（滤波）法。中值滤波时，将对一个滑动窗口内的诸像素灰度值进行排序，然后用中值代替窗口中心像素的原来灰度值，是一种非线性的图像平滑法。

中值滤波的基本原理是，用所有像素点的居中灰度值来替代模板中心对应的像素点的灰度值。它是一种邻域运算，类似于卷积，但计算的不是加权求和，而是将邻域中的像素按灰度级进行排序，然后选择该组的中间位置值作为输出像素值。中值滤波的过程可描述为：当模板滑动到某个像素的位置时，首先把中心点像素及其邻域的像素灰度值进行由大到小或由小到大的排序，所得到的中间大小的值为中值，将该值赋予模板中心对应的像素点。中值滤波器的优点：运算简单且速度较快，在滤除叠加白噪声和长尾叠加噪声方面显示出了极好的性能。中值滤波器在滤除噪声的同时能很好地保护图像边缘，使图像较好地保持原样。另外，中值滤波器很易自适应化，从而可以进一步提高其滤波性能，因此，非常适用于一些线性滤波器无法胜任的数字图像处理应用场合。但对一些细节多，特别是点线和尖顶多的图像，则不宜采用中值滤波的方法。中值滤波也有很多改进算法，如权重中值滤波，就是通过给窗口内的像素赋予不同的权值来调节噪声抑制与细节保持之间的矛盾，该方法以牺牲噪声抑制来获得比传统中值滤波更为有效的细节保持能力。基于排序阈值的开关中值滤波算法，则是对噪声点和平坦区进行中值滤波以得到良好的噪声滤除效果，其对边缘细节区不做处理从而获得良好的细节保护效果。此外，自适应中值滤波器则可以处理具有更大概率的冲击噪声：在进行滤波处理时，它能依赖一定条件而改变邻域的大小。

尽管在图像处理中，中值滤波器是用得最广泛的统计滤波器，但却并不是唯一的滤波器，排序也适用于其他不同的情况，如最大值滤波器和最小值滤波器。习惯上，为了实现满意的结果，对给定的图像增强目标需应用多种互补的图像增强技术。

5）图像锐化法

在图像的识别和判读时，常需要突出图像中感兴趣的物体轮廓或边缘信息，也就是对边缘进行增强处理，该处理称为图像的锐化。经过锐化处理后，图像中的物体更加清晰，识别起来也更加容易。图像锐化还可称为边缘锐化（Sharpening）或勾边处理，即补偿图像的轮廓，突出图像中景物的边缘或纹理，使图像清晰。图像模糊的原因是因为图像被平均或积分，所以，为实现图像的锐化，需反运算"微分"以增强高频分量，使图像边缘清晰，但同时也增强了噪声。因此，对图像锐化的条件是，原图像有较高的信噪比。图像处理时，图像锐化的目的有两个：一是增强图像的边缘，使模糊的图像变得清晰起来；二是提取目标物体的边界，对图像进行分割，便于目标区域的识别等。经过锐化，图像的质量将有所改变，进而产生更适合人观察和识别的图像。目前，图像的锐化已有了一些很好的算法，例如，一阶微分算子（Roberts 交叉微分算子、Sobel 微分算子、Priwitt 微分算子等），二阶微分算子（Laplacian 微分算子、Wallio 微分算子等）。还有一些综合性质的算法，如 LOG 算子实现了平滑和锐化的结合，在一定程度上抑制了噪声，抗干扰能力强，边缘定位精度较高，边缘连续性好，且能够提取对比度弱的边界。图 7-3-13（b）所示图像即为图 7-3-13（a）经锐化所得。

(a) (b)

图 7-3-13　图像锐化示例

6）图像消除背景法和图像去雾法

图像消除背景法，即从具有复杂背景的图像中提取前景内容或者去除背景的一种图像增强技术。实务中，以拍照法提取木材、纺织品等客体上某些痕迹、物证时，所拍得的图像会有客体背景花纹的影响，为了得到清晰的具有鉴定价值的痕迹、物证图像，可用图像消除背景法来除去客体花纹，如木材花纹或织物花纹的干扰。

在雨、雾、雪等天气条件下，大气散射严重，获取的自然场景图像具有较差的色彩与对比度，不利于图像特征的显现。为正常、有效利用这些特殊天气条件下拍得的图像，需用图像去雾法处理图像，以便相应的目标特征得以较为清晰地显现。

目前，可用两类方法处理雾天图像，即雾天图像增强法和雾天图像复原法。而每一类方法，按照去雾方法的相似性进一步分为不同的子方法：基于图像处理的雾天图像增强法可分为全局化的图像增强法和局部化的图像增强法；基于物理模型的雾天图像复原法则包括基于偏微分方程的雾天图像复原法、基于深度关系的雾天图像复原法和基于先验信息的雾天图像复原法。

7）图像彩色增强法以及图像分析和图像理解

彩色增强原是遥感图像的一类增强法，分为假彩色增强和伪彩色增强。真彩色图像是指图像中的每个像素值都分成 R、G、B 三个基色分量，每个基色分量直接决定其基色的强度，这样产生的色彩称为真彩色。假彩色图像是将几个波段（通道）的图像分别以不同的颜色来表示并将它们合成而得到的一种彩色图像。伪彩色图像是每个像素的颜色不是由每个基色分量的数值直接决定，而是把像素值当作彩色查找表，去查找显示图像使用的 RGB 值，用查找的 RGB 值产生的彩色称为伪彩色。

伪彩色增强法，即将黑白灰度（或单色）图像中不同灰度值（或单色的强度值）的像素，用人为规定的不同彩色来表示的增强处理法，是一种从灰度（或单色强度）到彩色的映射技术。经此处理后，原灰度图像中的细节更易辨认，目标更加清晰。例如，对刑事案件中拍得的位于尸体上的模糊字迹的图像，就需采用灰度伪彩色变换函数法进行处理，以使字迹的细节更清晰、更易于辨认。而假彩色增强处理法，是通过映射函数，将原彩色图像的色调变换成三基色分量，使处理后的图像中的各目标物呈现出与原来不同的彩色，从而达到图像增强的目的。

图像分析主要是对图像中感兴趣的目标进行检测和测量，从而建立对图像的描述。图像分析是一个从图像到数值或符号的过程，主要研究用自动或半自动装置和系统，从图像中提取有用的数据或信息，生成非图像且人类能够理解的描述或表示。图像分析不仅需要给景物中的各个区域进行分类，还需对千变万化和难以预测的复杂景物加以描述。因此，图像分析常依靠某种知识来说明景物中物与物之间、物与背景之间的关系。利用人工智能技术在分析系统中进行各层次控制和有效访问知识库的图像分析技术，目前正逐渐被越来越普遍地采用。

图像理解是由模式识别发展起来的，其输入的是图像、而输出的则是对图像的理解描述。这种描述不仅仅是单纯用符号做出详细的描绘，更是要用客观世界的知识使计算机去联想、思考并推论，进而更加真实、客观地理解图像所表现的客观场景的内容信息。图像理解的重点是图像分析，在图像分析基础上，方能进一步研究图像中各部分的性质和关系，从而得出对图像内容之含义和图像所反映的客观场景的解释。图像分析是以观察者为中心去研究客观世界，而图像理解则是在一定程度上以客观世界为中心，借助知识、经验去把握并解释整个客观世界。

8）同态增强法

同态增强法，是将图像亮度范围进行压缩和将图像对比度进行增强的方法（即把频率过滤和灰度变换结合起来）。它使用合适的滤波特性函数，可以达到既压缩灰度动态范围，又能让感兴趣的物体灰度级扩展，从而使图像清晰的目的。

同态增强以图像的照明反射模型作为频域处理的基础，因为自然景物的图像 $f(x, y)$ 可以表示成它的照度分量与反射分量的乘积：照度分量集中在低频段，描述景物的照明，与景物无关；而反射分量集中在高频段，描述景物的细节，与照明无关。先通过取对数将照度分量与反射分量在频率上分开，再进行傅里叶变换（此时照明函数频谱在低频段，反射函数频谱在高频段），最后在频率域对照度分量与反射分量分别进行修正。具体修正方法是：照度分量变化缓慢，但变化幅度很大，使图像的动态范围很宽，占用很大比特数，对图像信号传输、处理和存储提出很高的要求，但它又不包含多少信息量，因此将其压缩；反射分量描述的景物，特别是阴影区（如山沟中的建筑物）图像灰度级范围很小，层次不清，细节不明，但这往往正是人们感兴趣的，为此，可将其扩展，以获得更多的信息。

在获得了增强后的图像之后，针对图像本身特性以及实用性，需要选用不同形状的传递函数，以对整个图像灰度级范围进行不同程度的压缩，而对其中感兴趣的景物灰度级进行不同程度的扩展，从而得到合适的层次和细节。

2. 变形图像校正技术

实务中，经常会遇到遗留在圆柱、圆锥、圆台、棱柱、棱锥以及倾斜表面等客体上的痕迹、字迹。在提取这些痕迹、字迹时，拍摄的图像往往变形严重，不利于办案的需要。为此，可以用几何变换法对变形的数字图像进行放大缩小、旋转镜像、变形等，从而达到对图像的校正处理。几何变换是调整一幅图像中各类特征之间空间关系的一种变换法，它不受原始图像的约束，能将图像中的一个点变换到图像中的任意位置，是数字图像处理中一种最基本的、最常见的图像预处理方法。图 7-3-14（b）是由图 7-3-14（a）校正而得。

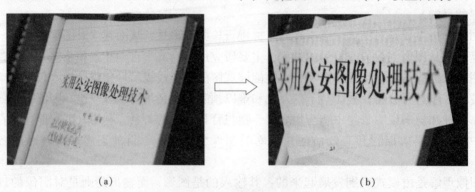

（a）　　　　　　　　（b）

图 7-3-14　图像校正示例

3. 图像复原技术

如同图像增强技术一样，图像复原技术的最终目的也是为了改善给定图像的质量。尽管图像增强和图像复原有交叉的领域，但图像增强主要是一个主观过程，而图像复原通常是一个客观过程。图像复原试图利用退化现象的某种先验知识来重建或复原被退化的图像，因此，复原技术即是将退化过程模型化，再采用相反的过程进行处理，以便复原出原始图像。常见的复原法有逆滤波复原法、维纳滤波复原法、约束最小二乘方滤波复原法、Lucy-Richardson 复原法、MPML 复原法、MPMAP 复原法。

4. 图像修复技术

当图像缺失了某些信息或者图像中的某些区域被干扰信息遮挡时（如破损的图片或者相片，被不必要的信息遮挡的图片，解码失败的图像块等），采用其他已知的信息进行修复的技术，称为图像修复。图像修复的目的是获得一幅较为完整的图像，使其尽可能接近原图像。其主要技术原理是，缺失的信息与周围已知的信息是紧密相关的，借周围的已知信息可修复图像中缺失的信息。主要的修复法有偏微分方程法、整体变分法、滤波法和纹理合成法。

5. 图像融合技术

图像融合，即将多源信道所采集到的关于同一目标的数据，根据一定的规则进行分析，最大限度地提取各自信道中的有利信息，最后综合成高质量的图像，以提高图像信息的利用率，供用户做出某种判断和决策之用。图像融合的方法大体上可分为空间域融合法和频率域融合法两大类。空间域融合法有很多，常见的有逻辑滤波法、加权平均法、伪彩色图像融合法等。而常见的频率域融合法则有金字塔变换法、小波变换法等。

在物证照相工作中，有时候需要近距离拍照，但由于景深的限制，不是场景内所有的物体都能在感光片上清晰成像。如果想要使场景内各部分都在感光片上清晰成像，通常需要用不同的对焦点拍摄多张照片。这样得到的照片在使用上很不方便，尤其是在拍摄一些立体痕迹时，如果不能用一张照片将所有特征清晰地表现出来，那么其利用价值就可能大大降低。但若运用图像融合法，便可以将各张照片的信息自然地加以综合，使得最终照片上的各个部分都是清晰的。

高效的图像融合法可以根据实际需要综合处理多源通道的信息，从而有效提高图像信息的利用率。经此处理过的图像，可增强影像中信息的透明度，改善解译的精度、可靠性以及使用率，从而形成对目标信息的清晰、完整和准确的描述。

6. 图像超分辨率技术

近年来，视频监控系统得以迅速建设，遍布大街小巷的视频监控系统可以直接或者间接地记录各种各样的活动。但在现阶段，受设备、技术和条件的限制，记录下的很多图像不能发挥其应有的作用。例如，实务中，经常会遇到只有一张低分辨率的图像或者一段低分辨率的图像序列、但却希望得到一张高分辨率图像的情况。此时，图像超分辨率技术便可得到充分的发挥。图像超分辨率法，即由低分辨率、质量较差的一幅图像或图像序列恢复出图像质量更好、分辨率更高之图像的一种图像处理法。其原理是，利用高分辨率与低分辨率之间信息的相似性，或者利用经验信息，可对低分辨率的图像进行信息补偿。主要有基于插值、基于重建和基于学习这三种方法。

目前有一些学者提出了关于图像超分辨率的模型并做了一些实验。其中，基于多帧图像的超分辨率法较为常用，其基本思想是：在不同的时刻，针对同一目标的成像总会有一些细微的差别，这些差别是因为 CCD 与目标之间的轻微移动。而这些细微的差别正是进行超分辨率算法的来源。因为视频中的每一幅图像都是同一目标的成像，但却有一定差别。若将这些图像的某些部分综合起来，就有可能得到更好的数据。

二、图像原始性、真实性的检验

（一）图像原始性、真实性检验的内容

随着高性能数字图像采集设备与智能化图像编辑处理软件的普及应用，数字图像的篡改、伪造变得更简单且更难于识别，使得图像信息和图像证据的可靠性受到很大的质疑。因此，就数字图像内容的真实性、原始性和完整性的检验已逐渐成为一项常规检验工作，这对图像检验人员提出了巨大的挑战，也成为图像处理、信息安全等领域的研究热点。

静态图像的原始性，从狭义上说，即图像形成时的原始信息，它是指保持拍照时对被拍对象的构图、用光等原始的影像结构状态及拍照时的各项参数指标的性质。从广义上说，静态图像的原始性即图像与其形成时的原始状况的一致性，也称图像的真实性，是指在原始状态的基础上，对影像进行了一定程度上的调整而改变了拍照的一些参数指标，如亮度、对比度、影调及色调等，使影像的整体质量有所提高但并不涉及对其结构等内容的改变，因此，它能在提高质量的基础上保持图像内容的原始属性。从这个角度来说，静态图像狭义的原始性与广义的原始性（即真实性）在一定程度上是一致的，原始性的改变未必导致真实性的改变，但真实性的图像其原始性的检验实际上是以静态图像之广义内涵为根据的。

就静态图像之真实性、原始性进行检验的目的，就是确定嫌疑图像在结构内容上有无变动及变动的范围和方法等。因此，从这个角度上说，静态图像的原始检验实际上是对图像真实性的检验，而图像的真实性是其能否作为证据使用的前提。在计算机上对数码图像进行亮度、反差、色彩等方面的调整，只要不损害图像的结构内容，就应认定其具有真实性。

（二）图像原始性、真实性的检验方法

1. 常规检验方法

1）常识规律检验法

常识规律是指不经人为干预，客观事物自身运动、变化和发展的内在必然联系。任何客观存在的事物都必须遵循常识规律。某图像中，若出现了不符合常识规律的现象，则此照片必属伪造。例如，照片中水里开着莲花岸上开着桃花，这种情况违背了植物的生长规律，说明该照片一定被编辑过，因为莲花开在夏天而桃花开在春天。

对打印或扩印出的照片进行常规观察检验，结合拼接照片在剪切拼接和翻拍过程中可能出现的特点，如图像的清晰度、反差大小、色块大小、色调连续性、有无非正常斑块、有无影像变形等，分析其成因是否为剪切拼接过程所遗留的。对照片可能变造区域的边缘，可用适当放大倍率的放大镜或显微镜观察，查看其有无线条的错位、成像不实、图像之间衔接不正常等特征。

2）透视规律检验法

照片中物体的位置遵循空间透视规律，所以可根据透视规律来检验照片的真伪，如果照片中出现与透视规律相违背的情况，则该照片是假。透视规律在照片检验中的运用，主要用到直线透视规律。直线透视规律具有以下特性。① 近大远小。小的物体，距离照相机越远，所占图像比例越小。② 平行于画面的直线保持原来的方向不消失；垂直于画

面的所有直线相交于一点；与画面既不平行又不垂直的同组平行直线消失于一点，方向不同的平行线消失点不同。检验时要善于从照片中发现平行线，以判断其是否符合这些直线透视规律。

3）光照一致性检验法

光照是摄影成像的必备条件。光对物体照明，塑造物体形象和质感，描绘影调与色调。光源性质不同、光强度不同、照射方向与距离不同，均会产生不同的造型效果。可以根据图像被拍物体的光线性质、数量、角度、亮度、照片的色调、反差、照片影调的一致性来分析判断照片中是否存在可疑点，若有，则再进行量化检验。例如，可根据人眼睛反映出的光源数量一致性判断是否有篡改。

4）景深原理检验法

照片上清晰景物的纵深范围即为景深。景深范围外的被拍物，其距离对焦点平面越远则景物成像越模糊。景深的大小受焦距、光圈等众多因素的影响，故在添加篡改的照片中很难实现画面景深的一致性。例如，篡改后的照片可能出现纵深段不同的两个景深范围，或同一平面景物有的清晰、有的不清晰。在对图像进行检验时，首先寻找景深范围，然后看景深前后纵深范围物体的清晰度变化是否与景深原理相符合，借此，可查找篡改部位。

5）比较检验法

（1）图像色块边缘的比较。未编辑的照片其色块之间过渡自然，边缘平滑。可通过放大照片，查看画面中景物、人物之间的影像边缘，辨别局部特征，从不当之处查找变造痕迹。将图像放大至边缘轮廓、线条至像素级，可以清晰显示出由剪切、拼接等操作所形成的色调统一性、连续性的破坏；线条错位、边缘粗糙，改变图像比例形成的局部图像分辨率差异等也会有所显现。

（2）个体差异的比较。个体之间存在差异，因此没有完全相同的两个物体。即使是外表相同的物体，因所处位置不同，与人眼之间形成不同的视角，故其形状看上去必有差异。若同一张照片中飞翔着的鸟儿其形状、姿态完全一样，那么便说明该照片是使用复制技术造假形成的。

（3）影像实物的比较。即将照片中的物体与现实中的同类物体进行比对，从二者间的不同之处来判断照片中的物体是否伪造。如用 Photoshop 软件制作的物体看上去很空虚，没有实物所反映出的光泽和质感。

2. 通过数字图像压缩特征检验

以 JPEG 格式为例。JPEG 是使用最广泛的数字图像格式，数码相机都支持此种格式。大部分原始图像和篡改图像都是用 JPEG 格式存储，于是，篡改的图像就会经历双重压缩。经试验表明，图像在单次压缩时和在双重压缩时会产生不一致的变化。这种"不一致"就可用来表明图像经过了双重量化，从而检测出恶意修改的 JPEG 图像。

另外，JPEG 图像存在块效应，当 JPEG 图像进行复制、粘贴时，复制、粘贴区域常常不能与周围的块效应网格匹配。此时，就是利用块效应的不连续性确定图像的篡改。

3. 通过文件属性检验

大多数图像都包含可扩展头文件信息，即 EXIF（可交换图像文件）信息。EXIF 中包含了大量数字图像的拍摄信息（如拍摄设备信息、日期时间、焦距光圈值等）。如果数码照片被篡改，EXIF 信息也会随之改变。

利用 ACDSee 软件查看并检验数字图像的大小以及压缩率，判断其是否经过二次甚至是多次压缩。经过处理的数码图像其压缩率会发生变化，因此可通过查看数码图片是否被多次压缩来检验其真实性、原始性。

数字图像的直方图提供了图像的明暗程度信息，可利用 Photoshop、ACDSee 等图像查看器查看图像的直方图信息。一般被篡改过的数字图像，其直方图信息也会产生变化。

4. 利用哈希算法检验

哈希值可以被视为信息的数字指纹（Digital Fingerprint），因此，在信息安全领域，有时可以用哈希值来代表信息本身。通过检验哈希值的改变，借以确定信息本身是否被篡改。MD5（Message Digest 5）、CRC32（Cyclic Redundancy Check 32）和 SHA1（Secure Hash Standard 1）都为当前应用最为广泛的 Hash 算法。Hash 算法一般被译做"哈希"或"散列"算法，是现代计算机密码体系一个重要的组成部分。哈希算法多被应用于密码加密领域，但同时也可用于计算机文件的校验。哈希算法可理解为，将任意长度的信息经过散列算法压缩后变成一个固定长度的、尺寸小很多的数据，即哈希值。

5. 数字图像盲取证算法检验

图像取证技术可以分为主动取证和被动取证两类。主动取证技术以数字水印为代表，它需预先向图像中嵌入一些特殊信息。被动取证技术是在不预先嵌入任何信息的前提下，对图像的真实性和完整性进行鉴别。目前已有的被动盲取证技术大致可以分为三大类：基于图像变造过程遗留痕迹的盲检测技术、基于成像设备一致性的盲检测技术、基于自然图像统计特性的盲检测方法。现有盲取证算法主要针对的待检测图像是未压缩的或者高质量压缩的图像。

 本章小结 >>>

本章主要从数字图像的一些基本知识入手，介绍了常见的图像篡改手段，重点分析了降质、退化图像的检验技术和图像原始性、真实性检验的常规方法。

问题与思考

1. 常用的数字图像的文件格式有哪些？请说明它们各自的特点。

2. 简述图像物证采集的主要设备及方法。

3. 图像物证常见的篡改手段有哪些？用数码照相机拍摄一张照片，然后用 Photoshop 软件提供的几种方法进行篡改。

4. 简单介绍降质、退化图像的检验技术。

5. 简单介绍图像原始性、真实性检验技术。

本章的主要参考文献

1. TEKALP A M. 数字视频处理. 崔之祜，江春，等，译. 北京：电子工业出版社，1998.

2. 王永全. 声像资料司法鉴定实务. 北京：法律出版社，2013.

3. 杨玉柱. 刑事图像技术. 北京：中国人民公安大学出版社，2003.

4. 邓秀林. 新编刑事图像技术教程. 北京：中国人民公安大学出版社，2008.

第八编

电子物证技术

第一章 电子物证技术概述

关键术语

电子文件　电子痕迹　系统规律性　功能多元性

第一节 电子物证的概念、分类与特征

一、电子物证的概念

谈及电子物证，首先需要辨析电子物证与电子证据的关系。电子证据，也称电子数据或电子数据证据，是指借助现代信息技术或电子设备形成的一切证据，或者说以电子形式表现出来的能够证明案件事实的一切证据。同七种传统证据形式相比，应该说电子证据来源于七种证据，是将各种传统证据部分地剥离出来而泛称的一种新证据形式。因此，电子证据既包括电子物证、电子书证，也包括电子视听资料、电子证人证言、电子当事人陈述、电子勘验检查笔录及电子证据鉴定意见。其中，电子证据的典型形态应属电子物证和电子书证。

从传统证据理论视角看，所谓电子物证，是指以数据的存储位置、存在形态等特征来证明案件事实的电子证据。它包括实体性电子物证与痕迹性电子物证两类。实体性电子物证主要是指以各种格式文件存在的涉案电子文件。痕迹性电子物证主要是指操作涉案电子文件过程中所遗留的电子痕迹。

而所谓电子书证，即指以数据记载的内容来证明案件事实的电子证据。一般来说，电子书证应当理解为是以其记载内容来证明案件事实的各种涉案电子文件，而不包括操作涉案电子文件所形成的各种电子痕迹。虽然这些电子痕迹最终也须通过内容显现的方式来证明案件事实，但是从电子证据的技术特性、证明作用及证据价值角度综合考量，将电子痕迹定性为电子物证更为妥当。

在电子证据运用实践中，电子物证与电子书证往往是交错运用的。以一个涉案的电子文档为例，首先，如果以电子文档的实体存在来证明案件事实的发生，此时电子文档表现为实体性电子物证；然后，如果以电子文档所记载的内容来证明案件事实的法律关系，此时电子文档表现为电子书证；最后，办案人员还可能以操作该电子文档而形成的电子痕迹来证明电子文档本身的形成过程及其真伪，此时电子文档的电子痕迹则又表现为电子物证，即痕迹性电子物证。

总的来说，从理论上区分电子物证与电子书证，对电子物证鉴定具有重要意义，但是在电子证据的实践运用中，却不应将电子物证与电子书证做绝对分离的理解。

而电子物证与传统物证（或说一般物证）的区别在于：电子物证是以"电子数据"这种电子信号的存储位置、存在形态等特征来证明案件事实的，而传统物证是以"一般物体"

的外部特征、物质属性、所处位置以及状态等特征来证明案件事实的。举例而言，同是一块硬盘，若以硬盘内所存储的电子数据的特征来证明案件事实，则其为电子物证；但若以硬盘作为袭击凶器（即"一般物体"）来证明案件事实，则其为传统物证。

二、电子物证的分类

根据电子物证的数据形态、证明作用及证据价值的不同，电子物证可以分为实体性电子物证与痕迹性电子物证两类。实体性电子物证和痕迹性电子物证，以及系统内的其他数据，共同组成一个完整的、有机的数据整体，称为"数据现场"。

1. 实体性电子物证

所谓实体性电子物证，即指以独立、完整的文件形态存在的，具有特定格式文件特征的电子文件，如一个电子邮件文件、一个办公文档文件。实体性电子文件根据其所蕴涵的信息内容不同，又可进一步划分为正文信息和附属信息。

正文信息是指计算机用户意图录入、传递、存储的信息，如电子邮件的正文内容（如图 8-1-1 所示）、办公文档的正文内容（如图 8-1-2 所示）。正文信息往往直接反映了计算机用户的意思表示，是法律关系发生、变更与消灭的记载。

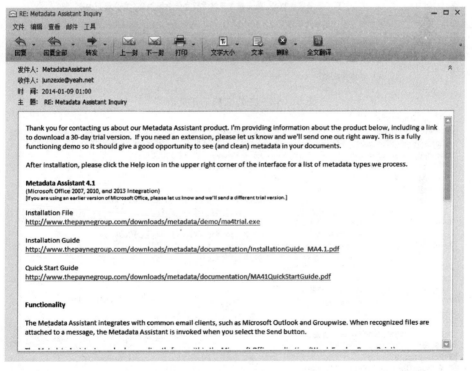

图 8-1-1　电子邮件的正文内容

附属信息是指附属于该电子文件的管理性信息，即计算机系统为了管理该电子文件而自动记录的元信息。如文件创建时间、文件修改时间、文件大小、文件存储位置、邮件头信息（如图 8-1-3 所示）、摘要信息等（如图 8-1-4 所示）。附属信息往往记录了计算机用户的操作行为，能够一定程度上反映电子文件的形成过程。

(通则拟定稿)检察机关…证程序通则.doc

第 1 页 共 17 页

检察机关职务犯罪侦查

电子数据取证程序通则(试行)

第一章 总则

第 1 条 为了指导检察机关在职务犯罪初查、侦查中科学、有效、规范地开展电子数据取证工作,充分发挥电子数据的侦查价值,确保电子数据的证据效力,根据《中华人民共和国刑事诉讼法》、《人民检察院刑事诉讼规则(试行)》及相关规定,结合电子数据的特点,制定本规则。[立法目的]

第 2 条 本规则所称的电子数据是指借助于信息技术生成、修改、删除、存储、传递、获取等形成的一切数据。电子数据主要存在于计算机设备、移动通信设备、互联网服务器、移动存储设备等电子设备或存储介质中。[定义]

第 3 条 本规则适用于检察机关在职务犯罪初查、侦查中的电子数据取证,包括数据库取证、网络取证、设备介质取证及其他电子数据取证。[适用范围]

第 4 条 职务犯罪初查、侦查中开展电子数据取证应当遵守以下基本原则:

(一)职务犯罪案件初查、侦查应当及时进行电子数据取证,充分发挥电子数据的情报、线索及证据价值;[核心要求:电子取证前置及充分运用原则]

(二)检察人员可以自行开展电子数据取证,也可以委派检察技术人员或聘请具备专门知识的人员协助取证,但应依法取得法律授权;[调查收集要求:主体适格合法原则]

图 8-1-2 办公文档的正文内容

邮件来源

```
Received: from r175-229.sinamail.sina.com.cn (unknown [60.28.175.229])
      by mx16 (Coremail) with SMTP id QsCowED5DUtw+rJPGm72BA--.942S2;
      Wed, 16 May 2012 08:53:04 +0800 (CST)
Received: from mail2-161.sinamail.sina.com.cn (mail2-161.sinamail.sina.com.cn [60.28.2.161])
      by r175-229.sinamail.sina.com.cn (SINAMAIL) with ESMTP id ED644D96C68
      for <nlyz_a@163.com>; Wed, 16 May 2012 08:53:03 +0800 (CST)
Received: from unknown (HELO webmail.sinamail.sina.com.cn) ([172.16.201.35])
  by irtj11-85.sinamail.sina.com.cn with ESMTP; 16 May 2012 08:52:53 +0800
Received: by webmail.sinamail.sina.com.cn (Postfix, from userid 80)
      id 7A9FF49ED81; Wed, 16 May 2012 08:52:53 +0800 (CST)
Date: Wed, 16 May 2012 08:52:53 +0800
Received: from nlyz_c@sina.com([61.170.243.57]) by m0.mail.sina.com.cn via HTTP;
 Wed, 16 May 2012 08:52:53 +0800 (CST)
Reply-To: nlyz_c@sina.com
From: <nlyz_c@sina.com>
To: "nlyz_a" <nlyz_a@163.com>
Subject: =?GBK?B?vNO/7L34tsjWuMq+?=
MIME-Version: 1.0
X-Priority: 3
X-MessageID: 1337129573.1083.6301
X-Originating-IP: [172.16.201.35]
X-Mailer: Sina WebMail 4.0
Content-Type: multipart/mixed;
      boundary="=-sinamail_mix_996859acd38cab29771657b0ed63febb"
Message-Id: <20120516005253.7A9FF49ED81@webmail.sinamail.sina.com.cn>
X-Coremail-Antispam: 1Uf129KBjDUn29KB7ZKAUJUUUUU529EdanIXcx71UUUUU7v73
      VFW2AGmfu7bjvjm3AaLaJ3UbIYCTnIWIevJa73UjIFyTuYvjxUYXocUUUUU
```

图 8-1-3 电子邮件的邮件头信息

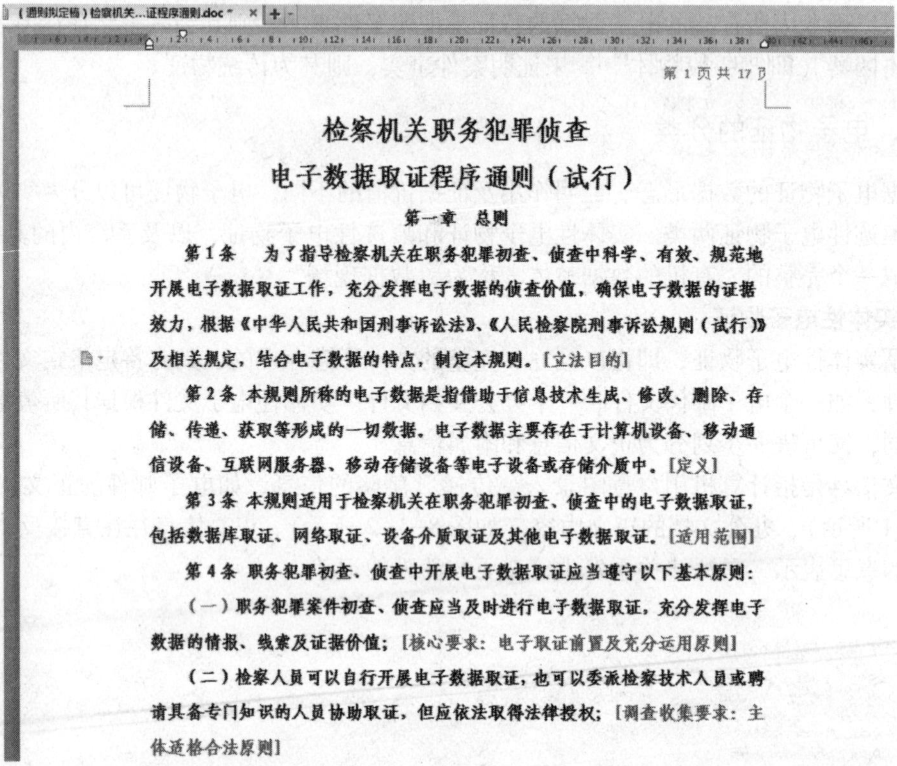

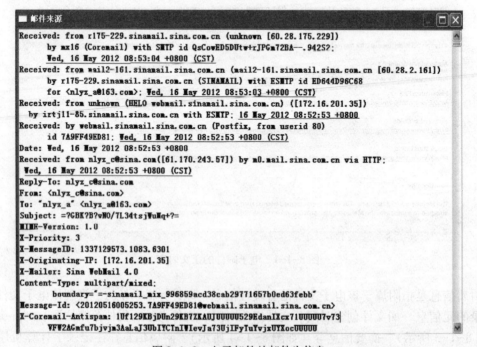

实体性电子文件，既可能由人工录入、编辑产生，也可能由计算机自动处理产生。一般情况下，实体性电子文件的正文信息均由人工录入、编辑产生。例如，办公文档的正文内容、电子邮件的正文内容通常由人工录入、编辑而产生。而实体性电子文件的附属信息则由计算机自动处理产生。计算机自动处理所产生的数据，由于不介入人为因素，往往具有更高的可靠性。但值得说明的是，电子文件类型繁多、情况复杂，实践中并非所有实体性电子文件的正文信息都是由人工录入、编辑产生的；同理，也并非所有实体性电子文件的附属信息都是不能由人工录入、编辑的。具体情况应具体分析，不应僵硬理解、机械套用。

图 8-1-4　办公文档的摘要信息

2. 痕迹性电子物证

所谓痕迹性电子物证，是指用户在操作电子文件过程中，计算机系统自动产生的各种电子痕迹，如临时文件、快捷方式、日志及各种代码片段（如图 8-1-5 ～图 8-1-8 所示）。这些电子痕迹对查明电子文件的形成过程及其真伪具有重要作用。

图 8-1-5　编辑文档时自动产生的临时文件

Link target information

Target Attributes	CA
Target Filesize	9005105
Show Window	SW_NORMAL
Target Created	2012-05-16 10:56:19
Last Written	2012-05-16 11:03:33
Last Accessed	2012-05-16 10:56:19
Workplace	C:\
Volume Type	Fixed
Volume Serial	0xB20E074E
Volume Name	
Local Path	C:\Users\nlyz\AppData\Local\Microsoft\Windows Live Mail\163 (nlyz_a)\Inbox\21EF41C3-000000A3.eml
Relative Path	..\..\..\..\Local\Microsoft\Windows Live Mail\163 (nlyz_a)\Inbox\21EF41C3-000000A3.eml
Working Directory	C:\Users\nlyz\AppData\Local\Microsoft\Windows Live Mail\163 (nlyz_a)\Inbox
Known folder tracking	false
Host Name	nlyz-pc
Volume ID	{82A1F35E-FD7D-4871-8500-0ADEA62B7E3F}
Object ID	{22E4A232-A25B-11E1-94F2-001111C22C72}
MAC Address	00 11 11 C2 2C 72
Timestamp	2012-05-20 09:28:19, Seq: 5362

图 8-1-6　打开文件时自动产生的快捷方式

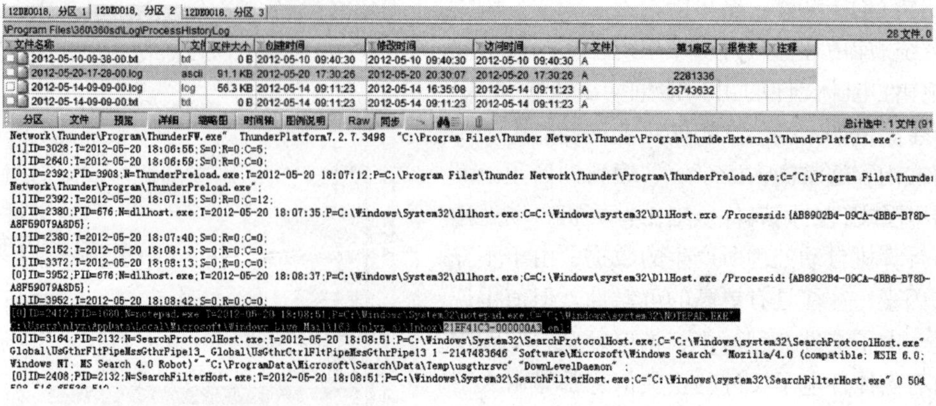

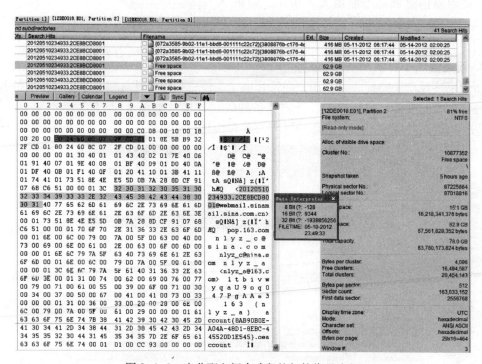

图 8-1-7　调用记事本程序时自动产生的日志

图 8-1-8　未分配空间中残留的邮件代码片段

与实体性电子文件不同，痕迹性电子物证都是由计算机系统自动处理而产生，一般不存在人工录入、编辑的可能性。因此，痕迹性电子物证具有极高的可靠性。即使从理论上有可能对痕迹性电子物证进行伪造、篡改，但真正操作起来，其技术难度十分大，且很难做到天衣无缝。

三、电子物证的特征

电子物证作为电子证据的一种类型，具有一些与生俱来的技术特性。这些技术特性使得电子物证具有一些异于传统物证的特征，即系统规律性、功能多元性、双重体系性和相对安全性等。

1. 系统规律性

系统规律性，即任何电子物证都存在于一个特定的系统中，它必须符合所在特定系统的运行规律。具体地说，电子物证并不是孤立的，而是存在于由电子文件、电子痕迹以及各种数据有机组成的系统之中。一台计算机是一个系统，一个服务器也是一个系统，其中的电子物证都必须符合其所在系统的运行规律。以电子邮件为例，计算机中的电子邮件及其电子痕迹要符合其所在计算机的系统规律，服务器中的电子邮件及其电子痕迹也要符合其所在服务器的系统规律。

电子物证的系统规律性主要表现为，电子物证必须符合所在特定系统的各种运行规则。结合计算机系统模型及电子物证鉴定实践，一般认为，能够用于指导电子物证鉴定的各种运行规则主要分布于五个层次，即网络协议层、应用程序层、操作系统层、文件系统层、文件格式层，如图8-1-9所示。

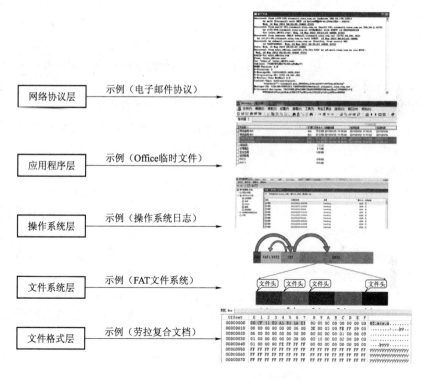

图8-1-9 电子物证鉴定的分层模型

在网络协议层，电子物证要符合网络传输协议及进程协调机制；在应用程序层，电子物证要符合应用程序的特定处理流程及数据组织方式；在操作系统层，电子物证要符合特定的事件处理机制和数据运算规则；在文件系统层，电子物证要符合特定的空间分配规则和文件管理规则；在文件格式层，电子物证要符合特定的签名特征及数据结构。以上各个层次，不仅各层次内部的规则具有严格性，而且各个层次之间必须保持极高的协同性（上一层的正常运行依赖于下一层的正常运行，下一层出错会导致上一层运行失败）。这些协同性，有的体现在时间顺序上，有的体现在具体内容上，有的则体现在存储位置上。

　　显然，计算机系统产生的电子物证必然受这些运行规则的制约，这是电子物证的重要特征。电子物证的这种系统规律性，不仅指明了电子物证收集的范围，也昭示了电子物证鉴定的思路。

2. 功能多元性

　　功能多元性，指的是电子文件、电子痕迹及其所在的"数据现场"在不同场合具有不同的证明作用。具体而言，电子文件的实体存在是物质交换或信息交换的结果，它反映了案件事实的实际发生；而电子文件的信息内容往往记载了当事人的意思表示，它反映了案件事实和法律关系；电子文件的附属信息及相关电子痕迹，由于是操作电子文件所形成的记录，故往往可以用于证明电子文件本身的形成过程及真伪；电子文件所在的"数据现场"，则能够反映电子文件的形成环境及其在生成、传播、处理、存储等各个环节的可靠性。

　　以电子邮件为例，如果电子邮件的文件存在于收件人计算机中，则表明接收电子邮件的行为已发生；电子邮件的信息内容则直接反映了邮件发件人的意思表示；电子邮件的附属信息及操作电子邮件时所形成的各种电子痕迹，可以用来判断该电子邮件本身的形成过程及真伪；电子邮件所在的系统环境，则反映了电子邮件收取到本地计算机时的系统环境以及收取过程的安全性、可靠性。

　　总而言之，电子物证及其鉴定不仅可以告诉人们"是否存在涉案文件"，还可以告诉人们"它们是如何形成的，以及是否真实"。通过分析电子物证形成过程中所遗留的各种记录来证明电子物证自身的真实性，正是电子物证"自我证明"的独特所在。

3. 双重体系性

　　双重体系性，指的是电子物证不仅要符合计算机系统内的体系特征，还要符合物理空间中的体系特征。电子物证具有双重体系性的根本原因在于，电子物证既是计算机系统的组成部分，又是物理空间的组成部分，如图 8-1-10 所示。

　　电子物证首先要符合计算机系统内的体系特征。在计算机系统内，往往存在着丰富的数据。以一个电子邮件为例，它一般存在以下相关数据：① 涉案邮件的附属信息；② 涉案邮件的电子痕迹；③ 涉案邮件的关联邮件及其附属信息、电子痕迹；④ 涉案邮件所在的整个"数据现场"。根据案情不同，它们之间往往交织成一个复杂的网络体系。有的是内容上的印证关系，有的是时间上的顺序关系，有的则是存储位置上的相对关系。

　　电子物证还要符合物理空间中的体系特征，即电子物证要与其他来源的电子证据、传统证据形成印证，并且符合案件整体的发展规律。以电子邮件为例，双方通信时，收件人计算机中的电子邮件应当能够与收件服务器、发件服务器、发件人计算机中的电子邮件形成印证关系，并且它们之间在时间顺序上应有先后之分。

4. 相对安全性

　　相对安全性，指的是虽然实体性电子文件及其信息内容很容易被伪造、篡改，但经过伪造、篡改的电子文件是很容易被识别、发现的。计算机设备作为一种高科技工具，它既为正常生产、生活提供了便利，同时也为违法犯罪提供了便利。一方面，电子文件很容易通过计算机设备来进行复制、创建等操作，电子文件的信息内容也很容易通过操作计算机设备来修改、编辑等。另一方面，针对电子文件的任何操作行为都会在计算机系统中遗留下记录，篡改、伪造亦不例外。这些记录可能表现为附属信息的变化、关联文件的变化、电子痕迹的产

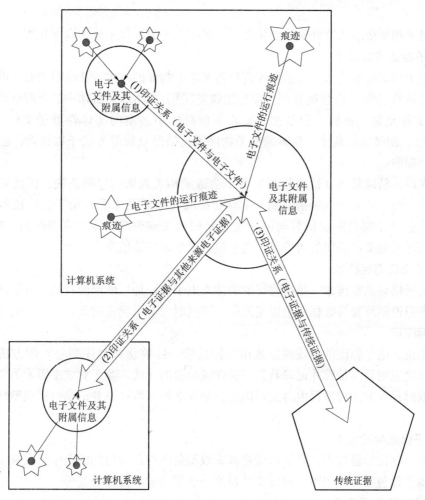

图 8-1-10　电子物证的双重体系

生等。这是由计算机系统的系统特性所决定的。

以电子邮件为例，如果电子邮件是伪造、篡改的，那么在计算机系统中至少会出现两种现象：① 被伪造、篡改的电子邮件其本身的形成过程发生了时间逻辑关系上的紊乱；② 伪造、篡改的行为或其所使用的工具在计算机系统中留下了记录。前者系伪造、篡改行为所遗留的"实体性痕迹"，后者系伪造、篡改行为所遗留的"工具性痕迹"。

第二节　电子物证技术的概念与分类

一、电子物证技术的概念

所谓电子物证技术，即关于电子物证的提取、固定、检验、分析、鉴定等各种技术的总称。

二、电子物证技术的分类

根据电子物证技术的所处阶段及功能，一般将电子物证技术分为以下几类。

1. 电子物证提取技术

所谓电子物证提取技术，是指用于提取涉案电子物证的技术。从目前来看，电子物证提取技术主要包括三种。① 精确复制。也称镜像复制①，即将原始载体中的全部电子数据予以提取。② 文件复制。也称一般复制，即将原始载体中涉案的实体性电子文件予以提取。③ 转化提取。即将原始载体中涉案的电子物证通过拍照录像等方式予以提取，必要时打印为纸质文档提取。

一般来说，精确复制（镜像复制）并不会造成相关数据信息的丢失，因此是最为理想的提取方式。而文件复制（一般复制）和转化提取（拍照录像等）由于会造成不同程度的相关数据信息（主要是附属信息与电子痕迹）的丢失或改变，因此应当严格、规范采用。必要时应当尽可能全面提取附属信息、电子痕迹及系统环境信息。

2. 电子物证固定技术

所谓电子物证固定技术，是指将提取的涉案电子物证加以固定的技术。通常认为，电子物证固定应当遵循外观与数据双重固定原则，即同时对电子物证的载体外观与电子物证的数据内容进行固定。

一般来说，电子物证的外观固定采用登记其唯一性信息（如序列号）的方法，而电子物证的数据固定则采用计算并记录数据完整性校验值的方法。鉴于对效率因素的考量，实践中也会采取封存等方式对数据内容进行固定，而非必然采取计算并记录数据完整性校验值的方法。

3. 电子物证检验技术

所谓电子物证检验技术，是指以确定涉案数据是否存在为目的的电子物证技术。电子物证检验技术主要包括文件浏览、可疑文件检测、数据搜索、数据恢复等。

4. 电子物证分析技术

所谓电子物证分析技术，是指以确定涉案数据的状态、特征及其所反映的内容等为目的的电子物证技术。电子物证分析技术主要包括以下内容。

（1）状况分析技术。是指对系统、软件、文件等的具体状况进行分析的技术。

（2）痕迹分析技术。是指对系统的运行痕迹、文件的操作痕迹等进行分析的技术。

（3）比对分析技术。是指对软件、数据的内容、功能等的同一性进行比对分析的技术。

5. 电子物证鉴定技术

所谓电子物证鉴定技术，是指通过检验、分析，作出专业判断的综合性技术。电子物证鉴定技术主要包括以下内容。

（1）情况鉴定技术。是指通过检验、状况分析，对系统、软件、文件等的具体状况作出专业判断的综合性技术。

---

① 所谓镜像复制，是指在只读条件下使用专用设备或软件，利用位对位单向复制的原理，对原始载体中的数据进行全面、无损地复制。在镜像复制过程中，专用设备或软件通过计算数据完整性校验值的方式来确保镜像复制件中的数据与原始载体中的数据是完全一致的。

（2）溯源鉴定技术。是指通过检验、痕迹分析，对系统损害过程、文件形成过程等作出专业判断的综合性技术。

（3）同一鉴定技术。是指通过检验、比对分析，对软件、数据的内容、功能等的同一性作出专业判断的综合性技术。

 ## 本章小结 >>>

电子物证是电子证据的一种类型，它是指以数据的存储位置、存在形态等特征来证明案件事实的电子证据。根据电子物证的数据形态、证明作用及证据价值不同，电子物证可以分为实体性电子物证与痕迹性电子物证两类。电子物证的主要特征是系统规律性、功能多元性、双重体系性和相对安全性。电子物证技术包括电子物证提取技术、电子物证固定技术、电子物证检验技术、电子物证分析技术、电子物证鉴定技术等。

 ## 问题与思考

1. 为何要区别实体性电子物证与痕迹性电子物证？
2. 电子物证有哪些特征？
3. 常见的电子物证提取技术有哪些？它们有何本质区别？

 ## 本章的主要参考文献

1. 徐立根. 物证技术学. 4 版. 北京：中国人民大学出版社，2011.
2. 何家弘，刘品新. 证据法学. 4 版. 北京：法律出版社，2011.
3. 刘品新. 电子取证的法律规制. 北京：中国法制出版社，2010.
4. 麦永浩. 电子数据司法鉴定实务. 北京：法律出版社，2011.

第二章　电子物证鉴定概述

第一节　电子物证鉴定的概念与特征

一、电子物证鉴定的概念

电子物证鉴定是指鉴定人根据相关的理论和方法，对诉讼活动中涉及的电子物证进行检验分析，并作出意见的一项专门性技术活动。从本质上看，电子物证鉴定是"科学技术"服务于"司法活动"。

二、电子物证鉴定的特征

基于电子物证的特征，电子物证鉴定也呈现出较为独特的特征，主要有：检材多样性与检材要求特别性、鉴定要求多样性与鉴定技术专门化、鉴定时机前介性。

检材多样性，是指电子物证鉴定既包括对台式机硬盘、笔记本硬盘、移动硬盘、服务器硬盘等计算机类检材进行鉴定，也包括对手机机身、SIM 卡、存储卡等手机类检材进行鉴定，还包括对 U 盘、MP3、软盘、光盘、打印机、扫描仪、数码相机、摄像机，以至考勤机等各种电子设备进行鉴定。可以说，几乎所有的电子设备都可能成为电子物证鉴定的检材。检材要求特别性，是指虽然鉴定检材的类型多种多样，但不管何种检材，往往要求提供完整的电子数据。这是因为：① 不论是实体性电子物证还是痕迹性电子物证，它们总是与系统内的其他数据掺杂在一起，很难简单区分，所以需要就完整的电子数据进行详细检验后再作具体判断；② 当涉及实体性电子文件的形成过程及真伪鉴定时，更需要倚赖于整体的"数据现场"进行分析判断。因此，在司法鉴定实践中，若要开展电子物证鉴定，则往往需要将电子物证的原始载体或其镜像复制件完整地送交鉴定。

鉴定要求多样性，是指委托方在委托电子物证鉴定时，其提出的鉴定要求既有真伪鉴定、形成过程鉴定、同一性鉴定等侧重法律性质的鉴定要求，也有情况鉴定、密码破解、数据恢复等更似技术服务性质的鉴定要求。鉴定技术专门化，是指由于信息技术涉及面广、数据类型繁多、鉴定要求多样，因而导致鉴定技术也出现相应的分工。比如，电子物证鉴定中既有常见的电子文档鉴定、电子邮件鉴定、数据库鉴定、软件功能鉴定，也有并不常见的注册表鉴定、聊天记录鉴定、系统安全鉴定、操作痕迹鉴定、代码片段鉴定等。可以说，有多少种应用程序，就可能产生多少种涉案数据。随着信息化的深入，应用程序及其对应的数据类型只会越来越多。然而，鉴定人员中懂数据存储的，可能擅于数据恢复但未必懂系统安全；懂操作系统的，可能擅于行为鉴定但未必懂数据恢复；等等。这使得电子物证鉴定的技术分工有可能比传统的物证鉴定更为精细。

鉴定时机前介性，是指由于电子数据的潜在性及电子取证的专业性，电子物证鉴定人员往往需要在取证阶段、诉前阶段便介入相应的取证等活动。这种情形比传统物证鉴定要多得多。例如，在诉前阶段，当事人往往不确定涉案计算机中是否存在涉案数据，涉案数据的形成过程如何，以及涉案数据能够反映哪些案件事实等，便有可能求助于鉴定人员，并请鉴定人员在此时即向其提供相关的技术支持。此外，当事人保全电子物证时，也往往需要鉴定人员的专业帮助。

第二节 电子物证鉴定的基本原理

电子物证鉴定的特殊性，还体现在电子物证鉴定往往涉及多种鉴定原理，如情况鉴定原理、溯源鉴定原理、同一鉴定原理。鉴定原理的区分对于指导鉴定实践具有十分重要的意义，也最能反映电子物证鉴定与传统物证鉴定的异同。以下将详细阐述。

另外，电子物证鉴定时机的前介性，决定了鉴定机构还需参与电子物证的证据保全。而且，证据保全与情况鉴定、溯源鉴定、同一鉴定等活动还常常交织在一起。例如，委托人可能先请求鉴定机构进行证据保全，随后开展情况鉴定以判断是否存在涉案文件。如果存在涉案文件，则可能进一步要求进行溯源鉴定或同一鉴定。此外，在鉴定实践中，还出现了电子物证鉴定与传统物证鉴定交织在一起的案件。

一、情况鉴定

情况鉴定是指通过检验、分析，从而对系统、软件、文件等的具体状况作出专业判断的鉴定。目前，鉴定实践中的情况鉴定主要如下。

1. 系统状况鉴定

系统状况鉴定，包括对系统的运行状况及其可靠性、安全性所进行的鉴定，也包括对系统的操作行为及其受损害状况、程度等进行的鉴定。前者常见于系统安全性评估案件，后者常见于纯正计算机犯罪①中被破坏系统的损害结果评定。

系统状况鉴定一般可以从硬件系统和软件系统两方面开展，前者是对计算机系统硬件设备的运行情况及性能进行评测，后者是对计算机系统中安装的操作系统、应用软件的运行情况及安全性、可靠性进行评测。一般来说，系统状况鉴定应重点分析软件系统是否存在缺陷及其是否影响数据的可靠性、安全性。

2. 软件状况鉴定

软件功能鉴定是司法鉴定实践中最为常见的软件状况鉴定。例如，某案中，犯罪嫌疑人涉嫌制作并使用名为"tian. exe"的程序对他人计算机系统进行攻击，此时便需要鉴定机构对该程序的功能进行鉴定。

---

① 在纯正计算机犯罪中，计算机或计算机网络既可能是犯罪工具，又可能是破坏对象，如黑客攻击等。在非纯正计算机犯罪中，一般仅以计算机或计算机网络为工具，不以破坏计算机或计算机网络为目的，而以实施其他犯罪为目的，如网络诈骗。

3. 文件状况鉴定

在案情不明的情况下，委托人通常需要鉴定机构帮助判断存储介质中是否存在涉案文件及其具体状况如何。在该类案件中，鉴定人员实际上是帮助委托人在存储介质中调查是否存在涉案数据，鉴定人员兼具了"调查人员"的角色。因此，这类案件往往称为"调查型"或"侦查型"案件。例如，某检察院为了查明硬盘中是否存在与行贿相关的业务记录，请求鉴定机构"搜索并恢复与案件相关的电子文件"。

二、溯源鉴定

溯源鉴定，是指通过检验、分析，从而对系统损害过程、文件形成过程等作出专业判断的鉴定。

例如，某单位机房的40多台服务器出现异常关机现象，直接表现为涉案服务器全部被创建 Atl 计划任务，该计划任务在每天 19:30 运行关机指令。本案的鉴定要求为：对涉案服务器、管理计算机进行技术分析，检测是否存在网络攻击行为及具体的攻击方式和攻击来源。该案为典型的系统损害过程鉴定。

再如，某侵犯商业秘密案中，法院委托鉴定机构对指定商业秘密文件（xls 文档）的形成过程进行鉴定。该案的鉴定结果描述为：该 xls 文档存储于第三分区第 572706－572709 簇；该文档的内容在 2007 年 9 月 5 日 14:03 由计算机用户"KiKi"创建，并于 2007 年 11 月 18 日 17:12 由计算机用户"Jacky"最后修改；该文档在前述存储位置的创建时间为 2007 年 11 月 19 日 14:39:16；该文档于 2007 年 11 月 19 日 14:39:16 至 2008 年 1 月 5 日 15:03:04 期间被该硬盘使用者删除。这便是一个典型的有关文件形成过程的鉴定。溯源鉴定是电子文件真伪鉴定的主要方法，这与传统物证的真伪鉴定不同。前者往往且主要是通过查清电子文件的形成过程来判断电子文件的真伪，而后者往往且主要是通过将检材与样本进行同一性比对来判断检材（如指纹、印章）的真伪。

例如，2012 年 6 月司法部组织开展的全国电子证据司法鉴定人执业能力测试的测试题就是"四封电子邮件的真实性鉴定"，其具体任务是"对一起民事诉讼中有争议的四封电子邮件的真实性进行司法鉴定"，其供选择的鉴定意见有"没有经过伪造、篡改""经过伪造、篡改""未发现经过伪造、篡改"和"无法判断是否经过伪造、篡改"四种。该案即为典型的电子文件真伪鉴定，其鉴定过程便是围绕溯源鉴定展开的。

鉴于溯源鉴定对鉴别电子证据的真实性具有重要价值，且溯源鉴定本身的技术方法也十分特殊。因此，在此做如下阐述。

（1）溯源鉴定的素材是存储介质中的涉案文件及其相关的电子痕迹、系统环境。如前电子物证的特征所述，计算机是一个具有很强规律性的系统，任何一个计算机操作行为都会在系统中留下相关的痕迹记录。换言之，通过分析在系统中留下的相关痕迹记录就可以回查文件的形成过程。

（2）溯源鉴定的依据是电子物证所在特定系统的系统规律性。如前电子物证的特征所述，系统规律性的具体表现为符合或遵循存在于网络协议层、应用程序层、操作系统层、文件系统层、文件格式层之中的各种运行规则。

（3）溯源鉴定的基本方法是基于时序的事件重组法。所谓"基于时序的事件重组法"，可以概括为以下三个步骤。

第一步，根据涉案文件的内容、形成时间、存储位置等特征，找出与涉案文件相关的电子痕迹。

第二步，分析涉案文件及其附属信息、电子痕迹，并逐一解读各个记录所反映的计算机事件。计算机事件的解读应当包括事件的发生时间。由于计算机系统是一个十分注重时间逻辑关系的系统，最为流行的 FAT、NTFS 等文件系统均有标准的时间属性定义，绝大多数的文件类型也均有时间属性的定义项，因此事件的时间属性及其间的逻辑关系为溯源鉴定提供了至为重要的切入点。

第三步，基于时序，重新组合计算机事件。组合的结果即体现了涉案文件的形成过程。

必须指出的是，电子证据的真伪鉴定在实际案件中是十分复杂的，溯源鉴定或溯源分析仅是其中的一个重要阶段或者说重要方法。根据具体案情及整个系统情况，还可能需要采用"对比分析法""实验分析法"等多种方法进行综合分析。

所谓对比分析法，即指通过将涉案信息与其他来源的相应信息（尤其是同一时期形成的信息）进行对比分析，从而判断涉案信息之真实性的方法。"其他来源的相应信息"一般包括：① 同一硬盘中其他文件所反映的相应信息；② 其他计算机硬盘中相关文件所反映的相应信息；③ 其他调查途径所得的相应信息。以电子邮件为例，发件人 IP 地址可以与同一硬盘中其他相同来源邮件的发件人 IP 地址进行对比，可以与其他计算机硬盘中相同来源邮件的发件人 IP 地址进行对比，还可以与发件人或运营商提供的该时期 IP 地址进行对比。

所谓实验分析法，即指将涉案信息与重复实验所得数据从时间关系、具体内容、存储位置、形成特征等各个角度进行对比，从而判断涉案信息的现存状态是否异常的方法。

三、同一鉴定

同一鉴定，是指通过检验、分析，从而对软件、数据的内容、功能等的同一性作出专业判断的鉴定。目前鉴定实践中较为常见的同一鉴定如下。

1. 数据一致性认定

数据一致性认定是指通过计算、比对检材和样本的哈希值，得出检材与样本在数据上是否一致的结论。所谓哈希值，俗称"数字指纹"，是通过哈希算法（如 MD5、SHA）而生成的固定长度的二进制值。由于不同特定数据通过哈希算法所生成的哈希值具有极低概率的重复可能性，因此实践中通过计算并记录特定数据的哈希值的方式来确定该特定数据的完整性和唯一性。

数据一致性认定的对象既可以是整个硬盘数据，也可以是某个文件数据，甚至是某个片段数据。它们的共同特征是：检材与样本的数据长度必须完全相同，否则不具有比对意义。注意，这里的数据并不是指人眼所识别的数据内容，而是指存储形态下的二进制数据。

2. 内容一致性认定

内容一致性认定是指通过解析、比对检材和样本数据所反映的内容，得出检材与样本其各自反映的内容是否相同或相似的结论。比如，在知识产权领域侵权人在对网络作品进行转载时可能会转换编码，甚至改变文件形态（如将文本形式改为图片形式）。此时，要比对的是数据所反映的内容，而非数据本身。

3. 软件一致性认定

软件一致性认定大多出现在软件盗版侵权案件中。由于盗版的方式不同，一般可以分为破解式盗版和抄袭式盗版。

破解式盗版，即在不改变或基本不改变正版软件的情况下进行正版破解。这种盗版的鉴定，往往需重点比对相同文件的数量及其总数占比。例如，Windows 软件盗版、Office 软件盗版，绝大多数是这种破解式盗版。

抄袭式盗版，即抄袭源代码并进行部分修改或设置。这种盗版的鉴定，往往需重点比对源代码的内容及其相似度。例如，甲企业抄袭乙企业设计的网络邮件服务系统，在重新设置邮件域名、操作界面及相关变量参数后，对外提供网络电子邮件服务。该类案件便要对源代码进行相似度比对。

需注意的是，不管是破解式盗版还是抄袭式盗版，往往还需对软件的运行界面、运行功能等各方面进行全面比对。

四、证据保全

证据保全，即对涉案的电子物证进行提取、固定的活动。就电子物证的证据保全而言，可以分为两类：一类是单机电子物证保全，即对台式机、笔记本、服务器、U 盘等介质中的电子物证进行保全；另一类是网络电子物证保全，即对位于互联网等网络上的电子物证进行保全。前者如，某公司请求鉴定机构对公司服务器数据进行保全，即制作镜像复制件，而不停止服务器运行。后者如，公安机关委托鉴定机构对李某电子邮箱中与走私物品相关的电子邮件进行保全，即提取固定电子邮件。

一般而言，对于单机电子物证保全，应当优先提取原始载体或制作镜像复制件。对于网络电子物证保全，则不但要求提取涉案的网络数据，还要提取反映其来源的数据信息；不但要对提取的工具进行清洁性检查，还要对提取的过程进行全面记录。

第三节　电子物证鉴定的基本流程

一般来说，电子物证鉴定的基本流程包括：送检与委托、受理与预检、镜像复制、检验分析、出具鉴定意见。其中，送检与委托是案情沟通阶段，镜像复制、检验分析是技术实施阶段，受理与预检是案情沟通与技术实施的过渡阶段，出具鉴定意见则是案情沟通与技术实施的最后结果。

一、送检与委托

委托人送检时既可以提交原始存储媒介也可以提交原始存储媒介的镜像复制件。已经对原始存储媒介或其镜像复制件进行数据完整性校验的，应当提供相应的校验信息。委托人还应如实说明送检检材的名称、数量、特征及其来源等情况。

在送检委托时，就传统物证鉴定而言，委托人往往应当介绍具体案情并明确鉴定要求。然而，在许多电子物证鉴定中，在送检时便明确鉴定要求往往很难做到。

由于委托人无法知晓存储介质中是否存在涉案电子数据，以及这些电子数据的状态如何，因此送检时委托人往往仅能告知鉴定的目的及初步请求或要求。随着检验鉴定的深入，鉴定人往往需要将检验所得与委托人交流沟通，从而进一步确定检验所得是否系委托人的鉴定所求。往往是，直到检验鉴定工作基本完成、即将出具鉴定意见时，才能最后确定检验鉴定的结果能否满足委托人的证明需求，并在此时才能最终明确具体、准确的鉴定要求。图 8-2-1 所示为电子物证鉴定的鉴定要求示意图。

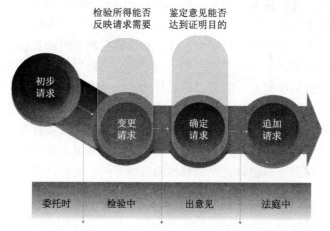

图 8-2-1　电子物证鉴定的鉴定要求

二、受理与预检

受理时，应当审查委托主体和有关手续是否符合要求。不符合要求，应当要求其补充或者不予受理，并说明理由。受理时，应当详细审查送检的检材，如硬盘的品牌、型号、容量、序列号等参数，其他相关硬件设备（如 CPU、主板、显卡、网卡）的品牌、型号等参数。

受理时，应当以鉴定目的或鉴定要求为核心进一步了解案情，明确电子物证鉴定的任务。例如，了解计算机硬盘的使用者或持有人，以及他们的操作水平；了解计算机的原始工作状态及其网络环境；了解计算机的提取过程及保管过程；了解鉴定要求及其与诉争焦点的关系；了解是否属于重新鉴定；等等。

受理时，还应当进行必要的预检，判断有无鉴定的条件。在只读的状态下，排查送检检材是否存在物理故障；若存在物理故障，该故障能否修复。

三、镜像复制

电子数据具有容易改变的特点，任何不当操作都可能造成原始数据的变化，且这种变化是不可逆的。为了达到保护原始检材及能够重复检验的目的，送检的检材原则上应当首先进行镜像复制，随后在镜像复制件上进行检验。送检检材本身就是镜像复制件的，应当校验镜像复制件的完整性。

对手机等确实无法进行镜像复制的，应当事先向委托人告知风险，并征得其同意或者认可。同时，在开展检验的过程中（这其实是有损检验），一般应同步录像。

四、检验分析

开展具体的检验分析之前，应当结合与委托人沟通的案情，制订一个合理、科学的技术方案。如有必要，可以继续向委托人进一步了解详细案情。可以说，有效的案情沟通，直接决定了技术方案的合理性、科学性和有效性。

当然，不同的鉴定要求，其具体的技术方案是不尽相同的。一般而言，案情不明、证据不明的案件，侧重于考虑搜索策略和搜索方案。对于证据确定但却真伪不明的案件，则侧重于电子痕迹的查找与分析。

根据检验分析的目的不同，一般可以将其分为系统分析和文件分析。这里的系统分析，是指分析系统的信息，概览系统的操作系统、应用软件、文件系统的配置情况及使用者、使用期间、使用习惯等基本信息。这里的文件分析，是指通过可疑文件检测、数据搜索、数据恢复、密码破解、溯源分析等各种技术找到、还原特定的涉案文件并解析其内容、形成过程等。系统分析是以了解系统的整体情况为目的的宏观分析，文件分析是以明确具体的涉案文件为目的的微观分析。

电子物证鉴定的时间安排如图 8-2-2 所示。

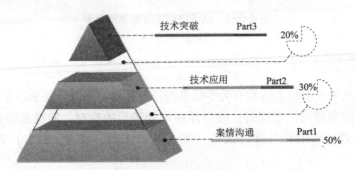

图 8-2-2　电子物证鉴定的时间安排

五、出具鉴定意见

鉴定完毕后，鉴定人应当制作鉴定文书。一般认为，仅描述计算机系统、应用软件及电子数据等的客观情况的，应当出具《电子数据检验报告书》。在前述基础上进行分析判断并出具主观性意见的，应当出具《电子数据鉴定意见书》。

鉴定文书应当如实描述所使用的设备和方法、检验过程、分析论证过程以及检验结果、鉴定意见等。鉴定文书还应包括委托人、送检时间、案由、鉴定要求、检材清单及必要的附件材料等。鉴定应当由两名以上鉴定人完成，相应的，鉴定文书也应由该两名以上鉴定人签名，并加盖司法鉴定专用章。

 本章小结 >>>

电子物证鉴定从本质上看是"科学技术"服务于"司法活动"。电子物证鉴定具有鉴定检材多样性与检材要求特别性、鉴定要求多样性与鉴定技术专门化、鉴定时机前介性的特点。根据鉴定原理不同，电子物证鉴定可以分为情况鉴定、溯源鉴定、同一鉴定以及证据保全。电子物证鉴定的基本流程包括送检与委托、受理与预检、镜像复制、检验分析、出具鉴定意见。

❓ 问题 与 思考

1. 对录音笔中的录音资料进行数据恢复，是否属于电子物证鉴定的范畴？
2. 在诉前阶段对服务器硬盘制作镜像复制件，是否属于电子物证鉴定的范畴？
3. 简述软件功能鉴定与软件盗版鉴定的异同。

本章的主要参考文献

1. 徐立根. 物证技术学. 4 版. 北京：中国人民大学出版社，2011.
2. 何家弘，刘品新. 证据法学. 4 版. 北京：法律出版社，2011.
3. 刘品新. 电子取证的法律规制. 北京：中国法制出版社，2010.
4. 麦永浩. 电子数据司法鉴定实务. 北京：法律出版社，2011.

第三章 电子物证鉴定的常用技术

第一节 电子物证鉴定的基础技术

电子物证鉴定中涉及的技术很多。其中，一些功能目的单一、技术难度较小的技术，被称为基础技术。电子物证鉴定的基础技术主要有数据擦除技术、镜像复制技术、系统分析技术、可疑文件检测技术、数据搜索技术、数据恢复技术、密码破解技术、手机数据提取技术等。

一、数据擦除技术

数据擦除是指利用数据擦除设备或软件，对存储介质按位写入二进制"1"或"0"操作，以清除原有数据。通过数据擦除，可以得到一个干净的存储介质。

实现数据擦除的具体技术有两种。一种是硬件擦除，即利用专用硬件设备所带的擦除功能对存储介质进行擦除。例如，各种型号的拷贝机（镜像复制设备的俗称）一般都兼有数据擦除功能。另一种是软件擦除，即利用带有写数据功能的工具软件对存储介质按位写入二进制"1"或"0"，以擦除数据。但不管是硬件擦除还是软件擦除，其原理都是相同的，即在存储介质中按位写入二进制"1"或"0"，以清除原有数据。

二、镜像复制技术

镜像复制是一种精确复制，指的是在只读条件下使用专用设备或软件，利用位对位单向复制的原理，对原始载体中的数据进行全面、无损地复制。如图 8-3-1 所示。

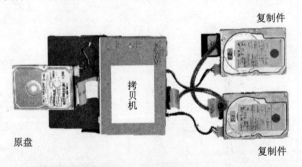

图 8-3-1 镜像复制示意图

实现镜像复制的技术有两种：一种是硬件镜像复制，即利用各种型号拷贝机的镜像复制功能制作镜像复制件；另一种是软件镜像复制，即利用具有镜像复制功能的软件制作镜像复制件。此外，根据镜像复制件的形态不同，还可以将镜像复制分为 Disk-to-Disk 镜像复制和 Disk-to-File 镜像复制。前者产生的镜像复制件之形态是镜像硬盘（Image Disk），后者产生的镜像复制件之形态是镜像文件（Image File）。但不管是硬件镜像复制还是软件镜像复制，不管是 Disk-to-Disk 镜像复制还是 Disk-to-File 镜像复制，其原理都是相同的，即将原始载体中的数据从第一位至最后一位全面、无损地复制到镜像复制件中。

由于镜像复制通过同时计算原始载体和镜像复制件的哈希值的方式来确保其中数据的一致性，因此镜像复制具有两个功能。① 唯一性地固定原始载体或镜像复制件中的全部数据。该功能在电子证据保全实践中，用来固定电子数据。② 制作一份与原始载体数据完全相同的镜像复制件。该功能在电子证据检验时，用来保护原始检材。

三、系统分析技术

系统分析，是指分析系统的信息，概览系统的操作系统、应用软件、文件系统的配置情况及使用者、使用期间、使用习惯等基本信息。系统分析是以了解系统的整体情况为目的的宏观分析，它对判断调查方向、确定调查方案具有重要的导向性作用。

一般来说，系统分析的对象及主要内容包括：① 操作系统的情况，如版本、注册所有者、安装时间、用户（账户）信息等；② 应用软件的情况，如网页浏览器、办公软件、邮件客户端、即时通信软件、安全软件等；③ 文件系统的情况，如分区情况、文件占用情况、删除文件情况等；④ 使用者信息，如各种账户密码信息及私人文件信息等；⑤ 使用期间情况，如最后的关机时间、文件写入的起止时间等；⑥ 使用习惯，如文件存放习惯、操作习惯等。

四、可疑文件检测技术

可疑文件检测，是指对存储介质中加密、隐藏、扩展名异常等可疑的电子文件进行检查。

可疑文件检测是针对反取证技术而产生的取证技术。具体而言，由于作案人想要达到隐藏犯罪证据的目的，往往会采取文件加密、文件隐藏、修改扩展名等反取证手段来隐匿敏感文件，因此，专门针对这些敏感文件进行检测和分析，具有很大的必要性，也具有重要的侦查或调查价值。

五、数据搜索技术

数据搜索指的是通过各种搜索技术，查找并定位到相关的涉案数据。数据搜索是一切数据分析工作的基础，也是整个鉴定得以顺利开展的基础。数据搜索的目的是为了在海量数据中找到相关的涉案数据，包括涉案的电子文件及其他各种记录与痕迹。根据调查目的的不同，数据搜索所采取的具体方法也不尽相同，既可以采取直接浏览、Windows 搜索、条件过滤、关键词搜索等方法，也可以利用注册表分析软件、日志分析软件等进行专门性搜索。

在电子物证鉴定实践中，关键词搜索技术是一种十分常用且重要的数据搜索技术，在此专门阐述如下。

关键词搜索技术，即在特定范围内查找并定位包含指定关键字词的搜索技术。关键词搜索，一般分为三个步骤：① 设定关键词；② 设定搜索范围；③ 查看搜索结果。其中，又以设定关键词最为重要，具体如下。

1. 关键字词的选择与组合

（1）要尽量选择与涉案文件内容关联性强的关键字词。如果关键字词与涉案文件内容的关联性不强，就很可能因为不能被搜索命中而导致某些涉案文件（数据）被疏忽、遗漏。

（2）要尽量选择重复率低的关键字词。为了提高后续分析的效率，在选择关键字词时应当尽量选择在涉案硬盘中重复率低的关键字词。如果选择一般人群或硬盘使用者经常使用的字词，将会导致大量的搜索误命中，而涉案数据则被淹没在大量的、与案件不相关的数据里面。

（3）充分考虑关键字词的组合。根据具体案情及硬盘使用者的文字使用习惯，充分考虑涉案数据内容的可能表达方式，本着"宁滥勿缺"的原则进行组合。

2. 关键字词的编码设置

关键字词的编码设置也直接关系到涉案数据能否被搜索命中。关键字词的编码设置，一般要考虑操作系统的区域语言、应用软件的编码规则、文件系统的存储规则等。对于一些非公开编码、复合编码、加密编码等特殊情形，还可能要进行人工的编码计算、换算。

六、数据恢复技术

数据恢复是指根据数据存储的原理，重建或重现已删除或已丢失，但未被覆盖的数据内容。根据数据恢复对象所处层面的不同，可将数据恢复分为索引层面的数据恢复、文件层面的数据恢复以及碎片层面的数据恢复。

1. 索引层面的数据恢复

如果是因硬盘主引导记录（MBR）、分区引导记录（DBR）、文件目录表（FDT、MFT）等索引信息遭到破坏而导致的文件丢失，可以通过修复索引信息来恢复文件。此类恢复则被称为索引层面的数据恢复。

索引信息是查找、定位、管理电子文件的重要信息，索引信息被破坏将会引起电子文件读取出错。在这类恢复中，电子文件本身的数据内容并没有遭到破坏，而仅仅是电子文件的索引信息遭到破坏。

2. 文件层面的数据恢复

如果因索引信息无法修复或完全丢失（如分区格式化）而导致文件丢失，可以通过查找文件签名①等方法来恢复文件。此类恢复则被称为文件层面的数据恢复，实践中也有人形象地称之为"文件挖掘"。

在文件层面的数据恢复中，电子文件能否成功恢复，既取决于能否用文件签名等方法找到文件的数据位置，也取决于找到的文件数据是否连续存储、是否完整等。

3. 碎片层面的数据恢复

如果文件索引信息无法修复或完全丢失，而找到的文件数据又是不连续存储或不完整

---

① 这里的文件签名，是指反映文件类型的特征信息。它是一种"种属特征"，即同一种类型文件共同所有的、反映该种文件类型或种类的特征。比如，全部 Office2003 文档的文件头部均以"D0CF11E0A1B1（十六进制）"开始，该字段是 Office2003 文档的文件签名。

的，那么这样的文件数据则被称为文件的"碎片"（或者说代码片段）。将文件的"碎片"还原成文件的原貌或原有内容，称为碎片层面的数据恢复。根据碎片情况的不同，可采取不同的恢复方法。将若干段碎片重新拼凑回原来的文件，称为"碎片重组"。将不完整的文件（其实是一块"大"碎片）修复成能够打开的文件，则称为"文件雕刻"。碎片层面的数据恢复，是一项十分考验技术水平的工作。

七、密码破解技术

密码破解是指通过破解或移除加密文件的口令或密钥，以获得加密文件的密码或内容的过程。

司法实践中，较为常见的加密文件有 Word、Excel、PowerPoint 文档文件，WinRAR、WinZIP 压缩文件，PDF 文件等。此外，可能需要破解的密码还有 Windows 操作系统密码、手机开机/锁屏密码等。

常用的密码破解软件有"美亚网警"文档解密系统软件、彩虹表（Rainbow Tables）、PRTK（Password Recovery Toolkit）、PARABEN Decryption Collection、ELCOMSOFT 密码破解工具集、DNA（Distributed Network Attack）分布式密码破解软件等。

八、手机数据提取技术

手机数据提取，是指通过相关设备或软件，将手机中现存的短信、通讯录、通话记录、照片等各种数据集中提取、查看的过程。

司法实践中，针对不同类型的手机，提取手机数据的方法各异。一般来说，对于 IOS、Android 系统的智能手机，可以利用 itunes 软件、91 手机助手软件、360 手机助手软件等各种助手软件提取。对于非智能手机，则更多地利用厂商提供的配套软件提取。例如，利用 PC Suite 软件提取 Nokia 手机的数据内容。

随着无线通信及智能终端技术的不断发展，智能手机与计算机在功能上不断趋同。智能手机不仅可以实现通信功能，还能够像计算机一样实现文档编辑、邮件收发等办公功能。智能手机的"微型计算机化"，意味着手机取证将不能再局限于通信数据的提取。比如说，第三方应用程序（APP）的数据的提取和分析已经成为手机取证的主要工作之一。

第二节 电子物证鉴定的高级技术

电子物证鉴定中还有一些技术，它们或者技术难度较高，或者涉及内容复杂，因而被称为高级技术。电子物证鉴定的高级技术主要有溯源分析技术、虚拟仿真技术、虚拟现场重建技术、手机数据恢复技术等。

一、溯源分析技术

溯源分析，是指通过分析涉案电子文件及关联电子文件的数据内容、附属信息及电子痕迹，来判断涉案电子文件的形成过程。溯源分析的基本方法是基于时序的事件重组法。

图 8-3-2 表示了基于时序的事件重组法的溯源分析过程，该过程可以概括为以下三大步骤。

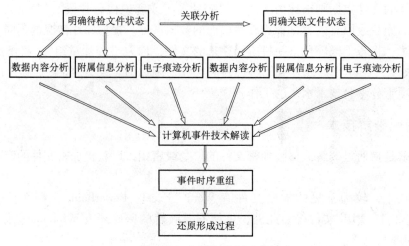

图 8-3-2　溯源分析过程

（1）根据涉案文件的内容、形成时间、存储位置等特征，找出与涉案文件相关的电子痕迹。如果该涉案文件存在关联文件，还需要找出关联文件的相关电子痕迹。

（2）分析涉案文件及其附属信息、电子痕迹，并逐一解读各个记录所反映的计算机事件。计算机事件的解读应当包括事件的发生时间。如果该涉案文件存在关联文件，则还要解读关联文件及其附属信息、电子痕迹。

（3）基于时序，重新组合全部计算机事件。计算机系统是一个十分注重时间逻辑关系的系统。目前最为流行的 FAT 文件系统和 NTFS 文件系统都有标准的时间属性定义。绝大多数的文件类型也都有关于时间属性的定义项。这些时间属性及其间的逻辑关系为溯源分析提供了十分重要的切入点。因此，可以以时间顺序对全部计算机事件进行重新排列组合。全部计算机事件的排列组合结果，即体现了涉案文件及其关联文件的形成过程。

溯源分析是鉴别电子物证真伪的主要方法。在电子物证鉴定中，大多数情况下不存在传统"同一认定"所需的比对样本，这使得传统"同一认定"很难用于电子物证的真实性鉴定。然而，电子物证的存储介质中不仅存在涉案文件本身，还存在大量与其相关的"电子痕迹"，以至整个"数据现场"。这为电子物证的真伪鉴定提供了新的方法和途径，即以涉案文件及其电子痕迹、数据现场为基础，通过溯源分析方法，重构涉案文件的形成过程，从而判别涉案文件的真伪。

二、虚拟仿真技术

系统仿真是指利用虚拟机原理，在不需要原计算机硬件设备的情况下完全仿真运行涉案硬盘中的操作系统。如图 8-3-3 所示。

系统仿真的核心价值在于，提供一个与目标计算机系统完全相同的虚拟系统环境，即"数据现场"。有了仿真的"数据现场"，系统安全测试、文件溯源测试、恶意代码分析以及实验分析、动态分析等各种依赖系统原始环境的分析测试才能得以顺利开展，且不会对目标计算机系统带来任何损坏或影响。

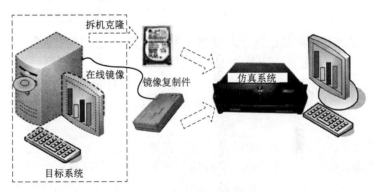

图 8-3-3　系统仿真示意图

三、虚拟现场重建技术

虚拟现场重建，指的是利用计算机对全案的电子证据、传统证据及其所反映的案件事实，进行自动关联分析和综合分析，并模拟犯罪现场及犯罪过程的活动。虚拟现场重建，其素材是虚拟空间中的电子证据和物理空间中的传统证据，其目的是揭示整个案件事实的发展过程。如图 8-3-4 所示。

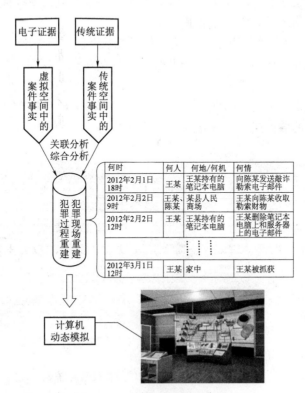

图 8-3-4　虚拟现场重建示意图

虚拟现场重建，主要包括以下三方面内容。

（1）电子证据分析及事实还原，即对涉案的电子证据进行分析，并归纳出它们所反映的案件事实。

（2）传统证据分析及事实还原，即对涉案的物证、书证、证人证言、当事人陈述等传统证据进行分析，并归纳出它们所反映的案件事实。

（3）事实还原及犯罪现场模拟，即利用计算机平台对包括电子证据和传统证据在内的全案证据进行关联分析和综合分析，并在计算机平台中模拟犯罪现场、展示犯罪过程。

就司法人员而言，他们需要知道的是案件的真相，而各种调查或鉴定技术只能是其查明案件事实的手段和方法。虚拟现场重建的目的及意义就在于，可将在物理空间和虚拟空间中查明的案件事实以及证明这些事实的证据，通过计算机模拟的方式加以重建并直观地重演和展示出来。

四、手机数据恢复技术

手机数据恢复，指的是根据手机数据存储的原理，重建或重现手机中已删除或已破坏的各种数据。随着无线智能终端技术的发展，手机数据恢复的需求在办案实践中也越来越多，手机数据恢复的意义也越来越大。

根据手机类型的不同，手机数据恢复可分为非智能手机数据恢复和智能手机数据恢复。其中，非智能手机主要采取芯片存储；而智能手机主要采取数据库存储，如 IOS 和 Android 这两大主流智能手机均采用 SQLite 数据库存储。

就智能手机而言，手机数据恢复可分为一般手机数据恢复和深度手机数据恢复。

一般手机数据恢复，适用于采取普通删除法删除的短信、通讯录、通话记录等手机数据。这种数据恢复，一般只要找到存放短信、通讯录、通话记录等数据的数据库文件，即可在其数据区内进行搜索与恢复。因此，亦可称为数据库层面的手机数据恢复。图 8-3-5 所示即为手机数据库中的数据搜索与恢复。

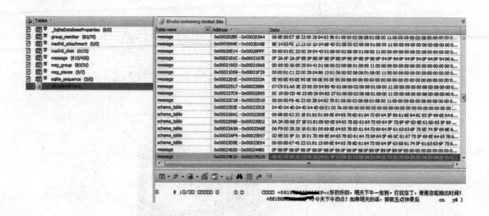

图 8-3-5　手机数据库中的数据搜索与恢复

深度手机数据恢复，适用于以刷机或恢复出厂设置等特殊方法删除的手机数据。刷机或恢复出厂设置这类删除方式，相当于计算机硬盘的格式化，所有的数据库文件将全部丢失。

因此，这种数据恢复亦可称为文件系统层面的手机数据恢复。它往往针对整个手机存储器而展开，且通常可分两步进行：首先，制作手机存储器的镜像；其次，在镜像内的未分配空间中搜索并恢复数据。如图 8-3-6 所示。

Offset	0 1 2 3 4 5 6 7 8 9 A B C D E F	UTF-8
000024090	C9 3A 29 00 05 01 02 23 19 00 00 11 83 73 00 01	) ▌▌▌▌#▌▌▌▌ ▌▌
000240A0	01 01 01 01 00 00 01 00 0F 00 01 01 01 00 00 00	▌▌▌▌ ▌ ▌ ▌▌▌
000240B0	00 00 00 00 00 00 00 00 01 01 00 00 3C 3B 5E DB	▌▌▌▌▌▌▌▌▌▌▌<:^▌
000240C0	62 01 01 2C 31 33 34 37 38 34 39 39 30 35 34 E6	▌▌,13478▌▌▌李
000240D0	9D 8E E8 8E B9 3B 33 E4 BD A0 E5 9C A8 E5 93 AA	荣 83你 在 哪
000240E0	EF BC 9F E5 A6 82 E6 9E 9C E4 BD A0 E5 B0 B1 E6	？ 如果你就是
000240F0	90 AF E6 83 B3 E8 AE A9 E6 88 91 E7 9D 80 E6 80	想让我着急
00024100	A5 E3 80 81 E9 82 A3 E4 BD A0 E7 9A 84 E7 9B AE	。那你的目
00024110	E7 9A 84 E8 BE BE E5 88 B0 E4 BA 86 EF BC 8C E5	的达到了，复
00024120	A6 82 E6 9E 9C E4 BD A0 E5 B0 B1 E9 9D 99 E4 B8	果你就静一
00024130	80 E9 9D 99 E3 80 81 E4 BD A0 E4 B9 9F E9 9D 99	静，你也静
00024140	E4 B8 80 E4 B8 AA E6 99 9A E4 B8 8A E4 BA 86 E3	一个晚上了。
00024150	80 82 E5 A5 BD E4 BA 86 25 90 E4 BA 82 E4 BD	好了吧，好
00024160	A0 E5 87 DA E6 9D A5 90 A7 EF BC 8C E4 BD A0	出来吧，你
00024170	E4 B8 8D E5 B8 A6 E5 90 93 E4 BA BA E7 8E A9 E7	不带吓人玩的
00024180	9A 84 E3 80 82 E6 88 91 E9 94 99 E4 BA 86 EF 9C	。我错了。
00024190	9C E4 BD A0 E5 9B 9E E6 9D A5 90 A7 EF BC 8C	你 回来吧，
000241A0	E5 92 B1 E4 B8 8D E7 A6 9B E5 A9 9A E4 BA 86 E3	咱不离婚了，
000241B0	80 82 E5 92 B1 E5 A5 BD E5 A5 BD E8 BF 87 E6 97	咱好好过日
000241C0	A5 E5 AD 90 E5 90 A7 E3 80 82 00 70 01 53 FF FF	子吧。 ▌p!S!
000241D0	31 01 01 00 00 00 81 5B 91 C9 39 29 00 05 01 02	▌▌▌▌▌[▌ 9)▌▌▌
000241E0	29 29 00 00 11 82 0B 00 01 01 01 01 01 00 00 01	)) ▌▌ ▌ ▌▌▌▌▌▌
000241F0	00 0F 00 01 01 01 00 00 00 01 01 00 00 00 00 01	▌▌ ▌ ▌▌
00024200	00 01 01 00 01 39 66 36 2F DB 01 01 2C 2B 38 36	▌▌▌▌9f6/▌ ▌,+86
00024210	31 33 30 30 37 34 39 31 34 30 30 2B 38 36 31 33	13007▌▌▌+8613
00024220	30 30 37 34 39 31 34 30 30 38 31 E6 96 B0 2E E5	007▌▌▌▌▌新 .出
00024230	87 BA EF BC 9A E5 A4 A7 2F E4 BC 97 E3 80 81 E4	：大 众、丰
00024240	B8 B0 2F E7 94 B0 E3 80 81 E7 AD 89 32 E4 B8 87	/田、等 2万
00024250	E8 D5 D7 E3 80 82 E5 AE 9D 2E E9 A9 AC E3 80 81	起. 宝 马、
00024260	58 20 36 2F 51 20 37 E3 80 81 E8 B7 AF 2E E8 99	X 6/Q 7、路 .虎
00024270	8E E3 80 81 E9 9C B8 2E 88 81 93 E3 80 81 E5 A5	、霸 道、奔

图 8-3-6　手机未分配空间中的数据搜索与恢复

根据数据存储位置不同，手机数据恢复还可分为 SIM 卡数据恢复、存储卡数据恢复及机身数据恢复。其中，由于手机机身的数据存储方式与手机厂商、手机型号等密切相关，因此其数据恢复工作比较复杂。而 SIM 卡、存储卡的数据存储方式一般是标准化的，因此其数据恢复工作相对简单。

 本章小结 >>>

电子物证鉴定的基础技术有数据擦除技术、镜像复制技术、系统分析技术、可疑文件检测技术、数据搜索技术、数据恢复技术、密码破解技术、手机数据提取技术等。电子物证鉴定的高级技术有溯源分析技术、虚拟仿真技术、虚拟现场重建技术、手机数据恢复技术。

问题与思考

1. 镜像复制有何作用？
2. 计算机硬盘分区格式化后，该分区内存储的电子文件能否被恢复？为什么？
3. 某条手机短信被删除后，能否恢复？如何恢复？

本章的主要参考文献

1. 戴士剑，涂彦辉. 数据恢复技术. 2 版. 北京：电子工业出版社，2005.

2. 麦永浩. 电子数据司法鉴定实务. 北京：法律出版社，2011.

3. 徐立根. 物证技术学. 4 版. 北京：中国人民大学出版社，2011.

4. 何家弘，刘品新. 证据法学. 4 版. 北京：法律出版社，2011.

5. 刘品新. 电子取证的法律规制. 北京：中国法制出版社，2010.